# 任乃强全集【第五卷】

任乃强 著

华阳国志校补图注（中）

主编 任新建
副主编 何洁

四川人民出版社

图书在版编目（CIP）数据

华阳国志校补图注. 中 / 任乃强著. —成都：四川人民出版社，2021.12
（任乃强全集；第五卷）
ISBN 978－7－220－12479－2

Ⅰ. ①华… Ⅱ. ①任… Ⅲ. ①西南地区－地方志－东晋时代 Ⅳ. ①K297

中国版本图书馆 CIP 数据核字（2021）第 249285 号

HUAYANGGUOZHI JIAOBU TUZHU ZHONG
# 华阳国志校补图注（中）
任乃强　著

| | |
|---|---|
| 主　　编 | 任新建 |
| 副 主 编 | 何　洁 |

| | |
|---|---|
| 总 策 划 | 罗桑道吉 |
| 出 版 人 | 黄立新 |
| 组稿统筹 | 喻　磊 |
| 项目执行 | 邹　近　章　涛 |
| 责任编辑 | 张东升　熊　韵 |
| 装帧设计 | 戴雨虹 |
| 封面画像 | 蒋骊霄 |
| 责任印制 | 祝　健 |

| | |
|---|---|
| 出版发行 | 四川人民出版社（成都三色路 238 号） |
| 网　　址 | http://www.scpph.com |
| E-mail | scrmcbs@sina.com |
| 新浪微博 | @四川人民出版社 |
| 微信公众号 | 四川人民出版社 |
| 发行部业务电话 | （028）86361653　86361656 |
| 防盗版举报电话 | （028）86361653 |
| 照　　排 | 四川胜翔数码印务设计有限公司 |
| 印　　刷 | 成都东江印务有限公司 |
| 成品尺寸 | 185mm×260mm |
| 印　　张 | 19 |
| 字　　数 | 504 千 |
| 版　　次 | 2021 年 12 月第 1 版 |
| 印　　次 | 2021 年 12 月第 1 次印刷 |
| 书　　号 | ISBN 978－7－220－12479－2 |
| 定　　价 | 2500.00 元（全十五卷） |

■版权所有·侵权必究

本书若出现印装质量问题，请与我社发行部联系调换
电话：（028）86361656

# 目 录

[华阳国志校补图注（中）]

南中志（卷四） …………………………………………………………（333）

公孙述刘二牧志（卷五） ………………………………………………（453）

刘先主志（卷六） ………………………………………………………（483）

刘后主志（卷七） ………………………………………………………（521）

大同志（卷八） …………………………………………………………（575）

任乃强全集·第五卷

南中志①（卷四）

① 在《蜀汉书》曰《宁州志》。

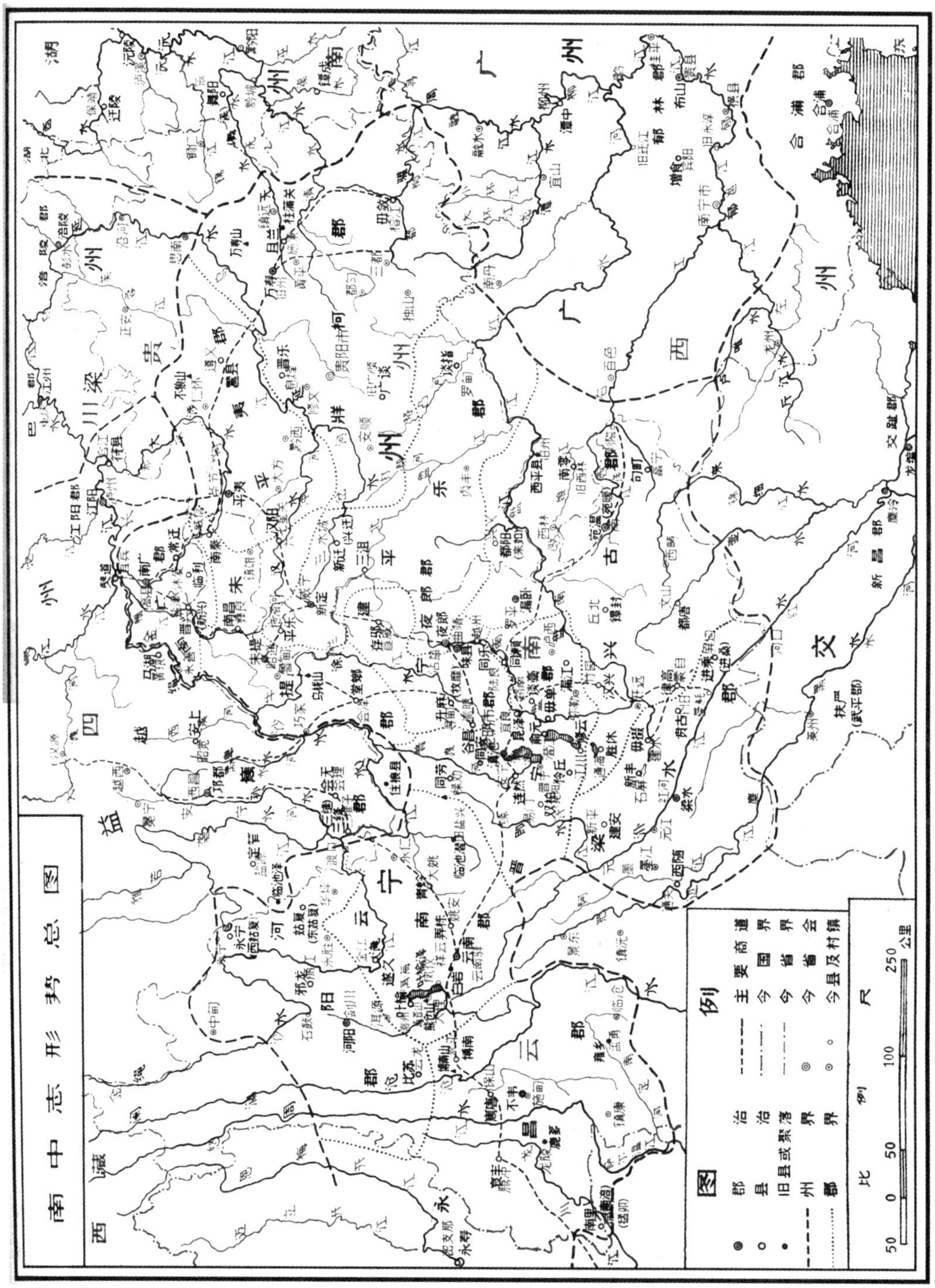

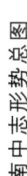

南中志形势总图

一

宁州，晋泰始六年初置①，蜀之南中诸郡，庲降都督治也②。南中在昔，盖夷越之地③，钱、《函》二本脱盖字，重越字。滇、濮、句町、夜郎、叶榆、桐师、嶲唐，侯王国以十数④，或椎髻耕田，有邑聚，或编发、【左衽】随畜迁徙，旧本唯"随畜"下六字，只能表嶲、昆明，即叶榆民俗，若夜郎、滇、濮、句町，则明明为定居之民。故依《西南夷传》改。莫能相雄长⑤。此下旧有嶲唐小注。删。周之季世，楚【威】顷襄旧刻皆同《史》《汉》《西南夷传》作威。颜师古《汉书》注牂柯郡引《华阳国志》作"顷襄王时"（《后汉书》同）。廖本注谓："盖颜师古因秦夺楚黔中郡地在顷襄王时，改而引之也。"顾观光《校勘记》云："廖说误也。《史记正义》，《艺文》七十一，《书钞》百三十八，《御览》百六十六，又七百七十一，并引作顷襄王。必《华阳国志》古本如此，后人依《史》《汉》改耳。"今按：杜佑《通典》百八十七已驳威王时之说，谓"恐《史记》谬误，班生因为便书。范晔所记详考，为正。"清黔人莫与俦《庄硚考》征引详赡，论断允当。谓"杜氏以《史》《汉》威王时为非，《后书》顷襄王时为正"。兹更详考参合，定《常志》原作"顷襄王"，依谯周《古史考》，不取《史记》。《范史》遵用《常志》，而后人更后《史》《汉》改易作威王也，当改还。参看附录《庄》谯周《古史考》，不取《史记》。《范史》遵用《常志》，而后人更从《史》《汉》改易作威王也，当改还。参看附录《庄硚入滇考》。王遣将军庄硚溯沅水出且兰以伐夜郎，植牂柯，各本作牂柯，牂柯，牂柯，字不同，音义同。此依钱、廖本。系船于是。系，廖本注云"当作椓，下同"。船，刘、李，《函海》作舡。下同。且兰既克，刘、张、吴、何、王、浙本并作尅。廖本作克。夜郎又降，而秦夺楚黔中地，无路得反，遂留王滇池。此段"夜郎又降"句以上，亦是常氏用《古史考》文。《范史》遵之。《史记》言楚威王时有误；谓"使将军庄硚将兵，循江上略巴、蜀、黔中以西"则不误。说详附录《庄硚入滇考》。缘此是常氏本文，故不改。硚，楚庄王苗裔也。顾观光云："此又误。《书钞》《御览》并云：遂留之，号为庄王。"按：不得以此为旧刻又误。以牂柯系船，因名且兰为牂柯国⑥。张、吴、何、王本以字下脱牂柯字。《艺文》《御览》并云"以且兰有椓船牂柯处，乃改其名为牂柯"，引而变其文也。【分侯支党，传数百年秦并蜀，通五尺通，置吏主之。汉兴，遂不宾。】"传数百年"句有误，承庄硚言，无数百年；承且兰言，亦非允当；谓夜郎竹王，则不当著于此处。审此

336

上二十四字，当是述夜郎国文，兹移下。

有竹王者，兴于遁水。先是据《太平御览》九百六十二引文补二字。有一女子浣于水滨。有三刘本作一。节大竹流入女子足闲，推之不肯去，闻有儿声。取持归，破之，得一男儿。养之。《范史》有"归而养之"句 疑下养字脱乱。长【养】有才武，遂雄夷【狄】濮，南中无狄名。而多濮属。故依后文夷濮字改狄为濮。氏以竹为姓⑦。张、吴、何、王本删氏字，他各本有。浙本于氏字下挤刻一世字，盖据卢校本添。顾广圻校稿亦两标氏与世字，意疑氏当作世也。《范史》作"以竹为姓"，《水经注》则作"氏竹为姓"。一删氏字，一删以字，合而观之，正足见常氏原文为"氏以竹为姓"五字。氏字为不可少，当读如"氏以竹，后世为姓"，省后世字，氏与姓有别，说在注。捐所破竹于野，成竹林，今竹王祠竹林是也。王与从人尝止大石上，命作羹，从者【曰】白旧刻尽作曰，《水经注》与《后汉书·夜郎传》注引《华阳国志》文皆作白。白，启事也。无水，王以剑击石，水出，今竹廖本注云："《后汉书·夜郎传》注引有竹字，兹补。"王水是也，破石钱本等作竹。存焉。后渐骄恣，分侯支党，传数百年。秦并蜀，通五尺道，置吏主之。汉兴，遂不宾⑧。移上文二十四字于此，上承竹王，下接汉事，义理通贯，格塞俱解矣。武帝使张骞至大夏国，见邛竹、蜀布，问所从来，曰："吾买人从身毒国得之。"身毒国，蜀之西国，今永昌徼外是也，徼外二字旧传写脱，然不可少，兹迳补。骞以白帝⑨。东越攻南越，大行王恢救之。恢使番阳令唐蒙晓喻李本作谕。南越，南越人食有【蒟】枸酱，当依《史记》作枸酱，说详附录《蜀枸酱考》。蒙问所从，曰"牂柯来。"蒙亦以白帝，因上书曰："南越地东西万里，名为外臣，实一州主，今以长沙、豫章往，水道多绝，难行。窃闻夜郎精兵可得十万。若【从番禺】此三字不当有，《史》《汉》无之。若常氏增语，亦当云"若从夜郎"。浮船牂柯，出其不意，此制越之一奇也。可通夜郎道，为置吏主之⑩。"帝乃拜蒙中郎将⑪，《史》《汉》《西南夷传》作"郎中将"。发巴、蜀兵千人，奉币帛，《史》《汉》有"食重万人"字，无"奉币帛"字。见夜郎侯，《史》《汉》有"多同"字。喻以威德，为置吏。《史》《汉》作"约为置吏、使其子为令"。旁小邑皆贪汉缯帛，以为道远，汉终不能有也，故皆且听命。《史》《汉》此下有"还报乃以为犍为郡"句。司马相如亦言：西夷邛筰，蜀之后园，可置为郡。帝【即感邛竹，又甘蒟酱】，此八字当衍。于史文为赘疣，于史事亦不通，与常氏语法亦不类。应是梁陈文士传钞者妄增。乃拜为中郎将，往喻意，此下当有亦字。皆听命。【后西南夷数反，发运役，费甚多，相如知其不易也，乃假巴蜀之论以讽帝，县以宣指使"使"廖本作便。于百姓】。此三十六字亦赘文，应是后人用《如相传》妄增，当删。蒙卒开僰门通南中，原脱蒙字，而多赘文，直如相如开通僰门。唐蒙以南入道不通，斩僰道令，乃斩石通阁道，《见犍为郡序》。后乃为都尉，与下文合。故当补蒙字。相如持节开越嶲，按道侯韩说开益州。武帝转拜唐蒙为都尉，开牂柯⑫，以重币喻告诸种侯王，侯王服从。因斩竹王，置牂柯郡，以吴霸为太守。乃置越嶲，朱提、益州【四】郡。四郡文甚明。"及"下三郡，不当赘以四字，否则当云"为四郡"矣。后夷濮阻城，咸怨诉竹王非血气所生，求立后嗣，霸表封其三子列侯。死，配食父祠。今竹王三郎神是也。

案：以上《南中志总序》第一章，叙秦汉开置南夷事。首叙南中建州沿革，次述庄蹻事，汉军入南之始之，次及且兰，汉军入南最先立威处，又汉世牂柯郡治也。再次序夜郎古史，南夷最大国，其文化足以表率周、秦、汉世南夷诸部落也。兼及西夷越嶲事者，《史》《汉》《西南夷传》以邛国属南夷，嶲、昆明以东北，筰、徙、冉、駹、白马诸"氐类"为西夷。蜀汉之南中，与晋世之宁州，皆包有嶲、昆明而不包括邛地（越嶲），故南中史事，恒与越嶲旧境之西夷有关涉，不能划然隔绝之也。惟常氏于开西夷事只是带笔；主要在于阐述开置南夷郡县，而后之传钞者，狃于《史》《汉》之《西南夷传》之旧文，谬以司马相如开西夷事文字窜乱其间，遂被镌入宋椠，流传至今，旧之校者，莫曾觉之。常氏又多用谯周《古史考》与《南中志》，舍《史》《汉》旧文，览者缘是更多惑乱和误解。兹除别为《庄蹻入滇考》专文作为附录外，仍就旧本辨订是否常氏本语，略为校注。

【注释】

①《两汉志》牂柯、益州、越嶲及永昌郡同属益州刺史部。蜀汉时，虽仍隶于益州牧，而别称之为"南中"，设庲降都督分理之。初只比于秦汉之部尉，主军事，镇抚夷民，后遂同于属国都尉，领郡县，兼治民事，成为益州牧之推出机构。其时，越嶲亦属南中，故李承之杀太守叛后，由庲降都督率将张嶷往收复之。晋灭蜀，庲降都督霍弋降，晋因仍其任，兼领交州刺史，至泰始六年（二七〇），乃立宁州，故曰"初置"，谓此前不称州也。

②诸葛亮《出师表》："思惟北伐，宜先入南，故五月渡泸，深入不毛。今南方已定，兵甲已足。"《三国志·亮传》："南中诸郡并皆叛乱。"《裴注》引《汉晋春秋》曰："亮至南中，所至战捷。"皆蜀汉时已称庲降都督领地为南中之证。于时习称"南中七郡"，谓牂柯、益州、永昌、三旧郡加蜀汉置之朱提，建宁、云南、兴古四郡为七也，越嶲仍属益州。宁州建后，陆续分置，至沦没时有十四郡矣。

庲降都督，建安十九年，刘先主定蜀时置（二一四），南郡邓方为首任都督。初治南昌，后文"南昌县""有邓安远城"是也。章武二年（二二二）方卒，见《三国志·杨戏传》《季汉辅臣赞注》，继任者李恢，初治平夷，见《三国志·恢传》，后兼领建宁太守，治味县，见后《晋宁郡序》。裴松之《李恢传》注云："讯之蜀人，云庲降，地名，去蜀二千余里。时未有宁州，号为南中，立此职以总摄之"兹按：蜀汉时有江关都督，江州都督，汉中都督，与此庲降都督，皆以武职在诸郡守之上。其不兼郡守者，不理民政，但得以军兴法役使守合，调用民丁、财赋、及他诸军用物资。庲降为招徕降附者之义，非地名。时南中夷落未附者犹多，夷强汉弱，设此职，主招徕抚绥与征伐之任，由其所治屡徙，故不得为地名也。自建安至泰始，凡五十五年中，皆以庲降都督理南中事。

③"夷越"及后文"夷濮"，皆《史》《汉》《西南夷传》所谓"南夷"之别称。盖汉晋人统称五岭以南之土著民族为越（粤同），于东越、南越、瓯越、骆越、山越、滇越等地区别称外，又有此"夷越"名称。如常氏此文，知南中历史上著名侯王如下文之七部落，皆夷越也。"夷"字，本取负弓引矢，狩猎民族之义。《西南夷传》之夷字，用此义；非同《尔雅》"东方曰夷"义，亦非如近世称"倮苏"与"夷族"之狭义，只为汉晋人加于西南诸种民族之泛称；犹云习于射猎之越族也。

后文"夷濮阻城"，明南夷又有"夷濮"之称。盖汉晋间人，分南中夷为两大类：主要依靠狩猎牧畜为生活者为"夷"，已经自有农工商业，为多种经济生活者为"濮。"称夷者，大都尚停滞于原始社会，称濮者，大都已进入奴隶社会。混言之为西南夷，分言之则为夷与濮。南中民族，夷、濮并多，故每每合称"夷濮"。"夷越"，是最笼统的民族称呼，"夷濮"是此较有分别之民族合称。皆只适用于南夷，而非各部族自称如此。即如下条所举七侯王国，其所包括之属民，亦各自有多种称呼，不自知其为夷为濮也。

④此所举七侯王国，略示南夷分布的地面。所谓"国以十数"，就汉武帝时言，已经具备国家形式组织者，不过滇与夜郎两国；其次或仅只属原始公社，或且只属氏族集团，或民族聚落而已。兹分别探其民族来源，与其社会进化所到达之阶段：

"滇"。谓滇池附近，庄蹻所建之国，本为僰族与劳深、靡牧耕猎之地。庄蹻与所率楚军征服统治之，因得用楚文化之长，建设成为南中文化最高之国。汉以后，已不再见"劳深""靡莫"之称，似其民族已与僰族融合为滇族，抑或被掠卖奴隶殆尽。劳、僚、牢同音，是否劳深与哀牢、及晋宋齐梁隋唐之僚族有关，靡、弥音近，是否靡莫与昆弥（昆明）之族有关，又靡莫地为收靡县，是否即叟靡之别写，俱待深考。

"濮"。即春秋时之"百濮"扩散入南中者，其名早见于《尚书·牧誓》，足知其为相当古老而习近于岐周之民族。楚与庸国相攻时，助庸，足知其为楚巴之间大巴山附近地区之民族，春秋时尚停滞在原始社会，甚为分散，故曰"百濮离居"。其停留故地者，必当为楚、巴、秦所征服，所融化，惟远徙至强国势力难及之地，乃能生存。其有一部分西入云贵高原与川边地区，为必然也。濮、僰、白古同音，巴蜀接界之僰道地区，有僰侯国，盖即濮族西徙，得隙地于巴蜀所不争之处，以建设成为粗具国家组织形式之部落者也。其南入于贵州高原者，亦建成且兰国，更南入于盘江流域者，有句町、卧漏等小国，与僰侯相当。其居得善地，无异族势力浸扰，得在安静中顺利发展成为自己的较高文化，以役属诸濮君长，自成大国者，则夜郎国也。在秦汉间，整个云贵高原之可耕地带皆以僰族为主人，是为濮族之极盛时代。其发展不仅止云贵高原，自僰道向西北延展，至于临邛以西者，则有"布仆"，已见《蜀志》。其入凉山高原者，称为"西蒲"（西僰），见《司马相如传》。入居安宁河平原者，建成邛国，著于《汉书》。其入居于金沙江两岸者，则如《蜀志》会无县云"故濮人邑"是也。滇池以西，金沙江以南亦有濮人，其人在晋世文化已高，有爨习、爨量、爨琛、爨龙颜、爨宝子等人物；在唐世为"西爨白蛮"；后入南诏，保存于今之大理地区，文化甚高，每或超越于一般汉民。住居安宁河区之"白蛮"，则唐宋时被黑夷掠卖消灭。贵州高原之苗民，是否属于百濮遗裔，文献无可征验。惟僰（濮）族存在于此区者必尚多，但名称已变，当俟民族科学工作者调查考订矣。常氏于此，以"滇濮"联称，似滇国附近又有一濮人大国，与滇及句町、夜郎伯仲，疑所指即会无之濮王（详《蜀志》23章注）。会无濮王，辖地过金沙江，与滇国接境，故联称之。其其王史事无闻，按《常志》文，晋时已灭，然其民族团聚，后附南诏，置会川府。清会理州犹仍有金沙江南辖地，缘其人旧附也。

"句町"，亦濮王国也，属兴古郡，后详。

"夜郎"，南夷最大国，汉为县，属牂柯郡，晋分置夜郎郡，后详，其王族与句町同姓，应亦濮类。汉成帝时与句町、夜郎相攻之漏卧侯，亦当是濮王之小者。

"叶榆"，《两汉志》为县，不言王侯国。然古濮语，"榆"为民族地域之义，故徙（斯都）之国曰"斯榆"（详《蜀志》补徙县），今羌藏语之"察榆""狢榆""杂榆"，同是此义。疑叶榆原是民族部落之称，其人有巂与昆明两类，见《西南夷传》，皆"编发，随畜迁徙，无常处，无君长，地方可数千里"。此明为西康高原移徙来此之羌族；尚停滞于原始社会，只有氏族集团，无公社组织与国家组织，故曰"无君长"。在既移居洱海以后，每与濮族战斗。揆当诸氏族联合备战时，必有联合之共同权力机构产生，建立都邑于洱海旁，号为叶榆。汉因巂与昆明联合，都邑置叶榆县，故洱海曰叶榆泽也。

"桐师"。《史记·西南夷传》："自同师以东北至叶榆，名为巂昆明"。《汉书》作"桐师"。叶榆，为今大理县可定。桐师是今何地，从来无考订者。兹依《史》《汉》文，从叶榆按方位逆推，则当在今大理之西南（"东北"连读），或南方偏西（以"东"与"北至"断读）。从前者，则叶榆西南为永昌郡，只有哀牢、鹿茤、闽濮、鸠獠诸部族，绝无同师可拟。从后者，则叶榆东南有元江（红河）与阿墨江（黑水河）河谷，《汉志》有"西随县"。随与巂同音（据颜师古注，参看13章之注⑧），盖已有巂族人民居之，随同师降附于汉故取县名为"西随"（巂随、西巂，皆符此义）。然则桐师故国，当在西随县之西或西南，则无论读为"自同师以东北，至叶榆"或读为"以东，北至叶榆"，皆无不合矣。考西随是今墨江县地。则桐师当是今普洱、思茅两县地矣。两县东北，即是巂族，直至叶榆皆是巂与昆明两种游牧民族，是未开置郡县时情况。今其地属西双版纳自治州。就字义言：《史记》作同，即古之铜字。汉之同并、同劳、同乐等县，皆是滇池以南产铜之县，与同师地接，今普洱、恩茅一带仍有铜矿。再，《汉书》与《常志》作桐，而《常志》与《蜀都赋》之"桐华布"，指木棉为桐。元江中下游与西双版纳，正多此树。然则，释桐师为此国多铜冶匠工或织桐华布之匠工无不可矣，要皆此区地理特色，古人从而为之名称耶？汉无同师县，盖以为西随徼外国，或即以西随县领其地。桐师以商品市易，役属于夜郎，故汉西随县亦隶属于牂柯郡也。

"巂唐"。汉武帝开博南山置巂唐县，为益州西部都尉治，后汉属永昌郡。考其地即今保山县也（参看《永昌郡》案）。"巂"为民族之称。"唐"，在藏族语言为草原之义；古汉语为大，为唐途（庙殿内路），亦皆可通于巂族聚集中心之意。大抵此族自喜马拉雅山区东徙，曾经停留于此山区高原内，故汉武用为县名。其族北与昆明种联合为叶榆牧部，然联合不固，别从东南进入元江与墨江山谷者为多。今巍山、南涧两彝族自治县，即此族之留居地。其更东南徙者，为汉之西随县，又东南进者，为后汉之乌浒蛮。《后汉书·交阯传》言乌浒人在交阯北，灵帝建宁三年（一七〇）十余万人内附，开置七县。光和元年（一七八）又有"合浦乌浒蛮反叛"。浒字，古音读如许，与髓、随音近，盖亦巂族东南徙流者。阻于南越，不克更东南进，乃转向北，入云贵高原东部，成为濮人爨氏部曲。六朝时，发展成为"东爨乌蛮"，建成氏族独立部落于阿火地（今昭通）。其东延居于贵州高原者，明清世被称为"黑苗"（见《贵州通志》），考其语言服饰，皆黑彝（倮苏）也。其渡金沙江入居大凉山地区者，进入奴隶社会，是为"倮苏"。与白蛮相互掠卖，遂使建南地区之白族消失。又西延，渡雅砻江，进入秦汉之筰夷地界，至今犹是。考其民族来源，盖出于喜马拉雅山脉南侧之狢榆。自察隅县越高黎贡山、怒江、澜沧江，东至寯唐。此一地带，为中、印、缅、泰、越政治相格拒之疏隙地带。再由寯唐，展转纡回，达于川、滇、黔间金沙江内外。亦是乘内地政治实力脆薄，而地方民族又复涣散之地，乃克发展至此。

重言之：《史记》虽以"寯、昆明"连称，实则只习俗相近，来源并不相同。寯是自喜马拉雅山区东来，为寯唐、为西随、为乌浒、为东爨、为黑苗、为倮苏，末流已另成为一个语系。昆明系自西康高原南进，停留于云南高原北部甚久，为始终保持藏语言的民族。为昆明，栗粟，摩些，犺宗（姑缯）白狼（普米），筰（捉马），旄牛，青羌（叟），大都止住于滇北与川边，未克更南流进，并仍保持羌族本语。

且兰、漏卧、廉头、姑缯、哀牢、鹿茤、封离、五苓及闽濮、鸠獠、诸部落，皆南夷之见于本书者，足知其当在此"侯王国以十数"之内，常氏未悉举也。

⑤"椎髻"，谓挽发为发如椎。古人是此俗，僰（濮）、蜀、巴、楚人同。在这一带，表示为倾向汉地文化之民族。"编发"，谓编发为若干小辫，披拂头上。此羌蕃旧俗出。今凡藏语体系之妇女，仍持此俗。古人之以全部头发（薙去边缘短发）编为大辫，始于清代，乃满洲旧俗，椎髻之变也。满清入关，强制推行于全国，藏族男子亦仿为之。至于彝族（倮苏），在古代亦是编发小辫，约当在乌浒或东爨年代，改为剃发而留额上一小辫（天菩萨），其形状，已见于近年发现昭通霍弋墓之部曲造像，此则编发之变也。（剃发为越俗，见《北户录》，可能由于热带气候关系，亦与佛法有关。乌浒迤近日南，便其俗，亦剃发，而不能全叶旧制，故留额发为一小辫，以明其与越人有别。）当其为寯唐与西随时（秦及前汉时），固仍是编发随畜迁徙之寯人也（与注④参看）。

记西南夷最早资料，惟《史记》。班固《西南夷传》殆全遵之。《常志》于此，旧刻但存"编发、随畜"一句，无"椎髻、耕田"一句，则失濮族之俗，一概归于寯、昆明类，为大误矣。应是《常志》原有，后人传写者妄夺之，而更用《论语》于编发下窜入"左衽"字。夫衽，以向右为便，乃人类生活必然之理，或有个别好怪者尚左以立异，断无遂克成俗者也。《论语》"微管仲，吾其被发左衽"者，孔丘极言其不可设想之异俗，非曾实见有此俗之人类。后人遂妄以为蛮夷之俗如此。史文必依实际，《史》《汉》既无之，《常志》固不当有。而旧刻如此，正足知其为传写者所篡夺与谬增矣。

⑥庄蹻系船且兰，为谯周《南中记》之谬说，而常璩误采之。汉且兰国邑，在今贵州省黄平县西之"老黄平"，系贵州东部最大之一湖迹平原；农业发展在黔东地区为最早，故秦汉时已能建成且兰王国。其地有小水，经黄平县治，东出柱䍧开，为故秉县，是清代潕水之终航点（现代船已能至黄平县下）。再下游至镇远，合重安江，则已通行较大之船只，下合沅水，通于常德（汉武陵郡）及湘、鄂诸地。早在周秦时，已有经营此地区贸易之商人，溯流舟运至镇远，即《汉志》之无阳县也。其商人之更深入者，泛舟进至柱䍧关处，自有可能，亦必然有栌代系船而登陆，市易于且兰国邑之事，然其人决非庄蹻。盖谯周访南人以牂柯郡名取义，南人说以栌代系船故事，不能得其人名，谯周遂妄傅会于庄蹻耳。庄蹻入滇，其说始传自司马迁。迁书明言："庄蹻将兵循江上略巴、黔中以西。"不由沅水。就当时历史形势考订，亦只可能是循江水（另详附录《庄蹻入滇考》及插图），决不可能是循沅水。楚为联夜郎、僰侯攻取巴蜀，必循江上；为推销巴东盐利于西南地区，亦必循江上；为舟行便利，航向轻熟，食粮丰赡，人民习近，亦皆必循江而上，不能溯沅。按《后汉书·南蛮传》槃瓠种为五溪蛮，潕水流域属之。其人"田作、贾贩，无关梁符传，租税之赋"，此可知其人早与楚巴市易，物资相通而未接受政治关系矣。是故，商贾可以深入至且兰，楚军则不易深入且兰。秦虽置黔中郡，郡境并未达于潕水。入汉乃有无阳县，盖长沙王吴芮之所开置也，

其后马援、冯绲，皆曾大举征五溪蛮（其核心地带即在潕水）。地入吴后，黄盖犹屡征伐之（见《三国志·黄盖传》）。庄蹻时安可能率军自此深入以达滇池哉？不可能一也。（若循江，则楚境早入于枳，以鳖为县，军行故易。）沅水入洞庭湖，与所会五溪，皆盘屈迂迴，险滩不绝，在湘、资、沅、澧四水中最为险阻，是为五溪蛮能久存之主要原因。且兰属于濮族，与夜郎同姓，而相距一千餘里，中间隔以重山重水、历来人口稀少、地理不明之乌江上游地区，明、清两代始开成驿路。两汉牂柯郡，此地区尚无县治。且兰虽为郡治，其与夜郎交通，尚需北经鳖县、平夷，汉阳、朱提、堂琅等县以达。则庄蹻之入滇，何能不取循江入鳖以通夜郎之捷，而乃绕由五溪以入且兰之难乎？此就古今地理形势判断，为不可能二也。诚使庄娇绕从沅水，越五溪蛮地，自且兰以入夜郎，则秦虽已夺楚黔中地，只能阻绝鳖与枳、涪陵归路；且兰出沅入楚之道仍当非秦所有，蹻自可循原来路归报于楚，何得云"无路得反"。此就来回路線言，为不可通三也。诚使牂柯郡由庄娇系船得名，则蹻循江上，亦当遵陆路以至夜郎，必有其终航系船之处，仍在牂柯郡境（如芙蓉江之浩口，或巴符关之赤水），何必定在且苏？且藺是汉牂柯郡治，亦不陈专牂柯之名，四也。又按《西南夷传》，南越人指夜郎为牂柯国，非指且兰，五也。谯周谬因且兰为牂柯郡治，遂因郡治以说牂河之义，定其处为且兰。常氏舍《史记》以从之，范晔又据以入《南蛮·西南夷传》，后世不察，遂沿为定说，此当订正者也。

⑦"氏以竹为姓"五字，常氏本文也，《范史》引之，删氏字，《郦注》引之，删以字，张佳胤刻本改氏为世字，皆疑姓氏为一义，以为五字有衍文也。今按：氏与姓有别，原始人类，无婚姻夫妇之制。女性中心时代，以出于一母者为氏，其后发展为以同族徽之集团为氏。一夫一妇制固定后，以同血系者为姓。奴隶社会，奴隶主有氏有姓，而奴隶失其姓氏。过渡向封建社会，有天子封爵、赐姓之法。于是氏、姓混乱，随其人自为称。秦汉以后，乃皆有姓无氏，或称姓曰氏。如：黄帝轩辕氏，氏也。"黄帝二十五子，其得姓者十四人"（《史记·本纪》）。《国语》胥臣云："黄帝之子二十五宗，其得姓者十四人为十二姓"盖其十五妻所生之子各为一姓，中有同母者四人，故为十二姓。其无姓者十一人，则非正式配偶所生，不获得姓，但自为宗（轩辕氏之一支）。自伏牺、神农、蚩尤与黄帝，皆自无姓，世传黄帝姓公孙，姓姬，皆妄耳。子孙既多，发展不能平衡，有傑出者，复各自为姓氏，故黄帝子孙，又有高阳氏、高辛氏、陶唐氏、有虞氏之别，姓亦颇自异焉。《左传》，眾仲对鲁公曰："天子建德，因生以赐姓。胙之土而命之氏。"谓殷周对傑出人物由天子因其血统而命之姓，因其封爵而命之以氏也，姓氏渐合为一，而仍有区别。有周氏，初亦无姓，其称姬姓，大约自灭殷后开始，其后子孙封国皆姓姬，戎狄亦可自冒姬姓（骊戎、巴子皆是）。其他得姓者仍不多，称姓亦不固定，并多以氏为姓，如管仲之管，氏也；子孙亦即姓管。晋六卿亦各自为姓氏。智伯瑶立为世子，智果自别为辅氏，遂曰辅果。秦统一后，但称姓，无称氏者矣。

夜郎传说之竹王，父母俱无，自不得有姓。佀以竹为氏。其母无夫，生十子，明其属于原始社会之女子。其后数百岁，子孙强盛，并已入于奴隶社会，则当有姓，其王族亦即以竹为姓。为氏为姓之间，相隔数百年。已由原始社会进入奴隶社会，向封建社会过渡阶段，故曰初"氏以竹"，后遂"为姓"。五字为其省文矣。

⑧旧以此二十四字移写于庄蹻段下，则当说为庄蹻建成滇国，閱数百年乃亡于汉元封二年。自楚顷襄王时起算，只得百六十余年（前二七七—前一〇九），即从楚威王时起算，亦只二百二三十年，皆不得云数百年。移此二十四字于夜郎条下，则时间性合，上下文亦通贯。

"汉兴，遂不宾"与《蜀志》"虽王有巴、蜀，南中不宾也"句相应。谓秦通五尺道，开南中诸国，置吏，通商贸。南人便之，知有秦，不宾服于汉也。

⑨张骞事已详《汉中志》。"邛竹•蜀布"与"蒟酱"，从来多所误解，另于附录专文考订。

⑩事详《史》《汉》《西南夷传》，司马迁为身见其事之史官，所言当最如实。班固全用其文，而小有改易。审所改有当遵者，首句删西字，作"南夷君长以十数，与"自嶲以东北"下之西夷区别，深得马迁本义，此当遵矣。又改《史记》"道西北牂柯。牂柯江广数里，出番禺城下"为"道西北牂柯江，江广数里，出番禺下"，则谬之大者也。越人答唐蒙，枸酱来路"道西北牂柯"者，谓从西北方之牂柯国来，非谓泛牂柯江来。设其所言为牂柯江来，则江在城下，不必指，指示不当言"西北。"番禺之牂柯江（西江）系自西来，惟牂柯国在番禺西北也。事实上夜郎虽在牂柯江上，其与番禺间商道，并不能全泛牂柯江，遵陆而行者六百余里（陆良至剥隘）。越人不能详其商路委曲，但能指牂柯国在其西北方而已。（越人称夜郎为牂柯国，另详附录《牂柯考》。）"牂柯江广数里，出番禺城下"句，乃蒙因闻牂柯国而联想番禺城外大河名牂柯江，推测其必自牂柯国来，因动浮船袭越之想。迨归至长安，问蜀贾人，知夜郎国临牂柯江，足以行船，而有蜀枸酱，证实越人所言牂柯国，即夜郎国，乃上策通夜郎道，浮江袭越。以数十字表达唐蒙侦察西南交通形势过程，委宛详尽，一字不可移易。《班史》增删两三字，失之远矣。《常志》省作"牂柯来"不用江字，虽省略，犹贤于《汉书》。《通鉴》从《汉书》，高邮王氏校《史记》，谓当依《汉书》增江字，皆非。

⑪唐蒙事，始见《西南夷传》。《史》《汉》并云"拜蒙为郎中将。"下文又并云"相如以郎中将往谕"。《常志》盘改作"中郎将"。刘攽注《汉书》此处曰："当作中郎将。后'使相如以郎中将往谕'同"。）今按：《百官公卿表》："郎中令……武帝太初元年，更名光禄勋。属官有大夫、郎、谒者，……郎掌守门户，出充车骑。有议郎、中郎、侍郎、郎中，皆无员，多至千人。议郎、中郎，秩比六百石，侍郎，此四百石，中郎，比三百石。中郎有五官、左、右三将，秩皆此二千石。郎中有车、户、骑三将，秩皆比千石。"相如使巴蜀，《史记本传》作"中郎将"，则《西南夷传》作"郎中将"为误矣。唐蒙本番阳令，秩六百石，兹出使，得径斩令头，亦当是中郎将比。后转为都尉，亦此二千石秩，则与相如俱当是中郎将，刘攽之说不误。

⑫此三"开字"，皆谓开通道路，非谓开置郡县。《前汉志》，越嶲与牂柯郡皆"元鼎六年开"（前一一一），益州郡"元封二年开"（前一〇九），迟二年，而常氏于此叙开在牂柯前者，谓凿山架桥开通道路也。《相如传•喻巴蜀父老文》，首云"汉兴七十有八载"，则元光六年也（前一二九）。"今疲三郡之士，通夜郎之涂，于兹三年而功不竟。"则唐蒙开夜郎道始于元光年中也（前一三一）。"故乃关沫若，徼牂柯，镂零山，梁孙原"，则元光六年时相如已开越嶲道矣。又十八年至元鼎六年，始置越嶲与牂柯郡。开道二十年，而后置益州郡。唐蒙所开僰道至朱提一路，工最艰难（详后《南广郡序》）。至元光五年，犍为郡乃徙治南广（《犍为郡序》），以专力经营之。大约至元鼎中其道乃通至夜郎，乃开始建置南夷郡县。故知此所云开是元光时开通道路。《前汉书•地理志》所云开，是开置郡县。两俱正确，未有牴牾。

## 二

昭帝始元元年，益州廉头、姑缯，牂柯、谈指同并<sub>六字依《汉书•昭帝纪》补。</sub>等二十四县民反①。水衡都尉吕破奴<sub>《汉书•昭帝纪》作破胡，《通鉴》同，《西南夷传》于此水衡都尉不</sub>

具名，下文乃云"吕辟胡"，《通览》始元四年同。今按：《百官公卿表》始元元年云："水衡都尉吕辟胡，五年为云中太守。"是此年之吕破奴，即"后三岁"之"都尉吕辟胡"也。破与辟音近，义亦通，奴与胡，古亦同音义，并可通用。盖班氏、常氏取材于两种资料而未会通所致。**募吏民及发犍为、蜀郡奔命击破之**②。**后三岁，姑缯复反。【都尉吕辟胡】破奴击之，败绩**③。旧本皆作"都尉吕辟胡击之"，遂与上文歧为二人。兹考系一人，班氏、常氏字异耳，后人又依《班史》改此为五字也。**明年，遣大鸿胪田广明等，大破之。斩首、捕都五**《昭纪》作三**万人，获畜产十余万头。**《昭纪》作"五万余头"。**【富埒中国】**四字唐突，无谓，不知何人妄窜，《班史》纪传与《汉纪》均无此语。**封【其】钩町渠帅亡波为钩町王，以其助击反者故也。**旧本其字无上文可指，兹依《班史》改正。**广明赐爵邑**④。

  **成帝时，夜郎王兴与钩町王禹，漏卧侯愈，更相攻击。帝钱**、《函》本作命。**使太**刘李本作大，亦当读如太音。**中大夫蜀郡**依《汉书·王商传》补郡贯。**张匡**宋刻避讳缺末笔。**持节和解之。钩町、夜郎王不服，乃刻木作汉使**《汉书》作吏。**射之**⑤。**大将军王凤荐金城司马蜀郡陈立为牂柯太守。何**刘、李二本作阿。**霸为中郎将**廖本此下有小注云"当有误"，而无说。查何霸郫县人，司空何武兄也，《先贤志》有赞与小传，云"为属国中郎将"。《士女目录》无属国字。盖"属国"为出征戎狄时加衔字，可省也，《成帝纪》未载此役事，《西南夷传》载之，无何霸文，《通鉴》同，盖常氏取《益郡耆旧何霸传》增入。《通鉴》系此役于河平二年，《考异》云："《西南夷传》但云河平中。而胡旦《汉晋春秋》云在此年十一月。"是《益都耆旧》与《汉晋春秋》皆曾载此役，常氏不专取《汉书》也。**出益州。立既到郡，单至夜郎且同亭**依《汉书》补此三字，明其非至夜郎国邑之夜郎县治。**召兴。兴与邑君数十人，率从数千人来见立，**旧脱五字，便成邑君数千之多。兹依《汉书》文义补。**立责数，斩兴，邑君皆悦服。兴妻父翁指，与兴子邪务**依《汉书》补子名。**耻，复反。立讨平之。威震南裔**⑥。此文较《汉书·西南夷传》过省，又删去王莽时南中骚乱事。兹于陈立事只补一平字，另参《两汉书》与《通鉴》补王莽时南中事。

  **王莽定诸王之号，四夷称王者皆更为侯。**用《通鉴》文，在始建国元年。**王邯怨怒不附，莽讽牂柯大尹周歆**《西南夷传》作周钦，《通鉴》从《莽传》作歆。**诈杀邯。邯弟随，起兵杀歆，州郡击之，不能服。**《通鉴》文，在始建国四年。**蛮夷愁扰，尽反，复杀益州大尹程隆。莽遣平蛮将军冯茂，发巴、蜀、犍为吏士，赋敛取足于民以击之。**《通鉴》天凤元年。**茂击句町，士卒疾疫，死者什六七。赋敛民财，什取五，州境虚耗而不克。征还，下狱死。更遣宁始将军廉丹，与庸部牧史熊，大发天水、陇西骑士，广汉、巴、蜀、犍为吏民十万人，转输者合二十万人击之。始至，颇斩首数千，其后军粮前后不相及，士卒饥疫。莽征丹、熊，丹、熊愿调度，必克乃还。复大赋敛。粤嶲蛮夷任贵亦杀太守枚根反。**《通鉴》天凤三年。**丹等久不能克，益州郡夷栋蚕、若豆等起兵杀太守，姑复夷大牟等亦皆叛，杀略吏人。莽召丹还，更遣大司马护军郭兴、庸部牧李晔，击若豆等。《通鉴》天凤六年。《后汉书·滇传》叙栋蚕、若豆反在廉丹出军前。此从《通鉴》。又遣国师和仲、曹放助郭兴击钩町，皆不能克《通鉴》地皇二年。而还⑦。末二字用《后汉书·南蛮·滇传》补。盖因山东兵起召还。【平帝末】三字旧有，当衍，自王莽居摄至地皇十余年间益州太守三被叛夷杀害，何能文齐能存，且有政化。《后汉书》于"连年不克而还"下即云"以广汉文齐为太守"，所据当实。《先贤梓潼士女》谓"文濒"字子奇，《目录》作"文齐"。"孝平帝末，以城门校尉为犍为属国，迁益州太守。"是其平帝末是作犍为属国都尉，王莽末乃为益州太守，传写者妄加此三字也。梓潼文齐为益州太守，公孙述时，拒郡不服。光武【称】帝以南中有义，此下，张、吴、何、王、浙本有小注，依《后汉书·滇传》补文齐治绩三十七字。续此脱文。查常氏述文齐治绩，在《先贤志》于此当略。故只补下五字，以结文意。且所补五字下提行另起。封齐成义侯⑧。封在光武称帝后十八年。旧衍称字也。

益州西部，金、银、宝货之地。居其官者，皆富及十世。孝明帝初，广汉郑纯独尚清廉，毫毛不犯。夷汉歌咏，表荐无数。上自三司，下及卿士，莫不叹赏。明帝嘉之，因以为永昌郡，拜纯太守⑨。章帝时，蜀郡王阜《后汉书·滇传》讹作追。《东观记》亦作阜。为益州太守，治化尤异：神马四匹出滇池河中，甘露降，白乌见，始兴文学，渐迁其俗⑩。安帝【永初中，汉中、阴平、广汉羌反，征战连年】十五字，非南中事，此不当有，故删。元初四年，益州、永昌、越嶲诸夷封离等反，众十余万，多所残破。益州刺史张乔遣从事蜀郡杨竦将兵讨之。竦先以诏书告谕，告谕不从，方略涤讨。凡杀虏三万余人，获生口千五百人，财物四【千】十余万，《后汉书邛传》作"资财四千余万，悉以赏军士"。廖本据以改此十字为千。今按四千余万过于夸大难信，依《通鉴》删此句不用，当如旧本。降、赦夷三十六种，举劾奸、贪长吏九十人，黄绶六十人。诸郡皆平。竦以伤死，故功不录⑪。自是后，少宁五十余年。迄灵帝熹平中，蛮夷复反，拥没益州太守雍陟。遣御史中丞朱龟，将并、凉劲兵讨之，不克。朝议不能征，欲依朱崖钱写作厓。吴、何本作崔。故事弃之⑫。太尉掾巴郡李颙献陈方策，以为可讨。帝乃拜颙益州太守，与刺史庞芝伐之，征龟还。颙将巴郡板楯军讨之，皆破，陟得生出⑬。颙卒后，依《滇传》实二字，复【更】叛，梓橦景毅为益州太守，讨定之。依《滇传》删更字，补"讨定之"三字。承丧乱后，民夷困饿，米一斗钱写作升，张、吴、何、王、浙本作斗，刘、《函》、廖本作斛，《后汉书·滇传》作斛，《先贤志》亦作斛。千钱，民皆离散。旧脱民字。当补。毅至，安集后，米一斛八钱⑭。

案：以上叙汉武帝开置南中郡县后三百余年中当地少数民族动乱事。前汉部分，殆全取班区《西南夷传》。正由于《班史》易见，传钞《常志》者颇多据以窜夺，违失原意者甚多，甚至于不成句读。亦有《班史》原已失考者，如吕破胡、吕辟胡别为二人是也，亦有误入《常志》未抹者，如："富埒中国"四字，与永初羌乱十五字是也。其他属于后世钞写而脱误之字不少，兹皆详细考订、审实，厘正。后汉部分，当时可供辑纂之书颇多，如《东观记》《汉纪》《益部耆旧》与《汉魏春秋》及《南中志》等地方史志，私家传记至繁，常氏得侈取而纂合之。范晔《后汉书·南蛮传》大都径用常氏之说，今可径取《范史》回校《常志》，殊省力也。旧刻脱新莽时十余年事，文齐事，语又未结，皆当是传钞者之失，非常氏原本，故亦考订补全。

综合分析《班史》《常志》《范书》所记此南中三百年事，徒见两汉统治此一少数民族地区之贪酷与残暴。一味恃在武力镇压，曾未注意于官吏之选派，与边民痛苦，实深负开边时远人向风慕化之初志。以与下章武侯南征事绩相较，其致治、召乱之效如辨云泥。两汉书具在，无庸更征引注证，但辨订其关键性之文义。

## 【注释】

①"廉头、姑缯"，《昭帝纪》颜注："苏林曰：皆西南夷别种名也。"姑缯，即《维西小志》所云之古宗（狐猔），其人与藏族同俗，系原从西康高原进入滇北地区甚明。两汉志有姑复县，晋宋时又分有东、西姑复，考其地，皆在今盐源县之黑盐塘（盐池泽或临池泽）附近，即今云南省金沙江以北宁蒗、永宁、永胜等地，与四川盐源、木里两县之地（参看《蜀志》22章注⑦）。藏族古史，曾称之为"谷查"或译"姑查"：（福幢撰刘立千译之《西藏政教史鉴》），即此姑缯也，黑盐塘之盐利为其所据。廉头别无考见，非种族名也。汉时蜀人呼盐为龄，官书作临。故临池泽一作盐池泽，僰语音变为连，廉，故益州安宁井有盐官，汉置县取"连然"为名，而称其盐工为"廉头"。官文书随音作字，故不统一也（参看连然县与比苏县注）。连然盐泉，系昆明夷所发现、开煮，历世用舟运入滇池，行销滇、夜郎各地。故滇池亦称昆明池，或昆泽，其盐工旧皆昆明夷专为之。此次廉与姑缯率先造反而益州、牂柯二十余县同反，数年不能定者，盖由汉榷盐铁，与昆明姑缯世专盐利相犯，而仰食其盐诸县夷民应之。汉自元狩中用桑弘羊平准、均输法，榷天下盐铁，初不施于南夷郡县。造置郡二十余年后，值昭帝初，官吏贪功，势必推行盐铁法于此诸新郡，牧诸盐泉归官，而以内地先进方法汲煮之。当地人不愿转由官吏经营，故相与煽诱作乱也。

廉头拥有安宁盐泉，姑缯，拥黑白盐塘之利者，不愿官榷盐利，出于反叛，此易理解。著牂柯之谈指、同并及其他附乱二十余县（除连然与姑复外当有二十二县同反），皆非有盐泉者，则胡为亦相从而反？此则必由郡县官吏贪虐，民忿积深所致，而其主要之点仍在于盐。官榷盐铁，虽为经济发展之必然趋势，推行之初，必仍多夹有弊端，致妨害其推行，况官吏一般习于贪酷之新郡，必不免于控纵盐价以残酷剥削销盐民户，甚至于使当地人无法购入食盐。于是廉头、姑缯之族，得以诽议平准之说售，当地人为之忿怒。两郡三边（当时南夷只牂柯、益州两郡，合越巂，号称三边，三边，名见《汉书》，对蜀郡言为西南三边郡也。）二十四县皆反矣。

于时，牂柯郡十七县，且兰、镡封、鳖、平夷在东北境，行销巴地盐泉之盐，不至同反。益州郡二十四县，其西部都尉所辖，有兰沧江区盐泉，原在少数民族地区，不榷，故亦不至反。此反叛之二十四县，当在益州郡东南部，与牂柯郡西南部，即南北盘江流域，素只专销连然井盐地区（句町除外），与越嶲之姑复、遂久、青蛉，等数县（定莋以东之越嶲郡县不反，以白盐井历系汉民掌握也）。此据南中民族间经济历史推定，虽无《史》《汉》明文，亦必不能易之民族史实也。

②"奔命"，《汉书·昭帝纪》颜注"应劭曰：'旧时，郡国皆有材官骑士，以赴急难。今夷反，常兵不足以讨之，故权选取精勇，闻命奔走。故谓之犇命'。李斐曰，'平居发者二十以上至五十（岁）为甲卒。今者，五十以上，六十以下为奔命，言急也'。师古曰：'应说是。'"胡三省《通鉴注》云："余据《左传》子重、子反'一岁七奔命'奔命者，救急之师，不拘五十以上六十以下也。"今按："常兵"者，谓赋役之兵，凡编籍之民户丁男，皆当应此征役，周制也，汉、唐均行之。凡史志言郡县户口，皆当承此役之户口也。又称"胜兵"，言胜任兵役者。凡天子羽林、虎贲、佽飞、射声诸校尉所领，皆属此类常兵，郡县尉所领兵亦然。其有才艺，乐于军营生活，不愿番代者，听之，久乃成为官饷俸给之装饰军队。番代如制之常兵，不多，但备巡缉、捕盗贼，守卫城邑关隘足矣。不尽征发，以利生产。有叛乱大故，乃量增额征用之。此种常兵，乃如李斐所说，以年龄定之，征尽，得至六十岁以下。其人大都迟重不善于作战，但忠悫可靠，良将恒不喜用之，而喜用募兵。募兵所得皆轻躁男子，乐于以武技立功名者，作战锐利，宜于远征。凡汉武帝时用于四夷之军，大都出于募兵。此役所云"募吏民"，即是以募兵为主，不用州郡常兵，以利远征也。

"奔命"者，既非募兵，亦非州郡编籍之常兵，乃少数民族部落隶属于州郡而未编入于户籍者，承应征召之夷兵。其编籍在部落，各有规定。凡史言"内附"若干人者，当其酋长内附时，皆具其人数，以得赏赐，亦量其人数认定应征兵额。国家有事，则按额酌征用之，无事不征，亦无饷给，征用乃有饷俸，是为奔命。取《左传》成语，非《左传》子重子反一岁七奔命之义。《左傳》谓二人一年七出击。所率自是供赋役之常兵（民兵），与汉制奔命有别。犍为、蜀郡、广汉、巴郡、武陵等凡近少数民族地区郡县，皆有此种夷兵，《巴志》涪陵之"赤甲卒"即是。此次征南中，系自犍为郡进兵，取蜀郡水道出僰道，入夜郎，故所发自募兵外，只征蜀、犍两郡夷兵，即叟兵与僰兵是也。叟兵，即青羌兵，见于刘焉、董卓、吕布等传。《蜀志》邛都县之"四部斯儿"，及本篇后文之"五部所当、无前"等，皆奔命之类也。明、清两代征用土司民兵，称为"土兵"者，亦是此奔命之变语。此种士兵，生活简朴，善于野战，能冒寒热，涉险远，贪赏敢死。配合精锐装备，所向无敌。冯颢征武陵，李颙平南中，所倚用之"丹阳军"，"板楯军"亦皆此类。昭帝承武帝盛局，全国郡国五十六。伐南越时，五路兵共数十万，未嫌兵不足．此次南征牂柯，仅发二郡奔命，未动巴、汉兵民，何得谓"常兵不足"？应、李两说并谬，而颜、胡因其为前人之说而遵用之，不觉其自牴牾如此。

③昭帝始元元年（前八六）吕辟胡（破奴）南征牂柯，得钩町侯助，克平牂柯矣。当时祸乱发于廉头、姑缯，地在益州、越嶲两郡，而史无伐益州之语者，似由益州、越嶲郡守因难发，暂罢榷盐，还盐池于廉头姑缯之酋，故获苟安，未曾用兵。迨牂柯与益州东南诸县已平定，而越嶲复榷盐，且榷比苏。故姑缯复反，而叶榆应之。（《汉书》云"后三岁，姑缯、叶榆复反"。常氏省"叶榆"字。）叶榆之昆明族，与姑缯同类，故助之也。吕辟胡即水衡都尉吕破奴，似因牂柯平叛军事犹未结束，而师已老惫，故再发益州兵，俾率之以系越嶲之姑缯。《汉书·西南夷传》作："遣水衡都尉吕辟胡将郡兵击之。辟胡不进，蛮夷遂杀益州太守，乘胜与辟胡战，战士及溺死者四千余人。"（《帝纪》不载。）不言何郡。《通鉴》卷二十三云："将

益州兵击之。"多"益州"字。胡三省注云："此益州刺史所部兵也。"于下益州太守,乃注云："益州郡治滇池。"是《汉书》言"郡兵"者,亦谓益州刺史所属各郡之常兵,非谓益州或牂柯之郡兵。其时益州不能自保,牂柯乱仅粗定,安得有郡兵可征哉?州军已发辟胡,乃向越嶲讨姑缯。姑缯乘虚遂与廉头复相结,攻陷益州。从辟胡后,破坏郡县。辟胡还救,被拒于泸水。一战大败,故战死溺死者甚众也。

④《汉书·昭纪》始元四年"冬,遣大鸿胪田广明击益州。"五年:"秋,大鸿胪广明,军正王平击益州,斩首捕虏三万余人,获畜产五万余头。"六年:"诏曰:钩町侯毋波,率其君长人民击反者,斩首捕虏有功,其立毋波为钩町王。大鸿胪广明将率有功,赐爵关内侯,食邑。"颇与《西南夷传》文异。《常志》,与传合,与纪不合。按纪文,田广明实未身往,四年冬受命,次年秋乃遣其军正王平往击之,故奖功诏但云"将率有功",因军正为其率将,而赐以爵邑,不封王平。此亦如越嶲复郡为张嶷功而赏马忠。而传则云:"明年,复遣军正王平与大鸿胪田广明等并进。"此传之误矣。军正,非朝官,惟出军置之。王平只广明率将或属吏耳,安得叙在广明前云"并进"哉?《常志》不言王平,《通鉴》作"大鸿胪广明军正王平击益州",不从《班史》传文,是矣。

吕破奴与王平先后平定南夷而功赏不及者,王平只田广明所遣,破奴有益州之败,然以先平牂柯功,无罚,但出为云中太守也。益州平定而后赏钩町王,明其先后为一役事,自初叛至于敉平,阅时六年矣。

⑤张匡,又见《汉书》八十二《王商传》"会日有蚀之,太中大夫蜀郡张匡,其人佞巧,上书愿对近臣陈日蚀咎。下朝者(谓值朝事之日者)左将军丹等问匡",匡指斥丞相王商"闺门内乱,父子相讦"。商罢相呕血死。史以其党王凤害商斥之,常璩《先贤志》与《士女目录》皆不收其人,犹不收梓潼哀章也。

⑥此事《成帝纪》不载,惟《西南夷传》载之,备详陈立始末,《常志》取之。又有杜钦说王凤语,论牂柯当弃与否,足为治边事者取鉴,兹录附于下:

杜钦说大将军王凤曰:"太中大夫匡,使和解蛮夷王侯,王侯受诏已,复相攻。轻易汉使,不惮国威,其效可见。恐议者选耎(懦懦),复守和解,太守察动静,有变乃以闻。如此,则复旷一时,王侯得收猎其众,申固其谋,党助众多,各不胜忿,必相殄灭。自知罪成,狂犯守尉。远藏温暑毒草之地。虽有孙、吴,将贲、育士,若入水火,往必焦没,知勇无所施。屯田守之,费不可胜量。宜因其罪恶未成,未疑汉家加诛,阴敕旁郡守、尉,练士马,大司农豫调谷积要害处,选任职(任,犹胜任)太守往。以秋凉时人诛其王侯尤不轨者。即以为不毛之地,无用之民,圣王不以劳中国,宜罢郡,放弃其民,绝其王侯,勿复通。如以先帝所立,累世之功,不可堕坏,亦宜因其萌芽,早断绝之。及已成形然后战师,则万姓被害。"

⑦王莽改益州为庸部,刺史为牧。以《周官》《王制》之文,置卒正、连率、大尹,职如太守。又以太师主春,其属置义仲官。国师主秋,其属置和仲官。

《汉书·西南夷传》至任贵杀枚根止,无郭兴事。《通鉴》有。

⑧《后汉书·滇传》,叙廉丹"连年不能克而还"下云:"以广汉文齐为太守。造起陂池,开通溉灌,垦田二千余顷。率厉兵马,修障塞,降集群夷,甚得其和。"盖郭兴南征时,齐由属国都尉为益州太守,非平帝时也。大乱之后,夷民散逸,招徕安集,仍修障塞,厉兵马为备,正合是郭兴南征时景象。

光武称帝曰建武元年,即更始三年(二五年),又十八年而后平蜀。《先贤志》云:"述平,世祖嘉之,征拜镇远将军,封成义侯。"(《范史·滇传》同。)则此不得云封在光武称帝时。

⑨郑纯事,参看《先贤志·广汉士女赞》及《后汉书·滇传》。永昌郡,本益州郡西部都尉,后汉初为属国都尉。郑纯以都尉为太守,在明帝永平十二年(六九)。

⑩王阜，《先贤·蜀郡士女》有赞，元和中（八四—八六）为益州太守。
⑪杨竦，《先贤蜀郡士女》有赞。《后汉书》著其事迹于《邛传》。封离叛乱自遂久县始，地在当时属越嶲郡也，其巢落在永昌郡。所破二十余县，皆在永昌益州两郡，故蜀、南中两志并当及之（参看《蜀志》22章补《越嶲郡序》）。
⑫珠崖，汉武帝元封元年开，立儋耳、朱崖二郡，昭帝始元五年（前八二），罢儋耳郡，并属朱崖，凡十六县，今海南岛是也。其人异俗，数犯吏禁，吏不能抚谕，又酷遇之，于是恒数年一反叛。屡发兵讨击之，至元帝初元元年（前四八），又反，诸县更叛，连年不定。朝廷议大发军，贾谊曾孙名捐之者，时待诏金马门：建议以为不当击。帝使侍中王商问之，贾以儒术对。元帝好儒，遂罢珠崖郡，为徐闻、朱卢两县，属合浦郡也。其对语载《汉书》卷六四《贾捐之传》，颇迎时人厌兵之意。本书记杨竦平南中事，可与上文罢珠崖事互相参证。
⑬李颙事迹，因《先贤·巴郡士女赞》与《巴耆旧传》均轶，更无可考，《士女目录》云："字德印，垫江人也，见《汉书》及《巴耆旧传》。"所言"汉书"，谓蔡邕、谢承等所续之《汉书》，今云《东观汉记》是也。颐定益州，在熹平五年（一七六），所得力者为其乡人板楯军。
⑭景毅见《先贤·梓潼士女赞》与《范史·滇传》。

# 三

建安十九年，刘先主定蜀，遣安远将军、南郡邓方，以朱提太守、庲降都督治南昌县。轻财果毅，夷汉敬其威信①。何、王本只"以邓方治南昌，夷汉敬其威信"十二字承定蜀下。脱二十二字。他各本不脱。浙本原脱，后用两行挤刻补足。方【亡】卒，旧本作为。廖本改作亡。顾观光《校勘记》云："原作卒。"《李恢传》作卒。先主问代于治中从事建宁李恢，对曰："【西】先旧本作西。依《汉书·充国传》及《三国志·李恢传》改先零。零之役，赵充国有言：'莫若老臣。'"先主遂用恢为都督，治平夷县②。先主薨后，越嶲叟帅高定元杀郡将【军】焦璜，旧衍军字，汉人习称太守为郡将，常兵（郡兵）统率于太守也。举郡称王以叛③。益州大姓雍闿亦杀太守正元丰本作郑。昂，更以蜀郡张裔为太守。闿假鬼教曰："张【裔】《三国志·裔传》无此裔字，常氏增，当衍。府君，如瓠壶，外虽泽，【而】内实粗，刘、李、【函】本作麤。钱、张、吴、何、王本作粗。廖本从裔本传作麤。杀【之】不可，缚与吴。"顾广圻校稿云"七字句。东汉人语每如此"。今按：巫语例为三言，四言。《三国志》加而字，与令字，变为散文，常氏又变"不足杀"三字为"杀之不可"四字，省其令字，足知巫原语是三言三韵十八字，故删存原语。于是执送裔于吴④。吴主孙权遥用闿为永昌太守；遣故刘璋子阐为益州刺史，处交、益州际⑤。牂柯郡丞朱提朱褒领太守，恣睢⑥，丞相诸葛亮以初遭大丧，未便加兵，遣越嶲太守巴西龚录住安上县，遥领郡；从事蜀郡常颀行部南入；以都护李严书晓喻闿⑦。闿答曰："愚闻天无二日，土无二王。今天下派分，正朔有三，远人惶惑，不知所归。"其傲慢

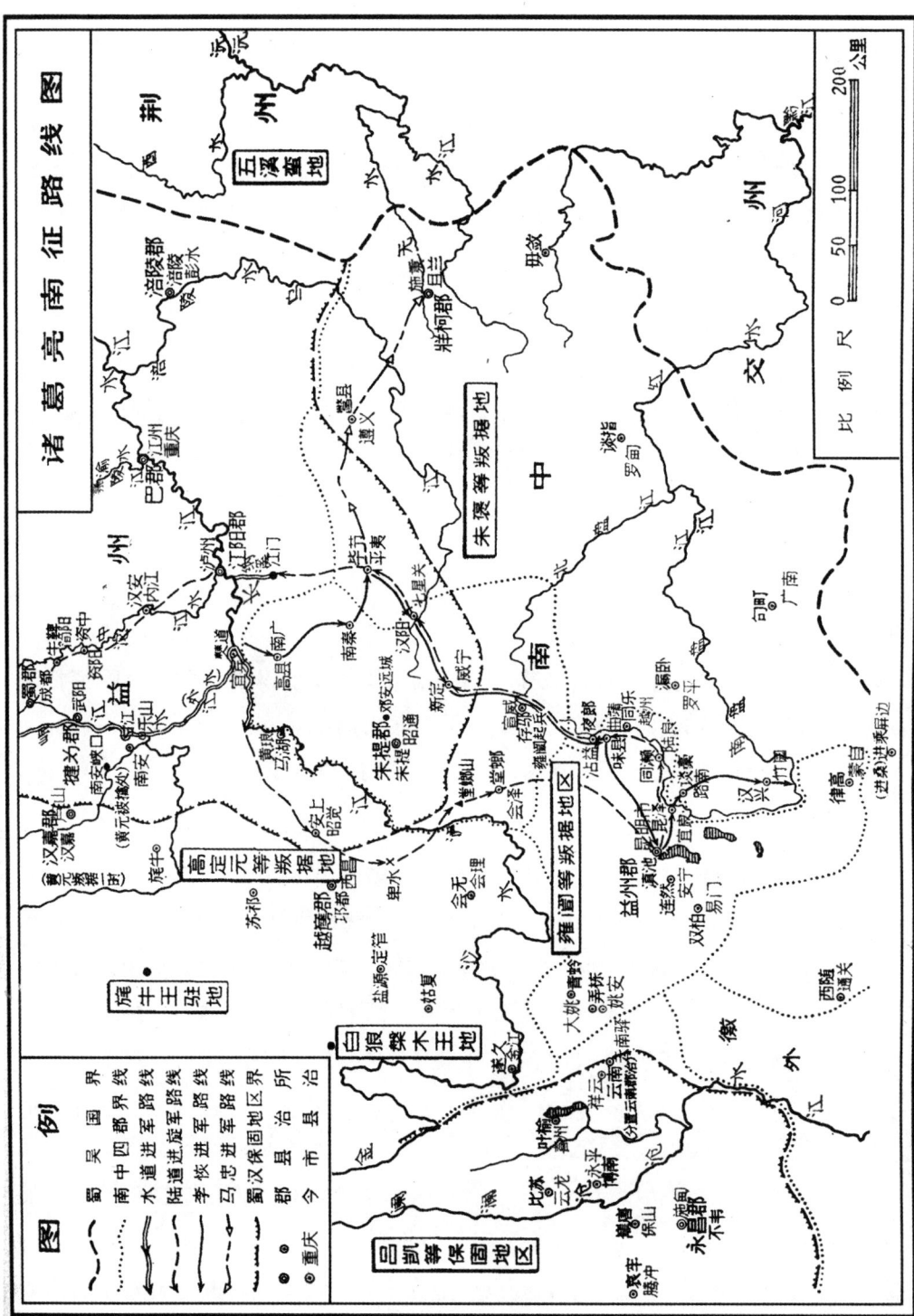

诸葛亮南征路线图

如此⑧。顾至牂柯，收郡主簿考讯奸。褒因【煞】杀此从钱写本，他各本作煞。顾为乱。益州夷复不从阊，阊使建宁孟获说夷叟曰："官欲得乌狗三百头、膺前尽黑，螨脑三斗，按字书无螨字。疑字当作螨。《玉篇》："含毒蛇也。"音入叡。蚊螨无脑，毒蛇则有脑，而难致也。"【断】斲廖本作断。下同。木构元丰本作构。嘉泰本作槔。三丈者三千枚，汝能得不？"夷以为然，皆从阊。【断】斲木坚刚，性委曲，高不至二丈，故获以欺夷。⑨

建兴三年春，亮南征。【自安上】由水路自安上旧刻此三字误倒，无论安上是今何地，皆当在山中，不可能水路入越嶲，唯水路可至安上，转陆入越嶲耳。入越嶲⑩。别遣马忠伐牂柯，李恢向益州，以犍为太守广汉王士为益州太守。高定元自旄牛、钱写本作旄头。定笮、卑水多为垒守。亮欲俟定元军众集合，并讨之，军卑水⑪。定元部曲杀雍阊及士【庶】等⑫，士，谓益州太守王士。旧传写者忽之，衍庶字也。廖本注云，"当衍二字"，意谓士等二字，然等字固当有，谓王士从人。孟获代阊为主。李本作王。亮既斩定元⑬，【而】马忠破牂柯⑭，而上而字，当移此。李恢败字当作困。于南中⑮。夏五月，亮渡泸，进征益州。生虏孟获，置军中，问曰："我军如何？"获对曰："恨不相知，公易胜耳。"亮以方务在北，而南中好叛乱，宜穷其诈。乃赦获，使还合军，更战。凡七虏、七赦。获等心服，夷、汉亦思反善。亮复问获，获对曰："明公，天威也！边民长不为恶矣⑯。"秋，遂平四郡⑰。改益州为建宁，以李恢为太守，加安汉将军，领交州刘本作"川"。刺史，移治味县。分建宁、越嶲置云南郡，以吕凯为太守。又分建宁，牂柯置兴古郡，以马忠为牂柯太守⑱。移南中劲卒、青羌万余家于蜀，为五部，所当无前，刘、钱、《函》、廖本作"无当无前。"【军】号为飞军。刘，钱、《函》、廖本作"军号飞"，三字下注一阙字，从嘉泰本也。张佳胤改刻为此四字，依元丰本也。吴、何、王诸本从之，浙本原同张本，又复剜改从嘉泰本。分其羸弱配大姓焦、钱、《函》二本讹作集。雍、娄、爨、旧皆作囊，廖改。孟、量、毛、李为部曲，置五部都尉，号五子。故南人言四姓五子也⑲。以夷多刚很，旧各本作狠，廖本改。不宾大姓富豪；乃劝令出金帛，聘策恶夷为家部曲⑳，得多者奕世袭官。于是夷人贪货物，以渐服属于汉，成夷汉部曲。亮收其俊杰建宁爨习，朱提孟琰及获为官属，习官至领军，琰，辅汉将军，获，御史中丞。出其金、银、丹、漆，耕牛、战马，给军国之用㉑，都督常用重人。旧本皆作"常重用人"。钱写作"常重用其人。"兹依廖本，作"常用重人"。

案：此章，述蜀汉丞相诸葛亮南征始末。亮南征《三国志·后主传》祇"（建兴）三年春，亮率众南征四郡。四郡皆平，改益州郡为建宁郡，分建宁、永昌郡为云南郡。又分建宁、牂柯为兴古郡。十二月，亮还成都"五十一字。《亮传》只

"三年春，亮率聚南征，其秋悉平。军资所出，国以富饶"二十字，合《裴注》不足三百字。其进军路线，战斗形势，与善后措施，牵涉地方民族情俗，与社会经济、文化方面者，惟赖此书存其梗概。常璩撰此书时，上距南征，不过百年。故老口谈，时人文记，多所收辑，应可成为一代信史。谓为南征最原始的资料亦可也。后世传亮事者多谬说，故兹详为分注，阐明其史实。

【注释】

①邓方，字孔山，南郡人，"以荆州从事随先主入蜀。蜀既定，以方为犍为属国都尉。又易郡名，为朱提太守，加安远将军、庲降都督，住南昌县。章武二年卒"（《三国志·杨戏传·辅臣赞》注）。赞云："安远强志，允休允烈。轻财果壮，当难不惑。以少御多，殊方保业。"然则邓方时，南中已有叛乱，赖方能镇定之，只史未传其事耳。

　　南昌县，后详。

②李恢，字德昂，建宁俞元人，《三国志》有传。盖汉时已入居于南中，从事工商业之汉民裔孙也。南中开置郡县后，如此先入世居之民，实为封建政权之柱，文化最为先进。桓帝时，牂柯尹珍，游学中原，成为一方经师，官至荆州刺史。而平夷传宝、夜郎尹贡，亦以名德，入仕至二千石（见后文），李恢犹是其后起者也。由其先零对，足知其已治经史，由其能首归先主，谕降马超，足知其具政治才识，与亮分道进平益州，"军功居多"，足知其武略亦非时人所及。生于边裔，习于地方情势，故敢任其事，而能成其功业。虽赵充国、班定远、马援、冯绲等名贤，未必能有以过之。

　　此等人物之产生，实为南中社会至汉末时，文化进步已接近于封建社会成熟阶段之证验，惜入晋世后，制御失人，相继衰乱，直至与内地割断联系数百年，睹此篇者，宜可同声一叹矣。

③蜀汉时，越嶲郡与牂柯、益州、朱提四郡同隶于庲降都督，已前注（在《蜀志》22章《越嶲郡序》）。

④《三国志·蜀·张裔传》云："先是，益州郡杀太守正昂。耆率雍闿，恩信著于南土，使命周旋，远通孙权。"正昂因何见杀，史无可考。按此文推，当先主败于秭归时，此郡民已叛杀太守，邓方兵少，未能讨也。雍闿实际已是叛民首领，其人已接受封建文化，由于憎恶汉官贪虐，而怂恿民变，杀太守潜附于吴，冀蜀或吴能因之任为太守，俾得拥郡自擅而已，对吴对蜀，均在观望。蜀因其尚未显叛，故以蜀中名凤重臣张裔为益州郡守，冀能安定。裔时已由"巴郡太守，还为司金中郎将"，授益州守，为左迁矣，而裔能体国家急，"径往之郡"欲徒以威望与公诚之德慑服远人，雍闿对蜀失望，故乃缚裔以附于吴。由其不杀裔而杀正昂，知其对于封建人物，亦知有所臧否，此正是已经接受封建文化之证。叛民不能辨此，但以裔是其所叛方来之太守，即欲杀之，闿实内敬裔之贤，故托为巫言以免之。云"外虽泽"，是肯定的德行仪表话，云"不可杀"，亦是封建士大夫之阶级同情也。观闿答李严文及后虽拒亮于卑水而竟与高定元不合作等事实，皆可知其人之政治态度与宿谋割据者不同。设蜀能赦其杀害正昂之罪，而假以太守之名，亦可服也。

⑤雍闿"远通孙权"，系由吴交址太守士燮招致，时间在孙权黄武元年（二二二）即蜀章武二年也，见《三国志·吴·士燮传》。孙权署闿为永昌太守，亦见《蜀·吕凯传》。

刘璋二子，长子循，留蜀死，次子阐，随璋迁居公安。孙权杀关羽，取荆州，以璋为益州牧，驻秭归。雍闿附吴时，璋已卒，权复以阐为益州刺史，处交、益界首。诸葛亮平南中，阐还吴，为御史中丞，见《陈志·二牧传》。

⑥朱褒，朱提人，为牂柯郡丞，领太守，则亦南中之士流，才力能胜太守者。以不实授太守为怨，与雍闿同，故亦恣睢自擅，至建兴元年乃杀常颀反。

⑦此言诸葛亮初对南中之委曲，但求得苟安而已。越嶲高定元杀太守焦璜，不问，据郡不争，但亦不放弃。益州雍闿杀太守正昂，据郡降吴，则亦不正其罪，而以李严书招之。牂柯朱褒实叛，则以部从事行部往察其情，皆不用兵。常颀不达权宜，遂促其叛变。裴松之《后主纪》注引《魏氏春秋》曰："益州从事常房（即常颀）行部，闻褒将有异志，收其主簿案问，杀之。褒怒，攻杀房，诬以谋反。诸葛亮诛房诸子，徙其四弟于越嶲，欲以安之。褒犹不悛改，遂与郡叛应雍闿。"裴疑："以房为褒所诬，勃政所宜澄察，安有妄杀不辜以悦奸慝？斯殆妄矣。"就此《常志》文义，则实有此枉矣。惟常璩亦信其以谋反诛，故《三州士女目录》亦不收房（颀）。

⑧《陈志·吕凯传》云："雍闿等闻先主薨于永安，骄黠滋甚。都护李严与闿书六纸，解喻利害，闿但答一纸，……"（下同本书）。可知先主薨前，益州郡民已杀太守正昂叛，盖在章武二年伐吴兵败时也。《李严传》："严为中都护，统内外军事。"在先主薨后。

⑨此可说明此次南中之乱，发自汉民。少数民族仅被诱从之，与两汉南中少数民族动乱，性质不同。两汉南中少数民族动乱，全由少数民族首领，部落侯王，不堪官吏贪虐酿成。汉民拥护官府，同为彼所敌视。故夷汉畛域亦从而渐严。汉民习文化，为吏，为四姓绅耆。守令恃其习民情、通语言，庶政恒倚任之。流官来去有时，此辈吏绅则阅世恒在，故地方上能作威福。遂有豪桀狡健者，发展成为若干之地方集团，由挟制官府进而地方自擅。中央政府强盛，则守礼致忠，助宣政化，推动社会发展，或有衰征弱象，即图割据自保，此必然之势也。雍闿、孟获、朱褒、皆属此类人物，其失名而相党此者尤多。故刘备征吴一败，南中叛乱蜂起，其能效忠于蜀汉者，李恢、吕凯数人而已。至于少数民族，与普通汉民，则成为此区之被统治阶层，其与外来尊官间，语言隔阂，情感不通，一切受吏绅摆布，故其数量虽极大，在政治上毫无地位。当地人民，往时憎恶其本民族奴隶主之贪暴，虽被挟持同反，而心实不附，故每当汉军进剿得势，叛众即土崩瓦解，旬月即平。追奴隶主消灭殆尽，此辈所感觉者：吏绅之虐并不减于奴隶主；对于素常隔阂之外来尊官反寄以更多之希望，吏绅虽得利用之以惩罪恶已著之官府，然如有著德貌无恶迹者如张裔辈，则吏绅虽欲杀之，人亦不从。是故吏绅叛乱之形势虽已十分具备，而终不敢毅然遂反。此自中平以来，中原地区连续离乱，南中社会变化之情形也。雍闿、孟获，内得民心，外乘丧乱，吴、蜀皆致绥抚，无内外之忧，大可为所欲为，而终不敢公然独立者，原因在此。故必待假巫言而后敢缚送张裔，欺民众以三难而后敢拒招抚。乌狗胸前每有白毛，不能全黑，蟒，音蹒，小形剧毒蛇，通体斑采丽泽，今岭南"三蛇胆"中云"金脚带"者是也。"三蛇"（饭匙倩、过树龙与此蛇）古已入药，今人重在胆，古人重在脑。蛇脑少，难得，似原为汉官所征，故获因其事，侈求以欺之。斲木，今云"石楠"，荒山中成大树，质极坚致而无直枝干，宜为器，而不中构（建筑材）。少数民族用之以耕，故古人呼之为"斲木"，取《易系》"斲木为耒"之义。

⑩武侯南征路线，旧时传说纷纭。《三国志》既无其文，《常志》亦唯此"由水路入越嶲"六字，又冒有"自安上"三字，"安上"为何地，旧亦无考。遍查史志，更踏勘成都与越嶲间，亦无水道可通越隽者。《雅州

府志》谓孔明南征系出邛来山与零道,故邛来山被称为大相岭,零关山被称为"小相岭。"沿途又皆有孟获城,人沿途所点缀,如荥经黄泥堡有"七擒孟获处"摩崖大字,孙水关有哑泉,会理黎溪有"武侯渡泸处"勒石,与罗贯中《三国演义》勘合,则无不似矣。然《张嶷传》固谓"旄牛道闭"已若干年,则此诸说皆妄也。《打箭炉厅志》谓武侯遣将军郭达造箭于此,又传遗箭犹在山上。张华《博物志》又传孔明曾观火井,火井槽适在此古道中,而泸定之大渡河,恰是南向水道,其南向尽处有安顺场,为入冕宁、西昌孔道,正是旄牛道外之入越嶲路,是可定为孔明南征路线耶?然考"打箭炉"三字,只是藏语打与折二水会合处含义之译音,初无箭之含义。即今郭达山上之所谓遗箭,亦只是喇嘛竖立经幡之木桩,无所谓箭也。其地高寒,无箭竹与铁矿,亦非可能造箭之地。越嶲郡在蜀西南,旄牛道闭以后,大渡河谷全是同叛之"旄牛王"与"斯叟耆帅"盘踞之地。孔明大军断不能不从东面犍为郡界取捷攻入,而反绕由叛夷之大后方悬军深入,其说之无可取又显然矣。《三国志·李严传》:"越嶲夷率高定(元)遣军围新道县,严驰往赴救,贼皆破走。"时严为犍为太守,驻治武阳,郡境虽广阔,新道是太守所能驰救之地,必亦去武阳不太远。以今地理形势推之,此新道县,当是峨边县沙坪、金口河之一处,位邛都(西昌)、武阳(彭山)两地间直径之正中,阻大跨河,今亦是自蜀地入西昌之一捷径。或因旄牛道闭乃复辟此,为通于越嶲之新商路,从而置县,故曰"新道"。若果安上县即是今之昭觉(已详《蜀志》越嶲郡安上县),则循新道,自安上入越嶲亦顺。此虽前人所未曾言,地理与文献有以相应,可以定为武侯南征路线耶?是亦不然。夫武侯南征,非只征越嶲而已,马忠一军向牂柯,讨朱褒,牂柯郡治故且兰,在黔东,则必须自僰道入南,向东,指且兰朱褒。李恢一军,自朱提向南,入益州讨雍闿,时闿在滇池,亦必须从僰焚道、朱提、夜郎、以往。丞相亮自率大军由安上征越嶲,亦必须至僰道部署三方军略与后勤。自成都至僰道舟行利便,千里不费而人逸,如在州牧府也。三路大军,合后勤人徒,应在十万以上。其必取水路,先集中于僰道、作粮台,储备,以分资三路,为不易之理。此《常志》"从水路"三字之本义也,舍此,更无可以言"水路"矣。

自僰道至南广,尚有水道百余里,可资挽输以济马忠军。自僰遗溯马湖江,亦有二百余里可以挽舟。(至今屏山县石角营登陆,循西宁沟,逾黄茅埂即昭觉界。)去安上与邛都,陆运之途最短,远胜于旄牛道与新道之两路。而李恢一军资粮,除自朱提郡征发外,亦可由马湖江转崩容江(今云横江,已详《蜀志·犍为郡》"焚道县")舟运一段,百余里,以补给之。此孔明南征必先集聚部署于僰道之第二意义也。参见所附《南征路线图》。

⑪南征三路中,越嶲高定元叛变最早,先主时即已封闭旄牛道,又进攻新道,且系全郡叛乱,与雍闿、朱褒之依违两面者不同,故武侯自率大军征之。

高定元多为垒守于旄牛者,不知大军将从何道来讨。缘旧时汉军皆从邛来山来,故厚其防御于此也。多为垒守于定筰者,盐泉所在,资之以控制一方,视同生命以保卫之也。多为垒守于卑水者,闻大军自僰道向安上来,方联雍闿,合军以拒之,则必于卑水河谷也。不言于邛都多垒守者,蛮军利在野战,不利在于守城。固料大军来必争郡城,故欲散守郡境各地,控制盐粮,虚郡治以诱大军,而坐困之,犹益州之困李恢也。

亮亦欲先扼高、雍联合通道,故不争邛都而军于卑水。历久不战,以待其军众大集者,正是针对蛮军利在分散之对策。以装备坚实节制之师,对乌合蛮军脆弱之众,不患在其大聚,祇患在其分散故也。

⑫高定元实力远过雍闿,而雍闿挟大民族主义以临之,虽联军拒亮,久必携隙,故亮军不战以待其内讧。

"定元部曲"谓其本身所率之亲兵。杀雍闿,并及王士者,王士字义强,广汉郪人,由符节长历宕渠、犍为太守,"从丞相南征,转为益州太守。将南行,为蛮夷所害"(《季汉辅臣赞》注)。盖亮知雍闿与定元携隙后,使人招诱闿,命士以益州太守入闿营抚之,为定元所知,故袭杀闿与士也。

⑬ "孟获代闿为主",则必然退过泸水,保益州界,而高定元方恃众骄恣,故一战新之。自三月至五月,亮军皆在卑水。卑才有好农田,军食可资,距安上近,后方无虞(自昭觉循布拖河谷出普格河谷即汉卑水县地)。又近泸水(卑水河入金沙江,即泸水),便于侦得益州消息,故亮选定待决战之地于此。亮不先攻郡治邛都。迨斩高定元,越嶲即可平定。然闻李恢困于益州,亟往救之。越嶲善后殊草草,故大军渡泸后,越嶲夷复叛,杀太守龚禄,迟十除年张嶷乃克复之。

⑭ 朱褒,以朱提人作牂柯郡丞,治"故且兰县",地最东,其地多腹地商贾之家,不乐反叛。褒无群众基础,又距高、雍两方远,不能相呼应,亮复谬为绥抚,使其虚骄不备,故易败。《马忠传》云:"亮入南,拜忠牂柯太守。郡丞朱褒反,(下有脱)叛乱之后,忠抚育恤理,甚有威惠。"不及战斗事,盖军至郎诛,未烦战斗。然传文当有脱字,或是脱"讨诛之"三字。

⑮ 《李恢传》云:"丞相亮南征,先由越嶲,而恢案道向建宁。"时恢以庲降都督领交州刺史,住平夷县。建宁即益州郡,为其属郡,如州牧行部时,案驿程前进,不张言讨伐,故曰"案道"也。《恢传》续云:"诸县大相纠合,围恢军于昆明。"时改益州为建宁郡,改滇池为昆明县,即郡治也。时孟获欺南人以三不可致。南人尽叛汉,故诸县大合,从孟获,待恢军入城而围困之。《恢传》又续云:"时恢众少敌倍,又未得亮声息。(当时卑水相持,雍闿未死,泸水交通断也。)绐谓南人曰,'官军粮尽,欲规退还,吾中间久斥乡里,乃今得旋,不能复北。(恢此郡俞元县人,言本愿得旋归郡,不愿再复仕蜀,故不能随官军北还。自谓南人仕蜀,有二心,身方在南北歧途间,故曰"中间"也。)欲还与汝等同计谋。故以诚相告'。南人信之,故围守怠缓。于是恢出击,大破之(此当在亮渡泸后)。追奔逐北,南至槃江,东接牂柯,与亮声势相连。南土平定,恢军功居多。"分析亮平南中事,必须与此部合参。《常志》但突出亮军,忽于李恢,并以困于昆明为"败于南中",疏矣。

⑯ 裴松之《三国志·马良传》注引《襄阳记》,载马谡送亮赠言曰:"南中恃其险远,不服久矣,虽今日破之,明日复反耳。今公方倾国北伐以事强贼,彼知官事内虚,其叛亦速。若殄尽遗类以除后患,既非仁者之情,且又不可仓卒也。夫用兵之道,攻心为上,攻城为下,心战为上,兵战为下,愿明公服其心而已。"《通鉴》卷七十全用此文。《常志》未收,录补于此。《记》又云:"亮纳其策,赦孟获以服南方。"则诚然矣。云:"故终亮之世,南方不敢复反。"则未也。《李恢传》固云:"后军还,南夷复叛,杀害守将,恢身往扑讨,鉏尽恶类。"《张翼传》亦言:建兴九年,"耆率刘胄背叛作乱。"皆在亮时。夫社会发展前进,自必在矛盾不断发展统一之中。南中社会复杂,人各有心,安得以一役尽服其心哉?即亮之七纵孟获,亦只得服获与其部分同道者耳,谓为其效胜于残酷滥杀可也。

《通鉴》记孟获事,不用《常志》,似别取于习凿齿等之书,其文颇与实谬。如云"李恢由益州入","马忠由牂柯入"。入字皆当倒上贴由字。云"孟获收闿余众"亦失实。

⑰ "其秋遂平四郡",则七擒孟获在五、六、七月中,其七擒作战地,当在今云南巧家、会泽、寻甸、嵩明四县界内,亮自卑水进援李恢,必当从此路也。昔人有指亮所渡泸,在会理南界之左却,或言黎溪及江驿、通安等处者,并非矣。

或疑七擒七纵,以军事为戏,非实。又或以为能用马谡之言者,亦皆不然。当时南中多有氏族结团之夷酋，与有部曲之豪强奴隶主，吏绅大姓亦阴从雍闿，反侧不安。首领众多，千里相结，呼吸互通。闿死，皆拥孟获以抗拒蜀汉军，如《李恢传》所云："诸县大相纠合"之地方武力，胜则蜂拥而起，败则鸟兽散伏，大军一去，更复为患。重新大举，则所费益多，留兵搜讨，则旷日持久。今再四纵获，俾其再四自求其侣，以就歼于蜀汉军，不遗伏莽，而无搜索追击之劳，俾思乱者次第败露，斯可一劳永逸，无待再举，此亮之本谋，非即由马谡启之也。其留卑水不战，以待敌军大集，正如此耳。

四郡，谓越巂、益州（建宁）、牂柯、朱提。永昌未用兵，牂柯、朱提皆军事及之而已。主要作战在益州与越巂郡内，及牂柯西部。越巂原属南中，后属益州牧直辖，不在南中之列。

⑱据《李恢传》，加交州刺史，与改建宁郡名，皆在南征前。以理推之，当从《常志》，在平南后。《陈志》为行文省便，未审也。

南中自此分为六郡，其太守，只牂柯马忠、永昌王伉为巴、蜀人，皆旧任。建宁李恢，本郡俞元人，云南吕凯，永昌郡不韦人，兴古与朱提无考，必与诸县令长为本郡县人。知其然者，《裴注》引《汉晋春秋》云："南中平，皆即其渠帅而用之。或以谏亮，亮曰：'若留外人，则当留兵，兵留则无所食，一不易也。加夷新伤破，父兄死丧，留外人而不留兵者，必成祸患，二不易也。又夷累有废杀之罪，自嫌衅重，若留外人，终不相信，三不易也。今吾欲使不留兵，不运粮，而纪纲粗定，夷汉粗安故耳。'"

或谓此即后世土司制度嚆矢，是亦不然。土司制必世袭，是奴隶社会制度之演变，亮任地方吏绅之倾向于封建制度者为令长，是地方自治制度之嚆矢，与土司制根本不同。任地方吏绅为令长，是边区社会发展必然经历之过程，亦是边区吏绅必然之要求，循之则易安，逆之则易乱，亦是历史规律。各民族混居之社会，尤多著例，亮盖深明此理者。《汉晋春秋》所记，犹未能尽其意也。亮于南中人物使用，之所以获得成功，端在其能统一地方吏绅与蜀汉朝廷间之矛盾，故曰"纪纲粗定，夷汉粗安"也。如此，非即可以免于叛乱，只局部叛乱，不致影响全局，且易于扑灭，如刘胄之乱，曾无影响于北伐也。

⑲"青羌"二字，最早见于《樊敏碑》，所指为青衣羌。两汉时但称青衣或青衣夷。鱼豢《魏略》称为"青氐"，皆以其衣尚青色为称也。其民族习俗语言与汉民颇接近，而族性强固，难与他族融合。其王侯邑君，亦慕汉俗，受汉官绥抚，供应兵役。其兵士称为僰兵（叟同），见《后汉书·刘焉传》与《董卓传》。（章怀注解为蜀兵，非是。）其族源本羌，与冉、駹、白狼同。其原住地为青衣江（沫水）上中游。东向，则因阻于蜀、巴，不得前进。向南，则易。其移居邛崃山内外者为楼薄，一称"斯叟"。更越大渡河入住于安宁河（孙水）地区者，为"越巂斯叟"，又有越金沙江而南入于益州郡界者，是为益州叟。本书《晋宁郡》称"元封二年叟反"者是也。在此，又称为青羌。下至唐宋，亦尚有称三王部落为青羌者，其人衣色不改故也。流移既远，所至与土著冲突，久经煅炼，遂成强武善战之民族。其与他民族相结叛乱时，恒为军锋，由于屡次失败，次第沦为大姓之奴户。雍闿、孟获之叛，诸大姓首领多有同反者，失败诛死后，其部曲与奴户降者，诸葛亮抽编其精壮为"五部夷军"，并徙其家于蜀，以安之。此辈自拔于奴户而为汉军战士，即是获得解放，故特能出力战斗，所当无前。后调至汉中，拨归王平率领之"五部营军"是也。

选余之奴户，及其他叛逆属户之当没入官者，则配给平乱中守正立功之大姓为奴，仍借丁壮为大姓部曲，而官设五部都尉以教练之。有事则征以赴战，亦与《巴志·涪陵郡》所云"保郡军"同义。故汉军北还后，不更留兵而能平刘胄之乱也。

"大姓"是各地区氏族集团之强大者，全属汉民，或少数民族之已从汉俗，有汉姓者。此八姓，盖皆协同李恢城守，与出击有功者，雍闿、孟获诸族，亦有顺逆不同可知。其中发展最大者为爨姓，其人物见于本书者，有爨习、爨量、爨谷、爨熊，近世从墓碑发现者，有爨龙颜、爨宝子。至隋唐时，竟以东爨、西爨为南中两大民族部落之称。

"四姓"，指氏族之掌握地方实权者，解在《汉中志》梓潼县。又见于《蜀志》成都、新都、南安、江阳、汉安各县，习久遂成为掌权大姓之代称。"五子"，谓南中五都尉，亦皆由大姓部曲多者为之，故合称掌地方实权者为"四姓五子"。

⑳此所云"不宾大姓富豪"者，实即尚停滞于原始社会，未有部落组织之少数民族。为数众多，随其生活需要为群，未肯接受奴隶制度，因而与封建社会距离更远，甚为郡县施政障碍。故劝令财力、势力已大之豪富人家，用金帛收买其中具号召力之"恶夷"（谓能带头反抗官府者），编为"家部曲"。恶夷既为其家服务，则该恶夷所能号召之散夷，亦渐为其家用。初只相助以攻怨家，久乃渐变成为部曲。于是散漫刚很之人，次第编纳于封建体系之组织中，俾其人进入奴隶社会而不自觉。大姓豪家虽日益增多，其力尚不可能抗衡官府。仍不得不率其部曲听命于郡县。于是乃奖其得部曲尤多者以官号，许以世袭，成奴隶主，是则土司制度之嚆矢也，由此过渡向封建社会则易矣。此即亮所谓"纪纲粗定，夷汉粗安"之道也。

㉑《亮传》云："军资所出，国以富饶。"《李恢传》云："赋出叟、濮，耕牛、战马、金银、犀革，充继军资。"此皆谓南征绩效，在于有裨北伐，非仅物资，更有兵员。"赋出叟、濮"，即谓"五部营军"，与"四姓五子"之兵员，成为常赋。蜀自中平以降，战争蝉联，马相、张修、刘焉、贾龙之后，则有赵韪、刘璋相攻，刘备取蜀之战，取巴西、汉中之战，征吴之役，黄元之叛，战无宁日，丁壮耗损，不足胜北伐之用。故刘焉已经用及叟兵，孔明亦大量使用南中劲卒。迨姜维继武，屡出兵后，近如成都平原之郫繁沃壤，亦多荒废，至于徙白虎胡王之属以填实之。刘禅出降时，送士民簿，祇领户二十八万（《裴注》引王隐《蜀记》），是故补充兵员，亦南征最大绩效，《常志》忽之矣。

## 四

李恢卒后，以蜀郡太守犍为张翼为都督①。翼持法严，不得殊俗和。夷帅刘胄反，征翼，以马忠为代。忠未至，翼脩攻战方略、资储。群下惧。翼曰："吾方临战场，岂可以绌退之故，废公家之务乎？"忠至，承以灭胄②。【蜀赐翼爵关内侯。】此十余年后追论讨刘胄功事，当衍。忠在南，柔远能【尔】迩，廖本讹作尔。甚垂惠爱，官至镇南大将军。卒后，南人为之立祠，水旱祷之③。以蜀郡张表为代，加安南将军。又以犍为杨【义】羲旧皆作义。廖本注云"当作义"，是，即《三国志》杨戏。为参军，副贰之④。表后，以南郡阎宇为都督，南郡霍弋钱、《函》本作戈，下仍作弋。为参军⑤。弋甚善参毗之礼，遂代宇刘本误守。为监军、安南将军。抚和异俗，为之立法施教，轻重允当，夷晋安之⑥。《函海》注云："按，西南夷以中国为晋"。乃晋世，因仍其任。时交阯刘、李本作址。不附，假弋节遥领交州刺史，得以便宜选用长吏⑦。今吴、何、王本作令。官和解夷人及适音谪，古字通。罚之，皆依弋故事。弋卒，子在【龚】袭旧本作龚，廖本注"当作龚"，兹迳改。领其兵，和诸姓。

晋【以】巴西太守吴静，在官数年，抚恤失和。军司鲜于婴表征静还。【婴】李本无。因以婴代之⑧。旧各本以字误在上，婴字误在前，又下空格，并误。泰始六年，《晋书·武帝纪》与《通鉴》皆作"七年"。以益州大，分南中四郡为宁州，婴为刺史。治云平。《晋书·地理志》：宁州，统云南、兴古、永昌、建宁四郡，郡首云南，县首云平。据补。咸宁五年，尚书令卫瓘奏兼并州郡，太康【三】五年，旧本皆作"三年"。《通鉴》"五年"。云据《华阳国志》，则是宋刻误作三，原本固作五年也。罢宁州⑨。当连太上十四字为句，旧误于郡下空格，兹上连。置南夷府，旧脱府字，依《蜀中广记》引《华阳国志》文补，下文亦正作"南夷府"，谓南夷校尉府也，府字不可脱。以天水李毅为校尉，持节统兵，镇南中，统五十八部夷族都监行事⑩。每夷供贡南夷府，入牛金旄马；动以万计；皆豫作【忿恚】念羡致校尉官属。其供郡、县亦然⑪。南人以为饶。自四姓子弟仕进，必先经都监⑫。

夷人大种曰昆，小种曰叟，皆曲头，木耳环，铁元丰本作银。裹结。无大侯王，如汶山、汉嘉夷也⑬。夷中有桀、黠、能言议屈服种人者，谓之"耆老"，便为主⑭。便字，张、吴、何、王本作使，非。浙本剜改作便。论议好譬喻物，谓之《夷经》。今南人言论，虽学者，亦半引《夷经》⑮。与夷为姓廖本注云"当作婚"。曰：邀耶⑯。"诸姓廖本注云"当有婚字"。为"自有耶"。世乱、犯法，辄依之藏匿。或曰：有为官所法，夷或为【报】执仇。各旧本皆作执仇。顾广圻校云"此报字之误。"廖本迳改作"报仇"。兹仍遵旧。与夷至厚者，谓之"百世邀耶"，恩若骨肉。【为其逋逃之薮】。审上下文，此为赘句。当是后人传钞者衍。故南人轻为祸变，恃此也。其【速】俗旧本皆作俗，廖本作速。征巫鬼，好诅盟，投石结草⑰，官常以盟诅要之。诸葛亮乃为夷作图谱：《太平御览》卷七十五引此文，无谱字。先画天地，日月，君长，城府，次画神龙；龙生夷，及牛马《御览》引此下有双鼻孔駞字。羊；后画部主吏，乘马幡盖，巡行安恤；又画《御览》引有夷字。牵牛负酒、赍金宝诣之之象，以赐夷⑱。夷甚重之，许致生口直⑲。又与瑞锦、铁券，今皆存。每刺史、校尉至，赍以呈诣。动亦如之。

**案**：此章记诸葛亮南征后，至晋初七十余年（二二六—三〇一）南中社会情形。于时南中夷绅阶层，悉已接受汉文化，并能为巩固中央政权而努力致效。大酋，只刘胄一度反叛，寻即覆灭；亦只用地方军，未曾惊动中央也。地方矛盾，转为统治阶级与各族人民两大对立面，少数民族士层，反转成为汉族受压迫人民的迫害者。在如此社会发展新阶段中，霍弋曾继诸葛亮发挥了阶级缓和的作用。常氏虽未能明此关键，意盖已及之矣。

## 【注释】

①李恢卒在建兴九年（二三一）。《三国志·恢传》云："建兴七年，以交州属吴（谓蜀与吴约灭魏，顶分天下，吴旧境荆、扬、广、交州及魏地豫、青、徐幽州属吴），解恢刺史，更领建宁太守（以庲降都督兼领建宁太守），以还居本郡（恢俞元人，县属建宁郡）徙居汉中，九年卒。"（此汉中谓朱提郡之汉阳县，为避本籍，故徙其家于朱提界，自身仍在官也。）《张翼传》："建兴九年，为庲降都督。"是恢终于都督兼太守任也。

②"方略"谓作战计划，《翼传》云："翼举兵讨胄，胄未破，会被征还。群下咸以为宜便驰骑即罪。翼曰：'……代人未至，吾方临战场，当运粮积谷为灭贼之资。……'于是统摄不懈，代到乃发。马忠因其成基以破殄胄，丞相亮闻而善之。""追论讨刘胄功，赐爵关内侯"则在"亮卒"后，此处不当赘有如此无谓之闲文，盖亦后人据翼本传窜入，非《常志》固有也。

③据《马忠传》，延熙五年（二四二）入朝，加拜镇南大将军，七年，留成都代费祎平尚书事，九年，祎御魏还忠乃归南中，十二年（二三四）卒于南中任。留内者四年，南中无事故也，此诸葛南征之效验也。《传》又云："都督常住平夷县，至忠，乃移治味县，处民夷间。"（味县后详。）又云："忠为人宽济有度量，但诙啁大笑，忿怒不形于色，然处事能断，威恩并立，是以蛮夷畏而爱之。及卒，莫不自致丧庭，流涕尽哀，为之立庙祀，迄今犹在。"今，谓晋穆帝永和时，上距忠卒百余年矣。

④张表，字伯达，成都人。《益部耆旧》云"张肃子"，《常志》云"张松子"，并见裴松之注引。盖张松以通刘备见杀，无后，备得蜀，以肃子表为松后也。《杨戏传》云："表有威仪风观，始，名位与戏齐。后至尚书，督庲降，后将军，先戏没。"戏卒于景耀四年（三六一），是表在任十余年，卒子任时在延熙末，景耀初也。

杨羲即杨戏，羲、戏二字古通用，故伏羲又作"宓戏"，字文然，犍为武阳人，《三国志》有传。由大将军府东曹掾，迁中郎参军，副贰庲降都督，领建宁太守。"以疾，征还成都"。盖张表以友谊求作助往，因不惯南中水土，又托疾还也。

⑤《马忠传》："张表，时名士，清望逾忠。阎宇，宿有功干，于事精勤。继踵在忠后，其威风称绩，皆不及忠。"裴注："字字平平，南郡人。"本书《后主志》景耀二年（二五九）："南郡阎宇为右卫大将军。"又五年（二六二）："皓协此阎宇，欲废维树宇。"是宇于景耀二年已征还成都。霍弋以监军翊军将军领建宁太守统南中事，庲降都督名义，犹宇以右卫大将军兼领之。弋至景耀六年，进安南将军，仍未假都督名，但掌其实权耳。翌年蜀亡。

⑥"参毗之礼"，盖佛教密法之一种仪式，其佛称毗卢佛，不曰释迦，盖甚原始之佛教也。由印、缅传入南中甚早，賨僰之人最信奉之。西汉时，已远达川北地区。一九七三年，在南充中和公社天宫山，发现汉賨王墓，一穴三塌，分葬祖孙三代。骸骨犹可见。得五铢钱十余斤，仅见王莽及东汉钱少量，其最大一塌全汉五铢；殉葬铜镜、隶书犹带秦篆法；盖汉武帝时营造之墓穴也。其侧穴有塌而空，似拟为生者治事之室，壁间浮雕僚佐十二人；第三人为汉吏套束，盖当时为其主文书者；余皆賨人。像列空塌左侧，空塌对面五人，为乐伎，正演奏。羡道壁上浮雕田宅井曰，宅三层，下层牲畜，中层奴仆、宾客。上层主人男女，制如西羌邛笼。又雕一灵塔，为印度支那神塔形式（佛书云檀城）。有一飞天，横空飞行向之，面目作夜叉状。此亦释迦前印度婆罗门教制也。由此墓刻，足证从西汉开始，印缅之原始佛教已经自南中流行达于川

北之賨民住区，信奉者主要为僰族（賨、濮）与氐叟，亦有汉民，霍弋即其信奉者。《三国志·蜀书·霍峻传》云："子弋字绍先……后为参军，庲降屯副贰都督。又转护军，统事如前。时永昌郡夷獠恃险不宾，数为寇害。乃以弋领永昌太守，率偏军讨之，遂斩其豪帅，破坏（其）邑落，郡界宁静．迁监军、翊军将军，领建宁太守。还统南郡（当作南中）事。"永昌信奉此种佛法最早，弋善参毗之礼，似与其官永昌有关，究其民俗，遂习其法也。

印缅密法，不习经典，不究义理，但重仪轨。以参拜规矩法度，锻炼心身，控制意识，以祈福报，故能深入流行于文化落后之民族地区．夷民既奉比法，则能信赖同奉此法之官绅。霍弋能习其事，故最能得夷民拥戴，从而依其情俗，立法施教，则如水之行原，令行禁止，无不允当矣。

秦时，边远地区皆称汉人为"秦人"，见《史记·大宛传》与《匈奴传》。汉时，则称为汉人，南北朝时，恒称移居边远地区者为晋人。此言"夷晋"，犹上言"夷汉"，《函海》注"西南夷以中国为晋"，未为甚尤。

⑦霍弋于刘禅出降之翌年（魏咸熙元年，二六四）乃降于晋，晋拜为南中都尉，原任在州。其年九月，交址郡吏吕兴杀吴太守，因弋以降于晋。晋加弋监军，领交州刺史，令其出兵援兴。弋组织地方吏绅率部曲进援，于泰始四年（二六八）大破吴军于古城，斩吴大都督修则，及交州刺史刘俊，遂有交州（事详卷末）。此夷汉部曲于保郡外，更能用于远征之明效，亦足见霍弋之能矣。其后吴复大举攻交址，援军诸将被困于交址郡城，弋适病死。莫能增援，遂全陷没，时泰始七年（二七一）也。

⑧此节旧刻谬乱，《南中志》也，而叙入巴西事，旧乃无人校及。初疑是晋以巴西太守吴静代弋，脱"代弋"二字，细审，仍不通。弋卒于泰始七年而鲜于婴以泰始六年为宁州首任刺史。设晋以吴静代弋，则安得云"在官数年"乎？常氏盖以婴由巴西太守转为宁州首任刺史，故追叙其得巴西太守事。婴，盖亦巴蜀人，故常氏详及之。旧本移乱"以""婴"二字，故不可读。兹为移正，字无增减而义自明。"军司"，《宋书·百官志》云：（凡大将军、骠骑将军、卫将军）"领兵外讨，则营有五部。部有校尉一人，军司马一人。……若不置校尉，则部但有军司马一人，又有军假司马。其别营，则有别部司马。其余将军置以征伐者，府无员职。"（谓无令史、掾史等员）又："自车骑以下为刺史、都督及仪同三司者，置官如领兵。"是刺史带将军衔者，皆领兵，有部曲，置军司马，军假司马，别部司马等官，通称之为"军司"也。

⑨咸宁五年（二七九），即晋大举灭吴之年。《晋书·武帝纪》与《卫瓘传》皆不言兼并州郡事。惟《傅咸传》有"并官、省政、静事、息役"议正在此年，或是卫瓘主其说。当时未克施行者，固有伐吴军兴，非省官减政之时，亦由别有大臣异议相格。《荀勖传》载勖议"省吏不如省官，省官不如省事，省事不如清心"。主张"先精察其得失，使忠信之官，明察之长，各裁其中，先条上言，然后混齐大体，详宜所省。使令下必行，不可动摇。"故迟至五年（太康五年，二八四）乃罢宁州。

⑩《大同志》太康三年："以蜀多羌、夷，置西夷府。以平吴军司张牧为校尉，持节统兵，州别立治。西夷治蜀，各置长史司马。五年，罢宁州诸郡还益州，置南夷校尉，持节，如西夷。皆举秀才、廉、良。"恰好为此文注脚，明当是五年置南夷府，代行州牧职权。

此天水李毅，与后文之广汉李毅虽同名同官，不得为一人。《唐百川校笺》云："《后贤志》李毅为广汉郪人，此必有误，"疏矣。广汉李毅，太康三年时尚在繁令任，五年时，在云南太守任。太康六年后，乃得"徙犍为，使持节领南夷校尉"（《后贤志》）。天水李毅后，广汉李毅前，作南夷校尉者，尚有吕祥等数人，岂可以混为一人哉。

"持节、统兵"者,《晋书·职官志》云:"前汉遣使,始有持节。光武建武初,征伐四方,始权时置督军御史,事竟,罢。建安中,魏武为相,始遣大将军督之……及晋受禅,都督诸军为上,监诸军次之,督诸军为下。使持节为上,持节次之,假节为下。使持节得杀二千石以下。持节杀无官位人,若军事,得与使持节同。假节,唯军事得杀犯军令者。"节,曲柄木杖,上悬节旄。古无国旗,以此象征天子之命。

"校尉",军职名,汉置。原只屯骑、步兵、越骑、长水、射声五部,是为"五校"。晋武帝始置南蛮校尉于襄阳,西戎校尉于长安,南夷校尉于宁州,护羌校尉于凉州,与五校同秩;并置司马、功曹,主簿等官属,领军,以治蛮夷,故称为府。所辖各有郡县,其后俱升为刺史。(护羌,凉州。西戎,雍州。南蛮,荆州。南夷,宁州。)其与刺史不同处,只辖郡少,属官少,属民多少数民族,秩位低于刺史。

"五十八部'者,谓晋时南中各郡县大姓部曲,已由武侯南征时之五部都尉,发展成为五十八都都监。校尉自有营军,数量不多。其地方各族武力,五十八部,由校尉派员监其行事。称为"都监"。下云"四姓子弟仕进,必先经都监"是也。

⑪此叙南中官吏对少数民族公开贪污情形。时南中人民分奴隶、奴隶主与朝廷官吏三个阶级,奴隶主分晋人与夷人。奴隶无人身自由,可以不论,朝廷官吏与其军从人员,系自外来,亦可不论。社会重心,只在于夷、晋两种奴隶主。是为夷民与晋人(汉族)。晋民有田赋徭役,无贡赋。夷民无田赋徭役,只有贡赋。无论夷、晋,有部曲者,皆有兵役,量其众寡为征额。属于晋民者为营军,属于夷籍者为五十八部(大约县有一部),实际是夷晋分治。夷民之贡赋,用实物,牛、马、羊等牲畜,及金、银、珠玉、旃、毲、布、罽等手工艺品之可充商品,代替货币者,皆可交纳。每岁由各已著籍之奴隶主向其奴户与附属之散户。配征依额上,交于都尉府、郡守,及县官。官吏在验收折合抵额时,例有一番刁难,或数量未足,或品质不足,其实为需索借口。故照例当浮派若干以作贿赂,或备添缴。故贡额虽云有定,而征、缴之额无定,随官吏贪廉程度而溢出,是为"陋规"(为封建官吏公开行用之名词)。陋规又必逐年上升,积年之后,则虽溢额已超正额数倍仍不能止也。夷酋承辨者,又必预按征额溢征之,以防赔累,为之既久,亦遂从而习为中饱,故实入于国库者有限,而夷民已无法自存活矣。《郑纯传》云:"居其官者,皆富及十世。"故贪人选官者,乐就边郡。夷民对于此种陋规,在无力反抗时,亦惟忍死听之,迨已有反机楼会,则如燥薪着火,转成燎原。两汉时多夷乱,其起因大都如此。诸葛亮平南中后,曾经有所整顿。人亡政息,入晋而复屡起夷变,卒以覆灭南中。

⑫此言"四姓子弟",亦与"大姓子弟"有别。大姓子弟,大都是从读书砺行,争取从辟举途径入仕者,因大姓必是汉晋两世文化已高,已有封建人物显耀之氏族。四姓则不必即为大姓,而多是新起推行郡县政务之氏族,故先令其作部曲都监,以试其能否。亦利用其出自民间,明习利弊,资其新生力量,提高政施绩效。正如汉制仕州郡者恒先仕刺史,明制新进士恒先任巡按也。

⑬此所谓"夷人",与《蜀志》越嶲郡定笮县"皆夷种也"之夷同义。皆谓藏语系民族之居于西夷边区者,秦汉曰氐,晋人曰夷也。"大种曰昆"者,谓南中西北部分所住居之"昆明"种,人数最多,成大部落,"小种曰叟"者,谓建宁郡时有青羌、斯叟之族流入,部落小,建宁人呼之为大种、小种也。其人男女皆戴耳环,(今男子只只耳戴,妇女乃双环,古则男女皆双环。)用曲头木为之(今则金属环钏并嵌宝石矣)。"裹结",谓挽髻所加之发圈(以簪绾之),以铁为之,足见其文化之低,使用铁器亦未久。"无大侯、王",则已有氏族公社组织,方在从原始社会过渡向奴隶社会阶段,与汶山郡之羌、胡,汉嘉郡之斯叟为同族属,社会发展进度亦颇相同。

附论羌族先后向大西南地区流进概况。

羌族自康藏高原向川边滇边山谷地区移进之时间与道路，文献资料极其贫乏。套合地理形势推之，或可得其概况。大抵羌族自黄河上游之赐支地区，分向陇、蜀之洮湟，与岷江上游之高原地方移进极早，远在旧石器时代。即有别支人类先到，其文化亦尚落后于赐支黄草原之羌族。故其向东流进最远。其循黄河流域之黄土邱陵东进者，已达于渤海沿岸之幽燕山区。沿秦岭山南之江汉流域东进者阻于山水，进度较缓，然在新石器时代，亦已达于汉水中游云梦盆地以北之南阳地区。与大巴山脉尽头之巫山地区。古称"三苗"与"巫诞"、"百濮"之国皆是也。其入岷江河谷者，则为蜀山、蚕丛氏，与中原之黄帝约略同时，为联婚之两族。再进而南入于成都平原者，建成蜀国于殷周之交。由于地理条件优越，与中原先后进入农业社会，形成较高于羌族之文化，产生了抵制羌族继续向东进之回力。其先时已循大巴山脉东进之苗与濮，亦因受到中原地区文化之阻截，不得更前，并因本身文化相形落后之关系被迫于回向西南方之川边、黔、滇之少数民族地区移进，在秦汉间，已经建成僰侯、鳖邑、且兰、夜郎、邛国等具备国家形式组织之奴隶主领域，是为《史》《汉》之南夷。其滞留于岷江河谷者为冉、駹，滞留于西汉水上游地区者为参狼、白马、黄羊，皆自汉武帝时编入郡县，与滞留于大巴山区之百濮（苴、彭、板楯、賨民）渐次与汉族融合。

自松潘草原南入大渡河谷者，至大小金川之南，阻于江峡，不能更沿河进，则向东南逾山道（夹金山）进入沫水蒙山地区，是为青衣羌。其时间大约与蚕丛氏裔之入成都平原同时。在蚕丛氏裔已在成都湖迹平原建成蜀国时，青衣江地区亦已建成青衣、斯榆、丹犁三个夷邑小国。由于地面狭隘，故所成就小，地土气候与蜀相当，故发展速度相当，由其国小，故先后为蜀王所并。（《蜀志》云："保子帝攻青衣，雄张獠僰。"）丹犁近蜀，地最沃美，灭亡亦早。青衣、斯叟，亦由于受到秦、汉大国压迫，渐向西南后方退避，遂有穿过僰筰，流入金沙江外，成小部族者，即此所谓"小种曰叟"，又为南中之"青羌"，成为蜀汉"劲卒"也。

羌族自西康高原向东南木雅草原逾山（雅加埂）进入大渡河区及安宁河上游地区者，为牦牛种与白兰种，汉人通呼为"笮。"白兰种扩散性较强，北入汶山地区，占少数，中入大渡河区，为斯叟。（一曰白狼楼薄。南居安宁河以西者，则是随雅砻河谷而出，称白兰槃木，已详《越巂郡》注。）其留居于西康高原者，仍称白兰与牦牛。白兰居鲜若水（今川西北道孚、炉霍、甘孜等县），见于《隋书》与《唐书》。牦牛居折多山外，今为上下木雅乡，"木雅"即牦牛之变译也。汉云"槃木"，今云"木里"皆牦牛之分支也。今木里南界之普米族，其遗裔也，其徙入较晚，为滇、邛、夜郎诸部族所抵制，未能逾安宁河与金沙江。

羌自西康高原之理塘河谷与乡城河谷南出。入居于滇北河谷地区者为"古宗"，《史》《汉》作"姑缯。"因屡起反抗汉官统治，遭到镇压，未能越金沙江而南，亦未曾越雅砻江而东，今所保存人数不多。其留居于西康高原者称为梭罗种，亦或作"猎猡"或"水罗"（见《徐霞客游记》），在宋、元、明世，为强大牧部。牧区当牦牛西，后被北来牧部所灭。今理塘尚有梭罗坝，为此部落酋长住地。其覆亡在清初，代之者即清代之毛雅五土部。"毛雅"，或作"毛茂雅"，似皆牦牛种支族之越雅江而西进者。今藏族尚有能言梭罗坝之历史者。（地在今理塘雅江界上之塔子坝，灭之者为信奉黄教之蒙古霍尔部族。蒙古人尊奉黄教，在明清间不仅为黄教徒击灭不奉黄教之梭罗部，亦为黄教徒击灭反对黄教之白兰部，及康青藏若干的羌族牧部，迫使其人改奉黄教。）滞留康区之牧部，经济与文化落后太甚，故易灭亡也。

西康高原牧民从兰沧河谷出居于滇西北之叶榆地区者，为"昆明种"，其名早见于《史记》。"明"与

"米"，皆羌语译音字，其本种只称为昆，为康区上古较早进入农工商业之民族。其最先居住地似在盐海（今青海省都兰县察卡盐海与玛多县哈姜盐海两处）。《禹贡》"织皮昆仑、析支、渠搜"之昆仑部落，盖即在此。大积石山古称昆仑山（河出昆仑）或昆山，盖亦由此民族处此。其民族在殷末周初，曾流窜于陇山地区，与歧周发生冲突，《诗·大雅·绵》："混夷駾矣，维其喙矣。"即嘲此种民族来掠无所得而退，《孟子》云："汤事葛，文王事昆夷。"皆谓殷周之际此一民族部落经济文化与武力，皆凌驾歧周之上。后卒为周族击退，不能向东有所进展，乃从而向南。至秦汉间，遂循兰沧江入于洱海西之叶榆地方，呼作昆明。虽已阅时千年，仍是辫发、随畜迁徙无常处之牧业经济民族；由澜沧江河谷、在高原牧区最中，无农工商业资利，进化难也。然其人在川西社会中，仍是较为进步之一部族，与白兰、牦牛有所不同。其不同处，在于已有琢玉与晒盐之技术。在农业方面亦有一定发展。其必自兰沧江河谷出者，盖亦由于澜沧江中游有盐泉（今盐井县原是巴塘土司属地），其盐行销整个澜沧江与怒江上游地区，似系此民族所发见与经营。为营工商业，行盐于滇西北，故得成为强大之部族与崀及氏、笮齐名，号为"大种"也。此民族又似因发现与经营安宁盐泉而徙居于滇池附近，故滇池一曰"昆明湖"，蜀汉时亦改称滇池县为昆明县（今仍为昆明市）。又曾入居定筰与青蛉两盐泉区，唐代于青蛉立昆州，元代于定筰立昆明州，此皆足说明昆明民族扩散性之强，虽在南中已建郡县，少数民族活动困难时代，仍能挟其历史上所创造之盐业技巧，保存于滇西北广大地面。晋人呼为"大种"，不亦宜乎？追内地盐工入此地后（约在汉代开始。但晋宋时又全面退出，唐代又重开始），技术优于昆明，昆明渐受淘汰，至明清世，则昆明之名无复存在，只地名犹存，人亦不知其本义矣。其留居于澜沧江河谷之昌都地区者，在隋唐有附国与东女国。

康藏高原羌族之最后进入云南高原者，为自喜马拉雅山脉南坡东徙之猓族。考羌族之始终滞留于藏北高原者，迄今仍停滞于五千年前之社会形态，地方亦仍被称为"羌塘"（《唐书》曰羊同）。其南进入于雅鲁藏布江河谷者，进入农业定居之阶段较速，汉代已有"发羌"之名，其人自称为播也（播巴曾建吐蕃帝国）。其再南入于喜马拉雅山南侧者，遭到印度高文化民族的抵制，仅能就此高山斜面上建设成若干部族，就中尼婆罗，强盛至今（尼泊尔）。其东段之倮巴进化甚慢而族性甚强，北不能与播族抗衡，南不能与印缅角逐，故只能向东延展，逾越雪山深谷若干重，达于滇西之永昌郡界（怒、澜之间），形成嶲唐部落，《史记》始著录之，比于氐类，联称"嶲昆明"。后展转入于滇东北地，称为"乌蛮"，六朝时，进入奴隶社会。由朱提转入大凉山区，消灭濮（僰）而代有其地，即近世之彝族也，已前注。

云贵高原分布最宽的僰人（濮）就族源论，仍出于羌。但由于离开羌域早。与中原文化接触长久，从语言和习俗方面。已经变成羌族与汉族间的中间民族，不在此所谓"夷人"之内。此所谓"夷人"实只该称为"南部的氐人"，汶山、汉嘉"夷人"则该称为"北部的氐人。"

⑭"耆老"，今世一般译称作"老民"，其实多有童龄与壮龄者。常氏此文，亦意译语，解说最为恰当。"便为主"三字，含义尤好，说明其人并妨选举制度，能言议服人者，便可径行指挥群众，而且可以命令群众惩罚不服者，是为原始社会的一般情况。惟有不服者多，并又产生另一"便为主"者时，不是曩之"便为主"者垮台自于被领导群内，即是群的再分。是故原始社会不能形成坚固的大群，亦不能产生固定的首领。虽在氏族集团形成以后，仍是如此。古代史籍，皆以世代帝王看待上古民族首领，唯常氏此语得传原始社会之真实，特别可贵。

⑮所谓《夷经》，确实有书，因其人不识文字，故只口传，其人之巫师，僧道乃诵习之。此所谓昆与叟，本族当时尚无任何一种文字，只可能有印缅来此传授密法之僧侣（其时印缅已有文字），口头上传出其经典

格言，被称为《夷经》。彝族（嶲）在当时亦尚无文字，僰族似已有（即俗传之"苗文"），只能是甚为原始之文字，现在传说的摩些文，实即僰文之变种。晋时不可能已有摩些文字，至大上限，亦只能到唐代始有摩些文，并是借僰族文字为之。汉文在晋代不可能流行夷中，只有一批方士保存了谶信书和缮写符箓印篆时用的符号，在西南区秘密传写。它只能是符咒、格言与祈祷、禳祓用语，近世考古发掘中已多有所发见。这些文物，在当时皆称为《夷经》，常氏混合言之，未分别"夷人"与"僰人"也，藏文、倮文等拼音文字，都创始于唐代，晋世无有。

儒家经典，晋时已在南中普遍流行，成为郡县官绅共同的语言，并成为划分夷、晋界限的工具。此所谓"学者"，即谓南中的儒生。他们对州郡上官，不能不用儒家语言，但在生活的其他方面，接触夷人很多，因而亦不能不学习夷语，于是平居谈话亦即"半引《夷经》"矣。

⑯"与夷为姓"，谓与夷联宗，廖寅本注为"联婚"，大非。《说文》："姓，人所生也。"故子孙血系相承为姓。《诗·麟趾》："振振公姓。"《汉书·外戚传序》："既骊合矣，或不能成子姓。"皆以姓为子孙血系之义。氏族社会，以一祖之孙为一支。今世所称之夷支，按之古义，即夷姓也。姓本出于血系，然在氏族社会临近结束时期，每多有脱离本支投附他支之事，为两族人所允许。其初，或只是义父、义儿之关系，既与当族习处，情感融洽，亦即视同本支成员。春秋战国后，常有士大夫改姓之例，五代时更多有义子从父为姓者。夷民之有遑耶，氏族制行将解离之验也。

夷语"遑耶"之耶，盖即族支之义。遑，与义父义子，义兄弟之义字含义相当。本是同支者称"自有耶"，自有一语则译耶也。百世遑耶之"百世"字同。如此夷语音译夹意译表达之方法，为唐、宋、元、明、清代僰人翻译之形式。且族支含义之字，依陈宗祥《白狼歌译文》当为 tcia 音，非耶音。疑此节所言是"僰夷"而非昆氏之夷，常氏未能分别之也。

⑰"投石、结草"，为僰夷人人能之之简单占卜方法。随手拈石块抛出，或折野草结之，视其静止时情况以判其出行所事之顺逆吉凶，皆巫师所教。夷人无不信巫者，各民族皆有巫，亦每相互延致祈禳，不必只延本族之巫，故各民族男子，亦多有能为他民族简易之占卜者。今彝族，傣族、白族、藏族与边区汉族。亦仍有迷信巫鬼占卜者，不只一族然矣。

⑱此所云诸葛亮作之图谱，自属夷民确有此种画册保存。疑是李恢、吕凯或霍弋等适应当时夷民思想，制成之画册，供赏赐头人用者，非即诸葛亮创此教诱夷民方法。亮五月入南，秋便离去，军务倥偬，恐未能深研民俗，安得造设此图？

古今南人，皆知有诸葛亮，每遇有新事物，恒喜傅会于亮，如永昌郡，亮所未至，而地名多孟音，遂传七擒孟获在彼。打箭炉，云亮遣将军郭达造箭处，泸水各渡口皆谓诸葛所渡。后世发现多处铜鼓，亦皆称为"诸诸葛鼓"，其傅会者多矣，亦莫不出于民间传说。《常志》于此图谱，不入上章所举政施之内，而乃叙于霍弋之后，盖当时已疑其不然。或原不云诸葛亮而是李恢、霍弋，后人改写作诸葛亮也。由"龙生夷"一语，可能哀牢官吏所为，托言为亮所制耳。后文之瑞锦与铁券亦然。

⑲前言杨竦平乱，"获生口千五百人"，谓原被夷掳去之汉民犹未死者为"生口"也。又内地犯法亡命逃匿夷中者亦谓之生口。追捕使还者，谓之"捉生"（屡见《唐书》）。此言"许致生口值"（直同），盖谓旧有夷民掳晋民为奴者，虽已死，亦偿其值，生者以使用月日赔偿所值。此为制止南中各族掠卖人口，已著于法令，但尚未能贯彻，只有部分接近官府之夷族奴隶主承认此项法令，不宜作为闲文看过。此与上章言汉官劝大姓富豪出金帛聘策恶夷发展部曲之号召，为相反的措施。前者是导致少数民族进入奴隶社会的目的，

后者是用法令迫使奴隶主进入封建社会的目的。先后距离，大约在五十年左右，体现出南中社会在汉族政府领导下发展为甚大的前进变化。

## 五

毅后，永昌吕祥为校尉①。祥后数年【人】，旧本皆作"数人。"查自太康五年罢宁州，以天水李毅为校尉，至太安元年，广汉李毅任内毛诜等叛乱，中间只十七年，已阅李毅、吕祥两任。以晋世南中官吏一般任职年数较久推断，不至于更阅数人乃至广汉李毅，当作"祥后数年"乃合。"数年"，则校尉失名者只合一人而已。【李】广汉李毅旧皆脱毅名，作"李广汉"三字，当是旧时传钞者或于刚李毅同官而妄改。此广汉李毅，后文甚明，故迳改易。从云南、犍为郡守为校尉②。久之，建宁太守巴西杜俊、朱提太守梓潼雍约，懦钝无治，政以贿成。俊夺太姓铁官令毛诜、中郎李叡张本作龊，吴何本作督，下同。部曲，致诜弟耐罪。《函海》有小注云"耐即耏也。"意谓耏罪是半髠之刑。今按：耐耏两字古通，是一种小罪轻刑，薙发而存其须。然亦为"忍耐"，可作人名解。朱提大姓太中大夫李猛有才干，弟为功曹，分当察举，而【俊】旧本有俊字。当衍。约受都尉雷逢赂，举逢子炤、孝廉，不礼猛，猛等怨之。此下元丰本空四格、钱、《函》、廖本空格。兹连。太安元年秋，诜、叡【猛】廖本注"当衍"。逐后以叛。猛贻之书曰："昔鲁侯失道，委氏出之。天之爱民，君、师所治。知足下追踵古人，见贤思齐。足下箕寻，枉惭吾郡。"亦逐约，应之作乱。众各旧脱各字，依《通鉴》补。数万③。毅讨破之，斩诜首。叡走依遑耶五【蔡】苓元丰本作"丘苓"。刘、钱、《函》本作"丘蔡。"张、吴、何、王、浙本作"五荼。"廖本作"五蔡"，《通鉴》卷八十五引作五苓。兹从《通鉴》。夷帅钱、《函》二本作师。于刘本作子。陵承。猛笺降曰："生长遐荒，不达礼教，从与李雄和光合势。虽不能营师五丈，略地渭滨；此下当有犹字脱。冀北断褒斜，东据永安。退考灵符，晋德长久，诚非狂夫所能干。辄表革面，归罪有司。"毅恶其言，遂诱杀之④。此下钱、《函》、廖本空格。兹提行张、吴、何、王、浙本有行字。当衍。

部永昌从事江阳孙辨，上南中形势："七郡斗绝，晋弱夷强。加其土人屈塞。应复宁州，以相镇慰。"冬十一月丙戌，诏书复置宁州。增统牂柯、益州、朱提，合七郡，毅为刺史。加龙骧将军，进封成都县侯⑤。旧脱毅字。当有。

太安二年，于陵承诣毅，请恕叡罪，毅许之。叡至，群元丰本作郡。下以为诜、叡破乱廖本无乱字。州土，必杀之，毅不得已，许诺。及叡死，于陵承及诜、猛遑耶怒，扇动谋反，奉建宁太守巴西马【恢】义原作"马恢"。按《三国志·马忠传》："子修嗣。"裴注："修弟恢。恢子义，晋建宁太守。"时距忠卒已五十余年。当是义。为刺史，烧郡。伪发，毅方疾作，力出军。初以救【恢】义，及闻其情，乃杀【恢】义。夷愈强盛，破坏郡县，没钱、

《函》本作役。吏民⑥。会毅疾甚，军连不利，晋民或入交州，或入永昌、牂柯，半亦为夷所困虏。夷因攻围州城。时治昧县，后详。毅但疾元丰本作疾，廖本同。嘉泰本作病，刘、钱、《函》、本同。张本改并，吴、何、王、浙本同。力固孤城，病笃不能战讨。时李特、李雄作乱益州，而所在有事，救援莫至。张、吴、何、王本作致。毅上疏陈谢："不能式遏寇虐，疾与事遇，使虏游魂。兵谷既单，器械穷尽，而求救无望，坐待殄毙。若必不垂矜忧，乞请大使，及臣尚存，加臣钱本作以。《函海》作吕。重罪。若臣已死，必廖本无必字，据刘本等补。陈尸为戮。"积四年，张、吴、何、王本无此三字。光熙元年春三月，毅薨⑦。子钊任洛，还赴。到牂柯，路塞。停住交州。文武以毅女秀明达有父才，遂奉领州事。秀初适汉嘉太守广汉王载。载将家避地在南，故共推之，又以载领南夷龙骧参军。秀奖励战讨，食粮已尽，人但【樵】焦元丰本作樵，廖本同，嘉泰本作焦，刘、钱《涵》本同，张、吴、何、王、浙本作茹，当作焦。草、炙鼠为命。秀伺夷怠缓，辄出军掩破。首尾三年，钊乃得达。丁丧，文武复逼钊领州府事⑧。毅故吏毛孟等诣洛求救，至欲自刎，怀帝乃下交州，使救助之。以钊为平寇将军，领南夷护军。遣御史赵涛，赠毅少府，谥曰威侯。元丰本作"武侯"，钱、《函》本同，《函海》注云："刘、吴、何、李本并作威侯"，各他本亦俱作"威侯。"交州刺史吾彦，遣子威远将军咨以援之⑨。

案：以上叙晋室有八王之乱，巴蜀有李雄割据时，南中孤悬，州郡犹为晋守，部分吏绅与夷民首领相结叛乱，刺史李毅与部分吏绅死力为晋支持情形。因常氏与毅子李钊同仕于李蜀朝廷，咨访其事详悉，足为南中最可靠之社会史资料。言出李钊，自不免子偏护掩饰，又其称引李雄不加讳避，则是同迁江左后所谈述，非《李蜀书》时所有也。知此，则其文意实质不难体会矣。

大抵李毅挟用夏变夷之成见，颠顸为之，卒致偾辕败犁，南中由是破坏，至于不可收拾。按当时孤悬下的南中社会情形，州府尽力与吏绅大姓合作，亦足以保持社会安定，而郡县贪虐，"致以贿成"，毅不能制遏之，其不得以贤称明矣。然犹好在其能强毅支持，博得部分吏民同情，未至遂陷一州，则亦可谓为贤也。

【注释】

①祥，吕凯之子。《三国志·吕凯传》裴注引《蜀世谱》曰："吕祥后为晋南夷校尉。祥子及孙，世为永昌太守。李雄破宁州，诸吕不肯附，举郡固守。"

②太康五年罢宁州，天水李毅为南夷校尉。毅后吕凯子祥为校尉。祥后数年，校尉为广汉李毅。与天水李毅

同官南夷，又同姓名，先后只十七年，读者传者易忽误之为一人。司马光撰《通鉴》于太康五年，但云："罢宁州入益州，置南夷校尉以护之。"不言校尉谁人。于太安元年云："建宁大姓李叡、毛诜逐太守许俊。朱提大姓李猛，逐太守雍约以应特（李特），众各数万。南夷校尉李毅讨破之。"全用《华阳国志》而删去其余文字以省考订。盖其时《华阳国志》写本已如今文，后李毅作"李广汉"不作广汉李毅，则如广汉为毅之别名，以与天水李毅混为一人矣。明清校勘者，亦未有人注意于此。广汉李毅，传在《后贤志》，王浚为广汉太守时犹是郡文学主事。浚为益州刺史，毅为州主簿，伐吴，为参军，平吴，徙陇西护军。"以疾去官，徙繁令，迁云南太守。"浚卒后，乃徙犍为太守。其作南夷校尉在吕祥后，又数年乃有毛诜、李叡之叛，则非吕祥前之校尉李毅明矣。中间或尚有一校尉，或即是径接吕祥，乃难定耳，未可混先后两李毅为一人也。

③此次叛乱，起于南中政治中心之建宁郡，即旧庲降都督所治之"屯下"也。"政以贿成"而校尉无所闻问，以酿成全州大叛乱者，盖其时南夷校尉治云平，非庲降故治。

李猛《贻诜、叡书》颇值分析。(1)反映其时南中大姓子弟，多已学习儒家经典，极力摹拟中原士大夫阶级风尚。(2)行文用典，往往未当，为当时南中封建文化虽已奠基，犹未成熟之验。(3)其人虽已向慕封建文化，而修养不足，狭陋褊急之本性未变，故轻于叛降（后文《请降笺》同）。其书，首两句用《春秋》典，在昭公二十五年，次两句用《荀子》语，在《大略篇》，"见贤思齐"，用《论语》言，"箕帚"，清除尘秽之具，猛借以称颂逐杜约事，"枉惭吾郡"，则是表示朱提逐官以应，求其相助之意，则设辞未当矣。

④按《大同志》李特败死于太安二年二月。李雄奋起袭败孙阜，反攻罗尚，自六月至于十二月，入据成都。罗尚溃入巴东。猛《请降笺》谓欲"与李雄和光合势"，则其叛当在太安二年冬季以后，败走依夷，在太安三年内。《常志》与《通鉴》皆叙于太安元年，为行文之便耳。"诱杀"，谓许其降，追其既至而杀之。失信诺于夷酋，致三大遑耶同叛，此忽视客观形势之大谬，宜其死不能赎覆州之罪也。

⑤"部从事"，州刺史属官，有治中从事与部从事，治中从事等于长史，部从事每郡一人。孙辨，江阳郡人，为永昌从事，故曰"部永昌从事"。南夷校尉不同刺史，属官无部从事。此永昌部从事，当属益州刺史府。时罗尚犹拥三巴诸郡，立刺史府，有永昌郡部从事也。宁州原领云南、永昌、建宁、兴古四郡，其东之越嶲、朱提、牂柯皆仍属益州。罢州为南夷校尉，则原四郡亦还属益州，校尉治云平。李毅能率三郡民讨平建宁，并平朱提，而罗尚兵力不能及远。故孙辨建议分益州之朱提、牂柯，及分建宁为益州郡（改名晋宁），凡七郡为宁州，俾固边圉而与罗尚合力讨李雄。晋朝方乱，欲倚方镇维持残局，故再置宁州领七郡也。

⑥于时，刺史仍治云平，故马义叛于建宁而不知，及闻其情乃杀之。马义之所以肯同夷民反者，李雄据蜀已成，罗尚兵败入巴，而南中夷民尽反，朱提亦反，兼为叛众所胁，非宿意造乱者比。毅遂杀之，亦嫌过于用猛，使陷于叛乱者不敢返归，致成全面动乱之局。

"烧郡"，为郡城中多晋民，故纵火以胁之。"伪发"，谓马义伪报被困以诱毅军，未料毅虽病，尚能讨平叛乱。然虽能攻入建宁、诛马义，而无法解散叛众，以致全州陷没。

⑦光熙元年，即李雄之晏平元年也（三〇六）。自太安二年（三〇三）建宁郡乱，至毅死，为时四年。其建宁再叛，实在太安三年。毅军入建宁，诛马义后，建军已残破，而全境夷叛，故毅仍还守云平，即当时所谓州城也。城小而坚，距永昌近，永昌吕氏世代保境，宁谧，故毅依恃之。州中晋贝避乱者亦多就焉。动乱中心，在建宁、朱提、兴古、益州（晋宁）四郡。其东之牂柯，则因近巴与湘州，比较安静，故晋民亦

多就之。不言入蜀、巴者,蜀中大姓世族皆因避李雄东下荆、湘,南入七郡。迨至南中,又遭夷乱,亦方东入牂柯,南入交、广,西向永昌,不复有北行者也。

⑧李钊事具《后贤志·毅传》。此云"任洛",及《后贤志》"以父任为谒者"之任,皆质任之义。远州方镇不能常朝觐,委一子留仕京师,意同质任,故曰任洛,改为在洛字者非也。李秀事,《晋书》附见《王逊传》,虽亦出于《常志》可互参订。

毅孤城饥病,能守四年而不陷者,夷人战具落后,无晋人助即不能攻坚。于时晋、夷对立,各自相友助,故夷叛虽普遍,而不能灭晋人政权。又夷部分散,不能自建政府,但能肆掠略以苦晋人。虽一时暂合,若将滔天,迨攻城不克,久自散退。州城犹得永昌之助,每有接济,故虽外援不至,迄未沦陷,虽无李秀,亦能自存。交州援至于夷人飘掠已倦之后,故战不艰巨而州克保存,然终不免于转入李雄也。

⑨《晋书·王逊传》:"宁州刺史李毅卒。城中百余人,奉毅女固守经年。永嘉四年,治中毛孟诣京师求刺史,不见省,孟固陈曰:'君亡亲丧,幽闭穷城。万里诉哀,不垂愍救。既惭包胥,无哭秦之感;又愧梁妻,无崩城之验。存不若亡。乞赐臣死。'朝廷怜之,乃以逊为南夷校尉、宁州刺史,使于郡便之镇。"《常志》无毛孟此语,应是《晋书》别有所据。《通鉴》用《常志》与《逊传》参合叙述,系毛孟赴洛事于永嘉元年,而以逊为魏兴太守,并又谓"李钊至宁州,州人奉钊领州事,治中毛孟诣京师求刺史"。意求《常志》与《逊传》折衷一是,其实乃两失之矣。今查《后贤志·李毅传》记钊事颇详,其"自表赴难",在毅死之前。"首尾三年"乃达州治,毅已死,李秀为父城守已久。而毛孟赴洛,则当在毅初死时,故曰"请刺史",曰"君亡亲丧"。毅死在光熙元年(三〇六)三月,既定,则即孟赴洛时也。当时诸路梗塞,动辄逾年乃到,多则三至四年。估计孟到洛阳,最早已是永嘉元年(三〇七)。王逊此年受命"四年乃至",系与毛孟同返。明具《逊传》,则《常志》不误。《逊传》谓毛孟赴洛在四年,乃误矣。李钊"赴难",在毅生前,则是光熙前矣。"首尾三年乃达",则永嘉二年(三〇八)乃至州。毛孟已赴洛年余,并得请矣,安得在钊到之后?是则《通鉴》之误也。常氏为行文便利,叙李钊于李秀事后,毛孟赴洛之前。为晋朝既遣王逊,又饬交州救助,由毛孟得。钊是先居交州,遂缘吾彦助军到州,在王逊到前,故被"逼领州府事。"逊与孟因非由交州进,故迂回至永嘉四年乃达。反复勘合《常志》《逊传》与《通鉴》,当时情实只能如此。

《通鉴考异》光熙元年云:"《怀帝纪》永嘉元年五月'建宁夷攻陷宁州,死者三千余人.'《李雄载记》曰:'南夷李毅固守不降,雄诱建宁郡夷使讨之。毅病卒,城陷,杀壮士三千余人,送妇女千口于成都。'《王逊传》云:'李毅卒,城中奉毅女固守经年。'《华阳国志》有毅卒年月,及女豪守城事,今从之。"今按:《晋书·本纪》与《载记》所记,盖谓于陵承与马义以建宁叛降李雄之烧城之役,死三千人也。建宁本隶降都督治,故史官云"攻陷宁州",非谓李毅所治云平被陷,云平未曾陷落。又《通鉴》光熙元年云:"宁州频岁饥疫,死者以十万计。五苓夷强盛,州民屡败,吏民流入交州者甚众。"则此数年中吏民死者固不只三千人,合流亡计,一州所失晋民人口合数百万。至于州城亦只存百人,诚浩劫矣。

# 六

朝廷《函海》作庭。以广汉太守魏兴王逊为南夷校尉、宁州刺史,代毅①。自永嘉元年受除,四年乃至②。遥举建宁董敏《王逊传》作"董联"。为秀才。郡久无太守,功曹周悦行郡事，轻敏，不下其板③。逊至，怒，杀悦。悦弟秦臧长周㬎，合夷叟谋：以赵涛父混旧本同《王逊传》作混，廖本改浑。昔为建宁，有德惠，欲杀逊树涛。逊诛之，并杀涛。夷晋莫不惶惧④。表钊为朱提太守，治南广，御李雄。时荒乱后，仓无斗张、吴、何、王本作斗。粟，众无一旅，官民虚【弱】竭，廖本作弱绳纪弛废。逊恶衣菜张、吴、何、王、浙本作莱。食，招集民夷。【民】旧作夷民。兹倒，断句。夷微厌乱，渐亦返善。劳来不息。数年克复。以五【茶】苓此处，刘、钱，《函》本作茶。张、吴、何、王、浙本仍作茶。顾广圻校稿云"五苓"批"癸酉"二字。廖本亦仍作茶，注云"当作苓"。夷昔为乱，首图讨之；未有致罪。会夷发夜郎庄王墓。逊因此，遂讨灭之。及讨恶獠刚夷数千落。《王逊传》作"征伐诸夷，俘馘千计。"威震南方⑤。官至平西、安南将军，又兼益州刺史，加散骑常侍，封褒中伯。而严猛太过，多所诛锄。犍为太守朱提雷炤、流民阴贡、平乐太守董霸，破牂柯、平夷、南广，北降李雄⑥。建宁爨量，与益州太守李逷、旧本皆作"易"。顾广圻校云："后作遐"。廖本迳改。梁水太守董懂，保兴古盘南以叛⑦。张、吴、何、王本倒作"盘以南"。李雄遣叔父骧破越嶲，伐元丰本作代，廖本同。宁州。逊使督护云南姚岳《晋书·王逊传》作姚崇。距钱写作拒，义同。骧于堂张、吴、何、王本作螳。螂县。违逊指授，虽大破之，骧不获⑧。

太兴四年，逊发病薨。州人推逊中子坚领州事。原脱逊字，依《晋书·逊传》补。

永昌元年，按《晋书·王逊传》当作"泰宁三年"。晋朝更用零陵太守南阳尹奉为宁州刺史、南夷校尉，加安西将军⑨。奉威刑缓钝，政治不理。咸和八年，遂为雄弟寿所破获。南中尽为雄所有⑩。惟牂柯谢恕不为寿所用，此下刘、李、钱本空五字，示旧刻有墨巴脱文。《函海》空一格他本连。寿破之。寿去依《李雄志》补五字。遂复保郡【独】为晋⑪。按，牂柯治故且兰，近晋湘州。故恕易进退。旧脱五字后，被传写者改窜，紊乱。就文理言，独当为复字讹，并在遂下。官至抚夷中郎将、宁州刺史、冠军将军。旧脱"将军"字，是写校疏忽。【是岁，咸和八年也。】上已记"咸和八年"，此七字当衍。

案：以上，王逊入州，收拾李毅所遗残局，恶衣粝食，森严法度，团结晋民，与普遍叛离之夷民争斗之情形。虽克使夕阳回光，著效一时。究以失去人和，亦即为渊驱鱼，迫民、夷倾向李雄。人亡未久，全局亦隳，徒有依近荆湘之故且兰一县，为晋存州空名而已。司马迁论治道云："上者因之。其次利导之。其次整齐之。最下者与之争。"用此分析南中社会演变，衡量诸葛亮、霍弋、李毅、王逊四人政绩，如预见矣。

## 【注释】

①《晋书·王逊传》："字邵伯，魏兴人也。仕郡，察孝廉，为吏部令史，转殿中将军，累迁上洛太守，……转魏兴太守。"常氏云："广汉太守魏兴王逊。"《通鉴考异》曰："《华阳国志》以广汉太守王逊为宁州。按，时广汉已为李雄所陷，今从《逊传》。"今按：《考异》亦未审也，永嘉元年时，罗尚虽退走巴地，因得荆州支援，军势复振。"施置关戍，西至僰道、汉安"，北连汉中，"梓潼、巴西还属晋"，"谯登守涪城"（并《大同志》文）。涪城以东南地，固犹为晋也。汉之广汉郡地，入晋已为新郡、广汉、梓潼、阴平四郡。李雄当时所占领者只其中新都郡地。晋广汉郡即蜀汉之"东广汉郡"，全境属涪江流域在涪城以南。永嘉初固是晋地。王逊魏兴人，封建官吏例当避本籍，则《常志》谓其是广澳太守，当最正确。广汉，魏灭蜀后改名广魏，晋初同，李雄乃复云广汉。盖王逊本为广魏太守，《党志》云广汉，传王逊者因魏字误为魏兴耳。

②王逊受诏自郡径赴州任，即必多具人从。时广汉赴宁州，当循涪江出垫江（今合川），至巴入牂柯，或溯江水至僰道入朱提，两路皆为当地叛民所闭。东溯黔或湘沅至且兰，亦距云平千里，道塞不通，屡折还改道。最后仍只能绕由广州，交址乃达。故迟至四年之久，反落李钊之后也。

毛孟赴洛，则当年能达者，孟伪为商贾，则能通过叛夷中，径达巴地。返与王逊同行，则不能伪作商贾，是以周折濡迟。

时交址太守吾彦（《晋书》卷57有传），恩威宣著，州境宁靖。故巴、蜀、南中，与荆、湘晋民流徙者多往依之。晋朝廷赖之以援宁州，既奉诏援宁，已遣其子吾咨护送李钊等入境，稳定州局。此时亦必能助王逊、毛孟，故知逊亦是自交州入也。

③时交州居住之梁、益、宁三州流民已多，知得交址军助，愿从新刺史北还者应不少。王逊从而组织成军，整饬威仪入州。故《逊传》云州城仅存百人，逊至后又能"征伐诸夷，俘馘千计。"

逊方在道，便已察举建宁董敏为秀才，敏必先寓交州，此时相从反郡者。周悦行郡事于艰困之际，未被除为太守。故对此受命四年乃至之刺史，不能心服。并因不识董敏当举，抗不奉行，亦情所许。逊竟诛之，斯亦过矣，其民致叛，丧失宁东诸郡，亦自招也。"不下其板"者，古时官吏听事，则录所受事于笏版，退而行文办理之。版，板同义，不下其版，谓不公布举敏之命，为抗命也。

④此云"夷叟"，盖谓当时建宁郡除晋民外，有夷与叟民族两种。此夷字，盖指昆明，叟指青羌，已详4章之注⑬不及僰与㸏者，其时㸏地远在永昌，而僰人已融合于晋民不从叛故也。此可说明李毅之后，晋民已经分化为顺逆两派。反政府者，必须团结思叛之夷民。

赵涛，即上文之"御史赵涛，盖前太守赵浑子入仕于洛者，家口固在建宁。此时洛阳有八王之乱，故求使返郡。致溢礼后，即闲居在郡。以位望为叛众所推，非如马义之同心叛乱也。亦被诛，说明壬逊之暴。"晋夷惶惧"，非心服也。

⑤"夜郎庄王墓"即竹王墓。竹、庄音近，久而字易也。竹王，僰族，五苓夷非同族，故发其墓，以此知五苓盖昆明之类也。

《晋书·王逊传》、疑是依魏完《南中志》为之，略依《常志》而颇不同。《常志》"讨恶獠刚夷数千落"，失于夸大。不如《逊传》云："征伐诸夷，俘馘千计。获马及牛羊数万余。于是莫不振服，威行宁土。"盖就讨五苓夷一役言之。此役既定，余部皆服，不烦屡用兵，亦不可能征服千余落之多也。《传》又云:"又遣子澄,奉表劝进于元帝。帝嘉之,累加散骑常侍,安南将军,假节,校尉刺史如故,赐爵褒中县公。逊以地势形便,上分牂柯为平夷郡,分朱提为南广郡,分建宁为夜郎郡,分永昌(当作兴古)为梁水郡,事皆施行。"可与《常志》互参。

⑥雷炤,即朱提贿选,导致地方叛乱之豪门,此时有牂为太守衔也。查《大同志》永嘉五年(三一一):"雄众攻僰道,走牂为太守魏纪,杀江阳太守姚袭。"是牂为早已为李雄所据,晋廷特为利用雷炤部曲,假以太守名义,使向牂为图规复耳。《晋书·愍帝纪》建兴四年(三一六):"五月,平夷太守雷炤,害南广太守孟桓,率二郡三千余家叛,降于李雄。"即此事也。惟按《常志》,平夷郡乃元帝初置,不应在建兴中已有平夷太守。或是雷炤寄驻平夷县,便与流民阴贡等相结,暗通李雄,袭杀晋南广太守孟桓,率叛民三千余家入蜀。平夷县时属牂柯郡,故曰"二郡"也。

平乐郡,亦元帝初置。董霸,建宁人,作平乐太守,非首任,并见后文。是董霸之叛降李雄,又当在太兴年间(三一八—三二一),非与雷炤同时。霸盖先袭破牂柯郡城,仍由平夷、南广一路入蜀。故当氏以与雷炤一路合叙。

⑦李逷,李恢之孙。益州郡,即晋宁郡,治滇池。梁水郡在永昌郡东,当今南盘江流域。《晋书·明帝纪》太宁二年(三二四)十二月,"梁州(水字讹)太守爨亮、益州太守李逷,以兴古叛降于李雄。"当是各以郡叛。乃俱不据本郡而同保兴古盘南者,盖由王逊兵力尚强,自度不足相敌,故合力以保兴古郡盘江以南,乘险以拒逊,待蜀援军。其时间必是太兴三年(三二〇)蜀军进取越嶲之际,否则二人不敢举事也。雷炤、董霸、李逷、梁仅三起叛不同时,而合叙之者,盖皆由王逊暴虐,失大姓心所致,又皆为招致蜀军夺州之主因。

王逊残暴嗜杀,大姓多叛,而尤夷乱,军威克振,南中局势赖以稳固数十年。

⑧姚岳拒破李骧大军于堂螂之时间,《常志》与《晋书》相差四年。《晋·明帝纪》太宁元年(三二三),"李雄使其将李骧、任回寇台登。将军司马玠死之,越嶲太守李钊,汉嘉太守王载,以郡叛降于骧"。又四月,"李骧等寇宁州,刺史王逊遣将姚岳距战于堂狼,大破之"。本书《李雄志》太兴二年(三一九),"骧伐越嶲,又分伐朱提。三年,获太守、西夷校尉李钊。夏,进伐宁州,大败于螳螂。"《帝纪》迟四年,应是奏报到迟久,史官依奏到时记录。李钊降雄,所言为常氏所据,当从《常志》(上条益州、梁水二郡叛事同)。

《王逊传》记此役云:"先是,越嶲太守李钊为李雄所执,自蜀逃归。逊复以钊为越嶲(此二字应作朱提)太守。李雄遣李骧、任回攻钊,钊自南秦(朱提属县)与汉嘉太守王载共拒之。战于温水,钊败绩,载遂以二郡附雄。后骧等又渡泸水寇宁州。逊使将军姚崇(即岳)、爨琛距之,战于堂狼,大破骧等,崇追至泸水,透水死者千余人。崇以道远,不敢渡水。逊以崇不穷追也,怒囚群帅,执崇鞭之。怒甚,发土冲冠,冠为之裂,夜中卒。"《王逊传》叙事不记年月,但云:"在郡十四年。"《通鉴》记其卒在太宁元年(三二三)。胡三省注云:"怀帝永嘉四年,逊至宁州。至是,适十四年。"《常志》不言在州十四年,但云太兴四年(三二一)卒,若从永嘉元年(三〇七)受命起算,亦是十四年。《常志》各事皆有年月,推勘无牴牾,较强传罕有虚夸之病。《通鉴》兼取《逊传》时间,每失其实。

⑨《王逊传》:"州人复立逊中子坚行州府事。诏除坚为南夷校尉、宁州刺史,假节,谥逊曰壮。陶侃惧坚不能对抗蜀人,太宁末,表以零陵太守尹奉为宁州,征坚还京。病卒。""太宁末",谓太宁三年(三二五)。陶侃以是年自征南大将军迁征西大将军、都督荆、湘、雍、梁四州诸军事、荆州刺史。是尹奉任宁州在成

帝初岁（三二六），非永昌元年（三二二），此为《逊传》较《常志》准确处。大抵《常志》于李钊降蜀以后之南中事，采自传闻，此云永昌元年，实误。

尹奉经陶侃检推，应亦非甚庸者。而云"威刑缓钝，政治不理"者，大抵颇矫王逊严厉之失，宽待大姓豪门，失军士与基层民众之心，故不能御李寿也。在任十余年，亦曾两次出军：一援越巂庞遗，一援朱提董炳，将吏皆奋忠勤，而并破败（详卷九《李寿志》），卒陷宁州。

⑩咸和八年（三三三），李寿平南中。"初平，威禁甚肃，后转凌掠民。秋，建宁民毛衍、罗屯反，杀太守邵攀。牂柯太守谢恕举郡为晋。寿破之。九年春，分宁州置交州，以霍彪为宁州，建宁爨琛为交州刺史。"（卷九文）。皆咸和八年以后事。

毛衍、罗屯，亦皆南中大姓之有部曲者。霍彪、爨琛，皆尹奉遣援朱提之大姓将领，降李雄者，雄复任为两州刺史。足见奉与雄之于南中，皆专任大姓。李寿初至南中"威禁甚肃"者，谓能约束军士，不凌大姓耳。"后转凌掠"者，士兵既与基层习近，同憎大姓豪门，发为凌掠，寿亦不能制也。

⑪谢恕，毋敛人，见《三州士女目录》。恃在郡治水通湘州，进退有据，故能顽抗一隅。其后晋军屡由牂柯出扰蜀之江阳、巴、涪，争取食盐，终至灭蜀。

桓温灭蜀后，委南中于夷獠。各郡晋民与大姓皆遭覆灭。

# 七

牂柯郡，汉武帝元鼎【二】六年开。《前汉·地理志》作"元鼎六年开"。本书《蜀志》作"元封元年分犍为置牂柯郡"即元鼎六之次年。盖因伐南越开牂柯，次年乃置郡。廖本注云"二当作六。"兹迳改。属县，汉十七，户【六】二万。《前汉志》户二万四千二百一十九。举成数当为二万。此作六者，盖传钞中与"元鼎六"字互易。兹并订正。及晋，县四，廖本注云"当作八"户五千①。《晋书·地理志》牂柯郡"县八，户一千二百。"据《太康簿》也。此系用尹奉降蜀时簿。时蜀民南流者多，故四县户增。去洛五千六百一十里。郡上值天井，故多雨潦。张、吴、何、王、浙本皆作獠，意属下句。非是。《说文》潦，"雨大貌"。牂柯郡民族复杂，不可以獠族一种代表之。下所指亦非獠谷特点。故当从刘、钱、《函》、廖本作潦字。俗好鬼巫，多禁忌。【畬】畲旧皆作畲、《说文》"三岁治田也。"与此文义不合。字当从余，诗车切。音奢。《集韵》"火种也"。谓烧山而种，今云"火地"。山为田②。无蚕桑。颇尚学书。少威【棱】仪。钱本作仪，是。多懦怯。寡畜产，虽有僮仆，方诸郡为贫③。王莽更名牂柯曰同亭。郡不服④。会公孙述【时】据各本作时。廖本注云："当作据。李玺依《后汉书》误改耳。"兹迳改。【三】巴蜀，旧皆作"三蜀。"述所据兼巴、蜀、汉中。不只三蜀。三当是巴字讹。廖注："句绝。"大姓龙、傅、尹、董氏与功曹谢暹保郡，闻【汉】汉字衍。世祖在河北，光武于更始三年称帝于河北，世祖是庙谥，追记得用之。乃远使使由番禺江出，奉贡汉朝。世祖嘉之，号为义郎⑤。明、章之世，毋敛人尹珍，字道真，以生遐裔，未渐庠序，乃远从汝南许叔重受五经。又师事应世叔学图纬,通三材。刘本作才。还以教授。于是南域始有学焉⑥。珍以经术选用,历尚书丞、郎,荆州刺史。【而世叔为司隶校尉。师生并显。】此十二字,当是后人批注语,传写者误入正文。非牂柯事也。平夷傅【保】宝,元丰亦作保,钱本作宝,是。夜郎尹贡,亦有名德,历尚书郎、长安令、巴郡太守、彭城相,傅宝字纪图,巴郡太守,见《士女目录》。尹贡无考,应是官彭城相者。二人官职合叙,亦有前后。则先作尚书郎是宝,作长安令是贡。号南州人士⑦。郡特多阻险,钱本作崄。有延雾、雾赤、煎水为池卫。少有乱,惟朱褒见诛⑧。其郡守垂功名者,前有吴霸、陈立,后有汉中张亮则、广汉刘宠、犍为费诗、巴西马忠,皆著勋烈⑨。晋元帝世,太守建宁孟才以骄暴无恩,郡民王清、范朗元丰本作郎。吴、何本作期。逐出之。逐,刘本作遂。刺史王逊怒,分鳖半廖本注云,"当作平。下当有夷字"。今按:"鳖半"者,当时习惯表示延江流域北部地区之称。晋牂柯郡八县。夜郎、谈指属盘江流域,余六县属延江流域。鳖与平夷二县在延江北,余四县在延江南。时人谓延江以北为鳖半也。分夜郎郡不言县名,则此亦不当举鳖与平夷。如举县名则当先郡治平夷,不当先鳖。故知廖本注非也。为平夷郡,夜郎以南为夜郎郡。此下廖本注云:"当有但字。"兹依《汉中郡净》例,补"郡但"二字。郡但四县。

万寿县⑩　　郡治。有万寿山⑪。沮,廖本注云"当衍",非。此地名。说在注释。本有盐井,汉末时,夷民共沮盟不开。今三郡皆无盐⑫。

且兰县　音沮⑬。旧各本有此二字。廖本删去,注云"旧校云音沮。"以为是小注误入正文。兹仍旧本。汉曰故且兰。有柱蒲钱写本讹作兰。关⑭【也】。有赤雾、煎水,入沅⑮。《前汉志》,故且兰有沅水。《后汉志》注引《地道记》曰:"有沈水。"王先谦校《水经注》说,沈当作沅,是也。上文有"雾赤、煎水为池卫"、考在县境,故补。

广谈县⑯此下张、吴、何、王、浙本连"毋敛",不空。

毋敛县⑰　有刚【火】水也⑱。廖本注云:"火当作水,见《汉书·地理志》。"兹迳改。刘、李本存上也字,删此也字。兹存此也字,删上也字。

平夷郡⑲,晋元帝　顾广圻校本于眉上批"愍,癸酉"三字。意谓当作"愍帝"。兹不改。建兴李本作武,他各作作兴,廖本注云"当作武",兹不改。元年置。《水经注》亦作建兴元年,则《常志》固作建兴。建兴虽愍帝年号,时元帝已以琅邪王加安东将军都督扬州诸军事,镇建业。宁州王逊依怙之,与元帝同用建兴年号,晋南方州晋皆只知元帝,不知愍帝,故《常志》从李钊诸人语如此,非错谬也。属县二。户千。李、吴、何、王本倒作"千户。"下同。去建康,水,一万三千里。用《宋书·州郡志》补。

平夷县　郡治⑳。有硖津,安乐水㉑。山出茶、蜜。

鳖县　故犍为郡城也㉒。不狼山,出鳖水,入【沅】延㉓。《前汉志》宋椠已讹作沅,《常志》本作延,后人谬从误本《汉志》改作沅也,兹改还作延。又钱写本此下有水字。有野生薜,可食㉔。大姓王氏。

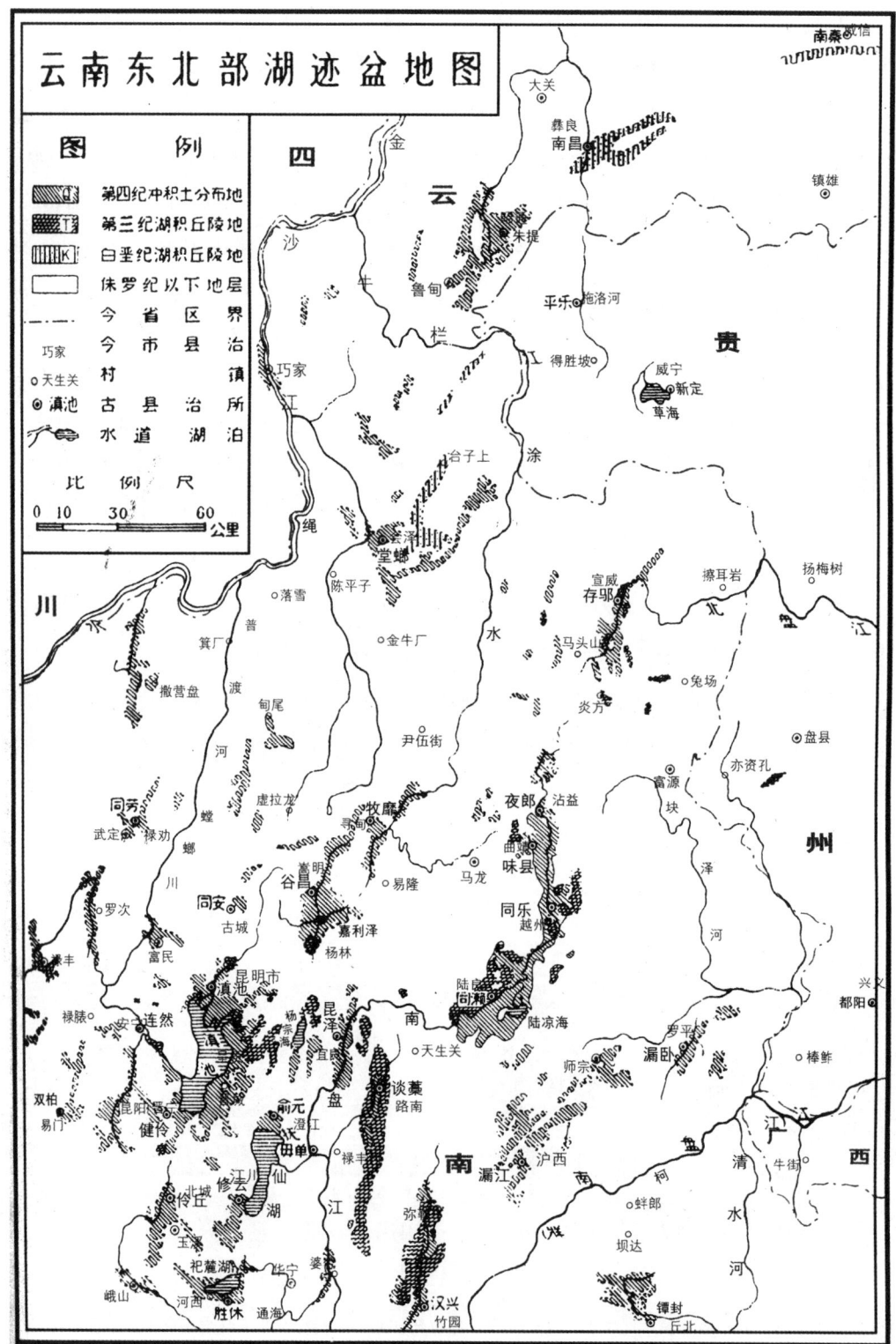

云南东北部湖迹盆地图

夜郎郡，故夜郎国也㉕。各旧本脱故字，当补。属县二。户千。去建康，水，一万三千里。依《宋书·州郡志》补。

夜郎县　郡治㉖。有遯水，通【广】郁林㉗。廖本注云：《后汉书·夜郎传》注引无广字。"兹径删。有竹王三郎祠，甚有灵响也。张、吴、何、王、浙本无也字，他各本有，当衍。

谈指县㉘　出丹。用《后汉志》文补二字。不津江，有瘴气。用《后汉·郡国志》刘昭注引《南中志》文补。张、吴、何、王、浙本有小注云："《汉书》谈指县出丹。"脱后字也。《函海》本亦有小注云："《后汉志》引此有'有不津江江有瘴气'八字。"意谓刘昭所引是常氏此篇。顾广圻校批云："彼注所引《南中志》当另是一书。"意指是谯周《南中志》或魏完《南中志》。然常氏此书亦多有引自旧有典籍，如谯周之《南中志》处，刘昭所引《南中志》纵非出于常氏，亦可用以补常氏所阙也。

案：以上三郡与其属县，并是晋初牂柯郡地（蜀汉时同）。前汉牂柯郡十七县。后汉无都梦（本志有，在兴古郡），为十六县，晋初只八县，有万寿县，较前汉少九县。此九县：谈藁、漏江，在建宁郡；毋单，在晋宁郡；宛温、镡封、句町，在兴古郡；漏卧、进桑已改名（后详），亦在兴古郡；西随，在河阳郡。此三郡只汉旧县七，占地只当汉郡东北侧之半部而已。犹跨有今贵州全省及云南东北部地面。

# 【注释】

①前汉十七县，平均每县一千四百二十五户。后汉十六县，平均每县一千九百七十户。晋太康八县，平均每县一百五十户。东晋初四县，平均每县一千二百五十户。户剧增于晋初九倍者，永嘉之乱，蜀、巴人民避地入南者多乐就此郡故也，然犹未及两汉之盛者。汉时、汉夷皆编户入籍，晋时唯籍汉民及向化夷民，多有自由夷民逃避编籍。失自由之奴隶，亦不编籍故也。

②"畲山为田"，谓地多林木与丛灌，不易薙垦，则纵火烧山，土冷后撒种其上，则土既松肥，无野草，自然有收。此种田种，称为"火地"，古云畲田，作畬者误也。凡多山边区，多雨雾处，草木繁茂，人力缺乏者，恒习为之。种植一年后，再种，土壤流失而野草渐多，收成锐减，即弃去再作新畲。是为地旷人稀处常见之种植方法。人口稠密后，平地尽垦，山林亦多有主，此法即难施行。故此所云"畲山为田"，当在蜀汉及晋初平均每县人口只数百户时为常见。县户上千以后，则惟夷民所居山区为然也。

③此"畜产"，当作积蓄赀产解。蓄与畜，古通用。奴隶社会，赀产积蓄，恒表现于奴隶之数量，不似封建社会赀产之表现于土地、牲畜、货币及其他生活享乐物资，故此以"寡畜产"，与"有僮仆"相连成文。说明了当时的牂柯，处于奴隶社会的末期，封建社会已经略占优势；故云："虽有僮仆（奴隶制的残余），方诸郡（腹地封建地主）为贫。"因而产生的文士还不能多。

④汉制：郡以下为县，县以下有乡，乡以下有亭，亭以下有里。王莽改牂柯郡曰同亭，有比此郡只当于腹郡一亭之意，故郡人不服。

按，《前汉志》是班固用平帝元始二年簿编，上距武帝建郡时已一百一十年矣。称郡治曰"故且兰县"（《后汉志》同），足知建郡初不是作此县名。判断依据为：（一）故者，古旧之谓，汉灭且兰之岁即置牂柯郡，因且兰故境为一县，则何得赘加故字？（二）同时置徙、青衣、莋都、邛都、夜郎、句町、漏卧，皆以国邑为县名，未加故字，何独且兰加故字？（三）《范史》谓牂柯得名由系船，全郡唯此县有通内地水道，则系船仅能是此县得名之由，不当为此郡得名之由。以此疑故且兰置县时本名牂柯，因其首难，又是郡治，遂名郡曰牂柯。已若干年后，县治徙至故且兰国邑，乃改名故且兰，郡治亦同徙。王莽改县名同亭，因并改郡名也，时郡户二万余，何得拟之于亭，惟一县只得数百户，乃得此于一乡、亭耳。

⑤"夜郎"，本司马迁译音用字，故光武改作义郎。盖谓改牂柯郡为义郎郡（文齐封成义侯亦取此义）。似由郡人乐用旧名，乃复仍称牂柯。此等率意改名，给人民生活以若干不便，尤于民俗守旧地区为极不宜。故"同亭"、"义郎"并旋复自废。地学家亦不留意此等无聊而已失效之故事也。

⑥许叔重即撰《说文》之许慎，应世叔即应劭之父应奉，《后汉书》并有传。许，经师；应，史学家。皆不以"图纬"见称。此云："学图纬，通三材。"盖更有所师学，未悉举也。"三材"谓天、地、人（三才同）。《孝经》有《三才章》，称"天之经、地之义、民之行。"此言"通三材"，谓经学，图纬，史事与人伦之学兼备。尹珍于东汉初叶将学术传入牂柯，较西汉初叶之蜀守文翁兴学，相距约二百年，同具推进社会文化之功。

⑦文翁兴学，立即产生严君平、司马相如等著名学人。尹珍讲学，亦立即产生了傅宝，尹贡等牂柯人士。

⑧此语，说明在汉晋之际，牂柯与益州（建宁）两郡社会，有根本的不同。牂柯已相当一致地拥护中央政权，是由于士绅们大都已倾向于汉文化了，建宁郡则尚未进入如此阶段。

⑨此所举太守六人，吴霸，武帝时，陈立、成帝时，并已前见。张亮则，《汉中士女目录》列在程苞前，陈调后，盖桓灵世为此郡守者。《耆旧传》佚，政事无传。刘宠，见《蜀志》成都县及《先贤志·广汉士女赞》。费诗、马忠，《三国志》并有传。

⑩万寿县，《汉志》无。《宋书·州郡志》（简称《沈志》）云"晋武帝立。"《贵州通志》，订其故城在今贵州瓮安县北之草塘镇（即猴场），当是。

⑪万寿山，县盖因山为名。清《一统志·平越府》"山川"作"万丈山"，云："在瓮安东废草塘司东南二十里。《明通志》崖壁高万丈。"明、清两《一统志》沿革均失万寿县，遂亦讹为万丈山也。

⑫"沮"，地名。今余庆、施秉两县治与故黄平州治（老黄平）所在地，皆属第三纪之湖迹盆地，土层中固当含有大量食盐。成陆后，逐渐随雨水流失，故在远古有盐。上古时水已渐淡。入中古，则已无盐可煮。晋人传其"本有盐井"，盖土民口头传说原曾煮盐也。凡湖迹盆地，初成陆时，皆有沮洳部分，亦即为盐分留滞部分。贵州高原东部，只此三处湖迹平土，未知沮指何地。惟以理推之，余庆、施秉两地湖面积小，应是成陆早。老黄平面积大，应是成陆晚。晋世犹称云沮者，殷周世必尚属沮洳，故入晋仍存此称。亦即殷周世曾经煮盐，入晋后已无盐矣。沮为老黄平盆地之旧称，似已可定。

"三郡"，谓牂柯、平夷、夜郎三郡，凡八县之地，皆无盐泉。其西，则建宁连然县，越嶲定笮县，永昌比苏县且有盐泉。其北，则江阳新乐县有盐泉，汉安县有盐井（富世井晋时旺，时尚未开自流井）。其东北，则涪陵汉发县有盐泉。东南两面则至海乃可煮盐。以此，贵州高原内，从来皆以盐为珍货。沮地有盐，固当为一方至宝，安得有"夷民共沮盟不开"之理。为其已经无盐，乃不采耳。

⑬此"音沮"二字，正可说明上文之沮，是指此地，老黄平（今称旧州），故且兰国邑也。记旧盐井不于此

县而乃记入万寿县者，盖蜀汉时，牂柯兵燹，县城徙治万寿山下，后遂为万寿县。老黄平盆地隶之，晋乃增置且兰县。谯周《南中志》采南人言，记沮之盐井于万寿。常氏从而述之，而于郡故治之且兰新县反阙如也。《前汉志》故且兰云"且音苴"，颜师古曰"音子闾反"，即谓音沮，盖从《常志》。凡汉儒言"音义"者，皆兼具随音订义之意。此言"音沮"，不只谓且当读沮，亦为本一曰沮之义。

汉且兰国邑，即"故且兰"县治，应无问题。明以前考贵州诸县沿革者，皆上溯至宋元止，不及汉、晋。考订且兰位置者，自清人始。《贵州旧志》指遵义为且兰。莫与俦《汉且兰县故地考》痛驳之，甚是。《清一统志》《通鉴辑览》及民国《贵州通志》皆订平越县为故且兰。莫氏以为"卓然得之"，则亦误矣。福泉县旧名平越县，元代为"平月长官司"。明初置平越卫，清康熙十一年改县，以为平越府治。其附近多是石灰岩大山，乏于耕地与矿产，不具成立县邑之条件。元世此区建置，黄平为府，余庆为州，凯里为安抚司，皆在长官司上，而平月长官司又诸土司之尤弱小者，则秦、汉、魏、晋时，不能成为国都与县治可定矣。临重安江，近沅水正源，然非通航之水道，不得云庄蹻入滇系船处。（莫与俦谓：沅水"虽自都匀城外即可通航，而自城以下三百里至施秉界，自雍正七年始开凿。"则施洞口以上之沅水，古代未能行船可知。而平越又在施洞口西五百里之沅水支流之重安江上，汉晋时安得有系船之说？）

沅水诸支流中，潕水通航最早。迄今仍为湘、黔间唯一航道。镇远、偏桥以下自古行船。偏桥以上，惟诸葛洞（石峡名，在施秉东十里）为航行障碍。过此，则小船可以上溯至黄平之旧州（老黄平）。水虽小，航道平，更无滩险与断流，舟人亦必利用之也。由六朝人所传庄蹻系船故事，可知其时湘黔航道终点在故且兰附近。设非诸葛洞外之偏桥，即当为旧州（老黄平）。老黄平为一大湖迹平原，土质虽属第三纪黄土，此较黏瘦。但在万山重叠之贵州高原东部，已经难得之平阔耕种区。在濮人进入农业生产后，固当唯有此处能先成为大国也。不只其有水道通连沅水而已。《前汉志》故且兰本注，有"沅水东南至益阳入江。"又武陵郡无阳县云："无水，首受故且兰，南入沅。"潕水，即今之镇远河。以此定汉且兰国邑为今黄平县之旧州，毫无可疑矣。

汉故且兰县境，按地理形势，当包有今黔东之福泉、都匀、麻江、凯里、黄平、施秉、镇远、岑巩、玉屏、三穗、台江、剑河、锦屏，天柱诸县。即整个沅江本支流在贵州部分，说者不可能有异议。其北界，则说者不一，《贵州图经》谓："且兰在湄（潭）、瓮（安）、黄（平）、施（秉）之交。"（洪亮吉《贵州水道考》引），则是北接涪江流域矣。莫与俦谓："其县东接镡成、无阳，西接夜郎、平夷，南接毋敛，北接于鳖。鳖地必以乌江为界。"是谓今开阳、瓮安、余庆、石阡诸县皆且兰北境。而湄潭、绥阳、凤冈、德江诸县乃鳖县地也。洪亮吉兼取《图经》、《一统志》与贵州诸方志之说，定"黄平州西南，贵筑县东北，皆故且兰县地。"远不如莫氏考订之精。地理之学，贵在践履，莫氏生长是区，故其说可遵也。

晋于老黄平（旧州）东北置万寿县，再分置且兰县，不能去万寿太近。其新县治，似已移至今黄平县（旧曰兴隆卫）处，仍辖老黄平区，以存且兰名实。于是分汉故县之东北之锦江与乌江以南地为万寿县，故县东、南、西三面之潕水、沅水、重安江流域为且兰。潕水为黔东货物吞吐之咽喉。在且兰有国时，农业重于商运，故其都邑必在老黄平。至晋，则南运重于农业，故新县治必向水运较便利处移进。以此知其已东徙至兴隆卫也。兴隆卫本黄平千户所属地，千户与黄平土府（宋代已有，隶属播州军民安抚司）同驻老黄平（旧州）。明万历二十七年，改黄平府为州，设流官。清康熙十一年废千户所，地并入州。二十六年，移州治于兴隆卫。老黄平今称旧州。民国改州为黄平县，曾经移还旧治。已复还新治。

⑭"柱蒲关"，不见其他书籍，以理推寻，当在此县东南潕水沿岸险要处，非今镇远之偏桥，即当诸葛洞附

近。按故且兰在汉魏六朝时商道有四大干。北渡乌江，经鳖县（今遵义）通巴蜀，为郭昌、卫广等八校尉伐南越，还诛且兰君，开置牂柯郡之驿道。南渡重安江，下场司渡沅，至三角屯（今三都水族自治县）泛都柳江入郁，通于番禺，即八校尉伐南越所取道。西经平越（今福泉）、贵筑（今贵阳市南）、安顺、普安入滇，即清代所治之驿道，今为滇黔铁路选线所依者，汉、晋牂柯郡治与夜郎诸县联络之大道也。东循潕水，经诸葛洞、偏桥关、入沅出武陵洞庭，通长江，为黔东最主要一水运路线。牂柯郡倚此为重。故虽偏悬在极东，亦必以为郡治。偏桥关与诸葛洞为此江两重险阻，亦即古代且兰国与五溪蛮之两重界限。牂柯东部之木材、山货、土药；牲畜产品必须自此输出；内地食盐、布匹、丝织物、刀剑、针、线、器物等亦由此道输入。偏桥为大船上航之终点。又上则须用小船并于诸葛洞卸载转陆一段乃得至黄平。故知此所特称之"柱蒲关"，不左偏桥，即在诸葛洞附近也。

凡置关，所以守险，备敌，稽征商税也。必设于国界或郡界上。偏桥历代为黔、湘地区之境界。其地江岸狭促，凿阁道以通行人。《明统志》与《读史方舆纪要》皆称为"烂桥关"。《纪要》云：在镇远府西"七十里镇阳江西岸长坡上。万历中，播酋杨应龙作乱，焚东坡烂桥，楚黔路梗。即此。"窃疑"烂桥"，或即且兰桥之音变；或是兵燹焚毁桥阁旧未修复，乃开山道绕行，行者望而叹诅之称。要其为界上险道所在，旧必设关也。诸葛洞在施秉与黄平间，有石阙横江三重，水流三跌，为行舟碍。《贵州通志》云："诸葛洞巨石嵯峨，横亘江心。明万历中，巡抚郭子章凿，作《新开河记》。本朝顺治一十六年间，乃重加修鉴。"莫与俦言"雍正四年又开凿"者是也。

顾观光《校勘记》注此句云："此有脱误。《初学记》八（卷）云'且兰县西南有地名石潼关'。"意谓柱蒲当作石潼，在县西南。窃谓边区地名，好事者多作异称，石潼关，谓陕潼关在山皋间，此关险要相似而在石山间耳。"西南"为"东南"字讹，非两地也。且兰西南系郡内地，汉晋世不至有关也。

⑮上云："有延江、雾赤、煎水为池卫。"延江即乌江河，名大易知，亦不在县内。雾赤河，即潕水，煎水，即重安江，皆在县境内。沅水上源亦在县境，《汉志》已曾及之，《常志》亦当有，故补七字。"雾赤"，似即潕水之异译。《汉志》作无，《说文》作潕，他书一作舞，本夷言也。重安江水湍激喷沫，故云煎水。郡有战事，守卫者恒凭以为固，故曰"池卫"。

⑯两汉有谈指县，无广谈县。《晋书·地理志》牂柯八县有指谈，无谈指与广谈。沈约《宋书·州郡志·宁州》夜郎郡有广谈县，云："《太康地志》属牂柯郡。"别有谈柏县，当是谈指字讹。《常志》谈指属夜郎郡而牂柯有广谈县。疑《晋志》之指谈，系两汉之'谈指'误倒；太康中，分谈指为广谈县；故《元年地志》无广谈而《沈志》又云有之；王逊分牂柯为夜郎郡时，谈指属夜郎而广谈仍隶旧郡；迄宋，又并以谈指与广谈同属夜郎郡也。

《贵州通志》定谈指于今之罗甸县，定广谈于广顺县，当是。《郡国志》："谈指出丹。"刘昭注引《南中志》曰："有不津江，有瘴气。"贵州，惟盘江地方有瘴气。罗甸近盘江，地理正合。罗甸境内入盘江之水，以大韦河为主流，一曰连江，《一统志》以为是古牂柯江（其说固不足取）。大韦河与其支流皆穿行石灰岩山岳中，屡成伏流。其北界地旧为金筑土司管，明万历二十九年置广顺州，故城今为广顺镇，一云旧州者是也。金筑司于明永乐十一年徙官寨子马岭，其后改流为长寨县。今合广顺为长顺（长广）县，治长寨。晋广谈县治在此县之广顺镇可定。其辖境，当包括今长顺、安顺、平坝、清镇、贵阳市南部、惠水，东与且兰，南与谈指接界，北以乌江接平夷界。今贵阳市北部，息烽、修文、开阳诸县，似原亦属于广谈，后复分立为晋乐县。（《沈志》云"江左立"，盖因巴蜀流民立。）民国《贵州通志》定贵阳等地为晋乐县地，是也。

⑰毋敛，《晋志》作母剑，与作敛者并讹。敛，即五敛子，闽人呼为阳桃者是，热带果实，大如鸡卵，长椭圆形。《南方草木状》曰："五敛子，大如木瓜，黄色，皮肉脆软，味极酸。上有五棱如刻出。南人呼棱为敛，故以为名。以蜜渍之，甘酢而美，出南海。"毋、无古通用。汉县名毋者，大都谓其有此土产，昔为贡品而汉免征之。如会稽郡之无锡，王莽改曰有锡。益州郡之毋棳，莽改曰有棳。此郡毋敛，莽改曰有敛。东平国无盐，莽改曰有盐。可知敛是土产"五敛"之旧称，非聚敛之义。

⑱《汉志》"毋敛县"云："刚水，东至潭中，入潭。"所言刚水，今贵州东南榕江县之都柳江也。潭水，今广西柳州之融水也，则汉晋毋敛县治，当即今之榕江县。考订毋敛故县位置者，除《汉志》此数语外，惟恃《水经注》，然郦道元于西南诸水道体系不明，徒博取众书，望文联缀，多所谬乱。唯当用今地理实体核验，群为考订辨正之，先判其谬乱之迹，得其正确依据，乃能得古县之正确位置，兹申论之。

《水经注》卷三十六，凡三言毋敛。

（一）《存水注》云："存水又东，径牂柯之毋敛县北，而东南与毋敛水合。水首受牂柯水，东径毋敛县为毋敛水，又东注于存水。存水又东径郁林定周县为周水，盖水变名也。"

（二）《温水注》云："牂柯水又东南径毋敛县西，毋敛水出焉。又东，欢水出焉。……又东入阿林县，潭水注之。"

（三）《潭水注》云："潭水东南流，与刚水合。水西出牂柯毋敛县，王莽之'有敛'也，东至潭中入潭。"

三言毋敛而所系之水不同。实则毋敛只有一地，其旁只有一水。各家随时代习称，或因支流而纳通称，或随地段异称而歧互，苟知其地理实际，则会通厘订不难。苟昧于此，而徒集众说，则如理乱丝而梦之也。郦氏所言存水，实指今之北盘江。由于兼探众说而杂缀之，遂叙为自邡鄢，经牧靡，至且兰，又过毋敛，至潭中之一怪河（以今地理言，则如谓自雷波、绥江流向昆明又转入贵州东部流入广西柳州之水道）。盖缘所取诸书中，有人指北盘江为牂柯江者，又有人指牂柯江为延江，或有指为都柳江者，遂因牂柯之名而缀合之。其所温水实指南盘江，条理本甚明晰，亦由窜杂他书文字，造成本文中混乱。惟其间短句单言，唯出一书者，如（三）条之潭水三句，只据《汉书》，则可取耳。

兹以潭水一条订其线索，则自黔东入潭之水，惟柳江耳。都柳江源出独山，东流至三角屯（今三都水族自治县都江地区），已可行船，又东经八井，至古州（今榕江县治），有支流北来曰榕江，其北谷道通剑河，转镇远，即古毋敛水。水口古州，即毋敛故治，此下通称毋敛水也。又东至丙妹（今从江县治），有支流北来曰永从河，即欢水也。北谷通黎平，到锦屏，乘沅水直至常德（武陵郡治）入楚。又东入广西界，至三江自治县之老堡口，与潭水合，经融安、融水、柳城、柳州，合桂水南入郁江。融水，古潭中县也。随地异名，则潭水又有浔江、丹江、融江、柳江诸名。都柳江入潭，在老堡口言，为正西来，其水锐劲，故古称刚水，刚水又随牂柯水，毋敛水，永从河之流入而纳诸异称。记地理者信手拈其异称入记，郦氏遂因牂柯之称而牵合于存水、温水与潭水三注焉。

杨守敬《晋地理图》定毋敛县治于长寨（今长顺县治）民国《贵州通志》定毋敛县治于独山。两说不合之失，在于（1）两地并在小河谷内，无航运，与《汉志》《郦注》无一合。（2）毋敛为牂柯开化最早之一县，尹珍于后汉中叶已能就学京师，其对中原必当有甚便利之交通联系。（3）县境产五敛子，则必是贵州高原南侧之温暖河谷，不合是长顺、独山等河谷末梢地区。《贵州通志》以独山拟毋敛，荔波拟新宁，（广西）南丹拟丹南。以方百余里间今之三县为晋世三县。晋世建置断不能如此之密。莫与俦云："毋敛，以独山江为毋敛水定之。"所云独山江，即三角屯河，下游为毋敛水，非发源处为毋敛县也。兹定汉毋敛为榕江（古州）更有一重要理由：榕江县郭亦是一湖迹小盆地，其北百余里之朗洞亦然。黔东自黄平旧州与余庆、施秉三湖迹平原外，惟此二处为小平原，故必然与且兰同时进入农业生产之奴隶社会，即亦当有同时建置之汉县。其他山区不可能及。是故不明地理者，不可以谈沿革，不明地质者虽谈地理沿革，亦往往失于隔靴搔痒也。

⑲晋平夷郡，后避桓温家讳，改平蛮郡、所治平夷县同改，及宋齐皆存，均作平蛮，领县二。《宋志》："户二百四十五。"又灭于晋远矣。

⑳两汉皆有平夷县，无注记。《三国志》李恢为庲降都督"驻平夷。"《一统志》以为即云南平夷县，杨守敬《晋地理图》同，皆失考也。"安乐水"，今川黔界上之赤水合，明载入《蜀志》江阳郡符县，此又言之，则其县在赤水河流域明矣。亦与鳖近，故可合为郡，若云南平夷（富源）县，则与鳖相去千余里，如何合为一郡。且李恢为庲降都督之初，云南尚为雍闿、孟获所据，李恢在南征前安得入住其间？民国《贵州通志》定平夷为毕节，部位较合。然尚不如定于毕节县北百余里之赤水卫。汉魏晋时，自蜀入滇凡三道：东道自江阳，经平夷、汉阳、朱提、味县至滇池。中道自僰道经南广、朱提、味县。西道自旄牛、越巂、渡泸。诸葛亮南征，大军由越巂渡泸。李恢取中路向滇池。亮还军则从汉阳、江阳，取东道。东道险要在七星关、赤水渡两处。七星关，汉阳故县治也（说另详10章之注⑪），与毕节相距九十里。其北至江阳七百里，中间岂能无一县。毕节距关太近，又非肥腴耕土与工矿要邑，不合在当时为县。惟赤水河渡口最津要，亦腴沃宜农，宜为县治。通道滇池，亦通鳖与且兰（马忠由此进军），李恢驻此，便于兼顾牂柯建宁（益州）两郡。其为汉平夷县治，可无疑矣。今四川叙永、古蔺、贵州仁怀、毕节地皆故平夷县境也。

㉑"硃津"，旧籍无考。与安乐水联称，疑即赤水渡口，属平夷县附郭。赤水上游，惟此是要津，沙岸平阔，迄今未能建桥。黔中诸水多绝峡崖岸，惟此渡开展，用船渡，故独见称也。沿岸多红土，故称赤水。赤水卫，明代有城，在雪山关下，疑即古平夷县治处。

㉒鳖县，今遵义。春秋时楚国最西之一邑。秦属黔中郡。汉为犍为郡治，后郡徙治平夷。牂柯置郡后，政隶牂柯郡。北倚娄山，南阻乌江（延水）历世为黔北奥区。凡今贵州省东北桐梓、正安、绥阳、湄潭、凤冈、金沙、黔西诸县境皆故别县地也。

㉓《前汉志》鳖县云："不狼山，鳖水所出，东入沅。过郡二，行七百三十里。"今考不狼山，即大娄山，鳖水，即遵义河（今有湘江之称），自遵义东合湄潭水，折南入乌江。乌江，《水经》称为"延水"。受鳖水后，又受自贵阳来之清水江水。东行大山谷中，曾穿石灰岩大洞穴数十里作潜流，至思南县文家店之雷洞复出，即《巴志》所称之黔水。流经思南、沿河、龚滩、彭水、至涪陵（古枳县）入江，实不入沅。由于伏流远长，昔人未能详其所出。《班志》云"行七百三十里"，谓鳖水源至伏流上口里数，似开牂柯时曾经实测丈量。云"过郡二"者，鳖本为犍为郡治，乌江则入牂柯郡界也。云"入沅"者，由不知所届，但知其东向指武陵郡，而沅水支流有泸溪（即武水），与黔水（乌江）俱为色黑之义，遂误为入沅也。《水经》谓鳖水入延，以乌江上游为延水。亦误云延水入沅，而别以枳县之涪陵水为黔水，皆由伏流中绝不见流向所致。常璩与郦道元亦未能辨订。璩但依《班志》举鳖水之名而已，其意盖亦以鳖水与黔水为两水也。凡伏流，皆缘水流跌落所致，伏内恒有激瀑，巨响出于洞口，故黔人呼出口为雷洞。舟人不敢入探。缘是不知上下为一水。乌、黔、泸，皆黑色之义。黔山石皆多暗黑，复多丛林，映水皆黑，故曰乌、曰黔、曰泸，水别而义同，随所在地而异称。"延水"在泸语亦暗黑之义。鳖水则缘县邑为称也。

鳖水入延，延水伏行而出为黔水。此有晋永嘉，巴蜀人大量向南流入牂柯后，已有所觉察，入于记载。故郦道元杂采众说，注《水经》时，一面言延水至枳入江。一面仍谓"延江枝津"更始水间关入沅，其言曰："更始水，即延江枝分之始也。……东入巴东之南浦县。其水注引渎口石门，空岫阴深，邃涧暗密，倾崖上合，恒有落势。行旅避瘴时有经之莫不危心于其下。又谓之西乡水，亦谓之西乡溪。溪水间关二百里许方得出山（按此言西乡峡，已详《巴东郡》注）。又通波注远，复二百余里，又东南入迁陵县也（按迁陵县属武陵郡在沅水流域）。……西乡溪口，在迁陵城上五十里，左合酉水。"此则以黔水支流之更始水，误谓通津于故陵与羊渠间之长滩井河（西乡峡水）。又以故陵误为迁陵县。又缘西乡名酒而合于酉水。于是接于入沅。竟同戏剧之有"十八扯"矣。世人徒重《水经注》而不知《水经注》之谬误者亦多。如此徒据书本而妄择妄拴之处，在西南水道尤多。故因辨订鳖水附及之。

㉔薜，即薜荔，高山野生，藤类，实可食，具毛皮，多汁、少肉，子细碎如桑椹。川俗呼为"毛梨子"，音擘，与鳖音同，常意盖谓鳖邑由之得名。

㉕汉夜郎国都故址，在今云南曲端大平原北端，沾益县北之黑桥。其说另详附录《枸酱考》。

㉖夜即为秦汉间云贵高原最大国，在经济与文化方面皆为当时南夷表率。地位亦居南夷之最中，汉开牂柯亦始于夜郎，乃置牂柯郡时，郡治不定于夜郎而定于极东鳖远之故且兰者，当时且兰与水运接近而夜郎则四围皆大山深谷，与内地联系甚不方便故也。今云南曲靖、陆良、嵩明、寻甸、马龙、宣威、富源诸县，俱当是故夜郎县地。

㉗《前汉志》夜郎县："豚水东至广郁，都尉治，莽曰同亭。"《水经注》："郁水，即夜郎豚水也。"字皆作豚。本书则前后皆作遯。各字书举夜郎水名，亦作豚作遯不一。盖译夜郎语音字。即《西南夷传》之牂柯江，今云南盘江也。上源自黑桥以下行平原中，可以舟航，至陆良之高古马，四百余里。下游入广西乃复通航出广郁县（今贵县），是为郁江，过番禺城下入海。广郁，属郁林郡，《班志》言水道恒举县名。《常志》恒举名，故曰"通郁林"。旧校者拟依《汉书》改广郁。遂被宋刻衍广字也。

㉘谈指县，为今贵州西南大韦河下游之罗甸县，已具说在注⑯。晋时辖境，当包括今黔南诸布依族自治县境。布依族，盖住居盘江以北最古之僰语民族也。

# 八

晋宁郡，本【益州】滇国也。旧作"益州。"审下文，当是"滇国"二字，传抄者妄改之。元鼎初置吏，分属牂柯、越嶲①。旧有脱，不成文理。审系初未置郡，但以滇王与其属邑置吏分属二郡，补三字。【汉武帝】元封二年，叟反②，上元鼎未举帝称，牂柯郡已言"汉武帝元鼎"也。此句自不当更赘"汉武帝"三字。应是浅人旁注，被误入正文。故删。《后汉书·光武纪》建武十九年注引此文有武帝字，亦注引时加，非常文所固有。又其叟下有夷字，亦注引时衍也。遣将军郭昌讨平之。因开为郡，治滇池上，号曰益州③。时尚未置十三部刺史。元鼎五年初置部刺史、改梁曰益，遂同郡名。汉属县二十四，户二十万。唐百川校本涂去十，并笺云："《班志》户二万九千。"今按《班志》："户八万一千四百九十六。"《续汉志》："户二万九千三十六。"唐误。又《班志》所记，为元始二年簿。此云二十万，盖据元封开郡时赈。因昭帝时益州夷乱用兵，多所屠戮，故户口转少。后汉又屡乱，故更转少也。**晋县七，户万。去洛五千六百里。**《续汉志》同。《宋书·州郡志》云"去建康，水，一万三千七百里。"多于平夷七百里，从江道海道不同。【司马相如】**韩说初开，得牛、马、羊属三十万**④。旧本皆有"司马相如"四字，查《相如传》，人死于元封前，亦未尝入滇。常氏上文，固言"相如持节开越嶲，按道侯韩说开益州。"明此四字系浅人妄为傅益。非常文所有。**汉乃募、徙死罪及奸豪实之**⑤。**郡土大平敞，原田。**句。疑原上有"美好"字。**多长松皋。**疑当倒作"皋多长松"。**有鹦鹉、孔雀、盐池、田、渔之饶，金、银、畜产之富**⑥。**俗奢豪，难抚御**⑦，**惟文齐、王阜、景毅、李颙及南郡董和为之防检，后遂为善**⑧。**蜀建兴三年，丞相亮之南征，以郡民**字当作人。**李恢为**字当作领。时恢仍为庲降都督，兼领郡。**太守，改曰建宁，治味县。宁州**【别】**建，分西七县别立为益州郡。**旧作"宁州别建为益州郡。兹依《晋书·地理志》补五字，并移别字在下，以通文意。**后太守李遐，**《南中总序》作"李易"。**恢孙也，与梁水**【前】**太守**《总序》作梁水太守**董憘，**刘李本作仅。**建**【兴】**宁**钱本作宁，是。**爨量共叛。**《晋书·明帝纪》作"梁州（水）太守爨亮、益州太守李遐，以兴古叛，降于李雄。"**宁州刺史王逊**此下当有"讨平之"字。**表改益州为晋宁郡**⑨。

**滇池县 郡治**⑩，**故滇**【国】**邑也。**旧传写讹邑为国，并改上文滇国为益州，兹并改正。**有泽水，**【週】**周**钱本作周，是。**迴**钱写作围。**二百余里。**《史记·西南夷传》："跻至滇池，地方三百里。"《班史，删去地字，承池字云"方三百里"。《后汉·郡国志》注引《南中志》云"池周二百五十里。"《范史·滇传》云："有池周回二百余里。"《水经注》卷三十六云"周三百里许"，顾广圻校本据改二字作三。今按：古人惟目测，不能定准。近世实测滇池周岸回曲二百二十四公里，即约四百五十里。《范史》实用《常志》文。旧本盖脱余字。**所出深广，下流浅狭，如倒流，故曰滇池**⑪。《汉书·西南夷传》注引作"泽下流浅狭，状如倒池，故曰滇池。"**长老传言：池中有神马，**《初学记》二十九，《太平御览》八百九十七，并引作"神马四匹出滇池河中。"当是参用他书别文所衍。**或交焉，**《艺文类聚》引作"与家马交"。**即生骏驹。**刘、李本与上焉字均作马。钱、《函》本此亦作马。**俗称之曰"滇池驹"，日行五百里**⑫。**有黑水神祠**【祀】。原有脱、衍。廖本注云："当有'有黑'二字，见《汉书·地理志》。"顾观光校勘本云："祠下衍祀字，并依《汉志》删。"**亦有温泉，如越嶲温水**⑬。**又有白蝟山，山无石，**惟有此二字，《御览》引作"而多"。**蝟也**⑭。

**同劳县**⑮ **汉旧县。**

**同安县**⑯

**连然县 有盐泉，南中共仰之**⑰。

**建伶**刘、钱、《函》本作令。**县**⑱

**毋单县**⑲ **汉旧县，属牂柯郡。建兴中度。**据《水经注》。**有丹**⑳。

**秦臧县 汉旧**㉑。

**案**：以上晋宁郡七县，故滇国地，属云南高原中央，为大湖集中地区。汉以前，各沿湖平原出土未久，沮洳地多，水道零乱；本近夜郎，夜郎人未能垦，委为牧场。迨庄蹻率众至，次第垦成耕土，建成滇国。盖楚人兴于云梦泽地，善治水土，施排灌，故鳖令开蜀海，庄蹻亦能开滇池也。滇池开，而抚仙湖、杞麓湖、杨宗海等沿岸平土亦次第成为稻田，故滇国代夜郎勃兴于南中，形成此高原之核心地区也。

庄蹻未至前，夜郎为南中唯一大国，在政治、经济、文化各方面，隐然为一方领导。迨庄蹻与所率之楚人以更先进之楚国文化楔入其间，遂使治田、捕鱼、矿冶与其他各种生产技术，生活方式，皆得有所跃进。使原住之劳深、靡莫、僚濮、昆明，青羌各民族与楚人融合，而成新兴之滇族。汉开郡后，社会逐步前进，形成西爨文化，已与汉中华文化不甚相远。惜其后与内地联系中断，又复沉沦一千余年始获重新开辟也。

常氏所记，虽皆得自传闻，要是当时身历目见者之言。徒因传抄者忽视边区，信手讹脱，校勘者又莫能依据成文以订正之，故多脱误耳。

## 【注释】

①《史记·西南夷传》："秦时常頞略通五尺道，诸此国颇置吏焉。"又，"约为置吏，使其子为令。"又，"皆如南夷，为置一都尉十余县。"及他所言置吏甚多。"置吏"者，凡内附夷王，不通汉语言文字，则请置一文吏，为之撰写文书，通译敕令，自秦汉至清代，各夷王及土司家皆有之，名位恒在其自有相臣之下，一般头目之上（南充天宫山近年发见賨王崖墓一座，浮雕有十三属吏形像，中原人衣冠一吏列第三）。或自聘请内地士流为之，或请朝廷委派。属于朝廷委派者，或假夷王以令长之名，为开置郡县先导，非即实置郡县也。秦于西南诸国置吏，大抵如此。汉武初开南夷，亦是如此，后开西夷，乃有都尉、县令等名目。亦至诛其国君以后，始夺其行政权，为真郡县。滇王于元鼎初，已同西夷请置吏。未灭其国，但置县吏，而以其子弟头目为令长，分属越嶲与牂柯两郡。大抵滇池以东南诸县，如毋单、毋棳、胜休、建伶、来唯等县吏，由牂柯太守委用领导。滇池以西北诸县吏，由越嶲太守委派领导。滇池附近未置吏。迨元封二年，平劳深、靡牧之乱，迫滇王入朝而夺其政权，乃置益州郡；凡滇故地，原分属牂柯、越嶲二郡者皆还隶之。郡领二十四县（《前汉志》）。后汉永平中，割郡西叶榆、不韦、比苏、嶲唐、邪龙、云南、弄栋七县为永昌郡，但存十七县（《后汉志》）。蜀汉时，再割郡东南律高、胜休、贲古等县为兴古郡，存十四县。入晋，复有新置及改置。合二十县，分为建宁、晋宁二郡。晋宁即故益州，只七县矣。

②《史记·西南夷传》："滇王者，其众数万，其旁，东北有劳深、靡牧，皆同姓，相扶，未肯听。劳深、靡莫数侵犯使者吏卒。元封二年，天子发巴蜀兵，击灭劳深、靡莫，以兵临滇。……滇王离难，西南夷举国降，请置吏，入朝。于是以为益州郡。"（《汉书·西南夷传》用《史记》文删去离难之难字）。常氏于此，不言劳深、靡莫，但云"叟反"，明劳深靡莫是叟类也。叟为青羌与斯榆种之共称。上文云诸葛亮"移南

中劲青羌万余家于蜀"者，盖即劳深、靡牧之类。

《史记》连言"劳深靡莫"数次，皆不省约其文，似为一个种别名称，不可分割；而又曰"皆同姓，相扶"，又似与滇族为同姓之三支。《汉书》省"劳深、靡莫数侵犯使者吏卒"句为"劳、莫"。《地理志》益州郡有收靡县，部位正在滇池东北。收与叟音近。靡与芈同音。劳与僚亦同音，深与升亦同音。收靡又作升麻县。疑劳深是僚族，靡莫是庄蹻同来楚人与叟结婚者子孙。楚芈本羌类之远支。"莫"则羌语人身称也（羌藏语凡具明母者如米、母、妈、莫，皆有表示人身含义）。与傻同源，故相亲为同姓也。劳、僚、牢、老，亦皆同声字异，《常志》于南夷多用濮与僚字。疑劳深即僚族支别之称。本濮之别种，比较习近汉人，故亦能与滇为同姓（遑耶）也。民族古史难理，姑且提此线索，以备深考。

③"益州"名义，刘熙《释名》云："益之为言隘也，言所在之地险阨也。"今按：益州郡立在刺史部前。郡境二十四县，并在云南高原顶部，相当平旷（下文云"郡土大平敞"）。名益州，非取"险阨"之义可知。汉郡国唯此名州，取义当与洲同，谓邑在"河洲"）（《诗·关雎》"在河之洲"同）上也。"益"，谓初开西南夷，已置牂柯、越巂、沈黎、汶山、武都六郡。元封二年又增益此郡，命名益州以彰拓土之功也。后置十三部刺史，改梁州曰益州，州字含义不同，益之为义则同；谓增益诸郡，已不同于旧之梁州。刘熙之说非矣。

④于时河洲沃壤虽已种稻，邱陵溪谷间仍是天然植被，为夷民牧场。夷民财富寄于畜产，乏农工之货。韩说："发巴蜀兵击灭劳深靡莫，以兵临滇。"（《西南夷传》）。滇王降，遂置郡，所得夷民财物，唯马、牛、羊，其多至此。牲畜食草，能自行，易驱策入中原，汉军利之，故略取如此之多也。

⑤"死罪"人皆果勇慓悍，"奸豪"亦巧于经营生产而犯法者。徙此辈实边，于法为宽而非废，于道为仁而有利于边。秦汉屡行之，收效甚大。

⑥此节述云南高原当时物产，特称"长松"。松果可食，其材中用，云南高原顶部诸木之珍也。迄今山地、田间犹多有之。此高原冬无冰雪，河谷森林尤温暖，故恒有热带鸟类鹦鹉、孔雀栖息。"盐池"在连然县，后详。"田"谓佃猎，地旷人口稀，多森林，故饶野兽。"渔"业之盛，由多湖泊。"金"出于金沙江。江水自康藏高原富于金矿地方流来，金沙连块随在缓流部分沉积于河原沙层中，积数百万年，厚至数十丈；或复崩裂露出为金穴；或穿穴求得之，淘洗甚易。金水来回成河套处沉积最多。六朝时称为"丽水"（今丽江县附近），所谓"金生丽水"是也。支流雅砻江，亦自金矿区流出运转金屑，与丽水逸金同沉积于郡境之金沙江。水即以金得名。"银"为朱提名产，实则高原诸山多银矿及多种有色金属，不必朱提有银。朱提亦非唯产有银。只当时各族所重唯在金、银，则采矿者亦只注意于金银耳。即如《两汉志》所载，益州郡产银、铜、铅、锡之山已参（后详）。此则但言金银以赅之，非只产金银也。"畜产"；已上详。

⑦"奢豪，难抚驭"（御同），为由奴隶社会向封建社会过渡时期巨室豪门的特色。此辈原属养尊处优高踞人上之奴隶主，既复学得封建文化，了解贪污官吏内部实质，挟持短长，轻蔑官吏，故官府视之为难抚驭。然苟得清廉官吏，使其心服，则不惟就范，且可得其死力。本书记南中事，多已阐明此点。

⑧文齐、王阜、景毅、李颙已前见。董和，《三国志》有传。刘璋时为益州太守。治尚清约。"与蛮夷从事，务推诚心。南土爱而信之。"此等太守，固当于南中风俗有影响，若言"后遂返善"则妄矣，四字疑后人赘入。

⑨《晋书·地理志》："太安二年（三〇三），惠帝复立宁州。（本书作元年十一月。）又分建宁以西七县别立为益州郡。永嘉二年，改益州曰晋宁，分牂柯立平夷、夜郎二郡。"《宋书·州郡志》："晋宁太守，晋惠帝永

（泰）安二年，分建宁西七县为益州郡，晋怀帝更名。"皆与《常志》年度不合。常氏叙改名晋宁在李遏叛后。遏叛在太宁二年（三二四）（见《明帝纪》），上距永嘉二年（三〇八）已十余年。且永嘉二年，王逊尚未入州，则安得表改郡名？即平夷、夜郎二郡，亦非永嘉年置。大抵晋、宋二志别有所据，惟皆不如《常志》准确，一切当依《常志》年度。惟《常志》亦经传钞人多所窜改，必待反复校订，以作判断。如上文李遏、爨量、董懂之叛，上文董懂作"梁水太守"，此作"前太守"则李遏之前任太守也。《明帝纪》又云："梁州太守爨亮"量、亮同音，固当是一人。梁州亦必为梁水之讹。然则，此役是益州太守李遏，与梁水太守建宁人爨量联合叛乱，有前任梁水太守董懂参加。皆建宁人有家部曲者，恶王逊严猛，叛降李雄。而郡民不从，故不据而同"保兴古盘南"，凭盘江险厄以拒王逊，待李雄援军也。《李雄志》"建宁爨量，蒙险委诚"（永嘉五年）是也。至太兴二年（三一九），李骧伐越嶲。三年"夏，进伐宁州。大败于螳螂，还"。即为援爨量，为姚岳所败也。其明年王逊卒，《逊传》谓在姚岳军还时，是卒未讨平盘南，但表改益州为晋宁郡而已。又至咸和八年（三三三），李寿破朱提，太守董炳与援军霍彪降，"尹奉举州委质"。九年雄"分宁州置交州"，以降人"爨深为交州刺史"。则盘南亦必已降附矣。

⑩滇池故城，是何地，考订者颇有分歧。《汉书·地理志》云："大泽在西，滇池泽在西北，有黑水祠。"今按：滇池已经实测，湖面海拔一千八百八十六公尺，湖周岸二百二十四公里，面积二百九十五平方公里。南北狭长约三十公里。东西最宽处十二公里，最狭处五公里。北、东、南三面平展，小有邱陵，外尽是稻田。西面连山，崖岸多绝。沿湖有四县：北昆明，今为市，省治。东呈贡县。东南晋城，本晋宁州也，今仍属晋宁县。西南昆阳，今日晋宁县。一般因昆明历为省治，咸谓即庄蹻旧都，为汉益州郡治之滇池县也，然与《汉志》所言对滇水之方位不合。就《汉志》文，"大泽"，谓湖身，在西，则当是呈贡位置。"滇池泽"在西北，似谓草海。"有黑水祠"，承西北言，则当是昆明市北之黑龙潭。《清·一统志》云："在昆明县东北二十五里，一名黑龙江，深不可测。中有鯈鱼，人莫敢取。旁有龙祠，祷雨辄应。"（赵一清《补水经注》作黑水池。）又似即古"滇池泽"，故《汉志》分别言之也。其方位，亦正在呈贡西北。然则汉晋滇池故城实在呈贡位置，不在昆明市。再，入湖之水，集中于湖之北侧，盘龙江、金汁河、银汁河、白沙河、宝象河，港汊交错于昆明市郊，岁岁搬运泥沙填于海尾，使湖北端淤浅日增成为陆地。今草海最深处不过一公尺半，已有多处出水成为浅洲。而昆明平原中，沿湖亦多"湖塘"，如鱼村塘、五甲塘、大圩塘等，皆海床成陆后之港汊残迹也。由此上溯三千年前，此平原可能仍有半是草海与沮洳地，庄蹻未必即能建都于此。惟呈贡平原出水最早，地位在沿湖平原中央。又近夜郎，其为庄蹻旧邑为可定矣。呈贡之南故晋宁县界，有滇王墓群，近世已发掘证明。《清一统志》云："滇池故城，在晋宁州东。"民国《新纂云南通志》定晋宁、呈贡、澂江（今澄江）、江川四县为东晋滇池县地（《历代沿革图》）。而以昆明别属，则与《汉志》"滇池泽"一语不合。夫谓滇池县是今呈贡，则黑龙池在其西北百里以内，自属此县辖境，无论县因池（泽）名，泽因县名，皆无不可。若谓滇池县是晋宁（晋城），则在三百里外，且是北方，非西北。而大湖本体亦是在西北，不是在西，于义难合矣。至滇王墓群在晋宁界，亦不足即定为滇王国邑在此。历史上王墓恒在京外远处，楚王墓郡不在郢而在夷陵，巴王墓郡不在江州而在枳，皆庄蹻同时南国之习俗。故惟其滇王墓群在晋宁，更可说明其都邑非在晋宁矣。

秦汉魏晋之滇池县位置无变。其后沦没一千年，始建行省，治昆明。昆明已非旧名，城邑亦非旧治，但皆在滇海沿岸而已，未可以寻沿革矣。要必滇国已营邑于滇池泽附近而已。

⑪湖水自昆阳北之"海口"泄出为螳螂川，经安宁、富民两县入武定、禄劝两县东界，别称普渡河，北流入

金沙江。自富民以上，水皆平缓可行船。富民以北，始为飞瀑激湍，奔腾而下。此种地文，显示螳螂川本是自北南流入于滇池。后为普渡河所袭夺，乃使海水倒流入江。袭夺原因，主要由于湖之西侧地盘下降。故湖岸成崖，而其西支流下落。倒流之说当由于此种现象发生于人类出生以后，故世代传说如此。最先传其说者为谯周《异物志》。《文选·蜀都赋》刘逵注引其文曰："滇池在晋宁界，有大泽水，周二百余里。水源深广而末更浅狭，似如倒流，故俗云滇池。"常氏采之微变其文。《范史·滇传》则直用常文。后世莫不从同矣。

今按：滇池螳螂川，诚倒流矣，然非滇池得名之义也。颠倒是汉语，当时之西南夷语非必此义。《子虚赋》："文成颠歌。"注："益州滇（池）县，其人能西南夷歌。"是颠为西南夷族名，住于沿湖，善歌，被称"颠歌"。庄蹻至时已称曰"滇池"，（《西南夷传》），其为夷语旧称可知，安得有取于颠倒之义哉？迨汉民习居其地，见其水出口河迹逆势，结合土人倒流传说，谯周因而傅会之耳。

⑫此又一民间传说，与马湖及会无天马河同。夫马、龙异类，不可能媾交，何得云龙驹？只缘河湖岸草美，而风浪能激励马志，故成良马种也。

⑬温泉，云南随处有之。尤著名者在安宁盐泉北十里，曰汤池，一名碧玉泉，其地在汉晋世属滇池县也。

⑭白猬山，无考。猬为穴土食虫蚁之小动物。可于滇池附近土阜探定之。然其物为人所憎而皮入药，恐今已绝灭于此区。故隋唐以来地书无言猬山者。

⑮"同劳"，两汉志与本书皆只举名，无注记。《水经注》与他诸地理书亦未言及。以此难考故城位置。《新纂云南通志》定前汉同劳于陆良。陆良为晋同乐县。盖以为劳乐音近，谓晋同乐即汉之同劳也。然《常志》此郡有同劳，建宁郡又有同乐，则非先后为一地甚明也。汪士铎《汉志释地略》谓同劳在"今曲靖府马龙州西南"，未详依据。今按：汉灭劳深靡莫，其地在滇池东北。合当汉使入滇道上，故能数侵使者吏卒。同劳、收靡，可能皆即其地置县。收靡在今嵩明、寻甸一带，则同劳可能即在今普渡河流域之禄劝、武定、甸尾、龙街一带。前者当朱提、夜郎入滇之路，后者当越嶲、会无入滇之路。前者用靡字为县名，后者用劳字为县名，与《西南夷传》"其东北"之文亦正合也。

⑯同安县，《两汉志》无。疑即《沈志》建宁郡之万安，云"江左立"，谓东晋新置，故汉晋并无也。疑其地在今昆明北之古城，晋分同劳南部置故取同字为名。

⑰连然，《汉志》云："有盐官。"唐樊绰《蛮书》云："安宁城中皆石盐井，深八十尺。城外又有四井，听百姓自煎。"《新唐书·南蛮传》云："安宁州城中有五盐井，人得煮鬻自给。"《清一统志》云："安宁州西有大井、石井、河中井、大界井、新井俱产盐。"汉时已有盐官，则周秦时已取煎矣。疑是昆明种所开。昆明种自澜沧江入云南高原者能识盐泉，知取煎之法，所居处留昆明名。《西南夷传》谓桐师至叶榆为嶲与昆明，今盐源县唐曰昆明，今滇池，漠曰昆明湖。汉滇池县，元、明、清为昆明县。并缘昆明人擅煎盐之法，从而分布在盐泉附近，使地有昆明之称也。"连然"疑是夷语盐泉之义。然非昆明语，应是滇族语，或僰语。盖滇人先已知此盐泉，只饮其水。昆明种至乃按此苏煮之。汉民至乃有井法。今安宁县仍为此大高原中食盐仰给之处。

⑱《前汉志》作健伶。《后汉志》作建伶。洪亮吉《东晋疆域志》云："《晋书·地理志》有泠丘，无建伶，当即是。"《新纂云南通志》遵之，并定其故城在旧昆阳县南，疑当定为今晋宁县即旧昆阳县治。（参看泠丘县注）。《一统志》建伶故城"在府城（今昆明市）西北"，意指富民县、禄丰县罗次一带，定非。昆明市之西北，只可能是同劳、同安县地。已前注。

⑲毋单,两汉属牂柯郡,《晋志》属建宁郡,其地必当在晋宁郡东南较远。杨守敬《晋地理图》定在今路南县禄丰村(在盘江之东)。《新纂云南通志》定在华宁县(在盘江之西)。今按,《水经注》卷三十六:"温水又东南径牂柯之毋单县。建兴中,刘禅割属建宁郡。桥水注之;水上承俞元之南池。"据是,则晋之毋单县治,当在今澄江县之铁赤河口。汉之毋单县或不在此而在"婆兮。"说在建宁郡俞元县注(9章)。

⑳单与丹同音。毋单又曰"丹川"。盖原出丹沙,僰语从汉人呼朱砂为丹,《汉志》缘僰语译作"毋单"字也。凡县名用毋(无)字者,皆示其本有。

《晋书·成帝纪》:咸康五年(三三九)"三月乙丑,广州刺史邓岳伐蜀。建宁人孟彦,执李寿将霍彪以降。"又六年(三四〇)三月"李寿陷丹川,守将孟彦、刘齐、李秋皆死之。"《通鉴》同。胡三省注云:"五年,孟彦以建宁降。丹川当在建宁界。"《晋书·邓岳传》:"咸康三年(三三七),岳遣军伐夜郎,破之,加督宁州,进征虏将军、加平南将军,卒。"综上所引,可以判断:宁州为李雄占领后,南中晋民仍多不服,窃附江左。至李寿夺国(改号汉)时,牂柯人首先附晋。晋任广州刺史邓岳规取宁州,攻破夜郎(在建宁郡治南近)。建宁大姓孟彦执霍彪降于岳。李寿军进讨,岳援不至,彦等退扼丹川,凭险以拒。时岳已死,援终不至,城陷被屠。凡本纪纪地,例只郡名。《成帝纪》所云丹川亦当为郡。盖邓岳更分建宁南境为丹川郡,以刘齐为太守,治毋单。孟彦自建宁退此合力拒寿,阅时一年乃陷。江左据其书表知其陷没,旌而书于史册也。

㉑《班志》秦臧县云:"牛兰山,即水所出,南至双柏入仆,行八百二十里。"《水经注》卷三十三:"仆水又径宁州建军郡……历双柏县,即水入焉。水出秦臧县牛兰山,南流至双柏县东,入仆水。又东至来唯县入劳水。……东至交州交趾郡澄泠县,南流入于海。"劳水,今云元江,一曰富良江,自河口老街入越南境。唐樊绰《蛮书》卷四所云"秦臧川"是也。仆水有二源,西源即弥渡县之礼社河。东源出禄丰县罗次南之九戍山,又有九峰、九涌、九龙诸名,九涧涌水,汇为金水河,北流经禄丰县城北,复折而南,经禄丰县城,会星宿河,南入易门县为绿汁江,入仆水。九戍山,即《汉志》之"牛兰山"。金水河即"即水"。禄丰乃秦臧故县也。《新纂云南通志》定罗次地区为古秦臧县,不如禄丰县城一带适合,杨守敬《晋地理图》即定秦臧于此。然晋晋宁郡境,是今昆明市区、呈贡、晋宁、澄江、华宁、江川、安宁、禄丰、富民、禄劝诸县地也。

# 九

建宁郡治,故庲降都督屯也,南人谓之"屯下"①。属县晋初十七,晋字下旧有脱乱。兹依《晋书·地理志》补三字。【太安二年】四字是后人侧注于"益州"者,再传抄者误入正文。平乐郡分出在建兴元年,非在太安。分【为】置益州、平乐二郡后,【合】县十三。旧钞妄有衍夺,后人未校,改置作为,改后作合以适误文。宋刻更缘误文改字,遂益谬乱。明人写本每以后作后,宋刻因形似合而谬改也。户万。去洛五千六百三十九里。有五部都尉,四姓及霍家部曲②。

味县③　　郡治。《函海》注云:"按曹学佺《名胜志》引此作夷叟。"有明月社,夷、晋不奉官,则官与共盟于此社也④。

【牧】升麻县⑤廖本升字作牧。　　山出好升麻。有涂水⑥。张佳胤注云："按《汉书》为'收靡'。李奇曰：靡音麻。《晋书》建宁郡有牧麻。"吴、何、王、浙本并有此小注。

同乐县⑦　　大姓爨旧各刻本作爨。氏。

谷昌县⑧　　汉武帝将军郭昌讨夷，平之；因名郭昌，以威夷。孝章时改为谷昌也⑨。

同濑县⑩《汉书》作"铜濑"。古同、铜字通。　　谈虏山迷水所出，东至谈槁入温水⑪。依《汉书·地理志》补。刘昭《续汉志注》引《地道记》作"铜房山，米水所出。"前后录音字异也。所引为《元康地道记》即《隋书·经籍志》所云《元康三年地记》。张嘉胤引此文作《汉书地道记》。而函海小注引何本，又误米水为采水，并有讹误。'水经注'亦作迷水。

双柏县⑫　　出银。用《后汉·郡国志》文补。

郁鄢县⑬　　雍闿反，结垒于县山，系马柳宋刻与钱写本、张、吴、何、王本作"柳。"《函》、廖本作"柳"。柳，系马柱，见《先主志》。柱生成林；今夷言"无雍梁林。"梁，夷言马也。旧各本俱脱林梁夷三字。兹依《水经注》引补。顾观光校本依《太平御览》引作"今夷言无梁林。无梁，夷言马也。"盖衍后无字。

昆泽县⑭　　有温水。依《水经注》补。

漏江县⑮　　有漏江。依《水经注》文补。九十里出毗口。《水经注》作蝮口。

谈槁《后汉志》作槀，从禾。刘、钱、《函》本作豪，讹。县⑯　　有濮獠⑰。《函海》本晚县字，有小注云："何本作槀。前后汉、晋书并作槀。"

伶丘张、吴、何、王、浙本作泠丘。《晋书·地理志》作泠丘。县⑱　　主獠。

修云县⑲

【新定】俞元县⑳旧作新定县。廖本注云"当作俞元县"兹径改。　　在河中洲上。据《郡国志注》引文补。《水经注》云："县治龙池洲。"南池《前汉志》云："池在南。"《水经注》径称"南池"。桥水所出，东至毋单入温水。怀山出铜㉑。据《前汉志》补此十七字。怀山，《后汉志》作襄山。当是字本作裹，传写讹作裹。

平乐郡㉒，元帝建兴元年，顾广圻校稿改元帝为愍帝。廖本注兴字"当作武"，并无取。元帝睿于怀帝初以琅邪王镇建业。怀帝被掳，中原无君，睿仍称永嘉六年。逾年怀帝已死，愍帝以秦王承称晋帝，建元建兴。睿亦用建兴年号，于势实不相属。在江左人视之，自是元帝之建兴也。平乐郡是刺史王逊析置，正建兴初，亦非建武。刺史王逊割建宁之此与王逊二字，并位廖本注补。原无说明。考当是。新定、兴迁二县，顾广圻校云："建宁有新定，无兴迁。"今按：兴迁，永嘉中因侨民立也。说在注释。新立平乐、三沮二县，合四县为【一】郡。郡上顾广圻校稿及廖本俱添有"一"字。无取。后太守建宁董霸叛降李雄，郡县遂省。宁州北属，雄复为郡，以朱提李壮为太守。此下，刘、张、吴、何、王本径接朱提郡。钱、《函》、廖本提行。顾广圻校稿云："平乐四县全脱去。"廖本注云："此下脱文未详。"兹补四县名。并考。

新定县㉓　　郡治。有大泽。用草海意补。
兴迁县㉔
平乐县㉕
三沮县㉖

案：以上，志建宁郡及其分出之平乐郡。益州（晋宁）亦自建宁分出，惟其地位重要，且系复汉旧，故列于建宁郡前。平乐郡是因蜀流民依附建宁立，故附著之。

【注释】

①庲降都督已前详。都督自领部曲，所在屯垦。邓方时驻南昌，李恢初驻平夷，后徙味县，屯驻最久。雍闿乱后，曲靖平原多荒地，恢军屯垦著绩，南人重之。屯军退伍遂为农户，亦自重其屯事，故相与为"屯下"之称。

②五部都尉，四姓部曲，已详3章之注⑲、注⑳。霍家部曲。即霍弋所领部曲，《南中总序》云"弋卒，子在，袭领其军"者是也。按昭通发现霍墓壁画，霍家部曲有僄族（东爨乌蛮）与僰夷（西爨白夷同）所组成者各一队。

③味，汉旧县。故城今为曲靖县治，与夜郎县治同在"曲靖平原"中，相去三十里。汉灭夜郎国，置此二县，分属牂柯、益州两郡。曲靖平原，东西宽约六、七公里，南北长约二十公里，中间平地约有一百三十方公里。南盘江（汉温水）发源于今沾益县北百余里之花山洞，纵贯此平原，冲积土腴沃冠于全滇，夜郎国由之兴盛。平原南端渐狭窄，复更扩展为越州平原，有故越州卫城；清康熙中废卫为南城村，今人仍称越州；有鲁望川自富源县界来，西流入南盘江，构成此平原之歧出部分。南盘江自此折向西南流，再扩展为陆良平原，面积与曲靖平原相当。南盘江在此三平原中，四季皆可行船，即《史》《汉》所云夜郎之牂柯江也。平原两侧山地饶于矿产，铜及煤铁并丰富。是为云贵高原之经济中枢地区，人户最密。从来由川、黔入滇者皆必经曲靖平原，号为"滇东门户"。汉虽以其地分属牂柯与益州郡，为二郡边邑，至蜀汉以来，都督、刺史恒在味县，而建宁人物之盛冠于南中。

汉味县城，唐时曰"石城"。城外南盘江，唐曰"石城川"，见樊绰《蛮书》。其地，晋末陷于爨蛮，道闭。唐初复开，置羁縻州县与总管府。详两《唐书·地理志》。天宝末没于南诏，南诏置石城郡。后复为乌蛮所据，号磨弥部。元初置万户府，后升为曲靖路。明为曲靖军民府。清为曲靖府治南宁县。曲靖之名，因唐有曲州与靖州，合此三平原为一府也。（曲州治小石城，即今越州。靖州治新丰川，即今陆良。）自宁州徙治后，此云贵高原中经济核心地区，没于夷酋者近二千年，入清始渐开辟，直至近世尚未为地方政府所注意，故其沿革罕能详之。故兹略为考订如此。

④明月社，旧文无可考。云社，则当是郊外祀神处，疑是今曲靖西南玉泉寺温泉处。《蛮书》卷六：南宁州城（即曲靖城）"城中有诸葛亮所撰文，立二碑，背上篆文曰：'此碑如倒，蛮为汉奴。'近年，蛮夷以木撑拄。"绰未传其碑文，疑即李恢、霍弋辈所刻与当地民族首领盟要之文。盟地在社，植碑在此，人妄传其为诸葛亮文也。

⑤《前汉志》益州郡有收靡县，云："南山，腊涂水所出，西北至越嶲入绳。"（金沙江）。李奇曰："靡音麻，即升麻；杀毒药所出也。"《后汉志》作牧靡。刘昭注亦引李奇说。《晋志》《宋志》并作牧麻。旧刻《常志》亦作"升麻县"。廖本依《后汉志》改升作牧，与"山出好升麻"句不相应。段玉裁《说文解字注》谓：收、升、牧皆同纽，则《两汉志》收与牧亦当读如升矣。

今按：昔人诠解旧文，每多脱离实际，收、升同纽，牧则远矣。（舌、唇音异，审、明母异）。升麻，《本草》云出益州，则然矣。顾汉开益州时尚无《本草》，则安得知用升麻而以名县？《本草》不见于班固《艺文志》成帝时方士辨医药者称"本草待诏"，见于《汉书》，非即已有其书。三国时吴普始辑成书耳，则安得武帝时遂以县名？窃疑汉收靡命名，与同劳俱取抚定劳深、靡莫之义。非因先已知用其土产之药。惟置县后，汉民知其土产此药后，因以县名定为升麻字。收、深音近，麻、靡音近，医家别其字，而李奇通其意，魏晋人遂并改县名作升麻耳。《前汉志》是正字，《后汉志》讹收为牧，廖本改升作牧乃非耳。

⑥涂水，即《汉志》腊涂水。《水经注》云："涂水，导源腊谷，西北流至越嶲入绳。"实取《汉志》文。然则今本《汉志》腊下脱谷字也。按以今地理考之，其水，即牛栏江，上游曰七星河，导源于今寻甸县南，即《汉志》收靡之南山，森林中盛产蜜腊，故曰腊谷也。七星河北流、过会泽、为汉堂狼县，属犍为郡，故《汉志》云"过郡二，行千二十里"。

⑦两汉无同乐县，《宋书·州郡志》谓"晋武帝立"。故城，杨守敬《晋地理图》定于马龙州（今乌龙县）。《新纂云南通志》定为陆良县（《贵州通志》同）。今按：陆良，汉同濑县也。同乐，晋新置，不当夺旧县治。疑同乐县治是今越州（曲靖南城村），盖分味、同濑二县地置。《新纂云南通志》考订沿革，优于过去各方志甚多。其两汉与西晋幅，皆定同濑于陆良。东晋幅乃定同乐于陆良而移同濑于北境；以新县驱旧县，理所绝无。又其《历代建置沿革表》同乐始东晋栏与同劳为一行；同劳终于东汉，历蜀汉、西晋后乃复有同乐；与《常志》劳、乐并存而分隶晋宁、建宁两郡不合。当是泥于同劳即同乐县之旧说（《景秦云南图经》《嘉庆一统志》与四库馆臣之《蛮书校注》皆持此说）而致误也。

《宋书·州郡志》建宁郡有"同乐令，晋武帝立"。又有"同濑长，汉旧县。同作铜"。又其《五行志》云："晋太元十四年，铜乐县枯木自立。"此同乐为自同濑分出之一证也。同濑县有铜房山，当是县境盛产铜，故《汉志》作铜濑；其他如同并，同劳与同师，皆无"又作铜"语，则同乐非与同濑为一地又可知矣。同濑汉旧县而宋为长，同乐晋新立而宋为令者，明乱后县民移居越州者多（为其近郡治），是其分置县于民移比较集中之越州之验也。越州名始见于元明之世，越与乐同音部。疑即缘乐音地名遗存，而作越字。

晋同乐县治虽在越州曲靖南城村，其辖境则跨有今陆良县之东部，故陆良县境多有爨氏古墓。此同乐县治不可能即为今陆良县治之证据。只能推测为诸爨氏虽东徙而不肯失其茔墓，犹齐太公之五世反葬于周也。

⑧谷昌，两汉旧县，二《汉志》俱无注，故考订尤难。《杨（守敬）图》与新、旧《云南通志》并定于昆明县。明、清《一统志》并云："故城在昆明县北。"《明志》且言"即苴兰城"，所指盖即今昆明县北之"古城"也。《蛮书》卷六："柘东城……西有汉城，土俗相传云是庄蹻故城。城之东十余里有谷昌村，汉、谷昌王故地也。"所言柘东城，即今之昆明城。所言谷昌村，当在今昆明与嵩明县间。《明统志》误以昆明北之苴兰城（古城）为谷昌王故城，《清统志》从而定为昆明北之古城，均误。今审谷昌故城应在嵩明湖迹盆地内。或是今之杨林，或即嵩明县城，距味县（曲靖）、滇池（昆明）、寻甸（劳深、靡莫）道里相当，

为郭昌平益州乱道所必经,与晋建宁郡境形势亦合,与《蛮书》谷昌村方位亦合。《清统志·云南府》云:"嵩明州……蒙氏为嵩盟部。元宪宗六年立嵩明万户府,至元十二年改为长州,十五年升为府,二十二年复为州,属中庆路。明属云南府。本朝因之。"又古迹云:"杨林故城在嵩明州南三十五里。元宪宗七年,立杨林千户,至元十二年改为县。《明统志》:成化中,省县入州。"是两地原皆蛮酋所治,《蛮书》之谷昌王,其为因故谷昌县境之王甚明。其后乃分为嵩盟、杨林二王也(《蛮书》云柘东城"东十余里",疑十上有脱字)。

⑨常氏此说,当是据居滇者传说记之。《方舆纪要》卷一一四驳之云:"今《班志》作谷昌,非章帝时改也。"查班固死于和帝永元四年,则章帝改县名谷昌,《班志》亦得缘改。顾氏未足以驳倒《常志》也。惟查《史记》卷百十一记郭昌事:"元封四年以太中大夫为拔胡将军屯朔方,还,击昆明,无功,夺印。"《汉书·武帝纪》元封二年,六年,两次遣郭昌征益州。元封二年一次实开置益州郡,有功。然与卫广同功,亦不当独以名县。《常志》殆误录传说也。

⑩铜濑故城,是今陆良县治。濑,水流石上浅而激,不堪行舟,今云石滩是也。南盘江,自陆良以下至天生桥,即流石濑中,舟运遂绝。铜,志其山之特产,濑志其水之特点,皆古汉语也。

⑪《水经》:"温水,出牂柯夜郎县。"此明其为南盘江矣。《郦注》:"温水自县(同濑)西北流,径谈槀,与迷水合。"谈槀,今路南县(说后详),则迷水即今路南河也。谈虏山(铜虏山)即路南河源之天生阁。其山在陆良县西南界上,汉、晋同濑县西境也。

⑫双柏,汉旧县。杨守敬与《新纂云南通志》皆定为今易门县。今易门县西复有双柏县,本元"摩刍千户",后改安南州,民国乃改双柏县,盖本汉双柏县地,非汉双柏县治也。汉双柏县境甚宽,大抵劳水上游,今易门、双柏、新平三县地皆是。其县治,就地理形势言,宜在易门,距益州郡治近便。惟如此拟定,则县境偏在晋宁郡西南,乃不属于晋宁而遥隶于晋宁东北之建宁郡,形势亦嫌未合。然,劳水流域在秦汉间本是夜郎国境,双柏非滇邑,汉世以形便划属益州郡,蜀汉为建宁郡,晋再分建宁为晋宁,县人因历史关系要求悬属于建宁郡,应有可能。云贵高原郡县多悬辖地,率由土著固执历史关系所致,是亦不足怪也。

⑬汉郁鄢县属犍为郡,故治当在今雷波县马湖附近,前已论述。《后汉·郡国志》无,盖已因乱荒废矣。蜀汉时曾于故墟置马湖县(已详《蜀志》23章)。晋乃更置郁鄢县于建宁郡界,用汉旧名,非汉旧地也。其故城《杨守敬图》定于贵州之威宁县(旧《云南通志》定汉阳于威宁)。《新纂云南通志》则定之于云南宣威县(《杨图》定宛温于宣威)。后者于形势为合。威宁在晋为平乐县,说下详。

⑭昆泽,汉旧县,两《汉志》皆无注。望文求义,则昆泽者,大泽也,当于云南高原湖泽间求之。《水经注》叙温水与迷水合后云:"又西经昆泽县南。"是为考订昆泽故城之唯一资料。温水即今南盘江,则当于南盘江北侧求之也。惟《水经注》系杂采众书割缀成文,其于南中水道,未晓山水形势,误缀之处甚多。如于温,经合迷水过昆泽县后,又经味县,经滇池城,又"会大泽,与叶榆仆水合。"又东南径牂柯之毋单县","又东南径兴古郡之毋掇县东"。云贵高原中,不可能有此河。推其误缀之由:其窜入滇池者,由《汉志》滇池县有大泽,臆拟为昆泽之义也。其窜合叶榆仆水者,缘汉晋滇池与交址通道必循仆水(元江),谬据某书所记道里程站文而妄缀之也。若其所经味县谈槀,及毋单以下,不杂他文,则与南盘江合。以此推之,昆泽县治,不是今澄江县地,即当是宜良县地。澄江有抚仙湖,宜良有杨宗海,皆近盘江而协昆泽之义。与毋单、谈槀形势迹合。《新纂云南通志》定于宜良,当遵。《杨(守敬)图》泥于《水经注》文,定滇池于今宜良县而以今昆明为谷昌县,则必误矣。

⑮漏江，汉旧县属牂柯郡，《两汉志》无注。《水经注》叙叶榆水至滇池县下云："又东经漏江县，伏流山下，复出蝮口，谓之漏江。左思《蜀都赋》曰：'漏江伏流溃其阿，泪若汤谷之扬涛，沛若蒙汜之涌波。'（按：此言伏流出水之盛大）。诸葛亮之平南中也，战于是水之南（按：此言李恢追击叛夷事）。叶榆水又经贲古县北与盘江合。"（按此谓漏江伏流为叶榆水之水也）。所叙叶榆水道，与实际谬甚。惟若分割为各小段，亦颇有实据。此言漏江伏流有上下口，则必然也。刘达《蜀都赋》注云："漏江在建宁，有水道，伏流数里乃出，故曰漏江。汤谷，日所出也。漾汜，日所入也。"《清一统志·广西州》云："盘江山，在弥勒县东南一百二十里。《明统志》：'东西三山，盘江流其中，东抵师宗南界阿迷，中有石窍，深广丈余，浊水涌出，注于盘水。'"此所言，为今弥勒县东南，彭坡之南，弥勒河与盘江会口处。其旁有洞穴涌水入盘江；伏流之出口，《郦注》所云蝮口也。《新纂云南通志》定漏江城为今泸西县。泸西，旧曰广西州，地质主为三叠纪石灰岩，故多有洞穴与伏流，与黔西水城诸县及川东酉阳、秀山诸县相似。此县最大之伏流，为城西三里之西泸江。其水导源于阿罗山洞。师宗县境诸水，大都以伏流会于此一河，经县城西绕至县东南之干海，潜流入城，所谓"漏江"也。本志所云玭口，盖即指此处入伏之口也。其出口，则人以为弥勒县东之蝮口。昔人于伏流突出皆惊奇而未深究，率意推测为文，转述者更加以牵合傅会，致难统一。要其传说各有依据。常氏此以玭口为出口，似亦有误。要其故城当在今泸西县境。

⑯谈槀，汉旧县，属牂柯郡。字从木，与从禾同音。槀本药名也，见《荀子·大略篇》。谈为铜之音变。故谈虏山一作"铜房山"。县产此二物，从其人本语以为县名也。故城为今路南县，由迷水可定，已上详。

⑰"有濮僚"句，可区别为濮与僚两种民族，亦可合为一种混血民族之称。濮即僰，种源出于西羌，原居住地在大巴山与巫山左右，即《牧誓》八国之濮，《左传》云"百濮"，由受官府压迫，向西南发展，建成僰、邛夜郎、句町、漏卧诸国，皆服于汉，为南中民族之主要部分。僚，为南方民族，族源出于老挝，秦汉时向南中地区扩散，曾经深入巴蜀；占南中民族人口次多数。两族混居既久，亦不免形成混血、混俗之新种。南中郡县，殆无不有濮有僚，不当独于谈槀有之。而特于谈槀重提此句，故疑其是介于僚濮间之一新种，非谓濮与僚也。

⑱伶丘县，两汉无，但别有建伶县，属益州郡。《晋书·地理志》建宁郡有冷丘县，别无建伶县。《宋书·州郡志》建伶无冷丘县，晋宁郡有建宁县，并云："汉旧县，属益州郡。《晋太康地志》属建宁。"《新纂云南通志》谓晋之冷丘（伶丘）即汉之建伶。定其故城在今晋宁县南（参看8章之注⑱）。应是晋武帝改汉建伶为伶丘（冷丘同）分立建宁与益州（晋宁）郡时，因县民愿隶之郡不一，乃析为建伶、伶丘两县，分属两郡。刘宋时又合为一县隶晋宁也。诚使如此，则可定汉健伶故治为昆阳县治（今晋宁县治，昆阳平原近郡治滇池，联系便也）。其辖境，南包玉溪平原。分郡时，依两平原分为二县，北近滇池之建伶县属晋宁郡，其南玉溪平原为伶丘县隶建宁郡也（刘宋复合为一县）。

今玉溪县，元、明、清曰新兴州，有三故城，皆土酋治所：休纳城，即州治，今为玉溪县治。普舍城，即今玉溪县北二十五里之"北城"，在昆阳、玉溪两平原间地位适中，疑晋太康时之泠（《晋书》讹作冷，非本音。泠则音伶）丘县治此。研和城，在州西三十里。三城同在一湖迹平原中，汉晋世只当有一土酋。六朝后，乃陆续为小土酋所分割也。

志云"主僚"，明晋世伶丘县只有僚民，无濮人。若其北之昆阳平原，系滇池泽之附属平原，必当为濮民所居。此殆即为两平原地形密接而历世县有分合之一原因。

⑲修云县，两汉无，《太康地志》有，为建宁十七县之一。《宋书·州郡志兴古郡》律高县云："汉旧县，属

益州郡，后省。晋武帝咸宁元年，分建宁郡修云、俞元二县间流民复立律高县。"是修云为蜀汉时新置县，故晋初已有之也。其地既与俞元、律高相接，而近于兴古，或可以拟为今江川县境。谢钟英《补三国疆域志·补注》云："《方舆纪要》澄江府江川县云，'汉时名碌云异域'（查文在原书卷百十五），考汉益州无碌云县，疑即修云之讹。"《水经·温水注》谓俞元治龙池洲，河阳治河源洲，"又有云平县并在洲中。"《杨（守敬）图》遂以修云定于今江川县之星云湖（抚仙湖与杞麓湖间之另一大湖）之云平洲。虽证据皆不充足，按地理形势必当在此部分。

⑳《晋书·地理志》建宁郡有新定、俞元县。俞元，两汉旧县。刘昭《郡国志注》于俞元引《华阳国志》："在河中洲上。"而旧刻《常志》无俞元县，重新定县。廖本校注谓此新定"当作俞元"，是矣。

"河中洲上"者，汉魏六朝地理书于西南诸大湖，恒沿用土人语，称之曰河，或池、泽，不称曰湖。又每称沿湖平原为洲。盖殷周间南人语言已如此。《周南·关雎》："在河之洲。"即其证也。（文王世周境未至黄河。故知《周南》之河为南语之湖。）汉魏遗文，可证者尤多。如越巂郡邛海之称为"陷河"，或"邛池"；晋宁滇海之称为"滇池"，为"大泽"，或"昆明池"；叶榆之洱海，称之曰"河水"，曰"叶榆泽"；抚仙湖，为云南第三大湖而《汉书》俞元注作"池"，《水经注》曰"南池"，曰"河水"。故常氏于此亦谓抚仙湖曰"河"也。

俞元故城，可以肯定在今澄江县，即抚仙湖北端大平原上。《班志》云"池在南，桥水所出，东至毋单入温，行千九百里"者，抚仙湖沿东、西、南岸皆山崖，惟北岸澄江平原与西南岸江川平原为大平原，东南隅有一小平原（属江川县）。江川平原为修云县，澄江平原为俞元县，于形势之合。

抚仙湖水出口，为铁赤河，自湖东稍北之一角，穿峡而出，注于南盘江（温水）。应即《汉志》所云"桥水"。然铁赤河水道不长，合流入抚仙湖诸水之源远者计算，无能过三百里者，与"行千九百里"之文不合。按此间地文与地质图录推测，古代抚仙湖水，实自江川县出口，西流，入于玉溪县之曲溪，绕行转东，至婴兮入南盘江。至有人类居此时尚存此河迹，而铁赤河于时似尚只有暗流，未为人知。汉开益州时，置俞元县，江川平原为其辖境，曲溪水道似尚与抚仙湖接，即《班志》所云"桥水"。绕行曲折，至婴兮，长千余里（亦尚未至千九百里，九百字疑误）。婴兮，本毋单县地也。铁赤河（以河口铁赤铺为名）由暗流陷为峡江，或在置郡县后。文献缺乏，无从考定。仅可臆测如此（毋单县，后详）。

㉑《清一统志·澄江府山川》云："罗藏山在河阳县（今为澄江县）北十里。《后汉书·郡国志》：'俞元，装山出铜。'《明统志》：'《汉志》云装山，后误为藏。'又'蛮语：虎栅为罗藏。昔有虎自碧溪渡滇池至此，土人造栅取之，故名'。"今按：澂江今改澄江、江川、玉溪一带多矿藏。罗藏山旧或出铜，拟为汉俞元之怀山，可也。若藏字草书近庄，乃六朝后之书法。明人竟以为后汉之装山，而弃前汉之怀山不论，则其虎栅之说可以解罗藏取义，不得联想至二汉旧名可知矣。南中与中原断绝千余年，古今地名考订不易。要只当依地文、地质之实际情况核订资料。若千年以后人事，与千年前之旧名，能有何关哉？

㉒平乐郡建于东晋荒乱之世，旋复没于李雄。所属四县，皆离乱中新置，其为因流民所聚处土断为县可知。平乐、三沮，固云建郡时立。即兴迁县，虽云旧有，亦不见于《太康地志》（《晋书·地理志》所据）与《宋书·州郡志》，应是太康以后置，入宋已废。惟新定见《晋志》《宋志》，亦无文足资考订其位置。兹以地理条件推之：云贵高原中，云南多湖迹平原，悉腴沃可耕，汉世悉已建置郡县，已如前述。建宁郡接近之地，其东北侧今属贵州省，大都是石灰岩分布地区，土瘠山险，不利耕作，仅有少数民族溪峒，故汉开牂柯，此区空无一县。（苴[且]兰、鳖等县在其东，句町、漏卧等县在其南，夜郎、味等县在其西，平

夷、汉阳在其北。若今水城、六枝、纳雍、织金、黔西诸县，纵横各三四百里间未有一县。）水城西北威宁县草海地区，属于高原顶部，地形较平，而高寒瘠薄，仅为挂名夜郎县隶属之地，汉官未有过问者。此汉晋间南中高原建置之一特殊现象也。草海附近地层，属石炭纪，岩石硬固，多雨雾，乏于日照，谷物产量低，故虽当夜郎、平夷间往来孔道，而汉民住居者少。迨太安中蜀巴大乱，蜀人避地南流者多，他诸旧县不能容，当有留垦于此区者，至东晋世，遂得开置四县，为平乐郡，理或然也。然其地候缺点甚多，终不为流民所乐居。故其郡县，仅维持到李蜀时。桓温平蜀后，流民次第还蜀，夷獠势张，道路常梗，郡遂复废。刘宋时，仅存新定一县属建宁郡。入南齐后新定一县亦废。元明世为乌撒部，清平乌撒，乃改流为威宁州也。

㉓新定，为保存最久之一县。《太康地志》已有，则蜀汉时当已有。其为郡治为必然矣。故城应即今之威宁县。诸葛亮平南中，自此道还蜀，过汉阳县（在朱提郡），见《三国志·费诗传》），疑即亮所置立，纪南中新定之绩也。县南有草海，为黔境最大之淡水湖，又名南海子，其水潜流地下，复出为三岔河，为乌江之一源。

㉔兴迁县无考，疑是今水城县地。威宁东南惟水城适于当时蜀地流民居住也。

㉕平乐县，不必即为平乐郡治，犹广汉县之不为广汉郡治。然其地亦当是云贵高顶部，故与郡同得平乐之称。威宁县西北之拖洛河，耕牧者较多集聚，疑即晋之平乐县。

㉖三沮县，疑在今水城西南宣威河与北盘江会口之"把坐"地方。三沮谓三水会也。然或是宣威至威宁大道间地。地理实践不足，不能定。

## 十

朱提郡，本犍为南部，孝武帝元封二年置，属县四①。建武后，省为犍为属国②。至建安二十年，邓方为都尉，先主因易名太守。属县五，户八千③。去洛五千三百里。先有梓潼文齐，初为属国。穿龙池溉稻田，为民兴利，（亦）民旧各本脱民字。当有。亦字可省。为立祠④。大姓朱、鲁、雷、兴、仇、递、高、李，亦有部曲⑤。其民好学，地滨犍为，号多士人，为宁州冠冕。

朱提县⑥　　郡治。山出好银⑦。依两汉《地志》及《食货志》补。

堂何、王本作螳。螂汉志作琅。县⑧　　因山名也。出银、铅、白铜、铜、杂药。有堂螂附子⑨。唐百川校笺云"螂当作狼。"谓《晋志》《宋志》并作狼也。今按：地名译自夷语者，但存其语音，无定字。金石文字作"堂琅"者多。

南秦县⑩　　自僰道、南广，有八亭，道通平夷。

汉阳县⑪　　有汉水，入张、吴、何、王本无入字。延江。

南昌县⑫　　故都督治。有邓安远城也。

南广郡⑬，蜀延熙中置，以蜀郡常竺为太守⑭。蜀朝召竺，入为侍中，巴西令狐衷代之。此下，钱、《函》、廖本有空格。建武【九】元各本皆作九，兹从李本。年省。按惠帝、元帝皆曾改元建武亦各只一年。旧各本皆作九年。独李本作元年而无说。廖本九下注云"当有误"，亦无说。杨守敬《三国郡县表考证》云："当是泰始九年省"，盖谓"建"当作"晋"，晋武帝即位之九年即泰始九年，于文帝字可省也。《晋书》录《泰康地志》朱提郡五县中有南广，别无南广郡。是泰康时已省郡存县之证。然，常氏降江左后，悉改其书中蜀年号从晋，对核审慎，无舍年号而称晋武之例。泰始九年犹未平吴，于蜀事多仍旧惯，无省郡之必要。惟惠帝建武元年（三〇四）李雄入成都，罗尚败屯巴郡，蜀民大流徙，南广沦没，乃有省郡可能。是作建武元年省者是。杨说与作建武九年者皆非也。元帝世，刺史王逊移朱提郡治【郡】南广。旧各本郡治二字倒。兹改正。太守李钊数破雄，杀【贼】其大将乐初。常氏不称雄军为贼。当是原文其，传写讹。后刺史尹奉却郡还旧治⑮。及雄定宁州，复置郡，以兴古太守朱提李播为太守。属县四。户千⑯。自僰道至朱提，有水、步李本作部道。水道有黑水及羊官水，至险难行。步道度钱、《函》本作渡。他各本作度。三津，亦艰阻。故行人为语曰："犹顾广圻校稿依《水经注》三十六改作楢。溪、赤木，盘虵七曲。盘羊、乌栊，气与天通。看都濩[詉]洩，据钱写本改。住柱呼钱、《函》二本作乎。讹。尹。元丰本作伊。他各本同《水经注》作尹。庲降贾子，左儋七里。"又有牛叩头，马搏《函海》注云："李本误搏。脱一颊字。"廖本亦云"脱一颊字，见《水经注》兹径补。颊坂⑰。其险如此。土地无稻田、蚕桑，多虵、蛭、虎、狼。俗妖巫，惑"惑"字廖本无，据钱本等补。禁忌，多神祠。

　　南广县⑱　　郡治。汉武帝太初元年置。有盐官⑲。

　　临何本作盐。利县⑳　　有土盐㉑。

　　常迁县㉒

　　新兴县㉓

案：以上朱提郡与所分出之南广郡，在蜀之极南，南中最北，为四川盆地与南中往来门户。山水险恶，自秦、汉下迄隋、唐，皆曾大力开凿，其地位之重要可知。置郡县后，人口日增。晋世蜀乱，蜀民南流，留住此区者尤多，山谷开垦略尽，矿产亦得开发。第四世纪时，晋室据有南中。即凭此带山险与流民抵御李氏政权。终因南中政局恶化，使此屏障亦不能固。李雄招怀有道，蜀民渐归，转导李氏夺取南中。桓温取蜀后，亦不能逾此门阈以定宁州矣。兹合二郡为一章，注释如下。

**【注释】**

①元封二年（前一〇九）即郭昌、卫广平滇乱，开置益州郡之年。其前建元六年（前一三五）唐蒙说武帝通

夜郎道，浮牂柯江伐越。帝遣蒙使夜郎，"因发巴蜀卒治道，自僰道指牂柯江"。即此南广郡所云"朱提有水步道"初开辟时也。"数岁，道不通"，蒙斩僰道令，卒通之。元鼎五年（前一一二），南越反，"汉使驰义侯，因犍为发南夷兵"。且兰杀使者，"汉乃发巴蜀罪人尝击南越者八校尉击之。会越已破、八校尉不下，即引兵还，行诛头兰。头兰，常隔滇道者也。已平头兰。遂平南夷为牂柯郡"。此《史记》文。上距初开朱提山道已二十余年，道已通矣。头兰盖即此间夷落，为夜郎屏藩，故能"隔滇道"。《汉书》易作"且兰"，大非。且兰远在东境，不在此通滇道上；且当汉军向南越时已灭国，不待兴兵时也。惟朱提当通夜即与滇道，河原开展，足成一国、应即头兰都邑。（或疑下文有"汉诛且兰、邛君，并杀筰侯"文。谓头兰为邛之别称。亦有理致。当再考。）元封二年置犍为南部都尉，所领四县，当为朱提，堂琅、南广、汉阳。四县名并见《前汉志》也。

② 《后汉志》云："永初元年以为属国都尉，别领二城。户七千九百三十八，口三万七千一百八十七。"比于一郡。二城，朱提与汉阳也。后汉无堂琅县，盖已并于朱提，亦无南广县，盖已并于汉阳也。《前汉志》南广、汉阳与郁鄢，叙朱提、堂琅前，明其置县较早，盖三县本僰侯地，只朱提、堂琅是头兰地。置犍为南部都尉时，僰国已不存在，故割彼二县合头兰地为都尉领耳。（部都尉与属国都尉体制，已详《汉嘉郡》注。）

③ 此云"属县五，户八千"，皆就晋世言之。非谓邓方时。邓方时户口应去后汉不远。惟晋世因蜀屡乱，征发频数，户口乃凋零如此耳。邓方事在《三国志·辅臣赞注》。

④ 文齐，"孝平帝末，以城门校尉为犍为属国都尉，迁益州太守"，见《先贤志》。龙池即昭通之八仙海。中有岛，八石屹立如人（见《一统志》）。《蜀都赋》："龙池漉濽瀵其隈。"刘逵注："在朱提南十里，池周四十七里。"刘昭《郡国志注》引此注文，作"灵池在县南数十里，周四十七里"）。按之今地，则昭通县南十里内皆稻田，无陂池。惟县南数十里外去鲁甸不远处有马厂海，其水流贯昭通平原，曰利济阿；北流为堡子河，与彝良水合；至盐津县入横江。盖即文齐所开渠也。

⑤ 朱提大姓之多如此，皆有部曲，可以说明两点：（一）由于银、铜诸矿招诱，内地移民早于秦汉世已多有来此立业兴家，少数人因此逐步成为地方著姓。（二）流民据蜀时，蜀中大地主率其族党与客户南奔，至此占垦，也成为地方大族。故八大姓中，多汉民著姓，并能助晋室抵抗李雄甚久。

⑥ 朱提县是今昭通，其不可移易之理由，为川、滇、黔错接之乌蒙山地区，惟此有大平原，气候亢暖，物产饶多，必然成为人口密集之经济、政治中心。

朱提女子为蜀王妃，见扬雄《蜀王本纪》则周代此间已与蜀地发生经济联系可知。朱提银，秦汉已驰名于内地，则汉民到此矿冶之早可知。

朱提字，颜师古引"苏林曰：朱音铢，提音时。北方人名匕曰匙。"向达《蛮书校注》云："昭通出建初八年洗，文曰'建初八年，朱提造作。'字从木。《集韵》作常支切，音匙。是朱提本字应作朱梯。"今案：从是之字，皆以是为声。提、梯、匙、题、醍、视，古皆同音。夷语译无定字，不必即以梯、匙说之。

⑦ 《汉书·食货志》言："王莽作金、银、龟、贝、钱、布之品，黄金重一斤，直钱万。朱提银重八两为一流，直一千五百八十。它银一流直千。是为银货二品。……"《后汉志》："朱提，山出银、铜。"应劭曰："朱提山，在西南。"（颜师古引山字句）。刘昭《后汉志》注："《南中志》曰：旧有银窟数处。诸葛亮书云：汉嘉金，朱提银，采之不足以自食。"今按：夷语"朱提"即银，其后内地亦称银为朱提。应劭云：

"朱提山，在西南。"亦谓采银之山在朱提县西南。刘昭时但言"旧有银窟数处"，则六朝时银已空矣。诸葛亮云，"采之不足以自食"，谓采矿者收入不足自维其衣食，是矿已将衰竭矣。朱提西南诸山接堂琅界。堂琅以产铜著名，故《后汉志》云："山出银、铜。"则后汉世采银犹未衰。大抵，朱提银矿发现在殷、周世。其时，中原之技术奴隶，有逃入西南地区，以技术自立于少数民族部落间者，受其部落酋长尊敬优待。(《诗·大雅》卒章，"笃公刘，于豳斯馆，涉渭为乱，取厉取锻"。即颂公刘礼待中原矿师，发展采冶事业，以开周室之盛。说在《周诗新诠》。)其逃避尤远者至巴蜀。(汉文帝赐邓通严道铜山，足见汉以前严道已有成熟之采铜工业。)更远者至朱提。朱提在西周时，已与蜀王通婚，必其时已有经济交流关系，蜀为农业先进国，输朱提者必为工农生产工具，朱提则当是矿产若银与铜。皆当时所重。然则先秦世朱提已以银产著名，秦时或已置县。古人直以银之民族本语为其地区之名也。其产银极盛时当在汉世。入蜀而衰，六朝时似已竭者，非其矿遂竭。乌蒙群山广袤数百里，其矿非数窟所能竭。应是郡县既久，统治者及地方豪强重重剥削，奸商利贷勒收，牟取暴利，矿冶工人乃"不足以自食"，弃而不为也。宋齐弃地后，动乱频仍，矿冶工人失政权保护，必皆离去，是以停产。非由矿竭。元明重开滇黔，矿业渐兴。而此区犹为夷酋所据。清代乌蒙乌撒始得宁静，堂琅(东川)铜业大兴，而朱提(昭通)银业无甚起色。则银矿诚已衰矣。《前汉志》云"山出银"者，盖其时矿工专取银也。《后汉志》言兼银、铜者，银产渐衰，矿工渐转而兼采铜也。凡有色金属，恒相杂储于地层中，故产银处必兼有铜、镍、铅、锌等矿。冶炼技术低，则银、铜质暗晦，其值低。若技术高，所得则为纯银、精铜，色纯白、纯赤，性能卓绝。此朱提银、堂琅铜之所以特能高值也。抑又可见：汉世冶金之术，朱提地区(包括堂琅)高于内地。此非朱提夷民技术能特高于汉族工匠，盖汉族工匠居此区者，由于受到民族夷酋所尊重，得以精研其业，遂能有其卓越之成就。

先世劳动人民，察山探矿，并无学说为之启迪，先师为之指点，但凭暗中扪索，积累经验，次第发明技术，以至于极精。历代封建统治者对生产科学技术例不重视，更多方摧残，听其沦灭焉。今世所能窥见一方矿业之历史资料，如上所引而已。兹即据以探测古代劳动人民创业成就之历史。

⑧堂琅，夷语铜之义也。古人称铜为"金"。入东周世，有"彤"之称，《诗·静女》"贻我彤管。彤管有炜"是也。西汉世犹铜、同二字并用(《史记》地名屡见)。迨与黄金相区别，乃渐定其字为铜。秦以前无铜字也。凡古史中铜字，皆后人窜入，或加同字金旁。堂琅铜甚精，尝见一蜀中秦镜，二千余年出土，断之，色如赤金。盖堂琅精铜铸也。《说文》称铜为"赤金"，金为"黄金"。(银为"白金"，铅为"青金"，铁为"黑金"。)盖自汉世始以铜与黄金区别。铜质光辉，本与金同，不易区别，故古人不能别之。后习知其延展性异，又氧蚀与否不同，乃各别为字。汉堂琅，今为云南会泽县。后汉并入朱提。蜀复置。后没于夷。清代为东川府治。民国废府、存县，今仍以产铜著名，其东川矿区已别析为东川市。

⑨此举堂琅物产，不专言铜。首举有银者，时人所重，朱提山空，则匠工趋向于堂琅一侧也。次铅者，银与铅恒伴生。秦以前匠工唯重银与铜(金)，未知取它金属。秦汉间已知用铅。(《平准书》与《食货志》作连。)匠工能提取之，是采冶业一大进步。又次白铜，即汉世所称之白金。《平准书》，汉武帝时，"金有三等：黄金为上，白金为中，赤金为下"。又云："又造银、锡为白金"，谓银与锡之合金似镍，亦称白金，质较银为硬，宜铸币也。尝见南充天宫山宾王墓出土两白金镜，皆有"黄羊造"字。隶书铭文，诅灭"胡房"，察是汉武时物。然则我国镍之冶炼，西汉世已成功，且先著于蜀地。汉武时，上林三官所造之白金，不过拟镍以铸币，更出于蜀中白金之后也。旧刻无铜，应是白铜下原重铜字，传写中夺。汉世称堂琅铜为"赤金"。《史记·集解》云："赤金，丹阳铜。"其所谓丹阳，非熊绎所封之丹阳。《索隐》引《神异经》

云:"西方金山,有丹阳铜。"盖谓堂琅山在西方,古称铜为金,故曰金山也。末言杂药,包括药类盖多。特举堂螂附子者,附子产于江油,剧毒。(凡药物皆具毒性。故药与毒字汉魏人通用。)堂琅有此类种,实天南星科之块根,硕大,亦剧毒,古人呼为"堂琅附子"。本外科药治疮癫,今俗呼"翻天印"者是也。

⑩南秦县位置,旧籍无言及者,按常氏文,当在僰道与平夷县间。疑在今高县之罗计、洛表与云南威信县地界;故城或即在威信附近。秦汉时,有商道循符黑水(今南广河)溯源,逾汾关山(在今威信县治西),入大涉水(今赤水河上源)河谷,至平夷县(今毕节之赤水卫城),东通鳖(今遵义)与且兰(牂柯郡治)。《前汉志》僰为南广县云:"汾关山,符黑水所出,北至僰道入江。又有大涉水,北至符(谓巴符关,今合江县。)入江,过郡三,行八百七十里。"谓过犍为、牂柯、巴郡,明是今赤水河也。如此二小水,而《班志》能详言之者,明其时交通已频繁。即此所云"八亭道"也。《天下郡国利病书》卷一百八记云南旅途,"其乌撒入蜀旧路"云:"毕节七亭而达层台所。……层台六亭而达白崖。……白崖五亭而达赤水卫。……赤水七亭而达摩泥所。……摩泥七亭而达普市。……普市十亭而达永宁卫。"原书乌撒一路,自曲靖交水亭分驿起,经威宁、毕节、叙永至纳溪,一千二百一十里,共一百三十九亭,平均每亭相距八点七里。盖近代交通繁紧,置亭特密。汉世南广至平夷八百余里,仅置八亭,平均每亭相距百里也。汾关山,应是其一亭。顾名思义,应是秦汉间蜀南徼上之一关,取分水之义,故曰汾关。亦为邮传旅宿之所,曰汾关亭,后发展为县治,曰南昌县,取蜀南之义。晋世改南秦县,"取秦世已为南徼之义。汉僰为郡初治鳖,故有开通此道之必要。应劭《风俗通》云:"汉承秦制,大率十里一亭。"就内地言也。边地初通,亭驿故稀也。《宋书·州郡志》宁州朱提郡南秦县云:"本名南昌。晋武帝太康元年更名。"查《三国志》,邓方"住南昌县"。而《晋志》,朱提郡有南秦,无南昌。沈约所云,当有确据。《常志》则于朱提郡分出南广后,仍有五县,南秦与南昌并列,均有文记。当是分郡后,更增南昌县于朱提至僰为道上,而旧县仍曰南秦,亦仍隶朱提郡也。

⑪汉阳,汉旧县,《班志》云:"都尉治。山闍谷,汉水所出,东至鳖入延。莽曰新通。"据此,可定此汉水为今之六冲河。其源在威宁县北,属云南镇雄县境,穿长峡入贵州界,出七星关下,历世为通联滇、蜀之要津。下游至黔西县南界之大关附近,与经威宁、水城、纳雍阳长、普定流来之鸭池河合。鸭池河为乌江之正源,即《汉志》之延水也。七星关城在汉水之北,地位冲险,足以控制夷僚,宜有僰为都尉驻此。水北曰阳,故称汉阳。此不可以他处地位易之者也。汉水所穿之长峡,为石灰岩浸蚀所成之绝峡,崖岸壁立,望如欲合,远莫知其所届,故曰山闍谷。汉世始开此道,故称其流出之水为"汉水"也,汉阳县之为今七星关,可定。清《一统志》大定府关隘云:"七星关在毕节县西九十里七星山上,下临七星河(六冲河),《明统志》洪武十九年置。《通志》相传孔明褥牙之地。元末,大理段功追败明玉珍于七星关。洪武十四年,傅友德引兵捣乌撒(威宁),大破蛮兵,得七星关以通毕节。关当云、贵、川三省之交,为喉吭之要。《黔记》关有城,明洪武十五年筑。"古今人事万变,地形变化则相对甚微。故以地理形考订历史,为资料阙略时必要之方法。孔明南征,还过汉阳,见《费诗传》。土人不读《三国志》而能言孔明军祭于此。熟读《三国志》者,而不知汉阳即七星关,是地理贵在实践之验也。

或疑七星关附近皆石灰岩地层,土壤瘠薄,不利生产,疑非汉代所能设治。盖未知其县境亦有沃土,足以养民养官,故能支此设险之县治也。上引《郡国利病书》云:"瓦店七亭而达黑章(今赫章县),自乌撒以西,山地瘠,不宜稻,惟此地有稻田数百亩,乌撒、瓦店皆仰食焉。"黑章距乌撒十五亭,距七星关七亭(周泥亭即在关下)。汉时乌撒未置县,则黑章当属汉阳县。虽乌撒亦汉阳县地也。南中陷没后,阅千五百年，至明初，复开水西（今黔西）、大方，七星关转隶乌撒（威宁）。永乐十二年，又改以关属毕节，乃与黑章离立，分隶二衙。又至近年，乃以黑章为赫章县，而七星关仍属毕节。于是人莫能涉想七星关为汉阳故县矣。

或又疑毕节之赤水河为汉平夷县，距七星关仅百里，汉之边县不能如此密近。此亦仅就县治位置言之耳，若两县境，则汉阳为今赫章、威宁、纳雍三县与毕节之西部；平夷为今大方、黔西、毕节三县。徒因交通关系，县治作偏心轮安置。此历史建置常见之事也。七星与毕节间之高山铺，即平夷、汉阳旧界也。

⑫南昌县故城，在南广、平夷道上，晋改南秦，已上详。此处之南昌县城，即邓安远城，在南广、朱提道上。考其地，即今彝良县也。昭通平原附近地区，万山丛错，皆中生代地层。惟彝良县治附近为白垩纪紫色土壤所被覆，与四川盆地相似。故邓方为庲降都督，率其屯兵兴垦于此。方当刘备初得蜀地时为都督，抚循南中。时南中一片混乱，政令不行。方初注意于抚定牂柯。牂柯郡治故且兰，在鳖县更东，故方驻旧南昌县（南秦）以经营东道。且兰接近武陵、长沙，宜先抚定也。东道已通，且兰既定，乃谋通西道，以抚定牂柯西部夜郎诸县，与益州郡，于是徙驻此间，筑城居之，兴屯垦殖，俾军食自给。南昌县治亦随之而徙。因其为都督治，而方为"安远将军"，故人呼为邓安远城也。

⑬汉南广县境，即晋南广郡地，今宜宾市南，旧所谓"南六县"（今为长宁、高县、珙县、兴文、筠连等五县）。与云南盐津县地皆是。本为四川盆地西南角之边缘部分，在南中为极北，故常氏叙次在朱提郡后。实则两汉、两蜀之经营南中，皆自此部发轫。故犍为郡初治鳖。五年后徙治南广，二十年后，遂置牂柯、越巂与益州郡，阅四十年乃徙治僰道，后乃复徙武阳，而蜀汉置南广郡。南广者，唐蒙时所命名，取向南拓展之义也。

⑭常竺，江原人。入陈寿《耆旧传》，见《士女目录》。

⑮南广郡废后，南广当还属犍为郡。王逊以李毅子钊为朱提太守，进取南广为郡治，屡破雄军，当在晋元帝建武元、二年时（三一七、三一八）。故王逊因之置平夷郡，为其翼助也。其破斩李雄将乐初，当在晋元帝太兴元年。时李凤叛雄于巴西，雄遣李骧讨巴西，久不克，故李钊能屡胜雄军也。大兴二年（三一九），已定巴西，进征越巂，"分伐朱提"（《李雄志》）者，讨乐初之死也。"三年，获太守西夷校尉李钊"（同上引），即此役事。骧虽已克朱提与越巂，进征宁州，"大败于堂螂还，朱提之军亦退"。永昌元年（三二二），尹奉为宁州刺史，渐复收取朱提郡，而南广遂为雄有，仍隶犍为郡。故尹奉"却还旧治"（朱提县）。又至晋成帝咸和八年（三三三），李寿征服宁州后，雄乃复置南广郡。时蜀人南流在宁州者次第北还，不能复还原籍，留滞于此四川盆地之边缘部分者多，故新增三县，成为一郡矣。

⑯李雄时，朱提南广二郡九县。晋太康时，朱提郡户二千六百。雄时，朱提郡户八千，南广郡户千，合为九千，较太康户增至四倍。至刘宋世，朱提郡千一十户，南广郡四百四十户，合计不足千六百户，又几减至晋初之半，约为李雄时六分之一。由此户口增减情形，可以想见李雄初据蜀时，蜀中地主豪门率其部曲客户避雄南流者之多。迨宁州亦为雄所奄有，其人不得不归降于雄，然犹徘徊不敢还蜀，且留边县以为观望。及桓温既灭蜀后，乃相与还蜀，而此诸边县户口突减矣。

⑰"水、步道"，谓水道与步道，为不同之两路线。"水道"自僰道溯江，至安边镇，转溯横江一段，可以行船。横江，《蜀志》犍为郡之崩容江也。横江出川界（即滩头附近）不可行船，乃沿水为陆道，出崖壁间，遇绝壁则盘山上下，终始行河谷中，时需渡向对岸取路。"黑水及羊官水"皆渡头之名也，黑水，即盐津县之普耳渡，羊官水，即大关县之大渡。自大渡缘普子河至昭通（朱提），全线依水，故称水道。夏季燠

热，水涨路断难行，惟冬季南旅取之。"步道"全依山行。"度三津"者，自南广，逾重山至横江中游，渡盐津，循横江岸至大渡，渡普子河，至朱提后，再逾山至江底，渡牛栏河，乃过堂琅至夜郎。中间一段（盐津至大渡）与水道合。逾山渡水；盘纡险窄，两道俱难行也。

下附行人歌谣，形容其险难。首二句，是述水道之险，"楷溪"，疑即横江。"赤木"犹言红树。枫、栎诸树，秋冬叶红。盖沿溪多楷树，秋冬山木尽红，故称所逾山崖为赤木。《山海经》崌山，郭璞注："楷，刚木也，中车材。"盖即今所谓红栎。"盘羊、乌桅"，二山名。乌桅即乌蒙山，在朱提、堂琅界上，亦即《汉志》所谓朱提山与堂螂山也，并甚高险。"看都濩沘"，系蜀人语，犹今言"不待经历，只须望见，已足使你大汗涌流。"沘，汗水。濩，水泉涌流不绝貌。都，土语夸言能使之然之义也。"住柱"，谓肩负者用丁拐支所负而息。川西南土民善负运，能负茶包二三百斤重，及以架负人上峨嵋山。用一丁字形木杖刺路，三五十步必一息，息则反手以丁杖支所负物，而深嘘以舒气。"呼尹"，当作"呼呻"，呻，同喳，疲苦呼嘘声也。有写作"都护"，与"呼尹"，以为乞怜官吏者，并非。"庲降贾子"，谓贩贸于南中之商贾，此辈皆蜀地农民，于农隙以小本购货物担向南中，市易山货药材归售，可以获厚利，济贫乏。蜀农民善挑担，与西南边之善负运者不同。当其经过山崖险路时，有七里绝壁，过时只能用左肩承担，因惟左侧空虚能容担摆荡也。蜀梓潼县有七曲山、九曲蛇水。江油县亦有左担道（儋担同）。疑作歌者即广汉郡人，且在蜀汉时；故能用七曲、左儋状其险，而称"庲降贾子"也。

《水经注》卷三十六《若水注》有云："朱提，山名也。应劭曰：'在县西南，山以氏焉，……'郡西南二百里，得所绾堂琅县。西北行，上高山，羊肠绳屈八十余里，或攀木而升，或绳索相牵而上，缘陟者若将阶天。故袁休明《巴蜀志》云：'高山嵯峨，岩石磊落。倾倒萦回，下临峭壑。行者扳缘，牵援绳索。'三蜀之人及南中诸郡以为至险。"乌蒙山为朱提郡地而叙入南广郡者，水、步二道皆始于南广郡界，常氏亦未能分别其所属郡，但因传言所自郡而连叙之耳。樊绰《蛮书》记有隋史万岁开石门道事，云史所作桥阁，"横阔一步，斜亘三十余里，半壁架空，欹危虚险"。其处盖即就楷溪赤木处，改凿栈阁桥道。又云："阁外至蒙夔岭，七日程，直经朱提江，下上跻攀，伛身侧足，又有黄蝇、飞蛭、毒蛇、短狐（蜮）、沙虱之类。"此言蒙夔岭，即《水经注》之朱提、堂琅间高山也。"又有"句下《水经注》引文"马搏颡"。赵一清校本同《方舆纪要》引，作"马搏颡"（有校注）。今按：要皆状牛马负重经过时，竭力引首向下，以长膂力，至于额颡抵地，而后能进，艰苦之至也。头直下，则额抵地，直下至于顿颡，犹不能进，则偏其首，以颡抵地，较叩头又进一步之形容语也。乌蒙山凡十二峰，道上艰险陡绝者多处，故曰"又有。"明与左儋皆在此山道中，但未入谣。而劳动人熟察物力，为之制此名称，皆甚可贵，故并纪之。

⑱《汉志》南广县有符黑水，出汾关山，已详南秦县分注。其河今云南广河。流经高县与庆符旧县（今省并为一县）城下，北至南广镇入大江。今高县城，即汉南广县治也。（水口之南广镇，因南广河为名，非汉南广县治。历世地理书无有言县在水口者。）南广河可行船至珙县之上罗计。高县为自宣宾东通贵州，南通云南两路分道处。地面开展，多水稻田，其为汉故县无疑。

⑲盐官例于产盐丰盛之处设之。"南六县"惟长宁县有盐泉（清井），盐官必当在此。然则今高、珙、长宁三县，皆南广故县境矣。

⑳临利县，不见《两汉志》与《晋志》。《宋志》朱提郡有，云"江左立"。可知其地位在朱提与南广之间，疑是王逊移朱提郡治于南广时新立。故城当在步道上，为加强后方勤务置也。又，临为巴蜀南中人呼食盐之古语（说详附录）。南六县自清井外，唯筠连盆地土咸，有低产小盐井，唐代曾置盐水县（见《唐志》）。

又珙县界内有盐水镇，明置盐水坝巡检司，见《明统志》及《方舆纪要》。考其地，即近世之沐爱设治局，今已并入筠连县。然则，晋临利县正是今筠连县也。

㉑筠连县有小盐井，清代所开。古无凿井者，唯知土壤中有盐，取其土，浸水而煮之，是为土盐。其后乃有人位李冰法挖土坑蓄水，俾浸溶咸土中盐质而煮之。唐筠州有盐水县，即以有此法为名也。唐代地没于夷獠，而其法未废，置筠、连两羁縻州，宋并为筠州。元为筠连州。明为筠连县至今。连州之连，亦即临利之临。连，盖临之异字，犹"连然"之连，与"临池泽"之临，皆谓其有盐也。以此补"有土盐"三字。

㉒《宋志》有常迁县，亦云"江左立"。显然为王逊时所置之新县。今江安县南之兴文县在一小盆地中，亦叙府所辖南六县之一。江安，宋、齐为常安县。疑李雄时常安县北部附李氏而其一部地主南流居此，附晋以抗雄，自称为常安县。李雄取宁州后，抚有此部流民，因置为常迁县也。其辖境，当包括今珙县上罗计一部地方。上下罗计，为唐羁縻巩州，今属珙县，在汉，亦常安县南境也。

㉓新兴县，《汉志》《晋志》并无。《宋志》"南广太守"云："晋怀帝分朱提立，领县四。……南广令，汉旧县，属犍为，晋《太康地志》属朱提。新兴令，何志不注置立。晋昌令，江左立。常迁长，江左立。"凡此志言"江左立"，皆东晋初，因人流徙所在新立之侨县。其云"何、徐志不注置立"者，大都为西晋末年入五胡诸国，又曾还附东晋或曾暂为晋有之新县。由此推断，则新兴为晋怀帝时新立南广郡时所置之县《常志》南广郡无晋昌，应是东晋王逊或李成时，转附于晋之李氏旧县，故更叙在临利、常迁之下。唐人修《晋书》，依《太康地志》益州有朱提郡无南广郡与临利、常迁、新兴三县，而梁州云"及桓温平蜀之后，以巴汉流民立晋昌郡"，所领县有新兴县。其后又立巴渠、怀安、宋熙、白水、上洛、北上洛、南宕渠、怀汉、新兴、安康等十郡。则此朱提郡之新兴，桓温灭蜀时曾受抚，回居于蜀。并因范贲等乱局未定，与十县流民再流至巴，建立晋兴郡，并曾发展为新兴郡。足见此新兴县民，全属晋不附李氏者，其县亦非李氏所立，而为蜀中初乱时南徙之蜀民所建也。

# 十一

永昌郡，古哀牢国①。哀牢，山名也。其先有一妇人，名曰沙【壶】壶▲，钱、刘、李本作壶。音胡。他明清刻本作壶，音闻。午本《后汉书》作壹。顾广圻校云《水经注》卅七作台"，所据朱、赵本也。官本亦作壹。樊绰《蛮书》卷三："贞元中，献书于剑南节度使韦皋，自言本永昌沙壶之源也。"足见唐时传说与古本《后汉书》俱作"沙壶"。今本《后汉书》作壹与《水经注》作台皆字讹也。下文并正。依哀牢山下居，以捕鱼自给。忽于水中触此下廖本多一有字。【有】一沈木，遂感而有娠。度十月，产子男十人。后沈木化为龙，出谓沙【壶】壶▲曰："若刘、李、廖三本作若。他明清本同《后汉书》作君。为我生子，今在乎？"而九子惊走。惟一小子不能去，【陪】倍龙坐。旧各本皆作陪龙坐。《后汉书》《水经注》字皆作背。倍与背古义通。小子畏见龙而不能去，故背龙而坐。龙就之相亲，则非陪龙坐也。应是旧写讹倍为陪，刻本沿讹。下两陪字同。龙就而舐之。沙【壶】壶▲与《后汉书》作鸟，廖本注云"曾作鸟"谓夷语也。言语，以龙与陪坐，当作"与龙倍坐"。旧刻缘讹陪字而倒。

因名曰元隆，《后汉书》《水经注》并作"九隆。"廖本注云"当作九。"兹不取。犹汉言【陪】倍坐也。谓龙谓沙壶，笑其子倍坐，因以元隆为名。沙【壶】壸将元隆居龙山下。元【龙】隆廖本误隆为龙，据刘本改。长大，才武。后九兄曰："元隆能当作禽。与龙言，而黠，有智，天【之】所所，廖本作"之"。据刘本改。贵也。"共推以为王。当作长。时哀牢山下，复有一天一妇产十女，元隆兄弟妻之。由是始有人民②。皆象之：衣后著十尾，臂、胫刻纹③。元隆死，世世相继；分置小王；往往邑居，散在溪谷④；绝域荒外，山川阻深，生民以来，未尝通中国也。南中昆明祖之，昆明上，当有寯字。故诸葛亮为其国谱也⑤。此句，疑是后人赘入。亮未尝至永昌，不能为之谱。后人有哀牢图，托于亮也。孝武时，通博南山，度兰【仓】沧廖本依《后汉书》改作仓。下同。水、【耆】渚元丰本与廖本作耆。溪，置寯唐、不韦二县。徙南越相吕嘉子孙宗族实之，因名不韦，以彰其先人之恶。依刘昭《郡国志》注引文补之字，并断句。行人歌之曰："汉德广，开不宾。渡当作度。博南，越兰津。渡兰【仓】沧。为他人⑥。"渡兰【仓】沧水以取哀牢地。哀牢转衰。至世祖建武二十三年，王扈栗旧本有小注云："《后汉》作贤栗。"遣兵乘箄船刘、李、《函海》本作舡。南攻鹿茤。鹿茤民弱小，将为所擒，会天大震雷，疾风暴雨，水为逆流，箄船沉没，溺死者数千人。后扈栗复遣六王攻鹿茤。鹿茤王迎战，大破哀牢军，杀其六王。哀牢人埋六王，夜，虎掘而食之。哀牢人惊怖，引去。扈栗惧，谓耆老曰："哀牢略徼，自古以来，初不如此。今攻鹿茤，辄被天诛。中国有受命之王乎？是何天祐之明也！汉威甚神。"即遣使诣越寯太守，愿率种人归义奉贡⑦。世祖纳之，以为西部属国⑧。其地东西三千里，南北四千六百里；有穿【胸】鼻旧作"穿胸"，依《后汉书·哀牢传》改。【襟】儋廖本作襟。耳种，闽、越濮，鸠獠⑨。其渠帅昔曰王。孝明帝永平十二年，哀牢【柳】抑狼《后汉书》作柳貌。廖本改作柳狼。遣子奉献。明帝乃置郡，以蜀郡郑纯为太守。属县八。户六万。去洛六千九百里。宁州之极西南也。有闽濮、鸠獠、僄越、躶濮、身毒之民⑩。土地沃腴，宜五谷。出铜、锡，六字原落在后。兹移还。出字下缩十五种土产。黄金、光珠、虎魄、翡翠、孔雀、犀、象、蚕、桑、绵、绢、采帛、文绣⑪。又有貊兽，食铁；猩猩兽，能言，其血可以染朱罽。有大竹，名濮竹，节相去一【丈】尺，旧各本与《后汉书》俱作丈。杨终《哀牢传》本作尺，见《康熙字典》引。常氏用杨终文，不当作丈。应是《范史》夸言之。旧刻又依《范史》改耳。受一斛许。斛亦当是斗字之讹。有钱、《函》二本作其。梧廖本小注云当衍。桐廖本小注云："当作橦。下同。蜀都赋曰，布有橦花也。李㟭依《后汉书》误改也。"兹仍旧本。木，其华旧皆作花，廖本作华。柔如丝，民绩以为布，幅广五尺以还，张、吴、何、王本无以还二字，张佳胤妄删也。浙本剜补。洁白不受污，俗名曰"桐华布"，此华字各本同。以覆亡人，然后服之，及张、吴、何、王、浙本作乃。卖与人。有【阑】兰廖本作阑。干细布，兰廖本此字仍作兰。干獠言纻字当作苎。也，织成，文如绫锦。又有罽、旄、帛、叠、水精、瑠璃、轲虫、蚌刘、李作蚌。珠⑫。【宜五谷，出铜锡】吴、何、王、浙本重出字。《函海》注云："本作山出。"非。太守著名绩者，自郑纯后，有蜀郡张化、常员，巴郡沈稚、黎彪，然显者犹鲜⑬。章武初，郡无太守，值诸郡叛乱，功曹吕凯奉郡丞蜀郡王伉保境此下宋明刻本及《函海》、廖本并空格。兹连下文"六年"为句。自章武初至建新三年丞相亮南征，正六年也。章武无六年。六年。丞相亮南征，高其义，表曰："不意永昌风俗敦直依《三国志·吕凯传》补。乃尔。"以凯为云南太守，伉为永昌太守，皆封亭侯。李恢迁濮民数千落于云南、元丰本云南字皆作云。建宁界，以实二郡⑭。凯子祥，太康中献光珠五百斤，钱写作勉。还临本郡，迁南夷校尉。祥子，失名，钱写本空一格。裴注引《蜀世谱》亦失名。元康末为永昌太守。值南夷作乱，闽濮反，乃南移永寿，去故郡千里，遂与州隔绝。吕氏世官领郡，于今三世矣。大姓陈、赵、谢、杨氏⑮。廖本脱谢姓一字，他各本有。

不韦县⑯　　故郡治。出铁。依《后汉志》补。

此苏县⑰　　有盐⑱。依《后汉·哀牢传》"课盐文"补。

哀牢县⑲　　故哀牢王邑。依《后汉志》补。原作"故牢王国。"

永寿县⑳　　今郡治

寯唐县㉑　　故益州西部都尉治。据《后汉志》注引《古今注》补。有周水，周《函海》注云"李本作寯，《后汉志》注引作同水。"《前汉志》固作周水。从徼外来。

雍乡县㉒

南里元丰本与廖本作涪。县㉓　　有翡翠、孔雀。

博南县㉔　　西山 张佳胤依《后汉志注》引文补西字。吴、何、王、浙本并有。他各本无之。高四十里，《后汉书》李贤注，刘昭《郡国志》注并引《华阳国志》作三十里。元丰本四字写作三。顾观光校本径改作三十里。越之，得兰沧水㉕。有金沙，以【火】水洗取，旧各本俱讹水为火，脱洗取字。廖本依《续汉志》注指出。兹径改。融之，为黄金㉖。刘昭注引无之字。有光珠穴，出光珠㉗。此下顾观光校本云："《御览》八百三引，'珠有黄珠、白珠、青珠、碧珠'，盖此处有缺文。"有虎魄，能吸芥。又有珊瑚㉘。

案：以上哀牢郡与其属县，大都采自杨终《哀牢传》与谯周《南中志》，又每有参用南中降人之说者。《哀牢传》与《南中志》，六朝、隋、唐治史地者多转引之，亦皆未遵原文，意为窜改，故校核颇多出入。兹悉加以厘订，注释二十八条。

## 【注释】

①哀牢,为一民族部落之旧称,殆亦如"夜郎""滇""邛"之已进入奴隶社会,有具备国家形式之政权组织,故古人称之为国也。其地与今保山、德宏、临沧、怒江、耿马、思茅、西双版纳等专区与自治州相当。河谷郁热,山原凉爽,垂直气候具备寒温热三带,人有"隔里不同天"之感。如此地文,为形成多种民族错居之因素,今此地区,住民、习俗、语言,犹多歧异,但由于地当中华与印度两大古国从来商旅往来所必经,经济、文化在滇缅间民族杂错地带显得先进,故能较易形成统一的政治组织,不似其南之怒江澜沧江数百里山谷,及其北之怒、澜数百山谷地带之长久闭塞落后。此哀牢国克以形成独早之原因也。

印度在释迦牟尼尚未出世以前,已有其原始的宗教(婆罗门教),由此地带传入云南高原。而我国古代之商贾,亦已由此道贩运蜀物,深达印度。前者证据,在本志4章所述霍弋"善参毗之礼"(见注⑥)。后者证据,在《史记·西南夷传》大夏人言"从东南身毒国可数千里,得蜀贾人市"。言"蜀贾人",谓蜀国商人所至之市场,明蜀王时印度已与有商道与蜀相通。其道必然出于今世萨地亚(印度地)、密支那(缅甸地)、腾冲、保山、大理下关,经渡口、西昌,或经昆明昭通以达蜀地。然则所谓"蜀贾人市"者,应不出于密支那(即古永寿县)、腾冲、保山三地。皆秦汉世哀牢国境也。

哀牢,本书以为"山名"。《后汉书》作"牢山",无哀字。二者皆出于杨终之《哀牢传》,原传已佚,无凭核正。疑此山本是牢族与哀族分界地,犹邛筰山之亦可称为邛山也。牢,与"劳深麋莫"之劳同音,应是滇族分布至此山而止。(马迁作劳,杨终作牢,先后时代记字不同。)哀族乃为此国之统治者,或与后之孟族(与崩龙人和高棉人语言接近的古民族)、掸族(今云傣族)、佤族、克钦等族同源。要是自马来半岛,北向移进之渔业民族,故有股臂刻文之俗,而自称为龙之裔孙也。此族由于接受汉文化最早,故在西南山谷地区中,建置郡县亦独早。两千年来,殆已完全与汉族融合,故今世不复有哀族之名。

②此杨终记录哀牢国人自言如此。只足表达其民族来源为依水捕鱼者之后裔。谓出哀牢山下者,由其国都在此山下而妄缀合之。自其民族初生至于立国邑于此,或已数十万年。"元隆",犹"盘古"及五溪蛮之"槃弧",直巫师之讆言耳。

《后汉书》注引杨终《哀牢传》云:"九隆代代相传,名号不可得而数。至于禁高,乃可记知。禁高死,子吸代。吸死,子建非代。建非死,子哀牢代。哀牢死,子桑藕代。桑藕死,子柳承代。柳承死,子柳貌代。柳貌死,子扈栗代。"扈栗,东汉初王。其前四世王名哀牢,疑即最先徙邑于哀牢山下者。以前国邑并不在此。四世约略与汉武暮年相当,去武帝置巂唐、不韦二县时间(前一○九)不远。(自元封二年下至建武二十三年,为一百五十六年。)疑是王建非时,被汉征服。汉置不韦、巂唐二县以领之。由于其王祀哀牢山而得子,故以哀牢名子。其时则已避汉,定居于哀牢山下,不更徙也。

③衣后著尾,盘弧种与木耳夷皆然。槃弧种即五溪蛮,在牂柯东界。木耳夷居温水(南盘江)上游两侧山中,见《水经注》。在汉属牂柯西境。张澍《蜀典》,谓木耳夷即《尚书·牧誓》之微国。微与尾字古通也。唐世又称之为"尾濮"。疑哀牢种与槃弧种皆尾濮之类,非其人真有尾,但衣着尾耳。民族流徙,往往突然已远。《牧誓》微人,历世无有可靠之解说。《蜀典》之创此说亦有可取。殷周之际,或有此属徙近庸、蜀、附属于周,会师牧野耶?

④此云"小王",谓山谷间民族分化,所在自为部落。今西双版纳(十二部落)以西北,怒江两岸山区,多种民族错杂居住,数十百户各为部族。可以想见汉世哀牢地区社会情况。惟此哀牢山道沿线,住民有一致

的经济生活条件，乃易建成国家耳。

⑤"昆明祖之"一语，殊费解释。哀牢是一南来渔业民族，自有国王。昆明与嶲，同为北自草原迁来，编发随畜之游牧民族，著于《史记》，则何能以哀牢为祖？疑此祖字为尊事之义，与"祖述尧舜"之祖，含义相同。谓昆明人为其服役，相从率也。

昆明与嶲，虽同为自康藏高原流移入滇之游牧民族，其所自来之地则不同。嶲为自喜马拉雅大山脉南侧斜面，如今言洛域（狢㺄）、察隅地方向，东徙来，与怒族、傈僳族源甚近。与昆明虽亦同源族，而较远。最先集聚于嶲唐地区。其后自嶲唐地区循元江（红河）向东南流，为乌浒（见《后汉书·交址传》）。其后折向滇中，则为东爨。又北入朱提，则为乌蛮。六朝末，越金沙江入大凉山地区，迄至近世，皆称"倮苏"，今云彝族。昆明一作昆弥，为自昌都地区循澜沧江河谷向南移进之羌族。其人能识盐泉，习于煮盐之业。今昌都东北近拉多界有地名察零多，有盐泉，土人煮之，盐质红色，不佳，供应面亦不大。其南澜沧江浃，地名察卡（今芒康县盐井地区），亦有盐泉自江底涌出。其人习而识之，于冬季江水下落时圈井煮盐。盐质甚佳，亦可晒于屋顶得其晶体。凡此，皆此民族劳动人民所发明创造，清末始为汉族所知者也。因知羌族牧民中，亦甚早即有习于煮盐之工匠，并多方探寻盐泉，随牧远徙，即《史记》所云昆明种也。其人数量不大，自无君长，所至依其土酋；以能煮盐技术见重，受人称道。云南高原中凡有盐池三区，皆此辈所发见、创制，而擅其业，故皆曾蒙昆明之称。最西澜沧江东侧兰坪河谷，南连云龙，至于永平北界，皆有盐泉，是汉比苏县地。比苏，在汉为甚僻远之边县。边县设官例只为长，而比苏独为令。足知其为富庶重县，所重在于盐也。迄今兰坪、云龙两县仍多盐井，为云南迤西与保山专区人民所仰。哀牢国固当早已拥有之。此言"南中昆明祖之"者，是也。连然之安宁井盐，为滇东各族人民所仰，滇国以此富强。滇池亦号昆明湖者，连然盐历世皆以舟运入滇池，分销水陆各地，舟人纪念制盐人，呼为"昆明湖"或"昆泽"也。安宁井之北，又有蜻蛉之黑盐井、白盐井两处。皆在金沙江南，是为同一盐区。定筰、姑复、遂久、青蛉四县间之"临池泽"，一曰"盐池泽"，即今盐源县西界之"黑盐塘"。相近复有白盐井（今盐源县治）。两处产盐量最大，凡汉代越嶲、牂柯两郡三十余县，及邛、筰、旄牛、白狼诸少数民族部落皆仰给之。除白盐井自汉世已转由内地盐工煎煮外，其黑盐塘始终在土著掌握中，亦有昆弥泽别号。唐初置昆明县，为西豫羁縻州治。后改靡州，取《周诗》"靡盬"之义也。复为昆州。南诏、大理皆于其地置郡。元灭大理，于其地置柏兴府与闰盐州，昆明旧名乃废。南中地名取义，盐与昆明之联系如此其紧密矣。此三地区盐业，自元明世悉为汉族盐工所操纵，原所谓昆明盐工，悉与汉民融合，故昆明之称泯灭；其非盐工而居于此高原者，别称为"古宗"矣。

诸葛亮实未至永昌，无从为哀牢人图谱。惟杨终撰《哀牢传》附有图谱。晋人误传为亮所作耳。图谱中有昆明煮盐事，故常氏连接之以成句。

⑥《后汉书·哀牢传》不言汉武通博南山渡兰沧水，置嶲唐不韦二县；而谓此歌出于明帝时。李贤注引《古今注》以实其说。若《常志》文误为范晔订正之者，其实范晔、崔豹皆误矣。考嶲唐县治在今保山县境（后详），已在博南山与兰沧江外矣。其所辖境甚广远。《前汉志》云有："周水，首受徼外。又有类水，西南至不韦，行六百五十里。"《水经注》卷三十六："兰沧水又东北径不韦县与类水合，水出嶲唐县，……西南流，曲折又北流，东至不韦县注兰沧水。"并谓嶲唐、不韦二县皆汉武帝置。"是兰沧水即今澜沧江，周水即今怒江（萨尔温），类水即今保山河，即常氏所云"耆溪"。足见汉武帝拓境，已经逾博南、波澜沧，以二县为益州郡西境矣，何待明帝置郡时始有歌哉？

盖汉武因求通身毒道，曾向极西深入。但拓展至哀牢山止。外以委于哀牢王国，与之互市，以收珠宝、羼氉之利。哀牢虽失两县之地，而绾互市之利，借互市以控制诸夷商贾，益臻富强。故汉行人歌之曰"渡兰沧，为他人"也。若后汉时，则哀牢亦已收入郡县，其王同于属国，无所利于其间，则安得有此歌哉？

《一统志》引孙盛《蜀谱》曰："初，秦徙吕不韦宗族子弟于蜀。汉武帝开西南夷，置郡县，徙吕氏以实之，因置不韦县。"与常氏徙吕嘉之族不同。今按：吕嘉虽可能是中原之人，未必即不韦之后。常氏之说与不韦县名不相应。且武帝初平南越时，南中尚无永昌郡县。南越亦无路可通永昌地区。则何能徙吕嘉族人至不韦。不韦迁蜀，其子孙族党耻为迁虏，因其善贾长技，远贸于此国际商道之边裔地区，以工简立业，财雄一方，子孙发展，蔚为邑落，汉武因之以置不韦县，此理之可能也。徙吕氏以实其县之说，必非。吕不韦，在秦有罪，在汉无罪。汉世人士无所憎恶于不韦，故其书全传，汉儒且取之作《月令》，入于《礼经》。是谓"以彰其先人之恶"者。亦必非矣。汉因其人先祖之名以名县，乃实然也。

⑦此段盖出杨终《哀牢传》。《后汉书》鹿茤上有"附塞夷"三字，意更明显。谓哀牢王不敢犯汉，但侵略其旁附汉诸夷落（"略徼"）。鹿茤地位，当在今龙陵、潞西地界，在龙川江（瑞丽江上游别称）之南。其地东临怒江，接不韦县周水徼，西北接哀牢国。以龙川江与哀牢（今腾冲）相通，故哀牢常得以众乘箄船浮水侵略之。鹿茤畏其侵略，附汉以求抵御。然而道险远，汉官但能以便人责让之，小侵凌亦不过问也。

箄，音排，字一作箔，作箬。李贤《后汉书》注于《岑彭传》枋箄云："以木、竹为之，浮于水上。《尔雅》曰：'枋，泭也。'郭景纯曰，'水中箄筏也'，……枋即舫字，古通用耳。箄音步佳反。"于《哀牢传》箄船云："箄音蒲佳反，缚竹木为箄以当船也。"今按：木筏为枋，竹筏为箄。箄船，则谓竹船也。比竹成排，翘其首尾，而加边竹，似船。亦加舵、橹。竹筏之改进如船者也。边区多竹地方，行激流湍水者用之。其竹皆去青，又凿孔而以木条贯联之，不与箄筏同。哀牢多濮竹，故其人首创此船。今则川边地区亦多有之。北人无从见也。

《后汉书·哀牢传》谓："（建武）二十七年，贤栗等遂率种人户二千七百七十，口万七千六百五十九，诣越巂太守郑鸿降，求内属。光武封贤栗等为君长，自是岁来朝贡。永平十二年，哀牢王柳貌遗子率种人内属，其称邑王者七十七人，户五万一千八百九十，口五十五万三千七百一十一。"大抵哀牢故国原奄有今云南迤西，保山专区，与怒江傈僳族自治州全部及大理自治州云龙县地。汉武曾征服之，取其北部为巂唐、不韦两县。于是哀牢王邑自今保山南徙至腾冲，为汉属国。然仍强盛，随时征服其邻部小王，而役属之。鹿茤即其一部。他所征服则有七十七部之多矣。统七十七部计之，其地面已经大大超越于今云南县境以外。大抵自缅甸回归线以北与耿马、孟连、孟朗（今澜沧自治县）诸地区内民族小王皆附之。其征服力不全恃于武力，主要在于商业经济，挟其物资，以财雄相招诱，仍以附于大汉作威势。其自愿内属于汉者，实以此故，其云"汉威甚神"，"其有圣帝乎"者，皆行人粉饰之词耳。

⑧《后汉书·哀牢传》："割益州西部都尉所领六县合为永昌郡。"李贤注："《古今注》曰：'永平十年置益州西部都尉。'"与常氏说世祖时不合。又续云："《续汉志》，六县，谓不韦、巂唐、比苏、楪榆、邪龙、云南也。"《续汉志》，永昌郡八县。自哀牢、博南外，六县皆前汉益州旧县。盖汉武帝时，已置益州郡西部都尉，领此六县。光武时，哀牢内附，以为益州西部都尉领之属国。至明帝，又乃以西部都尉所领六县与新开哀牢、博南两县，合置永昌太守，改都尉为太守也。

⑨《后汉书》："哀牢人皆穿鼻、儋耳。其渠帅自谓王者，耳皆下肩三寸。庶人则至肩而已。"校对《常志》，

可以证《常志》穿胸为穿鼻之讹。穿鼻之俗，今世落后民族尚有之。又见樊绰《蛮书》，云"南诏所统"有之，则唐时此区犹有其人。与儋耳皆自残肢体之陋俗。哀牢地区，亦有其种，非哀牢人尽为之。汉武帝平南越，置九郡，有儋耳郡与珠崖郡，皆是今海南岛地。颜师古《武帝纪》注引应劭曰："儋耳之云，镂其颊皮，上连耳匡，分为数支，状似鸡肠，累耳下垂。"此谓儋耳郡取名，以其人有此俗也。今海南岛上，犹存儋县之名，此俗则已久废。哀牢儋耳种，如《范史》所传，又与海南不同。"下肩三寸"大耳亦不能致。儋、担字古通用。儋耳者，盖谓其人戴耳珰，愈贵者愈巨重。重甚，非耳肉所能胜，则以皮带系双珰，以分耳孔所承之重，而戴于头顶。然后着冠巾。今藏彝民族之俗犹是如此，故其耳珰恒以赤金与宝石数枚镶合之。重达数两半斤而人无苦。《范史》耳下盖脱一珰字。惟耳珰可能下肩三寸，虽哀牢王侯，亦可能矣。

"闽、越濮"，谓闽濮与越濮两种。闽濮，后云孟族是也。闽、孟一声之转，其人自称曰"孟"，古人加"濮"字以便称用。今滇西南地名有孟、勐、猛字者，皆其小王故邑也。越濮，似指傣族，旧称掸族者是也。其分布地与孟族接近，恒在河川底部，孟族则住其旁之山间，今凡怒江桥与腾冲以南，川谷间俱多有之。两族错居相习，故《常志》合举之，并以为濮也。

鸠獠，鸠、俅音近，即俅人，居俅江（伊洛瓦底江上游）山谷间，与怒族、佤族同类。往时专事猎业。近世文化已高，称克钦族。景颇、克钦和俅人应是从俅江发展起来的一支人，其北部依近康藏高原者则为"俅人"，比较落后；南部接近缅甸平原者比较进步，是为"克钦族"（景颇）。"俅"是云南人给的名称，克钦是缅甸人给的名称。一说俅人与克钦人有别。魏、晋、隋、唐人称落后民族皆曰獠，不必即为真正之僚族。

以上五种，就西部都尉所领七十余属国小王之族类言之。

⑩此又重举民族五种，则谓恒至郡县市易经商邑居且有已入编籍之种族。"闽濮"、"鸠獠"已上详。"僄越"即建成骠国之民族（缅甸族）。"躶濮"即倮苏（彝族）。"身毒"为印度之古译。永昌一路，西通印度，为三千年前蜀国贾人所开，印度之宗教徒亦缘之以入于我国之滇僰民族地区。永昌西界有"蜀贾人市"见于《史记·大宛传》与《汉书·西域传》。印度商贾与上举各民族部落，皆来交换商品于此。此永昌有"身毒之民"也。其说详具附录《蜀布、邛竹杖入大夏考》。

⑪此节所言皆是永昌郡出产，说明其为农业已经发达，又多矿产，宝藏丰富；工艺亦已有一定发展；并已从内地输入蚕桑，能织造绢、帛，刺作文绣；为其社会经济已与中原地区结成一体之验。吕氏等豪族之奕世忠于中央政府，不因道路阻绝、联系中断而变者，盖在于此。又可说明其地具备热带气候，故多珍奇之动物，及为古人所重之热带商品，如翡翠羽、孔雀毛、犀角、象牙、珊瑚、海贝、鲛皮、邛杖之类，凡南洋所产者，在海上商运未通以前，皆自此区输入内地。（《常志》云"翡翠、孔雀、犀、象"，皆只谓此等动物所生之商品，非谓此等动物。他各书之称犀象者亦然。哀牢虽亦有此等动物，未能成为行销内地之商品，其物本质与取制之法亦皆劣于热带商品故也。）原始经营此种热带商品之商贾，可能即是印度商贾。其后亦有僄国、掸国商贾。掸国王雍由调献眩人，已详《巴志·歌叹陈禅诗》注，足知后汉时掸国商道已大通。所献眩人，实系大秦人，亦身毒人所有眩法。盖后汉时印度商贾，亦多由海道至缅甸通市于我国矣。六朝后，我国南海商运大通，商贾争就舟行之便，哀牢商道乃渐阻塞，而永昌郡县亦已弃废矣。不知如此商道变化者，不可能理解哀牢繁荣独早之原因；更不能知永昌郡突出于西南数千里外，而能始终忠实于历朝中央政府，直至南中全部沦没犹不改变之原因。

"黄金、光珠、虎魄"，另详"博南县"注。

⑫此节皆记此方奇异物产，大都采自道路谣传，非同商品之可于市场实见者。貊兽食铁，理所必无。《后汉书》注引《南中八郡志》曰："貊大如驴，状颇似熊，多力，食铁，所触无不拉。"又引《广志》曰："貊色苍白，其皮温暖。"盖熊类杂食，人或有见其拉毁铁器而舐试其味，遂有食铁之妄传耳。其注又引《南中志》谈猩猩能言，尤可怪笑。今世猿类最似人者无如黑猩猩，亦尚不能人言。即如猿人以至于真人，非同族类及习相处已久者不能通古汉语，山中猩猩安可能作古汉语乎？"其血可以染朱"亦是妄传。盖西印度有染料（大约是番红花汁）染红色甚鲜，其商人称之为"猩红"，旧传入我国。其后古人自种红花染朱紫，不更用"猩红"。人遂讹谓之为猩猩血也。近世印度新出虫汁染料入华，被称为洋红。道咸以后，洋红流行，红花染料亦废。然人犹讹传舶来品之朱红毛毡为猩猩血染成，由《常志》有此谬传故也。世人妄传猩猩之说多矣，《山海经》谓其能知人名；《淮南子》谓"能知往事"；《水经注》谓"知其人先人名"；至李贤作注，竟谓"昔有人以猩猩饷封溪令。令问饷何物，猩猩于笼中曰'但有酒及仆耳。无他饮食'。"其可笑至此。杜佑《通典》驳之曰"《广志》云，猩猩惟闻其啼，不闻其言。……秦汉以降，天下一家，即岭南献佳言鸟及驯象，西域献汗血马，皆载之史传，……猩猩不劣于鸟象，何为独无献乎？王莽置汉孺子于西壁中，禁人与语。及长，不能名六畜。猩猩若非灵异，自解人语，即须因教而成，又不可容易而为庖膳也。是知诸家所说，不加考核，递相祖述耳。佑以为《广志》尤足征矣。血染朱罽，遍问胡商，元无此事。"

"濮竹"，今云茨竹，竹类之最大者。云节间一丈，容一斛，亦夸大言之耳。"桐花布"即木棉所织布。木棉原种为攀枝花，今岭表滇南到处有之，一切与木棉似，只绒短不可以纺。木棉为其进化种，热带人民古世已纺作布，其自岭表输入内地者，《禹贡》称为"织贝"，自哀牢输入巴蜀者，《蜀都赋》称为"橦华"。他书如《广志》、《范史》、魏完《南中志》与本书，称作"梧桐"，皆木棉之借称也。木棉树高大，为乔木，其引入沙漠地区栽培者，渐变为长绒之矮树，一二年生。传入新疆沙汉之高昌（吐鲁番盆地）栽培者，只一年生，《唐书》称为"帛叠"。元代传其种入内地，初犹称为"木棉"，后遂称为"草棉"（即今棉花）。物种进化，数千年中。纡回数万里地，形质不变，名称殊异。

此言"兰干细布"，疑即《西南夷传》所谓"蜀布"，盖苎麻细绩所织之细布。故土著谓之"纻"也。汉世流行身毒之"蜀布"，本奴隶主作坊所织之远销商品，商道通过哀牢。汉武行均输法，蜀地作坊崩解，其所种苎及细布之法，渐随商道流入永昌地区。故晋代此区以兰干细布著称。其后苎麻栽培遂亦传入印度，故印度称苎麻为"支那草"也（参看附录《蜀布考》）。"纹如绫锦"，言永昌在晋世此种编织益精进，有纹理与杂染彩，但全属手工品。其布颇窄，供民族衣服袋饰使用。清末，蜀人妇女衣服及凉山彝族，贵州苗族衣服皆缘饰"栏干"，窄才二三指宽，盖即兰干细布之遗制。中原地区殊未见。

"罽"，印度西北诸国产品。由身毒商运致于此者，"毲"，康藏高原产品，由昆明夷运致于此者。"白叠"应即桐花布之别名，抑或即攀枝花之短绒供絮垫用者之称。"水精"即水晶，石英石之晶体也。"瑠璃"即琉璃，为羊角碾制之透明薄片。未有玻璃以前供灯、屏等透光用。"轲虫"疑即琥珀中含虫体者。琥珀本松脂入土后矽质侵入填充所化（矽化）。松脂中原有虫者，亦即矽化于其中。人见其虫形真实而宝之，特称为轲虫耶？抑或地下虫体矽化，经巧者掘得琢还为虫形以为珍耶？"蚌珠"即海蚌所产之珠，旧唯合浦人能没水取之。大量自海道销售于内地。应亦有转售于永昌市场者。言蚌珠，明其与"光珠"有别（光珠另详博南注）。

⑬郑纯事已前详。他四人无考，盖杨终《哀牢传》言之，未著其行事。

⑭此节全取自《三国志·吕凯传》。惟"李恢迁濮民数千落于云南以实二郡"足补《陈志》。

⑮此四大姓皆中原旧姓，不似夷人归汉者，足知其皆赓吕氏以经商开采居留于此者，即同吕氏保郡自守之大族也。

⑯汉、晋永昌郡治不韦县，故城是今何地，由于陷没历久，沿革断绝，明、清诸家推断不一。大都谓是今保山县境，而故城位置莫能详矣。《读史方舆纪要》卷百一十八《永昌府》"保山县"云："附郭，汉不韦县地。……旧系土城，唐天宝中南诏皮罗阁所筑。西倚大保山麓。段氏因之。元至元间复修筑。明洪武十五年，又因旧址重修。寻废。十八年改筑，甃以砖石。又于大保山绝巘为子城，设兵以守。二十八年，复辟地，西罗大保山于城内。设八门。……今城周十四里有奇。不韦废县，在府东北。……《史记正义》：'不韦县，北去楪榆六百里。'"此系依《明统志》考定永昌府城沿革，明其非汉不韦县治，但以"北去楪榆六百里"推，定其是汉不韦县界内而已。

《清一统志》卷三百八十，《永昌府》"古迹"云："不韦废县在保山县。汉置。晋废。"又引《永昌府志》云："不韦县，相传在凤溪山下。"同卷"山川"云："凤溪山，在保山县东北三十里，与安乐山并峙。上有吕公台。《府志》'不韦县在其麓'。"又云："安乐山，在保山县东二十五里，夷语讹为哀牢。孤峰秀耸，延袤三十里。绝顶有石，巉岩如人坐怀中。《府志》：'绝顶一石，有二穴，相去一寸二分名天井。'……山下有一石，二泉出焉，一温一凉，号为玉泉，故又名玉泉山。"其地图，绘哀牢山于青华海与澜沧江之间。又别有九隆山，在易罗池与潞江之间。"青华海"者，《一统志》云"在保山县东五里。广十余里。""易罗池"即九龙池。《方舆纪要》："（保山）城西南七里，山势起伏凡九，分为九岭，一名九坡岭。其麓有泉，自地涌出，凡九宝，土人甃石为池承之。其下汇为大池，可三十亩，名曰九龙池，或谓之易罗池。相传蛮妇沙壹（壶）者浣絮池中，感沉木而生九隆。种类遂繁，世居山下。诸葛亮南征时，尝凿断山脉以泄其气，有迹存焉。"今按：池水盖即郑纯所开水稻田处也。纯以益州西部都尉为永昌首任太守，"在官十年"（《先贤志》），卒于官，深为哀牢人所称颂。其治绩盖有此也。又按《清志》只二泉，号为玉泉。是《明志》九泉之说，亦徒缘"九隆"之字所傅会，非实然也。要可定今保山县为汉益州之嶲唐县，本西部都尉治。改郡时，郡治乃是此处。郑纯后或有迁徙。《后汉志》永昌郡治不韦，是顺帝永和五年（一四〇）簿，上距置郡（六九）已七十余年，不知何时徙也。徙治后，直至晋世，皆治不韦，故《常志》云郡治。

保山县为汉嶲唐县，旧说皆可证定。不韦是今何地，迄今无人能定。杨守敬《晋地理图》以保山县为哀牢，而绘永昌郡与不韦县在其东北。谢钟英《三国疆域表》谓："不韦县为保山县治，哀牢县在保山县治东。"皆依《一统志》"凤溪山在保山县东北三十里"文，以推测为汉开两县之位置。夫汉开夷县，皆相距百里以外，安有此近距三十里间置两县之例乎？《新纂云南通志》引《道光志》云"案凤溪，《旧志》作凤栖。不韦废县，在今施甸、姚关等处。"意谓《永昌府志》所云"相传在凤溪山下"之凤栖山，非只在保山县治东北三十里，而是在保山县南百余里外之施甸与百五十里之姚关两地之间。此说最有意义。澜、怒二水之间保山以北地势狭促，保山以下开始宽展。故保山县治东、西、北三面皆不可能更开县治。惟其南面枯柯河纡曲流数百里注于怒江，两侧地势开展为施甸小平原，气候温和无瘴，宜水稻，饶农产。旧时自大理下关西行，渡澜沧江桥至保山，为出西徼唯一要道，自保山入缅甸，则有两道：一经蒲缥，渡怒江（惠人桥）经腾冲、盈江至八莫，入缅界；一经施甸，渡怒江（惠通桥）经龙陵、芒市（今潞西），至南坎入缅界。汉武渡澜沧江，取哀牢周水（怒江）以东之地置二县，以嶲唐绾哀牢（今腾冲）一路（通身毒正路），别以不韦绾鹿茤（今龙陵）一路（通掸国小道）。此理所必然也。此二县中，嶲唐地位重于不韦，故初置益州西部都尉治嶲唐。其后迁郡治于不韦者，盖由吕氏聚居所在，官利在依近大姓以制蛮夷，因吕氏之请而徙治也。及汉之末，卒赖功曹吕凯保守此郡，以牵制雍、孟叛党，克成武侯南征之功，此其验矣。本书叙述哀牢侵鹿茤事。足见哀牢初丧怒江以东地方时，亦曾与汉对立。后虽内附，仍每有劫略吏民情事，不可胜究。中、印、缅商道，似亦曾经改从不韦、芒市、南坎循瑞丽江往来，绕避哀牢、大盈江一路。迨至既灭哀牢，以其地全为郡县之后，乃还取大盈江路。而不韦已为郡治，不更徙还嶲唐矣。近世拟修滇缅公路，选线结果，证明自保山经龙陵、芒市（今云潞西）、木邦、腊戍至曼德勒一线最平易（腊戍已通铁路）。即施甸故道也，惟因施甸下达怒江桥路过陡峭，乃绕山避开施甸县城耳。施甸之为汉不韦县，已可定矣。

⑰比苏，汉旧县，《两汉志》无注。《宋书·州郡志》有芘苏，属云南郡。《一统志》"比苏废县，在云龙州西"，未确定何地。《新纂云南通志》谓"在云龙州西一百二十里"。兹拟其故城即今云龙县。曹操表张松为比苏令，见本书《二牧志》。极边县而置令，足知其富庶过其他边县。

⑱《后汉书·哀牢传》言："郑纯与哀牢人约：邑豪岁输布贯头衣二领、盐一斛，以为常赋。"此足知哀牢地区本产盐矣。其产盐地，主要在今兰坪河沿岸地区，正汉世比苏县境。《读史方舆纪要》卷百十七云龙州云："唐初为匡州西境。蒙氏谓之云龙甸。段氏因之。元至元末，立云龙甸军民府。明初改为云龙州，属大理府，土知州段氏。万历四十八年改流官，又裁五井提举司，以盐课归州。"又记五井云："诸邓井，州西北三十五里，盐井也。置盐课大使于此，所辖又有石门一井。又大井，在州东南三十五里，产盐。所辖又有山井及天耳井。又师井，在州西北百三十里，顺荡井，在州西北二百五十里。俱有盐课大使，旧属五井提举司，万历末废提举司，改属州。其井新旧互异，仍与浪穹境内洛马盐课使统为五井云。"此言：此区盐井，兴衰无恒，明代初只五井，后合师井、顺荡两提举司为云龙州督煎运销，远辖到一二百里以外诸盐坑，仍称"五井"也。大井当在今保丰镇，在州之南，明以前为产盐最多之处。其后渐衰，云龙附近诸井代之而兴。迨明末，云龙各井亦有衰势，师井、顺荡诸又转盛焉。清代，则兰坪一带盐井多于云龙。按其发展形势推之，汉世此区盐井在保丰以南，其后渐向北移。自永平县直北入西藏芒康县盐井地区，地下皆有盐层，惟南端位浅，发现早，故汉代即已开采。渐北渐深埋，非唐宋以后工技不能采之。更北至于盐井（今属西藏芒康县），则深至不能凿井，惟地下盐泉涌出乃可得之耳。

⑲《新纂云南通志·地理考·永昌古迹》引《永昌府志》，称哀牢废县是永昌府治。又据《雍正志》确指其遗址"在城太和坊之东"。而以案语驳之云："案《南中志》云：哀牢王扈栗遣兵乘箪船攻鹿茤……以此推之，哀牢地应在潞江以西，即腾冲、龙陵，并其附近土司地。……《清一统志》称废哀牢县在永昌府城东，《府志》因之；实未必然也。"此可谓善读《常志》，且善结合于地理实际者也。当哀牢攻鹿茤时，其国邑必已在今腾冲。箪船乘瑞丽江下攻鹿茤；鹿茤为不韦徼外之附塞夷国，实资汉军暗助以惩哀牢。此于古今地理形势，无不吻合。若定哀牢国邑仍在保山，则不合矣。虽然，哀牢旧传沙壶居地则在保山之易罗池畔，疑汉武以前之哀牢国邑曾是保山。渔业民族，逐水而徙，远或出于数千里外。迨其进入农业社会，则定居于近水之山原地区。（正如巴族自云梦之巴陵入峡，建成国家，最后乃定都于最与秦、蜀接近之阆中，在巴境为极边矣。）又况比苏之食盐，对哀牢亦当有吸引力。其曾建国邑于保山，可理解矣。自汉武取其地为嶲唐、不韦二县，驱哀牢于潞江之外，则必更建国邑于腾冲耳。

⑳永寿县，已见《晋志》，应是太康时已置县矣。《宋志》无之，应是人来已全郡沦没矣。上言元康末闽濮反（吕太守），乃南移永寿，去故郡（不韦县）千里。元康，晋惠帝年号，凡九年（二九一——二九九），元康末中原犹未甚乱。"闽濮"即孟族，居郡东南界内，与不韦县最接近。其反叛，必由吕氏压迫剥削过甚所致。由于不韦县曾被攻陷，故太守不能不徙避至安全地。以此推永寿位置，距不韦近于千里；若今盈江、梁河、腾冲诸县及遮放、芒市等潞江以外诸地，皆与"去故郡千里"语不合。密支那本为克钦族与掸族错居地区，当中印商道之冲，原哀牢地，亦永昌郡西境，可能吕凯时即已置县，故《太康地志》已著之。至凯孙世，仍当为中印互市之大市场，故吕氏徙为郡治。至李雄世，郡治仍不改，常氏称之为"今郡治"也。

㉑嶲唐县为今保山县治，注⑯考订不韦县时已有说明。就汉世形势言，其北澜沧江内为楪榆县之嶲、昆明民族。其南澜沧江以外，为哀牢故地，内地移民与牢、孟、傈、掸错居。嶲唐居中，控扼商道、盐道最便，故以为益州西部都尉治。刘昭引《古今注》谓"益州西部都尉治嶲唐，镇慰哀牢人、楪榆蛮夷"是也。

　　嶲唐因嶲族为名。"嶲"者，旧楪榆县属之游牧民族，与昆明同类，故《史记》连称之。昆明在北，近盐泉区。嶲在南，为山牧地区。今巍山、南涧两县仍为彝族聚居地。汉世盖尤集中于保山地区，故置县以嶲唐名。《史》《汉》曰嶲，《常志》云䑛濮，今世曰彝族。"唐"者，《尔雅·释宫》"庙中路谓之唐。"谓自庙堂出庙门之大路也。此地聚居嶲族而当内地门户，故县名以嶲唐也。旧地理书因《哀牢传》，言郑纯为西部都尉课民以盐，遂因盐泉所在拟嶲唐于云龙者，并非。

　　汉嶲唐县与不韦县同在澜潞二水之间，相距不过百里。嶲唐县辖境绝大部分皆在澜沧江内。县治虽在澜沧江外，西界至周水（潞江）而止，不过百余里。南界不韦，仅有枯柯河（永昌河）上游数十里地。过此即为不韦县境。澜潞二水之间，保山以上甚狭。保山以南渐扩展至数百里，民族小部落甚多，包括诸孟（闽濮），皆附属于不韦。吕氏世以盐布市易羁縻之。故闽濮叛而郡治徙。今施甸以南至西双版纳地方犹多有孟族。

　　周水即潞江，字亦作怒，缅甸语曰萨尔温。

㉒雍乡县，《晋志》有。应是吕凯或吕祥时已置立。过去地理书与近世期刊，未见有论及其地理位置者。兹估定其故治为今之孟勇。在施甸东南三、四百里间，为一海拔颇高之山原，介于镇康（凰尾坝）、永德（德党镇）与临沧（旧缅宁）之间。雍、勇古音同，本孟族小王所据。其地在南服中，爽凉无瘴，故吕氏置为县以抚慰"闽濮"（孟族）耶？

　　《新纂云南通志》定镇康为永寿县，盖未知闽濮即孟族，镇康即闽濮孟统地，吕氏因闽濮叛乱而徙永寿，安得有转而徙入闽濮之理？镇康去不韦三百余里，亦非千里。镇康可为雍乡县地，不得拟为永寿也。

㉓南里县，《晋志》作南涪。旧无考订其位置者。兹就"有翡翠、孔雀"文，知其为具热带气候之河谷，故拟其地为今瑞丽江河谷之畹町镇、瑞丽一带。猛卯为其中心，即今之瑞丽县也。在明代号为麓川，曾与明朝战争甚久。《清一统志》卷三百八十"陇川司"云："元中统初内附。至元十三年置麓川路军民统管府。明洪武十七年，置平缅军民宣慰使司。正统三年，土蛮思任发叛。六年，讨平之，遂废。十一年，复置于陇把之地，改曰陇川宣抚司。"万历十三年又析陇川地置"蛮莫宣抚司"。清朝廷移蛮莫司于陇川界。顺治十六年平滇，改蛮莫为猛卯安抚司，即今瑞丽县也。

㉔博南县，《后汉志》云："永平中置。南界出金。"《范史·哀牢传》："建初元年（七六），哀牢王类牢与守令忿争。遂杀守令而反叛，攻越嶲唐城。太守王寻奔楪榆。哀牢三千余人攻博南，燔烧民舍。肃宗募发越

嶲、益州、永昌夷汉九千人讨之。明年春，邪龙县昆明夷卤承等应募，率种人及诸郡兵击类牢于博南，大破，斩之，传首洛阳。赐卤承帛万匹，封为破虏傍邑侯。"嶲唐上越字，旧以为缘越嶲文衍。惠栋亦谓："《续（后汉）书·天文志》只云攻嶲唐城，衍越字。"今按：谓类牢与守令忿争盐利，杀哀牢令。欲杀太守王寻，寻奔楪榆。类牢追杀未得，遂据不韦、嶲唐，并逾越嶲唐界，攻破博南县城也。嶲唐本哀牢故地。其北澜沧江桥与博南山内，则汉初旧境，武帝划属楪榆县。而类牢以盐利故，欲兼占楪榆，故汉廷与之力争。盐工利于属汉，不愿附哀牢。故卤承率昆明种战斗甚力。遂诛类牢，平其乱，受上赏焉。卤承者昆明盐工之首领也。史言昆明夷，已可知其为盐工。说在注⑤。姓名"卤承"，更可知其为盐工。卤字，本殷周时用为食盐之字，故属盐之字皆从卤。汉世，每借为虏字，加于少数民族之来归附者。此卤承，能率其种人破此巨寇，则其卤字非有系虏之义。其为昆明盐工，有声于一方，欲仿内地制作姓名以便与官府接触，故官绅为之制名"卤承"），以明其为盐工之桀出者耳。昆明夷盐工，以业务需要亦自团结，有其头领。《汉书·西南夷传》记昭帝时"廉头·姑缯夷反叛"，姑缯为姑复县夷，廉头即临池泽之盐工，非民族名称（另详《巴志》附《说盐》）。以此知卤承亦廉头之类也。

㉕博南县，以博南山得名。山在县西，故曰"西山"。博南者，本作"薄澜"，取薄临澜沧江之义，逾山而下，即澜沧江桥，故取为此名。俗从省便，写作博南。夷人不习其称，故自汉世后，山名竟不著。人言博南，皆指县城焉。

㉖澜沧江与金沙江并从康藏高原中产金地区流出，故沿岸多有沙金。金沙江中上游丽江地区，在汉世为邪龙县，其人初不知产金，六朝时乃有人知而淘取之，周兴嗣《千字文》所谓"金生丽水"是也。澜沧江此段，自汉武帝开博南，已有人知淘洗，并正名其为"黄金"，以别于铜（赤金或金）。他处澜沧江虽亦多金，汉民无由至采，故汉晋但传"博南南界出金"。博南南界，即博南山下澜沧江，有大回折处，上游冲来金屑金块至此大都停滞于沙岸中，构成金穴。层层皆然，亘古未已。是为我国古代产金最富之地，故常氏特称述之。

㉗"光珠穴"，谓琢磨光珠工人所聚之处，非有矿穴产光珠也。光珠与蚌珠有别。蚌珠旧称真珠，或明珠，有明月、夜光之目，产于湖、海大贝体内。体率扁圆，有莹光。古人尚之，用嵌冠履及头饰、钗钏。圆巨者值千金。不待人工雕琢之珠也。光珠，取美色诸石琢成之。页岩、石灰岩、火山岩、大理石、菜玉（二者亦石灰岩类）与各种宝石皆可为之。琢者先用钢砂傅镔铁盘，踏机转动，如解玉法解成方块。置铁盘钢沙中，压以板，多方回旋琢磨之。渐失圭角，终竟成浑圆球，大小一致。分别以钻傅钢砂，踏机造高速度钻孔。薄傅以蜡即成。其术最早创自北印度罽宾与天方诸国。汉魏世乃传入云南。南亚各民族尚之，用为璎珞、项链、腕饰及数珠（供记算用）等。其值不高，一般人皆能购置。其用宝石琢成者，价亦与真珠相似。钢砂皆硬度甚高，如刚玉、黄玉、水晶、石礦之细粉，恒与黄金伴生于金沙中。凡淘金者，洗去泥沙后，入水银提取金质，最后所存之重砂即钢砂也。价远逊于金，售供琢玉，永不耗失。以其硬度，加高速旋转，则可解玉及各种宝石。琢石使浑圆，尤易致也。云南地区多各种宝石与大理石，故珠工聚焉。恒就产石诸山开琢。古人或不知其处，谓为"光珠穴"也。

《太平御览》引常氏此文，多"珠有黄珠、白珠、青珠、碧珠"数字，皆谓宝石所琢之光珠。黄珠，蜜蜡石琢成，《天工开物》所谓"木难"者是也。青珠用铜矿空青琢。碧珠用美丽之铜矿号珇瑂绿（祖母绿）者琢之。白珠，则纯白大理石琢成。又有称为"喇子"者，色正红。是为五色宝珠。汉魏以降，内地佛教渐流行，光珠渐受珍爱。永昌太守吕祥，"太康中献光珠五百斤。"足见晋初此间光珠业已经大盛，郡

㉘琥珀吸芥，实然。即松脂，磨热亦能拾芥，如磁之引铁也。故人知琥珀为松脂入土所矽化。既已矽化，即为宝石。其最名贵者作黑色，称瑿玉，价高于黄金五倍。昼见则黑，灯光下则甚红。一般琥珀唯黄色，亦可琢为黄珠。有煮牛羊明角，加色为伪琥珀者，非矽化，无金石声，亦不能拾芥也。

珊瑚，海中珊瑚虫之残骸也。有百千数种，惟赤珊瑚为古人所重。一般自海道输入内地，由永昌者少。然琢珠业惟永昌最工，故各种宝石亦每有因备琢珠用而输入者。

按《常志》文，晋世中印缅间互市之市场，逐步由西向东，由南向北转进。最早在密支那与八莫。后汉世集中于哀牢。晋时已转进至博南。南诏以后则更移向大理之下关。近世则已移至滇池（昆明市）矣。盖商人不畏险远，但依力所能至之市场，以就雇主。汉、魏澜沧江内最安全，内地商贾不乐于渡江而西，则工商业者皆愿来就于博南也。

# 十二

云南郡，蜀建兴三年置，属县七。晋县九。增云平、永宁二县见《晋志》。据补。分置河阳郡后，县五。依下文补八字。户万①。去洛六千三百四十三里。本云元丰本作云。【川】山地②。旧写刻本皆作云川。《水经注》卷三十三作"本云山县地"。朱笺云"《华阳国志》作川。"赵一清本径改作川。然《方舆纪要》引《水经注》，字亦作山。据此，知郦氏原引《常志》不误。今作川者为后人钞写之讹。云山谓之今之鸡脚山也，汉云南县因以为名，原称云山县也。有熊李本作点。仓山，上有神鹿，一身两头，食毒草③。有上方、下方夷④。亦出桐华布原脱桐字，据上文补。廖本注"当有橦字"。孔雀常以二字当作六。月来翔，月余而去。土地有稻田、蓄牧，但不蚕桑⑤。

云南县⑥　郡治。咸宁五年，分置云平县，据《宋志》补。为刺史治。依《晋志》补。后省并⑦。据《宋志》补。

叶《函海》注云"《后汉志》注、《晋书》作楪。"榆县⑧　叶榆泽在东，用《前汉志》文补。有河洲。疑原作"在河洲上"，如河阳县例。传钞者缘下三县文，改作有河洲也。

遂久县⑨　有绳水【也】。此下钱、《函》、廖本有也字，当衍。张、吴、何、王、浙本并有小注云："按，《广志》曰有缥碧石，有绿碧。"盖张嘉胤语。

弄张、吴、何、王本同《后汉志》作梇。栋县⑩　有无血水⑪。【水出连山】。此四字，钱写本作小注。李本作注，在书头。元丰、张、吴、何、王、浙、廖本作大字正文。按《前汉志》"东农山，毋血水出。"《后汉志注》引《地道记》云"连山无血水所出。"是此四字为后人用《地道记》旁注语也。

蜻《两汉书》《晋书》《宋书》《齐书》各志作青。蛉县⑫　有盐官⑬、濮水⑭。《前汉志》作仆水。禺同【出】山，《前汉志》"则禺同山"《后汉志》作"禺同山。"旧各本《常志》作同出山。廖本注云"当作出禺同三字"意连濮水为句，山字下属。查仆水不出禺同山。旧脱禺衍出字耳。有碧鸡、金马，光影刘李本作景。钱写作彩。倏忽，民多见之[15]；有山神。汉宣帝遣谏议大夫蜀郡王褒祭之，欲致鸡、马。褒道病卒，故不宣著。

其县二别为郡。"县二"，谓蜀汉七县中河阳、姑复二县也。

河阳郡，刺史王逊分云南置。[16]属张、吴、何、王本讹作蜀。县四。户千。顾广圻校批云"脱属县三。"兹查补。

河阳县[17]　　郡治。在河中源洲上【也】。洲、张、吴、何、王本作州。也字，钱、《函》、廖本有，他各本无。《函海》小注云"原无也字"，当衍。

姑复县依《晋志》补。有盐池泽。用《前汉志》文补。依《后汉志注》易盐字。本姑缯夷邑也[18]。意补。说在注释。

永宁县[19]依《晋志》补。

邪龙县[20]依《晋志》补。

案：以上云南郡与其分出之河阳郡，共九县地方，本寯、昆明民族游牧地区。其人初无定居，无大君长，不相统率，以盐谷市易遥属于滇。屡害汉使，梗通身毒道路。汉武帝开益州，置郡县，卒通身毒。教导其人依汉俗，事农耕，渐与吏民相习。地在云南高原顶部，气候温和，多湖泽干涸后之沃野，与沿江平原。有盐铁，多珍宝。后汉以下，居民渐多。诸葛亮平南中，因永昌吕凯与郡丞王伉保境为汉，割益州、永昌、越寯三郡共七县地为云南郡，移伉为太守以奖之。亮奖励益州、牂柯、朱提三郡大姓聘策"恶夷"为部曲，使落后民族进入封建社会。其结果亦使大姓豪横难制，动辄叛乱；入晋以后尤甚。巴蜀遭流民造反，罗尚败走，大姓附晋者相与逃亡。其南入七郡者，所在依晋宁州政府以抗李雄。而南中土著大姓，则憎恶晋吏，倾向李氏，东部四郡大姓屡叛。宁州刺史不驻建宁而驻云南之云平。故《晋太康地志》，宁州首云南部，属县首云平也。终东晋世，东部四郡叛无宁日，故巴属大姓南来者，不暂住于蜀南朱提、平夷等县，即西就云南、永昌二郡，形成土客两部大姓集团，发展为拥晋与附属之地方矛盾。于时，云南郡境之垦民剧增，开始向洱海西北两方耕种推进。故王逊因之又分置河阳郡矣。此滇西北社会发展前进之大体情形也。河阳郡开置不久，又复分置西河阳郡（在晋成帝咸和年中，见《宋书·州郡志》）。足见流民促进其社会发展西进之迅速。然未几而李雄奄有宁州，晋刺史尹奉降。流民次第就抚，归还巴蜀。此二郡复频遭夷乱，发展萎缩。又十余年，桓温灭蜀，此二郡渐成瓯脱，直待南诏兴起于此间焉。常氏此记，系就李寿时簿为文，于云南、河阳二郡甚粗略，又多有阙文，不能表达其社会发展变化。兹作考补注释如次。

**【注释】**

①按《晋志》太康时云南郡九县，户九千二百。时无巴蜀大姓流居也。至永嘉中，王逊分四县立河阳郡后，余五县犹有万户，足见其徙入者之多。《宋书·州郡志》记云南郡四县户三百八十一，东河阳郡二县户一百五十二，西河阳三县户三百六十九，兴宁郡梇栋、青蛉二县户七百五十三，合计十一县（皆此二郡故地），才一千六百五十五户。而其极东境之二县几得其半；则晋平蜀后，云南流民向西发展之势已戛然终止，反转向东退却甚急，又可知矣。

②"云山"，洱海东山之古称也。自海东、玉龙、大黑山向北，直抵鸡脚山，百余里间，皆石灰岩大山，鲜见土田与村落，文人学士所不游，农牧人民亦鲜就，故地理书罕有著此山者。山高一般在海拔三千米左右，常为云海封闭，故自古有"云山"之称。汉开益州，置云南县，取县在此山之南为义。最初似曾称为云山县，后乃改曰云南，故常氏谓"本云山地"，《水经注》云"郡本云山县也"。（据《方舆纪要》引《水经注》文。今本《水经注》脱县字。赵一清校本又依讹本《华阳国志》改云山为云川。）若作云川，则无义可寻矣。其后置"云南郡"及"云南省"，皆缘此义。刘昭《后汉志》注云南县引《南中志》曰："县西北百数十里有山，众山之中特高大，状如扶风、太一，郁然高峻，与云气相连结，因视之不见（故曰云山）。"谓此山也。读者谓是指点苍山，非矣。点苍山盛夏积雪，四季朗然可见其十九峰，云出如带，少有郁闭，从无云山之称。

③熊仓山，今云点苍山，在洱海西岸。纵列十九峰，北起上关之云弄峰，南讫下关之斜阳峰，皆海拔三千公尺以上（最高之马龙峰高四千一百二十二公尺）。冬季积雪，相缀成白龙。峰间溪水，骈列十八道，腾跳东注，构成奇景万千处；森林依寒温热五带环绕，分类成文，珍禽奇兽出没其间。十八溪同入洱海，于沿岸连缀成百余里之狭长三角洲，为人口密集之地。汉置叶榆县，唐为南诏国都，宋大理国因之。元灭大理，重开郡县。下迄明清皆以此为西南重镇。今大理白族自治州治下关，当洱海口，南诏太和城之外障也。洱海，古称叶榆泽，"叶榆"，古宗语"仙境"之义也。"点苍"之称，初见于元代地理书，疑是南诏人因熊字讹。"熊仓"乃汉人语，因山产丰富，熊乐处之而名。脊椎动物每有孪生连体而能生活者，人偶见而怪之，妄传此"神鹿"耳。今此山以产大理石著名。

④"上方夷"，指洱海西北自康藏高原来之人民，《史记》所谓昆明，《后汉书》之白狼，近人所称之古宗（藏族）、普米、摩些（纳西）皆是也。"下方夷"，谓自西南河谷迁来之人民，《史记》所言之巂，本书所言之濮，今世之彝、傈僳、怒族、独龙与孟、傣民族是也。晋时人不能细分别之，只大别其习俗为两类之称而已。

⑤蚕桑为中华特产。自丝路远通，沿此商道人民皆习为之。永昌在此郡更西南，此书称其有"蚕桑、绵、绢、采帛、文绣"，而云南郡则特言"不蚕桑"者，非气候不能（出木棉与孔雀，即是暖温带气候），盖其时汉民少，土著原自游牧、渔猎来，初习种植粮食，尚不习于丝业，故不能事蚕桑。内地移民习工巧者，亦乐于远就国际市场之哀牢地区居之，此郡仅为过道；故晋世永昌一郡社会经济十分活跃，工巧所聚，蚕桑亦盛；而此郡则经济犹甚落后，虽有大量汉民流居，皆苟且一时，无十年树木之计，至于蚕桑亦不为也。

⑥汉云南县境，为今祥云、弥渡、宾川等县与凤仪之地可定。其县治则各书所指不同。《晋书·地理志》有云平县，为云南郡治，亦宁州刺史治；仍别有云南县。《宋书·州郡志》，则云南郡治云南县，亦仍有云平县。《南齐志》，则云南郡治东姑复，亦仍有云平县，已无云南县。以此推之，云平盖自云南旧县析置，而两地兴衰不一，废并屡有。以此方历史时事考之，大抵蜀汉置云南郡时，郡治云南故县，即今弥渡县之白崖。取地位偏西，依近永昌，王伉意也。晋置宁州在泰始六年。咸宁五年置云平县（《宋志》），为州治，即今祥云县东南四十里之云南驿。取其居南夷正中，缒越嶲、建宁、永昌三路交会中心；自蜀至永昌必出于此；又可以避开建宁大姓豪族威胁，盖鲜于婴意也。其后建宁大姓与夷酋屡叛乱，故李毅、王逊皆驻云平，仗越嶲、云南、永昌三郡夷汉向附，以制倾向李雄之建宁豪族。王逊徙州治还晋宁后，云平亦即衰落。刘宋时，郡治徙还白崖。至萧齐时闽濮势张，再度侵入博南，云南郡亦避徙至东姑复（今宁蒗县）。白崖之云南旧县陷落，县人东保云平，倚桥栋、青蛉以自固守，故独存云平县也。

云南高原顶部，洱海与滇池间数百里地面，多有内陆湖积土之湖迹盆地，六诏时称之为"甸"，今俗呼为"坝子"。高原农民村落，什九皆在如此甸内。考订古郡县者，必当于此类"坝子"求之。自下关以东，如弥渡、祥云、南华、楚雄、禄丰、富民等县及凤仪、白崖、云南驿、罗次等地区。皆坝子也。云南驿（小云南）一甸，位置最中，汉晋至清代，皆为一方郡县往来所必交会之地。晋置宁州于此，为必然矣。自小云南经祥云（品甸）、白崖、凤仪（赵睑）至下关，不过二百里。中原商旅，无论自越嶲、青蛉（大姚）来，抑自朱提、建宁来，西向永昌与赴大理者，皆必经此四甸二百里。此四甸皆两汉旧云南一县之地，亦即晋、宋云平、云南两县之地。此综合天时、人事、地理所得之必然结果。故可拟其西端重点之白崖为云南故县，东端重点之小云南，为云平县治也。

《蛮书》卷六："云南城，天宝中阁罗凤所规制也。（此指南诏之云南州城，即晋云平县治。）尝为信州地，城池郭邑皆如汉制。州中（谓甸子平原中）南北二十余里，东西四十五里。带邑及过山（谓合所属甸子，盖指今祥云（品甸）虽有三千余户，田畴多废，闾里少人（谓其当道，多兵燹扰害）。诸葛亮分永昌东北置云南郡，斯即其故地也。"元郭松年《大理行记》云："自镇南州过雌岭即大理界。山行七十里，有甸焉，川原坦夷，山势回合，周二百余里，乃云南州也。州西北十余里，山麓间有石如镜，光可鉴，旧名镜州，以此。"（据《方舆纪要》卷一百十七引文。《一统志》引文微不同，七十里作七里。）《元史》《明文》之《地理志》皆有云南州沿革，而不详其位置。《清一统志》谓云南州：（"元宪宗七年，置品甸千户所。至元十一年复为云南州。寻降为县，属大理府。明属大理赵州。"赵州即赵睑，今凤仪，属大理县。品甸，今祥云县，明、清之云南县也。盖小云南甸子与品甸迩近，旧皆为南诏之云南州地。自六朝建置中断，不复能知汉晋云平所治。可靠记载但能从南诏说起。按《蛮书》文，云平当在小云南，非品甸也。品甸地面小于云南甸，元只曾置千户所。安得遂以品甸千户为云南州哉？《一统志》未详考。

《蛮书》卷一记柘东节度（今昆明市）至阳苴哶城（今大理县）途程云："（云南驿）至波大驿一日，至白崖驿一日，至龙尾城（即下关）一日，至阳苴哶城一日。"又卷六记云南城云："西隔山有品睑睒，亦名清字川。尝为波州，大池绕山，长二十余里。"郭松年《大理行记》："（云南州）又西行三十余里至品甸，按《唐史》尝置坡州，亦名清子川。其川泽土壤不减云南（甸），而民种莳为不及耳。"是品甸与云南州未可混为一地。清代以品甸为云南（祥云）县，而云南州为县属之云南驿，号为"小云南"。非南诏旧制如此。南诏之以小云南为云南州者，正因其是云平旧县，多汉民，种植佳，故置州而以品甸隶之也。品甸，在云南高原诸湖迹盆地中泄水最晚，入清代，犹多潴水未泄。《一统志》记云南县海子，有北五里

"叶镜湖"，西一里"清湖"，南十里"青龙海子"，北十五里"周官梦海子"。盖《蛮书》所云"大池绕山二十余里"者，入清又涸断为如此诸湖。则汉晋世出水处更少可知。其不能为云平旧县，亦甚明矣。

此下附考白崖甸。

杨慎《滇略》谓："汉武帝时，彩云见于白厓。县在南，故曰云南。"是明时滇人，固以白崖为汉云南县，故杨慎从而为之说也。《蛮书》卷五记白崖甸形势云："依山为城，高十丈，四面皆引水环流，惟开南北两门。南隅是旧城，周二里。东北隅新城，大历七年，阁罗凤新筑也，周回四里。……川（谓甸子平原，字当作州）东西二十余里，南北百余里。清平官以下，官给分田（禄田、音份）悉在。南诏亲属亦住此城傍。其南二十余里有蛮子城，阁罗凤庶弟诚节母子旧居也。"足见白厓实南诏之陪都，为皮罗阁、阁罗凤父子兴起之地。旧本有城，盖即汉云南县城也。郭松年《大理行记》云："又三十里至白崱甸。其地形南北袤，大小略与云南、品甸相埒。居民辐集，禾麻蔽野。县西有石崖，斩绝。其色如云，故曰白崱。""（崱、崖、厓、岩，音义通）。白崖西六十里为赵州（赵睑）。《赵州志》云："昔龙佑那于白崖山下筑彩云城。蜀汉建兴三年，诸葛武侯南征雍闿，师次白崖川，获闿，斩之。封龙佑那为酋长，赐张氏，割永昌地置云南郡于白崖。"按：雍闿死于卑水，亮亦未曾至此地，当是汉军追叛党曾至此耳。南诏蒙氏，盖即孟族之习华夏文化者。当时实佐吕凯平乱有功，受赏，入居郡邑。故后人传之如此。其后蒙氏抚有孟族诸小酋，渐已形成孟族之领导力量。遂有晋元康时闽濮（孟族）之变。虽复就抚，终为汉官所畏。此盖其后云平县存而云南遂没之一原因。齐迁郡治于东姑复，其为蒙氏所逼，明也。南诏由是兴起。其据有滇西北五诏地区，由来有渐也。白崖今属弥渡县。

⑦《常志》无云平县，故附云南县考订，补入之（如上条）。故城在今祥云县之云南驿，可定。

⑧叶榆故县在洱海、苍山间大冲积扇上，已详前注③。但不是大理县城。今大理城，即南诏之阳苴哶城。云南王蒙归义筑，汉晋世无城也。《雍正云南通志》谓叶榆废县在其"东南十里阳和铺"，亦失考。《蛮书》卷五云："太和城、大厘城、阳苴哶城，本皆河蛮所居之地也。开元二十五年，蒙归义逐河蛮，夺据太和城。后数月，又袭破哶罗皮，取大厘城。仍筑龙口城为保障。阁罗凤多由太和、大厘、邆川来往。蒙归义男等初立太和城，以为不安，遂改创阳苴哶城。太和城北去阳苴哶城一（字当作二）十五里，巷陌皆叠石为之，高丈余，连延数里不断。城中有大碑。"此所云太和城，今为太和村。南诏刻碑犹立公路旁，距大理城（阳苴哶）二十五里。本河蛮哶罗皮故都。滇人谓大湖为河。故称"河蛮"。其人本昆明种，初建国邑于邓川（今属洱源县）。渐东侵逐内地移民，筑城于大厘，今为喜洲，距大理县四十里。又进筑太和城都之。邓川，南诏称邓赕诏者是也。《后汉哀牢传》言，章帝建初元年，哀牢类牢叛攻博南，"明年春，邪龙县昆明夷卤承等应募，率种人，与诸郡兵击类牢于博南，大破，斩之。……卤承受封为破虏傍邑侯"。盖即邓赕诏所自始也。邓赕，初亦服从中原朝廷，接受郡县制度。迨宋、齐、梁世，宁州政府脆弱，郡县徒有其名。各地夷落强大，邓赕与蒙诏并兴。下关以西属邓赕，未与唐通使。下关以东属蒙诏，愿臣属于唐，隋置赵州（今大理凤仪）以领之。蒙诏皮罗阁附唐，赐名归义。依恃唐助，进攻河蛮，取其太和、大厘城，占有洱海，乃筑阳苴哶城为都邑。其人接待唐使，恒于龙尾关城（下关）与太和城，鲜得入阳苴哶。最后兼并五诏，为一大国，邓赕亦降附焉。

汉、晋叶榆县治，按此形势推断，当在喜洲。喜洲在沿海平原中最宽展腴沃，其东港"龙湖"，水深而无风浪，适于渔舟停泊。其西万花溪上游，亦有山顶平甸，资耕牧。故喜洲从来即为此区人口集中之处。汉置县，宜必在此。晋世亦不可得而移矣。

⑨遂久，两汉旧县，属越嶲郡。《前汉志》云："有绳水，出徼外，东至僰道（人）江。"谓金沙江出县下也。《新纂云南通志》卷二八宾川州引《雍正志》云："遂久废县在城东北一百里，汉置。《水经注》：'若水南经云南郡之遂久县。'即金沙江巡检司地，古称白门。址存。"又有案语云："洪亮吉《补三国疆域志·云南郡》下：'遂久县，属永昌（三字衍）。古称白门，谓入白果国之门也。或曰白果即白崖元。'考遂久在西（按：字当作两）汉属越嶲郡，有绳水。自蜀汉始属云南郡。越嶲、云南皆与宾川州近。白崖尤毗连宾川。二者必有一是处。"其文不取《道光志》"在今永宁土府西及中甸厅地"之说，谓"中甸在滇之极西，恐未必如此之远也。"其说可取。兹定遂久县治在金江，即"金沙江巡检司处，在宾川县北一百里，金沙江北岸。今宾川县河谷，南通白崖，古自越嶲定苲县运食盐入蒙诏白崖之道也。谷口即金江街，故有"白门"之称也。

⑩《蛮书》卷六：'弄栋城，在故姚州川中。南北百余里，东西三十余里（按：《蛮书》称河谷平原为川）。废城在东岩山上。当川中，有平岩（按：此谓崖壁环绕之平丘为平岩）。周回五、六顷，新筑弄栋城在其上。"明、清《一统志》与《方舆纪要》并谓姚州北有旧城，即汉弄栋故县。《蛮书》云"姚州川"，即今大姚县之大河原。其"弄栋新城"，则唐代为兵要筑，非汉旧县址也，汉晋故城，在平原中，或当是今姚安县。然亦可能是大姚。大姚位此河原北部，姚安位平原南部。隋唐之姚州，未必即是汉之弄栋县，要皆不能出此平原耳。

⑪《前汉志》弄栋县云："东农山，毋血水所出，北至三绛南入绳，行五百一十里。"《水经注》同。《后汉志》注引《地道记》云，"连山，无血水所出。"前人多谓东农山即连山，无血水即大姚河之古称。《清一统志》卷三百十九云："连水，在姚州西三十里，源出楚雄镇南州之木盘山，流经府西二十里之连场。亦曰连场河，西转七十里，下流合龙蛟江，入大姚河。"是大姚河上游有连水，即连山所出水也。古地名，随时代人物体会不同，任情乱加，造成混乱。著书者每因错综缀合，脱离实际。惟当依今地实际核正之。弄栋川，即大姚河，上源在楚雄、南华界上，北贯狭长河原，至大姚，转东北流，至元谋县金沙江南岸之龙街侧与青蛉水（龙蛟江今曰龙川江）合入于绳，此地理定形也。全长正约五百里。是即《班志》东农山出之毋血水也。其"东农山"，应即《一统志》所云木磨山。（与《蛮书》之"东岩山"有别。）若《续志》注所云之"连山"，则当是大姚河之支流，出于白草岭，经盐丰、大姚入于无血水者，"水随决入而纳通称"，固亦可称为无血水矣。然其所出，自是"连山"，非东农山也。"连山"者，矿山也。汉世人呼铅为"连。"《史记·货殖传》"江南出柟、梓、姜、桂、金、锡、连、丹沙……"又"长沙出连锡"（《汉书》同）。徐广释连字为"铅之未练者。"许慎《说文》作链，云"铜属"。《广雅·释器》"铅矿谓之连"，是也。盖其山在后汉世产铅，故称为连山。但其水所经连场之连，则非产铅地，而为产盐地。连场今云盐丰镇。南人呼盐为连，故昆明之安宁盐场，汉置"连然县"。盖夷语龄（临）音之讹也。盐丰镇，旧曾为县，一曰"白盐井，姚州食盐所倚，其地僻，水小，恒未引起注意，修《统志》者，妄拾旧文，混于无血水。亦不知连场即白盐井。由不知连字古义之通于食盐故也。

白盐井，南诏时因羊舐土不去，乃发见盐田。今羝羊石犹存。说详《方舆纪要》卷一百十六。然则汉世之称连山，只具铅矿之义。后则山空矿息而盐田发现，传者转连含义为食盐，亦甚自然。元明所传之连山、连水与连场，皆谓是产盐处；近世乃有白盐井与盐丰之名。毋血水自南来，连水自北来，未可相混。

⑫明、清地理书，咸以今大姚为古青蛉县，姚安为古弄栋县。是必不然。姚安、大姚，同在一河原中，相去五十余里，汉世边县不能如此其密。本书"三缝县"云："渡泸得蜻蛉县。"（县上当有故字）即近世滇人

所称之苴却（杨慎嘉靖中还家省亲曾过此，称为左却），今为永仁县，盖汉之青蛉故治也。自蜀越嶲郡赴永昌哀牢者，必须自此渡江，转弄栋川，出云南驿，经下关、博南山，渡澜沧江桥与怒江桥。县治以沿此路线设置为便。其辖境，则当是金沙江南岸一带，延甚广远，惟不得入弄栋川，即毋血水之最下游，亦当是青蛉地。晋世蜻蛉县治，似又已徙至龙川江侧，约当今元谋县位置。苴却旧治仍隶属之。故《常志》虽于云南郡立蜻蛉县专条，而不以石猪坪故事载入县文，乃附著于越嶲郡之三绛县；又仍云"渡泸得蜻蛉县"，明其为汉世人所传之青蛉故事。当时其地为青蛉县，晋世只为蜻蛉县境之故邑，非新徙之蜻蛉县治出。

青蛉县因何而徙，必与盐泉之利用有关。故《两汉志》不言产盐，《常志》乃雷"有盐官"也。

⑬云南产盐地，安宁井（已详连然县）、云龙州河谷（已详此苏县）及北邻越嶲郡之盐池泽（已详定莋县与姑复县）外，又有楚雄自治州之黑盐井与白盐井。二井开采较迟。盖其地位置，在汉代属偏僻，盐泉又皆从河水中涌出，不易为人所察觉利用。白盐井发见在唐世，已有记载。（安宁井，汉武帝时已置连然县，"有盐官"，则已产盐甚明。）黑盐井何时发现，无记载。兹推其开煮，在蜀汉时。蜀汉时，王连为"司盐校尉，较盐铁之利，利入甚多"（《连传》文）。其时由会理江驿渡泸，循龙川江河谷入益州郡之路已通。黑盐井涌泉在龙川江，宜其已被蜀人发现，而兴盐利矣。

《景泰云南通志》记黑盐井云："其井有四：曰黑井、琅井，在定远县（今牟定县）宝泉乡。曰阿陋井、曰猴井，在广通县（今并入禄丰）舍资村。皆出卤泉。"刘献廷《广阳杂记》云："云南琅井（按此谓安宁井为琅井）在昆阳州，白盐井在姚州，黑盐井在楚雄，皆有提举司。井在万山中最下处溪河中。咸水冲突而起，如济南之趵突泉然。即其处甃石为井，缭之以栏，覆之以亭，构桥以通往来。环溪数十家皆灶户也。"汉世此区无县治。自黑井利开，移民渐集，其附近之秦臧、双柏、青蛉诸县均当随其户口增长向此地区展拓。各县治亦当随之移动。缘黑井本在青蛉界地，故青蛉徙治尤早也。

黑井开煮，可能在蜀汉时。其发见则似在前汉时。《汉志》有一可疑字，足以启发此义，其越嶲郡、姑复县云："临池泽在南。"《后汉志》注引《地道记》作"盐池泽在南。"所言俱是今盐源县西界之黑盐潭可定。同郡青蛉县云："临池濞在北。"旧说地理者，咸以为临池濞即临池泽，谓姑复在青蛉北，盐池介其间也。今按：三绛、青蛉，系以金沙江（泸）为界。黑盐潭距金江甚远（可四百里），汉青蛉县境绝对不能逾江至数百里远。且就字义言，泽者，众泉汇成之积水。潜者，独泉涌出之伏流。叙同卷、同郡之县而用字不同，则非一地可知矣。然金沙江沿江地方别无盐泉涌现之地，惟黑井地区有之，且在青蛉县界地。疑黑井所在之龙川河谷，前汉世已知盐泉伏涌，但未有圈泉隔水之法，未得煮用。加以地僻，故盐利未兴。但有土著民挹取涌泉水以代盐，故《班志》有此记载。其"在北"之字，本作"在南。"后写镌者因青蛉在姑复南而谬改之也。蜀汉开置盐官，晋世因而徙县。有治黑盐井历史者，必有取焉。

⑭常氏以"有盐官"与"濮水"连称，似二者有连带关系。故并考濮水如下：

《班志》青蛉县已以临池濞、仆水、禹同山连叙。谓："仆水出徼外，东南至来惟入劳，过郡二，行千八百八十里。"其来唯县属牂柯郡，云："劳水出徼外，东至麊泠入南海，过郡三，行三千五百六十里。"是劳水即今越南之黑水河（莱州河），来唯县境当在老街附近。仆水即元江（红水河）。来唯以上之元江河谷，两汉未有郡县，故志言二水"出徼外"也。元江有二源：西源所出在白崖。出白崖曰礼社江。合东源之绿汁河后称元江。自源头至来唯，约千八百八十里，古今道里俱合。然与蜻蛉县相距绝远（中隔双柏县）。惟东源绿汁江，上游亦分二源：在今禄丰县境者，即秦臧县之即水，已前注。在禄丰县西部一平浪镇境者，为星宿河，今有元永井，距黑井数十里，为同一盐提举地区。即元明之阿陋井、猴井所在地也。清代属楚雄提举司。晋代亦当同归蜻蛉盐官管理。星宿河（元永井河）流入仆水，故亦得"随决入而纳通称"。晋世或直称元永井河为濮水，由其与黑井同为一盐区，故说地理者以"盐池潜"与"濮水"连称也。

⑮古代矿工，凭经验辨识矿苗，往往缺乏科学理论之解释。恒谓矿产为天帝遗宝，有神，能变化来去，光影倏忽，不可捉摸。故采矿者重祀山神。（明末，云南采矿极盛。宋应星具科学头脑，所撰《天工开物》，多驳旧传谬说矣；对此则仍信以为然，屡言之。足知矿工皆证其事，宋氏亦不能自验而但听信之也。）在汉世，此说当更盛传。致有汉宣帝遣王褒祭祈金马、碧鸡之事。王褒祀山文，今传于世，实不曾见鸡、马光影。然而儒士重之，竟传为故事，常氏遂亦收入之耳。"则禺同山"究是今之何处，从无考订者，亦不值考。会无、青蛉、堂琅一带，随处皆有产铜之山。王褒所祀，任指一山可也。

⑯河阳郡，王逊分云南（郡）二县置，当是永嘉中。于时巴蜀流亡人依刺史于云南郡者日多，皆乐姑复、邪龙夷善良而近盐，故定垦者多。王逊因而析置郡县以抚之也。晋成帝时，又再分出东、西二郡。《宋·州郡志》云："东（当衍）河阳太守，晋怀帝永嘉五年，宁州刺史王逊分永昌、云南立。《永初郡国》又有西（字当作东）河阳郡，领楪榆、遂段、新丰三县。何、徐无。领县二。"其二县为"东河阳令，楪榆长"。又"西河（阳）太守，晋成帝分河阳立。领县三"。其三县为"苊苏令，成昌令，建安长"（后二县并云晋成帝立）。此所谓"东河阳"治楪榆，"西河阳"治比苏，皆只汉世一县之地。楪榆在河阳东，比苏在河阳西，故加东、西字，河阳本郡固仍在也。由郡之迅速分置，足见晋末宋初此区人口日增，主要在于洱海至兰坪一带。然自成帝分郡数年，李寿已取宁州，巴蜀流户皆附李雄，受抚图归。新郡人口不更增加，郡县未得发展。

⑰《两汉志》与《晋志》皆无河阳县。足见太康时尚无有，当是晋平吴后，分楪榆西境立。至永嘉时，已成大县，为郡治矣。南中人谓湖泽为河。故县治当在湖海之阳。《新纂云南通志》定在今剑川县，当是。剑川海子为滇西北第二大湖，剑川县城在其西北大三角洲上（源洲），故曰河阳也。附近平原，沿漾濞江延展。土人传原是丛林丰草掩蔽，杂有荡泽，不得通行。后有人随鹤迹垦进，开发其地，故曰"鹤拓"。揆其开发时间，当在晋初。

⑱两汉姑复县境，是今云南宁蒗县永宁地区与四川木里县以南之地，南境或能至华坪。由黑盐潭位置可定。县治当在今宁蒗（蒗渠），或即是黑盐潭侧。刘宋分为东西二县，此为东姑复，黑盐潭位最东也。本姑缯（古宗）夷邑。汉昭帝始元元年，"廉头、姑缯反"。后三岁，姑缯、叶榆复反。皆为盐制激乱，已前详。汉开越嶲，抚古宗人专事盐业，不供他徭赋，故曰姑复。犹《巴志》之鱼复、汉复也。武帝榦天下盐铁。古宗不服，故与廉头倡乱，南人仰其盐者皆响应之，一时南夷二十四县皆反。"廉头"非族名，南人谓盐曰连，廉音同。廉头即盐工头领。

⑲《晋志》云南郡有永宁县。《宋志》无永宁与姑复，而有东、西两姑复县。是宋之东姑复即姑复旧县，西姑复即晋之永宁县也。今跨川滇界上之泸沽湖（永宁海子），在四川三大湖中，面积最大，风景最美。其西有大平原，古为古宗族（藏族）聚居地区之核心。南诏时为楼头赕。元为永宁州。明、清为永宁土知府。建有喇嘛寺，府治即在寺旁，距海十余里。南中诸湖，惟此不呼为"河"而呼曰"错"。保持古宗语（藏语）也。今随云南省界并入宁浪彝族自治县。地名仍称"永宁"。所居仍多古宗。（彝族渡江入居此县甚晚，约在隋唐后。今则大部为彝族。）

⑳邪龙县，见《两汉志》与《晋志》，皆无注文，《常志》复失之。旧时地书莫能详其位置者。然其县前汉属

益州郡，后汉属永昌郡，晋初属云南郡，则其县位置已可大体推断。《常志》云南郡无之，则其为已分入河阳郡甚明。四朝旧县，无故不得废。《常志》所阙河阳郡三县，必有邪龙也。

缘是以推邪龙旧县所在，即可肯定其是今之丽江。丽江平原西连石鼓，南连鹤庆、剑川，接于洱海，皆平旷。东南当鸡脚山北，金沙江上，有古笮索桥，通联永胜、华坪、宁蒗、永宁诸平原，达于越嶲。其开置郡县，当与西南郡县同时。其地历为摩些（纳西族）夷邑。（"摩沙夷"称，已见定莋县。）南诏时为摩些诏，为组成蒙诏政府六部之一。元、明、清为丽江土府。知府木氏，传世数百年，地皆安谧。故自元代起，沿革乃可查订。然已莫知其为古邪龙县矣。摩些巫师有象形文字之《夷经》，谓"天地开辟时，江水本从石鼓，经剑川、洱河，南流入大海。天帝命昆仑白龙巡江。龙至石鼓，畏热，抗命北奔。引导江水逆转。天帝怒，腰斩白龙。首段为木雅贡噶，尾段为丽江雪山。江水从断龙处南流，龙尸复伸爪阻之，遂东向流入东海。不更入南。"此传说与地文学理符合。盖亦据地理实践所编造也。"邪龙"之名，与此传说纵无关系，亦足资联想。又摩沙与古宗，本皆藏族之一支，由其接受汉文化程度不同而别。藏语谓艳美明丽为"耶莫"，河谷为"龙"。邪字在古音同耶。"邪龙"谓丽江河谷山川美丽也。江水产金，古称丽水。其侧玉龙山，在云南高原中海拔最高，四时莹映，为一方胜景。此其"邪龙"之取义耶？

# 十三

梁水郡，刺史王逊分兴古置①。【在兴古之盘南】。《南中志总序》言爨量"保兴古盘南"。谓兴古郡盘江之南。本书兴古七县，自汉兴与胜休外，五县皆在盘南。梁水郡在兴古西，非在兴古之盘南也。此六字，当是旧之读者谬缘《总序》所加之旁注，被写入正文。当删。又，此下廖本注云"当有脱"，是矣。按常氏文例，新郡叙列旧郡之后。独此郡自兴古分出而叙在兴古之前。且兴古原自牂柯益州分置，乃不叙列牂柯晋宁郡后，而叙于永昌、云南郡后。此必由于李氏置交州，州治梁水，领三郡，故常氏如此叙列。推此下文，必脱有置省交州事。或《李蜀书》所有，常于入江左后删去之，遂并删县、户、与去洛道里。兹按书例所当有，考订补还。**属县七**。原只存三县，兹依《宋书·州郡志》考补为七。**户三千**②。依《晋志》与《宋志》合推。说在注释。**去洛七千里**③。依邻郡去洛道里推订。**大兴中，爨量保盘南以应李雄。梁水太守董懂附之。雄遣李骧援量。败还。咸和八年，再遣李寿取宁州。因以量据地置交州。爨深为刺史，治梁水。咸康中，蜀有内难，晋取蜀交州。残存只数县。李寿即位，省交州，仍为郡**④。依本书文意缀补。

梁水县⑤　　郡治。有振山，出铜⑥。

贲古县⑦　　山出银、廖本无银字，他本有。铜、铅、【铁】锡。山字上，张、吴、何、王本有采字。浙本剜空。按《班志》："北，采山出锡。西，羊山出银、铅。南，乌山出锡。"《续志》"采山出铜、锡。"未及羊山，乌山。非二山已无矿也。《常志》通诸山言之，故无采字。张嘉胤依《续志》加采字，非矣。又铁非珍贵产品，在南中例不称举。此区产锡极富，著于《两汉志》，迄今犹有"锡都"之目。《常志》不能无锡。锡、铁音易混，当是传钞音讹。兹径改。

**西随县**⑧　　张、吴、何、王、浙本有小注云："按《地道记》曰：廪水，西受徼外，至廪泠入断龙溪。"援《续志》注语。实则《班志》旧文，应劭引之耳，又《班志》与《续志》注皆作"尚龙溪"，张引作"断龙溪"，亦误。

**毋棳县**⑧　　《宋书·州郡志》云"刘氏改曰西丰。晋武帝太始五年复为毋棳。"则两晋世固当有也。兹据以补。

**进乘县**⑩　　《前汉志》作进桑，属牂柯郡。云"南部都尉治。有关"。《续志》与《晋志》《宋志》并作进乘。宋属梁水郡。兹据以补。下二县同。

**新丰县**⑪

**建安县**⑫

**兴古郡，建兴三年置，属县十一。分置梁水、西平郡后，县七。**《晋志》兴古郡十一县。见于《汉志》者十县。汉兴一县亦当是蜀新立。晋置梁水、西平二郡，割去四县，只存七县，如《常志》。户四万，为七县数。故补。**户四万。去洛五千八百九十里**⑬**。多【鸠】獠、濮。**鸠獠，特多在永昌。兴古不当有，更何能多？《常志》恒泛称越僚为獠，越濮为濮。惟永昌特称闽濮、鸠獠，明其非一般越獠与濮也。此鸠字，应是传写者缘永昌郡文而衍。兹删正。**特有瘴气。自梁水、兴古、西平三郡少谷，有桄榔木，可以作面，以牛酥酪食之，人民资以为粮。欲取其木，先当祠祀**⑭**。**

**宛温县**旧脱宛字，廖本已补。　　**郡治**⑮**。元鼎**二字当作六。**年置。有盘江。**据《后汉志》注引《地道记》补。

**律高县**⑯　　**西有石空**廖本注云"当作室"。**山，出锡。东南有监**李本作盘。张、吴、何、王本作监。刘、钱、《函》本同《汉志》作"监"。颜注"音呼鹬反"。**町山，出锡**⑰。《两汉志》并作"出银铅"。廖本注云："当作银、铅。"兹不改：说在注。

**镡封县**⑱　　**有温水。**

**句町县**⑲　　**故句町王国【名】也。**名字当衍。或是邑字讹。亦当删。**其置，自濮王。姓毋。汉时受封迄今**⑳**。**

**汉兴县**㉑

**胜**《宋志》作腾。**休县**㉒　　**有河水【也】。**刘李本无也字。张、吴、何、王本有小注二十三字，与《续汉志》注同。盖张嘉胤所加。注释更引订。

**都唐县**㉓旧各本倒作唐都县。兹依廖本改。《晋志》作篖。　　**故名都梦县。**此处，旧刻讹作"云梦县"。兹从廖本改。

**西平郡，刺史王逊时，爨量保盘南，逊出军攻讨，不能克。【巳】及**廖本作巳，据钱本改。**逊薨后，寇掠州下，吏民患之。刺史尹奉，重募徼外夷，刺杀量，而诱降李遏。盘南平，奉以功进安西将军，封【前】迁陵伯；**旧本皆作迁陵伯。元丰本迁作前，廖本从讹。**乃割兴古【云南】之盘钱、**《函》二本作监。**江、来如、**吴、何本作如。**南零三县合漏**

卧为郡㉔。旧刻误衍"云南"二字，脱"合漏卧"三字。又全脱属县。兹考订补正。

漏卧县㉕　　郡治考补说明在注。
盘江县㉖
来如县㉗
南零县㉘

右宁州，统郡十四，县六十八㉙。当云"七十六县"。旧传写者各就所据本脱去数改变其总数也。

案：以上梁水、兴古、西平三郡，本多汉武时开置郡县，而叙列于南中最末者，为其皆李雄所置交州郡境故也。李氏于晋咸和八年取宁州，即分置交州。阅三年，李寿夺国，省交州。本书具有明文。

此三郡地皆在盘江以南，北回归线附近，属亚热带气候，介于云南高原与沿海低地之间。早于周秦之世，已有交址、日南与巴蜀交通之孔道，故蜀王子于亡国后南奔，更建国于交址、日南；而姜、椒、扶留，早已引种入巴蜀也。秦开岭南置郡县时，此区划为徼外，成夜郎与滇国属境。然巴蜀贾人仍窃自出入其间，潜通珍货；使蒟酱流味于番禺，而犀、象、藤杖陈市于巴蜀。今之剥隘、老街，皆当时之门户也。汉武开南夷，置牂柯、益州郡。与郁林、交址郡相连接，成为一家，撤除边徼，邮驿与商旅互通。中原每当剧乱时，巨室豪门避地南迁者，往往渡江逾岭、远至交址，又或更自南中转入巴蜀（《三国志·许靖传》即其一例）。蜀、吴分割荆州，此区属蜀，而交址、郁林属吴之交州。各置关守，复为敌国，间谍相诱。故南中大姓多叛而附吴。晋平蜀后，亦曾募南中大姓，率部曲南侵吴之交址。其往来军使，亦皆资于老街与剥隘两途也。李雄据蜀之初，蜀中大姓，举族随罗尚东徙，入于荆湘者过半，南入七郡亦近半。其入荆湘者，土客不安，酿成杜弢之乱。因而再南流入交址者亦多。交址亦不能容，则浸向此区移进，以避炎热。渐入建宁、牂柯，意图返蜀（本书《后贤·常宽传》为其一例）。时则南中属晋，官吏苛虐，而蜀中李雄招诱流户有道，故建宁、朱提、牂柯大姓屡叛晋附雄。最后爨量、李逷叛败，退保盘南，凭地险以抗晋刺史王逊。李雄虽未能救，而量等终不附晋，据地数年。"尹奉重募徼外夷刺杀量，而诱降李逷"，盘南乃平。盖实资交址之力，饰民族商队，诱结李逷以图量。量死而后盘南平也。然未十年，李氏终取宁州。乃因量故据地以置交州，以爨量亲属爨深为刺史。盖欲励以霍弋时南取交州故事，为量报仇而设也。甫置交州，李雄死，李寿征还。蜀内难作，不复能攻交州。晋人反能从牂柯入寇巴郡，亦从交阯入取盘南。当李寿即位称汉帝时，遂省交州、复以三郡属宁州。实则三郡与牂柯皆别附于晋，李氏仅以其残存地区为郡名。故常璩不能详著。传钞者尤不经意，信手删省其文，夺其属县。正如河阳之只存一县，其非常氏原本甚明矣。兹故略加考订，补还旧局。并依地理形式论证诸县位置。

【注释】

①晋《太康志》无梁水郡，《宋志》有，云"晋成帝分兴古立"，此云王逊置。查逊永嘉四年到任，在州十二年（三一〇—三二一），卒于晋成帝在位（三二六—三四二）之前，是《宋志》与本书当有一误矣。《晋书·王逊传》又云："永嘉五年（三一一）分永昌为梁水郡"。《水经注》云："刘禅分兴古之盘南置郡于梁水县。"洪亮吉《东晋疆域志》谓："（《晋书》）《明帝纪》太宁二年，已有'梁水太守爨亮'。则自永嘉中立也。"常氏于南中晋事多得自降人李钊等，所记当较他家为确。《沈志》"成帝"当非（或是怀帝字讹）。《明纪》之爨亮，即《常志》之爨量。

②《晋志》：太康时兴古郡十一县，户六千三百。刘宋时，兴古郡六县，户三百八十六；梁水郡七县，户四百三十一，合计不及太康六分之一。初分郡，不当在户口已衰时，唯当是户口增长时。估计当分得旧郡三分之一以上户口，加以开置新县，可能是三千户。

③《宋志》梁水郡"去州水三千里；去京都水一万六千里。"其时州治味县、"去京师水一万三千三百里"。言水，皆谓至僰道后泛江至建康之水陆道里合计也。以此知梁水郡距味县尚有二千七百里。则其地当在今元江流域可定矣。本书，味县"去洛五千六百三十九里"，又滇池"去洛五千六百里"，盖谓取捷道不经味县。今设梁水郡治在元江，则无论取味县路，或取他捷路，皆当有七千里矣。

④"建宁爨量与益州太守李遏，梁水太守董憞，保兴古盘南以叛"，已详6章之注⑦。量先为梁水太守，叛时太守为董憞，与同谋。则梁水为同时所据可知。李骧进援败还与尹奉以平盘南受赏事，并本篇文。李氏分置交州及省交州，亦见本书第九卷。参合《晋书》《通鉴》，考订其事经过当如此。

⑤《水经注》卷三十六："温水，又东南过梁水郡南。"又云："温水上合梁水，故自下通得梁水之称。"又云："梁水上承俞元县，而东南经兴古之胜休……又东径毋棳县，左注桥水。桥水又东注于温。"反复参订，均不能与今地文合。不知所据何书，妄相窜缀，王子谬乱如此。推此所言梁水、温水，皆是今之元江（富良江）也。《新纂云南通志》以梁水为贲古县改名。然《常志》以梁水与贲古县并著，则非一县改名甚明。今按：晋梁水县治。当在今元江至曼耗之间。元江古称"步头"，《蛮书》卷六："通海城南十四日程至步头。从步头船行沿江，三十五日出南蛮（出南诏界）。"谓自南诏出交阯水道，起航点在此也。其缘舟上行者，则不能至步头，只在贾勇步上陆。贾勇步，今云"曼耗"（蛮耗）自此以上多滩险，不能载人故也。《蛮书》卷一："从安南上水……至贾勇步……以上二十五日程，并是水路。从贾勇步登陆，至矣符馆（今蒙自）一日。从矣符馆至曲乌馆，一日。至思下馆一日。至沙只馆一日（当今建水界）。至南阳馆一日。至曲江馆一日（今曲溪地）。至通海城一日（今名同）。至江川县一日。至进宁馆一日（今晋宁）。至鄯阐

柘东城一日（今昆明市）。"古今地理形势皆合。曼耗虽要津，逼近律高县，而西去仆水（元江）上游诸县远，不适为此郡治。拟古郡治为元江县较合。然故城当在水北。水在城南，《水经注》应有据。今元江城在水南，乃元大德间所筑，非汉旧也（据向达《蛮书校注》引方国瑜说）。

⑥振山，旧籍无考。疑是今礼社江与新平河间青龙厂附近之山，在元江县东北。

⑦"贲古县"既为产锡名地，应是今个旧县地。《新纂云南通志》定于今之砚山，去郡治绝远，当非。

⑧"西随县"，两汉属牂柯郡。有"麋水，西受徼外，东至麋泠入尚龙溪。过郡二，行千一百六里。"则麋水当是今之李仙江。上游为把关河，发源于景东县界。其地汉魏六朝无郡县，故云"徼外。"其下游与红河（富良江）合处，汉为交址郡之麋泠县，故曰麋水也。以此推之，汉西随县治，当在今墨江（他郎）与普洱（宁洱）两县间之通关。在把关河与阿墨江二水间山岭高平处。此带河谷郁热，故县治建于高地。位牂柯郡之极西南，故曰西随也。

西随去益州郡近，而距牂柯郡治绝远，汉乃不逮益州而逮牂柯者，盖本同师国地（同师故国，在今思茅）。同师臣服夜郎，不属于滇，故置县不属益州，而属牂柯。其去郡治且兰，二千余里，只以牂柯南部都尉领之而已。蜀汉遂以南部都尉地为兴古郡也。

⑨"毋棳"，汉属益州郡。《杨守敬图》与《新纂云南通志》俱定于建水与石屏之间（指今新街）。《前汉志》云："桥水首受桥山，东至中留入潭。过郡四，行三千一百二十里。"此桥水谓今之建水河也。潭水，今广西之融江（其下游为柳江）。中留，今广西桂平县。建水入南盘江，至桂平会潭水。毋棳人谓为桥水入潭也。四郡，谓益州、牂柯、郁林、苍梧。二千一百二十里，自桥源至中留入潭之道里也。

定今建水县新街为汉毋棳故治当无可疑。其县境则包有今建水石屏两县地，属桥水上游，平旷无瘴，为交址入滇商旅大道所必经，固宜早置县也。王莽改名"有棳"，则棳者，商品之名也。古今无说其为何物者。疑即木棉绒，谓产于富良江与李仙江河谷之木绵也。木棉纺织成布之商品，在永昌一带称"桐华布。"此带但扎绒为商品，供匠人纺绩，则称为棳。取缀之用，从木以明其义。其物原非此县产，而关税则在于此。不以制为土贡，故曰无棳。（凡汉地称毋者，如无锡、无盐，皆税取而非土贡之义。）王莽酷于当地少数民族，制为土贡，故曰"有棳"耶？

《宋志》谓蜀改毋缀为西丰。足见蜀汉时曾大量自此输入木棉绒，从事纺织。蜀亡后，其业颇衰。李氏据蜀后，此种商品断绝，故《常志》能详桐华布而不能说棳之用。后世更莫能得棳之义矣。

⑩汉进桑县，《新纂云南通志》定为屏边县，当是。桑为译音字，故后转为乘，非形讹也。故"关"，即今河口老街。数千年俱为郡界与国界。故设都尉治此以护卫之。

⑪《宋志》梁水郡有新丰县，云："《何志》不注置立"。《何志》谓何承天《宋州郡志》，成于刘宋初。《何志》有，则晋世固当有矣。其地疑在毋棳南之元江河谷，或即是今红河县至曼耗一带。蜀改毋棳为"西丰"，为得木棉多之义；晋新立县曰"新丰"，表获棉当更多也。

⑫《宋志》梁水郡建安县云："《何志》不注置立"。又河阳郡亦有建安县。疑建安本是云南郡蜀时新立县。后为夷乱分散，西流者属河阳郡，东徙者属梁水郡，皆用故县名。梁水之建安县治，当在其郡西界，或即是今新平县地。文献无征，徒出推测而已。

⑬《晋书·地理志》兴古郡十一县，中有"汉兴"，明是蜀汉所新立。其余十县，律高、毋棳、贲古、胜休，皆两汉益州郡旧有；句町、宛温、漏卧、镡封、进乘（桑）、都篖（梦）皆牂柯郡旧有。可以肯定蜀汉分置兴古郡时，便有此十一县；可能尚有西随，为十二县（参看各县分注）。其户数则不必即为四万。《常

志》记户，皆谓元康时李蜀户账。其录汉、晋旧数者，皆有加字识别。故知此处"户四万"是东晋与古七县户（西晋十一县太康户为六千三百）。即其下去洛道里，亦当是郡治宛温时赴洛道里，非蜀置郡时数据。中间脱有"今县七"等字之文可知矣。兹结合上下二郡文补十字。东晋世户数多于太康六倍者，宁州屡乱，依爨量保盘南者多。尹奉又未用兵而服之，故元康时户至四万也。

⑭桄榔本为与椰树同类之热带植物。茎外坚如铁而光滑，髓部充满淀粉质。旧有舶来商品曰"西米"，即此物团为珠状君。《后汉书·夜郎传》云："句町县有桄根木。"其实兴古河谷多能生长，不仅句町一县有也。此三郡亦皆产稻，民食不专仰桄榔。但有桄榔面助粮而已，主食仍为稻也。

⑮两汉与《晋志》皆有宛温县。《宋志》兴古郡有"宛暖令，汉旧，属牂柯，本名宛温，为桓温改。"是自汉以来皆作宛温。旧刻《常志》只作"温县"者，脱也。

宛温故城，杨守敬定在宣威，《新纂云南通志》定在罗平、皆失之太远。《续汉志》注引《地道记》曰"县北三百里有盘江，广数百步，深十余丈。此江有毒。"查自曲靖与昆明人两广路，皆自师宗县东南界渡南盘江，经广南县至富宁（旧云富州）之剥隘上船，水行过百色，至南宁，下达广州。即蜀枸酱入番禺路也。广南为此路线上一大湖迹平原，海拔千三百余公尺，地形开展，气候温和，当为滇东南农业领先发达之地。西北去盘江三百里，与《地道记》合。汉县故城，必当在此。

蜀兴古郡治，在律高，晋太康时同。东晋世治宛温，如《常志》。其后治句町，如《宋志》。渐东徙者，攻守形势重点转移也。

⑯律高故县，今蒙自县是也。蒙自在盘南地区形势开阔，高爽腴饶，南百余里至曼耗，东南二百余里至老街，舟楫畅通于交址。北沿盘江为陆道，通滇池与夜郎。附近诸山皆饶矿产。地理如此，自应为古时一方重镇，故知早期兴古郡治在此。滇越铁路，经过碧色，不经蒙自，旧城乃渐衰落。而碧色与开远渐繁荣矣。

⑰今世称个旧为"锡都"。汉、晋则律高产锡更多于个旧（贲古）。《两汉志》已著石室山与賁町山矿产。賁町山初只称"银铅"。《常志》乃独称锡君，银铅价高，采矿者争先之。银空唯锡犹盛，非字讹也。今世则蒙自产锡又不如个旧矣。

明、清两《一统志》，皆言县东三十里有"云龙山，回环盘东数十里。其中有石室可坐千人"。又言"云气出如白练。其中琅玕、琪树、瑶草、文鹿、迥非人境"。盖亦如桂阳之栖霞洞也。又有"麒麟山，在蒙自县东二十里，与县西北象鼻山接，奇峰秀拔，左、右、前、后产银、锡诸矿。"盖即賁町山也。賁，颜师古注"音呼鸡反"，与麒音近，传言音变，遂为麒麟山耶？

⑱镡封，汉旧县，属牂柯郡。《班志》云："温水，东至广郁入郁。"《新纂云南通志》定镡封于邱北县。当是。然谓其东境隶梁水郡，则依《宋志》而误也。邱北不可能隶梁水郡。依《常志》隶兴古郡，则合矣。《班志》所言温水，盖谓邱北县之清水河。在马别河之西，入南盘江，故广郁以上只"五百六十里"。过郡二者，牂柯、郁林二郡也。

⑲句町，汉牂柯属县。《班志》云："文象水，东至增食入郁。又有卢唯水，来细水，伐水。"以此考之，汉故县必在今之富宁（富州）。所云"文象水"即今剥隘之右江。右江凡三源：南源即富州河，中源为西洋江（广南河），北源为驮娘江（西林河），三水同汇于剥隘，故自此以下通航。再经百色、田阳、田东、平果、隆安诸县，至南宁界会左江为郁水。过郡二者，牂柯、郁林。所云"卢唯水"，即今广西那坡县之百合水，自富宁县界南流至龙州入左江也。所云"来细水"，即今云南西畴县界之普梅河，至交址糜泠县入

富良江也。本有来唯县，前汉属益州郡，后汉无，盖并于麊泠也。其县即以此二水为名。二水上游地，则本句町王国境，故《班志》附句町县著之。

⑳句町，颜师古音劬挺。甸町在汉为大国。其王毋波助汉击南中叛夷，受封爵，见《汉书·西南夷传》。成帝时，王禹与夜郎王兴，漏卧侯俞更相攻击。盖皆僰族，习近汉民，故同有汉字名。常氏于此称为"濮王"。盖以别于瓯越。窃疑秦灭蜀时，蜀王子安阳王之能自僰道南入交址建国，此等僰族部落实具高度之扶助作用，只史文无可按耳。

㉑《晋志》兴古郡有汉兴县，《沈志》作"南兴"，云："南兴长，江左立"。洪亮吉《补三国疆域志》云："县名汉兴，当非晋以后立。疑蜀汉时置。"今按：《太康志》云汉兴，则其为蜀汉置可定。晋世不改者，其时南中汉族人皆称"汉人"，以其边县，故不改也。李寿父子亦国号汉。桓温灭蜀后，乃改曰南兴，而《宋志》仍之也。

汉兴故治旧籍无考。惟《水经注》三十七《叶榆河》有云："盘水又东径汉兴县。山溪之中多生邛竹、桄榔树。树出面，而夷人资以自给。故《蜀都赋》曰'邛竹缘岭'，又曰'面有桄榔'。"《水经注》于西南诸水多谬乱，而《叶榆河》为其尤谬者。以叶榆河连接滇池，又缀合于盘江，斯大谬矣。于盘江本支流，安排次序亦多不合。引用故事，复多舛误。盖其昧于一方地理，泛采时地不同之记述，妄相连缀，是为其通病。若各小段，亦皆有所依据。此汉兴一段，叙于"梁水郡"与"贲古县"后，谓盘江所经。河谷多热带植物。可以推断其是今弥勒与开远两县间之南盘江河谷地区。南盘江在此一段，已临近北回归线，而河谷深狭，最热，故特多省藤（邛竹）与桄榔。蜀汉李恢追叛众至盘江。即谓此带。因收其地置汉兴县，及置兴古郡，理所必然。今弥勒县之竹园与彭坡，去盘江不远，而非盘江谷内。在滇越铁路未通以前，彭坡河谷实为商旅通道。汉兴县故址，宜在此矣。

㉒胜休，两汉属益州郡。《班志》云："河水，东至毋棳入桥。莽曰胜僰。"《续志》注："《南中志》曰：'有大河，从广百四十里，深数十丈。'《地道记》曰：'水东至毋棳入桥水。'"据此，可定故城为今通海县。"大湖"，指今之杞麓湖。桥水，即今建水河。参看'毋棳县'注。

㉓前汉牂柯十七县，有都梦，云："壶水，东南至麊泠入尚龙溪。过郡二，行千一百六十个里。"则其县接交址界也。所云"壶水"，盖即今文山县之苔江，亦曰盘龙江。所云"尚龙溪"，盖即今西畴县流出之锦江。二水合流至麊泠入于富良江（红河）。"郡二"，谓过牂柯与交址郡，长千余里也。《新纂云南通志》定都梦为西畴县，盖以锦江为壶水，苔江为尚龙溪。西畴地形狭促，不如文山开阔。疑汉县实在文山。

后汉牂柯郡十六县，无都梦。盖本句町王地，并省入句町也。蜀汉时以已复置，改名都簹（《晋志》作都簀）。簹，竹席之义。《常志》传其音作唐。存都字，盖犹知其故称为都梦也。

㉔西平郡置立时间，沈约《宋·州郡志》谓"晋怀帝永嘉五年，宁州刺史王逊分兴古之东立"，与《常志》言尹奉平盘南立不同。《沈志》又引何承天《宋州郡志》，云"晋成帝立"。奉于永昌元年（三二二）为宁州刺史，咸和八年（三三三）降于李寿。其平盘南在成帝时。是《何志》与《常志》合。又永嘉时，首都在洛，宁州在洛阳南方。成帝时首都在建康，宁州乃为全晋极西。郡名"西平"，即可知其置于东晋世，非永嘉时。沈约以《何志》为非，自乃非矣。郡境部位，《沈志》云在兴古东。查《晋志》，兴古郡有漏卧县，《常志》无之，他郡亦不见。凡置新郡，必有旧县为之基础。当氏所举西平三县，皆新立，而脱两汉及晋之漏卧旧县。其时此区民户正在增长，应无废省旧县之理。漏卧恰是兴古郡东境。然则西平之为漏卧故境增三新县建成，又可定。常璩必不但言三新县，而遗漏卧。故补"合漏卧"三字以塞其阙。兴古与云

南郡隔绝，旧刻衍"云南"字者，盖西河阳郡系云南郡分出，亦是成帝咸和时立（见《宋志》）。或曾有小注言同时割云南置西河阳事，被传钞者摘"云南"字入正文也。应删。

㉕"漏卧"，两汉属牂柯郡，并无注文。《汉书·西南夷传》言其与夜郎、句町"更相攻伐"事。盖亦南夷强国也。与夜郎、句町鼎立，而更亲附汉，故汉使袒之，至于激怒二国，更成叛乱。其后无所见，但存县名，似其国已灭矣。

漏卧故县，明、清《一统志》皆定于罗平州内。《新纂云南通志》定汉、晋漏卧在广南县，而以罗平为宛温县，与《地道记》不合。兹拟宛温为广南，漏卧为罗平。《方舆纪要》卷一百十四谓"漏卧废县在罗平州南"，未详其遗址。大抵滇、黔、桂三省间之盘江河谷与其南北支谷，皆汉漏卧国境，亦即漏卧县境。其占地甚广，不只云南罗平，即如贵州兴义、安龙、册亨，广西西林、隆林等县，皆漏卧故地也。

《宋志》《齐志》，漏卧皆隶兴古。西平全属新县。《常志》兴古无漏卧。其西平郡材料，出于尹奉与李钊，应较何、沈诸书正确。西平诸县，实由漏卧一县发展所成。只漏卧旧县偏西，宋、齐之西平郡治东徙，漏卧乃还隶兴古。尹奉初置西平郡时，郡治固宜在漏卧也。宋齐西平郡治之西平县，疑是今隆林县之旧州。宁州没于李氏，故郡治东徙，立此新县为郡治也。

㉖"盘江县"即《宋志》之"温江"，南齐曰"暖江"故治，疑在今邱北县东北清水河入盘江处之业坝（今为师宗县地）附近。此带河谷郁热，故有温江之称。《地道记》云，宛温县北三百里盘江有毒，指此处也。

㉗《宋志》《齐志》西平郡无来如县，而别有都阳、晋绥、义成三新县。"晋绥"，显然为置郡后新立；义成亦是，疑都阳是来如改名。贵州兴义县有盘江支流曰都威河。县在此水之阳，故曰都阳，尹奉时为来如也。

㉘南零县，宋、齐曰西宁。故治疑即是今广西之西林县。本名南宁（零）。后叛李氏，附江左，改名西宁。对洛阳为在南，对建康为在西也。

㉙李氏置交州，数年即罢，故此结语但云宁州。十四郡具在志中，皆李氏咸和中建置。其属县总数，当为七十六。旧刻脱河阳郡三县，梁水郡四县，西平郡一县，遂成六十八县。此传写依所存县名计数，改易常文所致。（《常志·士女目录》各郡统计数字殆无与实际数同者，即由后人多所增删，随改其数。展转增改，以致谬乱，非常氏自所定数。兹于此等计数，悉依宋刻，不作改正。以其无足重视也。）

# 十四

咸熙元年，吴交趾郡吏吕兴杀太守孙靖，《晋书·陶璜传》作"孙谞"。内附魏。魏拜兴安南将军。时南中监军霍弋，表遣建宁爨谷为交趾太守，率牙《函海》作衙。门将【军】旧本衍。建宁董元、毛炅、孟幹、孟通、爨熊、《晋书》作能。下同。李松、王素《晋书》作业。等，领部曲以【讨】援旧本作讨，讹。当作援。之①。谷未至，兴已为功曹李统所杀。泰始元年，谷等径至郡，抚和初附。无几，谷卒。晋更用马忠子融代谷。融卒。遣犍为杨稷代之，加绥远将军②。又进诸牙门皆杂号将军，封【吴】侯。旧本皆倒吴字在上。吴交州刺史刘峻、《晋书》作俊。大都督脩则领军，前后依《通鉴》引文补。三攻稷，皆为稷所败③。郁林、九真皆附稷。稷表遣将军毛炅、董元等攻合浦④。战于古城，大破吴军，杀峻、则。稷因表炅为郁林太守，元为九真太守。元病亡，更以益州王素代之。数攻交州诸郡。泰始七年春，吴王孙皓遣大都督薛珝、交州刺史陶璜帅【二十万】军，兴扶严恶夷，合十万，伐交趾⑤。合扶严夷军，才十万，则上文"二十万"三字当衍。稷遣炅及将军建宁孟岳等御之。战于封溪。众寡不敌，炅等败绩。仅以身还交趾，固城自守⑥。破败之后，众才刘、李、钱、《函》本作裁。张、吴、何、王本作纔。廖本作才。千人；并新附可有四千；男女万余口。陶璜围之。杜塞蹊径。救援不至。虽班粮张、吴、何、王本作量。约食，犹不供继。至秋七月，城中食尽，病、饿死者大半。交趾人广野将军王约，反应陶璜⑦，以梯援外。吴人遂得入城。得稷等，皆囚之。即斩稷长史张登、将军孟通及炅，并交趾人邵晖等二千余人⑧。受皓诏：传稷秣陵。故梧何、王本作皓。别有翻本作致。稷及孟幹、爨熊、李松四人于吴。通四远消息。按谓露布传告四方。稷至合浦，发病欧血死。传首秣陵。弃其尸丧于海。幹、松、熊至吴，将加斩刑；或说皓："宥免幹等，可以劝边将。"皓原之。欲徙付临海郡。初，稷等私誓：不能死节，困辱虏手，若蒙未死，必当思求北归。稷既路死，幹等恐北路转远，以吴人爱蜀侧竹弓弩，言能作之⑨。皓转付部，为弓工。《晋书·陶璜传》作"留付作部"。作部，谓工艺官署。九年，幹自吴逃返洛阳。松、熊为皓所杀。初，晋武帝以稷为交州刺史，大封。此下疑脱拜字。半道，稷城陷；或传降，故不录。幹至，表状，乃追赠交州刺史。封松、熊后嗣侯焉。

古城之战，毛炅手杀脩则。则子允随陶璜。璜以炅壮勇，欲赦之。《函海》本作杀之。而允必【欲】求杀炅，炅亦不屈于璜。璜怒，乃裸身囚结面缚之，于文当有之字。刘本缚讹缚。呵曰："晋兵贼！"炅亦烈声呵曰："吴狗！何等为贼？"吴人生割其腹。允割其肝，骂曰："虏腹。"《三国志·孙皓传》注引《华阳国志》作："尤割其心肝。骂曰庸复作贼。"炅骂不断曰："尚欲斩汝孙皓，汝父何死狗也。"吴人斩之。武帝闻而矜哀，吴、何、王本同裴注引作哀矜。刘、张、钱《函》廖本作矜哀。即诏炅子袭爵。封诸子三人关内侯。九真太守王素，以交趾败，与董元、牙门王承等欲还南中，为陶璜别将卫濮所获。功曹李祚，见交趾民残害，还，遂刘、李本作逐。率吏民保郡为晋。祚舅黎晃为吴将，攻伐祚，不下；数遣人解喻，欲降之。祚答曰："舅自吴将，祚自晋臣。惟力是视矣。"邵晖子【允】胤，先为父使诣洛，拜奉车都尉。比还。晖败亡。胤依祚固守。求救南中。南中遥为之援。逾时乃拔。依《晋书·陶璜传》补四字。南中诸姓，得世有部曲。弋遣之南征。因张、吴、何、王本作固。以功相承也。旧各本皆以"诸姓"上连"为之援"句。只廖本插注云"当有脱"兹补六字。完成结语，为一节。

案：晋初，南中大姓皆有部曲，强武难制。霍弋组织之以夺吴交州，向外发展以销内难。诸大姓亦乐献其力以博取政治地位。水土不协，将吏多病死，而忠勇奋发，卒无畏退。霍弋可谓善用其人矣。诚使弋不早死，克尽其业，南中社会，可能一直跃进，齐于内地。惜其人亡政息，使诸人深入无继。此役几无生还者。后来大姓，皆只守土自肆，屡构叛乱，直至全局沦陷而后已。常氏于南中，特附此章，不惟表扬一方忠义，盖亦深有所感叹也。其事《三国·吴志》与《晋书·陶璜传》皆曾记述，小有出入。司马光《通鉴》亦曾加以考订，尽量采入。兹不更详注。

【注释】

①魏咸熙元年（二六四），即晋武帝受禅前一年，政施出司马氏矣。《晋书·陶璜传》："交址太守孙谞贪暴；为百姓所患。会察战邓荀至，擅调孔雀三千头，遣送秣陵。既苦远役，咸思为乱。郡吏吕兴杀谞及荀；以郡内附。"吕兴以交址郡附魏，必须取道南中，求霍弋为介。霍飞实导其使入洛，并陈组织建宁大姓部曲远征交趾之计。晋王从而以其事委弋。时诸大姓皆信奉弋，故能遂成此役也。按下文云"救援不至"，曰"遥为之援"，《通鉴》卷七十八云"将兵助兴"，足见旧本作"讨之"者，乃传钞之谬，非常氏本语也。

②《陶璜传》："武帝拜兴安南将军、交址太守。寻为其功曹李统所杀。帝更以建宁爨谷为交址太守。谷又死，更遣巴西马融代之。融病卒，南中监军霍弋又遣犍为杨稷代融。"《通鉴》："诏以吕兴为安南将军，都督交州诸军事。以南中监军霍弋遥领交州刺史，得以便宜选用长吏。"（此亦用《常志》原文）故弋能径遣马融、杨稷等也。融与稷，皆随弋仕于南中者，非自巴西与犍为调来。

③《三国志·孙皓纪》元兴元年（二六四），"魏置交址太守，之郡"。宝鼎元年（二六八），"遣交州刺史刘俊，前都督脩则等入击交址。为晋将毛炅等所破，皆死。兵散还合浦"。《通鉴》泰始四年（二六八）十月："吴交州刺史刘俊，大都督脩则，将军顾容，前后三攻交址。交趾太守杨稷皆拒破之。"

④交州沿革，《晋书·地理志》言之最详。秦始皇开五岭外，始立南海、桂林、象三郡，置南海尉以典之。后为尉佗割据。汉武帝灭南越，初置七郡，元封中又增二郡，置交州刺史以督之，治交址。后汉建安八年，刺史张津，与交址太守士燮，共表立为交州。（州）牧徙治番禺。孙权又分南海、苍梧、郁林、高凉四郡为广州。以交址、日南、九真、合浦四郡为交州。后因交州叛乱既平，复并交、广为交州，刺史治合浦。孙休永安五年（二六二），复分立广州。孙皓初，交州领合浦、交址、九真、日南四郡。郁林属广州。晋以霍弋领交州刺史，而毛炅为郁林太守。意以广州四郡亦交州地也。吴军虽败于古城，犹坚守州治合浦。晋军攻之急，故吴再出大军救之。吴既收复交址后，又置新昌、武平、九德，合七郡为交州。郁林仍属广州。

⑤"扶严"，南夷部落名。其地是今越南莱州，接老挝界。《孙皓纪》：建衡三年（二七一）"诸将破扶严，置武平郡。"封溪战役前，扶严犹未附吴。吴人以厚利诱结之，出军。其人犷悍，故曰"恶夷"。《晋书·陶璜传》："吴遣卢汜为监军，薛珝为威南将军、大都督，璜为苍梧太守，距稷。战于分水，璜败，退保合浦，亡其二将。……璜夜以数百兵袭董元，获其宝物，船载而归。珝乃谢之，以璜领交州，为前部督。璜

从海道出于不意，径至交址。元拒之。……大破元等。以前所得宝船上锦物数千匹遗扶严贼帅梁奇。奇将万余人助璜。"是扶严夷万余人，合吴军号"十万"。上文"二十万"，乃吴人出军时夸言，亦合后勤转输之众计之，于文当省。孙皓得扶严夷助平交址。交址平而灭扶严部，为武平郡矣。

⑥封溪，县名，属交址郡，见《水经注》卷三十七，《叶榆河》。董元海口军败后，杨稷命毛炅、孟岳尽全力扼麓泠"南水"。为陶璜与扶严夷所破，遂丧失战斗力也。

⑦"广野将军"，杂号将军名称之一种。王约为交趾郡人，初助稷等，以功为杂号将军。追城危时，受陶璜招诱，内叛迎璜者也。

⑧按常璩所记，吴军实系屠城。附晋者皆死。只留四人囚致秣陵。故下文云"李祚见交址民残害"云云。

⑨"侧竹弓"，谓以劲竹青皮相对胶合，腹加角片所制，轻便而富有弹力之马上用弓。诸葛亮究极机巧，所创制也。

# 十五

撰曰：《函海》作"赞曰"。南域处邛筰 刘本作笮。五夷之表①，不毛闽濮之乡②，固九服之外也③；而能开土列郡，爰建方州，逾博南，越兰沧，远抚西垂，汉武之迹可谓大业④。然，要荒之俗，不与华同，安边抚远，务在得才。故高祖思猛士作歌⑤，孝文想颇、牧咨嗟⑥。斯静御之将，信王者所详择《函海》作释。也⑦。马、霍、王、尹，得失之际，足以观矣。交趾虽异州部，事连南中，故并志焉。

**案**：此汉魏人书每卷例有之总结。常氏本意，在借歌颂汉开南中事业，而强调牧守人选之重要。昧于边区社会发展之经济基础，而只相信执政者个人的作用，乃我国过去史家之一般通病，固未足以责常氏一人也。若就常氏此篇史料，用现代史学观点分析，则可得新的结论如下：

一，巴蜀西南地区之得以开置郡县，由于先有中原"奸出物"之商贾潜就此区，造成有物资流通之交通网。而启导商贾之"奸出物"者，又先有深入此区矿山沃野，用先进技术开发地利之劳动人民。例如，朱提远在西周，已成蜀王联婚之国，以其产银冠于全国故也。其开采者则必自内地来矣。赵冶程、卓，之能开发临邛矿利，亦只缘先知此方矿冶之利，其前固有先导之者可知已。蜀人先以农业与蚕桑致富强，而后越嶲乃有"邛谷王"。巴人先以鱼盐致富强，而后庄蹻王滇池。楚人先为水利以兴农业，鳖令遂开成都沃野，从而西南水利与蚕桑之工远达永昌。曩使一方农利未兴，工矿未启，则其社会仍自停顿于原始状态，商贾亦何从得而营运于其间哉？世徒知枸酱、蜀布、邛杖为开辟南中之导线，而不知殷周之际，此区已有移天转地之功绩。如此创造，乃可谓人类之"大业"；秦开郡县，迄汉而更展拓，以致成为"方州"，不过先民大业之延续，安得谓汉武一人之大业哉？马忠、霍弋、王逊、尹奉，偶因政局形势，立功受赏，而不能救一方之沈沦败丧，惟若郑纯、吕凯，能以兴利除弊，和辑其人民，发展工商垦拓之利，以固社会基础；克使边隅僻壤，跃腾先进；南中大乱而能安然自固，中原丧败而能屹立不夷，朝命隔绝先后数十百年而永昌犹为传统文化守土；差可谓善教得民，中流一柱者也。斯乃常氏所谓"静御之将"矣。

二，南中开置郡县，确曾带动落后社会向比较优越之封建社会过渡。在此过渡期中，由于各郡县民族不同，与各民族之经济生活不同，形成为前进速度的不同，因而各地区间、各民族间与各阶层间，包含有多种不同而错综复杂之矛盾。汉世开置西南郡县后，历代郡县官吏，皆未尝注意于此错综复杂之矛盾，徒倚中华大一统政权威势以宰制一切，失边地人心；加以贪酷，结怨于大姓；故两汉三百余年中，南中叛乱相寻，屡劳师旅而终不能定。至建安末，遂已成分崩离析之局。诸葛亮平定南中，改弦更张，别为制度。其要旨在于诱导各民族与各阶层在可能接受，且必然接受之条件下，合辙同趋。此后数十年中，南中社会进步甚速。至泰始初，若干少数民族皆已与汉族融会，同于"晋人"，乐于向中原朝廷贡献其力量。旧时号为"不毛"之地，此时同为腹里矣。而州郡官吏，莫能继诸葛与霍弋之后，赓续创制适合发展形势之政策，徒恃威暴以维人情不欲之陈规；遂使一州离心，相与为乱。直至全局动乱，社会倒退。可胜叹哉！

三，各地社会发展之历史，或缓或速，或有停滞，要无倒退回落之前例。惟此南中一区，建置郡县四百年中，已由原始社会进入行将成熟之封建社会；乃更由已近成熟之封建社会，回落于四百年前的原始混乱状态之中。尤以向为南中先进之朱提、建宁、牂柯、兴古四郡，由文物灿烂之朝曦时代，回落为文化绝灭之黑暗时代；阅千四百年之后，乃从新浸浴中华文化。陆续发见汉魏丰碑与墓铭，如爨龙颜、爨宝子与霍弋墓刻之类，字画无所残损。由其人尽不识字，无所爱憎于其物，故不犯也。抚今思昔，可胜慨耶！此种历史逆流，旧史家无所载述。专赖常氏侧笔，存其梗概，是其可贵处矣。

## 【注释】

①《周礼·职方氏》定东夷、南蛮、西戎、北狄为"四夷"。《史》《汉》有《西南夷传》，魏晋人遂有"五夷"

②"不毛",初见于《汉书·杜钦传》,谓益州、牂柯为"不毛之地,无用之民"。诸葛亮《出师表》沿用之,皆谓二郡不供徭役与土贡。颜师古说为"不生草木之地",大谬。《左传》"涧溪沼沚之毛",亦谓所产供祭之物,非泛言一般草木也。

③"九服",亦出《职方氏》。谓王畿外每五百里地为一服,侯、甸、男、采、卫、蛮、夷、镇、藩凡九。《禹贡》则有五服。

④《易系辞》:"显诸仁,藏诸用,鼓万物而不与圣人同忧,盛德大业至矣哉!富有之谓大业。日新之谓盛德。"谓推动万物前进日新之工作为大业也。

⑤汉高祖刘邦平定天下后,回道过沛,自为歌曰:"大风超兮云飞扬。威加海内兮归故乡。安得猛士兮守四方。"见《史记·高祖本纪》。

⑥汉文帝闻冯唐说而拊髀曰:"嗟乎!吾独不得廉颇、李牧。使为吾将,吾岂忧匈奴哉。"(《汉书·冯唐传》)

⑦汉制太守兼领军政、民赋,故人民习称太守为"将"。史文屡见。"静御之将",谓能内安百姓外御寇贼之二千石也。《易·坤卦·文言》曰:"坤至柔而动以刚,至静而德以方。"谓守土之将当具坤德,则地方安固也。

# 附一  庄𫏋入滇考(附路线图)

贵州莫与俦《庄𫏋考》(其子莫友芝刻《先文贞公诗文集》,此篇在卷一)征引淹博,论据允当。所持两点,足为不刊之说:一,考订庄𫏋是楚顷襄王时人;肯定《后汉书》文,以《史记》《汉书》"威王时"说为非。二,论证庄𫏋系溯江水,经鳖邑,西入夜郎;肯定《史记》文,以(《后汉书》与《常志》溯沅水,牂柯系船之说为非。惟于庄𫏋如何自鳖进入夜郎与滇池部分,未能论述。兹撮举其精辟处,并为补充说明如下:

杜佑《通典》卷一百八十七,已驳《史》《汉》"威王时"说,谓:"恐《史记》谬误,班生因习便书。范晔所记,详考,为正。"莫氏谓:"《汉书》注引《华阳国志》亦云'顷襄王时'。今本仍作'威王',则亦误本也。"又引《荀子·议兵篇》、《商子·弱民篇》、《韩诗外传》四、《史记·礼书》,皆有"唐昧死,庄𫏋起而楚分"之文。谓《史记·六国表》及《楚世家》并言唐昧死于楚怀王二十八年,即周赧王十四年。其后三年,顷襄王立。足知庄𫏋为顷襄王时人。今按:顾观光《华阳国志》校勘记亦辨作"威王"之非,谓:"《史记正义》,《艺文类聚》七十一,《北堂书钞》百三十八,《太平御览》百六十六,又七百七十一,并引作顷襄王,必《华阳国志》

古本如此，后人依《史》《汉》改耳。"盖汉、魏、六朝、隋唐书籍，手相传钞者各数百千年，每多有转据他书改所钞书之失。即宋代刻本，亦多字谬，后世翻刻，改得其正者有之，反改从谬者亦不少。庄蹻事初传自《史记》，马迁用西南人传说，误为威王时人。班固遵之，谯周纠之。常璩多取周说，范晔多取常文，三家皆作"顷襄王"，宋刻尊重正史，于《史》《汉》不改，于《常志》则用《史》《汉》改之也。杜、莫、顾三人考订之功，渐臻致密，同为不朽矣。

既定庄蹻是顷襄王时入滇，则所取道为溯江溯沅，易辨识矣。兹先辨识顷襄王时，秦楚争夺巴东盐泉之形势。

按《史记》，秦灭巴、蜀，在周慎靓王五年。（前三一六，即楚怀王十三年。）楚亦乘之，尽取巴东盐泉，包括枳以下沿江各邑。时蜀、汉中、巴西地区无盐，仰给于楚。楚得借为控制。故秦屡出大军争夺之。周赧王七年（前三〇八），秦大举浮江伐楚，取巴黔中。楚人犹坚守枳以东临江、朐䏰、巫山诸盐泉。巫盐为全楚所仰，守之最固，为扞关于瞿唐峡口。秦不能拔也，乃自巫之东面攻之。赧王十四年（前三〇一即楚怀王二十八年。）秦合韩、魏、齐联军，败楚将唐眛于重丘。庄蹻此时起为大盗，据地自擅。故《商君书》云："唐蔑死于垂沙，庄蹻起，楚分为五。"（《荀子》云，"楚兵殆于垂沙，唐蔑死，庄蹻起，楚为三四"蔑即《史记》之唐眛；垂沙即重丘也，楚于是衰弱。其明年，秦取襄城。又明年，怀王入朝于秦，遂不反。又明年，顷襄王立，秦取楚十六城。至顷襄王十九年（前二八〇），秦取楚汉北及上庸地。其明年，"秦拔鄢、西陵。"又明年（前二七八），秦"拔郢，烧夷陵。"顷襄王兵散，"王亡走陈。"（并《六国表》文。）夷陵入秦，巫虽为楚守，盐道断，楚人惶乱，故楚兵散走。故苏代曰'楚得枳而亡'也。其明年（前二七七），秦蜀郡太守张若遂取巫及江南地，为黔中郡。（《六国表》云"秦拔我巫、黔中"。）别以鄢、郢地为南郡。白起以拔鄢郢功封武安君，楚国已亡矣。顷襄王只身亡走于陈，乃忽能于其次年"收东地兵，得十余万，复取秦所拔我江旁十五邑以为郡，距秦"（《楚世家》文）者，盖庄蹻等五分割据之民间武力，不甘服秦，且苦秦之扼其盐食，故求得楚王于陈而共拥戴之，合力以夺沿江产盐之地以反控秦。十五邑人民咸响应之。故《六国表》曰："秦所拔我江南反秦。"谓上文黔中郡地为江南也。是故顷襄王仅失巴东盐泉一年，又复得之。于时，秦方东争三晋，楚得复国。张若亦无力再争巴东。张若后，李冰为蜀守，迫于自开盐井以求盐矣。

按此情势推之，《史记》言"庄蹻将兵，循江上略巴、蜀、黔中以西"之时间，当在顷襄王二十三年以后，或即是二十四年时。此时楚乘锐图取巴蜀，以固盐泉后方；拓展行盐之地，因以盐利控制其人民，故使庄蹻率军溯江西进。蹻军似已占有江州，由于秦人固守上游诸要隘，不能攻下，故转向夜郎。盖亦闻"夜郎有精兵十万"，欲因行盐之利以诱结之，与同取蜀。此其道自必出于溯江，而断不可能出于溯沅为甚明矣。

疑蹻已曾攻取江州（今重庆）者，"略地"即必攻城。循江自巴东向西略地，既已得枳，必当首攻江州。再，《楚世家》考烈王元年（前二六二）"纳州于秦以平。是时楚益弱"。此州字，《集解》用徐广说，定为南郡州陵。考州陵故城在今湖北监利县东。楚复国后，仍都郢，州陵在其东南，不可能纳于秦。此外地连秦界而名为州者，只江州一地，是取四面环水之义，得单称为州。疑考烈王所献于秦之州即江州，是庄蹻所略取也。然江州山城险固，非戈矛所能取；地绾巴、蜀两郡水运枢纽，秦人亦必不轻易放失。蹻似未克攻占其县城，或只占有城外东南沿江之地，抚有其民，别立县于"江关"（今江北唐家沱）或"畜沮"（今广阳坝）处，单称为州。恃给盐无乏以固其民心，秦亦不能并之。至此时乃纳与秦平，事理有可能也。若然，则庄蹻之舟未曾过江州，其赴夜郎，则必转由枳，溯乌江（涪陵河）以至鳖邑。故遵义人传庄蹻遗迹为多，甚至有指鳖北娄山关外之夜郎坝为古夜郎国者（如郑珍《遵义府志》）。

自枳（今涪陵县）溯乌江，至武隆之白马坝，转溯芙蓉江，至涪口（一作浩口，在贵州道真与四川武隆界上）登陆，四百里至鳖，路颇平易。鳖为楚国旧邑，黔中各民族市易中心。蜀王开明氏即自此邑逃罪入蜀，为兴水利而夺蜀国者也（说详《蜀志》2章）周慎靓王七年，秦"伐楚，取商于之地为黔中郡"，亦即从鳖进军（说在《蜀志》5章）。汉武帝初置犍为郡，亦以鳖为郡治。可知鳖在周秦汉世，历为南中剧邑。（可能原是殷周间民族部落之都邑。由受楚国商业影响，役属于楚。故称楚国"商于之地"。后遂灭于楚，为楚之一县。）庄蹻厄于江州，故更绕至鳖，欲从后方袭取江州。因屡阻于江水，不得入蜀，乃往夜郎求助也。

蹻本亦如柳跖，组合武装，为大盗于官府力所难及之地。其道颇得当时受压迫者之支持，故能存在于山野居民之间，为官府贵族所憎而莫如之何。兹更挟巴东盐利以诱结地方民族首领，故能久滞南夷不败。可以设想：当其自枳向鳖时，载有大量食盐以为招诱资本。故各地方民族首领，皆乐于与之结纳，支持其军食。由是得滞留南夷中甚久。其盐，系自芙蓉江之涪口（浩口）转陆，由其军士负运至鳖储存。蹻亦曾从夜郎坝、巴符关、江阳、新乐（并详《江阳郡》各注）、南广等处攻向蜀地，皆扼于大江，未能得逞。最后乃自平夷转入夜郎，至于滇池，"以兵威定属楚。"

庄蹻入滇路线图

未能入蜀，只以收抚诸部落为楚属地归报。"会秦击夺楚巴、黔中郡，道塞不通。"此所谓"秦击夺楚巴、黔中郡"。明非楚顷襄王复国以前事。楚国初不置郡，秦夺其地置南郡、黔中郡后，楚既收复亦因而置巫郡与黔中郡。庄蹻从巫、黔中来，此时道塞，故不能复还。设如《范史》云溯沅水来，则当时秦尚未灭楚，夜郎与且兰为同姓，素通往来如一国，地不属秦，蹻自可以仍徙且兰沅水还楚，何得为道闭哉？

楚自顷襄王二十三年复国于郢，又十三年（前二六三）顷襄王卒，考烈王立。考烈王元年，"秦取我州。黄歇为相，于时楚尚能救赵，灭鲁。然郢之凌逼于秦已甚，故考烈王十年，徙都钜阳。二十二年，又东徙寿春。二十五年考烈王死，楚幽王立，楚益不振。幽王立十年死（前二二八）。王负刍立五年，灭于秦。史迁谓"秦击夺楚巴、黔中"之时间，盖即考烈王元年"秦取我州"后不久。秦既全有江州，击夺江路郡县与黔中郡更易。春申君（黄歇）为政，恶蹻，不惜弃之。加以秦势张甚，三晋危殆，楚之郢都已不可守，况巫山以外之江南地乎？其为秦所夺占，势之必然也。

今设庄蹻助楚襄复国时，年三十，又十五年至考烈王元年，为四十五岁，正是年富力强，敢于远征时间。道塞不返遂王滇池时，已当近五十岁。其死，不能出考烈王之世。秦之亡（前二〇七），非蹻所能见。《史记》谓"十余岁秦灭"者，谓秦于南夷"尝破略通五尺道，诸此国颇置吏焉"之后十余年而秦亡，非谓庄蹻王滇后十余年也。

# 附二  蜀枸酱入番禺考

## 一

《史记·西南夷传》："建元六年，大行王恢击东越。东越杀王郢以报。恢因兵威，使番阳令唐蒙风指晓南越。南越食蒙蜀枸酱。蒙问所从来。曰'道西北牂柯'。牂柯江广数里，出番禺城下。蒙归至长安，问蜀贾人。贾人曰：'独蜀出枸酱。多持窃出市夜郎。夜郎者，临牂柯江。江广百余步，足以行船。南越以财物役属夜郎，西至同师，然亦不能臣使也。'"此为蜀地枸酱经夜郎行销至番禺最原始的资料。《汉书》用之，颇误解其文意，"牂柯"下衍江字。又其下夺牂柯二字。而"枸酱"二字不变。六朝以下书记此事者，乃作"蒟酱"字。《蜀都赋》与《华阳国志》本作"枸酱"，唐、宋以来写、镌者亦皆改作蒟。此大误也，首当正之。

许慎与班固约略同时，所撰《说文·木部》云："枸，木也；可为酱，出蜀；从木，句声。"《草部》云："蒟，果也；从草，竘声。"在秦、汉时，句声之枸字，有二音：《诗·小雅》："南山有枸，北山有楰。"枸读如俱，即枳椇，与楰同属上平虞韵。《尔雅·释木》："枸檵"，注"枸杞也。"枸读如苟，在有韵。蒟果，即蒟蒻之块根，俗谓"魔芋"（鬼芋），读如矩，在麌韵。后世虞与麌通韵，故枸与蒟自晋末叶起，混为一音。今传《佩文诗韵》一书，俗谓本出沈约，据顾炎武说，为陆德明撰，要可代表六朝时代文人发音。既于上平"七虞"收枸、楰字，又于去声七麌收入之。是为六朝时"枸"音变同于蒟之验。若汉魏世，无论中原或江左，枸、蒟二字音义各别，固未相混。汉末刘德（北海人）注《汉书》枸酱云："枸树如桑，其椹长二三寸，味酢。取其实以为酱，美，蜀人以为珍味。"三国韦昭（即韦曜），吴人也，《史记集解》引其《汉书音义》，谓"枸木似谷树，其叶如桑叶。用其果（旧传写讹作叶）作酱，酢美，蜀人以为珍味"。陆玑亦吴人也，在东晋时，撰《诗草木虫鱼疏》云："枸树高大如白杨，子长数寸，啖之甘美如饴，蜀人以为酱。"所言皆谓枳椇树，并皆各自见其实物，故三人所志"如桑"，"似谷"（构树），"如白杨"各不同；而蜀人以其实为酱则同。是非相抄袭以为文可知矣。其所云"实长二三寸"或"数寸"，味"酢"而"甘美"，皆明明说是今俗所呼之"拐枣。"细长拳曲之浆果也。味甘而涩，腌藏久，则所含单宁质化为糖。古代无蔗糖，而蜀中大奴隶主矜尚滋味，于蜜与饴外，更腌此物以为酱。其味有似今之果酱，故能成为商品，市于夜郎，更远流味至番禺也。

其腌法：取拐枣捏碎，布滤去籽，纳瓦瓮中，布蒙其口，加厚泥密封之，如黄酒贮藏法，贮藏之。久则所含水分透泥逸去，而外物不犯其质，渐稠浓成甘美之酱；贮时愈久愈佳；是为"蜀枸酱"。凡浆果皆可腌藏为酱。枸酱由单宁转化之糖分，味尤甘美。桃梨等富果酸，不宜腌藏，惟可用蜜渍之，亦但能甜，不能如枸酱之甘美也。枸杞亦可为酱，其法著于《群芳谱》，未详何时所创。疑即因古枸酱法为之，故曰枸杞酱，杞亦见于《诗·小雅》，字亦作"檵"（《三家诗》），《尔雅》云"枸檵"。疑汉时已有枸杞酱法，（《尔雅》为汉儒纂辑九经文字成书。）但其字读"苟"。蜀中亦遍地生枸杞，虽木本，其茎细长偃地。根长数倍于其茎，能深入远及。其实小如鼠心，丹赤，叶味亦美，根、茎、实、皆入药，果酱滋补。未知蜀枸酱究是椇酱抑是枸杞酱，要皆蜀中特产之果酱，与蒟字无关。

438

蒟字，在汉魏时，只为鬼芋（魔芋）之专称。入晋以后，由于枸酱音近于蒟，间有讹作"蒟酱"字者，通人则犹未也。左思撰《三都赋》，深得仕游在蜀之张孟阳（载）助。其《蜀都赋》既云"其圃则有蒟蒻、茱萸……"，又曰"邛杖传节于大夏之邑，枸酱流味于番禺之乡"。而《吴都赋》云"草则藿蒳、豆蔻……东风、扶留"，分别蒟蒻、枸酱、扶留为三物。刘逵亦分别为注。其注"流味番禺"云："《南越传》曰：使唐蒙风晓南越，食蒙以枸酱，……故《汉书》曰，'感枸酱、竹杖则开牂舸、越嶲'也。"此明明用《史》《汉》故事，其字固必作枸。后世钞刻《文选》者，悉依后世浅俗之说，改枸为蒟字，其迹殊显然矣。后世浅俗之说，谓蒟酱即扶留。刘逵注扶留，则未言其是蒟酱。其注蒟蒻，今本分为蒟与蒻言之。其文云："蒟，蒟酱也，缘树而生。其子如桑椹，熟时正青，长二三寸，以蜜藏而食之。辛香温，调五脏。蒻，草也，其根名蒻头，大者如斗，其肌正白，可以灰汁煮，可以苦酒淹食之。蜀人珍焉。"其"蒟酱"以下三十二字，太半用刘德说。但窜入"缘树而生"，"熟时正青"与"辛香温调五脏"句，而混于扶留之形态。窃疑是后人如李善等所窜入，非渊林原注所有。原注只当云"蒟蒻，草也"云云。夫左思原赋，蒟蒻与茱萸，皆非可以割裂之义。从来亦无单称蒟蒻为蒻者。东晋世蜀人，如常璩《巴志》，云"蔓有辛蒟"，已称扶留为蒟矣，亦必加辛字以明其为借字。另于《蜀志·犍为郡》僰道县则云"有荔支、姜、蒟。"其蒟字仍指蒟蒻。其《南中志》叙唐蒙事，今本作"蒟酱"，亦后人传写、雕刻者妄改之耳。

《齐民要术》引《蜀记》曰："扶留木，根大如箸，视之似柳棍。又有蛤，名古贲，生水中，用烧以为灰，曰牡蛎粉，先以槟榔著口中，又取扶留藤长一寸，古贲灰少许，同嚼之，除胸中恶气。"《隋书·经籍志》作《蜀志》，云"东京武平太守常宽撰"。宽，蜀郡江原人，常璩《后贤志序》称"族祖武平府君"者也。避李特之乱入湘州，又避杜弢之乱入交州。晋元帝嘉其德行，拜武平太守，卒于官。其遗著由其族人赍还蜀，尽为常璩所得。故璩书恒以辛蒟与蒟蒻、枸酱区别。其时蜀人尚未知食槟榔法，故尚无"蒟酱"之名，但知有枸酱而已。则西晋之张载、刘逵，安可能从蜀人得知蒟酱为嚼槟榔之扶留哉。其为李善等以后世浅俗之说窜入刘注，并改"流味番禺"之"枸酱"为"蒟酱"，可无疑矣。

自后汉、三国至晋宋约四百年中，志南方异物，见于经籍所引者，尚有杨孚《异物志》（汉和帝时人），张勃《吴录》，郭义恭《广志》，万震《南州异物志》，朱应《扶南异物志》，谯周《异物志》，薛珝《异物志》薛莹《荆扬巴南异物志》，续咸《异物志》，黄恭《交州记》（一作黄羲仲《交州记》），刘欣期《交州记》、王隐《交广记》,裴渊《广州记》,顾微《广州记》等书,每有言扶留、槟榔者,皆不与唐蒙故事相缀,亦不云是蒟酱。惟嵇含《南方草木状》乃云:"蒟酱,荜茇也。生于番国(指扶南诸国)者,大而紫,谓之荜茇。生于番禺者小而青,谓之蒟焉。可以调食,谓之酱焉。"称扶留为蒟酱,盖始于含。《文献通考》谓《南方草木状》乃"永兴元年十一月振威将军、襄城太守嵇含撰",永兴,惠帝年号。则成书在西晋也。(或疑含本传云拜广州刺史,未发遇害。又其乞力伽一条云:"刘涓子取以作煎。"涓子晋末人。则此书非含撰,后人伪托于含也。窃以为写书传钞时代,每有杂取他书窜乱事。非含即无此书。上举诸人,未入广、交者亦多。不能谓含即无此文。)然含只一家私说,迨其书流行,而后遵用者多。入齐梁后,乃无不说嚼槟榔之扶留为"蒟酱"矣。此名物变化发展之时间性不可不辨者,一也。

## 二

扶留与荜茇,皆生长于热带气候之胡椒科植物,接触摄氏五度以下之低温即枯死。南洋诸岛与印度支那半岛,几于家家种之。其花与茎叶皆具辛芬,供嚼食槟榔及调味用。扶留此荜茇能耐低温。我国岭南与滇南、海南亦有之。今海南岛有野生者,土人呼之为grum,见胡先骕等著之《广东植物图志》。grum音近于蒌,亦具枸(苟)之发声,此殆嵇含所云"谓之蒟焉"之所据欤?裴骃《史记集解》引:"徐广曰'枸,一作蒟,音窭'。"徐广,晋末宋初人。于《史记》文,存其本字,而随俗作蒟,读为窭音。窭,扶留之促读也。内地曰扶留,粤人呼为蒌也。此枸酱随音转变为蒟酱,说为扶留,渐成浅俗习称之验也。然尚未得成为定论,由刘德、韦昭等汉书注本已通行故也。至唐、颜师古注《汉书》,始斥刘德,专用浅俗之说。其言曰:"刘说非也,子形如赤椹耳。缘木而生,非树也。子又不长二三寸。味尤辛,不酢。今宕渠则有之。"唐时,巴东诸郡、涪陵、宕渠皆种扶留,故师古见其物,狃于嵇含之说,遂谬作肯定。此后《汉书》颜注单行,唐、宋而后所撰书志,如司马贞《史记索隐》,杜佑《通典》,苏恭《唐本草》,宋祁《益部方物赞》,郑樵《通志》,唐知微《证类本草》,李时珍《本草纲目》,以及一切方志,地书,韵书,汇书,直至近世之字典、词典,皆无不谓扶留为蒟酱,而以为唐蒙所食于南越者。宋以来雕版书,自《史》《汉》外亦皆改易枸酱字为蒟酱。众咻失传,相与从谬,可胜叹哉!

夫唐蒙所食南越之枸酱,若果为嚼槟榔之扶留,则番禺所固有矣,何能远从数千里外之蜀中,越牂柯以运来,而称为"蜀枸酱"哉?此理之易辨者也。而唐宋以来执谬不悟者何哉?推其原因,约有三端:

1. 六朝以来文士，举凡经籍史籍中有关名物之字，一切惟"先儒之说"是据，不知证验实物。凡其目所不经见之物名，往往依据世俗音称，以与"先儒"遗文相合，无分析判断之力。而后来者又复以为"先儒"之言而遵信之。展转盲从，脱离实际者，无虑数百、千条，固不仅如此枸、蒟之误而已。（陆玑《诗疏》、郭璞《山海经》与《尔雅》注、郝懿行《尔雅义疏》、吴其濬《植物名实图考》及若干研究本草之书，为独能验证实物之言，然亦各有疵谬。近撰《周诗新诠》与校注《华阳国志》所发见者，已数百条。）

2. 汉武以来，交趾、日南成为中国郡县者数百年，汉人官吏商旅客居其地者渐多，亦渐习于嚼槟榔之俗，并渐传其俗入于乡土。在汉魏时，岭南似已深染此俗，六朝时则已盛行于长江流域，至于朝廷以槟榔作赏赐，戚友以槟榔、扶留相馈遗，死者以必供此二物为遗嘱。（分见宋《江夏王义恭传》，梁王僧孺《谢赐于陀利所献槟榔启》，与庾肩吾《谢赉槟榔启》。）足知其风靡之概矣。嵇含"蒟酱"之说，正创于此时。嚼槟榔风至隋唐时已经风靡于全中国。史文反少及之者，盖亦如布帛菽粟，既成生活寻常事物，则文士不记。仅可于州郡土贡与专记食货之文得之。（唐宋土贡今有明文，商品则无专书，但可从野史、文集中知其一二。）元明以后，似曾遭到政府法禁，其风渐衰。近世，则全国不见此俗。然道咸间流传之戏文，犹有"饱吃槟榔饿吃烟"句。吃槟榔即必同吃扶留、蛤灰。足见清末其风乃绝。颜师古时习嚼"蒟酱"，又知宕渠有扶留土贡，故亦从俗谬定为"蜀枸酱"也。

3. 扶留、槟榔，俱随食用引种入于内地，槟榔不能生。扶留能生于岭南，不能生于江河流域有霜雪之地。惟独巴蜀之长江河谷内，冬无霜雪，故能引种荔支、龙眼、香蕉、槟兰等热带植物。当长江流域已有嚼槟榔习，因引种扶留失败，而需要商品扶留时，巴地农民引种独得成功，自必精心培养之以为商品。故常璩《巴志》云"蔓有辛蒟"。辛蒟，即扶留也。《蜀都赋》所未及而《常志》言之者，引种成功之时间在西晋末也。巴蜀长江河谷无霜地亦不多。尤以北来寒潮侵入时，室内温度亦每降到摄氏五度以下，故"辛蒟"只能成为园艺作物，冬季需加蔽覆，管理颇为麻烦。苟非国人习嚼槟榔，需此商品，农人亦必不种。是故由巴蜀河谷栽培扶留之盛衰，亦可以推断国人嚼槟榔风之盛衰。唐时，则不惟巴蜀长江河谷种之，且又推广至于宕渠河谷，如颜师古所云。足知此种商品需要量之大与其价值之高。（宕渠河谷海拔虽较巴江为高，然其北有大巴山横阻寒潮，冬季气候比较安定。故亦能种扶留。）迨入明世，李时珍已未能见扶留实物，故其《本草纲目》虽说扶留为"蒟酱"而述其形态不真实。其辨订"篓叶""蒟子"，一片混乱俱由未见实物也。唐初颜师古见其实物于宕渠，而不知其引种之历史，遂以为蜀地所产先于番禺，并以为唐蒙所食之枸酱也。

## 三

以下论述"蜀枸酱"流入番禺之途径。

"蜀枸酱"（枳椇酱或枸杞酱）早已成为秦汉间商品，行销中原各地。故唐蒙至越南，一见即能识之。从而测知蜀与番禺之间有一秘密之商道。按《史记》文：蒙见设蜀枸酱，惊异，询设食者以"此物从何处来"？设食者漫指西北方曰"自牂柯来"。蒙不知牂柯为何地。但知番禺城外大河名"牂柯江"。因念"江水必自牂柯流来，故有此名。其源必近蜀，故蜀枸酱浮船此水运达也。"既回长安汇报使命，因遍访蜀贾人以枸酱运入牂柯江之路。蜀贾人畏担"奸出物"之罪，不敢备述其商道。惟曾遵关税制出夜郎者知夜郎即是牂柯，且知其城外行船之水有牂柯江称，隐示唐蒙以线索。所言固真实，可以按验，亦必与蒙有交谊者乃肯言，故蒙亦深信之，而建浮船牂柯以伐越之计也。蜀贾人固未曾以"奸出物"之全面途径告之，蒙亦未知夜郎牂柯江行船不能直达番禺，徒私度其能达而已。迨武帝已采蒙议，命其抚定夜郎与其旁诸小邑，当年置犍为郡。并以蒙为都尉，发巴、蜀吏卒从僰道开路向夜郎，阅二十三年为元鼎五年，夜郎驿道始通而南越反，于时乃发觉牂柯江浮船不能直达番禺。故汉武帝仍兼从豫章，长沙，桂阳，零陵与牂柯五路出兵，会攻番禺。结果是：南越已平，牂柯一路尚未能入越境，则唐蒙本计与地理实际并不适合故也。

据《史记·南越传》："使驰义侯因巴蜀罪人发夜郎兵下牂柯江。""驰义侯所发夜郎兵未下，南越已平矣。"《西南夷传》则云："上使驰义侯因犍为发南夷兵。且兰君恐远行……与其众反，杀使者及犍为太守。汉发巴蜀罪人尝击南越者八校尉击破之。会越已破，汉八校尉不下，即引兵还，行诛头兰。头兰，常隔滇道者也。头兰已破，遂平南夷，为牂柯郡。"参合分析，驰义侯于夜郎道通以后，应不过旬日可达夜郎。又既已"发夜郎兵"，则当浮船下牂柯江矣。胡为"未下"而"南越已破"？疑由于夜郎人固知牂柯江浮船不能直达番禺。驰义侯亦探知其如此，因重功令，畏后期，（汉法：出军后期当斩。盖曾与所领八校尉，分途觅路指求可再浮船之牂柯江道。自必各募有夜郎人为之向导。）自夜郎（今云南沾益县之黑桥镇）通番禺之水道，就古今地理形势言，有四线：

一、自夜郎浮船向陆良，改陆行经师宗、广南，至剥隘，约七百里。再浮船右江，经百色、南宁至桂平，入于牂柯江正流，又过梧州、肇庆至番禺。此为四线中水程最长且平便者。然在四线最西南,汉军将必嫌其纡远,七百里陆道又难知,故必更求于其东方。夜郎人亦必有以导之者。

二、自师宗东向罗平、兴义、册亨、罗甸(三县今属贵州),至天峨(属广西),陆行八百余里,皆距牂柯江(南盘江)北岸不远。然此段河谷郁热而多滩险,不可行船。自天峨以下,虽可行船,礁险甚多。直至来宾以下始平稳。实际水程甚短。在汉时尤多恶瘴,为时人所畏。汉军亦当疑而不取。

三、自夜郎直东,经普安,镇宁,安顺,惠水,独山,至荔波,浮船下金城江,过柳州,合牂柯江正流。陆道最长,水程最短。然水陆俱较安便。当时亦必有夜郎人引导之。

四、自鳖县(今遵义)陆行至且兰(今黄平县)。又南经凯里、丹寨,至三角屯(今三都县),浮船都柳江,入广西之融江。过柳州,入于牂柯正流(自独山亦可循此水道入广西)。此线最东,水道开辟最早。然去夜郎最远。其地面全属且兰国。当时犍为郡治鳖,故当驰义侯至夜郎,知牂柯江不能直航番禺后,正倚夜郎向导分途觅路时,又饬犍为太守发且兰兵分一校尉下周水指番禺。传云"上使",实驰义侯从夜郎人议为之,出多途以求必达也。诏敕初未征且兰兵,而太守催之苛急,故遂反矣。且兰反时,豫章、桂阳两路军已至番禺。驰义侯知终不可能至番禺,故合八校尉分路前进之军专击且兰,灭之。其时则南越已平,故"不下"而还击头兰。"遂平南夷,为牂柯郡。"传云"发巴蜀人尝击南越者八校尉击破"且兰。夫八校尉所领,皆驰义侯兵,本是"巴蜀罪人",见《南越传》。南越只此次反,一击而灭。此前并无击南越者。八校尉既在伏波、楼船两将军合攻番禺战斗极紧张时击灭且兰,则其非自"击南越"战斗中调来又可知矣。而云"尝击南越者"(《汉书》字亦作尝),初疑尝应读如当。嗣念自夜郎行军向南越,虽未至,亦未与战斗,固亦当称为"击南越者"。兹改从击且兰,故曰"尝"也。南越军事,自出军至平定,为时一年。其于牂柯郡内一年之过程,大抵如此。

于是可定:蜀枸酱入番禺路,为剥隘、右江一路,不可能是其他三路。从而可定唐蒙所言之牂柯江,即今之南盘江与西江之称。虽然,此亦但究唐蒙所言考订之耳。实则当时蜀枸酱行销甚广。蜀贾人不必只自夜郎输出此物于岭南,亦当有自且兰浮周水以入牂柯江者。自巴入鳖以至且兰,其道更较自僰道通夜郎易。而浮周水至番禺亦较浮右江为近。则巴贾人岂遂不能致蜀枸酱于番禺乎?窃疑唐蒙所食之枸酱,实自且兰来。但蒙至长安所访之贾人,只是蜀贾人耳。设其能访及巴贾人,则汉用二十三年精力以经营之"制越一奇",应已成熟。直浮融江出番禺,与出零陵之军合力，唐蒙之功斯全美矣。

汉世，自司马迁记牂柯江外，学人入南夷者少，续言牂柯江者只桑钦《水经》。《水经》言："牂柯水东至郁林广郁县为郁水，南流入交址。"末句已错误。宁州陷没后，历隋、唐、宋、元，无能考牂柯江为何水者。明、清世，云南、贵州建省，方志家开始加以考订。其下游为广东之西江；在广西者称为郁江，大体一致。上游是何水，则言人人殊。虽皆依据《史记》"夜郎临牂柯江"一语，而订夜郎位置不同，所指牂柯江亦异。

郑珍《遵义府志》定夜郎于綦江县夜郎坝，则指綦江水为牂柯江。田雯《黔书》，定夜郎在桐梓县，则指乌江为牂柯江。莫与俦《牂柯考》，萦回于此二说间，明知其水道不通番禺，亦缘订夜郎于遵义附近，而强为之说。此则当弃者也。

郭子章《黔记》，指蒙江（罗甸河）为牂柯江。郑旻《牂柯江解》，定北盘江为牂柯江。意谓夜郎在今黔西南盘江之北。汪士铎《汉书地理志稽疑》主之，而定夜郎为"郎岱"。依西江干流立说，有可取，亦有难通处。

《明一统志》《都匀府志》，定夜郎于荔波。以金城江为牂柯江。黄宗羲《今水经》改为大韦河（惠水）。俱由贵州建省后，贵阳附近地理渐明，竟为新说。惜于水道言之有据，只夜郎位置未合耳。洪亮吉《贵州水道考》，定夜郎于三角屯（今三都县），以都柳江为牂柯江。吴振棫《黔语》遵之。较盘江说与荔波说有进步。洪氏为贵州学使，得遍历各县，故其见解较高一筹。惜其未得为云南学使，不知夜郎在贵州外矣。

陈澧《汉书·地理志·水道图说》定夜郎为今广西凌云县。始肯定广西之盘江（红水河）为牂柯江。

程封《牂柯考》，始定夜郎于云南罗平县，而以南盘江为牂柯江。屈大均《广东新语》，曹树翘《滇南杂志》从之。皆乾嘉以后人，始留心于滇中求夜郎者也。

童振藻《牂柯江考》（载《岭南学报》一卷四期），始推夜郎在云南之沾益、曲靖间。唐钺《水经〉存、温、浪水条文举疑》（载《东方杂志三十九卷九期》），定其位置在沾益。此皆近世学人，由地理实际作出判断。故能远胜前人也。

此外，尚多有徒据书本，昧于地理实际，及只片面的地理考察而昧于古史文义之妄推，即无庸列举矣。

最后考订牂柯与夜郎之名义，说明牂柯与夜郎在含义上的区别。

牂柯之名，最先见于《管子·小匡篇》："桓公曰：余乘车之会三，兵车之会六，九合诸侯，一匡天下。南至吴、越、巴、牂柯、𠫤、不庾、雕题、黑齿、荆夷之国，莫违寡人之命。"今按：《小匡篇》多记管仲死后事。此称"桓公"，亦可知桓公死后文。盖管仲信徒所撰,最早不能过战国,晚可能出于秦汉间之方士,与《山海经》作者同时;所言与史实不合,然所举九国则皆实有,如雕题、黑齿,皆南夷部落习俗,为方士远探者所曾见(胝,疑是辰字,辰水区产汞,方士所至。不庾音丕,即大庾。山越之古国也,大庾岭困以为名),非虚构。牂柯叙列于巴、胝之间,足知其位置。当时自吴、越、巴、荆外,其中五国实尚未能建成国家。"牂柯",只当是氏族之称,如神农氏、轩辕氏、有虞氏之类。《常志》谓夜郎王族"氏以竹"。竹,夷语译音,其声本为"牂牁",促读之则为竹也。《小匡》所记,是常璩之前四百年南夷语,时无"夜郎"之称也。《常志》所传,是四百年后,已建成夜郎国时之南夷语,固当微有不同也。

夜郎语今不可考。然就此地区古今地名推寻,汉有夜郎,且兰,头兰,越巂郡有白狼,皆只因时地异而译字不同。音则同矣。今西昌县地名多有"郎"音(如樟郎),《西昌县志》云:皆古夷官驻牧地。又今雷波海畔之"黄螂"亦古郁马国邑,汉置郁鄢县处也。由此推之,"郎"者,盖南夷语统治者驻地之义。元明杂剧,恒称夷王为"狼主",当是借南夷语,非羌胡语也。"夜"字在汉语非吉祥字,其为译南夷音所用字无疑;在南夷语,则当是崇高之威权含义。史迁文:"窃闻夜郎精兵可得十万。"则其所辖之民户、胜兵役者("胜兵")数量可知。非其本国即已具此人力也。《史》又谓唐蒙"见夜郎侯多同(多、毒、竺、竹亦是一音异译)。蒙厚赏赐,喻以威德,约为置吏,使其子为令。夜郎旁小邑皆贪汉缯帛……乃且听蒙约。"所谓"旁小邑",盖如句町、漏卧、且兰、头兰、宛温、同师之类,多是牂柯氏之支分,或夜郎所能役属之经济领域以内,故夜郎受抚后,诸旁小邑亦即受抚,后遂以此地区置牂柯郡。

唐蒙问枸酱所从来。南越人答曰"道西北牂柯。"此牂柯,为夜郎国与其旁小邑之统称,即旧牂柯氏地所发展成为大夜郎领域之代称。与夜郎本国微有区别;正如夏后氏国之与华夏,周王畿之与周朝全境。汉置郡名牂柯,而夜郎、且兰、句町、漏卧皆为县。且兰国已灭,则称"故且兰"。其王存者,则皆只置吏,以其子或近臣为令。迫诛灭其王,乃派中土人为令长矣。

滇池初亦夜郎地,为劳深、靡莫部落。后以分与庄蹻,遂发展为一大国,其地西接哀牢,奄有叶榆。"滇王与汉使者言曰:'汉孰与我大?'及夜郎侯亦然"。故世人嘲"夜郎自大"。然就大夜郎言,实包有今云南东南部,贵州全省及广西之一小部,与蜀、巴、南越面积相当;而山水险阻,行程艰苦,或数十日乃能竟其境界。就落后夷国言之,亦可谓大矣。

## |附三| 蜀布、邛竹杖入大夏考

《史记·西南夷传》:"张骞使大夏来,言居大夏时,见蜀布、邛竹杖。使问所从来,曰:'从东南身毒国。可数千里,得蜀贾人市。'或闻邛西可二千里,有身毒国。骞因盛言:'大夏在汉西南,慕中国。患匈奴隔其道。诚通蜀——身毒国,道便近,有利无害。'于是天子乃令王然于、柏始昌、吕越人等,使间出西夷西,指求身毒国。(王然于、吕越人皆建元中司马相如通西夷时副使。见《相如传》。)至滇,滇王尝羌乃留为求道。西十除辈,岁除,皆闭昆明,莫能通身毒国。"《大宛传》略同,而较翔致。云:"天子欣然以骞言为然。乃令骞因蜀、犍为,发间使,四道并出:出駹,出冉,出徙,出邛、僰,各行一二千里。其北方闭氐、筰,南方闭巂、昆明。昆明之属无君长,善寇盗,辄杀略汉使,终莫得通。然闻其西可千余里有乘象国,名曰滇越。而蜀贾奸出物者或至焉。于是汉以求大夏道,始通滇国。"

今按,"大夏",今阿富汗。"身毒",今印度。古今地理形势皆合,更无异议。"滇越",旧时无作考订者。《史记正义》曾用滇与越巂二义谬拟为国内地名,不能有所指。史迁既称为"乘象国"则可定为滇、缅或印、缅间地。余初拟为缅甸之八莫,后改拟为密支那。常璩《南中志·永昌郡》云,"有闽濮、鸠獠、僄越、躲濮、身毒之民。"其下续举"黄金、光珠、虎魄、翡翠、犀、象……蠃、旄、帛叠、水精、瑠璃、軻虫、蚌珠",皆当时国际市易之珍贵商品。足知当时永昌地界,确曾有中、印、缅各民族贾人会聚之市场,未开南夷置郡县前,蜀贾人称之为"滇越。"秦汉世,泛称南方民族为越,对其族落或国家,不能详其本称者亦漫称为越。此称滇越,盖谓其在滇国西界,或尚与滇有政治或经济上之联系也。"闽濮"之闽,对音,当即后之"孟人",历世聚居云南省西南境,亦曰蒙族,曾于唐代建成南诏国家者也。其语言属泰语支。最古之哀牢人与近世尚广泛居于中缅边界之掸族,俱当是其别支。"鸠獠"之鸠,对音,当即明清方志所称之"犾夷"。今云"克钦族",历世聚居于哀牢西界,为一大民族,属藏缅语支。"僄越"当即是缅甸族之古称。隋、唐世建成骠国,都城在曼德勒,即古人所称之"八莫。"其后乃称缅甸国。今仍为缅国人口最多,文化最高之核心民族。"躲越"盖即倮苏(洛素),即《西南夷传》所谓"巂、昆明"之巂,《后汉书·南蛮传》所谓"乌浒",《唐书》所谓"东爨",近世所称之

"彝族"也。与怒族、傈僳、纳西、普米同属于藏语支。今尚有大部住居云南,小部住居缅甸、老挝、越南边界。晋时,此诸部族皆尚未建成国家,当时漫以越、濮称之,仅有如此区别而已。至于"身毒",显然指印度商贾之居于此者。此足为秦汉时哀牢地区已有汉族贾人与印度贾人及哀牢附近诸民族贾人,互以各所有珍奇商品市易于此所谓"滇越"地点之明证。当时中印海道未通,"奸出物"之商贾,惟有遵陆自蜀出邛,或出夜郎,经滇国,过叶榆,入哀牢,至伊洛瓦底江上游地区,与此诸民族市易,可得珍异之商品,运回内地以博厚利。印度商贾于时尚不能出远海,亦惟依布拉马普特拉河东入阿萨密(亚山),缘伊洛瓦底上游诸支流河谷间浅山小道,进入此所谓"滇越"市场,与我国内地贾人及哀牢附近诸民族部落市易。张骞所侦得之大夏"从东南身毒国可数千里"之"蜀贾人市"(滇越),必在此滇缅间伊洛瓦底上游诸支流地区,为可定矣。

余初定其地于八莫者,为当时南洋商品必由此入于我国;犀角、象牙、帛叠(木棉布)、水晶、瑠璃、轲虫、蚌珠与"邛竹杖"皆是也。然其地去中、印商路为远。中印商路当在其北,与近世中美开辟之中印公路接近。故又估计在密支那与南里。密支那在克钦族住区中心,亦有掸人与怒族、傈僳杂处,在晋世为永昌郡之永寿县。永昌吕氏,于闽濮叛乱后曾徙郡治于此,必缘其市场繁盛故也。其地东距滇国,西距阿萨密,道里略相当;东距邛、蜀、中原地区,西距东印度、中印度与大夏,道亦略各相当。上古文化发展进程约略相当之中、印两国,其"奸出物"之贾人,互市于此,自然合理。虽无其他文献足证,但从地理条件估订,应非毫无疑义。

所谓"蜀贾奸出物"者,谓偷越关徼,避开徼稽征者。字亦作"间出物",与上引之"使间出西夷西"之间字含义相同,谓觅间隙而进。关徼外本无道路,但有间隙可通即赴之也。凡原始民族部落之间,本无通路,但因人民流动,每得造成间隙相通之路。商贾逐利,用之往来,形成流通货物之商道。各国政府因之而推进军事与政治,纳入版图。南路无隙不入。往往商路远达数千、万里,政府尚无所觉。政治军事之推进,落后于商路开通数千年后者多有之。例如"丝绸之路"虽在唐代乃盛传于时,实则远自殷周已成大道,即周穆王西访西王母之路也。其商贾间通时间,又当在周穆王前数千年。否则流沙瀚海之间,穆王虽有善马,苟无可靠之商贾为之向导,安敢轻尝试哉?穆王既已通行于前,而张骞、堂邑父等乃不能得间以脱匈奴之拘留者,恃在官使遵大道,非求间也。仍得逃逸,完成其使命,并再被留仍得逃归者,能求间也。太伯入吴,枸酱入番禺,皆是间出数千里外之明证。蜀贾人市,仅在滇外数百里，为中印间民间市场，固无足怪。

汉武以全盛之时，发间使四出，滇王又助之求道，而竟来能通者，亦为其为官使也。设能募商贾人乘间，则必能得通矣。商贾人之"间出物"者，每入一民族势力统治区，即分出其财货以赂势者，保其在该区内行动安全。再入一区亦然。故能只身远行，利多于害。近世大小凉山彝族区尚行此制，称为"保哨"。故解放前官吏不能入彝区一步，而奸出商贾则能输入枪弹盐布，兑换鸦片山货而出，穿其境可以平安无事。汉武虽发间使，使人所至招摇，为土著民所恶，则安能得通身毒哉？民族地域，已进入国家或氏族公社者，其君长畏汉，不敢不云助求。其内心实不愿之。若在巂昆明与氐莋之原始社会，并无君长约束，而无商贾方式之诱结，故虽"百余辈"，无益矣。

然则不可募商贾乎？亦不可能。凡间出之商贾，皆自知其为犯法者也，孰敢自暴其罪于政府，以易不可知之爵禄哉？惟有讳莫如深而已。即如长安贾人，以私谊告唐蒙夜郎路，亦不泄其运致枸酱之路，故徒能误八校尉之师行而已。汉世贱商贾，士大夫羞与往还，此亦其终不能得通往身毒之路之一原因。

友人张毅，习英、法、印、藏文，治中印文化交流历史。近得接晤，出所撰《早期中印关系的探索》一文（尚未发表）见示，与余旧校《南中志》见解契合，而引据丰赡，多为余所未及。兹撮其重要书证如下。

引鱼豢《魏略·西戎传》："盘越国，一名汉越（王），在天竺东南数千里，与益都（部）相近。其人小与中国人等。蜀人贾似至焉。"（用《三国志》卷三十《裴注》引校）。又引范晔《后汉书·西域传》，"天竺国，一名身毒。……东至盘起国，皆身毒之地"，并引《通典》起字作越；《梁书·中天竺传》作槃越，证明起为字讹。

又引玄奘《大唐西域记》"迦摩缕波国"文，"此国东，山阜连接，无大国都。境接西南夷，故其人类蛮獠。详问土俗，可两月行入蜀西南边境。然山川险阻，瘴气氛沴，毒蛇毒草，为害滋甚。国之东南野象群暴。故此国中象军特盛"。并引梵文 Dānava 为此国古称，即滇越之对音。考订甚精当。

又引义净《大唐西域求法高僧传》之《慧轮传》文，"去此寺（鹿园寺）不远，有一故寺，但有砖基，厥号支那寺。故老相传云：昔室利笈多大王为支那僧所造。于时有唐僧二十许人，从蜀川牂柯道而出，向莫诃菩提礼拜。王见敬重，遂施此地。现今地属东印度"。（张氏自注云："蜀川去此寺有五百余驿。"又："室利笈多王朝在三世纪初。"）又引《高僧传》初集卷七《释慧睿传》："游学四方，经从蜀川之西界，为人所略……商人以金赎之。既还袭染衣，笃学修法，游历诸国，乃至南天竺界。"

说明蜀、印之间，旧有通道。

窃谓迦摩缕波国，固即今之阿萨密邦，亦即史迁所述之"滇越"也。然非即所述之"蜀贾人市"也。自《后汉书》《梁书》与《大唐西域记》，皆谓此为东印度之一国。去中印度奔那伐弹那国九百里。其王遣使迎玄奘往，称其"奕叶君临，逮于今王，历千世矣"。国境周万余里，都城周三十余里。则谓"蜀贾曾至焉"可也，安得为汉初之"蜀贾人市"哉？然其王谓玄奘曰："今印度诸国，多有歌颂摩诃至那国（按至那，即支那）秦王破阵乐者，闻之久矣。岂大德之乡国耶？"是其时西域路与海道大通，古代中印往来之旧路早已废绝，故秦王破阵乐之传入印度，亦自西域。此国王仅从中印度传入而演观之。按《唐书·乐志》，《秦王破阵乐》，《巴渝舞》之演变也。巴歌渝舞，不从滇国传入亚山，而待唐世始由印度传入亚山者，蜀贾人不知乐舞，而中印政府间古原隔绝故也。大抵自晋弃宁州，蜀与印度之市易旧路即渐为西域路及海道所夺。永昌西界与亚山国间陆路渐废，惟宗教徒尚有依之往来者。迄唐代，则已断绝。直至中美修筑中印公路始得复开。近人传言，印缅界上，骈山叠嶂，竹箐丛密，斩之复发，为工程一大困难。古今地理演变如此，固当无从寻得汉代蜀贾人市所在。若汉魏以前，此路为中印唯一交通之商道，则必然矣。

旧校《华阳国志》，至霍弋"善参毗之礼"句，知魏晋世佛法尚未入蜀时，早期之印度密法，即已流行于南中各阶层人物间。近年见南充天宫山西汉崖墓造像，有檀城与飞天夜叉，知佛法尚未入中华时，早期之印度密法已从南中传入川北之賨民住区。此其道固唯能自亚山（阿萨密）至永昌，经滇、邛、夜郎之商道来矣。世只知明帝迎金人于西域，达摩由海道入东吴者，亦为陋矣。

以上论中印古通道在永昌与亚山之间。以下论蜀布与邛竹杖。

蜀布，蜀中大奴隶主作坊生产之商品，即苎麻布也。苎麻为巴地长江河谷賨民最先培育成功之野生植物。由其性喜高温、湿润、微酸性之疏松土壤，知其原是热带雨林之野生植物。由其有块根可食，经人类引种扩散，甚早已种于长江流域宅畔废地土坎间，称之为苎。取宁为义。宁犹贮也，取能贮养分子根以备荒也。初皆视同草类。巴地农民最先育成纤维作物，绩以为麻。巴河谷不种大麻，专恃此麻，称为苎麻。苎麻较北方所种大麻特多优点，耐湿强韧而易漂白，用为夏衣，美观舒适。秦汉间，临邛大奴隶王之纺织作坊，大量收购此麻，绩为细布，漂使洁白，以为商品，流行四方。印、缅等热带富豪尤重之。以其生产于蜀地，称为"蜀布"。由于蜀布行销印度历久，印度商贾渐知其法，从而引种入于印度，故至今印度称苎麻为"中国草"（Chinagrass）也。

苎麻之野生于热带地区者，德国植物学家伦富于一六九零年（康熙二十九年）最先于巴诺亚岛发见，订名为 Ramie（张勖《种苎麻法》）。彼人当时固未知中国已培育成为行销世界各国夏布之原料作物，称为苎麻矣。中国苎麻，初只种于长江流域，元代始引种入河南山东成功，见证在《农桑辑要》。而《诗·陈风》云"东门之池，可以沤麻"与"可以沤纻"。郑玄以下说《诗》诸家，皆释纻为苎麻。则由于已知有苎麻产于南方而不知牡麻为麻，母麻为纻之义（在《说文解字》）。今人又习知苎为重要之一种麻类，而不知其原是人类作为备荒之野草。于是说苎麻者，同以昧于事物发展之缺点，各执其地域差别与历史发展之偏见，谬相牵合，相与混乱，以至于纠缠难理。今为避免繁琐考据，约言以整齐之曰：Remie（热麻）为苎麻原种。人工培育成为纤维作物之苎，则是二千年前长江流域农民的创造。其最先育成者为巴区之賨人。賨人无大麻所织之布，但有苎麻所织之布，是为"賨布"。賨布质粗，而洁白柔韧，耐水湿，汗渍不败，宜为夏衣，行销南国。秦汉间，蜀中大奴隶主作坊特精制以为外销商品，遂入身毒、大夏。张骞在大夏见而惊之，称为"蜀布"，时则惟蜀中有此布故也。《艺文类聚》引《张骞传》作"蜀賨布。"足见宋雕板固定《史》《汉》文字以前之写本《汉书》，有作"蜀賨布"者。亦由魏、晋、隋、唐人知蜀布即賨布，皆苎麻布，故衍賨字也。蜀布既流行，湖南、江西、浙江等地区农民相感而种苎制布。惟越地制作亦最精，行销海外与中原；对"蜀布"言，称为"越布"。《后汉书·独行传》载：陆续，会稽吴人也，"祖父闳，字子春，建武中为尚书令，美姿貌。喜著越布单衣，光武见而好之。自是，常敕会稽郡献越布。"自张骞言蜀布，至光武征越布，约百七八十年。越布之驰名，远后于蜀布可知。汉武时苎布之为商品，固当只蜀地有之。其时海道未通至印度，行销于印度者只恃"蜀贾奸出"，则越虽已有苎布，亦不能为张骞大夏所见。此事理之必然也。

印度（身毒）恒河流域，亦是湿热酸性土壤地区，何以不产苎布，而必远贸于蜀地？此亦不足怀疑。印度与南洋群岛虽亦俱产野生苎麻，但他们直至清之初世尚不知利用苎为衣料。故只能购入蜀中苎布（华侨入居后，当有所改变）。夫利用苎为衣料，尚当有培育苎为农作物之一阶段，不惟当有绩麻织布之技术而已。譬如狗尾草，地球各地皆有，惟中华独能育成粟谷（小米），其他种粟者，皆自中华引种，不知其与狗尾草有何联系。又木棉原种为攀枝花，亦中国南方所固有，而中国未能自行育成木棉，直至元代始从西域之高昌引种入内地成功（亦明著于《农桑辑要》）。则印度之虽有野生苎麻，而汉世必须由永昌西之蜀贾人市输入苎布，何足怪乎？

自吴大帝开通海上商路，中印物资交流改由海上，永昌商道浸废。于是"蜀布"

之名渐偃,"越布"生产日盛。千余年至今,"江西夏布"畅销,又在蜀布、越布之上。则地方生产进度不平衡,优进者胜,株守者败,理固然也。近世巴蜀惟隆昌麻布勉强能与江西夏布追随。胶州湾开辟后,德商大量集运苎布,隆昌苎布与江西、湖南苎布皆集中山东而后出口。商品之发展变化,经余一人目见者,其不固定如此。则汉时苎布奸出身毒之不能为时人所周知,又何足怪哉!

以上辨"蜀布",即苎麻布。

邛竹杖者,省藤所作杖也。省藤(calamus rotang L.),热带常绿植物,属棕榈科。茎细而长,至数十丈。倚他物上升,而不曲绕。生时有刺。经刮制后,表皮坚莹如玉。通体强韧,高节而实心,具弹性,不折,不破,不挠。巨者截为杖耐磨不损。近世舶来品手杖,即此物为之。其细者擘为篾,供编织为筐为席,尤细者供缚束,今所谓"广藤"是也。我国自海南岛及云南南部之热带气候区有之。出产最多处在南洋群岛与中南半岛,远自周秦世,即以杖材输销我国,西南山区居民几于人人有之。又自邛国输入蜀巴,远达中原。古人以其似竹,而自邛来,称为"邛竹杖"。邛、蜀实无此物栽培,随商贾漫称之为邛竹杖而已。张骞汉中人,早见此杖,误为蜀物。及在大夏,又见之,遂与蜀布同认为蜀之特产。实则此杖径自身毒输入大夏,并不经过蜀与滇邛、夜郎,但蜀人与滇、邛、夜郎人多有之而已。古邛竹杖,但断省藤之逾指细者为之,刮光滑外,不加修饰,截五六尺长即为商品。今西藏人朝山及商旅、亦各有之。亦复以为商品,自陇西售入内地,为矛柄,杖具及戏剧用棍。巴、蜀已不习见。古代士大夫,自汉以来崇尚雕饰四灵之"扶老杖",不尚此直长之棍形杖,渐渐不识邛竹杖为何物,望文加以谬解。展转缠误,纷挐不可悉举。兹撮举其影响最大者纠正之。

《史记集解》引韦昭曰:"邛县之竹,属蜀。"昭,三国吴人,当时未见实物,谬从蜀人言之。蜀人使吴者,亦徒见其自邛都来,则曰邛杖。犹张骞之徒见苎布自蜀来,即称为"蜀布",皆率意推测而名之耳。又引瓒曰:"邛山名。此竹节高、实中,可作杖。"是曾见其物者所言矣,而未知其产地与生态。亦谬从蜀人言是逾邛崃山来,加山名。(《汉书注》引作:"邛,山名,生此竹,高节,可作杖。"又多"生此竹"三字。转引加工者,多如此谬。)

刘逵《吴都赋·注》:"邛竹,出兴古盘江以南。竹中实而高节,可以作杖。"此西晋说邛竹。臣瓒《汉书》注实引用之。"高节实中",深得此物要领。"高节",谓节间长,植物以直上为高也。"实中"则非竹,但外形似竹,呼为竹耳。初未言是邛国产。

其后,顾凯之撰《竹谱》云:"筇竹,高节、实中,状若人刻,为杖之极。"是见其实物之赞语。字作"筇竹",似吴中贾人传称产地本语为筇。适与邛国同音,世人遂妄传为邛都之竹。实则邛国绝无此竹也。

《竹谱》又引《广志》云:"出南广邛都县。"则地理刺谬。其下又云:"《张骞传》云于大夏见之,出身毒国。……越巂,则古身毒也。"更是荒谬之极。《广志》久佚,惟见它书摘引条文。元李衎有《竹谱详录》引《广志》云:"出广南邛都县。近地一两节多曲折如狗脚状,节极大而茎细瘦。俗谓之扶老竹。"所言则今世所云"鼓锤竹"(鹤膝竹)也。鼓锤竹为浙闽园艺家培育成之奇种,竹节大于算盘子,而茎细如箸,供观赏、玩具用。近世人以为叶烟管,不可作杖。郭义恭言不当如此。大抵此皆后世人傅加之语。借《广志》以惑人,故窜混之。

《山海经》中次十二云:"龟山多扶竹。"郭璞注云:"邛竹也。高节实中,名扶老竹。"大抵魏晋人说邛竹杖者皆有"高节实中"语。隋唐以后,始弃此四字,凿凿然说为邛都或邛山之竹。扶老、灵寿等杖名亦混搅不清,全失"省藤"形义矣。

唐颜师古《汉书》注引"臣瓒曰"较《史记集解》引"邛山名"下,多"生此竹"三字;"高节"下删"实中"二字。足知其时皆以中空之真竹类如鼓锤竹、金竹、及其他畸形竹杖,说为邛竹。师古自注云:"邛竹杖,人皆识之,无假多释。而苏林乃言'节间合而体离',误后学矣。'苏林,魏黄初时陈留人,不识邛竹杖,谬以所见畸形竹杖拟之。颜氏斥之,是矣。而其自所说"人皆识之"之"邛竹杖",则亦非矣。颜氏虽不述其形状,有张守节引语可推。张亦唐人也,其《史记正义》云:"邛都邛山出此竹,因名邛竹。"正与颜注同用瓒说。而"高节"下有"实中,或奇生,可为杖",衍五字。盖唐时已有人取邛来山之白甲竹,(与金竹同类)连其地下茎,即李衎所谓"如狗脚状"之部,雕饰为灵寿杖之状,冒为《汉书》之邛竹杖,行销于关中与中原。此种杖,近年邛来县人尚有制造出售者。白甲竹质劲而薄,不耐磨损,家居老妇宜用为杖;行旅,则用数日即破损,决非张骞所见甚明。大抵唐宋元明人皆以金竹或鹤膝竹之硕壮者连头带根截雕成动物形之竹杖为邛竹杖。不复知有省藤杖。亦有用椶竹者。棕竹引种入内地最晚,亦棕榈科植物,适为杖用。中实而节殊短促。张守节晚唐人,似曾见棕竹杖,冒为邛竹,故于引瓒说加"实中"字。又似兼重苏林说,故加"奇生"字。微异颜注。要皆以内地之竹类说"邛竹",无能涉想至省藤者。

至于唐宋以来方志书,则无不妄谓邛竹杖为蜀地邛崃山所产,即张骞大夏所见者。不胜引驳,亦不值引驳。一言以蔽之,临邛至邛都间,决不能生产高节实中之山行杖材。我既经踏勘,固未曾有;衡之物理,更不能有;参详史文,自亦不得如此。

# 公孙述刘二牧志①（卷五）

任乃强全集·第五卷

---
① 二牧，何、王、石本作牧二。

# 一

先王命史，立典【远】建廖本校注云"当作建"。则，经纪人伦①。三材李本作才。炳焕，品物章矣②。然而，有志之士，犹敢议论于乡校之下，蒭元丰、刘、张、钱、《函》、廖本作蒭。李、吴、何、王、石本作蒭。荛之人，加之谣诵于林野之中，管窥李本作窥瞽言，君子有采。钱写作咏。所以综核群善，休风惟照也③。公孙述、刘牧二主之废兴存亡，《汉书》《国志》固以详矣④。统之州部，物有条贯，必申斯篇者⑤。此句断。旧连下读，非是。格之前宪：《左氏》，素臣之功，王侯之载籍也，而《八国之语》作焉；《五传》，渊邃大义，洋洋圣人之微言也，而《八览之书》兴焉⑥。苟在宜称，虽道同世出，元丰本出字空格。一事廖本注云："当作一事出。误倒。一句绝。"兹不取。【身】再见，游精博志，无嫌其繁矣⑦。

案：常璩以公孙述前之巴、蜀、汉中古史并入地理叙述，为前四卷；公孙述，刘焉、刘备父子，赵廞、李特兄弟祖孙割据事为第五至九卷。故《隋书·经籍志》列之于霸史类。然一般学者恒仅重视其前四卷，于割据诸雄事则直取正史。常璩亦自嫌其第五、六、七卷取材不出于两汉三国旧史，特以志一方事，例当收列此诸人业迹，故于此卷弁此一百六十六字以阐其旨。

此章原文用经史典语甚多，兹但指其出处，通其语意。

【注释】

①此言商周诸王已经设立史官，其职在于掌握文字，记录历史经验，建立管理社会之法则。旧刻本皆作"远则"，句下属，失其本义。兹从廖本校语，改作"建则"，于经纪人伦断句。"人伦"，谓君臣、父子、夫妇、长幼之序，出《孟子·滕文公》。亦曰"人纪"，《尚书·伊训篇》"先王肇修人纪"是也。

②此言历世史官尽职,已经阐明天地与人之关系,人与万物之相互关系,区别品类,彰彰著明矣。"三材",即三才,指天地人。出《易系辞》。

③此言史官所收,犹有遗佚,不能尽满人意,故士人在乡校,樵牧人民在林野仍自发为议论,放为歌谣,以补史官阙失。贤者必广为搜采,使人间所有善德休风,光昭史乘。《左传》襄三十一年:"郑人游于乡校以论执政。然明谓子产曰:'毁乡校如何?'子产曰:'何为?夫人朝夕退而游焉以议执政之善否。其所善者吾则行之。其所恶者吾则改之,是吾师也。若之何毁之?'"《诗·大雅·板》:"先民有言,询于刍荛。"蒭,刍俗字,谓采牧草者。荛,采薪者。又《周南·兔罝篇》:"肃肃兔罝,施于中林。赳赳武夫,公侯腹心。"叹林野有贤士也。《尔雅·释地》:"邑外谓之郊。郊外谓之牧。牧外谓之野。野外谓之林。"故常氏以林野为称。《汉书·东方朔传》:"以管阙天。"喻所见之少。《荀子·劝学篇》:"不观气色而言,谓之瞽。"常氏借以喻鄙人质直之言。"综核"犹云综合。照,昭字通。晋代讳昭字,故多作照。

④此"汉书",谓班固最先撰成之《汉记》二十九篇,原只《光武本纪》与东汉开国功臣及僭伪公孙述等传。后经历世续修,称为《东观汉记》。魏晋六朝人所纂后汉史之蓝本也。《后汉书》卷七十《固传》:"除兰台令史。与前睢阳令陈宗、长陵令尹敏、司隶从事孟异,共成《世祖本纪》。迁为郎,典校秘书。固又撰功臣、平林、新市、公孙述事,作列传、载记二十八篇奏之。帝乃复使终成前所著书。"即自高帝至王莽之《前汉书》百篇。当时实与东汉世祖纪与功臣传等合称《汉书》。至建初中,乃划前百卷为"前汉书",后二十九篇仍称"汉书"。固死后,经历世续修,乃称《汉记》。今存《东观记》残文,犹有《公孙述传》八百八十三字,盖皆班固《汉书》之原文也。《国志》,陈寿《三国志》之省称。

⑤此"者"字是语助词,不作起句问答语气解。言公孙述、刘二牧、蜀二主所据地皆在汉之益州刺史部,为撰益部史者所必当收,不能因《汉书》《国志》已详而遂不论。否则难于建立条理。此"物"字,包括人事言之。《易卦·家人》:"君子以言有物而行有恒。"孔颖达疏云:"物,事也。"

⑥"格",量度也。"前宪",前人之法式。此言昔人谓孔子作《春秋》,为"素王"。左丘明为之《传》,为"素臣"。《左传》既已阐明素王笔诛之义,成为百二十国完整载籍,而犹于经传外,著《国语》,述八国嘉言,以补经传所未及。又为《春秋》作传者,已有左氏、公羊、谷梁、邹氏、夹氏五家(具见《汉书·艺文志》),阐明微言大义,而吕不韦又集诸儒议论为《吕览》八篇,演论人事,明其劝戒,号为《吕氏春秋》。皆不嫌为叠架。

⑦"出一"二字,元丰本不明。明清刻本皆明作出一,应是李㼉所正。廖本拟改作"道同世一,事出身见",特失文义。"道同世出",谓割据益部者世有之,国小速亡,如出一辙,故曰道同。"身"为再字之讹,前人未校得耳。"一事再见",谓公孙、二牧、二主事,见于《汉书》《国志》,再见于此,为古义所许。作"身见",则义不可解。常氏见李氏事,不得言"公孙述、刘牧、二主之废兴存亡"为身见也。"游精博志",谓乡校、林野精粹之谣、野史、方志有当之说,广泛采收,取精用宏,故曰"无嫌其繁矣"。

## 二

汉十二世孝平皇帝,帝祚短促,国统三绝。孝元后兄子、安汉公、新都侯、魏郡王莽篡盗,称天子;改天下郡守为卒正;又改蜀郡为导江;迁故中散大夫、茂陵

公孙述刘二牧志（卷五）

公孙述字子阳为导江卒正，治临邛。而刘辟起兵广汉。更始刘圣公在南阳，蜀<sup>李本作述。非。</sup>欲应之。会宗成、垣副、王岑等作乱，述率吏民拒御之。所在讨破，筑围守防遏逸越，斩首万计，遂据成都，威有巴汉①。政治严刻，民不为非②。更始诛王莽，都关中，为赤眉贼所败。<sup>此下，张、刘本提行。元丰及钱、《函》、廖本空格。吴、何、王、浙、石本连。当连。</sup>建武元年，世祖光武皇帝即位河北。述梦人谓己曰："【公】<sup>吴、何本作公孙。</sup>系，<sup>旧刻此下有"后汉作八厶子系'七字小注。顾广圻校云："此八厶二字合为一耳。宋人校语误。谓与《后汉本》不同者，非。明人改子作孙，又误中之误。"廖本缘之，于公字下小注"按当作八厶二字"，系字下注"旧校云……此传写之讹，非有异也"等字。今按：旧刻小注七字。元丰本已有，北宋人语，顾氏未知。</sup>八厶子<sup>吴、何本作公孙。</sup>十二为期。"述以语妇。妇曰："朝闻道，夕死尚可，何况十二乎③？"会夏四月龙出府殿前，以为瑞应，述遂称皇帝，号大成，建元龙兴。以莽尚黄，乃服色尚白；自以兴西方，为金行也。以功曹李【雄】熊<sup>元丰本、廖本作雄。他各本习作熊。廖本注云："当作熊，见《后汉书》。"今按《东观记》亦作"李熊"。旧缘音误雄也。</sup>为大司徒，巴【部】郡<sup>《函海》、廖本作部。他各本皆作郡。</sup>任满为大司空，弟恢为太尉，<sup>《函海》注云："《后汉·公孙述传》作以其弟（光）为大司马，恢为大司空。"（原脱光字）。今按：《范史》又云"大司徒任满"。</sup>具置百官④。造十层赤楼，射兰。<sup>《后汉书》作"帛兰船"三字。元丰本与廖本作"射兰"。他各本皆作"帛兰"并二字，盖李㙆缘《范史》误改。顾广圻校稿，先有墨批云："《后汉书》云，又造十层赤楼、帛兰船。章怀注：盖以帛饰其兰槛也。"又复有朱字续其下云："按，射兰又见《蜀志》，云张仪、张若城成都，置观楼、射兰。是道将意不谓船。未可以章怀注相谬也。癸酉五月记。"盖墨批为旧校已有。朱批出顾千里。原批并在何焯朱校本眉上。千里重视朱校射字，而未知其出元丰本也。</sup>改益州为司隶，蜀郡为成都尹。时世祖方平河北，而【荆邯】廷牙、田戎<sup>当改"荆邯"字作"田戎"。说详注释。</sup>并归述，尽有益州⑤。置铁<sup>元丰本作铁。下同。</sup>钱官，废铜钱，百姓货卖不行。蜀中童谣曰："黄牛白腹，五铢当复。"谓莽黄牛，述为白腹。五铢，汉钱，言汉当复也⑥。故主簿李隆、<sup>宋明旧刻有小注云"《后汉》作张隆"。</sup>常少数谏<sup>《后汉书》作劝。</sup>述归帝称藩。述不纳。天水隗嚣<sup>吴、何、王、石本作嚻。</sup>亦据陇，连述。蜀土清晏。述乃移檄中国，称引图纬以惑众。世祖报曰："《西狩获麟谶》曰：'乙子卯金'，即<sup>廖同元丰本作以。他各本作乙。</sup>未岁授刘氏。非西方之守也？'光废昌帝，立于公孙'，即霍光废昌邑王立孝宣帝也。黄帝姓公孙，自以土德，君所知也。'汉家九百二十岁，以蒙孙亡，受以丞<sup>廖同元丰本作丞。他各本作承。</sup>相，钱写本作相承。其名当涂高'。高岂君身耶？<sup>吴、何、王、浙、石本此下有小注三十九字，张佳胤注也。别入注释。</sup>吾自继祖而兴，不称受命。求汉之断，莫过王莽。近张满作恶，兵围得之，叹曰：为天文所误。<sup>天文即谶文。说详注释。</sup>恐君复误也⑦。"又使述旧交马援喻述。述不从⑧。<sup>此下元丰及钱、《函》、廖本空格。</sup>荆邯说述曰："昔汤以七十里王天下，文王方百里臣诸侯。其钱、

《函》二本作以。次，汉祖败而复征，伤瘳复战，故能禽秦亡楚，以弱为强。况今地方数千，此下当有里字，然六朝人行文每省之。杖戟百万，天下之心，未有所归。不东出荆门，北陵关陇，与之进取，则王业不全，子孙不久安也。"述悦之。乃出军荆门、陈仓，欲震荡秦楚⑨。多改易郡县，分封子弟，淫恣过度。然国富民殷，户百余万。世祖未遑加兵，与述及隗嚣书，辄署公孙皇帝。此下宋刻与钱、《函》、廖本空格。刘本提行，张、吴、何诸本连。下空格处同。凡言空格宋刻与廖本皆空二格。七年，嚣吴、何、王本作嚻，下同。背汉降述，述封为王，厚资给之。十年，世祖命大司马吴汉与《函海》作兴。大司徒邓禹讨嚣，平陇右。述闻而恶之。城东素有秦时空仓，述更名白帝仓，使人宣言：白钱写本作曰。帝仓暴吴本作曓，后同。出米巨万。公卿以下及国人就视之，无米。述曰："仓去此数里，虚妄如此。此下，吴、何诸本亦有张佳胤注语云："按《后汉述传》述曰：讹言不可信。隗王破者复如此矣。"隗王在数千里外，言破坏，真不然矣⑩。"十一年，世祖命征南大将军岑彭自荆门沂刘、李本作沂。《函海》作坼，而注云"应作沂"。江征述。初，帝【又】遣中郎将来歙及述旧交马援奉诏喻刘、李本作谕。述。隆、少谏令服从。述怒曰："自古来有降天子乎？"尚书解文卿，大夫郑文伯初亦谏述，系之暴室此下元丰本空格。钱、《函》二本同。顾千里校云"当连"。今按，当从"六年"断句。六年。二子幽死。【自】至是，莫有言者⑪。以上夹叙语，旧刻有讹夺。兹改正。

彭破述荆门【关】及【沔】阳关，径至彭亡。亡，读如无。述使刺客刺杀彭。由是改彭亡曰平无，言无贼也。又使刺客刺杀歙于武都。世祖重遣吴汉与刘尚征述。又遣臧宫从【斜谷道】内水改字，说详注释。入。述使妹壻延牙距宫，大司徒谢丰距汉，连战辄北。汉到城下，军其江桥及其少城⑫。丰在广都⑬。牙引还成都，述谓曰："事当奈何？"牙对曰："男儿贵死中求生，败中求成。无爱财物也。"述乃大发金帛，开门募兵，得五吴、何、王本作伍。千余人，以配牙。牙告汉战，因伪遣鼓角麾帜渡市桥，汉兵争观。牙因放奇兵击汉，大破之。汉溺水，缘马尾至盎底，得出⑭。后宫兵已至北门，述复城守。占书，曰："虏死城下。"述以为汉等是虏，乃自出战。述张、吴、何本皆误作之。当汉，牙当宫，大战。牙杀宫兵数百，三合三胜，士卒气骄。汉益鼓之。自旦至日中，饑元丰本作飢。不得食，倦不得息，日昃刘、李、钱、石本作昳。张、吴、何、《函》、王本作迭。他本作昃。后，述兵败。汉骑士高午元丰本与廖本作午，他各本并作平。以戟刺述，中头，即坠马，叩心者数十。人都知是述，前取其首。牙等怅然还城。吏民穷急，即夜开门出降⑮。汉尽诛公孙氏及牙等诸将帅二十余人，放兵大掠，多所残刘本字作贼。害。是岁，十二年也。

案：以上志公孙述割据，千一百九十字，较今存辑本《东观汉记·公孙述载记》残文多三百零七字，而少于《后汉书·述传》千六百余字。三篇互有详略。《东观记》述身世有更详于《范史》之处，全文当较《范史》尤多。常氏详于符命瑞应之说，又多蜀人刘辟起兵与常少、李隆、解文卿、张文伯谏述事。记述之死亦与《范史》不同。大抵《范史》兼采《东观记》与《常志》及魏晋诸家如谢承、华峤、司马彪诸书，博集其事而删省其文，可以校补《常志》之处甚多。其文具在，不必征引，兹但注其异同以备检核而已。

## 【注释】

① 王莽作天子，妄图实现《周礼》规划之理想政治，酿成全国各阶层人民群起反对。于时益部最先起兵者为广汉流寓之商县（在陕南）人王岑，拥立宗室刘辟；其时间，当与新市、平林约略相同。汉中，则有亭长垣副"聚众降宗成"（《东观记》）；其时间，当在更始称帝以后。宗成，南阳人，盖更始命为"虎牙将军，入略汉中"者（《后汉书》）。公孙述世为封建官吏，"有能名"，显然为地主阶级之名门望族。见王莽政权崩溃，意图割据，尤畏恶杀庸部牧之广汉农民军。乃远迎更始所委将军宗成于汉中，借其声威以制刘辟、王岑。宗成、垣副入蜀，自必与辟、岑等伙并于广汉。宗成既灭辟等，入据成都。所率与所收抚之广汉农民军，对于蜀中地主豪门，不免有所钞暴。于是述得以煽动地方豪强曰："天下同苦新室，思刘氏久矣。故闻汉将军到，驰迎道路。今百姓无辜，而妇子系获，室屋烧燔，此寇贼，非义兵也。吾欲保郡自守，以待真主。"如此组织地主豪门，集其部曲，自临邛进攻成都。农民军不支，"垣副杀成，以其众降"。述于是克据蜀地。其后更始再遣李宝、张忠循蜀，均被述遣军迎击，"大破走之"（并引《后汉书》）。《范史》不言刘辟，但言"述闻之，遗使迎成等"。又不著垣副出身，但称"成将"。常璩不能体会各军间之阶级关系，但言"宗成、垣副、王岑等作乱"。适足以隐蔽当时蜀，汉农民革命军兴灭，分合之实际情形。合观三书，则自明瞭。常氏云"所在讨破"，则蜀中剿灭农民军之地应甚多，不当如《范史》之单只成都一战。云"筑围防遏逸越，斩首万计"，尤足见其阶级仇恨之深与相为报复之毒。此则甚可珍贵之记载，是其胜于《范史》之点。

② "政治严刻，民不为非"二语，反映公孙述当时残酷镇压农民之程度。亦反映其预作镇压豪门反抗，巩固政权之准备。《范史》谓"述性苛细，察于小事，敢诛杀，而不见大体"。

③ 此后汉嗜图谶者臆造之说也。述方以符命惑天下人，果有此梦，岂能外泄？而《东观》、常、苑三史皆著之，必光武遣军伐蜀时所造说以鼓士气者也。"朝闻""夕死"句出《论语》，乃孔子教人笃信善道，激切之言，用于此殊不协切，盖编造者故意摹拟妇人之言。然亦足见述妻曾读书，出自当时名门，与述之家庭成分相应。又足见当时女子以读书为装饰，其本志固不在于精究义理，阐明学术也。

④ 李雄，《东观记》作"蜀郡功曹李熊"，《后汉书》作"功曹李熊"，曾两次劝述称王、称帝，二史并传其词。时改蜀郡为导江，言"蜀郡"，盖熊本蜀郡人，为述功曹从事。其言曰："蜀地沃野千里，土壤膏腴，果实所生，无谷而饱。女工之业，覆衣天下。名材竹干，不可胜用。又有鱼盐银铜之利，浮水转漕之便。北据汉中，杜褒斜之涂，东守巴郡，拒扞关之口。地方数千余里。战士不下百万众。见利则出兵而略地，

无利则坚守而力农。东下汉水以窥秦地。南顺江流以震荆扬。所谓用天因地,成功之资也。"其人盖亦研精天下形势,明习地方经济,张松、阎圃、郑度、彭羕之流也,实为述之谋主。先述死。任满,巴郡人,盖亦李熊之党,劝述据蜀者。《后汉书》于述称帝初云"将军任满从阆中下江州,东据扞关"。又云:"遣戎与将军任满出江关。"于建武九年云,"又遣田戎及大司徒任满,南郡太守程泛将兵下江关。破虏将军冯骏等,拔巫及夷陵、夷道。因据荆门"。盖李熊死后,以大司徒官加于满,仍率军在东方也。《光武纪》:建武十一年,岑彭与"田戎、任满战于荆门,大破之,获任满"。常氏于蜀人附僭伪者皆不收入《先贤志》及《士女目录》,且于其行事亦多讳削不著。惟著龚壮,亦以其力劝李寿内附故也。公孙恢,《后汉书》云为大司空。后拒臧宫于涪城。建武十二年,为臧宫所破斩。见《光武纪》。

⑤延牙即延岑。《后汉书·述传》:建武五年,"延岑、田戎为汉兵所败,皆亡入蜀。岑字叔牙,南阳人。始起据汉中,又拥兵关西。关西所在破散。走至南阳,略有数县。戎,汝南人,初起兵夷陵,转寇郡县,众数万人。岑、戎并与秦丰合,丰俱以女妻之。及丰败,故二人皆降于述。述以岑为大司马,封汝宁王。戎翼江王。常氏云:"述使妹壻延牙拒宫。"足补《范史》。常氏不言田戎归述而有荆邯。《范史》云"述骑都尉平陵人荆邯"。平陵,汉昭帝陵也。因陵为县,与茂陵相距十里,皆在今陕西咸阳县西北。邯盖公孙之乡人也。疑系随述入蜀,非同延牙。兹删荆邯,补田戎。

《东观记》:"秦丰改县人……为县吏。更始元年起兵,攻得邵、宜城、若、编、临沮、中〔沮〕卢、襄阳(以上南郡属县)、邓、新野、穰、湖阳、蔡阳(南阳属县),兵合万人。"丰都黎丘(改县地),号楚黎王。建武五年,为朱祐所擒,事具《光武纪》与《朱祐传》。亦分见《邓禹传》《岑彭传》。

"世祖平河北",谓平王朗(更始时)、彭宠(建武二至五年)、张步、刘永、苏茂及赤眉铜马等。陇蜀无事,故述得"尽有益州"。

⑥《后汉书·述传》略同,盖取自《常志》。蜀为产铜之区,而述行铁钱,足知其时产业之衰落,且未继续开发严道、朱提、堂螂等边区。说明公孙述徒习汉家威仪制度,为昧于生产和劳动人民生活之封建上层人物。蜀中童谣思汉,为基层劳动人民不满述统治之反映。

⑦《东观汉记》:"述自言手纹有奇瑞,数移书中国。上赐述书曰:瑞应,手掌成文,非吾所知。承赤者黄也,姓当涂,其名高也。"当系班固不喜言符命,删省其文。范晔好图纬,其《述传》录有述移檄文义概略,与《常志》所载世祖报书相应。其言曰:"孔子作《春秋》,为赤制,而断十二公,明汉至平帝十二代,历数尽也。一姓不得再受命。又引《录运法》曰:'废昌帝,立公孙。'《括地象》曰:'帝轩辕受命,公孙氏握。'《援神契》曰:'西太守,乙卯金。'谓西方太守而乙(意云承续)绝卯金("鐚",古刘字)也。五德之运,黄承赤而白继黄。金据西方,为白德,而代王氏,得其正序。"纬书有《春秋录运法》《河图括地象》《孝经援神契》《西狩获麟谶》,皆前汉时人造,王莽、光武时国人信之甚笃,致与刘秀以此为争夺天下之手段,至于如此论难,甚可笑。张满事具《后汉书卷五十《祭遵传》,称"新城蛮中山贼张满"。《光武纪》:建武二年,"遣祭遵围蛮中贼张满"。章怀注:"蛮中,聚名。故城,蛮子国,在今汝州西南,俗谓之麻城。"满被擒在建武三年。《祭遵传》云:"初,满祭祀天地,自云当王。既执,叹曰:谶文误我"。是《常志》、"天文"原意为"谶文"。《宝融传》:"今皇上姓号见于图书。"袁宏《后汉纪》作"上之姓号见于天文"。足证魏晋人固曾有称图谶为天文者,常氏用之,非字讹。《东观记·世祖纪》:建武六年"发图谶制告公孙述,署曰公孙皇帝",即此书也。

⑧《东观记》《后汉书》与袁宏《后汉纪》皆言建武初隗嚣遣马援使蜀。援还,劝嚣专意东方。不言光武曾遣

援使述。查援本传云："建武四年冬，嚣使援奉书洛阳。"又《来歙传》："五年，复持节送马援，因奉玺书于嚣。既还，复往说嚣。嚣遂遣子㽣随歙入侍。"《援传》又谓"因将家属随㽣归洛阳。居数月而无他职任。援以三辅地旷土沃，而所将宾客猥多，乃上书求屯田上林苑中。许之"。则建武六年光武遣援赍图谶制书入蜀说公孙述归帝为藩，亦有可能。此《常志》足补汉史之处也。

⑨荆邯说辞，《东观记》《后汉书》《后汉纪》及《通鉴》俱载，与此详略互异。可互补。《范史》云："邯见东方将平，兵且西向。"又云："今汉帝释关陇之忧，专精东伐，四分天下而有其三。"是邯说述在建武五年时也。而《后汉纪》系之于建武八年，隗嚣已改，王元入蜀之后。《通鉴》系于建武六年。并依《后汉书》云："蜀人及其弟光以为不宜空国千里之外，决成败于一举。固争之，述乃止。"《常志》此云："乃出军荆门、陈仓，欲以震荡秦楚。"不言蜀人与光劝阻之，是其与诸史相异之又一事。查《光武纪》，述早于建元六年三月，"遣将任满寇南郡"。《冯异传》："明年（建武四年），公孙述遣将程焉（述本传作程乌）将数万人就吕鲔出屯陈仓，异与赵匡迎击，大破之。焉退走汉川。异追战于箕谷，复破之。……其后蜀复数遣将间出。异辄摧挫之。"是述之"欲震荡秦楚"，早在建元四五年前（参看注④），非待荆邯此说。盖荆邯实述谋主，多次说以进取天下。述亦曾屡出兵而屡不利。及是，延岑、田戎、王元相次来归，邯乃更说述以"汉祖……军败复合，创愈复战"，"死而成功，愈于坐而灭亡"（《东观记》）。惟此次进说，述未果行。世言公孙述为坐守之虏，殊不尽然矣。各史记邯言，皆合前后说辞为文。《常志》云"不东出荆门，北陵关陇，与之进取，则王业不全，子孙不久安"。盖初称帝时之说辞。《东观记》："今东帝无尺寸之柄，驱乌合之众，跨马陷敌，所向辄平。不亟乘时与之分功，而坐谈武王之说，是效隗嚣欲为西伯也"，则隗嚣尚未叛汉降述以前之说辞也。"宜即天下之望未绝，豪杰尚可招诱。急以此时发国内精兵，令田戎据江陵……延岑出汉中"，则建武六年说辞。其时间性皆明在其说辞中，不可移易。《后汉书》纂合为一次之说。《常志》又通前后出兵事系于建元六年，皆有偏失。修史者力求文少而内容多，则不能免于省并时次，综合为词，如此小疵，自所难免。惟读史者细心析究，亦可得其真实。

⑩此事各史俱载。夫公孙述自称白帝，名此仓为"白帝仓"而久空无米，则其时生产之落后，粮食之空乏可知。与地有铜山而使用铁钱，皆足见其亡国原因不尽在于战略之失；民生凋敝，民不乐为之用，兵员缺乏，战阵无勇，实为其主要原因。

⑪此处旧刻讹乱，自元丰本已然，历代无人校正。兹改正。其理据如下。来歙建武五年说降隗嚣，进中郎将。八年起为大将，征隗嚣，以奇功受劳赐，"班坐绝席，在诸将之右。……诏使留屯长安，悉护诸将"。又"诏歙率征西大将军冯异，建威大将军耿弇，虎牙大将军盖延，延武将军马武，武威将军刘尚入天水"，以取陇蜀。十一年为述刺客所创，驰召盖延，属以军事而死。时岑彭已入蜀破江州，歙亦方ըա述将王元、环安于下辨，安能与马援同奉诏入蜀喻述手？此所言"歙及述旧交马援奉诏喻述"者，盖建武六年事。是年马援入蜀（见注⑧），时款适为中郎将，可能与援同往喻述。若十一年，则非但歙方与述军对垒，即马援亦不可能奉使喻述矣。常少、李隆及解、郑二人盖皆于六年时劝述降汉。常、李，述素所亲信，故述但怒斥之，后以忧死。（俱见《后汉书》。）解、郑地位较卑，亦谏，遂被系囚，六年不释，瘐死。建元六年至是，适为六年。故当汉军伐蜀时，更无人敢劝述归，帝称藩者。《范史·述传》建武十一年，"征南大将军岑彭……长驱至武阳，帝乃与述书，陈言祸福，以明丹青之信。述省书叹息，以示所亲太常常少，光禄勋张隆。隆、少皆劝降。述曰：废兴，命也，岂有降天子哉？左右莫敢复言"。其后复云，"初，常少、张隆劝述降，不从，并以忧死。帝下诏追赠……并改葬之"。此与上文显有矛盾。夫汉军已迫武阳时述得帝

招降信誓诏，不谋于亲信延牙、荆邯等，而乃谋于少、隆，又不听其言，致二人忧死。此理之难解者也。其时局势严重，述欲固人心，必杀劝降者。乃并未加罪，得以忧自死，从容入葬。此亦难解者。疑范晔亦误采《常志》夹注之文，插少、隆事于此年。《常志》上文于述称帝后，隗嚣未降述前已叙少、隆谏述。其时间，当在建武六年来歙马援入蜀时。此再并解、郑事追叙，故但称"隆、少"而不及其姓。既云"系之暴室六年"，则其非国亡前一年事可知。以此推知《常志》原文为"初，帝遣中郎将来歙"云云，传钞者妄依《后汉书》删改作"又遣"。此当订正者也。又"自是"二字，承上文解、郑痩死言也。常氏原意盖谓解郑痩死而汉军压武阳，成都危急，少、隆已死，无人更敢言归帝称藩。"自是"当是"至是"字。兹并改正。解、郑事亦见《先贤志·蜀郡·罗衍传》，可参看。

⑫此叙公孙述败亡前汉、蜀战争经过，时间与地点颇嫌混乱。兹摘录《后汉书·光武纪》，以资校订：

建武六年四月，"遣虎牙大将军盖延等七将军从陇道伐公孙述"。五月，"隗嚣反，盖延等因与嚣战于陇阺，诸将败绩。"秋，"遣前将军李通率二将军与公孙述战于西城，破之"。十二月，"隗嚣遣将行巡寇扶风，征西大将军冯异拒破之"。

七年三月，"公孙述立隗嚣为宁朔王"。八月，"隗嚣寇安定，征西大将军冯异、征虏将军祭遵击却之"。

八年正月，"中郎将来歙袭略阳，杀隗嚣守将而据其城。"隗嚣来攻歙，不能下。闰月，帝自征嚣。河西太守窦融率五部太守与车驾会高平。陇右溃，嚣奔西城。遣大司马吴汉、征西大将军岑彭围之。进幸上邽。不降。命虎牙大将军盖延、建威大将军耿弇攻之"。十一月，"公孙述遣兵救隗嚣。吴汉、盖延等还军长安，天水、陇西复叛归嚣"。

九年正月"隗嚣病死，其将王元、周宗复立嚣子纯为王"。三月，"公孙述遣将田戎、任满据荆门"。八月，"遣中郎将来歙监征西大将军冯异等五将军讨隗纯于天水"。

十年夏，"征西大将军冯异破公孙述将赵匡于天水，斩之"。八月，"进幸汧。隗嚣将高峻降"。十月，"中郎将来歙等大破隗纯于落门，其将王元奔蜀，纯与周宗降，陇右平"（落门在冀县，见《汉·地理志》）。

十一年闰月，"征南大将军岑彭率三将军与公孙述将田戎、任满战于荆门。大破之，获任满。虏威将军冯骏围田戎于江州（冯骏，述将降汉者）。岑彭遂率舟师伐公孙述。平巴郡"。六月，"中郎将来歙率扬武将军马成破公孙述将王元、环安于下辩。安间人刺杀中郎将来歙。帝自将征公孙述，秋七月次长安"。八月，"岑彭破公孙述将侯丹于黄石。辅威将军臧宫与公孙述将延岑战于沈水，大破之。王元降"。十月，"公孙述遣间人刺杀征南大将军岑彭。马成平武都"。十二月，"大司马吴汉率舟师伐公孙述"。

十二年正月，"大司马吴汉与公孙述将史兴战于武阳，斩之"。七月，"威虏将军冯峻（当作骏）拔江州，获田戎"。九月，"吴汉大破公孙述将谢丰于广都，斩之。辅威将军臧宫拔涪城，斩公孙恢"。十一月戊寅，"吴汉、臧宫与公孙述战于成都，大破之。述被创，夜死。辛巳，吴汉屠成都，夷述宗族及延岑等"。

十三年四月，"大司马吴汉自蜀还京师"。

是光武平蜀之军，起于平陇。陇西隗嚣叛汉降述，述以军援嚣，战争四年。既平陇右，因而伐蜀。伐蜀军初为两路：来歙率五将军因平陇之势，南向下辩，为陇路；岑彭率三将军向荆门，为江路；并于建武十一年发。陇路因来歙被刺死，兼以粮运艰，遂未更进，但取武都、阴平二郡而已。江路利在水运利便，既克荆门，遂越江州，分由内、外水两路直指成都。述"使其将延岑、吕鲔、王元及其弟恢悉兵拒广汉

（此广汉县在今射洪县界）及资中。又遣侯丹率二万余人拒黄石"（《后汉书·岑彭传》文）。岑彭初同臧宫共溯内水，既阻于延岑等，"乃多张疑兵，使护军杨翕与臧宫拒延岑等，自分兵浮江下还江州，溯都江而上，袭击侯丹，大破之。因晨夜倍道兼行二千余里，径拔武阳。使精骑驰广都，去成都数十里"，"绕出延岑军后。蜀地震骇"（并同上引）。述乃遣刺客刺杀彭于平模。汉军失帅，暂向南安撤退。光武更以吴汉继进。汉于破荆门后留夷陵，装露桡船，为彭等诸军督后勤。及是，将三万人溯江上，并将彭军。"十二年春，与公孙述将魏党、公孙永战于鱼涪津，遂围武阳。"进军攻广都，拔之。遣轻骑烧成都市桥"。（并据《后汉书·吴汉传》。）初为述将谢丰所败困。军既深入，势不得退，汉乃激厉将士突围入刘尚垒，合力反攻，遂破斩丰。臧宫亦已破擒王元于沈水（详《后汉书·臧宫传》），入涪城，转战至成都下，合围。此光武取蜀军事全部过程也。《本纪》依于驿报，与诸将传记符合，可以征信。旧刻《常志》"彭破述荆门"下衍关字。"荆门"上文两见，无关字，此因下文关字衍耳。又沔关不在沿江，说具《巴志》。阳关在巴郡江州县东。破阳关乃能围田戎于江州。是旧刻沔字当为阳字之讹。或疑《岑彭传》破荆门后有"长驱入江关"（江关今云夔关）句，以为沔关为江关之讹。亦非。夫言"长驱入"，则江关未有守备矣，不得云破。田戎自荆门败走，奔保江州，故江关不及设备。若阳关，近在江州东三十里，为保江州者所必守。乃与破字义协也。旧刻《常志》云"又遣臧宫从斜谷道入"，显与史实刺谬。"斜谷道"三字当作内水，旧写本讹误耳。《臧宫传》，袁宏《后汉纪》，司马光《通鉴》并作"涪水"。内水即涪水也。黄石，当在今泸县与重庆市间长江沿岸。公孙述已遣军备内水中水，更遣侯丹救田戎，兼备外水，即据此也。章怀《后汉书·光武帝纪》注云："即黄石滩也。《水经注》曰：江水自涪陵东出百里而届于黄石。在今涪州涪陵县。"其说与历史形势不合。时汉军方围田戎于江州，江州以下沿江皆为汉，侯丹安得率二万余人下至涪陵以东？岑彭自内水还江州，袭破侯丹，遂溯外水径至武阳，则黄石是外水要地可知。今合江县弥陀场大江东岸神臂崖（老泸州），即南宋余玠徙泸州治处，疑即汉世之黄石也。

⑬ 于时谢丰等已败死，袁宏《后汉纪》卷六，范晔《后汉书》卷四十八，司马光《通鉴》卷四十三并同。《常志》此语，谓时成都城中未知丰等已败死，犹谓其在广都。但因丰已"悉众俱出"，而兵临城下，苦城中无兵耳。抑或谢丰虽军败，犹率残部守广都，殆成都败，乃为汉所杀。《汉纪》《通鉴》与《吴汉传》为行文便利，叙斩丰于破丰下也。

⑭ 吴汉再为延岑所败，堕水，缘马尾得出事，《东观汉纪》在《汉传》，亦见《公孙述载记》，《后汉书》在《公孙述传》，袁宏《后汉纪》不载。《通鉴》卷四十三云："汉堕水，缘马尾得出。汉军余七日粮，阴具船欲遁去，蜀郡太守南阳张堪闻之，驰往见汉，说述必败，不宜退师之策。"所据为《后汉书》卷六十一《张堪传》（《后汉纪》亦收）。传云："汉从之。乃示弱以挑敌。述果自出战，死城下。"堪，南阳宛人，伐蜀时预拜蜀郡太守。在郡二年，征拜骑都尉。《常志》不载，附补其事于此。

⑮ 《东观汉记》，袁宏《后汉纪》，《后汉书·光武纪》与《述传》，皆言述被创，还城乃死。独《常志》云死阵中。《吴汉传》云："述自将数万人出城大战。汉使护军高午、唐邯将数万锐卒击之。述兵败走。高午奔陈刺述，杀之。"是高午亦大将，非骑士，与《常志》异。言杀述于阵，则与《常志》同。《张堪传》亦云述死城下。是诸书言述入城死者亦未必确。以恒理推之，设述果得入城"以兵属延岑"乃死，则岑当布置城守，立其子以为号召，不至毫无所措，"明旦岑降"（并引《后汉书·述传》文）。惟述阵亡，城中纷乱，延岑不能制，有人开门入汉军，延岑仓卒亦降耳。此当依《常志》者。惟其岑与诸将初无降意，故与公孙氏同被族诛也。

## 三

　　汉搜求隐逸，旌表忠义：以述臣常少、李隆忠谏，发愤病死，表更迁葬，赠以汉卿官①。【属】元丰本与廖本衍属字。他各本无。蜀郡王皓、王嘉，广汉李业，刎首死节，表其门闾②。犍为朱遵，绊马死战，赠以将军，为之立祠③。费始、任永【君业】、于文永不当独有字。应是衍文。冯信等闭门素钱本钞作索，误。隐，公车特征④。文齐守义益州，封为列侯⑤。董钧习礼明经，贡为博士⑥。程乌、李育本有才干，擢而用之⑦。于是西土宅心，莫不凫藻⑧。元丰本作凫藻，钱、刘、《函》、廖诸本遵之。此下并空格，刘本提行。张佳胤改作"向义"，吴、何、王诸本遵之。此下并连。顾校稿云："凫藻，出今文尚书。"建武十八年，刺史郡守，抚恤失和，蜀郡史歆，怨吴汉之残掠蜀也，拥郡自保。世祖以天下始平，民未忘兵，而歆唱刘、李本作倡。之，事宜必克，复遣汉平蜀⑨。多行诛戮。世祖诮让于汉，汉深陈谢⑩。自是，守藩供职⑪，自建武至乎吴本作于。中平，垂二百载，府盈西南之货，朝多华岷之士矣⑫。

案：以上颂言光武平蜀后措施，隐示东汉蜀士众盛之原因。

【注释】

①本志上文作"故主簿李隆、常少"，与此处"赠以汉卿官"相应。《后汉书·公孙述传》初作"所亲太常常少、光禄勋张隆"。后云，"初，常少张隆劝述降，不从，并以忧死。帝下诏追赠少为太常，隆为光禄勋，以礼改葬之"。张隆即李隆。太常与光禄勋皆汉制九卿官名。设隆少已作公孙述之光禄勋与太常，则汉之以卿礼葬二人为追认，非追赠矣。《范史》误也。当如《常志》称故主簿。隆与少，盖述称帝前主簿，素所亲信，因不赞成帝制见疏，以忧死也。于文，"赠以汉卿官"，似衍官字。旧时传钞者遂并衍属字。李㼆本已删属字，仍存官字，不谬。卿，泛称。卿官，则有实指。谓赠太当与光禄勋，为卿官也。

②王皓、王嘉与李业，并见本书《先贤志》蜀郡与梓潼郡，有赞。又见《三州士女目录》。《后汉书》附卷一百十一《独行·李业传》。

③朱遵字仲孝，武阳人，为犍为郡功曹，领郡兵拒述。战于六水门，兵败，绊马不去，拒战以死。本书《蜀志》，《先贤志》，《士女目录》俱载，《苑史》未收。

④费贻字奉君，犍为南安人，漆身佯狂以避述，见《先贤志》及《士女目录》。《后汉书》附《谯玄传》。述破后，仕汉，至合浦太守。任永字君业，㽾道人。冯信，字季诚，郪人。并托青盲，避述征聘，见《先贤志》及《目录》，《后汉书》附《李业传》。《函海》本于"君业"二字下有小注云："《后汉·独行传》：谯玄字君黄。"意谓君业为君黄之讹，指谯玄。合费贻任永冯信为四人也。夫谯玄死于建武十一年，此所举者皆光武平蜀后征聘之人，其不当有谯玄甚明。且三人有字而皆称名，不当玄独称字。盖旧时读者偶得其

字,批注行间,传钞者乱入正文也。《函海》此注穿凿,无取。

⑤又齐事已具本书《南中志》注。又见《先贤志》与《士女目录》,《后汉书》在卷一百十六《滇传》。

⑥董钧字文伯,犍为资中人,本书《先贤志》有赞。《后汉书》卷一百九《儒林》有传。传云:"当时称为通儒。屡迁五官中郎将。"

⑦程乌、李育,为公孙述将军,见《后汉书·公孙述传》。建武初,将数万众出陈仓,合吕鲔军,循三辅,为冯异击败,奔还汉中。"程乌",《冯异传》作程焉。两传皆谓李、程奔还汉中,冯异追之,战于箕谷而还。查李、程为南郑大姓,而述遣李、程北侵,在延岑败降后。疑二人皆巴汉巨室起兵应延岑者。随岑降述,故述遣助吕鲔。兵败后不复用,故免于成都之难。光武以其巨族之豪而起用之。汉世崇奖反抗公孙述之人物,故地方史讳言仕述人士,常氏于常少、李隆、程乌、李育皆著其事而不著其籍,为此故也。少与隆为郡主簿,汉时郡吏率用郡人。二人盖蜀郡(导江)人也。乌与育为汉中人亦应可定。本节所述皆蜀人,故下文云"西土宅心"。

⑧"宅心",犹言安心定志,用《尚书·康诰》"宅心知训"典。"凫藻",《后汉书》卷八十七《刘陶传》谏铸大钱议云:"灵台有子来之民,武旅有凫藻之士。"章怀太子注:"武旅,周武王之旅。凫得水藻,言喜悦也。"孙星衍《尚书古今文注疏》卷十《泰誓篇》:"前师乃鼓鼗噪,师乃慆,前歌后舞,格于上下天地。"疏云:"此据《大传》及《大明疏》。……《大明疏》引《泰誓》曰:'师乃鼓噪,前戈后舞,格于上下天地,咸曰孜孜无怠。'《周礼·大司马》注引《书》曰:'前师乃鼓鼗噪?'……鼓鼗噪者,《周礼》大司马职。'鼓皆骇,车徒皆噪'注云,'吏士鼓噪,象攻敌克胜而喜也。噪,欢也',引此经。字书无鼗字,当为拊。《文选·马季长长笛赋》云:'拊噪踊跃,'即用此文。……王逸注《天问》云:'言武王三军,人人乐战,并载驱载驰,赴敌争先,前歌后舞,凫藻欢呼,奋击其翼。'凫藻欢呼,一云'如凫桌呼'。凫亦拊假借字也。'今案:《泰誓》文,《古文尚书》作"鼗噪",《今文尚书》作"凫藻",并为踊跃欢呼之义。《刘陶传》与常氏此文皆用《今文尚书》字,犹《长笛赋》用《古文尚书》而变其字为"拊噪"。周秦汉世于状物词语,多取音近为字以自便,不拘字形,故鼗可作"拊",作"凫",而噪可作"藻"。就《泰誓》文义言,当依郑注作"鼓噪"解。王逸"凫藻欢呼奋击其翼"之说,乃就《今文尚书》傅会成义,非《泰誓》文本旨。然刘淘与常氏之文实取欢呼之义。《后汉书·公孙述传》改《常志》文为"西土咸悦,莫不归心"(《通鉴》卷三十五同)。嫁"凫藻"典不切也。张佳胤亦嫌"凫藻"作动词用未当,不依范晔改作归心,而别作"向义",用司马相如"向风慕义"语。兹从廖本遵《常志》原文,仍作"凫藻"。

⑨史歆反叛事,旧史仅以封建小叛乱视之。就当时史料全面分析,盖四川社会发展过程中一关键性大事也。试述之。

《后汉书·光武纪》,建武"十八年春二月,蜀郡守将史歆叛。遣大司马吴汉率二将军讨之,围成都。甲寅,西巡狩,幸长安。……秋七月,吴汉拔成都,斩史歆等。壬戌,赦益州所部殊死已下。……十二月乙丑,车驾还宫。是岁,罢州牧,置刺史"。又《吴汉传》:"十八年,蜀郡守将史歆反于成都,自称大司马,攻太守张穆。穆逾城走广都。歆遂移檄郡县。而宕渠杨伟、朐䏰徐容等起兵各数千人以应之。帝以歆昔为岑彭护军,晓习兵事。故遣汉率刘尚及太中大夫臧宫将万余人讨之。汉入武都(按,汉原击匈奴于塞上,故此时由武都入),乃发广汉、巴、蜀三郡兵,围成都百余日。城破,诛歆等。汉乃乘桴沿江下巴郡,杨伟、徐容等惶恐解散。(《东观记》此十八字全同,余佚。)汉诛其渠帅二百余人,徙其党与数百家于南郡长沙而还。"长沙,南郡属县也。袁宏《后汉纪》作:"十八年春二月,蜀郡史歆反,巴郡宕渠杨伟徐客

（容）等等起兵以应歆。大司马吴汉臧宫等击之。壬午，上幸长安……六月壬戌，赦益州殊死已下亡命者。秋，史歆等平。吴汉徙伟等客（伟容等）二百余户于长沙。"

由《袁纪》与《范史》异文，可知其同出《东观记》而取舍不同。参以《常志》，可以判断：史歆为蜀郡人，因避公孙述而走中原投附光武者。光武命为岑彭护军，返蜀平述。述时，蜀中大姓首领人物李熊、任满、常少、李隆、程乌、李育等大部附述，谯玄、李业、费贻、冯信、朱遵等少数不附。故光武命史歆同岑彭还蜀，号召心不附述之大姓豪门也。既平述，"旌表忠义"诸措施，宜出史歆之请。时南阳张堪为蜀郡太守（参看注⑭），赞行之。建武十四年，张堪去，张穆为太守。似由穆以大姓各有奴隶拥部曲为不然，对史歆等大姓巨室多所裁抑，歆遂发兵逐太守。自称大司马，系用吴汉入蜀时旧衔。盖当时只恃功放恣，驱逐牧守，固犹未叛汉廷；其目的仅有威胁朝廷，维持蜀中巨室豪门之特殊利益而已。其时汉廷与蜀中巨室豪门之主要矛盾，在于奴隶制度之存废问题。兹摘《光武本纪》中关于废奴政策之措施如次：

建武二年五月诏："民有嫁妻卖子，欲归父母者，恣听之。敢拘执，论如律。"

六年十一月诏："王莽时吏人没入为奴婢，不应旧法者，免为庶人。"

七年五月诏："吏人遭饥乱及为青、徐贼所略为奴婢、下妻，欲去留者恣听之。敢拘制不还，以卖人法从事。"

十一年二月诏："天地之性，人为贵。其杀奴婢，不得减罪。"又八月诏："敢炙灼奴婢，论如律。免所炙灼者为庶民。"又冬十月诏："除奴婢射伤人弃市律。"

十二年三月诏："陇、蜀民被略为奴婢自讼者，及狱官未报，一切免为庶民。"

十三年十二月诏："益州民自八年以来被略为奴婢者，皆一切免为庶民。或依托为人下妻，欲去者，恣听之；敢拘留者，比徐青二州，以略人法从事。"

十四年十二月诏："益凉二州奴婢，自八年以来，自讼在所官（者），一切免为庶民。卖者，无还直。"

如此由禁炙灼奴婢，至禁略卖奴婢，以至依其志愿无条件解放，不准向卖者索还身价。为东汉建武年代一大进步措施。平蜀以前，徐、青诸州已经贯彻。蜀中，则公孙述时犹恣听豪门巨室略卖、占有、虐待奴隶。平蜀初，张堪等重在安辑地方，拊循大姓，无所更张。至建武十五年，张堪内调，张穆继任太守，自必推行解放奴隶诏令，是为促成史歆、杨伟、徐容等反叛之原因。吴汉时方击匈奴在塞上，受命后，单骑驰入武都，发檄广汉、巴、蜀三郡，乃竟能大集兵马，径围成都者，盖由广大人民拥护解放奴隶政策，支持汉朝廷号召。故史歆徒能守城，不敢野战，守城，则可组合诸奴隶主强迫奴隶供役，野战则有前徒倒戈之虞故也。巴郡杨伟徐容等叛众，一闻吴汉军至，立即瓦解，渠帅被诛者，奴隶皆自叛其主故也。此等叛主奴隶，犹畏汉政府不能长久保护，请求远徙奴隶主阶级二百余户于长沙，以防报复。《吴汉传》作杨伟徐容之"党与数百家"，实即向应伟、容之巴郡奴隶主数百家也。

自经此次平叛后，巴蜀奴隶制度大体已就消灭，新获解放之人，在摧毁奴隶主压制，各自取得自由之后，生产热情高涨，地方经济飞跃发展，从而文化提高。东汉迄晋数百年中，巴蜀郡县人物，无论在学术方面，政事方面，艺术方面，以至武功方面，皆能普遍著绩，为全国领先者，此其主要原因。常璩、范晔等未能理解当时巴蜀社会阶级，与此次叛变之原因及其影响，只能以一般封建叛乱视之，故其为文亦不能与巴蜀废奴制之政施相结合。

⑩《常志》于吴汉，一则曰"放兵大掠，多所残害"。再则曰"怨吴汉之残掠蜀也"。于此云"多行诛戮，世祖诮让。"似斥汉为军纪败坏，生性嗜杀者。验于它史，则殊不然。《东观汉记》称吴汉"质厚少文，造次

不能以辞语自达","性忠厚,笃于事上","当出师,朝受诏,夕即引道,初无办严之日","与苏茂、周建战,躬被甲持戟"。"尝出征,妻子在后买田业。汉还,让之曰:军师在外,吏士不足,何多买田宅乎?遂以分与昆弟、外家"。《后汉书》本传略同,并谓其"家贫,给事县,为亭长"。则其人非生性残酷,军令不严者。《公孙述传》云:"吴汉乃夷述妻子,尽灭公孙氏,并族延岑。遂放兵大掠,焚述宫室。帝闻之怒,以谴汉。又让汉副将刘尚曰:城降三日,吏人从服。孩儿老母,口以万数,一旦放兵纵火。闻之可为酸鼻。尚宗室子孙,尝更吏职,何忍行此。仰视天,俯视地,观放麑、啜羹,二者孰仁?良失斩将吊人之义也。"(《通鉴》卷三十五文同,人作民。)分析此文,知汉灭公孙氏与延岑之族,焚其宫室,属于阶级仇恨问题。可能发军逮系并钞略附远诸巨室之家。而刘尚军特肆残暴,蜀中士大夫阶级深致忿怨,讥其"放兵大掠"。世祖之谴汉,责主将耳,固知诛戮过当是刘尚所为矣。其事在建武十二年。光武方务绥抚大姓,安辑蜀地之时,故书责刘尚等如此。并公布之于蜀人,而继以旌表忠义诸政。此光武之权略也。若再度入蜀灭史歆等,则诛戮附乱诸大姓奴隶主,为推行废奴之必然之手段。世祖未曾见责。常氏袭用蜀中奴隶主阶层怨诽之语,曰"多行诛戮",并妄接之于六年前世祖谴责汉、尚事。此又当订正者也。《东观汉记》辑本十五《张堪传》:"破蜀,汉先遣堪入成都镇抚吏民。时述珍宝珠玉委积无数,堪录簿上官,秋毫无取。堪去蜀郡,乘折辕车。白布被囊,"(袁宏《后汉纪》卷六,范晔《后汉书》卷六十一并略同。)此亦吴汉军初入成都时秩序良好之一旁证。分析旧史资料,脱离阶极观点即不可以得历史真实,此其一例证也。

⑪"守藩供职"谓自史歆乱平后,蜀地吏民守职供事,不复有乱。旧点读者每误接"汉深陈谢"句,以为语指吴汉。大谬。汉虽受谴,当凯旋过宛时,"诏令过家上冢,赐谷二万斛",当病笃时"车驾亲临,问所言"(并《范史》本传),尊宠终身。其人"笃于事上",非因受谴乃守藩供职者。此言藩,谓蜀地距京师远,于九服为藩服也。

⑫建武(二五—五七)至中平(一八四—一八九),一百六十五年,至建安末禅魏(二二○),一百九十六年。曰"垂二百年",概乎言之耳。"华岷之士",谓梁州在华、岷二山之间,"山岳钟灵毓秀",发为东汉蜀士之盛。封建社会言人地关系者恒作此语。

## 四

汉二十二世孝灵皇帝,政治衰缺,王室多故;太常竟陵<sub>吴、何、王、石本无此二字,其他各本有。浙本剜补。</sub>刘焉字君朗①<sub>元丰本、廖本、浙本作朗。其他各本并作郎。此下,张、吴、何、王、石本有"江夏竟陵人,汉鲁恭王之裔"十一字。他各本无。盖张佳胤妄增也。浙本剜去,空十一格。</sub>建议言:"刺史太守,货赂为官,割剥百姓,以致离叛。可选清名重臣,以为牧伯,镇安方夏。"焉内求州牧,以避世难。侍中广汉董扶私于<sub>吴、何、王、石本字作谓。浙本剜改。</sub>焉曰:"京都将乱。益州分野有天子气。"焉惑之,意在益州②。会刺史河南郄<sub>《三国志》作郗,见《郗正传》。</sub>俭赋敛繁扰,流言远闻③。而并州杀刺史张【壹】懿▲,<sub>《后汉书》作懿。《三国志》作益。张、吴、何、王、浙本与《函海》本有小注。</sub>凉州杀刺史耿鄙④,焉议得行?汉帝将征俭加刑,以焉为监军使,寻领益州牧。董扶亦求为蜀西部都尉。太仓令巴郡赵魅，去官从焉来西⑤。宋本与钱、刘、李、《函》、廖本并有"来西"二字。张、吴、何、王、石本无。浙本挤添。中平元年，凉州黄巾逆贼马相、赵祗等聚众绵竹，杀县令李升，募疲役之民，一二日中得数千人；遣王饶、赵播等进攻雒元丰本作領。城，杀《函海》从刘本作役，而注云"李本作杀"。刺史俭；并下蜀郡、犍为。旬月之间，破坏三郡。相自称天子，众以万数⑥。又别破巴郡，杀太守赵【魅】旧各本俱误衍魅字。兹删。部⑦。州从事贾龙，素领家兵在犍为。句断，说详注释。乃之青衣，率吏民攻相，破灭之⑧。州界洁净，龙【乃】此旧传写者误移而衍。选吏卒迎焉。焉既到州，移治绵竹，抚纳叛离，务行小惠。时南阳、三辅民数万家避地入蜀，焉恣《函海》本有小注云："恣似资。刘、吴、何、李本亦作恣。"饶之，引为党与，号"东州士"。遣张鲁断北道。枉诛大姓巴郡太守王咸、李权等十余人，以立威刑⑨。设前、后、左、右部司马，拟四军，统兵，位皆二千石⑩。【汉】旧各本有汉字，当衍。献帝初平二年，犍为太守任岐，与贾龙恶焉之阴图异计也，举兵攻焉，烧成都邑下。焉御之，东州人多为致力，遂克岐、龙⑪。焉意盛，乃造乘舆车服千余，僭拟至尊。焉长子范为左中郎将，仲子诞治书御史，季子璋奉车都尉，皆从献帝【都】廖本注云"当作在"。在长安⑫，惟叔子别部司马瑁随焉。焉闻相者相陈留吴懿妹当大贵，为瑁聘之⑬。荆州牧山阳刘表，上焉有"子夏在西河疑当读如儗。说具注释。圣人论"。帝遣璋晓谕焉。焉留璋不遣【反】⑭。四年，征西将军马腾，自郿《后汉书》作"霸桥。"与焉、范通谋袭长安。治中从事广汉王商亟谏，不从。谋泄，范、诞受诛。议郎河南庞义，以通家，将范、诞诸子入蜀⑮。而天火元丰及张、吴、何、王、浙本作"夭火"。烧焉车乘荡尽，延及民家。兴平元年，焉徙治成都。既痛二子，又感袄灾⑯，元丰本作灾。疽发背卒。州帐下司马赵魅、治中从事王商等贪璋温仁，共表代父。元丰本与廖本作父。他各本作又，句下属，非。京师大乱，不能更遣，天子除璋监军使者，领益州牧。以魅为征东中郎将，率众征李本依《三国志》改作击。刘表⑰。

案：以上叙刘焉事，大都依据陈寿《蜀志·二牧传》。独于马相起兵事，著明其为黄巾，为凉州人，为中平元年；使益州黄巾与汉中张鲁、中原张角等之同道关系得以明白，此地方有史之所以足贵也。范晔《后汉书》卷一百零五《刘焉传》亦取材于《陈志》，而未注意《常志》此一优点。惟其如此，益见《常志》可贵。今本《三国志·二牧传》颇有讹字，亦赖《常志》校正。

【注释】

①刘焉字，今本《陈志》《范史》皆作"君郎"，元丰本《常志》作君朗。李㴑从《陈志》《范史》改作郎，

明、清刻本多依之。惟廖刻本依元丰本作朗，浙剡刻本遵之。今案：焉字本义，《说文》云："鸟黄色，出于江淮。"《广韵》："鸟杂色。"《禽经》称为"黄凤"。凤备五色，色彩最鲜明。刘焉字当为君朗。郎字于义不协。李垩依误本《三国志》与《后汉书》改，非也。廖刻系以何义门过录元丰椠为蓝本，得此朗字，知其义较郎字贴切而改从之，亦是卓见。乃二顾并无校语，且亦未知其为元丰本。但照改朗字，徒使习今本《三国志》与《后汉书》者怀疑。兹故辨订之。

② 《陈志》："焉内求交址（当作州）牧，欲避世难。议未即行。……焉闻扶言，意更在益州。"董扶，本书《先贤志》有赞传，亦见《后汉书·方术传》，与《三国志注》引《益部耆旧传》。

③ 郤音隙，与郄字通用。俭之孙名郤正，《三国·蜀志》有传。河南偃师人也。与《典论》所称之方士郄俭同时。郗音絺，郗音绤，有别。郤俭贪虐，为激成蜀地黄巾起义之一因。"流言"、《陈志》《范史》并作"谣言远闻"，盖黄巾马相等准备起义已久，早播俭之贪虐事实于国中，京师亦闻之也。

④ 张壹，《三国志·二牧传》作益，皆避晋庙讳改也。《后汉书·灵帝纪》与《刘焉传》并作懿，中平五年三月，为休屠各胡所攻杀。耿鄙事见《后汉书·灵帝纪》及卷八十八《傅燮传》，与卷一百二《董卓传》。中平四年，"鄙率六郡兵讨金城贼王国、韩遂等"（《傅燮传》），"兵大败"（《灵帝纪》），"韩遂……拥兵十余万进围陇西。太守李相如反，与遂连和，共杀凉州刺史耿鄙"（《董卓传》）。袁宏《后汉纪》中平五年云，"鄙为别驾所害"。按，中平元年，天下黄巾并起，《后汉书》卷一百一《皇甫嵩传》记张角事，但称"青、徐、幽、冀、荆、扬、兖、豫八州之人莫不毕应"。不及益、凉、并、交四州。《灵帝纪》：中平元年七月，"巴郡妖巫张修反，寇郡县"。五年六月，"益州黄巾马相攻杀刺史郤（郄）俭，自称天子。又寇巴郡杀郡守赵部"。实则马相亦中平元年起兵。杀赵部者即张修（并详后注）。此中平元年同时起兵之益州黄巾也。又中平二年二月："黑山贼张牛角等十余辈并起，所在寇钞"。中平四年十二月，"休屠各胡叛"。五年三月，"休屠各胡攻杀并州刺史张懿"。此并州黄巾，起兵稍晚，少数民族响应之也。又中平元年六月，交址屯兵执刺史及合浦太守来达，自称柱天将军"。此交州黄巾也。又中平元年，十一月，"湟中义从胡北宫伯玉与先零羌叛，以金城人边章、韩遂为军师，攻杀护羌校尉泠征、金城太守陈懿"。四年四月，"凉州刺史耿鄙讨金城贼韩遂，鄙兵大败，遂寇汉阳。汉阳太守傅燮战没。扶风人马腾、汉阳人王国并叛寇三辅"。北宫伯玉，韩遂、王国、马腾等实皆凉州黄巾。由其先自少数民族发难，官吏讳言黄巾，以羌胡叛乱具奏，史官故不称作黄巾耳。《董卓传》："中平元年……其冬，北地先零羌及枹罕河关群盗反叛，遂共立湟中义从胡北宫伯玉、李文侯等为将军，杀护羌校尉泠征。伯玉等乃劫致金城人边章、韩遂，使专任军政。共杀金城太守陈懿，攻烧州郡。明年春，将数万骑入寇三辅，侵逼园陵。托诛宦官为名。……韩遂乃杀边章及伯玉、文侯，拥兵十余万进围陇西。太守李相如反，与遂连和，共杀凉州刺史耿鄙。而鄙司马扶风马腾亦拥兵反叛。又汉阳王国，自号合众将军，皆与韩遂合。共推王国为主，悉令领其众。寇掠三辅。五年，围陈仓。……韩遂等复共废王国，而劫故信都令汉阳阎忠，使督统诸部。……病死。遂等稍争权利，更相杀害。其诸部曲，并各分乖。"如此所记凉州叛汉诸军，皆不自称王侯，但称"将军"。他各州郡黄巾起兵者自马相称天子外，亦皆但称将军，不称王侯。又军权不私一人，但推举能者奉之；且与少数民族友好如一家，无种族畛域之见；皆各州黄巾之特点。故知凉州中平元年诸起兵者实皆黄巾；自中平五年起，始渐变质；或分散回农村，或发展为封建首领（如马腾、韩遂）。不能因旧史籍未称为黄巾而遂谓其与黄巾性质不同也。

⑤ 今本《三国志·二牧传》作："扶亦求为蜀郡西部属国都尉，及太仓令【会】巴西赵韪弃官，俱随焉。"衍

"会"字，文即难通。赖有《常志》校正。

⑥马相、赵祗等起兵时间，《三国志》未记年月。但云："是时凉州逆贼马相赵祗于绵竹县自号黄巾，合聚疾疫之民，一二日中得数千人。先杀绵竹令李升。吏民翕集，合万余人。便前破雒县。攻益州，杀俭。又到蜀郡、犍为。旬月之间，破坏三郡。相自称天子，众以万数。"亦不言破巴郡。《后汉书·刘焉传》云："是时，益州贼马相亦自号黄巾，合聚疫役之民数千人。先杀绵竹令。进攻雒县杀郄（郗）俭。又击蜀郡、犍为。旬月之间，破坏三郡。马相自称天子，众至十余万人。遣兵破巴郡，杀郡守赵部。"《灵帝纪》系破巴郡事于中平五年六月，与"益州从事贾龙击相斩之"合志。《通鉴》亦云："益州贼马相赵祗等起兵绵竹，自号黄巾，杀刺史郗俭，进击巴郡、犍为，旬月之间，破坏三郡。有众数万，自称天子。州从事贾龙率吏民攻相等，数日破走，州界清净。龙乃选吏卒迎刘焉。"综合分析，各书文字皆有讹误，惟《常志》最为正确。如《三国志》云"疾疫之民"，夫疾疫之民，岂能破城池，杀县令？《常志》谓相等先聚众杀县令，乃募"疲役之民"，一二日中得数千人之多，于理为合。"疲役"与上文"赋敛繁扰"相应。《后汉书》不遵《陈志》而改从常氏，是矣。《陈志》"郗俭"，常氏作"郄俭"。郄、郗古通用字，音隙。《后汉书》作"郄俭"，则当读如给，与《典论》及《神仙传》所举之郄俭混矣。"破坏三郡"，陈、常、范三书所指皆为蜀、广汉、犍为三郡。雒为广汉郡治，故不明言广汉耳。《通鉴》因《范书》连叙破巴郡，遂以三郡为指蜀、犍、巴，大谬。又《陈志》称马相等为"凉州逆贼"者，谓相等为凉州人，北宫伯玉之党，自称黄巾也。《常志》称曰"凉州黄巾"于意更明。《范史》则以相等为益州土著，于《本纪》曰"益州黄巾"，于《刘焉传》曰"益州贼"。《通鉴》又误沿之曰"益州贼"，皆由不善体会旧文，差以毫厘，失之千里矣。《范史》与《通鉴》之尤大谬误，更在于肯定马相、赵祗等起兵以至灭亡之时间皆在中平五年六月，恍如"破坏三郡"与"州境清净"共只数日内事。远不如《常志》叙述之次第准确，符合实际。此地方史志之优点也。马相等起兵，当在中平元年三月。此为黄巾首领，制定全国同起之日期。张角因马元义事发，先于二月起。益州未及知，故起事稍后。《三国志》所云"是时"，乃指贾龙迎焉入蜀之时。焉上贾龙平定马相功，追叙相等起兵以来蜀事，时在中平五年六月。非马相等起兵于是年六月也。夫由绵竹聚众，次第攻据雒县、成都、武阳，旬月之间，遂占有蜀、犍、广三郡与巴郡各县，实即占有四川盆地全部地面，水陆纵横各千余里，则人民疾恨地主政权积久，热烈拥护黄巾政权可知。贾龙以家兵数百，纠集吏民攻相，究属以少数攻击多数，非三四年，何能遂克。《陈志》与《通鉴》云"数日破走"者，行文之妄耳。按《常志》推之，马相等据蜀，实达四年有余。初与巴郡汉中之张修合作。后因相称天子，张修绝之。蜀人亦渐离弃，相乃败耳（黄巾事又见于《汉中志》4章之注）。

⑦《三国志》不言马相破巴郡杀赵部。《后汉书·灵帝纪》，中平元年秋七月，"巴郡妖巫张修反，寇郡县"。《李贤注》引《刘艾纪》曰："时巴郡巫人张修疗病，愈者雇以五斗米，号五斗米师。"又《刘焉传》注引《典略》曰："初，熹平中，妖贼大起，汉中有张修为太平道，（巨鹿有）张角为五斗米道。"旧每以太平道与五斗米道交叉混称，一曰米巫，亦曰妖巫。要其所指为黄巾所奉一种秘密组织之教法，教外人随意称之。张修、马相皆黄巾也。汉时官书与史官不知黄巾组织，但随州县具报语称之耳。黄巾起兵虽在中平元年（一八四），其布行太平道于郡国则远在熹平（一七二——一七七）以前。张陵于顺帝时入蜀，桓帝时（一四七——一六七）其教大行于蜀中。灵帝熹平时，遂大行于天下十二州。至光和末，已传三代（陵、衡、鲁）。弟子分区负责。张修，盖负巴郡与汉中地区领导之责者。此区亦为教主所在地，即天师直接督导之区，保持教义最纯，汉夷信徒最多且笃。亦曾分遣弟子协助他州布置起义事宜。例如颍川黄巾波才，即自

巴郡地下组织派往豫州行教之首领。波为寳民汉化时特有之姓氏，惟江州有之，他郡国所无，故知波才系自巴郡组织派出也。犍为地区负责人为张普，洪适《隶续》载《米巫祭酒张普题字碑》，记熹平二年普为鬼兵（鬼卒）胡九超度事，可证。其碑，李调元引《墨宝》云在南安县，犍为郡地也。马相、赵祗，似亦为天师派往广汉、蜀郡地区之负责人。其能于"旬月之间"据有全蜀，显然为地下组织深厚，一旦爆发，官吏与封建上层分子即仓惶无所措手脚。该教反对封建制，别立"以祭酒为治"之政教合一制度。而马相既据三郡，遂称天子。称天子必置百官，仍袭封建仪制；实为该教叛徒，故张修张普初与相应，后乃携离。修、普与马相携离而马相败矣。张修虽破巴郡，杀太守，而不据其城。其政治基础全在农村群众。张普亦然。故马相虽败，贾龙等封建上层分子不以修、普为敌，而别与刘焉争夺封建政权。刘焉对张修等则加以褒扬利用，借为制服蜀中巨室豪门之力量。张修曾为刘焉杀汉中太守苏固，遂据巴汉。死后，天师张鲁兼负此区政教全责，阅三十年乃为曹操所并，事具《汉中志》。张普死后，承继者为陈瑞，晋初始为刺史王浚杀害，事在《大同志》。中原诸州黄巾，曾遭汉朝廷坚决镇压，前后数十年，起兵者无不失败。道徒逐渐放弃革命目的，单以宗教方式行世，是为道教。其后道教发展为三途：其一为绝对个人主义，出离世外，研寻长生不老之术；左慈、郗俭、葛洪诸人是也。其一缘附老庄之言，顺应封建上层要求，与儒教、佛教徒争宠；北魏之寇谦之，元明之张天师是也。其另一派，则坚持组织人民反抗官府，潜伏农村，进行地下活动；机缘至则起兵占据地区，建立政教合一之政权；宋之方腊、钟相、杨泰，元、明、清、之白莲教徒起义者皆是也。方腊以过早攻占城池致败。钟相、杨泰不占城池，割据一区较久。明清之白莲徒，虽杂用下乘佛法之说，实以实现张陵祖孙建立农民自治政权，然反抗官僚统治，乃道教始祖所定之本旨也。魏晋史家未能认识张脩张角等起兵叛汉之性质，漫用"逆贼"、"叛乱"称之，而以张鲁割据汉中与袁绍、袁术、公孙瓒、刘表、刘焉等比列。由有此蔽，史文失实，误认张修破巴郡为马相所使。兹故申论辨订之。赵部，旧刻《常志》作"赵匙部"，是因"巴郡赵匙"文衍"匙"字，兹依《范史》删之。

⑧《三国志·二牧传》作"州从事贾龙，素领兵数百人，在犍为东界，摄敛吏民，得千余人，攻相等，数日破走"。《后汉书·刘焉传》作"州从事贾龙先领兵数百人在犍为，遂纠合吏人攻相，破之"，无"东界"字。时无江阳郡，但于犍为郡设枝江都尉驻江阳。《陈志》言"犍为东界，当指江阳。州从事不领兵，惟尉及都尉领兵。江阳既有枝江都尉，则州从事贾龙何由领兵在此？州境"有军事则置兵曹从事，主兵事"（《后汉·百官志》）。马相起兵前，州境无事，则贾龙非兵曹从事而但为诸部从事又可知。《陈志》《范史》云龙"素（先）领兵数百在犍为"（无论有无东界二字）皆非也。"素领兵"，则非州因马相等起兵而临时设置之兵曹从事矣。惟《常志》云"素领家兵在犍为"符合历史实际。"家兵"即家部曲，汉之末世，蜀中大姓豪门皆有之。如郪县之"高马家世掌部曲"是也（参看《蜀志》12章之注㊷）。"犍为"，郡名，辖地辽阔。就《陈志》"东界"二字推想，贾龙可能是江阳大姓豪门，为州府之犍为从事素领部曲在家。此时不胜起义军压力，遂举兵。惟家兵数百，非可以抵敌者。纵使联合巨室豪门部曲之家合力对抗，亦不易从江阳数日攻入成都，破灭马相。此《陈志》不符历史实际之另一方面也。《范史》参酌《常志》，去"东界"字，但云"在犍为"。则当指犍为郡治之武阳县。武阳去成都百余里，如有强兵，数日可以破相。然就当时情势推之，地主豪门有家部曲者究属少数，起义人民究属多数。况相既已称天子，则设官控制各州县之布置当已缜密，讵容近畿百余里内敌对阶层集合强兵？纵使贾龙是武阳首族，力能号召附近诸豪门部曲者，于理亦不可能在武阳起兵。《范史》虽含糊其词，意指贾龙起兵武阳，实亦不合实际。惟《常志》"素领家兵在犍为"下连"之青衣"三字，深值玩味。青衣县故隶蜀郡。顺帝时立汉嘉郡，青衣为郡治。

其县从未隶属犍为，此常璩所熟知。则此文不当以在犍为之青衣断句，而当以"在犍为"断句甚明。由《后汉书》作"在犍为"，亦可知《常志》旧本非以"之青衣"上属犍为成句。疑"在犍为"句下，本有"乃之青衣"句，传钞本脱乃字耳。贾龙起兵在青衣，有现存之樊敏碑可作旁证。碑在今芦山县南五里，犹未全泐，宋、明、清拓片存者尚多。芦山县，汉青衣故县也。附郭平原田塍间遍地汉砖残块，有建初、永元、永初、延光、永建、永和、元嘉、延熹等年号。及建安时樊敏、高颐、王晖与蜀汉王谋墓、碑、阙、石兽并宏伟（高墓较远，然亦故青衣县地）。可以想见后汉之世，此县文物蔚盛，已经进入较高的封建社会。其地居青衣江上游，为四川盆地西侧一副盆地。东有山脉与四川盆地相隔，西六十里逾灵关峡即夷地。后汉时，青衣夷邑长令田所治，即此峡外之灵关镇（现为宝兴县治）也。樊敏，汉末青衣人，治经学，长于吏治。初受青衣夷邑君礼聘作丞，教习诗书与政术。颇受夷族敬信。郡察孝廉，入仕京师，出任县令。灵帝时政乱，退任州职，由诸部从事至治中从事。碑云"米巫猖虐，续蠢青羌。君执一心，赖无污耻"。米巫，谓马相赵祗据有三蜀，樊敏退处青衣，拒不附和也。"续蠢青羌"，谓贾龙、任岐等利用青羌反对刘焉，益州大姓纷起响应，敏复闭门不附也。以故"州牧刘公，二世钦重"。推于朝廷，辟作司徒。不就，又授巴郡太守。巴郡分，改汉中太守，皆以大郡酬之。时敏已七十余，不就汉中，以褒义校尉养疾闾里。建安八年八十四岁卒。由碑文颂其不污"米巫"，足知其人与马相对立。敏为州治中从事而贾为州从事，即其属吏。既同反对黄巾，龙必利用敏之名望，自赴青衣，请其号召吏民与青衣夷众聚兵反抗。青衣地形险僻，公孙述据蜀时，士大夫移家避地居此者多，遂开后汉文物主盛。马相据蜀，豪门巨室必受打击，其避地逃此者亦必多。如此汉夷合力，突出临邛，数日攻下成都，为可能事。马相因背叛教旨，失人支持，遂为贾龙破灭。此当时之实际情形也。敏素恬退，又已年老，虽协助贾龙，用青衣军击灭马相，实未躬在行间，故刘焉上平乱状，归功贾龙。然亦必盛称樊敏协助之力，故推为三公也。何以知贾龙等所用主力为青羌军？由"续蠢青羌"句可以推知。青羌即青衣羌，亦称为叟，为青衣夷邑长管下之少数民族，勇毅敢战，与巴之"板楯蛮"相似。后汉时，青衣羌族极力倾向封建文化，尊重汉朝廷与州郡官吏之令教。故樊敏、贾龙等得利用之。建立平乱功绩后，必受优厚赏赐，故对贾龙当尤亲附。缘一切赏赉，虽出刘焉，亦必经由贾龙颁发也。马相于中平五年败灭，至建安八年，凡十五年间，蜀中除贾龙任岐等起兵讨刘焉外，别无军事。故知"续蠢青羌"句所指，为贾龙再用青羌军声讨刘焉之役。龙必谓焉蓄意叛汉割据，怂动青羌。青羌方崇汉室，拥护大姓，一时为龙岐所愚，从而攻焉。此役，樊敏与贾龙异趣。刘焉虽借东州士之力，亦殊得助于张鲁与樊敏。张鲁为五斗米道徒首领，兴贾龙等巨室豪门敌对，乐攻岐、龙。樊敏为青羌所敬重，既不附和岐、龙，足以贬损青羌对岐、龙之信心。有史料证明刘焉抚用青羌，克以击败岐、龙。青羌军即叟兵。《后汉书·刘焉传》："征西将军马腾与范谋诛李傕，焉遣叟兵五千助之。"五千非少数，焉能遣之入关效死，则其已能抚用青羌可知。青羌由从岐、龙攻讨刘焉，转变为甘受刘焉使用者，信服樊敏之关系也。贾龙等地主军实不能战，专赖羌叟。羌叟从焉而岐、龙败死矣。《樊敏碑》文结合《常志》《范书》，所反映当时蜀中局势如此。以此，定《常志》文为"贾龙素领家兵在犍为，乃之青衣，率吏民攻相，破灭之"。

⑨遣张鲁断北道事，在《汉中志》已详注。于此有当特别指出者：刘焉入蜀，实畏贾龙逼迫，故不居成都而治绵竹，厚抚东州流民为己用。犹恐不敌，察见五斗米道徒与巨室豪门势不相容，乃躬自崇奉其教以绥纳之。迎奉张衡妻子于府中，称五斗米教徒为义民，任张鲁为督义司马，张修为别部司马。以断北道事委张鲁，而留其母弟，若表示其信道甚笃者。故能得道徒支持，孤立巨室豪门。上文"抚纳叛离，务行小惠"，

实即指优容张修,顺应道众要求言之。常璩等封建史学家,未能分析当时蜀中阶级斗争与刘焉用意,视为"抚叛离,行小惠"也。下文"枉诛蜀中大姓",亦由刘焉初政,依靠五斗米教徒,广泛接受其请求,惩办巨室豪门之虐民者。焉实亦借以剪除贾龙羽翼。在封建史家视之,为"枉诛","以立威刑"也。焉既以抚用五斗米道徒得蜀。五斗米道亦借焉于巴汉奠基。

⑩司马,按《后汉·百官志》,惟京师城门校尉与五营校尉属官有之,秩千石,"见校尉,执板不拜",有如副职。汉末,官制紊乱,刘焉设四部司马统兵,位皆二千石,比于五营校尉矣。蜀汉时,大司马、大将军统兵,其下设司马为副贰。至晋,凡称将军领兵者皆置司马。营军独出,则置别部司马。皆因刘焉之制而愈滥矣。原刻各本无设字,于文法不合。《常志》原文当有,故补。

⑪贾龙击灭马相,其志亦当甚侈,特以尚无缘与汉朝廷接纳,故远迎刘焉于荆州界上。其意之轻焉,为势所必然。咄咄逼人,使焉不敢苢成都。焉初入蜀,一切措施,无非为制贾龙。由中平五年至初平二年(一八八——九一)三年间,图穷匕见,龙与其党任岐,不能不反。初恃叟兵为用。羌叟离而速亡(已详注⑧)。然蜀中士大夫仍悼惜之,常璩亦为之曲笔,颂为"恶焉之阴图异计"。璩徒见东州人为焉致力,而未见五斗米道徒与青羌叛离之关系耳。

⑫叙刘焉家属人物,悉依《三国志》。《三国志》本云"皆从献帝在长安"。旧本误作"都长安"也。

⑬刘瑁妻后归刘备,即吴后,《三国志》有传。

⑭《通鉴》卷六十,依《三国志》作"表上焉有似子夏在西河疑圣人之论"。胡三省注曰:"《礼记·檀弓》,曾子责子夏曰:'吾与子事夫子于洙泗之间,退归老于西河之上,使西河之人疑汝于夫子,而罪一也'。刘表盖言焉在蜀借拟,使蜀人拟之于天子也。"此史文与《檀弓》"疑"字,并当作"儗人必于其伦"(《曲礼》)之"儗"。古疑、儗、拟三字通用。《史记·苏秦传》"疑于王者"。《汉书·食货志》,"远方之能疑者并举而争起"。疑皆读如拟。《檀弓》"疑汝于夫子",谓子夏晚年居西河教授,魏文侯师事之。西河人从学者众,比拟之于孔子之在洙泗。曾子以为子夏使之如此妄拟也。于文,"有似子夏在西河拟圣人"意义已足。常璩用之,删"似""之"二字,犹存"论"字者,盖刘焉曾与刘表书,谓子夏在西河拟于洙泗,以喻朝廷方乱,州牧能安一方,立威信,亦如子夏在西河承续圣人之业。刘表以其言悖,上之朝廷。汉廷遣其子璋责让之。论字当存,似字当衍。此亦《常志》胜于《三国志》处。《通鉴》全用《三国志》文,为误矣。凡称"上",皆据他人成文转申于上级政府。以此知刘焉有书与表作此语。"焉留璋不遣",文义已足。"反'字,传钞者所妄加。《三国志》与《后汉书》俱无。裴注引《典略》作"遂留璋不还"。

⑮《后汉书》卷一百零二《董卓传》:"兴平元年,马腾从陇右来朝,进屯霸桥。时腾私有求于催,不获而怒,遂与侍中马宇、中郎将刘范、前凉州刺史种邵、中郎将杜禀合兵攻催。连日不决。韩遂闻之,乃率众来,欲和腾、催。既而复与腾合。催使兄子利,共郭汜、樊稠,与腾等战于长平观下。遂、腾败。斩首万余级。种邵、刘范等皆死,遂、腾走还凉州。"《通鉴》卷六十一,兴平元年二月,"马腾私有求于李催,不获而怒,欲举兵相攻。帝遣使者和解之。不从。韩遂率众来和腾、催。既而复与腾合。谏议大夫种邵、侍中马宇、左中郎将刘范谋使腾袭长安,已为内应,以诛催等。壬申,腾、遂勒兵屯长平观。邵等谋泄,出奔槐里。催使樊稠、郭汜及兄子利击之。腾、遂败,走还凉州。又攻槐里,邵等皆死。"《通鉴》取材刘艾《献帝起居注》,较翔实。《后汉书·刘焉传》:"征西将军马腾与范谋诛李催,焉遣叟兵五千助之。战败,范、诞并见杀。""战败"谓槐里之役也。种邵等亦应各有家兵,然所恃尤在范之叟兵(青羌兵)。李催等本董卓故部,凉州人,与羌叟习近,故叟兵恒倾向董卓故部。前李催叛围长安时,八日不能破。"吕布军

有叟兵内反，引傕众得入"（《董卓传》）。兹围槐里，亦当用叟兵招范所领叟兵，范等因此败也。《常志》云"治中从事广汉王商谏"，盖谏其用叟兵攻李傕等也。王商字文表，《先贤志》有赞与传。《三国志》："范应时见杀。于是收诞行刑。议郎河南庞羲与焉通家，乃募将焉诸孙入蜀。""募将"，谓长安大乱中，范、诞既败，家属分匿，羲募人求得之，携以入蜀也。

⑯祆音妖，谓反常之异。上文云"天火"是也。上文天火，旧钞及元竖本皆作"夭火"，因此祆字混也。李㙫嘉泰本改正为天大。钱、刘各本遵之。张佳胤仍依元丰本作夭火，吴、何诸本仍之。当从嘉泰本，上文作天火，此作祆灾。

⑰旧本"共表代"下作又字，句下属。廖本改作父，句上属。当从廖本。裴松之《三国志注》引《英雄记》云："焉死，子璋代为刺史。会长安拜颍川扈瑁为刺史，入汉中。荆州别驾刘阖，璋将沈弥、娄发、甘宁反，击璋，不胜，走入荆州。璋使赵韪进攻荆州，屯朐䏰。"是汉廷闻焉死，已派扈瑁为益州刺史，并命荆州刘表以兵助之。时朝廷虽衰乱，各州牧尚无父死子代之例。派遣继任州牧，势所必然。但姑称刺史，不称牧而已。时张鲁已据汉中，为刘焉断北道，不至容许扈瑁人驻。云扈瑁"入汉中"者，盖其由商雒入西城、上庸，联荆州，向巴东。企图自巴东以渐入蜀。沈弥、娄发、甘宁等巴东豪杰响应之。赵韪为璋讨破弥等。扈瑁不能入蜀，汉朝廷乃除璋益州牧以绥抚之。当时州将递换过程固当如此。《后汉书·刘焉传》谓："先是，荆州牧刘表表焉僭拟乘舆器服。题以此遂屯兵朐䏰备表。"查刘表上焉有子夏在西河疑圣人论，因而得除荆州牧，在李傕入长安后，即初平四年时。表与汉朝廷携贰，在曹操执政与袁绍战官渡（建安五年）以后。此前六七年间，汉朝廷不至诏益州出军征刘表。刘璋与表虽有私怨，亦不得公然出兵征之。且征东中郎将为朝廷官，韪之衔命，显为汉廷所给。然则汉廷之除璋为益州牧，当在建安五年以后，曹操专政时也。璋初实求以益州刺史代父，非径求牧。朝廷别派扈瑁，意在讨璋等，李傕当政时事也。迨曹操执政，扈瑁败退，刘表又与朝廷有隙，乃更除璋为牧，令其讨表。赵韪初征沈弥等屯朐䏰，备刘表。汉廷因而假以征东中郎将名衔，使进兵荆州。值刘璋与韪携隙，韪更与表和，还攻璋。《后汉书》但云"备刘表"，就初平时言之也。《常志》云"征刘表"，就建安五年受朝命时言之也。合兴平元年刘焉死后事于一节，读者每误会为一年事。兹故辨晰之。《三国志》云："州大吏赵韪等贪璋温仁，共上璋为益州刺史。诏书因以为监军使者领益州牧。以韪为征东中郎将率众击刘表。"已系合初平至建安前后七年言之。细参三史自明。

# 五

璋字季玉，既袭位，懦弱少断。张鲁稍骄于汉中，巴夷杜濩、朴胡、袁约等叛诣鲁。璋怒，杀鲁母弟，遣和德中郎将庞羲讨鲁。不克。巴人日叛。乃以羲为巴郡太守，屯阆元丰本作朗。李㙫改阆。中御鲁①。羲以宜须兵卫，辄召汉昌賨民为兵。或构羲于璋，璋与之情好携隙。赵韪数进谏，不从，亦恚恨也。建安五年，赵韪起兵数万，将此将字作率字解。以攻璋。璋逆击之。明年，韪破元丰本有破字。钱、《函》本并空格。吴、何诸本无破字。败②。羲惧，遣吏程郁顾广圻校注云："目录作祁。《三国志·杨戏传 季汉辅臣赞》陈寿注作郁。然则郁字是矣。"廖刻本未收此注。宣旨于郁父李本误作文。汉昌令畿,索益賨兵。刘、李本误作丘。畿曰:"郡合部曲,本不为乱。纵有逸【谀】詸,各旧本作谀或谞,于义不协。当作詸,以言相犯也。要在尽诚。遂怀异志,非所闻也。"羲令郁重往。畿曰:"我受牧恩,当为尽节。汝自郡吏,宜念效钱、刘、李、《函》本作効。力。不义元丰本讹作羲。之事,莫有二意。"羲恨之,使人告曰:"不从太守,家将及祸。"畿曰:"昔乐羊食子,非无父子之恩,大义然也。今虽羹子:畿饮之矣。"羲乃厚谢于璋。璋善畿,迁为江阳太守③。十年,璋闻曹公将征荆州,遣中郎将河内阴溥致敬。公表加璋振威将军,兄瑁平寇将军④。十二年,璋复遣别驾从事蜀郡张肃,送叟兵三百人并杂御物?公辟肃为掾,拜广汉太守。十三年,仍遣肃弟松为别驾,诣公。公时已定荆州,追刘主,不存礼松;加表望不足,但拜越嶲当作"永昌"。此苏令。松以是怨公。会公军不利,兼以疫病,而刘主寻取荆州。松还,疵毁曹公,劝璋自绝,因说璋曰:"刘豫州,使君之肺腑,更可与通⑤。"时扶风法正字孝直,留客在蜀,不见礼,恨望。松亦以身抱利器,忖璋不足与有为,常与正窃叹息。松举正可使交好刘主。璋从之,使正将命。正佯为不得已廖本注云:"当有而字。"行⑥。又遣正同郡孟达将兵助刘主守御。前后赂遗无限⑦。十六年,璋闻曹公将遣司隶校尉钟繇伐张鲁,有惧心。松进曰:"曹公兵强,元丰、嘉泰、钱、张、吴、何、《函》、浙各本作彊。刘李本讹作疆。王、卢、廖、石本作强。下强字同。无敌天下;若因张鲁之资以向蜀土,谁能御之者乎?"璋曰:"吾固忧之,而未有计。"松对曰:"刘豫州,使君之宗室,而曹公之深仇也。善用兵,使之伐鲁,鲁必破。破鲁,则益州强,曹公虽来,无能为也。《三国志先主传》文同。此句作"无能为也"。且州中诸将庞羲、李异等,皆恃功骄豪,欲有外意。不得豫州,则敌攻其外,民叛于内,必败之道也。"璋然之,复遣法正迎刘【先】主⑧。旧各本皆有先字。依上文,当作"刘主"二字。主簿巴西黄权谏曰:"左将军有骁《后汉书·刘焉传》作枭。名,今请到,欲以部曲遇之,则不满其心;欲以宾客吴、何、王、石本作"客宾"。待之,则一国不容二君。《三国志·黄权传》文同。此下有若字。客有太元丰本与吴何诸本同作太,嘉泰本与钱、刘本作泰。山之安,则主有累卵之危。"璋不听⑨。从事广汉王累,倒悬于州门,以死谏璋。璋壹元丰、嘉泰与刘、《函》、廖本作壹。张、钱、吴、何、王诸本作一。无所纳⑩。正既宣旨,阴献策曰:"以明将军之英才,乘刘牧之懦弱,张松《三国志》此有州字。之股肱以响应于内,然后资益州之富,凭天设之险,以此成帝《三国志》无帝字。业,犹反手也。"刘主大悦⑪,乃留军师中郎将诸葛亮、将军关羽、张飞镇荆州,率万人溯江西上。《三国志·先主传》作"将步卒数万人入益州"。璋初敕所在供奉,入境如归⑫。刘主至巴郡,巴郡严颜拊心叹曰:"此所谓独坐穷山,放虎自卫者也。"⑬刘主由巴水达涪。璋往见之⑭。松复令正白刘主曰："今因此会，便可执璋。则将军无用兵之劳，坐定一州也。"军师中郎将襄阳庞统亦言之。刘主曰："此大事也。初入他国，恩信未著，不可仓卒。"欢饮百余日。璋推刘主行大司马，司隶校尉。刘主推璋行镇西大将军，领牧如故。益刘主兵，使伐张鲁。又令督白水军，并三万【军】人，《三国蜀志·先主传》文同此作三万余人。车甲精实。【而别】二字，旧各本有，衍文也。璋还州。刘主次葭萌，厚树恩德，以收众心。十七年，曹公征吴。吴主孙权呼刘主自救。刘主贻璋书曰："孙氏与孤，本为唇齿。今乐进在清泥，与关羽相拒。不往《函海》注云："李本误生。惠校改往。"他各本作往。赴救，进必大克，转侵州界，其忧有甚于鲁。鲁自守之贼，不足虑也。"求益万兵《三国志·先主传》文同。此作"求万兵"。及资实。《三国志》作宝。元丰本作实。钱与刘、吴、何、《函》、王等明清刻本并作宝。廖、浙、石本作实。璋但许四千，他物半给。张松书与刘主及法正曰："今大事垂可立，如何释此去乎？"松兄广汉太守肃，惧祸及己，白璋，露松谋。璋杀松。刘主叹曰："君矫杀吾内主乎！"嫌隙始构⑮。璋敕诸关守不内读如纳。刘主。庞统说曰："阴选精兵，昼夜兼行，径袭成都。璋既不武，又无素豫，一举而定，此上计也。杨怀、高沛，璋之名将，各仗强兵，据守关头，数有笺谏璋遣将军还。将军遣与相闻，说当东归，并使速装。《三国志·庞统传》作"并使装束。外作归形"。谓使高、杨准备接防葭萌也。二子既服将军名，又嘉将军去，必乘轻骑来见将军，因此执之，进取其兵，乃向（城）成都。廖本误作"城都。"他各本并作"成都。"此中计也。退【还】之白帝，元丰本与廖本作此五字。《庞统传》与他各旧本《常志》无之字。今按：常璩援用旧籍，每存其意而异其文。此当是避重复还字改为"退之白帝"，传钞者又因《统传》衍"还"字耳。连引荆州，徐还图之。此下计也。"刘主然其中计。即斩怀等，遣将黄忠、元丰本作忠，张、吴本作中，他各本皆作忠卓膺、魏延等勒兵前行⑯。梓潼令南阳王连固城坚守，刘主义之，不逼攻也⑰。进据涪城。此下《庞统传》有"于涪大会"句。大会，置酒作乐。谓庞统曰："今日之会，可谓乐矣。"统对曰："伐人之国而以为欢，非仁者也。"刘主曰："武王伐纣，前歌后舞，岂非仁也？"也读如耶。《统传》作邪。统退出。刘主寻请还，谓曰："向者之谈，【何】阿元丰本与廖本作何。他各本与《统传》作阿。谁为失？"统曰："君臣俱失⑱。"《统传》有"先主大笑，宴乐如初"句。十八年，璋遣将刘璝、冷苞、张任、邓贤、吴懿等拒刘主于涪，皆破败，还保绵竹⑲。【县令】廖本注云："当衍此二字"。兹删。懿诣军降，拜讨逆将军⑳。初，刘主之南伐也，广汉郑度说璋曰："左将军县军袭我，众不满万，百姓《法正传》作"士众"。未附，野谷是资。计莫若驱巴西、梓潼民，内元丰本讹作由。李至改，读如纳。涪川元丰本作州。他各本皆作水。廖本作川，是。以南，《法正传》作"内涪水以西。"盖常璩改作南。蜀人以涪以外为北，内为南也。其仓廪野谷，一皆烧除，高垒深沟，静以待之。彼此下《法正传》有至字。请战不许，久无所资，不过百日此下《法正传》有"必将自走，走而击之，则必成禽耳"。必禽矣。"先主闻而恶之。法正曰："璋终不能用，无所法正传作无可。忧也。"璋果《法正传》此下有"璋果如正言"句。谓群下曰："吾闻拒敌以安民。未闻动民以避敌。"绁度不用㉑。《法正传》作"于是绁度，不用其计"。故刘主所至有资。进攻绵竹。璋复遣护军南阳李严、江夏费观等督绵竹军。严、观率众降，同拜裨将军㉒。进围璋子循于雒城。十九年，关羽统荆州事。诸葛亮、张飞、赵云等溯江，降下巴东。入巴郡。巴郡太守巴西赵筰拒守，飞飞字上，张、吴、何、王、浙、石诸本并有张字。宋刻及他明清刻本无。攻破之㉓。获将军严颜，《三国志·张飞传》作巴郡太守严颜，误。当以本志为正。谓曰："大军至，何以不降，敢逆战。"颜对曰："卿等无状，侵夺我州。我州元丰本不重此二字，李㼜所增也。但有断头将军，无降将军也。"飞怒曰："牵去斫吴、王本作砍。头。"颜正色曰："斫头便斫，何为怒也。"飞义之，引为宾客㉔。赵云自江州分定江阳、犍为㉕。飞攻巴西。亮定德阳。巴西功曹龚谌元丰本与廖本作"龚谌"。钱、《函》本作"龚祺"。刘、李、吴、何、王、浙本作"袭谋"。石印本作"袭谌"。迎飞。璋帐下司马蜀郡张裔距亮，败于柏下。裔退还㉖。夏，刘主克雒城，与飞等合围成都。而偏将军扶风马超率众自汉中请降。刘主遣建宁督上四字张本作双行小字。李恢迎超。超径至，璋震恐㉗。所署蜀郡太守汝南许靖将依《法正传》辅将字。逾城出降，璋知，不敢诛。被围数十日㉘。城中有精兵三万，谷支二年，众咸欲力战。璋曰："父子在州二十余年，无恩德以加百姓，攻战三年，肌膏草野，以璋故也。何以能安㉙！"遂遣张裔奉使诣刘主。主许裔礼其君而安其民㉚。刘主又遣从事中郎涿郡简雍说璋。璋素雅敬雍，遂与同舆而出，降，吏民莫不歔欷涕泣㉛。刘主复其所佩振威将军印绶，还其财物。迁璋于南郡之公安。吴主孙权之取荆州也，以璋为益州刺史。《二牧传》作"益州牧"。刘主东征，璋于旧刻本作"还"。元丰及廖刻本作于。吴卒也㉜。刘、李本无也字。

**案**：以上叙刘璋事，仅摘取陈寿《三国·蜀志》诸传纂成。仿荀悦《汉纪》例，以年为纲，缀叙蜀中人物嘉言懿行，为地方史特创一格，足补《陈志》割裂分散缺点。

【注释】

① 此段，《常志》与《后汉书》皆取材于《三国志·二牧传》，而文各不同，可以互校。如《三国志》："璋累遣庞羲等攻鲁，（数为）所破。鲁部曲多在巴西，故以羲为巴西太守，领兵御鲁。"今本"数为所破"句脱二字。《后汉书》作"庞羲等攻鲁，数为所破。鲁部曲多在巴土，故以羲为巴郡太守。鲁因袭取之，遂雄

于巴汉"。足见范晔所见《三国志》，本有"数为所破"句今本脱二字也。又《三国志》无鲁袭取巴西文。按之《常志》，庞羲时亦未曾失陷巴西。则《范史》所缀二句为信笔妄揣之词，谬于史实者，亦当订正也。今按：张陵、衡、鲁之道，重在组织农民，初不愿攻占城邑。中平元年，张脩虽破巴郡，弃而不居。其奉刘焉命杀汉中太守苏固以前，实已掌握汉中地区，故苏固不惟无对抗之力，亦且无法逃兑。然而此前，苏固自在汉中城府发号施令，未被袭取也。即如巴西，郡治阆中，在嘉陵江岸，其属县汉昌，即今巴中县，在阆中之东二百余里，且为奉道夷酋杜濩驻落之区，其时尚容许程畿常作令征兵，则张鲁之不攻取嘉陵江岸之巴西郡城为必然也。封建官吏与封建史家言形势，只重在城邑，不识张鲁但重乡村不争城邑之特点，故所体会往往谬误。《常志》虽亦见不及此，但因其为地方史志，资料来源不同，每有足资推寻历史真实之处。例如此云，"巴夷杜濩朴胡袁约等叛诣鲁"，此三夷酋，在《三国·魏志》中称"巴夷王"（《武帝纪》），其王印乃曹操平汉中后给（说在《汉中志》注）。此前未有所谓夷王也。《常志》凡数举此三人，皆不称夷王。以当时巴地少数民族社会情形推之，亦只能有接近于封建上层之巨族首领，无所谓邑君与侯王。是《常志》关于此三人之资料来源，较《三国志》之资料为更切合实际。又《三国志》与《后汉书》记璋鲁携隙事，未涉杜濩等三人。《常志》独著三人之关系，此亦不可忽视之处。惟"叛诣鲁"三字，则深值分析。杜、朴、袁三人，盖皆巴郡賨民（板楯）奉五斗米道，在教中有较高地位，为巴地道徒所尊信者。早在熹平中，张修布道于巴郡时，三人已为祭酒级之首领道徒。张修破巴郡杀太守，实赖三人之力。刘焉抚循道徒，以张修为别部司马，领民兵；而张鲁为督义司马，作道侣义军之上级领导。据汉中后，张修病死，张鲁直接领导巴、汉两郡道徒。鲁与刘焉相互利用时，则此三夷酋名义上亦隶属于焉。璋之初世亦然。然，张鲁与刘氏目的不同，非能长久合也。刘焉时，恃五斗米道徒与东州人支持，与州中大姓豪强对立，故鲁能与焉睦合。刘璋时，大姓赵韪当政，自必与鲁之道不相容。璋鲁携离，必然不免。三巴夷民之奉道者，自亦必在此三夷酋领导下反抗刘璋、赵韪。在刘璋诸人与常璩等史家视之为"叛诣鲁"耳。刘璋赵韪等所欲争者在巴之属地。庞羲等累攻鲁，皆当是攻三夷酋地。由于人民附鲁，故屡为巴夷三酋所败。结果被迫而退守嘉陵江一线。时赵韪在胸朒，亦扼沿长江一线诸城镇。两江之外，皆鲁所控制之巴夷地区也。璋军既取守势，巴夷亦不进取。息军日久，刘璋内部矛盾加剧而赵韪叛璋，庞羲自疑，此亦自然之理也。

②裴松之注引《英雄记》曰："庞羲与璋有旧，又免璋诸子于难，故璋厚德义。以羲为巴西太守，遂专权势。"校以《常志》，羲实因进讨巴夷，屡出无功。苦于巴西久戍，转与赵韪恨璋疏远而有叛志也。韪即赵颖，巴西安汉人，既立璋而又叛之，当有因。裴注又引《英雄记》曰："东州人侵暴旧民，璋不能禁。政令多阙，益州颇怨。赵韪素得人心，璋委任之。韪因民怨谋叛，乃厚赂荆州请和，阴结州中大姓与俱起兵，还击璋。蜀郡、广汉、犍为皆应韪。璋驰入成都城守。东州人畏威（韪），咸同心并力助璋，皆殊死战，遂破反者。进攻韪于江州。韪将庞乐、李异反，杀韪。"此反映赵韪之叛，属于土著豪门与东州客民争夺政权之冲突。韪与庞羲，初恨以宿旧见疏，又攻巴夷不利，久戍不召，共同谋叛。然二人间又有利害不同。羲河南人，属东州士。韪则蜀地豪门，憎恶客民者。璋出韪羲后，实惟东州人语是听。故韪叛璋时，州中大姓群起响应。一时三蜀皆叛，而巴西庞羲反存观望。大姓集团之间，又复有相互间之复杂矛盾，且由于人民不助大姓，故叛乱集团寻即瓦解。最后江州一城，亦由内部崩离而败。赵韪之败，正与贾龙相同，五斗米道徒与之为敌，实为其主要原因。李异、庞乐为韪将，当亦蜀地豪强有部曲者。异降璋后，与庞羲讨张鲁，无功而"恃功骄豪，欲有外意"（张松语）。后卒降吴。

③此插叙程畿事，据《三国志·杨戏传·季汉辅臣赞》陈寿注文。字句微异，可互校。按实际情势言之，汉昌在当时已在巴夷杜濩包围中，不可能多征賨兵助义。传地方耆旧者，随事傅会，冠冕其词以欺世俗而已。乐羊食子事，出《战国策》。《史记·魏世家》亦载。

④此《陈志·二牧传》文。原有"瑁狂疾物故"句。

⑤以上，亦依《陈志·二牧传》文，微有删易。原无"表望不足，但拜越嶲比苏令"句。《常志》依《耆旧传》文增也。此苏县原属永昌郡。晋世乃隶河阳郡。不属越嶲。《耆旧传》原误系于越嶲也。"表望"，谓仪表与资望。

⑥此依《陈志·法正传》文。

⑦《陈志·二牧传》云："又令正及孟达送兵数千助先主守御。"《先主纪》云："遣法正将四千人迎先主。前后赂遗以巨亿计。"《刘封传》云："刘璋遣扶风孟达副法正，各将兵二千人，使迎先主。先主因令达并领兵众，留屯江陵。"常氏综合之为此文。

⑧此依《陈志·先主纪》文。松说辞，原无"且州中诸将"以下三十九字，盖常氏据地方史料增。

⑨此依《陈志·黄权传》文，删"若"字与"可但闭境以待河清"句。

⑩此用《陈志·二牧传》文。

⑪此用《陈志·法正传》文。

⑫此纂合《先主纪》与《二牧传》为文。

⑬此不见于《陈志》，盖别采自《巴耆旧传》。时巴郡太守为赵笮，颜为守将，见下十九年文。

⑭《陈志·二牧传》云："先主至江州，北由垫江水诣涪。去成都三千六十里。是岁建安十六年也。璋率步骑三万余人，车乘帐幔，精光耀目，往就与会。"江州，当时巴郡治。垫江水，指至垫江与西汉水合之涪水，即内水。以经过涪城（今绵阳县），曰涪水也。"三千六十里"，千当作百。"步骑三万余"，合供应转输者言之也。于此可见蜀中之殷富。

⑮以上并依《先主纪》文，字句小异。原无"刘主叹曰：君矫杀吾内主乎"句，《常志》增之，当是采自《耆旧·张肃传》。君矫，张肃字也。此言刘备深恨于肃，故得庞后竟不用之也。

⑯《陈寿·蜀志》叙庞统献上中下三策，在"刘璋与先主会涪"句下。后云"先主然其中计，即斩怀沛，还向成都。"又别于《先主纪》"璋收斩松。嫌隙始构"句下云："璋敕关戍诸将，文书勿复开通先主。先主大怒，召白水军督杨怀，责以无礼，斩之。乃使黄忠、卓膺勒兵向璋。先主径至关中（按此指怀沛所驻之"关头"，即白水关），质诸将并士卒妻子。引兵与忠、膺进到涪，据其城。"合而观之，庞统此策，献于嫌隙初构，表面犹未决裂时，利用先主"兼督白水军"之地位，并以治装将归，促怀等接防，诱至斩之，猝入其军，质将士妻子，并领其军。既资其众，又绝后顾忧，此中计之精神内容，刘备所以采行也。司马光《通鉴》误会《统传》文，叙统策于建安十七年冬，谓"刘备在葭萌，庞统言于备曰：……若沉吟不去，将致大困。不可久矣。备然其中计。及曹操攻孙权，权呼备自救"云云，时次显属谬误，常氏取《先主传》与《庞统传》文，改作如此叙述，深符史实，贤于《陈志》与《通鉴》远矣。

⑰此插叙王连事，出《三国·蜀志·王连传》。

⑱此用《庞统传》文，微有节删。

⑲此用《三国志·先主传》文。增"吴懿"字，易"退保"为"还保"字。《常志》旧刻"县令"二字，当是齐梁人传钞者批注字。江左与北人于蜀地郡县不习，从《宋·州郡志》中查得南阴平属县有"绵竹令"

字，批其侧备忘。被隋唐人钞入正文耳。宋明各本并有。兹删。

⑳吴懿，《三国·蜀志·穆皇后传》作壹，《杨戏传·季汉辅臣赞注》亦作壹，避晋庙讳也。注云："子远名壹，陈留人也。随刘焉入蜀。刘璋时，为中郎将，将兵拒先主于涪，诣降先主。定益州，以登为护军讨逆将军，纳壹妹为夫人。"则非初降时即"拜讨逆将军"。此是常氏与《陈志》微异处。璋遣诸将拒刘备，非只一次。故云"皆破败"。《常志》依《辅臣赞注》增吴懿也。

㉑此依《三国志·法正传》文，微有删易。如增郑度郡籍"广汉"字，易县为悬，易"士众"为百姓，及删省数字，增"故刘主所至有资"句，并觉优于《陈志》。

㉒《三国志·李严传》："建安十八年署严为护军，拒先主于绵竹。严率众降先主。先主拜严裨将军。"又《辅臣赞注》："宾伯名观，江忧鄳人也。……建安十八年，参李严军，拒先主于绵竹，与俱降。先主既定益州拜为裨将军。"费观资望次于李严，虽同降，严立拜裨将军，观在定益州后乃拜裨将军，《陈志》记述分明。《常氏》为行文省便，合于一时，与前吴懿拜讨逆将军，同是《常志》未及《陈志》明细处。

㉓《三国志·先主传》："先主进军围雒。时璋子循守城。被攻且一年。"叙在诸葛亮、张飞、赵云等由荆州进军之下。《通鉴》卷六十六：建安十八年，"严、观亦率其众降于备。备军益强，分遣诸将平下属县。刘璝、张任与璋子循退守雒城。备进军围之"（叙在五至七月间）。是璝、循等自绵竹退守雒城，在建安十八年夏，在诸葛亮等自荆州进军后也。按《赵云传》："先主自葭萌还攻刘璋，召诸葛亮。亮率云与张飞等俱溯江西上。"《亮传》《飞传》亦并言溯江西上在先主还攻刘璋时，即建安十七年。被召虽在十七年冬，率军溯江当在十八年春。入峡后即当节节攻城。其破巴郡应在十九年内即刘璋军势全部瓦解之年也。则非十九年始自荆州进军明矣。《常志》于此，亦谓"入巴郡"在十九年耳。《陈志·张飞传》作"破璋将巴郡太守严颜"。夫严颜，巴郡临江人，见《三郡士女目录》，不可能作巴郡太守。《常志》作"太守巴西赵筰"，于颜但称"将军"，于理为合。此亦《陈志》当依《常志》校正之又一例也。《通鉴》卷六十七，于亮等进军，依《常志》系十九年，于严颜，依《陈志》称巴郡太守，两误。名家史笔之难免于疏误如此。《常志》于蜀人之忠义者，表章无遗，独遗张任不著。《通鉴》建安十八年，刘备进围雒城句下云"任勒兵出战于雁桥。军败，任死"。所据为《益部耆旧杂记》。裴松之注曾节引其文云"张任，蜀郡人。家事寒门，少有胆勇，有志节，仕州为从事"。《常志》并《士女目录》无之。疑蜀中士大夫阶层鄙任出于寒门，羞传其事。常璩承晋人陋习，蔽而不见也。

㉔此用《三国志·张飞传》文，小删易。赵筰亦降，后为"益州别驾从事"，见《先主传》建安二十五年文。巴郡太守严颜。今按：颜，巴郡临江人，不可能作巴郡太守。

㉕《陈志·赵云传》但言"分遣云从外水上江阳，与亮会于成都"。昔人称岷江为外水，沱江（雒水）为中水，涪江为内水。江阳在江雒会。云从外水，则当更自江阳溯僰道、南安至武阳（犍为郡治）。《常志》增"犍为"二字，更见明确。

㉖《三国·蜀志·张裔传》："张飞自荆州由垫江入。璋授裔兵，拒张飞于德阳陌下。军败，还成都。"德阳，今潼南县地。"陌下"即《常志》之"柏下"，当在德阳之北涪江（内水）岸。时有巴西郡，治阆中在嘉陵江（西汉水）岸。按《常志》文，应是飞溯西汉水，平下巴西诸县，亮率大军溯内水，破张裔。合参《张裔传》，应是亮与飞先同溯内水，破裔后，乃分军别循巴西。顾广圻校稿云："《目录》龚禄父谌，犍为太守。"是各本作祺，作谋，与作袭者皆非。元丰本不误。

㉗此参合张飞、马超、李恢三传纂成。《张飞传》："与先主会于成都。"《马超传》："以超为偏将军……乃奔

汉中依张鲁。……闻先主围刘璋于成都，密书请降，先主遣人迎超。超将兵径到城下，城中震怖。"《李恢传》："遣恢至汉中交好马超，超遂从命。"

㉘此出《法正传》："将逾城降，事觉不果"。故补将字。

㉙此用《二牧传》文。

㉚此用《张裔传》文。

㉛《简雍传》："与麋竺、孙乾同为从事中郎，常为谈客，往来使命。先主入益州，刘璋见雍，甚爱之。后先主围成都，遣雍往说璋。璋遂与雍同舆而载，出城归命。"《二牧传》："遂开城出降，群下莫不下泪。"常氏纂合此文，在全篇中为改易旧文之最多者。

㉜此取《二牧传》文。

# 六

撰曰，元丰与《函海》本作"赞曰"。公孙述藉导江之资，值王莽之虐，民莫援者，得跨巴蜀；而欺天罔物，自取灭亡者也。然，妖梦告终，期数有极，奉身归顺，犹可以免。【而】他各本并无而字。廖本衍。矜愚遂非，何其顽哉①。刘焉器非英杰，图射徼幸②。璋才非人雄，据土乱世，其见夺取，陈子以为非不幸也③。昔齐侯【唶】嗟 《函海》同廖本，他各本作唶，是。晋鲁之使，旋蒙易乘之困④。魏君贱公叔之侍人，亦受割地之辱⑤。量才怀远，诚君子之先略也⑥。观刘璋，曹公之侮慢法正、张松，二憾既征，同怨相济，或家国覆亡，或天下三分⑦【天下】。旧刻皆作"三分天下"，疑旧钞误倒。古人一馈十起，辍沐挥洗，良有以也⑧。

案：常氏评论公孙述与刘焉父子，自揭其撰写此卷旨趣。谓述之逆天顽抗，不如璋之失国全躯。此与其劝李势降晋观点一致。又着重论列执政轻贤慢士之咎，则是其降晋后遭受江左士流轻蔑之牢骚语也。就文章技巧言，在六朝诸史中，辞润婉赡，足与陈、范颉颃。用典有须解说者，为注释八条。

【注释】

①"民莫援者"，谓人民莫肯支援王莽。"妖梦告终"，谓梦告十二为期，责述届时犹图顽抗。

②"器"谓人之才能识量，用《论语》"管仲之器小哉"义。"射"在此音"籍"，弋取物也。《论语》"弋不射宿"是也。"徼幸"，谓不可得而偶获之遭遇。班固《奕旨》"优者有不遇。劣者有徼幸"。

③陈子，指陈寿。寿《二牧传》评曰："昔魏豹闻许负之言则纳薄姬于室，刘歆见图谶之文则名字改易，终于不免其身，而庆钟二主。此则神明不可虚要，天命不可妄冀，必然之验也。而刘焉闻董扶之辞则心存益土，听相者之言则求婚吴氏，遽造舆服，图窃神器，其惑甚矣。璋才非人雄，而据土乱世，负乘致寇，自

然之理。其见夺取,非不幸也。"常氏承取其意,别作简语。时寿书已流行,故不用其原文也。

④《左传》宣十七年:"晋侯使郤克征会于齐。齐顷公惟妇人使观之。郤子登,妇人笑于房。郤子怒,出而誓曰:所不此报,无能涉河。"《谷梁传》成元年:"冬十月,季孙行父秃,晋郤克眇,卫孙良夫跛,曹公子手偻,同时而聘于齐。齐使秃者御秃者,使眇者御眇者,使跛者御跛者,使偻者御偻者。萧同侄子处台上而笑之,闻于客。客不悦而去。"二年六月,"季孙行父、臧孙许、叔孙侨如、公孙婴齐帅师,会晋郤克、卫孙良夫、曹公子手,及齐侯战于鞍,齐师败绩"(经文)。鞍之役,齐逢丑父御公。既败。"逢丑父与公易位。将及华泉,骖挂于木而止(韩厥追及之),……丑父使公下如华泉取饮。郑周父御佐车,宛伐为右,载齐侯以免"(《左传》)。故曰"易乘之困"。

⑤顾广圻校稿云:"事未详,似指卫鞅也。"今案,的是用商鞅故事。鞅原为魏相公叔痤之中庶子。中庶子,丞相私属,同于舍人,故常氏曰"侍人"也。公叔痤将死,荐鞅于魏王曰:"痤之中庶子公孙鞅,年虽少,有奇才,愿王举国而听之。"王嘿然……既去而谓左右曰:"公叔病甚,悲乎!欲令寡人举国以听公孙鞅也,岂不悖哉。"(《史记》卷六十八)。追鞅相秦,首说孝公以伐魏,败魏,虏公子卬。"魏惠王兵数破于齐、秦,国内室,日以削恐,乃使使割河西之地献于秦以和。而魏遂去安邑,徙都大梁"。

⑥"量才"谓任用近人,"怀远",谓使远人怀归。"先略",犹言先务。《孟子》:"尧舜之知而不偏物,急先务也。"言执政者(君子)所当首先注重之政略。

⑦"憾",动词。此借作名词,言怀恨者。"征"《说文》"召也"。《广韵》:"成也。"此言张松、法正结怨于曹操与刘璋,遂以促成刘备据蜀之局,刘璋覆亡国家,而曹操亦遂失益州之地。"天下三分",《出师表》语。《通鉴》卷六十五,引习凿齿论曰:"昔齐桓一矜其功而叛者九国,曹操暂自骄伐而天下三分。"常氏借之,与"家国覆亡"相对应。传钞者因习诵《孟子》"三分天下有其二"文,误倒耳。

⑧《史记》卷三十三,周公戒伯禽曰:"我于天下亦不贱矣。然我一沐三捉发,一饭三吐哺,超以待士,犹恐失天下之贤人。子之鲁,慎无以国骄人。"《说苑》同。《吕氏春秋·谨听篇》:"昔者,禹一沐而三捉发,一食而三起,以礼有道之士。"《淮南子·泛论篇》略同。此先秦辩士造作之语,极言勤于礼士之德,非即实有其事。故传大禹、周公不一。常氏但称曰"古人"、改其词为"一馈十起,辍沐挥洗"也。"馈",谓王侯不自治食,庖人治而饷之。《周礼·天官》,"膳夫,掌王之馈",《左传》成十年,"晋侯欲麦,使甸人献麦,馈人为之"。常氏用此为义,又易三为十,以极言之。但取其意,非郑重用典比也。"挥洗"谓挥去洗发侍者。

任乃强全集·第五卷

刘先主志（卷六）

# 一

先主讳备，字玄清刻本避讳。德，涿郡涿县人，汉景帝子依《三国志·先主传》补。中山靖王胜后也。胜子真，元丰本作真。廖本真。其他各本并依《三国志》作贞。元狩六年封涿县陆城亭侯，《三国志》此下有"坐酎金失侯"句。因家焉。祖父雄，察孝廉，为东郡范令。父弘。此下，元丰本空二格，无"早亡"二字。刘、吴、何、李、王本有"早亡"字，下连。钱、《函》二本有"早亡"字，仍空一格。"早亡"二字与"幼孤"重复，盖李𡌴就旧本空位妄补。先主幼孤，与元丰本与廖本作与。他各本并作其。《三国志》文同，作与。母贩履、织席各旧本与《三国志》文同，作席。廖本加草头。自业。舍东南角篱上有桑树生，何、王、浙本误作主。高五丈疑当作尺。余，遥望童童如车盖①，人皆异之，或谓当出贵人②。先主少时，与宗中诸儿戏于树下，言："吾必乘此羽葆盖车③。"叔父子敬谓曰："汝勿妄言！灭吾门也。"年十五，母遣行学，与宗人刘德然、辽西公孙瓒俱事故九江太守同郡卢植子干④。德然父元起常资给先主，与德然等。等，齐也。元起妻曰："各自一家，何能常尔？"《三国志》文同此下有邪字。起曰："宗中有此儿，非常人也。"而瓒深与先主善。瓒年长，先主兄事之。《三国志》文同，此下有"先主不甚乐读书"句。喜狗马、音乐，美衣服。长七尺五寸，垂臂下膝，顾自见耳。此下《三国志》有"少语言"句。能下人，喜怒不形于色。善交结，豪侠少年争附之。中山大商张世平、苏双等见而奇之，多与之金，先主由是得合徒何、王、浙、石本作从。众⑤。河东关羽云长，同郡张飞益德，元丰、嘉泰、钱、《函》、廖本并同《三国志》作"益德"。吴、何、王、石本作"翼德"。张佳胤改也。《通鉴》亦作"益德"。当作"益"。并以壮烈，为此下他各本有"之"字，元丰及廖本无，盖李𡌴所增。御侮。先主与二子寝则同床，食则共器，恩若弟兄。然于稠人广众中，侍立终日⑥。中平【元】五年，当作"五年"，说具注释。从校尉邹靖讨黄巾贼，有功，除安喜尉⑦。求谒督邮，不得，《三国志》作"不得通"。乃入缚执之，杖二百，以绶系督邮【头】颈《三国志》作"解绶系其颈"。著马柳，元丰与钱、《函》、廖、浙本同《三国志》，作柳。音昂，系马柱也。张、刘、李、吴、何、王、石本作柳。【柱】各旧本皆有。当衍。委官亡命⑧。顷之，应大将军何进募。有功，除下密丞。复《三国志》此下有"去官，后"三字。为高唐尉。迁为令⑨。瓒为中郎将，表先主为别部司马。《三国志》此下有"使为青州刺史田楷"句。拒冀州牧袁绍，数有战功，《三国志》此下有"试"字。守平原令。进《三国志》作"后"。领平原相⑩。郡民刘平《三国志》有"素轻先主"句。耻为之下，使客刺之。客服其德，告之而去⑪。《三国志》作"客不忍刺，语之而去。其得人心如此"。北海相鲁国孔融，为黄巾贼所围，使太史慈求救于先主。先主曰：《后汉书·孔融传》作"备惊曰"。"孔文举闻天下有刘备乎？"以兵救之⑫。广陵太守下邳陈登《太平御览》卷四百六十六引此有字字。元龙，太尉球孙也，有隽才，轻《御览》作较。天下士，谓功曹陈矫曰："闺门雍穆，有德元丰本有此二字。嘉泰本及明清刻本写本并无。《函海》注云"《御览》有有德二字"。廖本依元丰本。有行，吾敬陈元方父子；冰清玉洁，有德有言，吾敬华子鱼；博闻强志，各旧本皆作识。廖本作志。顾观光云"二字古通"。奇伟《御览》作逸。卓荦，吾敬孔文举；雄姿杰元丰作桀。出，有王霸之略，吾敬刘玄德。名器尽此⑬。"张、吴、何、王本无此四字。元丰及他明清本并有。浙本剜补此四字。【徐州牧陶谦，表先主为豫州刺史⑭】

案：以上叙刘备身世与其器识，阐明其能由卑微崛起，克臻高位之原因在得人心。前大段皆仅就陈寿《三国志·先主传》文删削为之。精简得体，无损原意。别依当时地方史志补孔融、陈登二则，尤能舒展《陈志》颂述之意。

【注释】

①《三国志》原作"舍东南角篱上有桑树生，高五丈余，遥望见童童如小车盖"。意谓备出生时舍篱间有桑自主，枝叶结如车盖，史家以为符瑞也。夫既云"如小车盖"，即不得高至五丈。桑树亦无高至五丈者。设此桑果高五丈结成车盖状，则仅可遥望似之，树下小儿不能觉也。以此疑《陈志》与《常志》原文皆是"五尺"。旧钞录者务为夸大，作"五丈"字。然无他本可校，故但存疑。童童，字读如幢，盛密貌。

②裴松之《先主传》注引《汉晋春秋》曰："涿人李定云：此家必出贵人。"

③葆，车盖也。天子乘舆，以鸟羽为盖，故曰"羽葆盖车"。《汉书·王莽传》："乃造华盖九重，高八丈一尺，金瑵羽葆。"颜师古注曰："瑵，读曰爪，谓盖弓头如爪形。"《后汉·舆服志》，"乘舆，……羽盖华蚤"，注引徐广曰："翠羽盖，黄里，所谓黄屋车也。"黄屋车盖只一重，四周垂幕，天子坐其中。以此推知备所戏之桑，高不能过五尺。

④卢植，《后汉书》卷九十四有传。公孙瓒，《后汉书》卷一〇三有传。传云："从涿郡卢植学于缑氏山中。"缑氏，汉县，属河南尹，为京畿地（今河南偃师县）。备与瓒及刘德然皆远游就之，故曰"行学"。远学则

费多，故常赖德然父之资给也。

⑤《三国志》原文云："中山大商张世平、苏双等赀累千金，贩马，周旋于涿郡，见而异之，乃多与之金财，先主由是得用合徒众。灵帝末，黄巾起，州郡各举义兵。先主率其属，从校尉邹靖讨黄巾贼。"是云"合徒众"者，谓"起义兵"，时在"灵帝末"年也。《灵帝纪》中平六年四月崩。中平四年六月，"渔阳人张纯与同郡张举举兵叛，攻杀右北平太守刘政，辽东太守杨终，护乌桓校尉公綦稠等。举（此下原衍兵字）自称天子，寇幽、冀二州"。涿为幽州刺史所治。《刘虞传》："稍迁幽州刺史……前中山相张纯私谓前太守张举曰：'今乌桓既叛，皆愿为乱。……子若与吾共率乌桓之众以起兵，庶几可定大业。'举因然之。四年，纯等遂与乌桓大人共连盟，攻蓟下，燔烧城郭，虏略百姓，杀谙乌桓校尉箕稠，右北平太守刘政，辽东太守阳终等（按人名原与本纪异字），众至十余万，屯肥如（辽西郡辖县）。举称天子，纯称弥天将军、安定王。移书州郡，云举当代汉。告天子避位。敕公卿奉迎。纯又使乌桓峭王等步骑五万入青、冀二州，攻破清河、平原，杀害吏民。朝廷以虞威信素著，恩积北方。明年，复拜幽州牧。虞到蓟，罢省屯兵，务广恩信……又设赏购举、纯。举、纯走出塞，余皆降散。纯为其客王政所杀，送首诣虞。"《灵帝纪》："虞购斩渔阳贼张纯。"在六年三月。是刘虞进州牧后，改义兵，罢屯兵。刘备合徒众应募，在中平五年也。张纯实幽州黄巾首领，其教素得少数民族信奉，故能率乌桓诸大人起义，不自称帝而别奉张举。"弥天将军"，亦黄巾一般使用之称号。黄巾首领多张姓，所杀多为刘姓及贪暴官吏与豪强，故备起兵应募，其宗人皆赞之也。裴松之《先主传》注引《典略》云："平原刘子平，知帝有武勇。时张纯反叛，青州被诏遣从事将兵讨纯，过平原。子平荐备于从事，遂与相随。……以军功为中山安喜尉。"可证刘备合徒众在中平五年（一八八），张纯起兵后，非中平元年黄巾初起时也。备章武三年四月卒"年六十三"，则生于延熹四年（一六一），此时年二十八也。

⑥此依《关羽传》文插叙。飞字益德，取《易·益卦》"凡益之道，与时偕行"义。宋以前史书并作"益德"。元明小说乃改作翼德。张佳胤刻本仍作益。吴、何本乃据小说改之。

⑦邹靖，即注⑤所引《典略》文之青州从事，假校尉衔率军也。《常志》原文当作"中平五年"，后人因"黄巾"字，改作"元年"也。《灵帝纪》中平元年，张角反，"诏公卿出马弩，举列将子孙及吏民有战阵之略者诣公车"。其道犹在中央控制兵权。不同号召义兵。黄巾蜂起蛾煽，吏民方自惧诬陷，亦不敢有合徒众者。迨汉讨黄巾诸军连败，乃有郡国义民应募事。然张纯未起，幽州安静，刺史治下之涿县，刘备亦不敢"合徒众"、惟刘虞任州牧后，赴蓟前军，号召郡县义兵，备乃得"合部曲"，随青州从事邹靖往也。证以《典略》，当以五年为正。

⑧裴注引《典略》记鞭督邮事详致易检，不更引。《典略》云："自解其绶以系督邮颈，缚之著树。"与《三国志》"马柳"微异。柳，《说文》："系马柱。"言柳意自足。旧刻柱字，当衍。

⑨《三国志》本传云："大将军何进遣都尉毋丘毅诣丹阳募兵，先主与俱行。至下邳遇贼，力战有功，除为下密丞。"查《何进传》："中平元年，黄巾贼张角等起，以进为大将军，率左右羽林五营士屯都亭，修理器械，以镇京师。……五年，天下滋乱，……乃诏进大发四方兵，讲武于平乐观下。……皇子辩乃即位，何太后临朝，进与太傅袁隗辅政，录尚书事。……进以其计（诛宦官）白太后。太后不听。故事久不决。绍等又为画策，多召四方猛将及诸豪杰，并引兵向京城以胁太后。进然之。……皆以诛宦官为言。"通何进世，可能外募豪杰者三次，中平元年，五年，及灵帝崩后之中平六年（一八九）。此次备应募，当即中平六年召诸豪杰引兵向京师请诛宦官之一次。时备年二十九。未至京，宦官已尽诛，故亦有功，得除下密

丞，微官也。下密，青州北海国属小县（今山东昌邑县地），丞，县令属官，"署文书，典知仓、狱"。高唐，青州济南国属县（今山东禹城县地），尉亦令之属官，"大县二人，小县一人，……主盗贼。凡有贼发，主名不立，则推索行寻，案察奸宄以启端绪。"（并引《百官志》。）备优于武职，故由丞转尉，即升高唐令也。

⑩《三国志·先主传》云："为贼所破。往奔中郎将公孙瓒。瓒表为别部司马，使为青州刺史田楷以拒冀州牧袁绍。"查《公孙瓒传》（《三国·魏志》八，《后汉书》卷一〇三），瓒由骑都尉"迁中郎将，封都亭侯，进屯属国"（《陈志》），"兼领属国长史"（《范史》），初平二年，破青徐黄巾"威名大震，拜奋武将军，封蓟侯"。时刘虞为幽州牧，渐与瓒有隙。是年，瓒与袁绍战于界桥（据《灵帝纪》），"军败还蓟。绍遣将崔巨业将兵数万，攻围故安，不下，退军南还。瓒将步骑三万人追击于巨马水，大破其众，死者七八千人。乘胜而南，攻下郡县，遂至平原。乃遣其青州刺史田楷据有齐地。绍复遣兵数万，与楷连战二年"（《范史》）。《灵帝纪》中平五年十月"青徐黄巾复起，寇郡县"。是高唐为黄巾所破，当在中平六年与初平元年之间。备失县城，往投瓒于蓟。初平二年十一月，青州"黄巾转寇渤海，公孙瓒与战于东光，复大破之"（《献帝纪》），刘备当预此役。东光，渤海郡属县，今为河北省东光县。时瓒已遣田楷为青州刺史，据有平原等郡地矣。平原，汉旧郡，领平原、高唐、般、鬲、祝阿、乐陵、湿阴、安德、厌次九县。汉末，更为国，太守为相也。郡治平原县，故城在今山东平原县南二十五里。

⑪裴注引《魏书》曰："刘平结客刺备。备不知，而待客甚厚。客以状语之而去。是时，人民饥馑，屯众钞暴。备外御寇难，内丰财施；士之下者，必与同席而坐，同簋而食，无所简择。众多归焉。"

⑫此事《三国志》在《吴志》四·《太史慈传》，《后汉书》在卷一百《孔融传》，可互参。

⑬此事正史不载，惟《常志》有之，盖出汉魏间地方史乘。陈登，《后汉书》附卷八十六《陈球传》，《三国志》附见《吕布传》，下邳淮浦县人也，年三十九，建安初卒。裴注引《先贤行状》，记登事颇多，亦不及此语。《太平御览》卷四四六，直曰《华阳国志》云云，则魏晋遗书中，别无记此语者也。"陈元方父子"，谓颍川许人陈寔，字仲弓，其子纪，字元方，纪弟谌，字季方，《后汉书》卷九十二有传。"华子鱼"谓平原高唐人华歆，字子鱼，《三国·魏志》卷十三有传。孔文举即孔融，鲁国人，《后汉书》卷一百有传。"名器"，原谓名贵之宝物。《国策》范雎曰："臣闻周有砥厄，宋有结绿，梁有悬黎，楚有和璞，此四宝者，天下名器。"陈登借以喻贤人。

⑭《三国志》本传云："袁绍攻公孙瓒，先主与田楷东屯齐。曹公征徐州。徐州牧陶谦遣使告急于田楷。楷与先主俱救之。时先主自有兵千余人，及幽州乌桓杂胡骑，又略得饥民数千人。既到，谦以丹阳兵四千益先主，先主遂去楷归谦。谦表先主为豫州刺史，屯小沛。"《常志》删田楷事。此十四字，非《常志》原有。后人有欲补者，而慵不能竟，乃但为此注语。原当是双行小字，被传写入误入正文。宋本因而刻之耳。兹加删号以存《常志》之真，仍加考订入注，以存史实所当有。《三国志·魏武传》，初平四年，"秋，太祖征陶谦。下十余城。谦守城不敢出"。兴平元年，夏，"复征陶谦，拔五城。遂略地至东海。还过郯。谦将曹豹与刘备屯郯东，要太祖。太祖击破之，遂攻拔襄贲，所过多所残戮。会张邈与陈宫叛迎吕布……乃引军还"。又《魏志》八《陶谦传》。初平四年，太祖征谦，攻拔千余城。至彭城，大战，谦兵败走，死者数万，泗水为之不流。谦退守剡（郯）。太祖以粮少，引军还。兴平元年复东征，略定琅邪、东海诸县。谦恐，欲走归丹阳。会张邈叛迎吕布，太祖还击布。"裴注引《吴书》曰："进攻彭城，多杀人员，谦引兵击之。青州刺史田楷亦以兵助谦。公引兵还。"是田楷与备进援陶谦在初平四年（一九三），谦表备为豫州刺

史，屯小沛，在兴平元年（一九四），时备年三十四也。汉东海郡治郯，在今山东郯城县西南三十里。徐州牧驻下邳，本东海郡属县，永平中为下邳国治。故城在今江苏邳县南，为黄河所没。小沛，本沛县治，汉属豫州之沛国。对沛国言，曰小沛。今为江苏沛县地。时州郡兵强者皆径委刺史与守令，虽表上朝廷，不待报许也。

## 二

**徐州牧陶谦病笃**，元丰本"表先主为豫州刺史"句下空一格。又下重"徐州牧陶谦"字。张、吴、何、王、浙本不重前四字，亦不空，连上文，自谦字起句，张佳胤删也。钱、刘、李、《函》与石印本重此四字，其上亦空。依李㛃嘉泰本，未改元丰本也。顾观光校本重文上有"后"字。注云："宋本无后字，"盖谓廖本为宋本，实未见元丰本与嘉泰本也。廖本此上空二格，而仍重此四字，如元丰本。二顾无校语。今按，旧刻诸本误衍上文"后至刺史"十四字耳。《常志》原书于此分章另起。固必当有"徐州牧陶谦"字。**谓别驾东海麋**元丰本与钱、吴、何、王、浙、石本并作糜。刘、李、《函》、廖本依《三国志》作麋。下同。顾广圻校云："广韵麋。"**竺曰："非刘备不能安此州也。" 谦卒，竺率州**此下，元丰本与廖本无人字。他各明清刻本有之。盖李㛃依《三国志》补。《常志》原文应无。即《三国志》人字，亦衍文耳。"率州"又已足。兹不补。顾观光云"宋本脱人字"，非。**迎先主。先主未许。【广陵太守下邳】**此六字与上章重复，《三国志》无"广陵太守"四字，《常志》各本皆有。当衍。说详注释。**陈登进曰："今汉室陵迟，海内倾覆，立功立事，在**廖本此下注云："当有于字，见《三国志》。"**于今日。鄙州**《三国志》作彼州。**殷富，户口百万，欲屈使君，抚临州事。"先主曰："袁公路近在寿春。此君四世五公，海内所归，可以州与之。"登曰："公路骄豪，非治乱之主。今欲为使君合步骑十万，上可以匡济生民，**元丰、廖、浙本作匡济生民。钱、刘、李、吴、何、王、石各本作"匡主济民"，李㛃依《三国志》改也。元丰本不误。**成五霸之业，下可以割地守境，书功于竹帛。若使君不见听许，登亦未敢**元丰本此下有见字。**听使君也。"北海相孔融谓先主曰："袁术岂忧国忘家者耶！冢中枯骨，何足介意。今日之事，百姓与能。天与不**元丰本此下有能字。浙本此下刻补能字。**取，悔不可追。"先主遂领徐州牧**①。**建安元年，曹公表为镇东将军，封宜城亭侯**②。**先主与袁术相拒，而下邳守将曹豹叛。为吕布所败，先主失妻子，转军海西。麋竺进妹为夫人，及客奴二千，金银宝货资之。先主因而获振。连【合】**和《三国志》作"求和"。《常志》旧刻各本作"连和"。廖本改"合"。**于布，布还其妻子。先主众万余，移军小沛。布恶之，自攻先主。先主归曹公。公以为豫州牧，益其军，使伐布。失利。布将高顺复虏先主妻子送布。公使夏侯惇助先主，不能克。三年，公自征布，生禽之。布曰："使布为明公将骑，天下不足定也。"公有疑色。先主曰："公待布能如丁建阳、董太师乎？"公颔之。布目先主曰："大耳儿最叵信者也。"遂杀布。先主还得妻子,从公还许,为左将军。公礼之甚重,出则同舆,坐则同席③。又拜关羽、张飞皆中郎将。公谋臣程昱、郭嘉二字当衍。说详注。劝公杀先主。公虑失英豪望,不许④。袁术自淮南欲经徐州北就袁绍。廖本此下小注云:"按,此下当脱公遣先主要击术云云。"今按:旧刻原脱一行也。兹据《三国志》补十八字。公遣先主率军要击之。未至,术死。先主未出时,献帝舅车骑将军董承,《三国志》此下有辞字。受帝元丰本与廖本并《三国志》同作帝,其他各本皆误作命。衣带中密诏,当杀公。承先与先主及长水校尉种辑、将军吴子兰、王子服等同谋。以将行,未发。公从容谓先主曰:"天下英雄,惟使君与操。本初之徒不足数也。"先主方食,失匕箸。会天震雷,先主曰:"圣人言,迅雷风烈必变,良有以也。一震之威,乃至于此也。"公亦悔失言。先主还【沛】解,各本并作"沛解"。李本作廨。顾校稿云:"广圻按,沛字衍。解即廨字。"廖本小注云:"按:沛字不当有。解即今之廨字也。"公使觇之,见其方披葱,使厮人为之,不端,正举杖击之。此觇者还报语。公曰:"大耳翁未之觉也。"其夜,先主急东行。昱、嘉当作昱。无郭嘉。复言之。公驰使追之,不及。先主遂杀徐州刺史车胄以叛。留关羽行下邳太守事,身还小沛。而承等谋泄受诛⑤。先主众数万,遣从事北海孙乾,自结于袁绍⑥。公遣将军刘岱、王忠击之,不克。五年,公东征先主。先主败绩,妻子及关羽见获。先主奔青州,刺史袁谭奉迎道路。驰以白父绍。绍身出邺二百里,与先主相见⑦。

公壮羽勇锐,拜偏将军。初,羽随先主从公围吕布于濮阳,时秦宜禄为布求救于张杨。羽启公:"妻无子,下城,乞纳宜禄妻。"公许之。及至城门,复白。公疑其有色,李本作他。自纳之。后先主与公猎,羽欲于猎中杀公。先主为天下借,不听。故羽常怀惧。公祭其神不安,使将军张辽以情问之。羽叹曰:"吾极知曹公待我厚。然吾受刘将军恩,誓以共死,不可背之。要当,元丰本脱此二字。廖本亦无。他各本皆有,盖李𡐛依《关羽传》所补。立效以报曹公。"公闻而义之。是岁,绍【征】争官渡,遣枭将颜良,攻东郡太守刘延于白马。公救延,依《三国志·袁绍传》补。说详注。使辽、羽为先锋。羽望见良麾盖,策马刺良于万众中,斩其首还,绍将莫敌,遂解延围。公即表封羽汉寿亭侯,重加赏赐。此下元丰本与廖本无羽字。他各本皆有,李𡐛所补也。尽封其物,拜书告辞而归先主。左右欲追之。公曰:"彼各有主⑧。"先主说绍南连荆州牧刘表。绍遣将其本宋、明及清初各本皆作卒,廖、石本依《三国志》改作本。兵至汝南。公使将蔡杨元丰本与张、吴、何、王、浙、石本并依《三国·先主传》作阳。钱、刘、李、廖本作杨。下同。击之。先主谓曰:"吾势虽不便,汝等百万来,未如吾何。曹孟德单车来,吾自去。"杨等必战,为先主所杀⑨。

**案**：以上叙建安元年至六年（一九六—二〇一）间，刘备虽人望咸洽，获有一州，而不能自固，奔驰依倚于吕布、曹操、袁绍、刘表诸人篱下，亦复常相猜贰，莫得安处。反映其志高行笃，而才识不副，必待良辅而后有济，此常璩微旨也。大体亦依《三国志》先主传，而删易插补之处较多。

## 【注释】

①此节全用《三国志》文。仅增删数字。增陶谦官衔，为分章另起之证。"率州"下删人字，义更佳，谓率州辖各郡县守令及人民代表至小沛迎备，请共表为州牧。不当只州人也。时广陵太守为琅邪赵昱，见《陶谦传》及裴注引谢承《汉书》。陈登时尚少，侍其父居下邳，以大姓名德被推为表率，同来迎先主。其"广陵太守"衔，乃因上章文，缘陶谦衔重而衍耳。时为兴平元年（一九四）。至建安二年（一九七），登父珪为沛相，劝吕布绝袁术通曹操，布遣登为使。操增珪秩中二千石，拜登广陵太守，见《吕布传》。则《常志》此处衍"广陵太守下邳"六字明矣。兹删正。又改《陈志》"彼州"为"鄙州"，亦佳。《陈志》误以登为州外人也。袁术字公路，《三国志·魏》六、《后汉书》卷一百五有传。"治乱之主"，谓治理乱世之主。此上、下二字，犹云"最高成就"与最低成就，非谓"君上"与"下民"，或朝廷与地方。"匡济生民"应是常氏改《陈志》原语。匡，正也。《论语》"一匡天下"，谓使天下习俗端正，本对人民，对地方言之。《孝经·事君》章"匡救其恶"乃作救正君上错误解。陈寿用《孝经》义，作"匡主济民"。常氏用《论语》义作"匡济生民"，皆切执政匡时之义，未可执谁为是。故曰元丰本不误。"割地守境"，以待天命，如河西窦融，故曰"书功于竹帛"。

②《三国志》续云："袁术来攻先主。先主拒之于盱眙、淮阴。曹公表先主为镇东将军，封宜城亭侯。"术兴平二年称帝，备能拒之，故曹操予备助爵。《常志》叙备入蜀前事，但著其性能特点，不必详传当时局势。删存之处，大抵如此。

③此大段全依《三国志》本传，删节较多。又依《蜀志》八插叙糜竺助先主事，及依《魏志》七插叙杀吕布事。"三年""先主"二处，就文义言，当连。廖本旧空格。文中屡言"先主失妻子"，以见备有"高祖之风"（《三国志》评语），是陈寿微意而常璩所许者也。

④《三国志·魏武纪》建安元年冬十月，"吕布袭刘备，取下邳。备来奔。程昱说公曰：观刘备有雄才而甚得众心，终不为人下。不如早图之。公曰：方今，收英雄时也。杀一人而失天下之心，不可"。《魏志》十四《昱传》曰："刘备失徐州，来归太阻。昱说太祖杀备。太祖不听，语在《武纪》。"《郭嘉传》则不言请杀刘备事。《通鉴》卷六十二，适与《常志》相反，其文曰："或（应指程昱）谓操曰：备有英雄之志。今不早图，后必为患。操以问郭嘉。嘉曰：有是。然，公起义兵，为百姓除暴，推诚杖信，以招俊杰，犹惧其未也。今备有英雄名，以穷归己，而害之，是以害贤为名也。如此，则智士将自疑，回心择主。公谁与定天下乎？夫除一人之患，以沮四海之望，安危之机也，不可不察。"《考异》曰："《傅子》以为程昱、郭嘉劝操杀备。今从《魏书》。"《傅子》，晋初人傅玄撰。《魏书》，晋初夏侯湛撰，见《晋书·陈寿传》。宋时二种俱存，《通鉴》引之。今并佚。裴松之注亦屡引之，惟未及此事。兹惟当以《通鉴》为正。《常志》此云"程昱、郭嘉"，后云"昱嘉复言之"，皆误从《傅子》之说。

⑤此段略依《三国志》本传，而移调其文。增迅雷对及披葱事，未详所据。《裴注》亦引《华阳国志》，则

《常志》所独有，当是蜀中人所传备轶事也。《三国志》云："袁术欲经徐州北就袁绍。曹公遣先主督朱灵、路招要击术。未至，术病死。先主未出时，献帝舅车骑将军董承辞受帝衣带中密诏，当诛曹公。先主未发。是时，曹公从容谓先主曰：今天下英雄惟使君与操耳。本初之徒，不足数也。先主方食，失匕箸。遂与承及长水校尉种辑、将军吴子兰、王子服等同谋。会见使，未发。事觉，承等皆伏诛。先主据下邳，灵等还，先主乃杀徐州刺史车胄。留关羽守下邳而身还小沛。"旧刻《常志》"欲经徐州北就袁绍"句下，连"献帝舅车骑将军董承"句，皆《陈志》原文，则其间脱"公遣先主"至"先主未出时"等句可知。应是元丰旧刻时，接版处贴脱一行，共二十字，因中有空二格，只十八字。兹故据补十八字，《三国志》云"辞受"密诏者，谓承仅以诏语告备，非示以实物。"先主未发"者，谓尚未检视诏文，联络同谋，但与董承知之耳。因知操难容己，乃急与诸人同谋发难。会受徐州命，相与暂抑其谋。直至备据徐以叛时，其事未觉也。《灵帝纪》，建安四年六月，"袁术死"。五年正月，"车骑将军董承，偏将军王服，越骑校尉种辑受密诏诛曹操。事泄。壬午，曹操杀董承等，夷三族"。曹操亦于五年自征先主。而《陈志》叙"事觉，承等皆伏诛"于"会见使，未发"句下。即不如《常志》叙此语为备据徐州后回翔真实。"昱嘉复言之"，亦当作昱复言之。然《常志》本文已误据《傅子》，非版本有误，故俱不改，仅作考订如此。《通鉴》叙此节，全用《常志》史法。

⑥此摘合《三国志·先主传》与《孙乾传》为文。《先主传》："东海昌霸反（《通鉴》卷六十三作昌豨），郡县多叛曹公，为先主。(先主)众数万人，遣孙乾与袁绍连和。"《孙乾传》："字公祐，北海人也。先主领徐州，辟为从事。后随从周旋。先主之背曹公，遣乾自结袁绍。"自结，犹今言主动依附。

⑦此全用《先主传》文。

⑧此节用《关羽传》文，多求秦宜禄妻与欲因猎杀操二事。余亦微有删省与移易。求秦妻事，颇不与关羽为人相称，未知常氏所据，疑出晋人小说。欲因猎杀操事，出《蜀记》。见裴松之《关羽传》注。参看2章之注⑳。裴注《关羽传》"曹公义之"句下引《傅子》："太祖曰：事君不忘其本，天下义士也。度何时能去？辽曰：羽受公恩，必立效报公而后去也。"《常志》承《傅子》说，叙羽对张辽语于斩颜良前，省《陈志·关羽传》"及羽杀颜良，曹公知其必去"十一字，而意仍明朗。《常志》旧本皆作"绍征官渡"。于文，上伐下曰征。曹操挟天子之命以征袁绍。袁绍拥地方兵力以逐操于官渡，不得言征。《三国志·袁绍传》，"绍渡河，壁延津南。……太祖还官渡。沮授又曰：北兵数众而果劲不及南，南谷虚少而货财不及北，南利在于急战。北利在于缓搏。宜徐持久，旷以日月。绍不从，连营稍前，逼官渡。"是征为争字之讹也。兹改正。又云："太祖救延，与良战，破斩良。"《关羽传》"绍遣大将军颜良攻东郡太守刘延于白马。曹公使张辽及羽为先锋击之"云云。《常志》删"击之"二字，盖上文原依《袁绍传》有"救延"二字故也。今各本两失其字，则"先锋"无所指向。故又补"救延"二字。

⑨此依《三国志·先主传》文，插"先主谓曰"一段。裴注《魏武纪》引《献帝春秋》曰："备谓（刘）岱等曰：使汝百人来，其无如我何。曹公自来，未可知耳。"《常志》于上文但云"公遣将军刘岱王忠击之，不克"，未有此语，而别著于此。《通鉴》卷六十三，亦依《献帝春秋》，述此语为刘岱击备时。而叙备破斩蔡杨，不用《常志》此语。今按：《先主传》操与袁绍相拒于官渡时，"汝南黄巾刘辟等叛曹公应绍。绍遣先主将兵与辟等略许下。关羽亡归先主。曹公遣曹仁将兵击先主，先主还绍军，阴欲离绍，乃论绍南连荆州牧刘表。绍遣先主将本兵复至汝南，与贼龚都等合，众数千人。曹公遣蔡阳击之，为先主所杀"。龚都，盖亦黄巾，刘辟败亡，众复拥都也。《魏志》九《曹仁传》："太祖与袁绍久相持于官渡，绍遣刘备徇

瀌彊，诸县多举众应之。自许以南吏民不安。太祖以为忧。仁曰：南方以大军方有目前急，其势不能相救，刘备以强兵临之，其背叛固宜也。备新将绍兵，未能得其用，击之，可破也。太祖善其言，遂使将骑击备。破走之。仁尽收复诸叛县而还。"备之再至汝南，仅与残余黄巾龚都等合数千人，势弱于前。前且为仁所败，则此对蔡阳，何能夸言"未如吾何"。亦应是采《傅子》说，误对刘岱语为对蔡阳语也。又《魏志·武帝纪》，"绍之未破也，使刘备略汝南。汝南贼共（龚）都等应之。遣蔡阳击都，不利，为都所破。公南征备。备闻公自行，走奔刘表。都等皆散"。审此文更足见龚都与刘辟皆汝南黄巾连备反操者。且蔡阳为都所破，未与备对垒。则《常志》所记备语是误移对刘岱语于此。备闻操自行，遂走奔刘表，为《常志》改"未可知耳"为"吾自去"之原因。

## 三

公承上文曹公。既破绍，自南征汝南。先主遣麋竺、孙乾诣刘表。表郊迎【之】先主，旧各本作之字。兹改先主二字。说详注释。待以上宾，《三国志》有"益其兵"三字。使屯新野①。

颖李、吴、何、王、浙本作颖。字误。川徐庶元直，致琅琊诸葛亮曰："孔明，卧龙也。将军愿见之乎？"先主曰："君与俱来。"庶曰："此人可就见，不可屈致也②。"先主遂造亮。凡三往。《三国志》作"凡三往乃见"。因屏人曰："汉室倾颓，奸元丰、钱、《函》、廖本作奸。钱写作奸。张、吴、何、王、浙、石本依《三国志》作奸。臣窃命，主上蒙尘。孤不度德量力，欲信读如伸。大义于天下③。而智术浅短，遂用猖獗④。元丰与刘、李、《函》、廖本作蹶。钱、张、吴、石本同《三国志》作獗。何、王本作厥。《通鉴》亦作蹶。胡三省注："蹶，颠蹶。"《文选》李善注引此作："先主谓诸葛亮曰：孤遂用猖獗。"至于今日，志犹未已。君谓计将安出？"亮对曰："自董卓以来，豪杰并起，跨州连郡者按《三国志》文当补者字。不可胜数。曹操比于袁绍，则名微而众寡，然《三国志》有操字。遂能克绍，以弱为强，《三国志》有者字。虽云《三国志》作"非惟"。天时，抑亦《三国志》有亦字。人谋也⑤。今操已拥百万之众，挟天子而令诸侯，此诚不可与争锋元丰与廖本此下无锋字。他各本有。也。《三国志》"争锋"。孙权据有江东，已历三世，国险而民附，贤能为之用，此可以为援，而不可图也。荆州，北据汉沔，利尽南海，东连吴会，西通巴蜀，此用武之国，而其主不能⑥，《三国志》此下有守字。元丰本及钱、刘、李、《函》、廖本无。张、吴、何、王、浙、石本并有。张佳胤所增也。兹按：《三国志》今本守字亦衍文。陈氏原当无有。殆天所以资将军也。《三国志》作"此殆天所以资将军。将军岂有意乎"。益州险塞沃野，廖本小注云："当有千里二字，见《三国志》。"兹按，二字可省。天府之土，高祖因之以成帝业。刘璋暗弱，张鲁在北，国富民殷而不知恤，《三国志》作"存恤"。贤《三国志》作智。能之士，思得明君。将军既帝室之胄，信义著于四海，总揽英雄，思贤如渴；若跨有荆益，保其险《三国志》作岩。阻，西和诸戎，南抚夷越，此下《三国志》有外字。结好孙权，内脩除廖本外，各本皆作修。政理；天下有变，《三国志》此下有则字。命一上将，将荆州之军以向宛洛，将军身率益州之众出于《三国志》作"以出"。秦川，天下孰不箪食壶浆以迎将军者乎？如此，《三国志》作"诚如是"。则霸业可成，汉室可兴矣⑦。"先主曰："善。"曰善，犹云称善。与亮情好日密，自以为犹鱼得水也⑧。十三年，表卒，少子琮袭位。曹公南征，琮遣使请降。先主屯樊，不知。曹公卒读如猝。至【至宛】，《三国志》有"至宛"二字。实衍文。《常志》不当亦有。缘旧校误依《陈志》衍。先主乃知，遂将其众去⑨。当有"欲保江陵"四字。比到当阳，众十余万人，车数千两，日行十余里。别遣关羽乘船刘、李、《函海》本作"舡"。下同。会江陵⑩。或谓先主曰："宜速行。虽拥大众，被甲者少。曹公军至，何以御之？"先主曰："夫济大事，以人为本。今人归吾，何忍弃元丰本作弃。下同。之。"元丰本此下空四格，当有脱文"不听"字。钱、《函》、廖本但空格。公以江陵有军实，恐先主刘、李本作至。据之，乃释辎重，【以】率依《三国志·先主传》与《张飞传》改。轻骑五千追先主，一日一夜行三百里，及于当阳之长坂。先主弃妻子，与诸葛亮张飞等数十骑走⑪。公尽获其民众，急追先主。张飞据水断桥，横马按元丰本作案。矛曰："我张益吴、何诸本同前作翼。德也。可来决死。"公徒乃止⑫。先主斜趣张本作"邪趋"。吴、何、王、石本作"径趋"。浙本作"径趋"。汉津，适与羽船会。而赵云身抱先主弱子后主，及拥张、吴、何、王、石本作雍。先主甘夫人相及⑬。济江⑭。亮曰："事急矣！请奉命求救于孙将军。"时权军柴桑，既服先主大名，又悦亮奇雅⑮，即遣周瑜、程普水军三万助先主拒曹公，大破公军于赤壁，焚其舫舟⑯。元丰及钱、张、刘、李、《函》、廖、浙本作"舫舟"。张、吴、何、王、石本依《三国志》作"舟船"。公引军北归。张本改作"曹公引军北归"。吴、何、王、石诸本作"曹公引归"。廖刻依元丰本作此文。钱、刘、李、《函》本同。浙本此下全部改刻如元丰本。先主以刘表长子江夏太守琦为荆州刺史。此下，张本有先主二字。吴、何、王本无。并俱依《三国志》文作"又南征四郡"。如此屡用《三国志》原文改易《常志》，达四十七行之多。皆张佳胤所为也。吴、何、王、卢、石本并遵之。钱、刘、李、《函》、廖本则悉同元丰本（嘉泰本当同）。浙本剜改从宋旧。以下凡张佳胤改各字，但注云"张改"。不更具列"吴、何、王、石本"，及"浙本剜改"等字样。先主南平四郡，张改"又南征四郡"。武陵太守金旋、张改璇。长沙太守韩玄、桂阳太守赵范、零陵太守刘度皆降。庐江雷绪率部曲数万口稽颡⑰。张改本删此句。琦病死，先主领荆州牧，张改："会琦病死，群下推先主为荆州牧。"治公安。孙权进妹，恩好绸缪⑱。张改"孙权稍畏之，进妹固好"。石印本固作恩。以亮为军师中郎将，督南三郡事。以关羽为荡寇将军，领襄阳太守，住江北。张飞为征虏将军、宜都太守⑲。初，先主之败东走也，径往鄂，无土地。关羽责之曰："早从猎中言，无今日。"先主曰："安知此不为福也。"也读如耶。

及得荆州，复有人众⑳。

**案**：以上，述刘备得荆州事。虽大体亦依《陈志·先主传》，而删补之处更多，直同另行编纂。惟《隆中对》一段，全用陈寿文，仅删易数字。此对为刘备半身事业之南针，依之奋斗则无不利，违之则败。诚一世之卓识。而寿凝聚精神以写绘之，亦千古之奇文，常璩固不得而易之也。惟寿书亦传钞千余年而后镌行，今本难免讹夺，仍有借《常志》较正之处，兹故悉录《陈志》异同于校注，以便核勘。至如张佳胤于赤壁战后至取蜀前，全用寿文改易《常志》，昧于史法，可嗤之甚。以其影响明清数百年中十余种版本，故亦于校注揭出之，庶阅者更能借以体会常氏原志之精神与面貌也。

## 【注释】

① 《三国志·先主纪》原文云："先主遣麋竺、孙乾与刘表相闻。表自郊迎，以上宾礼待之。益其兵使屯新野。"此"之"字系指刘备，望文可定。《常志》改其文，依上下文例，必当云"郊迎先主"。后人妄用《陈志》"之"字易此"先主"字，句读一变，则读者误为指乾、竺矣。言无标点，通者为文，不容淆混若此。故改改还先主二字。汉新野县，属荆州南阳郡。故城在今河南省新野县南，曰新野镇。

② 《常志》文例，于人，先称郡贯，次姓名，次字。非失木名，无单称字者。此段文出《陈志·诸葛亮簿》。传文固曰："颍川徐庶元直与亮友善。"《常志》下文亦径云"庶曰"，则上文元直上必有"庶"字，旧各本无校及者，兹径补。前"致"字作推荐解。"卧龙"，《襄阳记》载司马德操告刘备语作"伏龙"（裴注《诸葛亮传》引）。并取《易·乾卦》"潜龙勿用，阳在下也"为义。孔子释之曰："潜龙勿用，何谓也。子曰：龙德而隐者也。不易乎世，不成乎名，遁世无闷。不见是而无闷。乐则行之，忧则违之，确乎其不可拔，潜龙也。"故庶曰："不可屈致也。"后"致"字作招致解。

③ 奸、姧、姦三字古通用。"奸臣"指曹操。"蒙尘"，谓操劫天子自洛阳东迁于许。"度"读如庹，"量"读平声，如粮。"信"读如伸，并动词。"大义"，谓除奸臣，安汉室。

④ 今本《三国志·亮传》，此语作"遂用猖獗"，猖獗，今世习用为斥述盗寇狂肆之辞。似此所指为曹操之势日盛，言备自谓才不足以制操，致其益猖狂也。然，汉魏隋唐人用狂獗字者，皆不作如此解。其字作倡、作猖，作獗、作蹷、作蹶、作僵亦殊无定。丘迟《招陈伯之书》，《文选》卷四十三，《梁书》卷二十，《南史》卷六十一俱载，有云："寻君去就之际，非有他故，直以不能内审诸己，外受流言，沉迷猖獗，以至于此。"此乃原谅伯之之词，无斥詈意。李善注引《三国志》，谓备自谓"遂用猖獗"。《梁书》作蹷，与《常志》此语作蹶正同。《说文》："蹷，僵也。"段注："僵，偾也。《方言》：跌，蹶也。《左传》是谓蹶其本。"又《孙子》："必蹷上将。"并跌仆意。汉建安《樊敏碑》："案罪杀人，不顾倡僸"，亦谓其不畏困蹷也。审备此语，盖自叹困蹷潦倒，非指曹狂妄也。《常志》改獗作蹶，更易分别。

⑤ 《常志》之《隆中对》虽全依《陈志》而有别为句读处。《陈志》此段作三句。《常志》省"然"下一操字，"强"下一者字，作二句（"曹操"以下并为一句），义无所损。至于上句"跨州连郡者"之者字，则未宜

省矣。省之，是谓所跨州郡之多不可胜数，不合史实，亦不成文理也。旧刻各本无"者"字，盖旧钞因下无者，并省之，非常氏原文如此。抑，发语辞。其下"亦"字亦不当省。兹并补足。

⑥今本《三国志》作"其主不能守"，《常志》旧本无守字。元丰无。钱、刘、李本与《函海》本并无，则嘉泰本亦无可知。惟张佳胤本与其傅刻各本有之，是张氏依今本《三国志》所增，非常氏原文可定。《三国志·魏》六，《后汉书》卷一〇四并有《刘表传》。夫表以单骑入宜城，用蒯越谋，定宗贼，降张虎，拒袁术，败孙坚，灭张济，平张羡，跨地数千里，直至表死时未尝丧失尺寸。《隆中对》在建安十一年备屯新野时，亮安得遂判表不能守荆州？是《三国志》作"其主不能守"者，正是误文。不得反改《常志》从误本《三国志》。言"不能"者，对上文"用武之国"言，谓不能用，因上文，省"用武"字。《陈志·刘表传》云："太祖与袁绍方相持于官渡。绍遣人求助。表许之而不至。亦不佐太祖。欲保江汉间观天下变。"此即为表不能用"用武之国"作注。又《先主传》，"荆州豪杰归先主者日益多，表疑其心，阴御之。……十二年，曹公北征乌丸，先主说表袭许，表不能用"，又其旁注之一也。

⑦自"益州"以下各句，并全依《陈志》亮本传文，然犹省六字，易四字。昔人援据旧籍而不恪遵原文之僻性如此。今本《华阳国志》文句之长短与《三国志》全同者（如张、吴、何、王诸本），其为张佳胤所妄改甚明。

⑧亮本传云："与亮情好日密。关羽张飞等不悦。先主解之，曰：孤之有孔明，犹鱼之有水也。"

⑨《陈志·先主传》："曹公南征表。会表卒，子琮代立，遣使请降。先主屯樊，不知曹公卒至。至宛乃闻之。遂将其众去。过襄阳，诸葛亮说先主攻琮，荆州可有。先主曰：吾不忍也。乃驻马呼琮。琮惧不能起。琮左右及荆州人多归先主。"常氏节存此文。特重知与不知二字，与陈文字面相袭，而精神与实质则迥然不同。按《陈志·魏武纪》：建安十三年，"秋七月，公南征刘表。八月，表卒，其子琮代，屯襄阳。刘备屯樊。九月，公到新野，琮遂降。备走夏口"。是操南征在表未卒时。表死琮立，曾与刘备议合力御操于襄樊。襄在沔南，琮居之。樊在沔北，备当之。相隔只一江耳。琮降而备不知，则是为琮所卖，欲操禽备以为功献也。琮降操，在操至新野时。新野，南阳郡属县，郡治宛，今为河南南阳县，在新野北二百余里，与新野距樊相当。《陈志·先主传》云，"不知曹公卒至。至宛乃闻之"。与《魏武纪》文不合，显有讹误。《常志》作"琮遣使请降。先主屯樊，不知。"重在不知琮之卖己窃降也。时操已在新野，非仅仅"至宛"。若仅至宛，则犹相距五百里，可取襄阳图固守。惟其因操已至新野乃知刘琮卖己，不得不率众去耳。不从亮言攻琮者，亦以琮已降敌而敌太近，故不敢耳。亮本传亦云，"琮闻曹公来征，遣使请降。先主在樊闻之，率其众南行"，皆足证备闻琮降操时，操已逼近樊，不当只至宛。《先主传》云"至宛乃闻之"，盖误以荆州初闻操南征之时间与备去樊时间相接。非佳史也。常氏精简《陈志》史文，特重知与不知字义，当不至于与《陈志》重复为"不知曹公卒至，至宛乃知"。且既云"先主乃知"，则上文已断句明矣，尤不当赘"至宛"二字。二字乃后人因《陈志》误文而衍，又甚明矣。兹更于"不知"断句，删"至宛"二字，而以"曹公卒至"为仔句，作"遂率其众去"之原因语，当是《常志》本貌。如此，则《三国志》当依《常志》正误之又一例也。

⑩此用《陈志·先主传》文，微有增删。羽本传云："先主自樊将南渡江，别遣羽乘船数百艘会江陵。曹公追至当阳长阪，先主斜趣汉津，适与羽船相值，共至夏口。"是备初意原拟自荆州渡江，凭江险保荆南四郡，故自樊向当阳。沿途收集人众，日行十余里，以待关羽船至。不意操之急追，乃趋羽船于汉津，改图趣夏口连孙权也。

⑪此两段,依《先主传》,微有删易。不同处在《陈志》为操自率精骑五千追备。《常志》云"以轻骑五千追",则非操自追也。其余异同字,无关宏旨,不具录。但改"以"为率字,以符史实。

⑫此段用《陈志·张飞传》文。传云,"曹公追之","先主闻曹公卒至"。是操实自率轻骑追备。传云:"敌皆无敢近者,故遂得免"。《常志》改作"公徒乃止"四字。陈氏重在状飞勇气。常氏重在追骑遂止之效果。陈、常二史文字异同之由,大率如此。

⑬此取《关羽传》《赵云传》文为之。

⑭此下,多有不出《陈志》,别据他书处。所据何书未详,大抵不出《傅子》与王崇《蜀书》。颇有可以校订《陈志》之失者。"济江",所指应为长江。《陈志·先主传》云:"先主斜趣汉津,适与羽船会,得济沔。遇表长子江夏太守琦,众万余人,与俱到夏口。先主遣诸葛亮自结于孙权。"《诸葛亮传》《关羽传》与《孙权传》,皆言备至夏口而止。夏口亦曰"沔口",为汉水与长江会口。今汉口、汉阳江北岸地是也。时为江夏郡治,当时刘琦所守。备依止之,遣亮连吴,情致颇合。《陈志》各篇中,无备曾济江至南岸迹象。惟裴注引《江表传》云:"孙权遣鲁肃吊刘表二子,并令与布相结。肃未至而曹公已济汉津(此指襄阳汉水),肃故进前,与备相遇于当阳。宣权旨。……备大喜,进住鄂县。即遣诸葛亮随肃诣孙权,结同盟誓"。鄂县,今湖北鄂城县,在江南,汉时为江夏郡极东一县。后孙权、孙皓皆曾都此,称曰武昌。与黄州隔江相望。苏轼《赤壁赋》所言"武昌"是也。然则,备遣亮时,实已济至鄂城。《常志》书"济江",未误,正足以补《陈志》止于夏口之失也。

⑮此据《陈志·诸葛亮传》。"既服"二语,在陈寿《上〈诸葛亮集〉》表。原云:"权既宿服仰备,又睹亮奇雅,甚敬重之。"

⑯此于赤壁之战叙述极略。又依《诸葛亮传》著其请使吴语,而不著其说孙权语。亦未著鲁肃导致结合事(《肃传》详具),弃如此刘备一生关键性大事不详而反琐琐记其小者,是常氏史识劣于陈寿之处。

⑰《陈志·先主传》:"战于赤壁,大破之。焚其舟船。无主与吴军水陆并进,追到南郡。时又疾疫,北军多死,曹公引归。先主表琦为荆州刺史。又南征四郡……皆降。庐江雷绪率部曲数万口稽颡。"《常志》删其追击一节。分南平四郡与得庐江民众另为段落。改"又"字为先主二字而已。张佳胤犹嫌不足,自此以下几于每句必改从《三国志·先主传》,亦大妄矣。

⑱《先主传》云,"权稍畏之,进妹固好。先主至京见权,绸缪恩纪"。张佳胤改《常志》文还从《陈志》,而删后二句,由不解其义故也。今按:孙权都邑,初在吴(吴郡治吴县;今苏州市)后徙丹徒,筑城曰京。见《元和志》。又于建安十六年徙秣陵,改称"建业",见《三国志·孙权传》。刘备领荆州牧,在建安十四年,亦见《权传》。然则,权嫁妹于备,备诣权于京以固和好,在建安十五年前后也。京,后云京口,即今镇江市。绸缪,最早见于《诗·唐风》,结束也。引伸为经营、料理之义。"恩"字本义为友好互惠。"恩纪",犹言恩好之纽带。《陈志》"绸缪恩纪",犹今言加强团结。《常志》云"恩好绸缪",亦犹云团结加强。"结好孙权"为隆中决定之方针政策,此时备新得荆州,自非注意此点不可。《陈志》《常志》叙刘氏事,无处不与隆中定策相照应,此句决不可少。

⑲此取亮、羽、飞三传文为之。《飞传》云:"以飞为宜都太守征虏将军,封新亭侯。后转在南郡。"南三郡,《亮传》云:"使督零陵、桂阳、长沙三郡,调其赋税以充军实。"《常志》于备发展成一新局面,必志其一番人事布置,《陈志》则散见于各人本传中,自是一定史法。张佳胤徒以《先主传》中不见,遂删之。其被斥为俗本固宜。

⑳裴松之《关羽传》注引《蜀记》曰:"初,刘备在许,与曹公共猎。猎中众散,羽劝备杀公。备不从。及至夏口,飘飘江渚,羽怒曰:往日猎中若从羽言,可无今日之困。备曰:是时,亦为国家惜之耳。若天道辅正,安知此不为福耶?"

## 四

孙权遣使求共伐蜀①。【又曰:雅愿以隆,成为一家。诸葛孔明母兄在吴,可令相并②。】"雅愿"之愿钱写作顾,《函海》作顾。"成为一家","成"下钱写本脱三字,有空格。按此二十二字,系后人加注,小字,被写为正文。主簿殷观曰:"若为吴先驱,大事去矣。今但可赞元丰、钱、刘、李、《函》本并作赞。之,言新据诸郡,未可以动。彼必不越我而有蜀也。"以上,张、吴、何、王、卢本全改用《三国志·先主传》文,作:"权遣使云曰共取蜀。(但删"或以为宜报听许,吴终不能越荆有蜀。蜀地可为己有"二十一字。)荆州主簿殷观进曰:若为吴先驱,未能克蜀,退为吴所乘,即事去矣。今但可然赞其伐蜀。而自说新据诸郡,未可与动。吴必不敢越我而独取蜀。如此,进退之计(吴本误作讨),可以收吴蜀之利。"除删二十一字外,一字不易。何义门朱校本,泐去其字,全用朱改写,如刘、钱、《函》、廖本。盖依元丰本也。先主乃报曰:"益州不明,得罪左右。庶几将军高义,上匡汉朝,下辅宗室。若必寻干戈,备将放发于山林;未钱写本作不。敢闻命。"权果辍计。迁观别驾③。张、吴、何、王、卢、石本复全改从《先主传》,作"先主从之。权果辍计。迁观为别驾从事"。十六年,益州牧刘璋遣法正迎,遂西入益州。元丰本与钱、刘、李、《函》、廖、浙诸本只此十七字。张、吴、何、王、卢、石本作:"十六年,益州牧刘璋遥闻曹公向汉中讨张鲁……"全依《先主传》是年文直录,至"进军围雒。时璋子循守城,被攻且一年"句止,凡五百三十九字。似未觉其俱已先著于《二牧志》者。信如顾广圻校批云:"事自具《刘二牧志》。张佳胤妄改妄添,不知古人著书之法耳。"此下,宋刻与钱、《函》、廖本空格。刘、张、吴、何、王诸本提行。兹按:十九年上冠建安字,为常氏原本提行之证。此与刘本之遇年提行及张本之依《三国志》提行不同。

建安十九年,先主克蜀④。蜀中丰富盛乐,置酒大会,飨盒三军。取蜀城中民金银颁赐将士,还其穀帛⑤。赐诸葛亮、法正、关羽、张飞金五百斤,银千斤,钱五千万,锦段万匹。其余各有差⑥。张、吴、何、王、石本此上仍全依《先主传》改作"十九年夏,雒城破。进围成都。数十日,璋出降。蜀中殷盛丰乐,先主置酒大飨士卒。取蜀城金银,分赐将士。先主遂领益州牧。以诸葛亮为军师将军"云云。删原文城下一"中"字与"还其谷帛"四字而已。以亮为军师将军,署左将军府事。正张、吴、何、王、石本正上有法字。扬武将军,蜀郡太守。关羽督荆州事。张飞为巴西太守。马超平西将军。不用许靖。法正说曰:"有获虚誉而无实者,靖也。然其浮名称播海内,人将谓公轻士。"乃以为长史。庞羲为司马⑦。李严为犍为太守⑧。费观为巴郡太守⑨。征钱写本脱征字。益州太守南郡董和为廖本注云,"当有为字"。

掌军中郎将，署大司马府事⑩。为、将各字，旧各本并无。兹依《三国志》和本传文补。廖本注云："当有'将，巴郡'三字，将句绝。见《三国志》。王谋在刘璋时为巴郡太守，见陈寿《季汉辅臣赞》注。"巴郡太守汉嘉王谋为别驾。广汉彭羕吴、何诸本误作羡。下同。为治中⑪。辟零陵刘巴为西曹掾，广汉长黄权为偏将军⑫。于是，亮为股肱，正为谋主，羽、飞、元丰本与张、吴、何、王、浙、石本并作飞羽。他各本倒飞字。超为爪牙，靖、羲及糜竺、简雍、孙乾，山阳伊籍为宾友。和、严、权本刘璋所授用也；吴懿、费观，璋之婚亲也；彭羕，璋所排摈也；刘巴，【已】元丰本、廖本无已字。他各本有。盖李𡊮所补。所宿恨也；皆处之显位，尽其器能。有志之士，无不竞劝⑬。群下劝先主纳刘瑁妻。先主嫌其同族。法正曰："论其亲疏，钱、刘、李、《函》作疏。何与元丰及钱、刘、李、廖本作与。张、吴、何、王、浙、石与《函海》本作异。晋文之于子圉乎？"从之⑭。正既临郡，睚眦之怨、一餐之惠无不报复。或谓诸葛亮曰："法正顾观光校云："正下原有于字。"今按《法正传》有于字耳，各本无有也。蜀郡太纵横，将军宜启主公。"《正传》有"抑其威福"句。亮曰："主旧各本无。廖本注曰："当有主字。"《三国志》有。公之在公安也，北畏曹操之强，东惮孙权之逼，内虑孙夫人兴《三国志》作生。变于肘腋之下。《三国志》有"当斯之时，进退狼跋"句。孝直为辅翼，遂《三国志》作令。翻飞翱翔，不可复制。如何禁法但称其姓，目指之意也。使不得行其志也⑮。也读如耶。《三国志》作："如何禁止法正使不得行其意邪？"孙夫人才捷元丰本作捷。明、清各本俱作捷。李𡊮依《三国志·法正传》文改也。刚猛，有诸兄风。侍婢百人《三国志》作百余人。皆仗剑侍立。先主每下车，《三国志》下车作"入"字。心常凛凛。正劝先主还疑当作远。之⑯。《法正传》原无此句。

案：以上叙刘备自荆州基地取得蜀土，实现"跨有荆益"计划。由《二牧志》已详取蜀过程，故在本篇略之，但采《先主传》及他各传述谢拒吴人取蜀及得蜀后诸措施。

## 【注释】

①《三国·吴志·孙权传》，"备领荆州牧，屯公安"，在建安十四年（二〇九），"分长沙为汉昌郡，以鲁肃为太守，屯陆口"，在十五年（二一〇）。《鲁肃传》："周瑜病，因上书曰：……今既与曹操为敌。刘备近在公安，边境密迩。百姓未附（按，指雷绪事，见上章），宜得良将以镇抚之。鲁肃智略足任，乞以代瑜。……即拜肃奋武校尉，代瑜领兵。瑜士众四千余人，奉邑四县，皆属焉。……初住江陵，后下屯陆口。恩威大行，众增万余人。拜汉昌太守，偏将军。"周瑜死于建安十五年，见《通鉴考异》。刘备于建安十六年入蜀。则"权遣使云欲共取蜀"在建安十五年也。时荆州领南阳（治宛）、南郡（治江陵）、江夏（治西陵）、零陵（治泉陵）、桂阳（治郴）、武陵（治临沅）、长沙（原治临湘）七郡。备所得仅大江以南四郡。长沙郡北部四县尚属吴，为周瑜奉邑。而南郡之江南各县亦为备有。故备屯公安，肃屯陆口，外和

好而内相猜防。陆口，即陆溪入江之口，在今湖北蒲圻县北界。大抵巴丘以下长江两岸并属权。以上，则江南属备，北属权。权地实与蜀接，但如伐蜀，则军资须溯江，过备境，故权以谋于备也。

②此语不见《陈志》与裴注。事又与取蜀无关。疑《常志》原无，《江表传》等地方书志有之，后人取以旁注《常志》，被传钞入正文也。兹删，仍注其义：愿当作顾。以、已旧通，谓刘备就权于京也。"孔明母兄在吴"者，谓诸葛瑾，奉继母在吴，为权长史也。时备寄权篱下，有如附庸，权雅重亮，欲因其母兄之仕吴也。

③此段举殷观语及先主报书，并就《陈志·先主传》节删为之。殷观语过于简略，转致晦蔽。张佳胤之改从《陈志》，为恶其费解也。陈志之先主报书盖摘取《献帝春秋》为之。原文《裴注》已引，兹转录之：

孙权欲与备共取蜀，使报备曰："米贼张鲁，据王巴汉，为曹操耳目，规图益州。刘璋不武，不能自守。若操得蜀，则荆州危矣。今欲先攻取璋，进讨张鲁，首尾相连，一统吴楚。虽有十操，无所忧也。"备欲自图蜀，拒答不听，曰："益州民富强，土地险阻。刘璋虽弱，足以自守。张鲁虚伪，未必尽忠于操。今暴师于蜀汉，转运于万里，欲使战克、攻取，举不失利，此吴起不能定其规，孙武不能善其事也。曹操虽有无君之心，而有奉主之名。议者见操失利于赤壁，谓其力屈，无复远志也。今操，三分天下有其二，将欲饮马于沧海，观兵于吴会，何肯守此坐须老乎？今同盟无故自相攻伐，借枢于操，使敌承其隙，非长计也。"权不听，遣孙瑜率水军住夏口。备不听军过，谓瑜曰："汝欲取蜀，吾当被发入山，不失信于天下也。"使关羽屯江陵，张飞屯秭归，诸葛亮据南郡。备自住潺陵。权知备意，因召瑜还。

时刘璋已遣法正与备相结。备之出此，盖以示诚信于刘璋，为张松等进一步劝璋迎备拒鲁张本。《陈志》与《常志》，皆但以备阻权取蜀为题旨，殊未能阐明史实。兹故为之补注如此。《吕蒙传》："又与周瑜程普等西破曹公于乌林（即赤壁之战）。围曹仁于南郡。益州将袭肃举军来附。……瑜使甘宁前据夷陵。曹仁分众围宁。宁困极，使使请救。……军到夷陵，即日交战，所杀过半。敌夜遁去。……乃渡江立屯，与相攻击，贾仁退走。遂据南郡，抚定荆州。"是赤壁战后，刘备南取四郡，而周瑜吴军则取南郡（江陵）夷陵等江北地。至此时，备因借口阻孙瑜伐蜀，又始命关羽张飞进驻荆州北岸诸城（江陵、秭归）。取蜀之势益便而孙刘之衅始开也。

④其事已详具《二牧志》。故兹省其文也。

⑤此段《陈志》《常志》异文，深值分析。《通鉴》用《陈志》文，作"取蜀城中金银，分赐将士，还其谷帛"。胡三省注曰："凡城中公私所有金银，悉取以分赐将士。至于谷帛，则各还其主也。"《常志》作"取蜀城中民金银分赐将士，还其谷帛"。多此一"民"字，则当时城中钞暴情形与其性质便当不同。裴松之《刘巴传》注引《零陵先贤传》曰："初攻刘璋，备与士众约：若事定，府库百物，孤无预焉。及拔成都，士卒皆舍于戈赴诸藏，竞取宝物。军用不足，备甚忧之。巴曰：易耳。但当铸值百钱平诸物价，令吏为官市。备从之。数月之间，府库充实。"此谓公库同时被劫。与胡三省注语符合。然果如此，则与《陈志》《常志》大赐诸将金银锦缎之说实难通。《常志》加一民字，则其所指仅城中富室如刘璋与其臣属及富商、巨室、寓公地主之家，不及官库，则备乃有大量金银锦缎颁赐勋臣。库空民贫，乃铸大钱、开官市以吸收暴富者财帛，理有可能。《零陵先贤志》盖误大掠城中民家为掠府库，以滥赐库空为库被掠空。当以《常志》为正。又刘璋家藏被掠，固理所必然。《二牧传》"迁璋于南郡公安，尽归其财物"，《常志》亦云。夫果使璋家为乱军所劫，财物分在基层将士手中，则备何由得清还之。即其他各民家被劫者，谷帛分散，亦岂易于清还？以此疑此次城中大劫，盖受璋降时，曾作有准备之布署，但曾许其众以所得财物全部配分将士，备不自有。而规定分营别队，集中所掠得物，待统筹分配，论功第次之。由于璋自出城降，得从容布

署入城，故得如此，与一般破城后纷乱无制情形不同也。似此有计划之大规模劫掠，为封建军队常见事，亦为当时鼓励劳苦士兵惟一之办法。虽如刘备以仁义欺世，诸葛亮之严肃军纪，犹不能免。史家为备亮讳言之，而其迹终不可掩也。再按下文，只亮、正、羽、飞四人所赐，已黄金三万二千两，白银六万四千两，锦四万匹。其他此役有功将吏，如马超、赵云、黄忠、彭羕、李严、简雍等人所赏，合计亦当有此数。又其次，将士有数万众，颁赏数又当倍之。然则当时成都一城，公私所积，当有黄金二十万两以上，银百万两，铜钱二万以上，锦缎二十万匹左右，而谷帛不预焉。另按《二牧传》，璋降时，城中尚有精兵三万，谷帛支一年（一本作二年），以每兵每年食谷二石计合官吏所当饩者，则官仓诸谷当有十万石以上至二十万石，而帛与民间谷帛不与焉。此亦可以估计当时蜀中社会经济发展情况与财帛集中成都一城之情势矣。《陈志》《常志》皆不言蜀汉食货。杜佑《通典》云："蜀铸值百钱，文曰直百。亦有勒为五铢者。大小称两如一焉。并径七分，重四铢。"

⑥此取《陈志·张飞传》文。末二句《陈志》作"锦千匹，其余颁赐各有差"。

⑦此摘取《陈志》诸葛亮、法正、关羽、张飞、马超、许靖等传文为之。突出许靖事，出《法正传》。《法正传》云："十九年，围成都。璋蜀郡太守许靖将逾城降，事觉，不果。璋以危亡在近，故不诛靖。璋既稽服，先主以此薄靖不用也。正说曰：天下有获虚誉而无其实者，许靖是也。然今主公始创大业，天下之人不可户说。靖之浮称，流播四海，若其不礼，天下之人以是谓主公为贱贤也。宜加敬重，以眩远近。追昔燕王之待郭隗。先主于是乃厚待靖。"《许靖传》："先主克蜀，以靖为左将军长史。"建安三年刘备从曹操还许，拜左将军。既领荆州牧，率军入蜀时仍兼此号。郑度云"左将军悬军深入"是也。及是，兼领益州牧，仍别立左将军府，统荆益二州诸军，诸葛亮总署其事，而以靖为长史，庞羲为司马也。《宋书·百官志》云："左将军、右将军、前将军、后将军，……周末官，秦汉并因之。光武建武七年省。魏以来复置。"所云"魏以来"，谓汉建安年，曹操执政时也。时天下分崩，割据一州者皆自立官名，滥行职权。备称左将军，犹用朝廷旧官，但借用大将军故事，开府置长史、司马，从事中郎，及掾属诸官。《先主传》：建安二十四年，群下上先主为汉中王，表中有"左将军领长史、镇军将军臣许靖，营司马臣庞羲，议曹、从事中郎、军议中郎将臣射援"，皆左将军府官属，其司马曰营司马也。

⑧《陈志·李严传》作"成都既定，为犍为太守、兴业将军"。今按：严初降为偏将军。先主领益州，拜犍为太守。其加兴业将军衔，当在斩高胜马秦与解新道围后。

⑨《三国志·杨戏传》引《季汉辅臣赞》"费宾伯"注："宾伯名观，江夏鄳人也。刘璋母，观之族姑。璋又以女妻观。建安十八年，参李严军，拒先主于绵竹，与严俱降。先主既定益州，拜为裨将军，后为巴郡太守，江州都督……年三十七卒。"此云巴郡太守在先主定益州初，与陈氏说微异。

⑩董和事已见《南中志》。《三国志》本传云："先主定蜀，征和为掌军中郎将，与军师将军诸葛亮并署左将军大司马府事。"《先主传》，建安十六年，"璋推先主行大司马，领司隶校尉"。据《和传》，是先主入成都时系用左将军大司马衔，开府置官属。征和领大司马府事，与诸葛亮并位以宠之。《常志》旧刻但存"掌军中郎"四字，显脱"为""将"二字。及"署大司马府事"一句。《和传》又云："自和居官食禄 外牧殊域，内干机衡，二十余年。死之日，家无儋石之财。"又"亮后为丞相，教与群下曰……董幼宰参署七年，事有不至，至于十反，来相启告"。云七年，则当是死于建安二十五、六年时。《先主传》：建安二十五年诸臣劝进两表无董和名，当是其时和已死矣。

⑪王谋，亦见《三国志·杨戏传》，"刘璋时为巴郡太守。迁为治中从事。"是先主领益州牧时，谋已作璋治

中从事，先主以之为别驾从事也。于时巴郡太守为巴西人赵筰，已见上卷。《常志》云"巴郡太守"盖纪其前官之秩尤高者耳。旧刻失巴郡二字，当补。《陈志·彭羕传》：谓羕"姿性骄傲。……仕州，不过书佐。后又为众人所谤毁于州牧刘璋。璋髡钳羕为徒隶。会先主入蜀，……数令羕宣传军事，指授诸将，奉使称意。识遇日加。成都既定，先主领益州牧，拔羕为治中从事"。治中从事，位在诸从事上。代王谋也。谋未先降，无功勤，犹用为别驾从事，亦是殊遇，未为谪也。

⑫此摘《陈志》刘巴、黄权两传文为之。

⑬此复用《先主传》文，微有删易。宾友庞义与伊籍。籍未前见，故特著其郡贯。《三国志》，籍与靖、竺、乾、雍同传。云："益州既定，以籍为左将军从事中郎，见待亚于简雍、孙乾等。"故常氏补志于此。《陈志·刘巴传》云："字子初，零陵烝阳人也。少知名，荆州牧刘表连辟，及举茂才，皆不就。表卒，曹公征荆州，先主奔江南，荆楚群士从之如云。而巴北诣曹公。曹公辟为掾，使招纳长沙、零陵、桂阳。会先主略有三郡，巴不得反使，遂远适交址。先主深以为恨。巴复从交址至蜀。俄而先主定益州，巴辞谢罪负。先主不责。而诸葛孔明数称荐之。先主辟为左将军西曹掾。"

⑭此出《陈志·穆后传》。与《二牧志》刘焉为子瑁纳吴懿妹事相应，皆为"相者相后当大贵"故也。此时瑁死，后寡居。孙夫人还吴，故群下劝备纳之。"子圉"即晋怀公，为晋文公重耳之亲侄。重耳父献公，纳狄女狐氏姊娣，姊生重耳，娣生夷吾。献公宠骊姬，害群公子。重耳奔狄，夷吾奔梁。其后夷吾先得秦助，还立，是为惠公。以太子圉为质于秦。秦穆公以女妻之，是为穆嬴。惠公死，子圉立，背秦。秦穆公招重耳，更以穆嬴妻之。重耳得秦助，返国，逐杀子圉，遂霸诸侯。事详《左传》与《史记·晋世家》。

⑮此出《陈志·法正传》。微有删易。综观此章，取材无出于《陈志》以外者，但编纂方法不同。《陈志》以各事分系诸传，正史之体例也。《常志》综合之为一篇，地方史之体例也。虽同一事文，遣用之目的不同，指归异趣，删易于是有焉。如此节，在《陈志》，目的为阐述法正才与德之差殊，符合其"著见成败，有奇画策算，然不以德素称也"之评语。在《常志》，则偏重于诸葛亮语，借为刘备"假翼荆楚，翻飞梁益"之一发展阶段作小结，以见佐命人物之重要。虽亦是评骘法正才德，而其重点不同，文字亦即有所增损。世乃有人欲全以《三国志》文易《常志》，诚所谓"不明史法"者也。

⑯此亦出《法正传》。在《三国志》作为诸葛亮论法正语之注文。实亦借以补先主诸后传。在《常志》亦系为亮语作注，而作为先主在此阶段之轶事补出。《陈志》无"正劝先主还之"句，《常志》所增。其"还"字甚可疑。裴松之《赵云传》注引《云别传》云："先主入益州，云领营司马。此时，先主孙夫人以权妹，骄豪，多将吴吏兵，纵横不法。先主以云严重，必能整齐，特任掌内事。权闻备西征，大遣舟船迎妹。而夫人内欲将后主还吴。云与张飞勒兵截江，乃得后主."是孙夫人还吴，在建安十六年先主入益州时也。夫备在荆州时，实寄孙权篱下，虽常凛凛入内，安得言遣还孙氏。既入益州后，则孙氏已还吴矣，安得言劝先主还之。《穆后传》云："先主既定益州，而孙夫人还吴"，是孙氏自还，但不更迎，遂死于吴下耳。法正初至荆州时，力劝先主取蜀。或其进策中曾论及寄居孙氏篱下之非计，劝先主借刘璋之迎，远离孙氏，而用赵云"掌内事"，以防其变。先主纳之，故亮以为言。"还之"，当原是"远之"，后人因《穆后传》文"还吴"字，改作还字也。然亦可能即常氏体会《陈志》传文之误，故但考订入注，不改原刻。又查《陈志》孙坚妻《吴夫人传》："生四男一女。"女当即此孙夫人。刘备娶"权妹"时已四十八岁。时权二十八岁。权十一岁父死，则其妹嫁时不过二十岁左右，其不适意于夫婿亦甚明矣。法正固已策其必自还吴，而劝先主预为之备，克收截留后主之效，故诸葛亮称其功也。

## 五

二十年，孙权使元丰本与廖本只一使字。他各本重使字，李㙾依《先主传》增也。报先主，欲得荆州。先主报曰："吾方图凉州。凉州定，以荆州相与。"孙权怒，遣吕蒙袭夺长沙、零陵、桂阳三郡。先主下公安，令关羽【下】向益阳①。元丰本作"下益阳"。廖、浙本同。李㙾依《三国志》改作"入益阳"，刘、李、钱、《函》本同。张佳胤改作"入益州"，吴、何、王、石本同误。曾曹公入汉中，张鲁走元丰与钱、刘、李、吴、何、《函》、王、浙、石本作定。廖本依《先主传》改作走。巴西。黄权进曰："若失汉中，则三巴不振，此割蜀人股臂也②。"于是先主与吴《先主传》作权。连和，分荆州。江夏、长沙、桂阳东属，南郡、零陵、武陵西属，引军还江【夏】州。旧刻各本误作"江夏"。兹依《先主传》改"江州"。以权为护军，迎鲁③。鲁已北降曹公。权破公所署三巴太守杜濩、元丰本及钱写本此下并空二格。《函海》本空格，仍注云："此下应连写。刘、吴、何、李本无空位。"他各本连。当连。朴胡、袁约元丰本此下又空二格。他本连。等④。此下依《先主传》补一曹字。曹公留征西将军夏侯渊、益州刺史赵颙及张郃守汉中。公东还，此另节回溯破三巴夷王以前事，故句首公字上当有曹字。郃数犯掠巴界。先主率张飞等进军宕渠之蒙头，拒郃。相持五十余日。飞从他道邀郃，战于阳石，遂大破郃军。郃失马，缘山，独与麾下十余人从间道还南【也】郑⑤。宋、明、清各旧本并作也。兹依《陈志·张郃传》改南郑。二十一年，先主还成都⑥。

二十二年，蜀郡太守法正进曰："曹操一举降张鲁，定汉中；不因此势以图巴蜀，《函海》作属。并注云："刘、吴、何、李本作蜀。《蜀书·法正传》亦并作蜀。"而留渊、郃，身遽北还；非智不逮、力不足，将内有忧逼耳。今筹渊、郃才略，不胜吾元丰、廖本作吾。他各本作我。将率，《法正传》作"不胜国之将帅"。顾广圻校稿云："按，（率）即帅字。"举众往讨，则必可擒。廖本与钱写本作擒。他各本并作禽。天以与我，时不可失也。"先主【从】善依《法正传》改。之⑦。以问儒林校尉巴西周群。群对曰："当得其地。不得其民。若出偏军，必不利⑧。"先主遂行。诸葛亮居守，足食足兵也⑨。《函海》注云："原误共。刘、吴、何、李本并作兵。"盖指所据红豆斋钞本作足食足共也。二十三年，先主急书发兵。军师亮以问从事犍为杨洪。洪对曰："汉中，蜀之咽喉，吴、何、王、石本倒作"喉咽"。存亡之机会，依《杨洪传》补。若无汉中，则无蜀矣。此家门之祸，男子当战，女子当运。发兵何疑？"亮以法正从行，【白】表依《杨洪传》改。先主，以洪领蜀郡太守。后遂即真⑩。初，洪为犍为太守李严功曹，去郡数年，已为蜀郡，严故在职。而蜀郡何祇为洪门下书佐，去郡数年，已为广汉太守，洪故在官。是以西土咸服亮能揽钱写本误作扰。拔英秀也⑪。

【后洪、祇俱会亮门下，洪谓祇曰："君马何驶？"祇对曰："故吏马不为驶。明府马不进耳⑫。"】"君马何驶"之"驶"，吴、何、王、石本作駛，下同。按此三十一字与史局无关。疑后人据《益部耆旧杂记》插注，被写入正文。宋人见裴注有，遂未戡削耳。二十四年，先主定汉中，斩夏侯渊。张郃率吏民内徙。先主遣吴兰、雷同《三国志》作铜。入武都，皆没。乃举群茂才⑬。时州后部司马张裕，亦知占术，谓争汉中不利，坐漏言，（言先主得蜀，寅卯之间当失。汉凶刘本误囚。钱写作亡。年在庚子。）按此常氏自注语，被传写入正文也。诛⑭。曹公为魏王，【王】旧各本重王字，当衍。西征，闻法正策，曰："固知玄德不辨此。"又曰："吾收奸雄略尽，独不得正邪⑮？"群下上先主为汉中王，大司马。顾校稿"大司马"三字旁加三角号。有人批云"未详，疑有误"。顾广圻泐去，别批云《三国志》文也。"以许靖为太傅，法正为尚书令，零陵赖恭为太常，南阳黄权为光禄勋，王谋为少府，武陵廖立为侍中。关羽为前将军，张飞为右将军，马超为左将军，皆假节钺。又以黄忠为后将军，赵云翊军将军。其余各进官号⑯。军师诸葛亮曰："黄忠名望，本非关张马超之伦也。今张马在近，亲见其功，犹可喻指。关遥闻之，恐必不悦。"先主曰："吾自解之⑰。"时关羽自江陵围曹仁于樊城。遣前部司马犍为费诗拜假节。羽怒曰："大丈夫终不与老兵同列。"不肯受拜。诗谓曰："昔萧、曹与高祖幼旧，《三国志·费诗传》作"与高祖少小亲旧"。陈、韩亡命后至，论吴本作谕。他各本同《三国志》作论。刘、《函》本无此字。其班何、王、石本作拜。爵，《诗传》作班列。韩最居上。未闻萧、曹以此为怨。今王以一时之功隆崇于汉升，元丰本以下旧刻并有小注云："黄忠字也"。张、吴、何、王、石本但作"忠字"，二字。盖常氏自注语。《三国志·费诗传》作"隆崇于汉室"。常氏改正之也。意之轻重，宁当与君侯齐乎？王与君侯，譬犹一体，祸福同之。愚谓君侯不宜计官号之高下、爵位《费诗传》作禄。之多少也。"羽即受拜⑱。初，羽闻马超来降，素非知故，书与诸葛亮，问其人材。《三国志·羽传》作"问超人才可谁比类"。亮知羽忌前，《羽传》作"护前"。答曰："孟起，【黔】黥元丰与廖本作黔。他各本并作黥。李㙘依《羽传》改也。彭之徒，《羽传》有"兼资文武，雄烈过人"句。一世之【桀】杰，元丰、廖本作桀。他各本作杰。当与益张、吴、王、石本作翼。德并驱争先，犹不如髯之绝伦《羽传》有"逸群"二字。也。"羽省书忻悦，以示宾客。羽美鬓元丰本作鬓，钱、《函》、廖作鬓。张、吴、何、王、浙、石本并依《羽传》改作须。鬓字是。髭，故亮称云髯也。羽臂尝中流矢，每天阴疼痛。医言矢锋有毒，须破臂刮毒，患乃可除。羽即伸臂使治。时适会客，臂血流离，盈于盘器，而羽引酒割炙，言笑自若⑲。魏王遣左将军于禁督七《函海》注云："李本阙七字、有空格。"军三万人救樊，汉水暴长，皆为羽所获。又杀魏将庞德，威震华夏。魏王议徙许都，以避其锐。而孙权袭江陵，将军【傅】士仁、唐百川校笺云"傅字当衍。《三国志·杨戏传》及《吴主传》《吕蒙传》均无。今本《羽传》亦衍。"说是。

南郡太守麋芳降吴。羽久不拔城，魏右将军徐晃救樊。羽退还，遂为孙权所杀㉒。吴尽取荆州，以刘璋《函海》误作"潘璋"。为益州牧，住【姊】秭归㉑。是岁，尚书令法正卒，谥曰翼侯。以尚书刘巴为尚书令㉒。

案：以上述刘孙携隙，备得汉中、失荆州事。按诸葛亮隆中策，必须结好孙权以制曹操。在吴，则惟鲁肃见解与亮同，并始终坚持，力行不懈。《三国志·肃传》，谓其初见权，即说以"曹操不可卒除。为将军计，惟有鼎足江东以观天下之衅"。及闻刘表死，又说权遣往赴吊刘琮，"若备与彼协心，上下齐同，则宜抚安，与结盟好。如有离违、宜别图之（谓结备以取荆州）以济大事"。既往，适琮已降北，备南奔，"肃径迎之。到当阳长坂，与备会"，值操追及。肃导备等至夏口。同诸葛亮至柴桑见权，说以合力拒操。既破操赤壁，周瑜进据南郡，备取南四郡，驻公安。"后备诣京见权，求都督荆州。惟肃劝权借之"。其言曰："初临荆州，恩信未洽，宜以借备，使抚安之，多操之敌，而自为树党，计之上也。"（见裴注引《汉晋春秋》）。刘备既拒吴取蜀，乃自西图刘璋。权所署荆州官吏，又悉为关羽所逐。嫌隙已成。时肃方代周瑜屯陆口，"羽与肃邻界，数生狐疑，疆场纷错，肃常以欢好抚之"。"备既定益州，权求长沙、零、桂，备不承旨。权遣吕蒙率众进取。备闻，自还公安，遣羽争三郡。肃住益阳，与羽相拒"。然犹邀羽相见，"各驻兵马百步上，但诸将军单刀俱会"，图说服羽。说虽无成，终以启刘备意，"割湘水为界"。此建安二十年事也。备还公安而操入汉中，此孙刘不可内衅之明验。而刘备违隆中策，羽负鲁肃意，此必败之征也。然，缘鲁肃在，尚得以两分荆州，维持和局。迨建安二十二年，肃死，吕蒙代之，权不更闻和蜀抗魏之说。而备亦专任法正策画，不更循隆中本计，至于随羽败死。虽得汉中，未足弥补此失之万一矣。《常志》于先主得汉中称王一章，自吴索荆州始，蜀丧荆州终，盖有深意。鲁肃事在吴，故不收入。兹特附论其关键如此。全章亦仅摘取《三国志》各传文为之，而删易之处尤多。

【注释】

①益阳故城，在今湖南益阳县北，洞庭湖南岸资水口。查《鲁肃传》，此时"肃住益阳"，而《先主传》云"令关羽入益阳"，盖就其任务言之耳。益阳属长沙郡。分荆州时，与长沙同属吴。则关羽实际未曾入益阳也。《常志》旧刻作"令关羽下益阳"。下亦取得之义，仍与史实不合。疑原作"向益阳"，后人依《陈志》文意改作下耳。

② 此用《陈志·黄权传》文。传云"鲁走入巴中"。《先主传》云"张鲁遁走巴西"。《张鲁传》云"鲁闻阳平已陷……乃奔南山，入巴中"。常氏依《先主传》作巴西也。今按：时三巴夷酋杜濩、朴胡、袁约皆虔奉五斗米道，结为一体。凡三夷酋势力分布地，当时称为"巴中"，非一县一邑地名也。然鲁实由米仓入巴西之汉昌地界，依赉王杜濩。故称巴西尤确切。劝鲁入巴者为"功曹巴西阎圃"，亦杜濩友，说详《汉中志》注。《常志》用《黄权传》文而不作巴中，改依《先主传》作"巴西"，盖确知其所住在汉昌也。汉昌县，后为巴州，民国废州，改巴中县，适与此史事文字符合，然不可谓汉时之汉昌县已名"巴中"。汉时，巴中仅为巴国故地之泛称。即"巴水"一名，亦仅用为垫江（今合川）附近之河名，汉昌附近之河曰渝水也。

③ 此用《陈志·先主传》文。《陈志》原作"引军还江州"。《常志》旧刻作"江夏"。上文明言江夏属吴，则此江夏为字讹甚明。江州，今重庆，于时为巴郡治，先主自荆州还驻此，遣黄权迎鲁，借图抚定杜濩、朴胡、袁约等（曹操所署之三巴太守），形势适合。常氏原文必不至谬为江夏。兹故改。

④ 此亦出《黄权传》，原传云："先主以权为护军，率诸将迎鲁。鲁已还南郑，北（此字衍文）降曹公。然卒破杜濩、朴胡，杀夏侯渊，据汉中，皆权本谋也。"今按，斩夏侯渊据汉中系先主自行。破杜濩朴胡等定三巴地，当与张飞破走张郃为不可分割之一事，非黄权遂已击破操署之三巴太守，但本谋出自权耳。《陈志》分别叙于《黄权传》与《张飞传》，史法固当如此。《常志》亦分为两节述之，则嫌割裂矣。权既率诸将将兵迎鲁，必入杜濩、朴胡界。濩、胡等既已降操，受其三巴太守职，势亦必出于拒权，巴地战役由是而起。破郃之役权军当亦有功。

⑤ 此用《张飞传》文，别参有书，原传云："飞领巴西太守。曹公破张鲁，留夏侯渊、张郃守汉川。郃别督诸军下巴西，欲徙其民于汉中。进军宕渠、蒙头、荡石。与飞相拒五十余日。飞率精卒万余人从他道邀郃军。交战。山道窄狭，前后不得相救。飞遂破郃。郃弃马，缘山，独与麾下十余人从间道退。引军还南郑。巴土获安。"《先主传》云"令张飞进兵宕渠，与郃等战于瓦口，破郃等"。《张郃传》云："郃别督诸军降巴东、巴西二郡，徙其民于汉中。进军宕渠，为备将张飞所拒，引还南郑。拜荡寇将军。"未言其败。《常志》于操留渊、郃外，增"益州刺史赵颙"，盖取《先主传》建安二十四年文补入。云"郃数犯巴界"，及"先主率张飞……拒郃"，则与《陈志》不合。应别有所据，或是谯周《巴记》，或是王崇《蜀书》之类。以当时形势度之：曹操既已署杜濩、朴胡、袁约为巴西、巴东与巴郡太守，自必以军助之进攻郡城。《张郃传》云"别督诸军"，即当指所自率领与杜濩等民兵。《常志》云"数犯掠巴界"，即谓屡争郡城也。三夷王中，袁约为巴郡太守（说在《汉中志》注），本驻宕渠界，力最弱，故郃只能徙巴东巴西民也。黄权进军迎鲁，当从江州出发，取道宕渠。袁约不支，势必乞援张郃。郃援军至，先主亦必进军援权，并召张飞自巴西夹攻郃等。双方大军备数万，相持于宕渠者五十余日。《常志》云"先主率张飞等"，言先主与飞及黄权诸将也。《张飞传》之"蒙头、荡石"，应即《常志》此节之"蒙头"与"阳石"。阳石，亦即《先主传》之"瓦口"。本皆宕渠县地，故《陈志》《常志》并冠以"宕渠"字。汉宕渠县地实包有今渠、达、广安、大竹、宣汉、营山与通江、平昌、巴中、南江诸县地。今地名莫与此诸字相应者，古地理书亦莫或言其沿革，不能确指所在。《保宁府志》谓蒙头在仪陇县境，瓦口在渠县，并不可靠。今合《先主传》《张飞传》与《常志》文，就川北方山区之地理实际情形推究，蒙头当在今营山大蓬寨。时张郃得三巴夷王支持，已得巴西之汉昌与巴东胸忍以北之夷众，而黄权等军在宕渠，郃进军逼之，必在宕渠之北集中兵粮。大蓬山在宕渠北百余里，四面险绝，中间多平地良田。在昔森林茂盛，泉水洋溢，最利大军屯驻。

"蒙头"、"蓬山",皆具遥望森林茂蔚之义。刘备已自江州进助黄权于宕渠,仍不能攻克此山,乃召巴西张飞自阆中出兵夹攻之。"相持五十余日"者,张郃取守势,山险绝,不可攻,但当相持,俟其粮绝饥毙。则郃所据为大蓬山更可知矣。阳石、瓦口为一地,其地当在今通江县境,大巴山南之洪口、瓦市、符阳镇一带,瓦市当清水河与长坪河会口,或即汉时之"瓦口"。阳石,则其附近山名也。郃与备相持于宕渠蒙头之间,所恃虽在三巴夷王,军实则仍待汉中接济。汉中济巴之道,米仓山路最捷,即今南江河谷路也。其东,则经西乡县逾大巴山入通江河谷诸道,必经符阳、瓦市、洪口诸处。张飞因蒙头不可攻,乃率精兵万余截割其后方接济之路,以次占有南江、符阳诸河谷,行将截断郃最东接济道之瓦市洪口,郃即非自蒙头率军来争不可。此所以有阳石之战也。山道窄狭,如两鼠群斗于穴中,勇决者胜。飞皆精兵。而郃所率多新附巴夷,故败,逃回汉中也。张郃既走,三巴夷王亦去,巴民留者皆归附张飞,故本传云"巴土获安",《黄权传》云"卒破杜濩、朴胡"。言"卒破",谓"终于破之",则非黄权所破,功在张飞矣。

⑥《陈志·先主传》,建安二十年,叙先主与吴分荆州,还江州,遣黄权迎张鲁,召张飞击走张郃诸事,末云"先主亦还成都"。其下叙二十三年进兵汉中,无二十一、二年事。《常志》系先主还成都于二十一年。时间准确。定三巴军事,非阅时一年亦不能结束也。定三巴与定汉中为一事之两大阶段,故此下当提行另起。分荆州与定三巴合为上章,取汉中与失荆州为下章。

⑦此再用《法正传》文。原传末句作"先主善其策,乃率诸将进兵汉中。言"善其策",则非立即起兵也。与《常志》更问占于周群文合。是常氏原文固当作"先主善之",不当是"从之"。后人传钞者因《陈志》"乃率诸将进兵"句,谬改作从之耳。兹改还作善之。

⑧此取《周群传》文补《先主传》也。传云:"先主欲与曹公争汉中,问群。"是未因法正言而立从之之证。常氏于群语下加"先主遂行"四字,益可见其上文当作"善之"。

⑨《亮传》云:"署左将军府事。先主外出,亮常镇守成都,足食足兵。"通指先主下公安、还拒张郃,及此次进军汉中时言之。常氏于《汉中志》言"萧何常居守,足食足兵",即用《陈志·亮传》语。于此述亮事,再用之。加也字,是沿用成语句法。

⑩此用《陈志·杨洪传》文。原传作"时蜀郡太守法正从先主北行,亮于是表洪领蜀郡太守。众事皆办,遂使即真"。是法正从先主入汉中时,未去太守衔,郡务由郡丞代理。入汉中后,先主急书发兵,亮以洪为能,表请以洪署郡事。后果干办称职,乃再请以为真太守,为时当在备为汉中王,正为尚书令时也。旧刻作"白先主"一般体会为面言之。则当在先主出发以前,与"先主急书发兵"及"法正从行"句皆不合。《常志》原文当依《洪传》作"表先主"。后人误钞作白耳。

⑪此亦出《杨洪传》。原传"门下书佐"上衍"迎"字。当依《常志》校正。又原传作"是以西土咸服诸葛亮能尽时人之器用也"。

⑫此见裴注引《益部耆旧杂记》。其书亦陈寿撰,为《益部耆旧传》之附录。《常志》固当见之。于史法,则不当收列此处。盖后人所批注,被传钞写入正文也。当删。

⑬此亦出《周群传》,回复上文,以神周群占术。范晔《后汉书》亦采之。"吴同",《陈志·先主传》与《周群传》并作铜。盖同为铜本字,魏晋时人犹任意书之也。魏晋重清选,虽位居权要,仍以察举孝廉、秀才(茂才)为荣。故周群已为儒林校尉,再举茂才。

⑭张裕事详具《周群传》,《常志》节取如此。传言:裕"谏先主曰:不可争汉中,军必不利"。"裕又私语人曰:岁在庚子,天下当易代,刘氏祚尽矣。主公得益州,九年之后,寅卯之间当失之。……先主常衔其不

逊，加忿其漏言，乃显裕谏争汉中不验，下狱，……遂弃市。"是裕以谏争汉中不验罪诛，漏言乃备心所阴忿，未以入罪。若如旧刻之但作"坐漏言诛"，则既非史实，又与争汉中无关。兹补"谓争汉中不利，并"七字，庶合《常志》史法。"漏言"，谓裕先为备占时作此语，后私泄于人也。所言与汉中事无关，故但以小注出之。亦史法也。《常志》多有自注，如《先贤志·各郡士女总赞》下所附诸人小传，原皆双行夹厕，属注语性质。《三州士女目录》下某县人也等字，亦系双行夹注。后文改正《陈志》"崇隆于汉室"之"室"字为"汉升"，亦自注"黄忠字也"四字是。

⑮《法正传》云："曹公西征，闻正之策，曰：吾故知玄德不办有此，必为人所教也。"至"吾收奸雄略尽"语，不见正史及裴注，未详别取何书。按《陈志·魏武纪》，建安二十年七月破阳平，入汉中。十一月，张鲁自巴中来降。十二月，东还，留夏侯渊等镇汉中。二十一年正月，至邺。五月，进爵为魏王。二十二年十月，张飞、马超、吴兰等屯下辨。遣曹洪拒之。二十三年五月，飞等败走汉中，阴平民强端斩吴兰，传其首。七月，西征刘备。九月，至长安。二十四年正月，夏侯渊为备所杀。三月，操率军入斜谷，至阳平。五月，军还长安。《先主传》，是年"秋，群下上先主为汉中王。……因驿上还所假左将军宜城亭侯印绶。于是还治成都"。是蜀魏汉中军事，前后阅四年，亦大役也。其详已注入《汉中志》与《武都郡序》，此不更详。曹操为魏王，在西征救渊之前二年。《常志》叙于斩渊之后，盖另分节之追述语也。当连下西征断句，不当重王字，故删。

⑯《陈志·先主传》，具列诸臣一百二十人上汉廷称"权宜封备汉中王"表，及备自上汉帝"辄顺众议，拜受印玺"表。《常志》全删之，而摘各传中文篡列即王位后人事布署。其《陈志》无传者，如庞羲、射援，皆上汉中王表中前四名领衔人，此亦无从著其新秩。一百二十臣中，首"平西将军都亭侯马超"，次许靖、庞羲、射援、诸葛亮、关羽、张飞、黄忠、赖恭、法正、李严。下不更举。新封诸臣，除有专传者外，赖恭、王谋并附见《三国志·杨戏传》。

⑰此用《黄忠传》文。

⑱此用《费诗传》文。微有删易。首增关羽在樊一句。按陈寿《魏书·曹仁传》：仁先平宛城侯音，乃进屯樊。《魏武帝纪》，仁屠宛斩音在建安二十四年正月，关羽擒于禁在八月。是仁进屯樊当在二十四年春季。即操与刘备相持于汉中时，关羽亦与曹仁对垒于襄樊之间也。樊城被围在于禁败降之后，即八月以后。时备已即汉中王位于沔矣。《常志》"自江陵"三字，亦分节后应作之追述语也。

⑲二事并出《关羽传》。鬓，颊发也。髭，口上须也。并见《说文》。在颐曰须。在颊曰髯。见颜师古《汉书·高帝纪》注。《陈志》《常志》用字不同。由亮书称髯，知羽鬓、髭、须、髯并长美也。

⑳此依《关羽传》文，多所节删。羽不败于魏之增援而败于吴之袭后，是常氏全章行文微意。唐百川校笺云，"傅字当衍"，甚有见地。杨戏《季汉辅臣赞》云："古之奔臣，礼有来逼。怨兴同官。不顾大德。糜有匡救，倍成奔北。自绝于人，作笑二国。糜芳、士仁、郝普、潘濬。"陈寿注云："士仁字君义，广阳人也。为将军住公安，统属关羽。与羽有隙，叛迎孙权。"《孙权传》建安二十四年云："闰月，权征羽，先遣吕蒙袭公安，获将军士仁。蒙到南郡，南郡太守糜芳以城降。"《吕蒙传》："遂到南郡，士仁、糜芳皆降。"又裴注引《吴书》曰："将军士仁在公安拒守。蒙令虞翻说之。翻至城门，谓守者曰：吾欲与汝将军语。仁不肯相见。乃为书……仁得书流涕而降。翻谓蒙曰：此谲兵也。当将仁行，留兵备城。遂将仁至南郡，南郡太守糜芳城守，蒙以仁示之，遂降。"以上各篇皆以士为姓仁为名，只《关羽传》作"傅士仁"。即如《羽传》亦云："南郡太守糜芳在江陵，将军傅士仁屯公安，素皆嫌羽自轻己。羽之出军，芳、仁供

508

给军资，不悉相救。羽言还当治之。芳、仁咸怀惧不安。于是权阴诱芳、仁。芳、仁使人迎权"。四以"芳、仁"联称，则"仁"为单名甚明。"傅士"不成复姓。"士"则单姓也。春秋时，晋有大夫士会，食采于随，亦称随会，后为范氏。又有士燮，即范文子。燮子士匄，即范武子。又有大夫士蒍。于楚，则庄王时有士亹，共王时有士庆。《三国志·士燮传》云："苍梧广信人也。其先本鲁国汶阳人。"而《辅臣赞注》云士仁广阳人。广阳郡汉属幽州，本燕国，领蓟、广阳、昌平等县，皆今北京近郊地。盖秦汉时燕赵鲁卫与楚吴皆有此姓。关羽传偶衍傅字耳。《通鉴》卷六十八，前云"羽果使南郡太守糜芳守江陵，将军傅士仁守公安"存"傅"字。后云"糜芳、士仁素皆嫌羽轻己"，不存"傅"字。未考也。

㉑此用《陈志·二牧传》文也。《传》云："孙权杀关羽取荆州，以璋为益州牧，驻秭归"。《函海》未见及此，误依红豆斋校本改作潘璋。今按《三国志·潘璋传》："与朱然断羽走道。到临沮，住夹石。璋部下司马马忠擒羽，并羽子平、都督赵累等。权即分宜都至秭归二县为固陵郡，拜璋为太守，振威将军，封溧阳侯。"时孙权称臣于魏王曹操，"曹公表权为骠骑将军，假节，领荆州牧"，潘璋方由裨将突起至太守，安得遂能与权并称州牧乎？

㉒此摘《法正传》与《刘巴传》为之。

# 六

二十五年春正月，魏武王薨，嗣王丕即位，改元延康。蜀传闻汉帝见害，先主乃发丧，制服，追谥曰"孝愍皇帝"①。所在并言众瑞②。故议郎阳泉亭侯刘豹，青衣侯向举，偏将军张裔、黄权，大各旧本脱，《三国志·先主传》原文有。廖本注云"当有大字"。司马属阴纯，别驾赵莋，治中杨洪，从事祭酒何宗，议曹从事杜琼，劝学从事张爽、尹默、【谯】周群各旧本与《三国志》同作"谯周"。考谯周当时尚未入仕，而表中明有周群。当是传钞误周群为谯周。兹改正。仍详注。等上言③："河洛符验，《三国志·先主传》作"臣闻：《河图》、《洛书》，五经谶纬"。孔子所甄。《函海》此下注云："刘、李本有水字。《蜀书》有："验应自远。谨案《洛书·甄曜度》曰'云云。"《洛书·甄曜度》曰：赤三日，德昌九世，会备合为帝际。《洛书·宝号命》元丰及钱、刘、李、《函》本作《洛宝书号命》。张、吴、何、王、廖本依《三国志》改。曰：天度帝道，备称皇④。"《先主传》此下有"以统握契，百成不败"句，为《宝号命》文。又引有《洛书·录运期》与《孝经钩命决解》两条。又言："周群父未亡时，数言西南有黄气，立数十丈，而景云祥风从璇玑下，来应之。如《图》《书》，必有天子出。方今大王应际而生，与神合契。愿速即洪业，以宁海内⑤。"原表全文在《三国志》。《常志》节删近二百字。先主未许。冬，魏王丕即皇帝位，改元黄初。汉献帝逊位，为山阳公。

章武元年，魏黄初二年也。春，太傅许靖、安汉将军糜竺、军师将军诸葛亮、太常赖恭、光禄勋黄权、少府王谋等乃按《陈志·先主传》文，乃字当作"表"。劝先主绍汉绝统，何、王二本二字倒。浙本剜改。即帝号⑥。先主不许。亮进曰："昔吴汉、耿弇等劝世祖。世祖辞让。耿纯进曰：天下英雄喁喁，冀有所望。若不从议者，士大夫各归【其】（求）元丰与廖本作其，他各本作求，李埈依《三国志》改也。当作求。主，无《三国志》此下有为字。从公也。世祖感《函海》本作惑。之。今曹氏篡汉，天下无主，大王绍世而起，乃其宜也。士大夫随大王久勤苦者，亦欲望尺寸之功，如纯言耳。"先主乃从之⑦。亮与博士许慈、议郎孟光建立礼仪，择令辰，上尊号⑧。依《先主传》补三字。费诗上疏曰："殿下以曹操父子逼主篡位，故乃羁旅万里，【糺】纠元丰、钱、廖本作糺。他各本并作纠。合士众，将以讨贼。今大敌未克而先自立，恐人张、吴、何、王、浙石本同《诗传》此下有心字。疑惑。昔高祖与楚约，先破秦者王。及屠咸阳，获子婴，犹《诗传》此下有怀字。推让。况今殿下未出门，《诗传》此下有庭字。便欲自立。《诗传》此下有邪字。愚臣诚不为殿下取也。"朝廷钱、《函》二本作庭。左迁诗张、吴、何、王、石本作帅。他各本并作诗。部永昌从事⑨。夏四月丙午，先主即帝位，大赦，改元章武⑩。以诸葛亮为丞相，假节，录尚书事；依《亮传》补。许靖为右《靖传》无右字。司徒；张飞车骑将军，领司隶校尉，进封西乡侯；马超骠骑将军，领凉州刺史，封斄乡侯，北督临沮；偏将军吴懿为关中都督。进吴、何、王、浙本此下有侯字，当上属吴懿为句。元丰与钱、刘、《函》、廖本并无。盖张佳胤增也。魏延镇北将军，李严辅汉将军，襄阳马良为侍中，杨仪为尚书，蜀郡何宗为鸿胪⑪。立宗庙，袷祭高皇帝、世祖光武皇帝。五月辛巳，立皇后吴氏，吴懿妹【刘璋兄瑁妻】五字当是后人注文。也。子禅为皇太子。六月，立子永为鲁王，理为梁王⑫。

案：以上记曹丕篡汉，刘备称帝，公元二二〇至二二一年蜀事。不尽取材于陈寿《三国志》。其异文，疑皆出自王崇《蜀书》。然王书久轶，莫得而证，但知《陈志》所无而已。

【注释】

①陈寿《魏志·文帝纪》："太祖崩，嗣位为丞相、魏王。尊王后曰王太后。改建安二十五年为延康元年。"曹操死在此年正月。则改元亦在正月。至十月，丕南征还，受禅，又"改延康为黄初"。"黄初元年十一月癸酉，以河内之山阳邑万户奉汉帝为山阳公"。后世史家尊蜀为正统者，不用延康、黄初年号，仍称此年为建安二十五。常璩亦不用魏元纪年，然以延康为汉帝年号，仍用之。汉帝刘协逊位后十四年，魏青龙二年薨，年五十四，魏谥献帝。更传三世，又七十五年，至晋永嘉中"为胡贼所杀，国除"（《后汉书》卷十）。蜀传言改元延康时已行篡弑，遥谥协为愍帝。史家虽尊蜀者亦不用之，以其为生谥也。《陈志·先主传》："魏文帝称尊号，改年黄初。或传汉帝见害，先主乃发丧制服，追谥曰孝愍皇帝。"时间与《常志》异。是《常志》所据不同。以情理推，《常志》较符实际。

②此句用《陈志》文。其下原有"日月相属"句,《常志》删。今按,"日月相属",谓自正月至于四月,上书言符瑞者不绝也。大抵当时巴蜀士大夫阶层苦天下久乱,皆愿刘备称帝,绍承汉统,巩固封建上层利益。自建安二十四年关羽破擒于禁时,已发动符命应运之说。如许靖等表所云"间,黄龙见武阳赤水,九日乃去"(参看《蜀志》15章之注⑮)。"襄阳男子张嘉、王休献玉玺,玺潜汉水,伏于渊泉,晖景烛耀,灵光彻天"。"群下前后上书者八百余人,咸称述符瑞图谶明征"(《三国志·先主传》)。刘豹等一表,为"并言众瑞"中代表性最大者,故《陈志》录其全文,常氏亦节录之。

③表中列名诸人,皆蜀中封建地主有官秩者。刘豹称故议郎阳泉亭侯,当是故宗室为议郎,随刘焉避地入蜀,老废未用者。阳泉,侯国,《后汉·郡国志》属庐江郡。凡乡侯、亭侯,皆称所属县名,不称乡亭名。此非指广汉德县阳泉亭(后主时置县)也。向举称青衣侯,当是青衣夷邑君长,建安二十年置名号侯时与賨邑侯同封(说在《巴志》注)。先主告天表文"询于庶民,外及蛮夷君长",即缘此夷邑君亦同劝进。时以其与刘豹皆汉廷旧封,推为表首也。此外诸人,赵莋巴西人,刘璋时郡太守,见《二牧志》。何宗蜀郡郫人,见《三国志·杨戏传》。他各见《三国志》本传。惟殷纯、张爽无考,应皆蜀人。于此有当辨订者:今本《三国志》讹讹甚多,此前已屡有订正。此处"谯周"二字,与同出陈寿一手之《谯周本传》文不合。传称:泰始三年,"周语予(寿自称)曰:昔孔子七十二,刘向、扬雄七十一而没,今吾年过七十。……六年秋,为散骑常侍,疾笃不拜。至冬卒"。是周生于建安六年,至建安二十五,仅二十岁,尚未入仕,不得列名此表。当是后人以周曾作劝学从事,妄因原表有周字,遂填作谯周也。《周传》明言"建兴中,丞相亮领益州牧,命周为劝学从事"。陈寿于周甚亲近,既知其建兴(二二四—二三七)中始为劝学从事,何至于此时即以劝学从事列名此表。其为后人因周字妄改无疑矣。《常志》各旧本于此亦作谯周,则又后人妄依误本《三国志》改之耳。反复研究原表,其字当作周群。《陈志》载表之全文,中有"臣父群未亡时言:西南数有黄气"云云。《常志》节引,作"周群父未亡时"。周群父名舒,字叔布,"少学术于广汉杨厚(序),名亚董扶、任安",则刘焉时人也。依董扶、任安年龄估之,与舒并当卒在建安初世。所言黄气,与董扶言西南有天子气同为一事。"见来积年",则非建安末年犹在者,周群未曾见之也。《陈志》作"臣父群",合当是"臣群父"三字误倒。又查《群传》谓先主得汉中,不得其民,吴兰雷铜入武都,皆没不还,"悉如群言,于是举群茂才"。当在建安二十四年秋即汉中王位后,距此正月上表时不到半年,群应未死。固不得云"群未亡时"。再审表文,全用图谶文纬与天文望气之说,而以周舒所见为群瑞中之"异瑞",主稿者显然为术数之士,以当时蜀人估之,非群莫属。列名最后,亦是主稿人旧习。《群传》虽但曾举儒林校尉官,在举秀才前。举秀才后,当已转官。儒林校尉,疑是大司马官属,劝学从事,则州府官之近于卿丞者也。《群传》又言:"群卒,子巨颇传其术"。亦可疑"臣父群"当作"巨父群"。然细思之,群当时不可能已死。即使已死,巨亦当在居丧中,不得列名上表。且巨虽传术而身迹无称,则未可能至劝学从事,不得在上表诸人之列。然则《陈志》"臣父群"三字为"臣群父"之讹无可疑矣。

④《陈志》原表文,为《常志》节文所据。"备称皇"条,原表与《常志》并举有所出书名。则"赤三日"条,亦当如原表举出"洛书甄曜度"。故补六字。

⑤"又言"以下,为删省原表,但传其意之述录。《陈志》具录全文,固当作"臣群父未亡时"。《常志》简述其意,则可改作"周群父未亡时",明确其人也。仍加引用号者,表文本意固如此也。"应际"与"应运"同义。说文"际,壁会也。"谓两壁接合处之直线。引伸为二物交会之点皆曰际。《易·泰卦》,"天地交而万物通也。上下交而其志同也"。"象曰:无往不复,天地际也"。昔人谓物极则反,否极则泰,乱极则治。

周群等以否泰、治乱之际，喻先主承替汉统为绝续之交，兴亡之际也。

⑥此段《常志》事次较《陈志》明晰。于表文则大删省。疑王崇《蜀书》已如此。

⑦此出《陈志·诸葛亮传》。耿纯语，今存《东观记》仅有"天时人事已可知矣"句。亮所见盖班固所撰《光武纪》或《耿纯传》文也。《后汉书·光武纪》详载其说，与亮所言文异意同。

⑧《陈志》载许靖等表云："臣等谨与博士许慈、议郎孟光建立礼仪，择令辰，上尊号。"此改为叙事语。于诸臣中只称亮一人。又截自"择令辰"为句。以亮代表诸臣，则可。"上尊号"为"择令辰"之目的，删之则不可。兹补出。

⑨此全用《陈志·费诗传》文，删省甚少。传云"由是忤旨，左迁部永昌从事"，此易忤旨句为"朝廷左迁"诗。颂似备本不欲称帝，非忤旨。但诸臣恶诗立异耳。此则《陈志》《常志》此篇微旨不同之处。古代尚右，卑左。左迁即贬官之谓。汉制，州府官属有"部郡国从事，每郡国各一人，主督促文书，察举非法"）（《续汉书·百官志》）。亦称"诸部从事"（《樊敏碑》）。永昌为益州最远郡，部永昌从事在益州诸部从事中位最卑也。诗于先主攻刘璋时以绵竹令举城降。先主定益州，以为督军从事。出为牂柯太守，入为州前部司马，皆二千石。（刘焉分州军为前后左右四部，各置司马统军，见《二牧志》。）部从事则秩只百石（见《续汉书·百官志》）。

⑩《陈志》云："即皇帝位于成都武担之南。"裴松之注云："武担，山名，在成都西北。"盖以乾位在西北，故就之以即祚。"《常志》删不用。司马光《通鉴》仍用之。今案：《陈志》此句下紧接告天表文。盖即帝位仪式当筑露坛告天。成都城内惟武担蜀王妃冢最高，备筑坛其南行礼，此细节偶然，不必有"乾位"之义。《常志》删之是矣。《告天表》云："惟建安二十六年四月丙午。"《陈志》又云"章武元年夏四月大赦，改年"。《常志》改变其文如此，较为明爽。

⑪此又节录《陈志》诸传文纂合之。

⑫此《陈志·先主传》文。原云"祫祭高皇帝以下"，与此不同。祫，合祭也。《说文》："大合祭先祖亲疏远近也。"依《陈志》，则自高帝以下汉帝王及中山靖王以下至备父弘皆当合祭。依《常志》文，则但合祭高帝邦与世祖秀二帝耳。裴松之注云："先主虽云出自孝景，而世数悠远，昭穆难明。既绍汉祚，不知以何帝为元祖以立亲庙。"然陈、常二志并云"立宗庙"，则备称帝时，亦曾造为祖代名字，立昭穆位次矣。《先主传》但云："立皇后吴氏。"别有《先主穆皇后传》云"陈留人也。兄吴壹"。《常志》上卷已云"焉闻相者相陈留吴懿妹当大贵，为瑁聘之"。本卷又云"群下劝先主纳刘瑁妻"。则此"刘璋兄瑁妻"五字为赘词，应是后人加注语误入正文。兹删。刘永、刘理，并后主庶兄弟，《陈志》有传。

# 七

先主将东征，以复关羽之耻。命张飞率巴西万兵，将会江州。飞帐下将张达、范疆钱、刘、李本作疆。杀飞，持其首奔吴。初，飞元丰本及他明、清诸本皆有羽字。廖本无。勇冠三军，元丰本与廖本作"三军"。他明、清本作"三国"。与关羽廖本注云："当有脱。"指此。俱称万人【之】敌。羽善待小人而骄士大夫，飞爱敬君子而不恤小人，是以皆败。先主常戒【之】飞曰："卿刑杀《飞传》有既字。过差，鞭挞《飞传》作挝。健儿《飞传》有而字。令在左右，此取祸之道。"飞不悟，故败。《飞传》作"犹不悛"。先主闻飞营军《飞传》无"营军"二字。都督之有表也，曰："噫！飞死矣①。"命丞相亮领司隶校尉②。秋七月，先主东伐，群臣多谏，不纳。广汉秦宓上陈，天时必无其利。先主怒，絷之于理③。孙权送书请和，先主不听。吴将陆议、顾广圻校稿云："陆逊一名议。"李异、刘阿等军至【姊】秭廖本作姊。他各旧本作秭。归。《三国志·先主传》云："吴将陆议李异、刘阿等屯巫、秭归。"《常志》旧刻中元丰、钱、刘、李、《函》、廖、浙本有至字。他各本无。左、右领军南郡冯习、陈留吴班自建平攻破异等，军次【姊】秭此处元丰本亦作姊。仍当作秭。归。武陵五溪蛮夷遣使请兵④。

二年春正月，先主军【姊】秭归。吴班、陈【戒】式元丰、钱、张、吴、何、王、浙、石本作戒。刘本作诚。李本作箴。《三国志·先主传》作式。顾广圻校稿云："后作式。"等水军屯夷陵，夹江东西岸⑤。二月，将进。黄权谏曰："吴人悍战。而水军【泝】顺各旧本皆讹作泝。兹依《陈志·权传》改作顺。流，进易退难。臣请为先驱以尝元丰与钱、刘、李、《函》本作尝。吴、何、王、浙、石误作当。寇。陛下宜为后镇。"先主不从，以权为镇北将军，督江北军⑥。先主连营稍前，军于夷道猇亭，遣侍中马良经佷山，安慰五溪蛮夷。夏六月，黄气见自【姊】秭归十余里中，广十余丈。后十数日，与吴人战，先主败绩。冯习及将张南皆死⑦。先主叹曰："吾之败，天也！"委舟舫，由步道还鱼复⑧。将军义阳傅肜为后殿。李本作"殿后"。兵众死尽，肜气益烈。吴将喻令降。肜骂曰："吴狗！何有汉将军降者。"遂战死⑨。从事祭酒程畿独泝江退。众曰：《陈志·杨戏传》作"或告之曰"。"后追以元丰、钱、刘、李、廖、浙本作以。张、吴、何、王、石本从《陈志》作已。至，宜解舫轻行。"《陈志》作"解船轻去"。畿曰："吾在军，未习为敌之走，《陈志》作"未曾为敌走"。况从天子乎？"亦见杀⑩。黄权偏军孤绝，遂北降魏⑪。李异、刘阿等踵元丰、钱、刘、李、《函》、廖、石本作踵，张、吴、何、王、浙本作追。蹑先主，屯南山，至秋退巫⑫。先主改鱼复曰永安。丞相亮闻而叹曰："法孝直若在，则能制主上，使不东行。【既】就元丰、刘、李、吴、何、王、浙、石本并作既。钱、《函》本作归。《法正传》作就。当作。复东行，必不颠元丰与廖本作颠。浙本作黑巴。他各旧本均依《三国志·正传》作倾。盖李垕所改也。危矣⑬。"八月，司徒靖卒。是岁，骠骑将军马超亦卒，临没上疏曰："臣宗门二百余口，为孟德所诛略尽。唯从弟岱，当为微宗血食之系。深托陛下。"岱官至平北将军⑭。拜肜子佥左【右】中元丰本与张、吴、何、王、浙、石本并作中。钱、《函》、刘、李作右。廖本亦作右，有注云"当作中"。郎将⑮。冬十月，诏丞相亮营南北郊于成都⑯。

孙权闻先主【在】住《三国志》作住。住此则有再举可能，故权惧。旧钞讹在也。白帝，甚惧，遣使请和。先主使太刘本作大。中大夫南阳宗玮报命⑰。十有一月，先主寝疾。十有二月，汉嘉太守黄元，素亮所不善，《杨洪传》殿版作"喜"，宋本作"善"。闻先主疾何、王、浙本作寝。病，虑有后患，举郡吴、何、王、石本作兵。浙本黑巴。拒守。

三年春正月，召丞相亮于成都。【诏】亮省疾于永安。旧各本衍诏字。当删剔。元烧临邛城。治中从事杨洪启太子，遣将军陈曶、郑绰由当作出。青衣水伐当作截。元，灭之⑱。当作"禽之"。二月，亮至永安。先主谓曰："君才十倍曹丕，必能安国，终定大事。若嗣子可辅，辅之。如其不才，君可自取。"亮涕泣对曰："臣敢竭股肱之力，效忠贞之节，继之以死。"先主又为诏敕太子曰："汝与丞相从事，事之如父⑲。"亮与尚书令李严并受寄托。夏四月，先主殂元丰、钱、刘、李、《函》、廖本作殂。嘉泰本当同。吴、何、王、石本作崩，张佳胤所改也。浙本作黑巴。于永安宫，时年六十三。亮表后主曰："大行皇帝迈仁树德，覆育无【彊】疆《函海》注云："原讹彊。"今廖本亦讹作彊。元丰及他各本并同。《三国志》作疆。昊天不吊，今月二十四日，奄忽升遐。臣妾号咷，如丧考妣。乃顾遗何、王二本误作遣。浙本黑巴。诏，事元丰及钱、刘、李、《函》、廖本并作事。张、吴、何、王、浙、石本并作是。张佳胤改也。《先主传》与《武侯集》并作事。惟太宗，元丰本作中。浙本黑巴。《先主传》此下有"动容损益"句。百寮发哀，三日除服。到葬元丰本，与吴、何、王、浙、石本此下有"期"字。钱、刘、李、《函》、廖本无。当无。复服。《三国志·先主传》作："到葬期复如礼。"其郡国守、相、令、长、丞、尉，《陈志》无丞字。三日除服。"五月，梓宫至成都，谥曰昭烈皇帝。秋八月，葬惠陵⑳。

案：以上，章武元年夏至三年夏，先主违反隆中决策，伐吴，兵败客死事。

【注释】

①此与《陈志·张飞传》文小有调易。传云："先主伐吴，飞当率兵万人自阆中会江州。"《常志》增"复关羽之耻"，与"巴西"字。《陈志》评羽、飞词及戒飞语在伐吴句前。《常志》移在其后，增"是以皆败"句。疑王崇《蜀书》已如此。文既调易，运字固当不同。后人传钞，辄欲依《陈志》文改，转致讹谬。如《陈志》云"飞雄壮威猛亚于关羽，魏谋臣程昱等咸称羽飞万人之敌也"。《常志》明清刻本并作"飞羽勇冠三国，俱称万人之敌"。廖寅刻本"飞羽"单作"飞"，"三国"作"三军"，下注云"当有脱"，谓脱"与关羽"三字也。何焯过录之元丰本作"三军"，而"飞羽"两字并存。"羽"字承上关羽，亦通。惟下"俱"字在次句，则不协。仍用程昱语称"万人之敌"，亦嫌"之"字为赘。夫"勇冠三军"，言其气概。"万人之敌"，言其才能。"雄壮威猛"言其姿貌气魄，《常志》易作"勇冠三军"，单指张飞，下文曰"俱"，乃兼谓飞与羽之俱能将兵，为万人敌也。审其文意，当作"飞勇冠三军，与关羽俱称万人敌"。宋

以前人已妄依《三国志·飞传》于"飞"下增"羽"字，删"与关羽"三字，又照程昱语增"之"字。犹未改"三军"为"三国"，元明人乃改作"国"，盖习于词曲、小说之言，谓飞与羽能力敌万人，为三国首屈之勇将，甚可嗤矣。"万人敌"，出《项羽本纪》，谓兵法。"勇冠三军"，六朝人习用语，不必确指何军。邱迟《与陈伯之书》"将军勇冠三军，才为世出"。"先主常戒之曰"句，亦宋以前人妄用《飞传》文改。《陈志》用于《飞传》中，固可作之字。若《常志》，叙此于双评羽飞之下，又有"是以皆败"句作结，则岂可仍依《飞传》原文作"之"字？原为"飞"字无疑。兹并改还。时张飞为车骑将军，领司隶校尉，驻阆中兼巴西太守。车骑将军，后汉官，位三公下，开府、领军如大将军。其下官属，在汉有营军司马、假司马、兵曹掾史，禀假掾史等，尚无都督名色。三国时，有领军都督，皆负方面责之武职。《陈志·飞传》云，"先主闻飞都督之有表也"。《常志》改作"营军都督"。查《晋书·百官志》，"骠骑（将军）以下及诸大将军不开府，非持节都督者……置长史、司马各一人，秩千石。主簿，功曹史，门下督，录事、兵铠士、贼曹、营军、刺奸、帐下都督"，是车骑将军府当有营军都督也。然其位卑，不得专营事。上表当由长史或司马。然或三国初制与汉、晋俱不同，仅以营军都督总车骑将军府务，不置长史、司马。要不得谓飞属官中有都督。《陈志》应为误文，《常志》增作营军都督不误。

② 此用《诸葛亮传》文。汉制："司隶校尉一人，比二千石……掌察举百官以下，及京师、近郡犯法者。"（《续汉书·百官志》）

③《陈志·秦宓传》："先主既称尊号，将东伐吴，宓陈天时必无其利，坐下狱幽闭。然后贷出。"理谓治狱官。《史记·循吏传》，"李离者，晋文公之理也"。后世之"大理寺"本此。

④ 此用《陈志·先主传》文，小省易。建平，吴置郡，治秭归。其西界包有巫县。冯习吴班自鱼复进攻巫、秭归，故晋人当曰"自建平攻"也。李异、刘阿，陈寿《吴志》各传不著，惟见《蜀·先主传》。李异名先见《二牧志》，盖与刘阿皆刘璋旧将降吴者。孙权得荆州，以璋为益州牧住秭归。此时璋犹在，故吴用二将为前锋，励以破蜀复璋故地。二将由是奋勇，蜀军以为劲敌，故特著之也。武陵蛮夷不服孙权，见《黄盖传》。经盖镇压，虽"尽归邑落"而心实不服。故闻先主东征，即自遣使请兵。

⑤ 此亦用《先主传》文。今本《陈志》作"先主军还秭归"。《常志》无还字。秭归为吴建平郡治，先主前军新取得，自进军驻此，不得曰还。盖陈氏原文本无还字。此亦用《常志》校正《陈志》误讹之一例。

⑥ 此用《黄权传》插叙。参看注⑪。

⑦ 此复用《先主传》文，小改易。前诸臣劝进表，以黄气为符瑞。于此，又以黄气为凶征，术数家言谬妄无准率如此。《陆逊传》云："备从巫峡、建平，连围至夷陵界，立数十屯。以金锦爵赏诱劝诸夷。使将军冯习为大督，张南为前部。辅匡、赵融、廖淳、傅肜等各为别督。先遣吴班将数千人立营于平地，欲以挑战。"盖备驻兵猇亭时布置也。猇亭，在今湖北宜都县界。《方舆纪要》谓："宜都县西。地险隘。古戍守处也。"《清一统志》谓："在宜都县北三十里大江北岸。"杨戏《季汉辅臣赞》曰："休元轻寇，损时致害。文进奋身，同此颠沛。患生一人，至于弘大。"陈寿注："休元名冯，南郡人。随先主入蜀。先主东征吴，习为领军，统诸军，大败于猇亭。""文进名南，亦自荆州随先主入蜀，领兵从先主征吴，与习俱死。"备此役不用黄权等壮盛宿将，乃任旧人耆宿，宜其败于吴之青年将领矣。

⑧《陆逊传》："乃敕各持一把茅，以火攻拔之。一尔势成，通率诸军同时俱攻。斩张南、冯习及胡王沙摩柯等首，破其四十余营。备将杜路、刘宁等穷逼请降。备升马鞍山，陈兵自绕。逊督促诸军四面蹙之。土崩瓦解，死者万数。备因夜遁。驿人自担，烧铙铠断后，仅得入白帝城。其舟船器械，水、步军资，一时略

尽。尸骸漂流塞江而下。备大惭恚曰:吾乃为逊所折辱,岂非天邪?"常氏节取备语而讳其败状,盖亦为尊、亲、贤者讳之封建旧义。兹为注补于此。

⑨此用《三国志·杨戏传》"辅臣赞"注插叙。在"赞冯休元张文进"条。彤原无赞,附"张南赞注"也。义阳,郡名、治义阳县,本汉平氏县之义阳乡,傅介子封义阳侯是也。胡三省《通鉴注》云:"魏文帝分南阳郡立义阳郡。又立义阳县属焉。"然《三国志·魏延传》亦云"义阳人也。以部曲从先主入蜀"。汉魏人传率称郡贯,或并详及县,无单称县乡贯者。是建安中已有义阳郡,故延与彤俱称义阳人也。

⑩此依《陈志·辅臣赞注》插叙。颇有删易,可互参。原注尚有"追人逐及畿船。畿身执戟战。敌船有覆者。众大至,共击之,乃死"。畿,阆中人。《常志先贤》阙《巴郡士女赞》与小传。畿事惟见此与《二牧志》,皆据《陈注》。

⑪此复用《黄权传》文插叙。原传云:"以权为镇北将军,督江北军,以防魏师。先主自在江南。及吴将军陆议乘流断围,南军败绩,先主引退,而道隔绝。权不得还,故率将所领降于魏。"此所言江北军,与"夹江东西岸"之江北军不同。夹江两岸之军,皆先主自率以与吴作战者,权所督之军,当去江甚远,约在令兴山、当阳一带,故曰"以防魏师"。先主虽在南岸,其退军亦自北岸。仓卒败退,不及通知权军,故权降魏。《常志》增"偏军孤绝"句,较《陈志》明晰。

⑫《先生传》云:"吴遣将军李异刘阿等踵蹑先主军,屯南山。秋八月,收兵还巫。"李异、刘阿,刘璋旧将降吴者(详注④)。此时,吴以刘璋为益州牧,驻秭归。故二人为吴前锋,穷追入蜀,冀复故土。旋因璋死,而先主屯白帝不退,故仅屯白帝南山,即瞿唐峡南岸诸山,以观变。先主败退在六月(《魏·文帝纪》与《吴·孙权传》并作"闰五月")。至九月,魏军伐吴。盖孙权先降魏,既胜备,不复臣顺。知魏军将南侵,故召二将还住巫。时巫县属吴建平郡也。《常志》不著二将退军,为阙失。当有"至秋退巫"句乃合,兹补。

⑬此用《法正传》插叙。

⑭此用《马超传》插叙。余俱出《先主传》。

⑮傅佥事详《三国志·杨戏传》"辅臣赞"注文。亦见《姜维传》。

⑯自"冬十月"至"宗玮报命",并《先主传》文。原连为一节。当分。"营南郊",祀事也。南郊祖天地,高祖配食。北郊为明堂,光武帝配食。并详《后汉书·祭祀志》。《陈志》《常志》并志此者,缘上文刘备自谓猇亭之败为天帝不助,乃立郊祀以禳之。故其事与伐吴连述。非装饰典章之虚文,盖史志之曲笔也。此下述吴蜀复和,为双方复忆诸葛亮与鲁肃旧所策画,认识魏乃为共同敌国以后,正确适应形势之另一阶段,不当与上文连也。非惟当空格分节,即提行分章亦无不可。

⑰《陈志·孙权传》黄武元年(即章武二年〈二二二〉),"十二月,权使大中大夫郑泉聘刘备于白帝。始复通也"。于权十月遣使事则讳之。《裴注》引《江表传》曰:"权云:近得玄德书,已深引咎,求复旧好。前所以名西为蜀者,以汉帝尚存故耳。今汉已废,自可名为汉中王也。"又引《吴书·郑泉传》曰:"使蜀,刘备问曰:吴王何以不答吾书,得无以吾正名不宜乎?泉曰:曹操父子陵轹汉室,终夺其位。殿下既为宗室,有维城之责,不荷戈执殳为海内率先,而于是自名,未合天下之议。是以寡君未复书耳。"按此推断,则当魏文帝丕南征时,权实曾先遣使永安,试探和议。刘备因而先给权书,约复旧好。权亦曾拟复书,而苦于难为称谓。权自拟称备汉中王。然备已称帝,必不受,乃但遣郑泉致聘而不复书。虽泉重以此责备,备不敢以为忤,竟通和好。则备之悔悟亦不深也。与前拒谏伐吴时判若两人矣。

⑱此以黄元叛乱与诸葛亮赴永安事合叙。以"元素亮所不善"句相缀合。资料仍不出于《陈志》。《先主传》

云:"冬十二月,汉嘉太守黄元闻先主疾不豫,举兵拒守。"《杨洪传》云:"汉嘉太守黄元素为诸葛亮所不善,闻先主疾病,惧有后患,举郡反,烧临邛城。时亮东行省疾……启太子,遣其亲兵,使将军陈曶、郑绰讨元。众议以为元若不能围成都,当由越巂据南中。洪曰:元素性凶暴,无他恩信,何能辨此。不过乘水东下冀主上平安,面缚归死。如其有异,奔吴求活耳。敕曶、绰但于南安峡口遮,即便得矣。曶、绰承洪言,果生获元。"汉嘉郡治青衣县,今曰芦山,在青衣水侧。水自南安入江,今曰乐山。元烧临邛后,盖已退回青衣,再浮水出南安,如洪所策。曶、绰初御元于临邛,元退,又承洪言,自临邛横出向青衣中游,截元于南安峡口,生禽之。南安峡口,今名山、洪雅、雅安三县界间之竹箐关,汉为南安西界,有熊耳峡,见《蜀志》注。杨洪称之为南安峡也。《陈志》所述形势与今地形吻合。《常志》云"由青衣水伐元,灭之",则有未合。或是王崇《蜀书》文如此。常氏采王崇书致误也。然此是《常志》原文,故不改,但于注中订正如此。又,《陈志·诸葛亮传》:"章武三年春,先主于永安病笃,召亮于成都,属以后事。"《先主传》:"三年春二月,丞相亮自成都到永安。"《常志》文几于无字不出《陈志》,故刻本误讹易知。旧刻"诏亮省疾于永安",与上句重复。上句为《陈志》文。下句当是取王崇书"诏亮省疾于永安"句,以代《陈志》黄元"闻亮东行省疾,成都单虚"句,作元烧临邛动机。本删"诏"字。有人以其是王崇书语,妄依崇书补诏字,致重复也。

⑲此全用《陈志·亮传》文。《裴注》引陈寿《诸葛亮集》,载"先主遗诏敕后主曰:……勿以恶小而为之,勿以善小而不为。惟贤惟德,能服于人"。其言可诵。且足见备亦曾读《易》《礼》《汉书》、诸子有得者。("小恶"二语,出《易系辞》。余书,在诏语中。)未可以武人目之。而《陈志》《常志》皆未及。陈氏别为《诸葛亮集》,故本传回避不著,可也。《常志》不录,则为失矣。《裴注》所引又云:"临终时,呼鲁王与语:吾亡之后,汝兄弟父事丞相。令卿与丞相共事而已。"不言敕后主有"事之如父"句。盖原诏由亮手录,自削之。李严等传其语,陈寿采入《亮传》。《常志》径录为诏语也。《通鉴》卷七十,节录此诏,作:"诏敕太子曰:人五十不称夭。吾年已六十有余,何所复恨。但以卿兄弟为念耳。勉之勉之,勿以恶小而为之,勿以善小而不为。惟贤惟德,可以服人。汝父德薄,不足效也。汝与丞相从事,事之如父。"摘取《裴注》,而亦拦入末二语。

⑳此复用《先主传》文。有小节删。亮表后主文中有数句殊费解,兹诠释之:"乃顾遗诏"者,顾,用《诗·蓼莪》"顾我复我"义,谓先主顾眷臣子而制此诏也。"事惟太宗"者,事,谓山陵之事,用"惟送死可以当大事"义。太宗,汉文帝庙号。此谓山陵制之事,惟依太宗文皇帝遗诏行之。《汉书·文帝纪》载,"遗诏曰:……当今之世,咸慕生而恶死,厚葬以破业,重服以伤生,吾甚不取。……其令天下吏民:令到,出临三日,皆释服。无禁取妇、嫁女、祠祀、饮酒、食肉。自当给丧事、服临者,皆无践(谓无庸斩衰、徒跣以临丧事)。绖带无过三寸。无(同毋,下同。)布车及兵器。无发民哭临宫殿中。殿中当临者皆旦夕各十五举音,礼毕罢。非旦夕临时,禁无得擅哭临。以下(已下棺),服大红十五日,小红十四日,纤七日,释服。它不在令中者,皆以此令比类从事。布告天下,使明知朕意。霸陵山川因其故,无有所改。……"此云"百寮发哀满三日服除,到葬期复如礼",精神符合。诏文原有"动容损益"句者,谓崩于永安,与文帝不同,仍当斟酌时宜为之损益。不必拘守太宗遗诏。"动",犹言随事之宜也。常氏删省。又删"满三日除服"之满字。又改"到葬期复如礼"为"到葬复服",谓葬日,治丧臣吏再发哀成服如礼。外郡官吏诏不临丧,但服哭三日而已。人民不服丧,无忌禁,如文帝诏。惠陵今存,在成都南门外武侯祠公园内。盖就古锦官城址为之。世知昭烈薄葬,又敬其人,迄今完好,未被发掘。

## 八

撰曰：元丰与《函海》本作"赞曰"。他各本并作"赞曰"。汉末大乱，雄桀元丰、钱、廖本作桀。他各本并作杰。并起。若董卓、吕布、二袁、韩、马、张杨、刘表之徒，兼州连郡，众逾万计，叱咤之间，皆自谓汉祖可踵，桓、文易迈；而魏武神武干略，戡屠荡尽①。于时先主名微人鲜，而能龙兴凤举，《函海》注云"龙兴凤举四字元作注。刘、吴、何、李本作大文"。今按元丰与旧各本并作大文。伯豫、君徐，假翼荆楚，翻飞梁益之地②，克元丰、廖本作克、他各本并作元。胤汉祚，而与吴、魏【与之】鼎峙。旧各本与字倒下，并衍之字。于文法不合。当乙删正。非英才命世，孰克如之③。然，必以曹氏替汉，宜扶信顺以明至公。还乎名号，为义士所非④。及其寄死，何本作命。顾观光校戡记亦作命。托孤于诸葛亮而心神无贰。陈子以为君臣之至公，古今之盛轨也⑤。

案：以上，常氏《先主志》结论。

## 【注释】

①董卓，陈寿《三国志·魏书》六，范晔《后汉书》卷一百二，并有传。《吕布传》在《魏书》七，《后汉书》一百五。二袁，谓绍与术。《绍传》在《魏书》六，《后汉书》一百四。《袁术传》在《魏书》六，《后汉书》一百五。韩马，谓韩遂马腾，《陈志》《范史》俱无专传，附见于《魏武纪》及《献帝纪》。张杨，《三国志》作"张扬"，有传在《魏书》八。《后汉书》分见《献帝纪》与《吕布传》《袁绍传》等。《刘表传》在《三国志·魏书》六，《后汉书》一百四。此诸人皆曹操所灭，地入于魏，惟荆州操得复失。此外未尽举者，尚有张邈（《魏书》）、张绣、张燕、张鲁与公孙度（并《魏书》八），亦皆操所灭并（汉中得而复失）。

②"伯豫"，谓豫州牧，为汉廷所授。"君徐"，谓徐州牧，为吏民所推。"假翼"，谓荆州牧由孙权假地，以此凭借，克有蜀地。时无梁州，蜀地皆属益州。璩晋人，用当时习称汉州为梁益也。

③胤，《说文》："子孙相承续也。从肉从几，象其长也。幺，亦象重累也。"宋刻避太祖讳作"胤"，"裔"，或"胤"。清刻本避雍正帝讳作允。旧本作"元胤汉祚而吴魏与之鼎峙"者，盖李㸅因元丰本字漶而妄改；以元通原，谓昭烈本绍承汉祚；改下文作责魏吴敢与鼎峙语，以明未克统一为惜；此宋以来儒生尊蜀为正统者常露之语气，非魏晋人语。核以常氏上下文，尤为不通。魏晋时人，咸以三国蜀为最小，不与魏当，然重刘备之所至得众，与诸葛亮治国绩效，升与魏吴比肩，号曰"三国"。虽亮自言，亦云"今天下三分，益州疲敝"。则备之有蜀，能与魏吴鼎峙为幸矣。常氏本语，固当是"克胤汉祚，与吴、魏鼎峙"从而颂为"英才命世"，获此为难能也。兹改正。《初学记》卷九，《太平御览》一百十七，引此论，并作"于时先主名微众鲜，而能龙兴凤举……翻飞梁益之地，建元胤汉"。顾观光校本遵用之。然则《常志》之被窜

改,唐时已然。《隆中对》云:"曹操比于袁绍,则名微而众寡。"《常志》前已用之。此撰先主论,用其语意,易作"人寡",乃行文之必所当然。而《初学记》亦改作"众",则其率性窜改甚明。元丰本作"克徂汉祚",而《初学记》与《御览》作"建元胤汉"。夫"胤汉"在于即皇帝位,立汉宗庙,不在于建元。建元而不称帝者国史多有,如当时孙权之建元黄武,阅七年乃称帝。又如晋元帝在江东,亦建元建武,一年后乃即皇帝位。则"建元胤汉"句,实质已自不通。正如改此处为"原胤汉祚而吴魏与之鼎峙",与上下文不协同为不通也。

④ "还",通环。围绕也。环庐树桑,《汉书·食货志》作"还庐树桑"。此处"还乎名号",责备志萦绕于帝位名号,不在讨贼。己已篡汉,不举兵声讨而闭境称帝,失"欲信大义于天下"之本志,与上文费诗谏疏相应。亦与上引郑泉答先主语(7章之注⑰)相应。裴松之《赵云传》注引《云别传》曰:"先主大怒欲讨权。云谏曰:国贼是曹操,非孙权也。……操身虽毙,子丕篡盗。当因众心,早图关中。……不应置魏,先与吴战。"此云"宜扶信顺以明至公"意亦如此。连吴讨魏,则为信顺至公。置魏伐吴,则暴露其为关羽败亡之私忿也。

⑤ "寄死",犹云客死他地,不得终于正寝。"无贰",谓既嘱亮可以自取,又嘱诸子事亮如父。此则无私于帝位君权,贤于其他帝王。父子、君臣之间,为"至公"矣。"陈子"指陈寿。陈寿《三国志·先主传》原评云:"先主弘毅宽厚,知人待士,盖有高祖之风,英雄之器焉。及其举国托孤于诸葛亮,而心神无贰,诚君臣之至公,古今之盛轨矣。"常氏此论分三段,首、末两段因仍陈意,多责其亟于报吴,怠于讨魏一段。

任乃强全集·第五卷

刘后主志（卷七）

# 一

后主讳禅，字公嗣。先主太子。甘夫人所生也①。袭位时年十七。

建兴元年夏五月，后主即位。尊皇后吴氏曰皇太后。大赦，改元。于岁，旧本并只于字。依《三国志》当有岁字。兹补。魏黄初四年，吴黄武二年也②。

立皇后张氏，车骑将军此下各旧本并有张字。廖本无。飞女也③。封丞相亮武乡侯④。中护军李严假节，加光禄勋，封都乡侯，督永安事。中军师、卫尉、鲁国刘琰亦都乡侯。中护军赵云为征南将军，封永昌亭侯。江州都督费观，屯骑校尉、丞相长史王连，中部督襄阳向宠，及魏延、吴懿皆封都亭侯。杨洪、王谋等关内侯⑤。南中诸郡并叛乱。亮以新遭大丧，未便加兵⑥。遣尚书何焯过录元丰本，此下有方圈；示字不明。盖《后主传》作"尚书郎"。《芝传》作"尚书"。昔人疑之也。今按，蜀时有尚书令，任总机衡。其下有尚书郎，亦得省称"尚书"。非有脱也。南阳邓芝固好于吴。吴主孙权曰："吾诚愿与蜀和亲。但主幼国小，虑不自存。"芝对曰："吴蜀二国，四州旧本并脱此"四州"二字。依《芝传》补。之地。吴有三江之阻，蜀有重险之固。大王命世之英，诸葛元丰及刘、李、钱、《函》本有亮字。张、吴、何、王、浙、石本无。一时之【桀】杰。元丰、廖本作桀，他各本皆作杰。合此二长，共为唇齿，进可兼并天下，退可鼎足而峙。刘、张、吴、何、《函》、王、浙、石作时。李、廖本作峙。大王如臣服于魏，魏则上望大王入朝，其次求太子入侍。若其不从，则奉辞伐叛。蜀必顺流，见可而进。如此，江南之地非复大王之有也。"吴主大悦，与蜀和报，元丰、钱、刘、李、《函》、廖本作报。吴、何、王、浙、石本作亲。张佳胤所改也。使聘岁通。芝后累往。权曰："若灭魏之后，二主分治，不亦乐乎。"芝对曰："灭魏之后，大王未深识天命者，战争方始耳。"权曰：《芝传》作"权大笑曰"。"君之诚恳，乃至于此。"书与亮曰："丁宏《芝传》与钱写本作厷。厷读如肱。掞张，元丰本此二字不明。钱写本倒作"丁掞厷张"。张佳胤加小注云："《蜀志》宏作厷。孙权谓宏言多浮艳。"吴、何、王、浙、石本并有此注。他各本无。阴化元丰本作险。他各本同《芝传》俱作化，李㙔所改，各本径也。不【实】尽，《芝传》作尽。和合二国，惟有邓芝⑦。"

二年，丞相亮开府，领益州牧。事无巨细，咸决于亮⑧。亮乃抚百姓，示仪轨，约官职，从权制。《三国志·亮传》陈寿评语此下有"开诚心，布公道"六字。尽忠益时者，虽仇元丰与廖本作仇。他各本作雠。必赏；犯法怠慢者，虽亲必罚；服罪输情吴、何、王、浙、石本作"辞"。者，虽重必释；游辞巧饰者，虽亲必戮。善无微而不赏，恶无纤而不贬。庶事精练，物究《三国志》作理。其本。循名责实，虚伪不齿。终乎《三国志》作于。封域之内，此下《三国志》有咸字。畏而爱之。刑政虽峻而无怨者，以其用心平、劝戒明也⑨。辟尚书郎蒋琬及广汉李邵、巴西马【勋】齐旧各本并作勋。兹据《三国志·杨戏传》改作齐。为掾，南阳宗预为主簿，皆德举也。秦宓为别驾，犍为五元丰与刘、李本作王。他各本作五。梁顾广圻校注云："《赞》《目录》作伍梁。"谓常氏《先贤志》及《士女目录》。为功曹，梓潼杜微为主簿，皆州俊彦也。而江夏费祎、南郡董允、郭攸之始为侍郎，赞扬日月⑩。吴遣中郎将张温来聘，报邓芝也。将返，命百官饯焉。惟秦廖本外各本皆无秦字。宓未往，亮累催之。温问曰："彼何人也？"亮曰："益州学士各旧本此下有者字。廖本无。也。"及至，温问宓曰："君学乎？"答曰："五尺童子皆学，何况小人？"温曰："天有头乎，在何方也？"宓曰：此下吴、何、王、浙、石本有"在西"二字。系张佳胤妄增。《三国志·宓传》文作："温复问曰：天有头乎？宓曰：有之。温曰：在何方也。宓曰：在西。"常氏并作一问，省其答语也。"《诗》云：乃眷西顾。知其在西。"又曰："天有耳乎？"宓曰："《诗》不云乎：鹤鸣九皋，声闻于天。若无其耳，何以听之？"又曰："天有足乎？"曰："《诗》不云乎：元丰本及钱、刘、李、《函》本作"《诗》不云乎"，张、吴、何、王本作"《诗》云"二字。天步艰难，之子不犹。若其无足，何以步之？"又曰："天有姓乎？"曰："姓刘。""何以知之？"曰："其子姓刘。"本传作"天子姓刘"。又曰："日生于东乎？"曰："虽生于东，终本传作而。没于西。"答问如响之应声，温大敬服。宓亦寻迁右中郎将，长水校尉，大司农⑪。

三年春，长水校尉廖立坐谤讪朝廷，废为民，【改】徙汶山。各旧本并作"改汶山"。按《三国志·立传》云："废立为民，徙汶山郡。"当是旧有脱文，又讹民为改也。立自荆州，与庞统钱写本脱统字。并见知，而性傲侮。后更冗散怨望，故致黜废⑫。三月，亮南征四郡，以元丰本无以字。弘农太守杨仪为参军，从行，署府事。步兵校尉襄阳向朗为长史，统留府事⑬。秋，南中平。军资所出，国以富饶⑭。冬，亮还，至汉阳，与魏降人李鸿相见，说新城太守孟达委仰于亮无已。亮方北图，欲招何、王、卢、石本作推。达为外援，谓参军蒋琬、从事费诗曰："归，当有书与子度相闻。"【对】诗各旧本作对。误也。当作诗一人。曰："孟达小子，昔事振威，不忠；后奉元丰与钱、刘、李、《函》、廖本作奉。张、吴本作命，何本作事。《诗传》云："后又背叛先帝。"先帝，背叛；反覆之人，何足与书。"亮不答。诗数率意而言，故凌迟于世⑮。吴、何、王、浙、卢、石本有小注云："率意、凌迟语在《蜀书》传中。"谓陈寿评语中字也。十有二月，亮至，群元丰与钱、刘、李、《函》、浙、廖本作群。张、吴、何、王、石本作郡。官皆道迎，而亮命侍郎费祎钱写本误作讳。参乘。祎官小年幼，众士于是莫不易观⑯。

四年，永安都护李严还督江州，城巴【部】郡刘、李本作都。大城。元丰本作"城巴郡大城"。张、吴、何、王、石本作"还督江州巴郡"，无"大城"字。张佳胤所妄改也。李严更作大城，见《巴志》。以征西将军汝南陈到督永安，封亭侯。是岁，魏文帝崩。明帝立⑱。

案：刘后主禅，生于建安十二年，即先主得诸葛亮时。年十七即位，称帝四十年。降魏，作安乐公八年，太始七年卒，年六十五。四十年中，优游槃乐，委政宰辅。诸葛亮、蒋琬、费祎、董允、姜维，与吕乂、陈祇诸人递嬗执政，后主画诺而已。《三国志》为其作传，着字无多。常氏更取《陈志》蜀诸大臣传纂为此志，事殊碎错，条以年月，用荀悦《汉纪》体也。兹依其时蜀局势发展阶段，分为八章。

首章自建兴元年至四年（二二三—二二六），述诸葛亮励精图治，挽回颓局，重振国声诸政绩。

## 【注释】

①甘夫人，《三国志·蜀书》四有传。卢弼《三国志集解》云："后主小名阿斗，见《刘封传》。一字升之，见《魏书·明帝纪》太和二年注引《魏略》。"

②各本原脱"时"字，则句当上连至"大赦改元"句，是以蜀事系魏吴年，不成史法。《陈志》作"大赦，改元。是岁，魏黄初四年也"，明作两句。常氏仍其法，增吴年号，以便核对相关事次，必当原有岁字也。故补。魏文帝曹丕于建安二十五年（延康元年，二二〇）受禅，改当年为黄初元年。孙权旧称吴王，用建安年号。先主东征，权结附于魏，始用魏黄初年号，既败蜀军，又拒魏军于江上，乃自立黄武年号。后亦称帝，改元黄龙。吴与魏首元并称黄者，盖谓五德之运，黄承赤而生，汉为火德，自为土德当承汉祚也。

③张后，《三国志·蜀书》四有传。"飞"上张字，由上文无张飞名，则此当有。然由上已云"张氏"，则亦可省。秦时大臣悉不著姓，汉初犹沿其习，史家颇以为谬。魏晋世大小臣工皆以姓名入史，虽习知屡见者不省其姓，但一事连见者省之。常氏此处与《陈志·敬哀后传》并作"张飞女也"，未为赘字。廖本省之非当。兹依旧刻补出。

④《三国志·亮传》："建兴元年封亮武乡侯，开府治事。顷之又领益州牧。"《常志》后文则谓"二年，丞相

亮开府，领益州牧"。后主五月即位，阅八月乃为建兴二年，时间差异颇大。疑《陈志》误，《常志》正之。后主实未亲政。盖亮虽专其事而不受其名。辞让再三，至建兴二年春始开府，领益州牧。若受封武乡侯，乃在后主即位初也。武乡，县名，《汉·地理志》属琅邪郡，班固自注云"侯国，莽曰顺理"。《后汉·郡国志》徐州有琅邪郡，无武乡或顺理县。后世疑亮所封非县侯，遂以指南郑武乡谷为亮封邑者。（《十道志》《寰宇记》《明统志》等书）《三国志集解》引潘眉说曰：

诸葛功在魏延上，延尚封南郑邑侯，不应诸葛仅封南郑之乡侯。考武乡乃县名，前汉属琅邪郡。中兴省。至建安中，严幹已封武乡侯，可知武乡侯（当作县或侯国）虽省改于中兴，而实复置于汉末矣。三国时封爵之制，皆以本郡邑为封土。如魏，张郃鄚人，封鄚侯。徐晃杨人，封杨侯。吴，文钦谯郡人，封谯侯。濮阳兴陈留人，封外黄侯。时谯郡、陈留不属吴，亦遥领之。诸葛亮琅邪郡人，因以琅邪之武乡封之。犹张桓侯涿郡人，封西乡侯；西乡，涿郡县名；皆邑侯，非乡侯也。

今按：汉中之"武乡谷"、"武乡城"，皆亮殁后土人纪念亮之地名。亮封号实指琅邪之武乡县，如潘氏说。亦犹先主二子之封梁王、鲁王，皆豫指魏地为封国，示必灭魏复汉域也。又，三国时封爵已成虚号，并无食封之实。故封号恒虚指一地，但取佳名，循受封者所好。人情乐其故土，故每有用其本郡、县邑名以示褒宠者。他非属本郡、县邑名者尤多。潘氏谓"皆以本郡邑为封土"，亦失之凿。前汉琅邪郡属县五十一，为侯国者二十八，于亮独选武乡者，盖亮亦长于"治戎"，志"耀其武"，故选此佳名也。

⑤以上诸人，亦就《三国志》摘取当时封侯者资料级级。于时封侯者固不止此。李严、刘琰，并见《蜀书》十本传。《蜀书》六《赵云传》："建兴元年为中护军、征南将军，封永昌亭侯。"此与费观等合叙于都亭侯，当有脱。兹依《陈志》补十字，别为一句。费观封都亭侯，见《三国志·杨戏传》。《王连传》在《蜀书》十一，作"建兴元年拜屯骑校尉，领丞相府长史，封平阳亭侯"。与此微异。向宠封都亭侯，附见《蜀书·向朗传》。魏延封都亭侯，见《蜀书·延传》。吴懿封都亭侯，未见《陈志》。《陈志·穆后传》云："建兴元年五月，后主即位，尊后为皇太后，称长乐宫。壹官至车骑将军，封县侯。"又《杨戏传》云："章武元年为关中都督。建兴八年，与魏延入南安界，破魏将费瑶，徙亭侯。进封高阳乡侯。迁左将军。十二年，丞相亮卒，以壹督汉中，车骑将军、假节、领雍州刺史，进封济阳侯。"壹即吴懿，晋人避宣王讳作壹，《常志》初未避讳也。《杨戏传》之"徙亭侯"三字殊费解。卢弼《三国志集解》："何焯曰：壹前未有封而云徙亭侯，于事为疑。赵一清曰：何说非也。《郡国志》蜀郡属国有徙县……吴壹盖初封于徙。梁章巨曰：即据此说，徙上亦必有脱文。刘家立曰：徙字或为从字之讹。"今按，诸人未参《华阳国志》，故不得解也。懿于建兴元年后主即位时封都亭侯。建兴八年，以破费瑶功，进封徙县亭侯。十二年，代诸葛亮督汉中，又进封济阳县侯。《穆后传》但举其最后官爵，略其前封。《杨戏传》亦略建兴初封也。汉侯爵，县侯最尊，单用县名。乡侯、亭侯次之，并于县名下加乡、亭字。如豫章乡侯，宜城亭侯，汉寿亭侯之类是。关内侯，则仅爵称，无食邑。至三国时，县、乡、亭侯皆虚封，无食邑。然犹保级别。蜀承汉制，持之尤严。故吴懿以皇太后舅，由都亭侯，转徙县亭侯，进县侯，亦随勋位次升也。都乡亭侯之都字，并泛指词，谓无县名可指者，爵秩卑于冠有县名之乡、亭侯也。关内侯，汉爵旧称，无县、乡、亭邑实封，故曰散侯。又曰列侯，谓列名侯者而已。三国时，虽县、乡、亭侯皆虚封，仍以关内侯为下爵。杨洪、王谋为关内侯，见《蜀书·洪传》及《杨戏传·辅臣赞注》。

⑥事详《南中志》各注。

⑦此插叙邓芝事，采自《三国志·邓芝传》。延连数年，以明和吴之重要，而尤得力于芝之诚挚也。《三国

志》云"张温报聘于蜀，蜀复令芝重往"。《常志》作"芝后累往"，则尚不止二次。芝于诸葛亮卒（建兴十二年）后为江州都督，"权数与之相闻。馈遗优渥"，则芝于亮南征、北伐时实曾屡使于吴。常璩所据不误。旧刻"芝对曰"下"吴蜀二国之地"句直同赘文。查《芝传》，原有四州二字。四州，谓扬、荆、交、益四州，包括整个长江流域与岭南，占中国之半，为与魏抗衡之基本条件。加以地险、人杰二长；共为唇齿则可以与魏鼎峙；合力讨魏，则可以奄有天下。语意如此，则四州二字不可脱。兹补出。《芝传》作"权默然良久，曰：君言是也。遂自绝魏与蜀连和。遣张温报聘于蜀"。《常志》全改其文，而义仍相袭。丁宏，《芝传》作丁厷。其人他无所见，难定何字。掞张，裴松之释为"言多浮艳"，今云浮夸是也。阴化，名见《蒋琬传》。建兴元年，亮开府，辟琬为东曹掾。举茂才，琬固让刘邕、阴化、庞延、廖淳。亮不许者是也。《蜀典》引《汉黄龙甘露碑》云："武阳令阴化。""阴化为武阳令，《蜀志》不载。""不实"，《芝传》作"不尽"。不尽，谓言多隐匿，不尽情意，不如芝之诚实可信。若"不实"，则谓其全不可信，书札所不宜有之贬语也。疑常氏原亦作不尽。后人因习言"不实不尽"，遂写讹耳。

⑧亮开府，谓开置丞相府，增置府下属官，措理国政。属官以长史秩最高。其次有东西两曹掾及掾史、主簿、令史之属。益州牧则管理地方事务之官，官属以治中从事为最高，其下有别驾从事、诸曹从事与诸部从事。先主取刘璋，以左将军府理军政。仍兼领益州牧。故其官属有府吏与州吏之别。既为汉中王，以至称帝，皆兼领州。后主即位，州府当由治中从事领蜀郡太守杨洪摄领。至建兴二年，乃改由亮兼领，洪转为越骑校尉，仍领蜀郡太守也（参看《洪传》）。

⑨此节全用《陈志·亮传》评语。微有异字脱文，均列入校注，未可定是常氏故为删易，抑后钞者有脱讹也。亮之治术，备于此文，为《陈志》不刊之笔。疑常氏未必有意删易之。

⑩此节诸葛亮新辟之官吏。"皆德举也"以上为丞相府官属。蒋琬、宗预、秦宓、杜微，《陈志》并有传。李邵字永南，广汉郪人。"建兴元年，丞相亮辟为西曹掾。亮南征，留邵为治中从事"，（由丞相府属升转为州官）。马勋当是马齐字讹。字承伯，巴西阆中人。"张飞贡于先主，为尚书郎。建与中，从事、丞相掾"，见《杨戏传·辅臣赞注》。(《士女目录》作马参)《赞注》亦有马勋，字盛冲，巴西阆中人，"刘璋时为州书佐。先主定蜀，辟为左将军属。后转州别驾从事，卒"。不云曾作丞相府掾。五梁，《陈志》附《杜微传》，"字德山，犍为南安人也。以儒学、节操称。从议郎迁谏议大夫、五官中郎将"。未言作州府掾。《先贤志》则云"诸葛亮（辟）为功曹"。盖直据《耆旧传》也。自"州俊彦也"以上四人，皆亮所新辟之州府官属。以下费祎等三人，皆亮新辟之宫中官，故曰"赞扬日月"。费祎、董允各有传。攸之附见《允传》，又同见《亮传·出师表》。李善《文选》注引《楚国先贤传》云，"郭攸之南阳人。以器业知名。"《允传》云："攸之素性和善，备员而已。献纳之任，允皆专之。"

⑪此节采《陈志·秦宓传》文，结合《邓芝传》为之。不同处可以互勘。时宓已衰老将死矣，而其运用经文烂熟，应对敏给如此。足为蜀中学人被中原与江左人蔑视者吐气，故常氏详著之。张温，字惠恕，吴郡人。《三国志·吴书》有传。称其"文辞占对，观者倾疏。""拜议郎，选曹尚书，徙太子傅。时年三十二。以辅义中郎将使蜀。……蜀甚贵其才"。诸葛亮之屡促秦宓，亦欲借其蕴藉以折温也。"权阴衔温称美蜀政。又嫌其声名太盛，众庶炫惑，恐终不为己用"，以罪斥，废之终身。

⑫《廖立传》在《三国志·蜀书》。原传云："废立为民，徙汶山郡。"《常志》旧刻皆作"改徙汶山"，直似由长水校尉谪汶山太守，显有讹误。"改"字，当系"民"字形讹，上又脱废为二字，遂被写汧"改"耳。

⑬诸葛亮以丞相南征，所至仍行丞相职务，府属官吏从行者应多。其可考见者，如蒋琬、费诗见《诗传》，

王士、龚禄见《辅臣赞注》，而此独举杨仪一人者，盖有脱文。由下文言向朗"统留府事"，可知杨仪"从行"下脱"统行府事"一类字句。留府，成都丞相府仍旧办事。行府，随营办理丞相府应办事宜之机构也。丞相行，则长史统留府事为当然。行府所重在军事，故以参军行长史事。查《仪传》："东征吴，仪与尚书令刘巴不睦，左迁遥署弘农太守。建兴三年，丞相亮以为参军，署府事，将南行。"此云"将"，携之南行也。"署府事"，统署丞相行府事也。丞相行，则行府为正署，故《陈志》仅云署府事。常氏此文实全据《陈志》，当亦有"署府事"三字。写本时每有浅者误以此三字与下文重叠为衍而削之耳。兹据《陈志》补。《向朗传》云："后主践阼，为步兵校尉，代王连领丞相长史。丞相亮南征，朗留统后事"。《常志》此亦变其词为"统留府事"。行府、留府对称，较《陈志》意义更为明显。

⑭南征平定四郡事详具《南中志》。

⑮此用《陈志·费诗传》插叙。蜀汉阳县，今贵州毕节七星关。说在《南中志》8章之⑫。《诗传》云："归至汉阳县，降人李鸿来诣亮。亮见鸿时，蒋琬与诗在坐。鸿曰：闲过孟达许，适见王冲从南来，言往者达之去就，明公切齿，欲诛达妻子，赖先主不听耳。达曰：诸葛亮见顾有本末，终不尔也。尽不信冲言。委仰明公无复已已。亮谓琬、诗曰：还都当有书与子度相闻。诗进曰……"云云，是诗独对此语。《常志》旧刻作"对曰"，显误。兹改用一诗字，删对字。又陈寿评曰："……费诗率意而言，皆有可纪焉。"又曰："以先主之广济，诸葛之准绳，诗吐直言，犹用陵迟，况庸后乎哉。"盖深为诗之沉沦不平也。陵迟，谓如邱陵之襫降，犹云陵替。《荀子·宥坐篇》："百仞之山，任负车登焉。何则，陵迟故也"。谓有坡陀斜下，载重之车可登。故后世谓逐渐下降为陵迟。通作凌迟。后世极刑有"凌迟处死"，亦谓百千刀渐致之于死也。

⑯《三国志·蜀书·费祎传》："后主践位，为黄门侍郎。丞相亮南征还，群寮于数十里逢迎，年位多在祎右。而亮特命祎同载。由是众人莫不易观。"以上诸事，皆常璩取以表彰亮之善于鉴识人物，抑扬得当，俾各尽其器能也。

⑰李严由永安调任江州都督，作大城，已详《巴志》注。陈到字叔至。《杨戏传·辅臣赞注》云："汝南人也。自豫州随先主，名位常亚赵云，俱以忠勇称。建兴初，官永安都督，西将军，封亭侯。"以《常志》校之，原注脱"征"字，时间亦误。此又今本《陈志》当依《常志》校正之一例。

⑱魏文帝曹丕，黄初七年（二二六）五月卒，年四十。其太子睿立，是为明帝，改明年为太和元年。

## 二

五年，魏太和元年也。春，丞相亮将北伐，上疏曰①："今天下三分，益州疲弊，此诚危急存亡之秋也。然侍卫之臣不懈于内，忠志之士忘<small>元丰与钱、张、吴、何、《函》、王、浙、石本并作亡。刘、李、廖本同《三国志》作忘。亡字讹。</small>身于外者，咸<small>《三国志》原表作盖。</small>追先帝之遇，<small>《陈志》原表文作"殊遇"，《常志》旧本同《文选》无"殊"字。</small>欲报之<small>原表有于字。</small>陛下也。<small>此下节删原表三百六十八字。</small>先帝以臣谨慎，故临崩寄臣以大事。<small>原表有也字。</small>受命以来，夙夜忧叹。<small>原表有"恐托付不效以伤先帝之明"句。</small>故五月渡泸，深入不毛②。今南方已元丰及钱、张、吴、何、王、浙、石本皆作以，刘、李、廖本同《三国志》作已。下句同。以、已故通。定，兵甲已足，当帅奖元丰与廖本作"帅奖"。刘、李、钱、《函》本作"率将"。张、吴、何、王、浙、石本同《三国志》作"奖率"。三军，北平元丰及钱、刘、李、《函》、廖、浙本平。张、吴、何、王、石本同《三国志》作定。中原。庶竭驽钝，攘除奸元丰及张、吴、何、王、浙、石本同作奸。刘、钱、《函》本作奸。廖本作姦。字通凶。钱写作兇。吴、王、浙本作凶。刘、李、何、《函》本作凶。字通克《三国志》作兴。《常志》各本均作克。复汉室，还于元丰本及浙本作于。钱、刘、李、《函》及张、吴、何、王、石本并作乎。廖本作于。旧都。此臣所以吴、何、王、石本无以字。元丰本有。浙本挤刻有。报先帝而忠于陛下。原表有"之职分也"为句。愿陛下托臣以讨贼兴复。原表有"之效"字为句。不效，则治臣之罪，以告先帝之灵。陛下亦宜自谋，原表文有以字谘诹善道，察纳雅言。不宜引喻失谊，元丰及廖、浙本作谊。刘、李本同《三国志》作义。张、钱、吴、何、《函》、王、石本作所。以塞忠谏之路也。"不宜以下句，原表在"欲报之于陛下"下，作"诚宜开张圣听，以光先帝遗德，恢弘志士之气。不宜妄自菲薄，引喻失谊"云云。又曰："亲贤臣，远小人，先汉所以兴隆。昵小人，疏君子，后汉所以倾覆。原表此语在前节文中。作"亲贤臣，远小人，此先汉所以兴隆也。亲小人，远贤臣，此后汉所以倾颓也。先帝在时，每与臣论此事，未尝不叹息痛恨于桓灵也"。侍中郭攸之、费祎，侍郎董允，原表作"侍中、侍郎郭攸之、费祎、董允等，此皆良实，志虑忠纯"。先帝简拔以遗陛下。斟酌规益，《三国志》与《武侯集》作"损益"。进尽忠言，则其任也。"斟酌"以下句，原表在"忠于陛下之职分也"句下。作"至于斟酌损益，进尽忠言，则攸之、祎、允之任也"。常氏割移如此。宫省之事，悉以谘之，必能裨补阙漏，有所广益也③。"原表此句上接"以遗陛下"句。作"愚以为宫中之事，事无大小，悉以咨之，然后施行。必能裨补阙漏，有所广益。"常氏改窜如此。可见依《三国志》以回改《常志》者非是。以尚书南阳陈震为【中】尚旧刻误作中。兹改，说详注。书令，治中张裔为留府长史，与参军蒋廖本注云："当有琬字。"琬【公琰】知居府事④。二月，亮出屯汉中，营沔北、阳平【石】白马⑤。旧刻各本同《三国志·后主传》作"石马"。刘、李本石作右。兹改白马，说详注。以镇北将军魏延为司马⑥。

六年春，丞相亮扬声言由斜谷道取郿，使镇东将军赵云、中监军邓芝据箕谷为疑军⑦。魏大将军曹真举众当之。亮身率大众攻祁山。赏罚肃而号令明。天水、南安、安定三郡叛魏应亮，关中响震⑧。魏明帝西镇长安，命张郃拒亮⑨。亮使参军襄阳马谡、裨将军巴西王平及张【休】沐、元丰及钱、刘、李、《函》本作沐。张、吴、何、王、浙、石与廖本均作休。盖张佳胤据《王平传》妄改。李盛、黄袭等在前，违亮节度，为郃所破。平独敛众为殿⑩。而云、芝亦不利⑪。亮拔将西县千余家还汉中⑫，戮谡及【休】沐盛以谢众，夺袭兵，贬云元丰本作云秩。长史向朗以不时臧否，免罢⑬。超迁平参军，进位讨寇《函海》作役。将军，封亭侯，统【军】五【年】部军⑭。旧刻各本均作"五年"。刘、

529

李本提行，《函海》本空格。皆以"统军"断句。李本并改"五年"字为"六年"。惟元丰与张、吴、何、王、浙本"五年"字上下连，足助判断旧本字讹。顾广圻校稿，此上初有眉批"当衍军字"四字，意谓当读为"统军五"，又复泐抹，别批云："按当作部。《三国志·王平传》云：加拜参军，统五部，兼当营事。进位讨寇将军，封亭侯。"署云"涧滨校定"。再复批云："又考《南中志》云：移南中劲卒青羌万余家于蜀，为五部。平所统者谓此也。裴松之不注，故读者不知其解。"署"又记"二字。广圻别号涧滨老人也。廖寅刻本，于此仍旧文，小注云："按当衍军字，年当作部。《三国志·平传》云……可证也。五部，……即此五部矣。"全用涧滨说，仍坚持"衍军字"。今按，军字非衍。但旧钞误倒耳。原当作"统五部军"。兹改正。亮上疏曰："臣以弱才，叨窃非据，亲秉旄钺以厉三军，不能训章明法，临事而惧，至有街亭违令之阙，箕谷不戒之失，咎皆在臣。臣授任无方。春秋责帅，职臣元丰、钱、刘、李、《函》、廖、浙本均作"职臣"。张、吴、何、王、石本同《三国志》作"臣职"。是当。请自贬三等，以督厥咎。"于是以亮为右将军，行丞相事⑮。辟天水姜维为仓曹掾，加奉义将军，封当阳亭侯。亮元丰本无亮字。书与长史张裔、参军蒋琬，称维曰："姜伯约西州上士，马季常、李永南不如也⑯。"冬，亮复出散关，围陈仓。粮尽还。魏将王双追亮。亮合战，斩双⑰。

七年春，丞相亮遣护军陈式元丰与廖、浙本同《三国志·后主传》作式。他各本并作戒。下同。宋版《三国志·诸葛亮》亦作戒，《后主传》作式。疑戒字讹。攻武都、阴平。魏雍州刺史郭淮出将击式。亮自至建威，淮退，遂平二郡⑱。后主诏策亮曰："街亭之败，《三国志》载原诏作役。咎由马谡，而君引愆，深自抑损。原诏作"贬抑"。重达君意，听顺所守。前年耀师，馘斩王双。今岁爰《函海》本作授。征，郭淮遁走。降集氐羌，兴复二郡。威震凶暴，功勋赫然。原诏有"方今天下骚扰，元恶未枭。君受大任，干国之重，而久自挹损，非所以光扬洪烈矣"句。又下文有今字。复君丞相，君其无原诏作勿。辞⑲。"夏四月，吴主孙权称尊，遣卫尉陈震庆问。吴张、吴、何、王、浙、石本无此吴字。与蜀约分天下⑳。冬，城汉、乐㉑。

案：以上叙诸葛亮北伐第一阶段，自建兴五年至七年（二二七—二二九），三次北伐经过。时为亮劝农讲武五年，精锐蓄积之际，军纪严明，盖前此所无，故甫出祁山，陇西三郡官民翕然响应，关中震动。乃因街亭一败，竟复退还，空负三郡民望。三次出师，仅得武都、阴平二郡。陈寿谓其"治戎为长，奇谋为短。理民之干，优于将略"。自是千古定论。《常志》此章，亦但称其德而已。

【注释】

①此疏即封建时代文人无不诵习之《前出师表》。梁昭明太子《文选》曾经采录，大体均依陈寿《三国志》，而微有增益。如"治臣之罪以告先帝之灵"句下，《文选》有"若无兴德之言，则责攸之、祎、允

等。……"多《三国志》七字。李善注云"无此七字，于义有阙"。而陈氏于《董允传》重录此疏语七十二字，则有此七字。是《陈志·亮传》文亦系节录本也。常氏所录，又复大加节删，且有窜削、别缀以行己意之处。此史家取用旧文之通例，与文学家之恪遵原字句者不同，无足怪矣。兹于校语中，比列《陈志》原句以助解悟，略其所删剔者。

② "不毛"，指南中诸郡，取用《汉书·西南夷传》杜钦说大将军王凤语意。《钦传》云："即以为不毛之地，无用之民，圣王不以劳中国；宜罢郡，放弃其民，绝其王侯，勿复通。"颜师古注云："即，犹若也。不毛，言不生草木。"今按：颜说非也。夫既置郡县，理人民，安得喻为不生草木之地。《九经》文字中毛字，多被汉儒解为草木，其实不通。《周礼·秋官·司仪》，"王燕，则诸侯毛"，此不可解为草木矣，则解为须发。郑康成曰"谓以须发坐"是也。夫周之朝廷尚爵，不尚齿。即此章下文，亦言"从其爵而上下之"。则此毛字安可解为须发。且设有二人以上须同齿同，又将如何叙次耶? 再按此章上文，"其将币亦如之"，下文屡言"将币"、"授币"、"私献"、"赐献"，则"诸侯毛"者，当谓诸侯各以其国之土产献以佐膳，非谓坐次'亦甚明矣。《左传》隐三年："涧溪沼沚之毛，苹蘩蕴藻之菜……可荐于鬼神，可羞于王公。"此毛字，明指鱼介菱芡可食之物，非泛言一般草木。《公羊传》宣十二年，"郑伯肉袒……以逆（楚）庄王曰：……君如矜此丧人，锡之不毛之地"，《史记·郑世家》作"不忍绝其社稷，锡不毛之地，使复得改事君王"。此明言：求楚王命其复为郑君，愿今后贡献于楚。"不毛之地"，谓郑国原不贡献于楚，在楚为不毛，非谓中原之郑地为"硗埆不生五谷"（何休《公羊注语》）之地也。又《周礼·地官·载师》："凡宅不毛者有里布。"郑司农云，"谓不种桑麻也"，亦非其义。此不毛，谓不生五谷及他可食之物，而民宅之，则必有桑麻，故输里布也。综上诸义，言"毛"者，皆谓谷蔬果蓏，禽兽鱼介，可食之物，足裨民生，济国用，供祭献贡赋之物，不得解为一般草木。杜钦之言，亦谓南中诸郡所产无裨国用为不毛。诸葛亮承用其语，谓南中背叛已久，贡赋断绝为不毛，故深入征讨，使"不毛之地"成为"军资所出"，"无用之民"成为"五部营军"，"兵甲已足"，乃可北伐也。经师动援前人成说，一人释毛为草木于前，则千百人沿误数千年而不自觉。兹故揭而论之。凡《九经》群史中"不毛"字，依此义解，无不可通者。依郑康成、颜师古等解，则并难通。文繁，不可一一举也。

③常氏辑录为此节，盖以说明后主必待贤辅而后贤，失贤辅则任黄皓而政乱。谓亮已预见其如此，故于疏中叮咛再三也。

④此节，承上文宫中辅导官，续言宫府与丞相留府之行政官布署。尚书，秦官，原掌天子文翰。至汉，恒以大将军，冢宰兼录尚书事，遂有诸曹尚书，而总其事于尚书令（说详《宋书·百官志》）。《三国志·陈震传》："建兴三年入拜尚书，迁尚书令。"《常志》旧刻于此作"中书令"，误。中书令，宦者官名，非可施于陈震者，旧钞讹耳。《张裔传》："丞相亮以为参军，署府事。又领益州治中从事。亮出驻汉中，裔以射声校尉领留府长史。"《蒋琬传》："迁为参军。五年，亮住汉中，琬与长史张裔统留府事。"《常志》此作"居府"。居，亦对行者言之。"不有行者，何以奉君。不有居者，何以守国"（《左传》）。故留府亦称居府，《常志》于人物称名，不称字。独此处作蒋公琰，非例。盖原作蒋琬，传钞者妄改之。当正。亮南征，以参军杨仪署府事。时未分留府居府。兹北伐，已置行府，向朗为长史，成都置留府，张裔为长史，佐以参军蒋琬也。尚书令，宫中政务官之长，留府长史与参军，丞相府中诸官之长。亮表云"宫中、府中，皆为一体"。

⑤《水经注》卷二十七："沔水又东径白马戍南，浕水入焉。水北发武都氐中，南径张鲁城东。……浕水又南

径张鲁治东（按是取两种资料故与上文重叠），水西山上有张天师堂，于今民事之。庾仲雍谓山为白马塞，堂为张鲁治。东对白马城，亦名阳平关。浕水南流入沔，谓之浕口。其城西带浕水，南面沔川，城侧二水之交，故亦曰浕口城也。沔水又东径武侯垒南，诸葛武侯所居也，南枕沔水。水南有亮垒，背山向水，中有小城。回隔难解。"郦氏此文，取材于庾仲雍《汉水记》及东晋争汉中时随军文人考察兵要地理者所记，故翔致真实，与今地理符合。所云沔水，即今之大安河，上源虽短，河谷平阔，一望而知其为汉水主流，上游被嘉陵江袭夺所致也。所云浕水，今曰沮水。浕口，今曰沮水铺，当大安河与沮水会合处。故曰"西带浕水，南面沔川"。所言张鲁城，庾仲雍作张鲁治者，则在今巷子口以东，沮水西岸，约当茶店子附近，盖张鲁所筑以扼阳平峡口，即张卫率汉中人民阻拒曹操大军之处。对岸旧亦有城，即所谓阳平关也（今略阳县之阳平关非汉旧关）。所言白马塞，即浕水西山巷子口至峡口驿之长峡。自沔县而西，过此峡至略阳（汉之沮县），通于徽成盆地，历为汉中与武都两郡之交通要道。峡之南北，连山绵亘，为嘉陵江与汉水之一大分水岭。秦汉时，此岭以西为白马氐人分布地，以东为汉族住地，故汉民称此山为"白马山"，峡道置关，为"白马塞"。塞内于浕水河原上筑城置戍，曰"白马戍"，一曰阳平关。张鲁未入汉中城以前，与其父衡皆住此城，为传道首府，故又曰"天师堂"。隋唐以后地理书，恒谓张衡乘白马升仙于此，为道家七十二原化之一，曰"阳平白马化"（见杜光庭《洞天福地记》）。乐史《太平寰宇记》卷七二三"西县"下引《张衡家传》云"衡于浕口升仙时乘白马，后人遥望山上往往有白马，因以为名"是也。至宋元间，人渐忘张衡升仙之说，乃传山石形似白马为名。胡三省《通鉴》注"白马城一名阳平关。又有白马山，山石似马，望之逼真"是也。《三国志·后主传》与《常志》此文，旧刻皆作"阳平石马"。石马之说，唐以前无。而刘、李本并作右马，是明时蜀人尚不习闻石马之说。"白""右""石"三字写刻易混，当是宋刻《三国志》讹作"石马"。后人又据《陈志》改《常志》之"白马"为"石马"，元丰、嘉泰本尚模糊其字，故刘、李本尚讹作"右"，张佳胤乃依《陈志》定作"石马"也。"阳平白马"魏晋地书所常见，不当讹。兹故改还。

⑥魏延原镇汉中，独当一面，兹因丞相莅驻，取销汉中都督，故调延作丞相府司马。司马，军营总摄官也。

⑦郿，汉县名，属右扶风。在渭水南平原中，南倚太白山，为长安西部重镇。董卓曾营坞于此。地去斜谷口不远，故又为褒斜道门户要地。箕谷，即褒斜谷道之南段，在今陕西勉县褒城北。《方舆纪要》卷五十六"褒城县"云："箕山，在县北十五里……箕山之谷，亦谓之箕谷。谷口有石如门，曰石门……左思《蜀都赋》云阻以石门者也。"此言亮命云与芝进驻石门以北，作欲趋斜谷之势以疑魏军也。

⑧祁山，盖天水与武都间，秦岭西部大分水岭之统称。随山道要害筑城戍，故址甚多，皆有祁山之名。《水经注》卷二十《漾水篇》云："汉水北，连山秀举，罗峰竞峙。祁山，在嶓冢之西七十里许，山上有城，极为岩固。昔诸葛亮攻祁山，即斯城也。汉水径其南。城南三里有亮故垒。垒之左右，犹丰茂宿草，盖亮所植也。在上邽西南二百四十里。《开山图》曰：汉阳（郡名，在陇右）西南有祁山，蹊径透迤，山高岩险，九州之名阻，天下之奇峻。今此山于众阜之中，亦非为杰也。"《巩昌府志》谓祁山在西和县西北七十里。盖秦岭西延，至此而渐平缓。西汉水发源于嶓冢山，初西流经祁山下，又西南经今礼县，折入武都县界。沿此汉水上源之部，各较低山道皆曰祁山。亮之故垒，当在今天水县治与盐关镇之间，汉时，其地属汉阳郡之西县，今属礼县。非今西和县西北七十里之祁山。天水，汉旧郡，后汉永平十七年改汉阳郡。魏时仍为天水郡。辖冀、上邽、显亲、成纪、西、新阳六县，皆在今渭水中游天水、甘谷、通渭等县地界。南安，后汉中平五年分汉阳郡置。辖豲道、新兴、中陶三县，皆在今渭水上游。安定，汉旧郡。魏时，辖

临泾、朝那、乌氏、西川、泾阳、阴密六县，皆在今甘肃东南部泾、汧二水上游。三郡叛魏应亮，则蜀已奄有陇坂，将魏之金城、陇西、武威、张掖、酒泉、敦煌六郡截断，俯临渭水平原诸郡。故"关中响震"。

⑨《陈志·明帝纪》大和二年春正月："蜀大将诸葛亮寇边，天水、南安、安定三郡吏民叛应亮。遣大将军曹真都督关右，并进兵。右将军张郃击亮于街亭，大破之。亮败走，三郡平。丁未，行幸长安。夏四月丁酉，还洛阳宫。"《曹真传》："诸葛亮围祁山，南安、天水、安定三郡反应亮。帝遣真督诸军军郿。遣张郃击亮将马谡，大破之。安定民杨条等略吏民保月支城。真进军围之。条谓其众曰：大将军自来，吾愿早降耳。遂自缚出。三郡皆平。"《张郃传》："诸葛亮出祁山，加郃位特进，遣督诸军拒亮将马谡于街亭。"皆不言魏明帝先至长安乃命郃拒亮。《通鉴》卷七十一叙此事，亦以遣真及郃叙于幸长安前。计丁未至丁酉当为五十日，或一百一十日，即一月余或三月余。《魏纪》既系丁未于正月丁酉于四月，则当以百一十日算，是魏明正月已如长安。时曹真在许，张郃方征江陵。其受命拒亮，当在许都。盖并与魏明帝同时入关中，故蜀人传为明帝西镇长安乃遣郃。《陈志·明帝纪》叙次实误。《常志》此文未为误也。

⑩此即所谓街亭之败也。街亭，杜佑《通典》曰："街泉亭，在陇县。"又曰："平凉郡有街泉亭，马谡为张郃所败处。"杨守敬《三国郡县图》，定街亭于广魏郡清水、略阳与汧县之间，当是。诸葛亮于此役，置赵云、魏延、吴懿等宿将于后方而专任马谡、王平等青年英锐之士（时谡年三十九），故其初势甚张，一鼓而下三郡，至街亭，临陇阪，有直窥长安之志。然谡议论有余而经验不足，遂为张郃所破。《张郃传》云："谡依阻南山，不下据城。郃绝其汲道，击，大破之。"张休、李盛、黄袭，他无所见，惟《王平传》云："丞相亮既诛马谡及将军张休、李盛，夺将军黄袭等兵，平特见崇显。"疑三人皆裨将军，且皆巴西人。《常志》记人，皆著其官位，初见者并著其郡籍，此但用"及"字，盖先其郡贯。"张休"一名见《三州士女目录》，汉嘉人，官至云南太守。《三国志·杨戏传》之《季汉辅臣赞注》云："后大将军蒋琬问张休曰：汉嘉前辈有王元泰，今谁继者。"即问汉嘉张休。其人亮卒后犹在，则非此同马谡罪诛者。顾千里校稿云："《三国志》作张休。"亦据《王平传》。廖刻本因之。今按《王平传》之张休，字讹耳。校以《常志》，当作张沐。不惟元丰本两见皆作沐，钱、刘、李、《函》四本亦两见皆作沐，可知嘉泰本同。然则是张佳胤始依《三国志》改作休，吴、何、王、廖诸本误依之耳。《王平传》与《辅臣赞注》之两张休，皆于诸葛亮当国时仕，不至同名。即使原同名，亦必有一避改或则为"赐名"，此封建宦籍之定法也。《常志》此处旧作"张沐"，应不误。即《三国志·王平传》之"张休"，原亦当作沐。今本乃旧刻误缘《辅臣赞注》改作休。此亦《三国志》当依《常志》校正之又一例也。王平事详《三国志·王平传》。

⑪《三国志·赵云传》："亮出军，扬声由斜谷道，曹真遣大众当之，亮令云与芝往拒而身攻祁山。云、芝兵弱敌强，失利于箕谷。然敛众守，不至大败。军退，贬为镇军将军。"是曹真曾派大军入斜谷，与蜀军战（战地当在箕谷北口外）。蜀军败，退扼箕谷口。亮虑敌入汉中，乃自祁山撤还，而魏军亦自斜谷退回也。

⑫亮弃三郡吏民，但拔西县千余家将之还汉中者，西县在天水郡最南，近蜀，当时为亮驻节处。三郡豪杰叛魏应亮者，多徙家托庇于此。另一部分，则聚兵保城寨自固（如《曹真传》中之安定民杨条）。亮骤撤军，不及召保寨诸众，但将移住西县之千余家移还汉中以免遭魏军报复也。

⑬《三国志·向朗传》云："朗素与马谡善，谡逃亡，朗知情不举。亮恨之，免官还成都。"与《常志》罪由不同。盖朗与谡同县人，实惜谡才，知亮持法严，不得免，劝之使逃。故亮恨之。而谡匿未久，复出就刑，故亮免朗表文，但责其"不时臧否"人物，讳谡逃亡事。蜀人或传诵其表，常氏据之，故与《陈志》不同耳。

⑭《平传》云:"加拜参军,统五部,兼当营事。进位讨寇将军,封亭侯。"《常志》省易其文耳。《通鉴》卷七十一用《平传》文。胡三省注云:"既总统五部兵,时亮屯汉中,又使之兼当营屯之事。"卢弼《三国志集解》引之。今按:胡注非也。"统五部",谓青羌五部。"兼当营事",谓仍领其旧所统与所收集街亭"遗进"(《平传》字。谓战败孑遗与迸逸之军士)之营屯事。当营,谓自所领之营屯也。亮屯军自有司马魏延主之。王平"手不能书,所识不过十字",非可参司马之任,但为领兵作战之良将而已。

⑮此节仍《陈志·亮传》文。删"所统如前"四字。

⑯此依《陈志·维传》:"姜伯约忠勤时事,思虑精密。考其所有,永南、季常诸人不如也。其人,凉州上士也。"与《常志》不同,盖均曾见其原书而节删之也。马良字季常,襄阳宜城人,《陈志》有传。李邵字永南,广汉郪人,杨戏有赞。陈寿注云:"亮南征,留邵为治中从事,是岁卒。"

⑰陈仓,汉县,属右扶风,今陕西宝鸡市。散关,即大散关,在褒斜道西,当秦岭道脊。褒斜阁道倾险,往时自关中入蜀与汉中者,多取道陈仓,越散关,循故道水向沮县。曹操两入汉中,皆循此路。亮军亦即由沮县出散关以攻陈仓也。《陈志·曹真传》:"真以亮惩于祁山,后出必从陈仓。乃使将军郝昭、王生守陈仓,治其城。明年春,亮果围陈仓,已有备而不能克。"又《张郃传》:"诸葛亮复出,急攻陈仓。帝驿马召郃到京都(时方广伐吴,屯方城)。帝自幸河南城置酒送郃。遣南北军士三万,及分遣武卫虎贲使卫郃。因问郃曰:迟将军到,亮得无已得陈仓乎?郃知亮悬军无谷,不能久攻。对曰:比臣未到,亮已走矣。屈指计粮,不至十日。郃晨夜进,至南郑,亮退。"按张郃此时不可能至南郑。此南字衍,或西字之讹。周宣王封母弟友于郑,今陕西华县为其故邑。东迁后,郑故邑陷。郑武公为平王卿士,灭桧而有其地,营都邑曰新郑。今河南郑州是也。新郑亦称东郑,而关中旧郑邑,秦汉为郑县。俗称西郑。秦取楚汉中,置南镇县,在故郑国南,故曰南郑。张郃盖自洛西行,甫至西郑,已闻亮退。原文当作郑或西郑。《通鉴》删至地,知其非南郑而未能定其地名故也。(《通鉴》卷七十一无南郑字)斩王双,见《亮传》与《后主传》。

⑱建威,亮所营祁山诸城之首邑。《水经注》卷二十:"漾水又西南合左谷水。水出南山穷溪,北注汉水。又西南,兰皋水出西北五交谷,东南历祁山军东,南入汉水。汉水又西南径祁山军南,鸡水出南鸡谷,北径水南县西,北流注于汉。汉水又西,建安川水入焉。其水导源建威西北山白石戍东南,二源合注,东径建威城南,又东与兰坑水会。水出西南近溪东北,径兰坑城西,东北流,注建安水。建安水又东径兰坑城北,建安城南。其地,故西县之历城也。杨定自陇右徙治历城,即此处也。去仇池百二十里,后改为建安城。其水又东合错水。水出错水戍东南,而东北入建安水。建安水又东北,有雉尾谷水;又东北,有太谷水;又北,有小祁出水,并出东溪,扬波西注。又北,左会胡谷水。水西出胡谷,东径金盘、历城二军北。军在水南层山上。其水又东注建安水。建安水又东北径塞峡。……其水出峡西北,流注汉水。"以下叙述祁山城(前引)。盖祁山地区,秦岭地势平缓,南侧多雨,有西汉水与诸溪谷流注,虽高寒而可垦牧,故亮屯营于此以压魏境。建威在祁山南建安水侧,其旁有兰坑、历城、错水、金盘诸营戍,与祁山南北犄角。故亮常进住于此。《三国志·张翼传》:"延熙元年入为尚书,稍迁督建威,假节,封都亭侯,征西大将军。"盖亮殁后,祁山地区曾设都督,比于汉中,即以建威为治也。景耀中已废督,改为围守。《姜维传》"又于西安、建威、武卫、石门、武城、建昌、临远皆立围守"是也。《一统志》谓建威城在今甘肃成县西。今按《水经注》叙述形势,其城当在今西和县境,或即西和县治也。武都郡所辖沮、下辨、河池、故道诸县,当亮进祁山与陈仓时,应已收复。此时亮至建威,已在下辨(成县)西北。然则陈式所取,但阴平郡与武都郡之西部数县耳。《陈志》为叙述省便,云"遂平二郡"也。

⑲此与上节并用《陈志·亮传》文。微有删省,录在校注中。

⑳孙权称帝,在是年四月,改元黄龙。《陈志·权传》云:"六月,蜀遣卫尉陈震庆权践位。权乃参(叁)分天下,豫、青、徐、幽属吴,兖、冀、并、凉属蜀。其司州之土,以函谷关为界。造为盟约。"云云。《陈震传》:"震到武昌,孙权与震升坛歃盟,交分天下,以徐、豫、幽、青属吴,并、凉、冀、兖属蜀。其司州之土,以函谷关为界。震还,封城阳亭侯。"《通鉴》魏太和三年,"吴主使以并尊二帝之议往告于汉。汉人以为交之无益,而名体弗顺,宜显明正义,绝其盟好。丞相亮曰:权有僭逆之心久矣。国家所以略其衅情者,求掎角之援也。今若加显绝,仇我必深。当更移兵东戍,与之角力。须并其土乃议中原。彼贤才尚多,将相辑穆,未可一朝定也。顺兵相守,坐而须老,使北贼得计,非筭之上者。昔孝文卑辞匈奴,先帝优与吴盟,皆以权通变,深思远益,非若匹夫之忿者也。今议者咸以权利在鼎足,不能并力。且志望已满,无上岸之情。推此,皆似是而非也。何者。其智力不侔,故限江自保。权之不能越江,犹魏贼之不能渡汉,非力有余而利不取也。若大军致讨,彼高当分裂其地以为后规,下当略民广境示武于内,非端坐者也。若就其不动而睦于我,我之北伐,无东顾忧。河南之众,不得尽西。此之为利亦已深矣。权僭逆之罪,未宜明也"。

㉑《后主传》建兴七年"冬,亮徙府营于南山下原上。筑汉、乐二城"。"南山下原上",即注⑤所引《水经注》"水南有亮垒,背山向水,中有小城,回隔难解"者是也。其城去定军山不远。沔北筑汉、乐二城,故亮徙营南原也,亮爱定军山,死遂葬之。汉、乐二城,已详《汉中志》6章之注⑭。

# 三

八年春,丞相亮以参军杨仪为长史,加绥远将军。迁姜维护军,征西将军①。秋,魏大将军司马宣王由西城,征西车骑将军张郃由子午,大司马曹真由斜谷,三道将攻汉中。丞相亮军成固元丰本与廖本作成固。他各本作"城固",唐以来地书讹成为城,李埴因俗改也。赤阪②。此仍《后主传》补。表进江州都护李严骠骑将军,将二万人赴汉中。严初求以五郡为巴州。书告钱写作先。亮,言魏大臣陈群、司马懿并开府。亮乃加严中都护。此上三十一字,应是常氏本注,写成正文。以严子丰《巴志》作农。为江州都督③。大雨,道绝真等还④。丞相亮以当西【北】出征,上西字,钱、《函》二本作先。廖本同。元丰以来各他本并作西,而注云"当作出"谓全句当作"丞相亮以当出北征"也。兹依《李严传》,仍定为西,改为"西出征"。下文"复出祁山",对行府言,在西也。亮核李严表亦云"臣欲西征"。因留严汉中,署留府事。严改名平⑤。丞相司马魏延、将军吴懿西入羌中,大破魏后将军费曜、元丰与《函》、廖本作曜。钱写作擢。他各本作耀。《三国志·延传》与《辅臣赞注》作瑶,《曹真传》作"耀"。《晋书》与《通鉴》作曜。雍州刺史郭淮于阳溪。钱写作溪。今本《三国志·魏延传》同。延迁前军师、镇西将军,封南郑侯。懿左将军、高阳乡侯⑥。徙鲁王永为甘陵元丰、钱、刘、李、《函》、廖本作陵。他本作凌。王,梁王理为安平王,皆以鲁、梁在吴分故也⑦。

九年春，丞相亮复出围祁《函海》本作祁山。始以木牛运⑧。参军王平守南围。司马宣王拒亮，张郃拒平⑨。亮虑粮运不继，设三策刘本误作荣。告都护李平曰："上计断其后道。中计与之持久。下计还住元丰、钱、刘、李、《函》、廖、浙本作注。吴、何、王本作在。何一本作往。黄土。时宣王等粮亦尽，时下六字应是夹注。盛夏雨水。平恐漕运元丰与廖本作"漕运"。他各本倒作"运漕"。不给，书白亮宜振旅⑩。夏六月，亮承平指引退。张郃至青何、王、石本作清。封交战，为亮所杀⑪。秋八月，亮还汉中。平惧亮以运不辨《函海》与吴、何、王、浙本作办见责，欲杀督运领岑述。惊问亮何故来还。又表后主言亮伪退。亮怒，表废平为民，徙梓潼。夺平子丰兵，以为从事中郎，与长史蒋琬共知居府事⑫。时费祎吴、何、王本作祎，下同。为司马也⑬。

十年春，丞相亮休士劝农⑭。

车骑将军刘琰与刘本误作兴。军师魏延不和，还成都。秋旱，亮练兵讲武⑮。

十一年，魏青龙元年也。丞相亮治斜谷阁，运粮谷口⑯。吴本"谷口"二字小字。

十二年春，丞相亮以流马运⑰，从斜谷道出武功，据五丈原⑱，与司马宣王李本衍宣字。对于渭南。亮每患粮不继，使志不伸，乃分兵屯田，为久住之基。耕者杂于渭滨居民之间，百姓安堵，军无私焉⑲。秋八月，亮疾病，卒于军，时年五十四。《陈志》原有"遗命"二字。还葬汉中定军山。冢足容棺，敛以时服。谥曰忠武侯⑳。此下补"先是"二字。先是镇西大将军魏延与长史杨仪素不和，亮既恃延勇猛，又惜仪筹画，不能偏有所废，常恨恨之，元丰本下恨字作小二。刘本二恨并作小字，比肩。钱、《函》、廖本作二大字。张、吴、何、王、浙、石本作"常恨二人之不平"。为作《甘戚论》。二子不感。延常举刃拟仪。仪元丰本无下仪字。涕泪交流。惟护军费祎和解中闲间，旧各本并作间。终亮之世，尽其器用㉑。仪欲案亮成规，将丧引退，使元丰本此下有魏字。延断后，姜维次之。延怒，举军先归【南郑】。各相表反。《三国志·延传》作："率所领径先南归。所过烧绝阁道。延仪各相表叛逆。"留府长史蒋琬、侍中董允保元丰本有杨字。仪疑延。延逆钱、刘、李、《函》、廖本作逆。吴、何、王、浙、石本作道。元丰本无逆道字。欲击仪。仪遣平北将军马岱刘、《函》二本作武。钱写作俶。讨灭延。延自以武干，常元丰本作长。《延传》作"每出辄欲"。求将数万别行，依韩信故事。亮不许。以亮为怯。及仪将退，使费祎造延。延曰："公虽亡，吾见在，当率众击贼。岂可以一人亡，废国家大事乎。"使祎报。仪不可。故欲讨仪㉒。以上六十八字，疑原是常氏本注，被写成正文。仪率诸军还成都。大赦。以吴懿为车骑将军，假节，督汉中事㉓。初，亮密表后主，以"仪性狷狭，若臣不幸，可以蒋琬代臣"。于是以琬为尚书令，总统国事㉔。以仪为中军师，司马费祎为后军师，征西姜维为右临军、辅汉将军，邓芝前军师、领兖州刺史，张翼前领军，并典军政㉕。廖立在汶山，闻亮卒，垂泣曰："吾终为钱、刘、李、《函》四本作于。左衽矣！"李平亦发病死。初，立、平为亮所废，"安奄没齿"。按此是废置时诏语。常冀亮当自补复。策后人不能，故感愤焉⑥。

案：以上，叙建兴八至十二（二三〇—二三四）五年中亮北伐事，殆全采《三国志》文，鲜所增益。多有自作夹注被写入正文者，及讹误字，兹订正之。

【注释】

① 此据《陈志·杨仪传》、《姜维传》。蜀建兴八年，魏明帝睿太和四年，吴大帝权黄龙二年也。

②《陈志·后主传》："魏使司马懿由西城、张郃由子午，曹真由斜谷，欲攻汉中。丞相亮待之于城固赤阪。"《常志》旧刻无"赤阪"二字，当补。胡三省《通鉴》太和四年注云："赤坂，在今洋州东二十里龙亭山，坂色正赤，魏兵溯汉水及从子午道入者皆会于成固，故于此待之。"宋元洋州，即今洋县。汉时，其地属成固县。后魏乃分成固置兴势县，隋曰洋州。唐以后乃徙治今洋县。洋县在成固东六十里。又东二十里为兴势，即魏、周之兴势县，隋、唐之洋州。赤阪当即在其附近。兴势又东四十五里为黄金谷，乃自子午谷及西城入汉中之总汇，亦有别道通骆谷。然则是亮进驻兴势附近之赤阪，前军扼黄金谷，而后军扼箕谷以待魏军，非驻成固也。西城，今陕西安康县，时为新城郡治。太和二年，司马懿破新城，擒孟达于此，故此时命其自此西进，会取汉中。《晋书·宣帝纪》则云："帝自西城斫山开道，水陆并进，溯沔而上，至于朐腮。拔其新丰县。军次丹口，遇雨班师。"朐腮，巴东属县，今为云阳。其北开县，蜀汉曰汉丰县。疑懿此次曾别遣军间道入巴东，而自溯汉沔向黄金、兴势，其势甚说，有一鼓平蜀之志。丹口，或即赤阪水口。因曹真与张郃军阻雨撤退，懿乃亦仅拔新丰县民而还。新丰即汉丰，懿所改名也。亮知三路中，懿、郃两路尤劲，故自往赤阪当之也。

③ 此据《李严传》。诸葛亮《核严表》云："臣当北出，欲得平兵以镇汉中。平穷难纵横，无有来意。而求以五郡为巴州刺史。去年臣欲西征，欲令平主督汉中，平说：司马懿等开府辟召。臣知平鄙情，欲因行之际逼臣取利也，是以表平子丰督主江州。隆崇其遇，以取一时之务。"

④《陈志·曹真传》："真以八月发长安，从子午道南入。司马宣王溯汉水，当会南郑。诸军或从斜谷道，或从武威入。会大霖雨三十余日，或栈道断绝，诏真还军。"又《三国志·陈群传》："曹真表欲数道伐蜀，从斜谷入。群以为……斜谷阻险，难以进退。转运必见钞截……帝从群议。真复表从子午道。群又陈其不便，并言军事用度之计。诏以群议下真。真据之遂行。会霖雨积日，群又以为宜诏真还。帝从之，是真初计主力出斜谷，后乃改由子午谷。《常志》犹用初议入志也。秦岭南坡经常阴雨，入秋尤盛。子午谷道较褒斜谷尤险，故真至半谷而还。群与真及司马懿并受遗诏辅政。魏明即位，三人与征东大将军并开府。故李严以为言。

⑤ 诸葛亮《核李严表》，明言"臣欲西征，欲令平主督汉中"。则旧刻《常志》此"西北征"字为"西出征"明矣。钱写、《函海》作"先北征"，他本作"西北征"，廖本欲改"出北征"，并谬。诸人但知亮云"北伐"，不知祁山在汉中西，亦未参及《严传》也。此留府，指沔阳之丞相行府。亮出祁山，志在遂宁陇右，故复有行府随营，以便处理陇、蜀政务，而以沔阳为留府，成都之丞相留府为"居府"。上文蒋琬知居府

⑥事是也。《严传》云："命严以中都护署府事。严改名平。"《常志》移"中都护"句在前。《通鉴》载于太和五年（建兴三年）。

⑥此据《陈志·魏延传》及《辅臣赞注》。不见于《郭淮传》。《后主传》与《魏明纪》均不载。《通鉴》亦不载。但裴注引《汉晋春秋》，有"亮分兵留攻祁山。自逆（司马）懿于上邽。郭淮、费曜等邀亮。亮破之，因大芟刈其麦"句。似亮攻祁山前，预遣延、懿入羌中。迨明年亮据祁山，进取上邽时，延、懿乃侧击曜、淮截阻之军，大破之，因芟其麦为粮。常氏亦未见《汉晋春秋》，仅依《延传》，致误以出师年为作战年，系于建兴八年也。

⑦此据二王本传，增改封缘由，与上文"与吴约分天下"句相应。

⑧木牛制作法，载陈寿所撰《诸葛亮集》。裴松之引云："木牛者，方腹，曲头。一脚四足。头入领中。舌著于腹。载多而行少，宜可大用，不可小使。特行者数十里，群行者二十里也。曲者为牛头。双者为牛脚。横者为牛领。转者为牛足。覆者为牛背。方者为牛腹。垂者为牛舌。曲者为牛肋。刻者为牛齿。立者为牛角。细者为牛鞅。摄者为牛鞦轴。牛仰双辕。人行六尺，牛行四步。载一岁粮，日行二十里，而人不大劳。"他书引意同。尝窃揣其制，盖以二辕载巨箱如车，贮二人一岁之粮，即约七百斤，上施木盖。辕前后各装双脚，脚下端着一转轮，上端以横木连之，藏于腹内，上装机括，可以伸缩木脚。二人前后掌之。前者挽其鞅，不能反身制机，故有牛头出前挽者左右，以便于控纵前脚机括。后者负其鞦轴。轴义通胄，谓头戴其鞦以制后辕，俾两手控纵机括也。行平地，则平降其脚，以四轮转进，人不甚着力，但牵推以助轮转。行斜坡，则前后运机，升降其脚，俾辕高下维持水平位置，使前后重力平衡如平地，推挽省力，人不甚劳。"一脚四足"，当作双脚四足，后云"双者为牛脚"是也。前后足各一双，括于一机，有铁齿轮制其伸缩以升降其辕，则前后辕能恒水平，非能使脚屈伸行进也。行进专恃乎足轮。双脚为一机，脚虽离立而伸缩一致，故曰双也。牛舌为制进器，不行，则前挽者扳舌挂于牛齿，遇事故当停进时亦用之，如今之"刹车"。所载既重，腹板不能胜，则连两辕间为横木列以支之，是为牛肋。为使舌着齿得适当位置，故多刻其数为列齿。行时，挽车人在牛头之两头内，舌不能着中齿，仅可得暂挂于侧齿。车停，挽人出，乃得更移至中齿。牛齿，盖刻横铁为之，舌则钩挂之耳。"牛行四步"，谓足轮四转，即轮周一尺五寸，四转为六尺也。日行恒只二十里者，轮小故也。综其全制，实为一高脚四轮车，特点在能伸缩其前后双脚以维持前后重力之平衡，以便运于山地。机括重在前方，由挽者控纵于胸前，有二直木装于辕端以支固之，有似牛之头、角、腹、脚，遂以牛名之。

⑨南围，在祁山南，南曰"南岈"。《水经注》卷二十："汉水又西，经南岈、北岈中。山上有二城相对，左右坟垄低昂，亘山被阜。古谚云：南岈北岈，万有余家。《诸葛亮表》言：'祁山去沮县五百里，有民万户。'瞩其邱墟，信为殷矣。"盖武侯旧屯兵处，地近徽成盆地，民户渐多，亮设后勤总部于此。一曰卤城。《晋书·宣帝纪》："进次汉阳，与亮相遇，帝列阵以待之。使将牛金轻骑饵之。兵才接而亮退。追至祁山，亮屯卤城，据南北二山，断水为重围。帝攻拔其围，亮宵遁。追击破之，俘斩万计。"裴注引《汉晋春秋》则谓："与宣王遇于上邽之东。（宣王）敛兵依险，兵不得交。亮引而还。宣王寻亮至于卤城。……五月辛巳，乃使张郃攻无当监何千（当作平，即王平）于南围，自案中道向亮。亮使魏延、高翔、吴班赴拒，大破之，获甲首三千级，玄铠五千领，角弩三千一百张。宣王还保营。"是懿攻卤城，实败还。《晋纪》反夸饰为胜也。《陈志·王平传》："九年，亮围祁山，平别守南围。魏大将司马宣王攻亮，张郃攻平。平坚守不动，郃不能克。十二年，亮卒于武功，军退还。"亦足证魏攻南北围皆未克，败退。

虽至建兴十二年平撤军时，二围仍为蜀境。祁山在亮时军屯民户并多，《水经注》所言"坟垅低昂，亘山被阜"，非惟民墓，亦多战士墓也。

⑩此节惟见《华阳国志》。言亮与李严（李平）函商军计，欲严更自汉中出兵，截断魏军粮道，为上计。但充分自汉中运粮给军，俾能与魏相持，为中计。设粮运不足，则惟有退住祁山以南之黄土地区（徽中盆地为黄土盆地）以与魏人相持于祁山左右，待机更进，为下计。粮务操于严，故以此询之。其下当迳接"时盛夏雨水，平恐漕运不给"句。其"宣王粮亦尽"五字，是常氏自作夹注，为后人钞入正文。自汉中运粮祁山，当由沮县起，水漕全下辨，即虞诩所开之漕运道（参看《后汉书》卷八十八《虞诩传》）。故曰"漕运"。振旅，谓兵入而整治其部伍，见《左传》隐五年注。故旋师亦曰振旅。《三国志·严传》云："亮军祁山，平催督运事。夏秋之际，值天霖雨，运粮不继。平遣参军狐忠（即马忠）、督军成藩喻指，呼亮来还。亮承以退军。"《通鉴》同，胡三省注云："喻以后主指，言运不继。"

⑪《三国志·张郃传》："亮复出祁山，诏郃督诸将西至略阳。亮还保祁山。郃追至木门。与亮交战。飞矢中郃右膝薨。"木门，谷名。祁山北有木门水，北流入籍水。籍水又东入渭，见《水经注》。是郃败死在祁山之北，亮退守卤城南北围之前。与《晋书》张郃同宣帝懿分攻南北围之说不合。《三国志·后主传》云："夏六月，亮粮尽退军，郃追至青封，与亮交战，被箭死。"夫膝非致命之地，当是郃于木门被箭，仍督军进攻祁山。并追亮至青封，战败死。本传讳败死于青封，以薨字接于木门之役也。青封地当在祁山之南。由张郃败死于青封，足见亮之退军出于主动，非如《晋书·宣纪》所云"宵遁"。

⑫叙废李严事，颇与《三国志》异，盖别有所据。可互参。裴注载"亮又与平子丰教曰：……愿宽慰都护，勤追前阙。今虽解任，开业失故。奴婢宾客，百数十人，君以中郎，参军居府，方之气类，犹为上家。若都护思负一意，君与公琰推心从事者，否可复迹，逝可复还也"，盖亦取自陈寿撰《诸葛亮集》。"中郎"、"居府"、"公琰"，并与《常志》此文相应。

⑬《三国志·祎传》："建兴八年，转为中护军，后又为司马。"亮住汉中，营司马原为魏延。建兴八年，延以功进前军师镇西大将军，祎为司马也。

⑭《后主传》："十年，亮休士劝农于黄沙。作木牛、流马毕，教兵讲武。"黄沙，今褒城县南汉水平原上之黄沙驿。《水经注》卷二十七："汉水又东，黄沙水左注之。水北出远山，山谷邃险，人迹罕交。溪曰五丈溪。水侧有黄沙屯，诸葛亮所开也。"黄沙水入汉处，今称黄口。地在汉中平原中，昔当为人烟稠密处。以当冲繁，历经兵燹而荒。亮此时以营军开垦之，再转为民田也。

⑮此取《陈志·琰传》，琰迁于"教兵讲武"前也。琰以宗姓善谈得官，侈靡奢淫，为车骑将军，不豫国政，但领兵千余随亮讽议而已。言语虚诞，与魏延不和，亮遣之还成都，官位如故。

⑯此《陈志·后主传》文。

⑰此亦用《后主传》文。《诸葛亮集》又载流马制作法云："流马尺寸之数，肋长三尺五寸，广三寸，厚二寸二分，左右同。前轴孔分墨去头四寸，径中二寸。前脚孔分墨二寸，去前轴孔四寸五分，广一寸。前杠孔去前脚孔分墨二寸七分，孔长二寸，广一寸。后轴孔去前杠孔分墨一尺五分，大小与前同。后脚孔分墨去后轴孔三寸五分，大小与前同。后杠孔去后脚孔分墨二寸七分。后载克去后杠孔分墨四寸五分。前杠长一尺八寸，广二寸，厚一寸五分。后杠与等。板方囊二枚，厚八分，长二尺七寸，高一尺六寸五分，广一尺六寸，每枚受米二斛三斗。从上杠孔去肋下七寸。前后同。上杠孔去下杠孔分墨一尺三寸，孔长一寸五分，广七分。八孔同。前后四脚，广二寸，厚一寸五分，形制如象。靬，长四寸，径面四寸三分，孔径中

三脚，杠长二尺一寸，广一寸五分，厚一寸四分。同杠耳。"此据《三国志》裴注引。承上木牛文。《通鉴》胡三省注引此，则颇有异字。如"前杠去前脚孔分墨二寸七分"，胡注作"前杠孔去前脚孔分墨三寸七分"。"板方囊二枚"，胡注作"板方囊板"。"孔径中三脚"，胡注无孔径字，但作"中三脚"其下作"广二寸五分"。砖由其制作久废，文存而法亡，传钞遂多讹化。或亦有后人仿制工作中发觉旧文未合处所修改。兹未能细究，要可推知其大体方法而已。大抵，流马较木牛更为灵便，其制亦较小巧。每马运米四斛六斗，仅合今百五十市斤左右，分装于二板箱（板囊），不载于两辕之上，而以肋承之。其肋，左右各一列，皆斜向下；板箱亦尖底，与肋相适，使全载重心在两辕下方，故不颠蹶。能安行于褒斜险窄之阁道中。若木牛，则粮载辕之上方，且巨重，只宜于较平缓之祁山道间，不适用于褒斜。此其又一进步之发展创造也。云"分墨"者，各件、各孔之中墨。云前后杠者，即前后连辕之横木，四脚即着其上。"杠孔"即穿辕之孔。脚孔即脚轴穿杠之孔。脚制大抵如木牛。皆通以机纽，可使脚伸缩，由前后二人各控纵之。承木牛文言，故省之也。"载克"，当为固定板箱之具，运至则弛之，以便出箱倾米。"形制如象"者，谓全形象马之状，形制轻便，联进如流，故曰流马也。軏，干革也。此谓控制机纽之干革，以皮连木，藉便转捩屈伸。然其说不详，或有脱文，昔时文士不乐习究机械，故只传其形制如此。"同杠耳"云者，释杠名之取义。杠本义为床前横木，以承床脚者，此亦似之，故曰"同杠"耳。

⑱五丈原，在斜谷水西，渭水之南，属关中大平原西南傍近南山之黄土台地。《水经注》卷十八："渭水于（武功）县，斜水自南来注之。水出县西南衙岭山，北历斜谷，迳五丈原东。诸葛亮《与步骘书》曰：仆前军在五丈原。原在武功西十余里。……亮表云：臣遣虎步监孟琰据武功水东。司马懿因水长（当作涨）攻琰营。臣作竹桥，越水射之。桥成，驰去。"武功水，即斜谷水也。

⑲此节用《陈志·亮传》文，自"与"以下全同。陈寿《上诸葛氏集表》云："亮才于治戎为长，奇谋为短。理民之干，优于将略，而所与对敌，或值人杰。加众寡不侔，攻守异体，故虽连年动众，未能有克。"所云"人杰"，指司马懿也。亮与懿在武功对垒百余日，未能进入渭北。双方料量并准，营垒两固，各不能进取尺寸。直至亮死军撤，延、仪内讧，而懿犹不敢追蹑。案行其营垒处所而叹曰："天下奇才也！"夫能使作战之军屯垦于两军对垒之际，此已奇矣。军屯于敌境居民之间而"百姓安堵"，此非奇之又奇者乎。世人徒以《陈志》"奇谋""将略"为武侯辩、而忽于"治戎"、"理民"一面之颂扬。寿仕于晋，论与司马宣王对垒之诸葛亮而其评语如此，可谓公允之至，亦可代表当时国人对亮敬佩之深矣。关于亮、懿对垒事，参看裴注引《汉晋春秋》，及《晋书·宣帝纪》。《世说》云："诸葛武侯与司马宣王治军渭滨，克日交战。宣王戎服莅事。使人视武侯：独乘素舆，葛巾毛扇，指挥三军，随其进止。宣王叹曰：诸葛君（当读如公）可谓名士矣。"晋人于亮、懿优劣概念且如此，则蜀人之崇敬于亮可知，宜蜀人之"野祭"纷纷，禁之不止也。

⑳此亦采《亮传》文，删节悼诏。原传云："遗命葬汉中定军山，因山为坟，冢足容棺，敛以时服，不须器物（谓殉葬明器）。"皆亮遗嘱原语也。《常志》旧刻无"遗命"字，又删不须器物句，则改成叙述语。然下文插叙延、仪内讧事，在还葬定军山与悼诏、赠谥之前。则此仍以作亮遗嘱语为合。否则下文当有"先是"二字或一"初"字冠之。缘常文原已叙至赠谥为节，故只于下文补"先是"二字。仍保存常氏改遗嘱文为叙述语原意，不于诸语上加引用号。

㉑此追叙延、仪交恶事，事在亮进住沔阳屡出伐魏时，故补"先是"二字。《三国志·杨仪传》云："亮数出军，仪常规画部分，筹度粮谷，不稽思虑，斯须便了。军戎节度，取办于仪。亮深惜仪之才干，凭魏延之

骁勇。常恨二人之不平，不忍有所偏废也。"又《魏延传》云："延既善养士卒，勇猛过人。又性矜高，当时皆避下之。唯杨仪不假借延，延以为至忿。有如水火。"又《费祎传》云："军师魏延与长史杨仪相憎恶。每至并坐争论。延或举刃拟仪。仪泣涕横集。祎常入其坐间谏喻分别。终亮之世，各尽仪、延之用者，祎匡救之力也。"《常志》综合为文。别增"《甘戚论》"句，未详所据。其文今佚，不得其义。就文义推：甘与戚为对词，犹云矛盾也。

㉒此叙撤军时延、仪内讧事，与《陈志·魏延传》大体亦同。可互参。《延传》作："延大怒，才仪未发，率所领迳先南归，所过烧绝阁道。延仪更相表叛逆。"《常志》旧刻此作"先归南郑"。考亮在汉军屯，重心在沔阳，非南郑。"延先至，据南谷口，遣兵逆击仪等……军皆散。延独与其子数人逃亡奔汉中，仪遣马岱追斩之"（俱《延传》）。此所言之汉中，乃指南郑。是"延先至"者，至沔阳营屯地，据褒城之箕谷南口以截击仪。因兵众知曲在延，溃散不听，延乃奔据南郑。途中为岱追斩，亦未克至南郑也。此"南郑"二字为因本传"南归"字误衍明矣。兹删剔。"讨灭延"下六十八字，又复追叙延前事，不应叠移在此。《常志》原多自注之文。如《先贤志》原以赞语为正文，各小传为注语，故六郡百余人为一卷。此六十八字，亦应是自注语，被人写入正文也。

㉓此用《陈志·后主传》文。

㉔此用《蒋琬传》文。"总统国事"，则承上引《后主传》语也。

㉕此摘取《陈志》诸人本传文，辑录为亮卒后一番人事新布置。

㉖此摘《陈志·廖立传》与《李严传》文。增"初，立、平为亮所废，安奄没齿"十一字。安奄没齿，盖废诏中语，谓终身为民，不再起用也。《裴注》载废廖立诏曰："三苗乱政，有虞流宥。廖立狂惑，朕不忍刑，亟徙不毛之地。"其下当即为"安奄没齿"句，裴氏省之也。废李平诏亦当有此句，故《常志》摘出之。奄字通淹，"安奄"，谓安居里衍，淹没于民籍，没齿不得再问政务。"常冀亮当自补复"以下句，原出《李严传》，冠有"平"字常氏删之，之谓立与平同具此想也。"补复"，犹言弥补复用，以亮虽持法废之，终当为国惜才，复起用也。

# 四

十三年，拜尚书令蒋琬为大将军，领益州刺史。《琬传》云："亮卒，以琬为尚书令。俄而加行都护、假节、领益州刺史。迁大将军录尚书事。封安阳亭侯。"以费祎为尚书令。时新丧元帅，远近危悚。琬超登大位，既无戚容，又无喜色，本传有"神守举止有如平日"及"由是"字。众望渐服①。侍郎董允兼虎贲中郎将，统吴、何、王、石本无统字。浙本挤补。宿卫兵。此下当有脱文一行。兹依允本传补十九字。说详注释。甚尽匡救之理。琬以刺史让祎及允，皆固辞不受②。军师杨仪，自以年宦元丰及张、吴、何、王、浙、廖、石本作宦。钱、刘、李、《函》本作官，李垔依《三国志》改也。宋刻《三国志》与《通鉴》卷七十三俱作宦。宦字不误。在琬前，虽同元丰及张、吴、何、王、石本无同字。钱、刘、李、《函》、廖本有。浙本挤补。《三国志·仪传》作俱。《函海》小注云本作俱。为参军、长史，已常征伐勤苦，《仪传》作"每从行，当其劳剧"。更处琬下，【书】各本并有书字。钱本作空位。廖本小注云"当衍"。怨望。书谓费祎曰："公亡际，张、吴、何、王、浙、石本有小注云："按本传云：往者丞相亡殁之际。"吾当《仪传》作若。举众降魏，处世宁当落度如此耶？"此下张、吴、何、王、浙、石本有"令人悔不可追"句。元丰本及刘、李、《函》、廖本无。钱写本有"令人追悔不可及"七字。祎《仪传》有密字。表其言。废徙汉嘉。仪又上书激切，遂行仪重辟③。吴以亮之卒也，此下钱写本有又字，他本并无。增巴丘守万元丰本作万。人。蜀亦益白帝军。右中郎宗预使吴，吴主曰："东之与西，共为一家，何以益白帝守？"预对曰："东增巴丘之戍，蜀益白帝之兵，俱事势宜然，不足以相问也④。"

十四年夏四月，后主西巡，至湔山廖本注云："当衍"。登廖本依《后主传》注云："当有观字"。兹不取，说在注释。坂，观汶川之流⑤。武都氏王符《三国志·后主传》与《张嶷传》并作符。健请降，将军张尉迎之，过期不至。大将军琬忧之。牙门将巴西张嶷曰："健求附款至，必无返滞。张、吴、何、王、石本同《三国志·张嶷传》作"必无他变"。元丰及钱、刘、李、《函》、廖本作"返滞"。张佳胤好用《陈志》文改《常志》，非是。闻健弟狡，不能同功，各将乖离，是以稽李本作稔。耳。"健弟果叛就魏。健率四百家随尉，居广都县⑥。

十五年，魏景初元年也⑦。夏六月，皇后张氏薨，谥曰敬哀⑧。是岁，车骑将军吴懿卒。以后典军、安汉将军【王平】二字当移至"太守"下。领汉中太守王平代懿督汉中事⑨。懿从弟班，汉大将军何进官属吴匡元丰及刘本作匡。钱本作匤。张、吴、何、王、浙本作斤。《函》、廖、石本作匡。以下同。之子也，名常亚懿，官至骠骑将军、持节、乡侯⑩。顾广圻校稿云，"假节，绵竹侯，见《三国志·季汉辅臣赞》陈寿注中"，廖本据以入注，时南郡辅匡【光】元顾样稿批云："《辅臣赞》辅元弼、刘南和。"廖本注云："当作元。"弼、零陵刘邕南和，官亦至镇南将军；颍川袁綝、旧各本作淋。廖本作綝。下同。南郡高翔至大将军，綝征西将军⑪。顾校稿云："袁綝、高翔未见。"

延熙元年，春正月，立皇后张氏，敬哀皇后妹也。大赦，改元。立子璇为太子，瑶为安定王⑫。以典学从事巴西谯周为太子家令，梓潼李撰为仆射，皆名儒也⑬。冬十二月，大将军琬钱写本脱琬字。出屯汉中，更钱、《函》本作夏，他各本作更。拜王平以前护军、署大将军府事，尚书仆射李福为前监军、领大将军司马⑮。元丰本作"大司马"。他各本无大字，旧刻时，李玺删也。

【延熙】何、王二本误作"元熙"。浙本剜改作延。承上元年，不当有此二字。廖本注云"当衍"。二年春三月，进大将军琬大司马，开府⑯。辟治中从事犍为杨【义】羲张、吴、何、王、浙、石本小注云"蜀书作戏"。顾校稿与廖本注云"当作羲"。下同。今按：戏、羲古通用。《南中志》旧刻亦误作义。为东曹掾。【义】羲性简，琬与言，时不应答。旧刻本作荅。王、浙、石本改竹头。群吏以为慢。琬曰："夫人心不同，各如其面。面从后言，古人所戒。【义】羲欲赞吾是耶，则非本心；欲反吾言也，当读如耶。则显吾之非；是以嘿然。此【义】羲之快也⑰。"此下，元丰、钱、《函》本空格。刘本提行。张、吴、何、王、浙本不空，填"又"字。张佳胤依《蒋琬传》文所填也。填亦是。督农杨敏常毁琬："作事愦愦，诚非前人也。"《琬传》作"诚非及前人"。《通鉴》作："诚不及前人"。"前人"指亮。或以白琬。琬曰："吾信不如前人。"主者白：张、吴、何、王、石本无白字。元丰及他本有。浙本挤补。"乞问愦愦张、吴、何、王、石本又依《琬传》增之字。状。"琬曰："苟其不如，则愦愦矣。复何问也。"张、吴、诸本又依《琬传》改作"复问何也"。也亦读如耶。后敏坐事下狱，人以为必死。琬必无适莫。《琬传》此下有"得免重罪"四字。是以上下辑睦，归仰于琬⑱。元丰本此下空格。蜀犹称治⑲。辅汉将军姜维领大司马元丰、钱、刘、李、《函》、廖本并如此断句。顾广圻校稿云："按：此当重司马二字。考《三国志·后主传》建兴十三年夏四月，进蒋琬位为大将军。延熙二年春三月，进蒋琬位为大司马。《姜维传》：琬既迁大司马，以维为司马。然则领大司马司马者，领蒋琬大司马之司马也。传写者误认为复文而去之耳。"廖本据以入注。兹并补"司马"二字。司马。【是岁】元丰本此二字在"入羌中"下。钱、刘、李、《函》、廖本移在"西征"上。李㟲所移也。廖本注云："按此二字当在下文魏明帝崩之上。"西征，入羌中⑳。此下，元丰本有"是岁"二字。钱、刘、李、《函》本迳连下"魏明"字。廖本亦无"是岁"字，但空格。兹依元丰本补。是岁魏明帝崩，齐王即位㉑。刘、李、《函》本此下不提行，迳连"延熙"字。钱、廖、石本空格。张、吴、何、浙本则于"蜀犹称治"下提行。并移"辅汉将军姜维领大司马西征入羌中"十五字于"正始元年也"句下。

延熙廖本注云："当衍此二字。"兹以有魏年故。不删。三年，魏正始元年也㉒。以安南将军马忠率将张嶷为越巂太守（张嶷）平越巂郡㉓。旧刻原无以、将、为三字。"张嶷"二字倒。兹改正。说详注释。

四年，冬十月，尚书令费祎至汉中，与大司马琬谘张、吴、何、王、浙、石本无谘字。元丰及他各本有。论事计。岁尽还㉔。

五年，春正月，姜维自汉中依《后主传》补。还屯涪县㉕。大司马琬以丞相亮数入秦川不克，欲顺沔东下征三郡。朝臣咸以为不可。安南将军马忠自建宁还朝，因至汉中宣诏旨于琬。琬亦连疾元丰本作病。动，辍计。迁忠镇南大将军，封彭乡侯㉖。

六年，大司马琬上疏曰："臣既暗弱，加婴疾疹，元丰与刘、李《函海》作疹。钱、张、吴、何、王、浙、石本作疢。疹、疢及瘝音义并同。奉辞六年，规方无元丰本作无。成，凤夜忧惨。今魏跨带九州，除之未易。如东西掎钱、李本作犄角，但当蚕食。然吴期二三，连不克果。辄与费祎、马忠议，以为凉州胡塞之要，宜以姜维为凉州刺史，衔持河右。今涪水陆四通，惟急是赴，东北之便，张、吴、何、王、浙、石本同《琬传》作"若东北有虞"。应之不难㉗。钱、《函》本作艰。冬十月，琬还镇涪。以王平为镇北大将军，督汉中事。姜维镇西大将军、凉州刺史。十有一月，大赦，迁尚书令费祎大将军、录尚书事。就迁江州都督邓芝车骑将军㉓。

**案**：以上自建兴十三年至延熙六年（二三五—二四三）九年中，蒋琬继诸葛亮当政时事。琬于内政方面，一切循亮成规，加宏量容物，方整养威，克使贤者在位，能者在职，官民辑睦，治臻上理。军事方面，虽仍以汉中为重心，绍志伐魏；惟因魏已强固，蜀人厌兵，而孙权老衰，志在保境，不能与蜀合力，故只建议东取三郡；亦不克谐，乃任姜维以凉州，自乃退涪养病矣。史料不出陈寿《三国志》。组合方法悉如前三章。

【注释】

①出《陈志·琬传》，参用《费祎传》"代蒋琬为尚书令"句。

②此出《董允传》："亮寻请祎为参军，尤迁为侍中，领虎贲中郎将，统宿卫亲兵。"考祎为参军在建兴八年春，继杨仪也。是允为侍中领虎贲中郎将统宿卫兵，早在亮卒前五年，非此时迁转也。传又云，"后主富于春秋，朱紫难别"，"允处事为防制，甚尽匡救之理。……年主益严惮之。尚书令蒋琬领益州刺史，上书以让费祎及允。又表允内侍历年，翼赞王室，宜赐爵土以褒勋劳。允固辞不受。"《常志》此章资料既出《陈志》，则此处当脱有追记董允之文明矣。兹估为旧钞脱一行，故摘传文补十九字。因常氏例不全取《陈志》文也。兼及费祎者，上文固已及祎，在一节中也（后琬固让，刺史归祎）。

③此出《杨仪传》，多所节删而文义无异。惟末句，《仪传》云："十三年，废仪为民，徙汉嘉郡。仪至徙所，复上书诽谤，辞指激切。遂下郡收仪。仪自杀。其妻子还蜀。"《常志》微异。

④此出《宗预传》，微异其字。

⑤此出《后主传》。原作"后主至湔，登观阪，看汶水之流。旬日还成都"。《常志》变其文。廖本注欲改还如《陈志》作"至湔，登观阪"，意不足取。湔山即湔县之后山（今云灵岩山），至湔山则至湔县可知矣。山爪斜平可驻望者曰阪。登湔山之阪以观都江堰水，最便处在斗鸡台，特有观阪之名。其他二王庙、白沙邮等处亦多湔山之阪。刘禅旬日游此，则年登非一阪，泛云登阪，则登观阪亦在其中。《常志》恒避用《陈志》原文，作此改易。非传写脱讹。

⑥此出《张嶷传》，参用《后主传》文。《嶷传》云："健弟果将四百户就魏。独健来从。"《后主传》云："从武都氐王苻健及氐民四百余户于广都。"苻健弟失名，应即苻秦之祖。胡三省《通鉴》卷七十三注曰："以此观之，诸氐固先有苻姓矣。不待蒲坚以背文草付之祥乃姓苻也。"

⑦《魏明帝纪》，是年"春正月壬辰，山茌县言黄龙见。于是有司奏：以魏得地统，宜以建丑之月为正。三月，定历，改年，为孟夏四月"。（裴注引《魏略》云"改青龙五年三月为景初元年四月"。魏景初历，不但以十二月为正月，全改他各月名称；即春夏秋冬四季亦推前一月。惟四分四至各节气仍旧推算不变，称为"正岁"。）纪又云："其春夏秋冬，孟仲季月，虽与正岁不同；至于郊祀、迎气、祮祠蒸尝，巡狩搜田，分至启闭，班宣时令，中气早晚，敬授民事，皆以正岁斗建为历数之序。"此颇似近世之阴、阳历并得。惟景初历似以是太阴历法，但改月名，非依太阳历法推算。

⑧《陈志·后主传》云："夏六月，皇后张氏薨。"《后传》云"葬南陵"。南陵，疑在龙泉山上，盖后主预营之陵，在惠陵南方，故曰南陵。今山中犹有"天子坟"地名是也。后主北徙，仅敬哀后葬此。

⑨此出《王平传》与《杨戏传·辅臣赞注》。《平传》云："迁后典军、安汉将军，副车骑将军吴壹住汉中。又领汉中太守。十五年进封安汉侯，代壹督汉中。"壹即吴懿，陈寿避晋家讳改也。懿建兴十五年卒，亦见《辅臣赞注》。是平之为安汉将军领汉中太守早在建兴十二年吴懿督汉中时。非此时始领汉中太守代懿督汉中军事。旧刻"王平"二字，误倒在上也。兹移至汉中太守衔下。

⑩此插叙吴班，亦见《辅臣·吴子远赞注》。注云："后主时，稍迁至骠骑将军、假节、封绵竹侯。"《常志》此作"乡侯"，正足以校订原注绵竹下脱"乡"字。蜀时封乡、亭侯皆指定县名。《陈志》所见极多。常志则或具县名，或省之。如上文姜维封当阳亭侯，吴懿封高阳乡侯。而向朗但云亭侯，吴班此云乡侯是也。夫吴懿以太后兄，远征立功，亦只封乡侯。至镇汉中，专方面，始封域外县侯（济阳侯）。吴班议亲、议贤、议功皆不及懿，安得遂封近郊县侯。证以《常志》，是陈寿原注本作"绵竹乡侯"旧脱乡字耳。此亦《陈志》讹脱，待《常志》为之校订之又一例也。

⑪辅匡、刘邕，并见《辅臣赞注》。注云："辅元弼名匡，随先主入蜀。益州既定，为巴郡太守。建兴中徙镇南，为右将军，封中乡侯。"又："刘南和名邕，义阳人也。随先主入蜀。益州既定，为江阳太守。建兴中稍迁至监军、后将军、赐爵关内侯，卒，子式嗣。少子武，有文，与樊建齐名。"不言为镇南。郡贯亦异。当是所据不同。陈寿与武同时人，当知邕事较确。然《常志》后出，他皆依据《陈志》而此独异，应是别有考订。仍当以常氏为正。袁淋、高翔《蜀志》未见。元丰以来各本皆作"淋"，廖本两改作綝，未言所据。《后汉书》卷一百四《袁绍传》，其子尚，有将"吕旷、高翔畔归曹氏"，时在建安九年（二〇四），下距此时已三十余年，未必即此高翔。且《三国志·袁绍传》则作"吕旷"、"吕翔"，未知孰为讹字也。又《诸葛亮传》裴注引《汉晋春秋》曰："乃使张郃攻无当监何平（即王平）于南围，自案中道向亮。亮使魏延、高翔、吴班赴拒，大破之。"《通鉴》卷七十二同。即此高翔，盖与魏延吴班齐名之宿将也。袁淋无考。疑与高翔皆先主时所收袁氏旧将。

⑫此《后主传》文。参见《张皇后传》与《太子璿传》。

⑬此采自《陈志》《李撰传》、《谯周传》。

⑭此《后主传》文。《琬传》云："延熙元年，诏琬曰：'寇难未弭，曹睿骄凶。辽东三郡苦其暴虐，遂相纠结，与之离隔。睿大兴众役，还相攻伐。襄秦之亡，胜广首难。今有此变，斯乃天时。君其治严，总帅诸军，屯住汉中。须吴兴动，东西掎角以乘其衅。'"盖乘魏讨辽东公孙渊，约吴同出军北伐也。魏使司马懿讨渊，正月出军，六月至辽东，及夏而克。故蜀、吴竟未出师。

⑮《王平传》："延熙元年，大将军蒋琬住沔阳，平更为前护军，署琬府军。"平原督汉中诸军。兹琬至汉中开府，故更调此职，亦犹诸葛亮至汉中开府，调魏延为丞相司马也。李福字孙德，"以前监军领司马"，见陈寿《辅臣赞注》。

⑯此《后主传》文，亦见《琬传》。虽不出军北伐，承亮故事，住此开府以待敌衅也。

⑰此参用《陈志·琬传》与《杨戏传》文。羲、戏古字通用。故伏羲一作宓戏。《常志》原作羲，旧传写讹作义也。《尚书·益稷篇》："帝曰……汝无面从，退有后言。"琬谓羲之不言，正足明其意之不许，为爽快不隐也。

⑱此亦同出《琬传》。"愦愦"，心昏昧也，犹今言糊涂。"适莫"，出《论语·里仁篇》："君子之于天下也，

无适也，无莫也，义之与比。"郑玄注："适读敌，莫读如慕。无敌无慕，言好恶得其正。"朱熹注："适，可也。莫，不可也。于无可无不可中，有义存焉。"范宁曰："适莫，犹厚薄也。君子与人无有偏颇厚薄，唯仁义是亲也。"今按，"义之与比"犹今言依随事物客观条件之所宜。"适莫"，犹今言主观认定之绝对的两面。适，主观肯定。莫，主观否定。皆所谓"心有成见"也。今蜀人语，犹谓心无成见为"没有适莫"（俗讹为没有什么）。

⑲元丰本此句上有空位。盖上文出《蒋琬传》，此句常氏所加，原似有时字，谓琬相蜀时，犹与亮在时同称治世，琬死后乃渐不治也。然，省时字，亦不伤其义，故不拟补。

⑳《维传》："亮卒，维还成都，为右监军、辅汉将军，统诸军，封平襄侯。延熙元年，随大将军琬住汉中。琬既迁大司马。以维为司马。数率偏军西入。"《常志》全用其文。"西征入羌中"，谓数率偏军西入羌中，始于此时也。不止是岁西征。"是岁"二字，乃旧传写者妄倒移"魏明帝崩"句上字。又不参《维传》，妄删下"司马"字也。

㉑魏前废帝曹芳，明帝睿养子，封齐王。景初三年（二三九）正月朔日（正岁为二三八年之十二月朔），立为太子，即日帝崩，芳即位。在位十四年为司马氏所废。

㉒魏帝芳于景明三年正初即位。至十二月，废景初历，改行夏正，以明年正月为后十二月。二月为正始元年正月。即蜀延熙三年正月，吴孙权之赤乌三年正月也。芳诏云："烈祖明皇帝以正月背弃天下，臣子永惟忌日之哀，其复用复正……以建寅之月为正始元年正月。以建丑月为后十二月。"正始之义，谓改正历法也。

㉓《后主传》："三年春，使越嶲太守张嶷平越嶲郡。"《张嶷传》："初，越嶲郡自丞相亮讨高定之后，叟夷数反。杀太守龚禄、焦璜。是后太守不敢之郡。……其郡徒有名而已。时论欲复旧郡，除嶷为越嶲太守。嶷将所领往之郡。……在郡十五年，邦域安穆。屡乞求还，乃征诣成都。……是岁，延熙十七年也。"是嶷延熙三年春始受命为越嶲太守，率所领往平越嶲夷乱，非是年平越嶲郡也（参看《蜀志·越嶲郡》注）。马忠时为庲降都督，镇南中，初未受命平越嶲。惟嶷未拜越嶲太守前，为马忠牙门将。本传云"拜牙门将属马忠，北讨汶山叛羌，南平四郡蛮夷，辄有筹画战克之功"是也。《马忠传》："故都督常驻平夷县。至忠，乃移治味县，处民夷之间。又越嶲郡亦久失土地。忠率将太守张嶷开复旧郡。由此就加安南将军，进封彭乡亭侯。""率将"，谓所率领之将，不作携之解。嶷所率军属马忠领，故平越嶲后，主将得分其功。"就加"，谓就味县加官爵，明其未在越嶲也。旧刻《常志》作"安南将军马忠率越嶲太守张嶷平越嶲郡"与史实刺谬，显非常氏原文。当是传写者误解《后主传》与《马忠传》文妄改，未曾参考《嶷传》也。兹改正。

㉔此全用《后主传》文。

㉕《后主传》作"监军姜维督偏军，自汉中还屯涪"。"自汉中"三字不可少。《常志》旧刻于上文误移"是岁"字于"西征"前，此又脱"自汉中"三字，则使人误为自羌中还屯涪。与所据《后主传》文意刺谬矣。故当补正。涪县，今绵阳。蒋琬所谓"水陆四通，惟急是赴"之地，盖以汉中狭薄，终难供此伐粮储，拟还屯涪，预遣维还布置也。

㉖此掇《陈志·蒋琬传》《马忠传》为之。《琬传》云："琬以为昔诸葛亮数窥秦川，道险运艰，竟不能克。不若乘水东下。乃多作舟船，欲由汉沔袭魏兴、上庸。会旧疾连动，未时得行。而众论咸谓：如不克捷，还路甚难，非长策也。于是遣尚书令费祎、中监军姜维等喻指。"《马忠传》云："就加安南将军，进封彭

乡亭侯。延熙五年还朝，因至汉中见大司马蒋琬，宣传诏旨，加拜镇南大将军。"今按，张嶷延熙三年赴越嶲郡任。"在官三年，徙还故郡"。是忠于延熙五年以张嶷收复越嶲功封侯也。是年忠还朝至汉中喻旨，再迁镇南将军。《常志》并封侯事叙之耳。又《陈志》作"彭乡亭侯"。汉世无彭乡县，但有彭县，则"彭乡亭侯"四字有衍文。当是彭乡侯或彭亭侯。《常志》适作"彭乡侯"，则《陈志》误衍"亭"字矣。此又《陈志》当依《常志》订正之一例。

㉗此出《琬传》，删节其表文。"掎角"，谓分持兽之角与后脚。《左传》襄十四年，戎子驹支答范宣子曰："殽之师，晋御其上，戎亢其下。秦师不复，我诸戎实然。譬如捕鹿，晋人角之，诸戎掎之，与晋踣之。"言戎与晋人夹攻秦师于殽，覆其师也。"蚕食"，谓如蚕之食叶，以渐尽之。《史记·秦始皇本纪》："自穆公以来，稍蚕食诸侯。""二三"，谓信守不坚也。《诗·卫风》："士也罔极，二三其德"。

㉘《后主传》："六年冬十一月，大司马蒋琬自汉中还住涪。十一月，大赦。以尚书令费祎为大将军。"此理我参合王平、姜维、费祎、邓芝诸传文纂为两节也。

# 五

七年闰月，魏大将军曹爽、征西将军夏侯玄征蜀①。按，当依《刘敏传》文作"袭蜀"。王平白：张、吴、何、王、石本无白字。元丰与钱、刘、李、《函》、廖本有。与护军零陵刘敏距元丰、钱、张、吴、何、王、浙、石本作拒。距、拒古通用。兴势围②。以大司马琬疾病，假大将军祎节，率军自成都赴汉中。吴、何、王、石本有"捄魏"二字。《函海》注云"本作御魏"。他本无。旌旗启路，何、王、浙、石本作"起路"。马人《祎传》作"人马"。擐甲，羽檄交驰，严鼓将发，《祎传》作："严驾已讫"。光禄大夫义阳《函海》误作杨。来敏求共围棋。吴、何、王、浙、石本作碁。祎留意博弈，色守自若。《祎传》作"留意对戏，色无厌倦"。敏曰："聊试君耳。君信可人，必能辨旧各本作办。廖本同《祎传》作辨。贼者也。"比至，爽等退③。命镇南将军马忠刘本作中。平李本作守。尚书事④。夏四月，安平王卒，子徽嗣⑤。吴本作"安平王子徽卒"。何、王、石本同。浙本剜改，误作"王率"。秋九月，祎还⑥。大司马琬以病，【故】固元丰与廖本作故。他各本同《三国志·祎传》作"固"。让州职于费祎、董允。于是祎加【大将军】旧本并有此三字。当衍。领益州刺史。允加辅国将军，守尚书令⑦。《允传》作"六年加辅国将军。七年以侍中守尚书令，为大将军祎副贰。"允立朝，正色处中，上则匡主，下帅群司。于时蜀人以诸葛亮、蒋、费顾观光戡本依《允传》补琬、祎字。及允为四相。一号《函海》作号"四英"。宦人黄皓便僻佞慧，畏允，不敢为非。后主欲采择，元丰本作"择后"。张、吴、何、王、浙、石本此下有小注云："按《蜀志》云：后主欲采择以充后宫。"允曰："妃后之数，不可十二。"本传作："古者天子后妃之数，不过十二。"允尝钱、刘、李、《函》、王、浙、石本作常。吴、何本作尝。与典军【典】廖本倒作军典，似讹，不取。兹依钱本作典军。义阳胡济、大将军祎共期游宴，命驾将出。郎中襄阳董恢造允修敬。自以官卑年少，张、吴、何、王、石本作年少。元丰及钱、刘、李、《函》、廖、浙本并无年字。《允传》云："恢年少官微。见允停出，逡巡求去。"当有年字。行求索去。张、吴、何、王、石本此又作"求去"二字。浙本作"行求去"三字，允曰："本所以出者，欲同与好刘、李、廖本作"同与好"。元丰及他各本皆同《三国志·允传》作"与同好"。游谈耳。君以【已】吴相同《允传》作已。自屈，方展阔积。舍此就彼，非所谓也。"命解骖止驾。允之下士接物，皆此类也。君子以为有周公之德⑧。吴本"之德"二字作并排小字。元丰本此下空十三格。

八年秋，皇太后吴氏薨。谥曰穆。此下，元丰本有六空位。冬十有一月，大将军祎行军汉中⑨。

九年，夏六月，祎还成都。秋，大赦⑩。司农孟光众责祎曰：张、吴、何、王、浙、石本同《光传》作"于众中责祎曰"。"夫赦者，偏枯之物，非明世之所宜有也。张、吴、何、王、石本同《光传》无之字。浙本挤补之字。今主上贤仁，百寮称职，有何旦夕之急，数施非常之恩，以惠奸轨元丰与刘、李、《函》、廖本作轨。钱、张、吴、何、王、浙、石本作宄。二字古通。之恶。上犯天时，下违人理。岂具瞻之高美，所望于明德哉？"祎但顾谢焉⑪。初，丞相亮钱、《函》二本无亮字。时，有言公惜赦者。亮《函海》本无此字。苔《函》、王、浙、石本作答。曰："治世以大德，不以小惠。故匡元丰本作匪。衡、吴汉不愿为赦。先帝亦言：吾周旋陈元方、郑康成间，每见启告，治乱之道【备】悉裴注引作悉。矣，元丰、钱、刘、李、《函》本无矣字。曾刘、李本作尝。不语赦也。若景升、元丰本作升。季王父子，岁岁赦宥，何益于治？"故亮时，军旅屡兴，赦元丰及廖本无此赦字。他本有。不妄下也。自亮没后，兹制遂亏⑫。蜀初阙三司之位，以待天下贤人。其卿吴本误乡。士，皆勋德融茂：太常杜琼，学通行修；卫尉陈震，忠悖笃粹；孟光，亮直著闻；皆良干也⑬。但光好指摘张、吴、何、王、浙、石本作摘。字通。利病。大吴、何、浙本作太。一何本作大。长秋南阳许慈，普记此下，宋、明旧本并有一小阙字。其下，元丰本空三格，钱、刘、李本空五格，又下并有性字。张、吴、何、王、浙、石本不空，有"载籍掌典旧文"六字，无性字。旧文，矜妒成性；兹依《三国志·许慈传》补五字。说详注释。光禄来敏，此下张、吴、何、王、浙、石本有"荆楚名族东宫耆宿以"九字。他各本无。举措不慎，失势事者指；此廖刻依元丰本旧文，钱、刘、李、《函》同。张、吴、何、王、石本无"失势事者"四字，改作"前后数贬"，仍有指字。浙本剜改从旧刻。当世美名，不及特进⑭。太常广汉镡承、光禄勋河东裴隽，元丰、钱、刘、李、《函》、廖本作隽，他本作俊。字通。年资皆在其后，而登据上列，盖以此也。旧刻也字上有脱。兹依《许慈传》文补十四字。说详注释。其朝臣：尚书巴西司学、义阳胡博，仆射巴西姚伷，吴、何、王、浙、石本作佃。侍中汝南陈祗，并赞吴、何、王、浙、石本作赟。事业⑯。左将军向朗以故丞相长史【向朗为左将军】对显明亭侯，位特进。旧刻讹夺。兹依《朗传》订正。并补八字。说详注释。朗自去长史，优游无事，乃鸠合经籍，开门诱士，讲论李本无此二字。古义，不预世务。是以上自执事，元丰、钱、刘、李、《函》、廖本作事。张、吴、何诸本依《朗传》改作政。下及童冠，莫不宗敬焉⑰。冬十有一月，大司马琬卒，谥曰恭侯⑱。【中】尚书令董允亦卒。超迁蜀郡太守南阳吕乂《函海》本作又。为尚书令⑲。进姜维为卫将军，与大将军祎并录尚书事。【维出陇西。与魏将郭淮、夏侯霸战，尅之】⑳。"与魏将"下刘、李本有"军"字；"克"钱写作尅，他本作"克"。按上十五字，《三国志·姜维传》与《郭淮传》皆当在延熙十年。疑旧传写者妄以《后主传》是年未著此事，改移。兹订正。

十年，卫将军姜维出陇西，与魏将郭淮、夏侯霸战，克之。凉州胡王白虎文、治无戴等率众降，【卫钱、《函》二本误作魏。将军维】旧刻讹乱，兹订正。徙之繁县。汶山平康夷反，维复讨平之。【过见廖立，意气自若。】此旧钞者批注误入正文。当删。说详注。维还，假节㉑。

十一年，镇北将军王平卒。以中监军胡济即上文典军义阳胡济。为骠骑将军，假节，领兖州刺史，代平督汉中事㉒。平始出军武，不大知书，张、吴、何、王、浙、石本有小注云"按本传云：手不能书"。性警朗，有思理，与马忠并垂事绩。平同群勾张、吴、何、王、浙、石本同《三国志》作句。下"句安"同。扶，亦果壮，亚平，官至右元丰、钱、刘、李、《函》本作右。张、吴、何、王、浙、石本同《三国志》作左。兹仍旧本。将军，封宕渠侯㉓。后张翼与襄阳廖化并为大将，张、吴、何、王、浙、石本同裴注引有军字。故时人为语曰："前有何、勾，裴注引作"王句"。后有张、廖。"平本养外家何氏。后复姓㉔。夏五月，大将军祎出屯汉中。秋，涪陵属国民夷反，车骑将军邓芝往讨，平之㉕。此依《后主传》补。陣与《巴志》相应。

十二年，魏嘉平元年也。魏诛大将军曹爽，右将军夏侯霸来降，渊子也，拜车骑将军。四月，大赦㉖。秋，卫将军维出雍州，不克。将军勾安、李韶《三国志·陈泰传》作歆。降魏㉗。

十三年，卫将军维复出西平，不克而还㉘。

十四年夏，大将军祎还成都。冬，复北住汉寿。大赦。依《后主传》补。尚书令吕乂卒。以侍中陈祇守尚书令，加镇军元丰及钱、刘、李、《函》、廖本并作军，张佳胤改从《三国志》作东。将军㉙。此上二十字，原刻在十五年，兹依《吕乂传》移于此年。

十五年，吴主孙权薨，子亮立，来【告】赴。吊（之）元丰与廖本无此字。他各旧本并有之字。王本之字连上断读，并非。兹补吊字。如古义也。立子琮为西河王㉚。命大将祎开府㉛。【尚书令吕乂卒，以侍中陈祇守尚书令，加镇军将军㉜。】二十字当在十四年。

案：以上，延熙八年至十五年（二四五—二五二）八年中，费祎当国，而姜维分任军政，吕乂分绾民政，一切遵亮成规，进用贤士。惟因建国既久，士大夫习于苟媮自便，政弛俗敝，民困师老，渐成衰颓之势。取材仍以《三国志》为主，而颇参用别说，鲜用原语。讹乱较以前各章为多。兹皆为之订正。

【注释】

①曹爽，魏大将军邵陵侯曹真嗣子，与司马懿并受遗诏辅政，争权欲立威名，故伐蜀。正始五年二月出师，五月引还。见《三国志·齐王芳纪》。《常志》此言"闰月"，未言闰何月。按《魏纪》二月出师言，则是蜀历闰正月也。然治历者恒避闰正月。《曹爽传》："正始五年，爽乃西至长安，大发卒六七万人从骆谷入。"《通鉴》卷七十四正始五年"三月，爽西至长安，发卒十余万人，与玄自骆谷入汉中"。则蜀闻寇来，当在魏之三月，在蜀历为闰二月矣。以理推之，《常志》原文当是闰二月。旧脱二字，兹补。（《王平传》作"七年春，魏大将军曹爽率步骑十余万向汉川"。三月亦春月也）夏侯玄字太初，爽之姑子也。时为征西将军，假节，都督雍、凉州诸军事，在长安。

②白，下告上也。《史记·高帝纪》，"上令周昌选赵壮士可令将者，白见四人"，《汉书·钟皓传》，"钟瑾常以李膺言白皓"是也。《王平传》，与诸将议："今宜先遣刘护军、杜参军据兴势。平为后拒。若贼分向黄金，平率千人下自临之，比尔间涪军行至，此计之上也。惟护军刘敏与平意同。即便施行。"《常志》此云白者，以施行事驰告涪与成都，不暇为书表也。张佳胤删白字，失常文本义。《蒋琬传》："弱冠，与外弟泉陵刘敏俱知名。……刘敏，左护军、扬威将军，与镇北大将军王平俱镇汉中。魏遣大将军曹爽袭蜀。时议者或谓但可守城，不出拒敌，必自引退。敏以为男女布野，农谷栖亩，若听敌入，则大事去矣。遂率所领与平据兴势。多张旗帜，弥亘百余里。会大将军费祎从成都至。魏军即退。敏以功封云亭侯。"泉陵，县名，零陵郡所治。

③此取《陈志·费祎传》，参《蒋琬传》文。兹补注曹爽败状，《爽传》："从骆谷入。是时，关中及羌氐转输不能供，牛马驴骡多死。民夷号泣道路。入谷行数百里，贼因山为固，兵不得进。爽参军杨伟为爽陈形势，宜急还。不然将败。……爽不悦，乃引军还。"裴注引《汉晋春秋》："司马宣王谓夏侯玄曰（《通鉴》卷七十四引作与夏侯玄书曰）：昔武皇帝（操）再入汉中，几至大败，君所知也。今兴平路势至险（《通鉴》引作"今兴势路至险"），蜀已先据。若进不获战，退见邀绝，覆军必矣。将何以任其责。玄惧，言于爽，引军退。费祎进兵据三岭以截爽。爽争险苦战，仅乃得过。所发牛马运转者死失略尽。羌胡怨叹，而关右悉虚耗矣。"《晋书·宣纪》但云："尚书邓扬、李胜等欲令曹爽建立功名，劝使伐蜀。帝（懿）止之不可。爽果无功而还。"《文帝纪》则云："曹爽之伐蜀也，以帝（昭）为征蜀将军，副夏侯玄。出骆谷，次于兴势。蜀将王林夜袭帝营，帝坚卧不动。林退。帝谓玄曰：费祎已据险拒守，进不获战，攻之不可，宜急旋军，以为后图。爽等引旋，祎果驰兵趣三岭。争险乃得过。"则《通鉴》谓玄得宣王书，惧而倡还者当误。魏军已至兴势，懿犹在许昌，安得驰书指述形势如此。即《汉晋春秋》之"谓夏侯玄曰"，亦误司马昭言为"宣王"也。大抵魏军实至兴势，被阻不得进。粮运乏绝，急退军。蜀军曾出三岭截击之。"三岭"，胡三省《通鉴》注云："自骆谷出扶风，隔以中南山，其间有三岭。一曰沈岭，近芒水。一曰衙岭。一曰分水岭。"今案，傥、骆二谷大分水为秦岭之脊，即中南山，一曰钟南。其南坡叠岭递下，常阴

雨，道路险滑，直至兴势。兴势近汉水，崖险长缭数十里，故王平、刘敏趋守之。魏不能克，祎救已至，故退军。蜀军路熟，斜出截击于南坡叠岭之三处，非谓沈、衙诸岭也。当时蜀军亦但能以少部健捷者远出邀截，臧便趋利，不能远至中南以北之沈、衙诸岭也。骆谷、兴势、黄金，并详《汉中志》注。

④此出《陈志·马忠传》。

⑤《陈志·刘理传》："建兴八年，改封理为安平王。延熙七年卒，谥曰悼王。子哀王胤嗣，十九年卒。子殇王承嗣。二十年卒。以理子武邑侯辑袭王位。"《常志》前已言"梁王理为安平王"，此故不书名也。元丰、嘉泰本固自如此。张佳胤不考，因王无名，遂妄改为"子胤卒"也。

⑥此出《后主传》。

⑦此参用《董允传》与《费祎传》为之。上文祎已于延熙六年十一月迁大将军，此时但加领益州刺史耳。旧刻衍"大将军"三字也。兹删。

⑧此出《允传》。原传无"周公之德"句，《常志》所加。

⑨《陈志·后主传》："八年秋八月，皇太后薨。十二月，大将军费祎至汉中，行围守。"《常志》取其事而易其文，依《穆后传》增谥。又无"费祎"字。祎字当存，旧写脱耳，兹补。行，巡视也。汉魏人称刺史巡察部属为"行部"，郡守巡察县邑曰"行县"。此谓巡察军戍曰行军，《三国志》曰"行围守"也。军所住杂民户者，有垣曰城，无垣曰屯。不杂民户者，筑栅曰围，因险曰守。

⑩此亦《后主传》文。本与上文衔接。因本纪体分年提行也。

⑪此出《陈志·孟光传》。光字孝裕，河南洛阳人，汉末避乱入蜀。"博物识古，无书不览。尤锐意于三，史长于汉家典旧"，为刘焉父子所礼待。后归先生，与来敏、许慈、胡潜等皆中州人士之以学术自负、傲岸狂肆、目中无人者。其言辞率出入经史，蠹运典籍，费解者多。兹略疏其意："偏枯之物"，语出《公羊春秋》。物作事字解，谓偏利于违法者则偏损于守法者。"奸轨之恶"，谓内外犯法之恶行。《左传》成十七年"乱在外为奸，在内为轨"。孔安国《尚书·尧典》传，"在内曰奸，在外曰宄"。说相反，要其为内外之别则内耳。内谓家门之祸，房室之私。外谓郊野之衅，草泽之盗。"具瞻"，《诗》："赫赫师尹，民具尔瞻。"谓执政者言行为民众所瞻仰。则当有高风美德表率国人也。"明德"，封建士夫恭维上级执政之称，取礼，《大学》，"古之欲明明德于天下者，先治其国"之义。

⑫此惟见于《常志》，裴松之注《后主传》引之，亦云出《华阳国志》，盖惟蜀人传述如此。其言素雅，确乎为诸葛亮语。匡衡，《汉书》卷八十一有传。其《论政治得失疏》有云："比年大赦，使百姓得改行自新，天下幸甚。臣窃见大赦之后，奸邪不为衰止。今日大赦，明日犯法，相随入狱，此殆导之未得其务也。盖保民者，陈之以德义，示之以好恶，观其失而制其宜。故动之而和，绥之而安。今天下俗：贪财贱义，好声色，尚侈靡，廉耻之节薄，淫僻之意纵……苟合徼幸，以身设利。不改其原（谓本源），虽岁赦之，刑犹难使措而不用也"。《东观记·吴汉传》云："汉病笃，车驾亲临，问所欲言。对曰：臣愚，无识知。惟愿慎无赦而已。"《后汉书》卷四十八《吴汉传》亦载。陈元方名纪，《后汉书》卷九十二附其父《陈寔传》。郑康成名玄，汉末大经师，《后汉书》卷六十五有传。"先帝"指刘备。备少师事卢植。植与郑玄俱事马融。而陈元方于献帝时为平原相，建安初卒于任。故备得周旋于二人门下，聆其议论。蜀汉时当讳避备字。裴注引作悉，是。《太平御览》卷六百五十二引亦作悉。兹改正。景升父子，谓刘表及其子琮与琦，皆荆州牧也。季玉父子，谓刘璋与其父焉，皆益州牧也。《三国志·后主传》："评曰：后主任贤相则为循理之君，惑阉宦则为昏暗之后。……然经载十二而年名不易，军旅屡兴而赦不妄下，不亦卓乎。自亮没

后,兹制渐亏。优劣著矣。"《常志》袭其意,并用其文。

⑬《汉志》:百官最尊者为三公。太尉,掌四方兵事,功课。司徒,掌人民事。司空,掌水土事。三公上,或更设太傅,为上公,无常职,亦不常设。三公下,有太常,掌礼仪、祭祀;光禄勋,掌宿卫兵;卫尉,掌宫禁;太仆,掌车马、卤簿、廷尉,掌讼狱;大鸿胪,掌朝贡、觐见、郡国上计及郊祀赞礼;宗正,掌宗室法制;大司农,掌钱谷;少府,掌天子私藏;是为九卿,皆中二千石秩。并各有官属。蜀时,政权综于丞相,或大司马、大将军,并开府,统全国军民政务;九卿备员而已。后汉时三公亦多无实权,但以优宠耆德而已。蜀汉不设三公,而以卿位尊宠耆宿。故九卿不必全备,似亦未具府寺椽属。各所职司,概为丞相、大司马或大将军府属官所代。其可考者,仅秦宓与孟光曾作大司农,赖恭、杜琼与镡承曾作太常,王谋作少府,陈震作卫尉,王柱及裴俊作光禄勋,何宗作大鸿胪而已。周制,天子六卿。《左传》隐三年,"郑武公、庄公为平王卿士"。故汉魏人称九卿之官亦曰卿士。琼、震、光,《三国志》各有传。赖恭、王谋、王柱、何宗并不见《辅臣赞注》。

⑭此因孟光论赦,著其赋性偏执之短,亦足反映诸葛亮以后执政诸人之褊狭不容物。皆《陈志》本意也。《陈志·孟光传》云:"光之指摘痛痒,多如是类。故执政重臣心不能悦,爵位不登。"《来敏传》云:"前后数贬削,皆以语言不节,举动违常也。时孟光亦以枢机不慎,议论干时,然犹愈于敏。"谓敏之违时忤上,尤甚于光,位亦仅至光禄大夫,与许慈俱不得为卿。《许慈传》:"字仁笃,南阳人也。师事刘熙,善郑氏学。治《易》《三礼》《毛诗》《论语》。建安中,与许靖等俱自交州入蜀……先主定蜀,承丧乱历纪,学业衰废,乃鸠合典籍,沙汰众学。慈、潜(胡潜)并为博士,与孟光、来敏等掌典旧文。值庶事草创,动多疑议。慈、潜更相克伐(谓攻人矜己),谤讟忿争,形于声色。书籍有无,不相通借。时寻楚挞,以相震撼(亦作撼,与撼字通)。其矜己妒彼,乃至于此。"旧刻《常志》于此普记下脱文有三至五格,填小阙字。其下句前,有一"性"字,张佳胤径删性字,改作普记"载籍,掌典旧文"六字,夫旧文,即指载籍,重言叠义,又抹性字,当失常文本旨。《陈志》于孟光、来敏、许慈三传并讥其迂阔任性,而称其学术。评云"虽不以德业称,信皆一时之学士"。常氏承其旨而变其辞,于孟光、来敏,既已有"好指摘利病"及"举措不慎"语,则于许慈,安得独偏称其学术地位?兹摘《陈志》文中矜妒二字以接性字,应与《常志》贬褒并下之义为合矣。大长秋,太后宫中官,掌关通宗亲见谒与中宫卫从之事。光禄大夫,汉制为卫尉属官,无定员,亦无定职,唯诏命所使。皆非卿士比也。《晋书·职官志》:"特进,汉官也。二汉及魏晋以加官,从本官车服,……唯食其禄赐,位其班位而已。不别给特进吏卒车服。"又云"后定令,特进品秩第二位,次诸公,在开府骠骑上……食俸日四斛"则晋制也。蜀时特进但班在诸卿上而已。《常志》此言孟光虽为卿士,与许慈、来敏在当时士流中并有美名,而为执政诸人所不喜,故年德虽高,不得"特进"也。

⑮《孟光传》云:"每直言无所回避,为代(世)所嫌。太常广汉镡承、光禄勋河东裴俊等年资皆在光后,而登据上列,处光之右,盖以此也。"《常志》旧刻各本,此上皆存"太常"至"也"十四字,明取《陈志》之文以证三人抑淹。非谓当时更有镡承为太常,裴俊为光禄勋也。脱文甚多,旧校诸人皆无所觉。兹补十四字。太常杜琼,年八十余,延熙十三年卒(《琼传》)。则镡承进太常,最早犹当在些后四年以外。《先贤志·广汉士女》:"镡承字公文,郪人也,历郡守、州右职、为少府、太常。时费、姜秉政,孟光、来敏皆栖迟。承以和独立,特进之也。"则承此时为少府,后代杜琼为太常,加特进也。裴俊,十余岁时随姊夫入蜀。遭汉末大乱未还,"既长知名,为蜀所推重"。见裴注引傅畅《裴氏家记》。计此时为五十岁左右,

故曰年资皆在光后。光"灵帝末为讲部吏",至延熙九年,当已近八十岁。"年九十余卒",则当生于建宁中,卒于景耀中(约为一七〇—二六二时)。

⑯此言"朝臣",指宫中宦。在此时,后主已四十岁,虽政倚费、姜,权则渐倾于宫中,朝官地位渐重矣。司学、胡博无考。姚伷字子绪,阆中人,见《季汉辅臣·马盛衡马承伯赞》注。"建兴元年为广汉太守。亮北驻汉中,辟为掾。……迁为参军。亮卒,稍迁为尚书仆射。时人服其真诚笃粹。延熙五年卒。"尚书仆射,尚书令之副贰。"令不在,则奏下众事"(《续汉·百官志》)。陈祗字奉宗,汝南人,许靖兄之外孙。长于靖家。《三国志》附《董允传》。

⑰《三国志·向朗传》云:"免官还成都。数年为光禄勋。亮卒后徙左将军。追论旧功,封显明亭侯,位特进。"《常志》前叙向朗罢免,与本传同。于皮插叙朗事,"自去长史,优游无事"与"上自执政,下及童冠"等句亦皆本传原文。他年易字,并遵原义,无所增删。则其叙述转官,不应别有颠倒。如本传说,则朗为左将军早在延熙十二年诸葛亮卒时,此时追论旧功,以朗有丞相长史时旧勋,封侯,位特进。非此时始为左将军也。旧刻"左将军向朗"五字当在前。传钞中误脱封侯特进等字,后钞者遂倒五字在下,并增"为"字以成完句,未曾参考本传。元丰本已如此,李至以来亦皆无人校及也。兹改正,并依本传补"封显明亭侯,位特进"句。

⑱《琬传》未著卒月。《后主传》系于十一月。琬卒于涪。其墓在今绵阳县之西山。别详《汉中志·梓潼郡》注(卷二11章之注⑩)。

⑲《陈志·董允传》:"延熙六年加辅国将军。七年,以侍中守尚书令,为大将军费祎副贰。九年卒。"汉魏中书令为阉官,则此中字为尚字之讹也。《吕乂传》亦云"代董允为尚书令"。即《常志》下文,亦作"尚书令"。

⑳《陈志·维传》:"十年,迁卫将军,与大将军将费祎共录尚书事。"《常志》此乃系于九年之末。琬卒后乃以维与祎共录尚书事。琬卒后一月即为延熙十年,时近,固易混。《常志》并以维出陇西,与魏将郭淮等战事亦连叙于九年,则旧钞之讹也。兹删,移入下年。

㉑《陈志·维传》云:"是岁(延熙十年),汶山平康夷反,维率众讨定之。又出陇西、南安、金城界,与魏大将〔军〕郭淮、夏侯霸等战于洮西。胡王治无戴等举部落降。维将还安处之。"《后主传》则云"十年,凉州胡王白虎文、治无戴等率众降,卫将军姜维迎逆安抚,居之于繁县。是岁,平康夷反,维往讨,破平之。"平康,汶山郡属县,地在今松潘县西。由《维传》言,是维先讨平康夷乱,因兵威遂出陇西,抚胡王治无戴等以袭南安与金城诸郡,与郭淮等战,未能克之,遂率诸胡回蜀。由《后主传》言,则是维先出陇西,招降胡王治无戴等,率之还蜀。未言与郭淮等战者,未有胜负,但得其胡民,未得其地也。还蜀后,乃再出汶山平羌乱也。究是何者在前,《陈志》自有矛盾。《常志》旧刻,以维出陇西战郭淮系于九年。其十年,但依《后主传》文,叙率将治无戴等还蜀在讨平康夷前,并插叙见廖立事。又记"假节"于此年,与《姜维传》全不合。校勘至此,甚难定案。再查《廖立传》云:'后(亮卒后)监军姜维率偏军经汶山,往诣立。称"立意气不衰,言论自若"。立遂终于徙所。'维作监军在亮卒前后。延熙六年已迁镇西大将军,领凉州刺史。此时已进卫将军与费卫共录尚书事,即不至犹领"偏军"出汶山。廖立于先主领荆州牧时(建安十三年二〇八)"辟为从事,年未三十"(《立传》)。至此时(二四七)已七十,应已卒于徙所矣。安能对汉使者"意气自若"?再就《常志》言,前已结廖立事矣,何容此复及之。其为隋唐时人妄依《廖立传》插入八字,非《常志》所原有无疑矣。由此可见:《常志》本文已被传钞窜乱。再就上文分析,亦可见被人窜改之迹。夫凉州胡王白虎文、治无戴等,素居边塞,何缘远降于蜀?且又愿徙居蜀之

内地。姜维地位已极人臣,何至自往迎此二胡王?其抚得此诸胡王,并率之还蜀安置,必当与出军陇西相连。是《后主传》"十年"下原有脱文也。依《维传》,所脱正当是"卫将军姜维出陇西"等字。《常志》上年叙维出陇西与郭淮等战十五字既依《维传》文,则不当又列于九年。盖《陈志·后主传》"十年"下原有"卫将军姜维出陇西"八字,在"凉州胡王"句上。《常志》用其文,别依《维传》补"与魏将郭淮、夏侯霸战,克之"十一字于其间。无下"卫将军姜维"五字。改窜者但知《后主传》此年无维出陇西文,以为《常志》原误,而妄移之于上年。复依《后主传》于"徙"字上添"卫将军姜维"五字也。兹悉为更正,以存《常志》之真。再按《陈志·郭淮传》,黄初元年"擢领雍州刺史,封射阳亭侯",正始元年"迁左将军""其后转前将军,领州如故"。嘉平元年"迁征西将军,都督雍凉诸军事,未曾作大将军。此时为魏正始八年。是《维传》称郭淮为"大将军"者,当作"前将军"或"大将"乃合。前将军不能包括夏侯霸,则衍军字又甚明矣。《常志》但称"魏将",正足正《陈志》于《维传》此文衍"军"字。是亦当用《常志》校订《三国志》误文之一例。治无戴等降蜀事,见《陈志·郭淮传》。在魏正始八年。即蜀延熙十年也。《淮传》云:"八年,陇西、南安、金城、西平诸羌饿何、烧戈、伐同蛾、遮塞等相结叛乱,攻围城邑,南招蜀兵。凉州名胡治无戴复叛应之。讨蜀护军夏侯霸督诸军屯为翅。淮军始狄道。议者佥谓宜先讨定枹罕,内平恶羌,外折贼谋。淮策维必来攻霸。遂入沨中,转而迎霸。维果攻为翅。会淮军适至,维遁退。进讨叛羌,斩饿何、烧戈,降服者万余落。遮塞等屯河关白土故城,据河拒军。淮见形上流,密于下渡兵,据白土城,击,大破之。治无戴围武威,家属留在西海。淮进军趣西海,欲掩取其累重。会无戴折还,与战于龙夷之北,破走之。令居恶虏在石头山之西,当大道止,断绝王使。淮还过讨,大破之。姜维出石营,从彊川。乃西迎治无戴。留阴平太守廖化于成重山筑城,敛破羌保质。淮欲分兵取之。诸将以维众西接彊胡,化以(已)据险,分军两持,兵势转弱,进不制维,退不拔化,非计也。不如合而俱西,及胡蜀未接,绝其内外,此伐交之兵也。淮曰:今往取化,出贼不意,维必狼顾。比维自致,足以定化。且使维疲于奔命。军不远闻,而胡交自离。此一举而两全之策也。乃别遣夏侯霸追维于沓中。淮自率诸军就攻化等。维果驰还救化,皆如淮计。"是此役连兵一年,地延五郡,南至沓中(今甘肃西固县地),西至西海(今青海湖畔),北逾西平(今西宁)、金城(今兰州),遥达武威(今甘肃河西武威县),东至安定(今镇原、泾川一带),羌胡蜂起,所在据险。蜀则大出军以应之。《郭淮传》中之"令居恶虏",盖即白虎文也。姜维究未能得郡县,但率诸胡王羌众归,未败耳。《淮传》夸言策中,未言战克,则蜀未败可知。在亮维历次北伐用兵中,此次形势壮盛,约与初出祁山相当。于《后主传》不能不书。故曰《陈志·后主传》有脱文。按《常志》当如此补也。《维传》云:"十二年,假维节。"《常志》此云"维还,假节",盖维还军在延熙十二年也。当时少数民族大都不满汉官统治,魏吴之民族叛乱,史不绝书。惟蜀之民族政策似较合理,颇受远人倾慕,武溪夷民助蜀,见《先主传》与《马良传》。鲜卑大酋轲比能进至故北地石城,应诸葛亮,见《牵招传》。《郭淮传》复如此云,则黄河以北诸民族亦乐于附蜀也。少数民族叛蜀者,除章武时南中夷与延熙时涪陵民夷外,惟见平康夷事。盖草原牧民,习于迁徙鸟举,不乐汉官法治故也。维平平康夷乱,当在自陇旋军时,如《后主传》与《常志》所云。平定时间,当在十一年。传文省便,记入夷叛之年耳。平夷乱与"还假节",皆随事移前,省便之文也。

㉒王平卒于延熙十一年,见《平传》。胡济代平事,唯见《常志》,《三国志》略之。延熙十九年,姜维与镇西大将军胡济期会上邽。济失期不至。《常志》与《姜维传》并见,当即此胡济,于时为镇西大将军,仍镇汉中也。

㉓此出《王平传》。句,读如苟。

㉔此为《常志》所独有。裴松之注亦引《常志》。"平本养外家何氏"句,则《陈志》文也。平先随杜濩、朴胡降魏。时尚姓何,故魏人恒称曰何平也。

㉕此《后主传》延熙十一年文也。原纪有"秋,涪陵属国民夷反,车骑将军邓芝往讨,皆破平之"句,常氏旧刻脱之。常氏此篇文较《后主传》详尽,不当遗此。故补十八字。

㉖魏齐王芳正始十年正月族诛曹爽及其党丁谧、邓扬、何晏、毕轨、李胜、桓范等。夏四月,改元嘉平。《后主传》:"十二年春正月,魏诛大将军曹爽等,右将军夏侯霸来降。夏四月,大赦。"《常志》全用此文。增"渊子也,拜车骑将军"句。《陈志·夏侯渊传》:"子霸。……霸正始中为讨蜀护军、右将军,进封博昌亭侯。素为曹爽所厚。闻爽诛,自疑,亡入蜀。"裴注引《魏略》曰:"霸字仲权。……正始中,代夏侯儒为征蜀护军,统属西征。时征西将军夏侯玄于霸为从子。而玄于曹爽为外弟。及司马宣王诛曹爽,遂召玄。玄来东。霸闻曹爽被诛而玄又征,以为祸必转相及。心既内恐。又霸先与雍州刺史郭淮不和,而淮代玄为征西,霸益不安,故遂奔蜀。"时霸在陇西。由阴平道入蜀也。又云"初,建安五年时,霸从妹年十三四,在本郡(谓本籍谯国谯县)出行樵采,为张飞所得。飞知其良家女,遂以为妻。产息女,为刘禅皇后。故渊之初亡,飞妻请而葬之。及霸入蜀,禅与相见,释之曰:卿父自遇害于行间耳,非我先人之手刃也。指其儿子以示之曰:此夏侯氏之甥也。厚加爵宠。"

㉗此《后主传》文。勾安,张、吴、何诸本同《三国志》作"句安"。盖句扶之族也。《陈志·郭淮传》云:"嘉平元年,迁征西将军、都督雍凉诸州军事。是岁,与雍州刺史陈泰协策降蜀牙门将句安等于翅上。"又《陈泰传》云:"嘉平初,代郭淮为雍州刺史,加奋威将军。蜀大(当作卫)将军姜维率众依曲山筑二城,使牙门将句安、李歆(即《后主传》之李韶)等守之。聚羌胡质任等,寇逼诸郡。征西将军郭淮与泰谋所以御之。泰曰:曲城虽固,去蜀险远,当须粮运。羌夷患维劳役,未必肯附。今围而取之,可不血刃而拔其城。虽其有救,山道阴险,非行兵之地也。淮从泰计,使泰率讨蜀护军徐质、南安太守邓艾等进兵围之。断其运道及城外流水。安等挑战,不许,将士困窘,分粮聚雪以稽日月。维果来救,出自牛头山,与泰相对。泰曰:兵法贵在不战而屈人。今绝牛头,维无反道,则我之禽也。敕诸军各坚垒勿与战。遣使白淮:欲自南渡白水,使淮趣牛头截其还路,可并取维,不惟安等而已。淮善其策,进率诸军军洮水。维惧,遁走。安等孤县(悬),遂皆降。"又《邓艾传》云:"嘉平元年,与征西将军郭淮拒蜀偏(卫)将军姜维。维退,淮因击羌。艾曰:贼去未远,或能复还。宜分诸军以备不虞。于是留艾屯白水北。三日,维遣廖化自白水南向艾结营。艾谓诸将曰:维军卒还,吾军人少,法当来渡,而不作桥。此维使化持吾,令不得还。维必自东袭取洮城。洮城在水北,去艾屯六十里,艾即夜潜军迳到。维果来渡。而艾先至据城,得以不败。"司马光《通鉴》取此诸传以补《蜀纪》,具详此役首尾。胡三省注云:"曲山,盖在羌中,魏雍州西南界。据《郭淮传》,曲山在翅上。翅,'为翅'也。为翅,要地也,魏屯兵守之。"又,"牛头山,盖在洮水之南,以形名山。魏收《地形志》:后魏真君四年置仇池郡,治阶陵县。县有牛头山。《五代山》:牛头山,在成州上禄县界。"今按:此役战地在洮水与白水二河谷间,即今甘肃岷县以西,宕昌、会川、临洮一带。古今地名,尚待调查考证,古地书无言及者。有亦捕风捉影之说,未足据也。句安后随邓艾入蜀,见《艾传》。

㉘此亦《后主传》文。其事别无可考。

㉙《常志》旧刻全脱延熙十四年。兹依《陈志·后主传》补。并依《吕乂传》与《陈祗传》移原刻十五年下

"尚书令吕乂卒"等二十字于此年。盖旧时传钞已脱"大赦"以上一行十九字，残存空位下之"尚书令"以下二十字在"十五年"上。后传钞者不考，而移十五年上二十字于当年之末也。《后主传》："十四年夏，大将军费祎还成都。冬，复北驻汉寿。"《祎传》："十一年出住汉中……十四年夏，还成都。成都望气者云：都邑无宰相位。故冬复北屯汉寿。"如失十四年还成都又复往驻汉寿语，则祎被刺死，葬寿北山事亦无从交代矣。

㉚此用《后主传》文，插"子亮立……古义也"两句。孙权称帝二十四年，年七十一。晚岁多嫌忌，果杀戮。赤乌十三年（蜀延熙十三）废其太子和，立所宠潘夫人之子亮为太子，甫八岁。于是权年六十九矣。旧刻作"来告赴之如古义也"。古今皆称告丧为赴（今云讣书），慰丧曰吊。当是传钞时衍告字，夺吊之。兹改正。

㉛《祎传》："延熙十五年，命祎开府。"开府于汉寿也。明年岁旦，祎被魏降人郭修刺死。汉寿开府未及一年而罢。

㉜《陈志·吕乂传》："延熙十四字卒。"又《董允传》末附《陈祗传》云："吕乂卒，祗以侍中守尚书令，加镇军将军。"《常志》此文明取自《陈志》，则不当系于十五年。可知此是十四年阙文之残句，被传钞者妄移于此耳。

# 六

十六年，春正月朔，魏降人郭循<small>元丰、张、吴、何、王、浙、石本作循。钱、刘、李本作脩。《函海》作修。</small>因贺会，手刃杀大将军费祎于汉寿。谥曰敬侯①。祎当国，名略与蒋琬比，而任<small>张、吴、何、王、浙、石本作功。</small>业相继；虽典戎于外，庆赏刑威咸咨于己；承诸葛之成规，因循不革，故能邦家和壹②。<small>元丰及钱、李、《函》本作壹。刘、张、吴、何、王、浙、石本同《三国志》作一。</small>自祎殁后，阉宦【秉】<small>旧各本俱作并。廖本改秉。顾观光云，"秉，原误并"。今按：并字不误。说详注释。</small>权③。卫将军维自负才兼文武，加练西方风俗，谓自陇以西可制而言，祎常裁制<small>张、吴、何、王、浙、石本此下有"不从"二字。</small>之，至是无【祎】惮，<small>廖本作祎，钱本作惮。</small>屡出师旅，功绩不立，政刑失错<small>元丰与张、吴、何、王、浙、石本作措。错，亦读如措。故通。</small>矣④。四月，维将数万攻南安。魏雍州刺史陈泰拒之。维粮尽还⑤。

十七年，魏正<small>元丰与钱、刘、李、《函》、廖本作正。张、吴、何、王、浙本作征。</small>元元年也⑥。春，卫将军维督中外军事。大赦。夏六月，维复出陇西。魏<small>元丰与廖本作魏字，他各本皆重"陇西"二字，不作魏。当从元丰本。</small>狄道长李简举县降。维围襄武，魏大将徐质拒之。《维传》云："魏军败退。维乘胜多所降下。拔河间、狄道、临洮三县民还。"此当有脱。维拔狄道、河【间】关、<small>顾广圻校稿云："《三国志》作间。《通鉴》同。胡三省曰当作关。"廖本据以入注。兹并改。</small>临洮三县民入蜀，居于绵竹及繁⑦。是岁，魏帝【齐王】芳废，高贵乡公即位⑧。<small>旧各本俱作祚。廖本改作位。</small>

## 刘后主志（卷七）

十八年春，卫将军维复议元丰与钱、刘、李、《函》、廖、石本俱作复。张、吴、何、王、浙、本作出。顾广圻校稿云："《三国志》文也。"盖指《张翼传》"维议复出军"句。出征。征西大元丰本无大字。将军张翼迁争，以【小】国小元丰与廖本作"小国"。他各本皆同《张翼传》作"国小"。翼不当自云小国。作"国小"是。不宜黩武。维不听，夏，率车骑将军夏侯霸及翼出狄道，大破魏雍州刺史王经于洮西。经众死数万。经退保狄道城。翼曰："可矣！不宜进。或毁此成功，为蛇画足。"《翼传》作"可止矣。不宜复进。进或毁此大功。维大怒曰：为蛇画足。"盖翼先有为蛇画足语。维承之以示悍然必为。维必进。魏征西将军陈泰捄狄道。维退驻钟题⑨。

十九年，魏甘露元年也。春，进卫将军姜维为大将军。秋张、吴、何、王本无秋字。他旧本有。浙本挤补。八月，维复出天水，至上邽，镇西大将军胡济失期《三国志·维传》作誓。不至，大为魏将邓艾所破，死者元丰与钱、刘、李、《函》、廖本无甚字。他本有。张佳胤补也。众。士庶由是怨维，而陇以西亦无宁岁。冬，维还，《后主传》作"维退军还成都"。谢过引负，求自贬削。于是以维为后将军，行大将军事⑩。钱、刘、李本无事字。他各本同《姜维传》有。立子瓒为新平王，大赦⑪。

二十年春，大赦。魏征东大将军诸葛诞以淮南叛，连吴。魏分关中兵东下。后将军姜维复从骆谷出长城，军芒水，与魏大将【军】廖本有"军"字，他本无，不当有。司马望、邓艾相持。

景耀元年，维以诞破，退。还成都，复拜大将军⑫。史官言景星见。大赦，改元⑬。宦人黄皓与尚书令陈祇相表里，始预政。皓自黄门丞至今年为奉车骑宋、明、清刻本俱作骑。钱写本同《三国志》作都。尉、中常侍。姜维虽班在祇右，权任不如。蜀人无不追思董允者⑭。时兵车久驾，百姓疲弊，太吴、何、王本作大。中大夫《三国志》作"中散大夫"。谯周著《仇国论》，言可为文王，难为汉祖。人莫察焉⑮。征北大将军宗预自永安征，拜镇南顾文圻校稿云："考《三国志》，是镇军大将军。此恐误也。"廖本注云，"当作军，见《三国志》"。今按，《常志》与《陈志》恒多歧互。往往能证《陈志》之讹。时陈祇为尚书令加镇军大将军则预不能亦为镇军矣。"镇南"字不误。说详注释。将军，领兖州刺史。以襄阳罗宪为【镇】领依《晋书·宪传》改。《巴志》亦云"领军"。军，督永安事⑯。吴大臣废其主亮，立孙休，来告难，如同盟也⑰。大将军维议，以为："汉中错守诸围，适可御敌，不获大利。不若退据汉、乐二城，积谷坚壁。听敌入平，顾校稿云："广圻按，后作坪。"且重关镇宁以御【大】之廖本注云："当作之，句绝，见《三国志》。"兹据改。敌攻关不克，野无散谷，千里悬粮，自然疲退。此殄元丰本作饵。敌之术也。"于是督汉中胡济却守汉寿，将军王含守乐城，护军蒋【舒】斌《函海》本注云："《蜀书》蒋琬、姜维二传俱作蒋斌。"顾广圻校稿亦注"斌"字。廖本注云："当作斌，见《三国志》。"守汉城。又于西安、建威、武卫、当作"武街"。石门、武《函海》本脱武字。城、建昌、临远皆立围守⑱。

二年夏六月，立子谌为北地王，恂为新兴王，虔为上党王⑲。以征西张翼为左车骑将军，领冀州刺史。广武督元丰本无督字。顾广圻校稿云"当有督"。廖化为右车骑将军，领并州刺史⑳。时南郡阎宇为右【卫】依《姜维传》及裴注引《襄阳记》删。大将军㉑。秋八月丙子，领中护军陈祗卒。谥曰忠侯。祗在朝，上希主指，下接阉宦，后主甚善焉㉒。以仆射南乡侯董厥为尚书令㉓。

三年，《函海》本上行"景耀"二字。魏景初元年也㉔。秋【八】九廖本"八月"。他各本同《后主传》并作"九月"。月，追谥故前将军关羽曰壮缪侯，车骑将军张飞曰桓侯，骠骑将军马超曰威侯，军师庞统曰靖元丰本作静。侯，后将军黄忠曰刚侯㉕。是岁，魏帝高贵乡公卒，张、吴、何、王、石本无卒字。浙本挤补。常道乡公即【帝】位。旧各本有帝字。当衍。

四年，春三月，追谥故镇军赵云元丰本作云。曰顺平侯㉖。冬十月，大赦。拜丞相亮子武乡侯瞻中都护、卫将军。迁董厥辅国大将军，与瞻辅政。以侍中义阳樊建守尚书令。自瞻、厥用事，黄皓秉权，无能正张、吴、何、王、浙本同《三国志》作匡。矫者，惟建特钱、《函》二本作持。不与皓和好往来。而秘书令河南郤王、浙本作郗。正与皓比屋周旋，皓从微至著，既不憎正，又不爱之，官不过六百石，常免于忧患㉗。张、吴、何、王、浙、石本有小注云："按《晋百官表》，厥字龚袭亦义阳人。建字长元。"张佳胤录裴注文也。

五年，春正月，西河王琮卒㉘。大将军维恶皓之恣擅，启后主，欲杀之。后主曰："皓趋走小臣耳。往者董允切齿，吾常恨之。君何足介意。"维本羁旅自托，而功效无称，见皓枝附叶连，惧于失言，逊辞而出。后主敕皓诣维陈谢。维诱《三国志》裴注引此作说。皓求沓中种麦，以避内逼。皓承白后主㉙。秋，维出侯和，为魏将邓艾所破，还驻沓中。皓协比阎宇，欲废维树宇。故维惧不敢还㉚。张、吴、何、王、浙、石本有小注曰："按，沓中即古松州，去文州三百里。"亦张佳胤所增注。

案：以上延熙十六年至景耀五年（二五三—二六二）之十年，为费祎、吕乂均死，内外政权实际还于后主，黄皓得以干政弄权，自姜维能专军政外，各官皆只依违可否，苟且保位之年代。姜维连岁北伐无功，政乱民敝，国本大伤矣。全篇仍皆采自《陈志》，而颇有所删正。

【注释】

①"郭循"，《三国志·祎传》宋本作循，官本作修。《张嶷传》宋本、殿本俱作脩。当从脩字。脩与循，汉隶相似故易混。（参看卷二"武都郡脩城县"注）《魏齐王芳纪》嘉平五年（二五三）云："八月，诏曰：故

中郎西平郭脩，砥节厉行，秉心不回，乃者，蜀将姜维寇钞脩郡，为所执略。往岁，伪大将军费祎驱率群众，阴图阙廷。道经汉寿，请会众宾。脩于广坐之中，手刃击祎。勇过聂政，功逾介子。可谓杀身成仁，释身取义者矣。夫追加褒宠，所以表扬忠义。祚及后胤，所以奖劝将来。其追封脩为长乐乡侯，食邑千户。谥曰威侯。子袭爵，加拜奉车都尉，赐银千饼，绢千匹，以光宠存亡，永垂来世焉。"裴注引《魏氏春秋》曰："脩字孝先，素有业行，著名西州。姜维劫之。脩不为屈。刘禅以为左将军。欲刺禅而不得亲近，每因庆贺，且拜且前。为禅左右所遏，事辄不克。故杀祎焉。"《张嶷传》："嶷初见费祎为大将军，恣性泛爱，待信新附太过。嶷书戒之曰：昔岑彭率师，来歙杖节，咸见害于刺客……宜鉴前事，少以为警。后祎果为魏降人郭脩所害。"脩盖西州名士，不愿客蜀，为姜维所劫，伪降得官。欲逃不得，蓄意作刺客以死也。祎于"岁首贺会"被刺死，故相蜀事当以去年断也。

② 此割《陈志·费祎传》纂合之文。《传》云："祎当国，功名略与琬比……虽身自在外，庆赏威刑皆遥谘断然后乃行。"评曰："蒋琬方整有威重。费祎宽济而博爱。咸承诸葛之成规，因循而不革。是以边境无虞，邦家和一。""任业"，谓职任与功业。

③ 《陈志·董允传》："陈祇代允为侍中，与黄皓互相表里，皓始预政。祇死（景耀二年），皓从黄门令为中常侍、奉车都尉，操弄威柄，终于覆国。"此陈寿记其所见之文也。允卒于延熙九年，在祇死前八年。祎又卒后皓始秉权也。《说文》，并，本作幷，"从从。幵声。一曰：从持二干"。干为古代大型武器，人但持一。并持二干。故训专业。《礼记·檀弓》："赵文子与叔誉观乎九原。文子曰：死者如可作也，吾谁与归？叔誉曰：其阳处父乎。文子曰：行并植于晋国，不没其身。其智不足称也。"注："并，犹专也。谓刚而专已。"并读如秉。廖本迳改作秉，非《常志》原文也，当改还。

④ 《姜维传》："维自以练西方风俗，兼负其材武，欲诱诸羌胡以为羽翼，谓自陇以西可断而有也。每欲兴军大举。费祎常裁制不从，与其兵不过万人。"常氏用其意。"裁制"下当有之字。"至是无惮"以下乃常氏语。"政刑失措"，综黄皓在内、姜维在外时期政刑而言。失措，谓失施行之宜。《礼记·中庸》："故时措之宜也。"疏："措，犹用也。"

⑤ 此《姜维传》节文。

⑥ 魏嘉平六年九月，司马师废魏帝曹芳为齐王，立高贵乡公曹髦为帝。大赦，改元正元。

⑦ 此参用《陈志·后主传》与《姜维传》文。"狄道"，陇西郡属悬。故城在今甘肃临洮县洮水东岸。"河间"，河关之讹。《三国志·维传》原误，《常志》误援之也。《前汉志》金城郡有河关县。《后汉志》河关属陇西郡，云"积石山在西南，河水出"。《水经》："河水南至积石山下，有石门。"《郦注》云："西北入禹所导积石山，山在陇西郡河关县。"又："又东过陇西河关县北，洮水从东南来流注之。"注云："《地理志》曰：汉宣帝神爵二年置河关县。盖取河之关塞也。"按今地推，今甘肃永靖县，即汉河关县地，《禹贡》积石山，即今刘家峡之岸山，《前汉志》"河水行塞外，东北入塞内"之塞，《水经》所谓"石门"是也。"临洮"，亦陇西属县。今甘肃岷县，盖其故城也。洮水自西来，至是，折而北流，经狄道，至河关县东入黄河。沿流有路自岷县南逾浅岭入白龙江河谷，通武都、阴平。汉时，洮水与白龙江以内为汉民住区，以外为羌民住区。仅微有互渗而已。姜维数出陇西，皆循此白龙江与洮水一线进军，外连羌众以规陇右。进则图据陇西、金城、武威、安定、北地诸郡，退则徙所曾占领地域之民于蜀，空其地以利羌民之内徙。盖诸羌遥附于蜀，故以羌民进住洮水以东为蜀利也。又汉魏六朝时期，战争之目的，主要在于得其地

而有其民。其次则得其民而不得其地。若刘备之于汉中"得其地而不得其民",则时人以为"不利"(在《先主志》),期为下矣。缘汉魏时口赋至重,往往过于田赋。而徭役繁多,动有待于民力。故争民之战,尤重于争地云。

⑧魏明帝无子,养曹芳为子。青龙三年(二三五)立为齐王。景初三年(二三九)即皇帝位。嘉平六年(二五四)为司马师所废,仍为齐王,幽居河内。至晋泰始十年乃死。国禅时无谥。陈寿《三国志》但称"齐王芳",不称废帝。《常志》旧刻为"魏帝齐王。"王与帝混,疑非常氏原文。原文当作"魏帝芳废"也。

⑨此参全《陈志·姜维传》《张翼传》文。《陈志·陈泰传》叙此役颇详,《常志》未用,但突出张翼一再劝阻进军事。兹录附《陈泰传》文:

淮薨,泰代为征西将军,假节,都督雍凉诸军事。雍州刺史王经白泰云:姜维、夏侯霸欲三道向祁山、石营、金城。求进兵为翅,使凉州军至枹罕,讨蜀护军向祁山(谓预于三路御之)。泰量贼势终不能三道,且兵势恶分,凉州未宜越境。报经:审其定问(谓正确情报),知所趣向。须东西势合乃进。时维等数将(二字倒)万人至枹罕,趣狄道。泰敕经进屯狄道。须军到乃规取之(谓待东军到乃击取蜀军)。泰进军陈仓。会经所统诸军于故关与贼战。不利。经辄渡洮。泰以经不坚据狄道,必有他变,并遣五营在前,泰率诸军继之。经已与维战,大败。以万余人还保狄道城。余皆奔散。维乘胜围狄道。泰军上邽,分兵守要,晨夜前进。邓艾、胡奋、五秘亦到。即与艾、秘等分为三军,进至陇西。艾等以为王经精卒破衄于西,……不如割险自保,观衅,待弊然后进救。此计之得者也。泰曰:姜维提轻兵深入,正欲与我争锋原野,求一战之利。王经当高壁深垒,挫其锐气。今乃与战,使其得计。走破王经,封之狄道。若维以克战之威,进兵东向,据栎阳积谷之实,放兵收降,招纳羌胡,东争关陇,传檄四郡,此我之所恶也。而维以乘胜之兵,挫峻城之下;锐气之卒,屈力致命;攻守势殊,客、主不同。《兵书》云:修橹轒辒,三月乃成。拒堙,三月而后已。诚非轻军远入,维之诡仓卒所办。悬军远侨,粮谷不继。是我速进破贼之时也。所谓疾雷不及掩耳,自然之势也。洮水带其表,维等在其内。今乘高据势,临其项领,不战必走。寇不可纵,围不可久。君等何言如此。遂进军,度高城岭,潜行,夜至狄道东南高山上。多举烽火,鸣鼓角。狄道城中见救者至,皆愤踊。维始谓官救兵当须众集乃发。而卒闻已至,谓有奇变宿谋,上下震惧。【自军之发陇西也,以山道深险,贼必设伏。泰诡从南道。维果三日施伏。定军潜行,卒出其南。】(此段原传刺谬。裴注已驳)维乃缘山突至。泰与交战。维退还凉州。军从金城,南至沃干阪。泰与经共密期当共向其还路。维等闻之,遂遁。城中将士得出。

传文盖据泰之行状,浮夸偏颇,未足全据。然姜维既败王经,不能进取陇西,据栎阳积谷,东争关陇,而自挫于狄道坚城之下,如陈泰所算,实为失计,则确然也。虽然,维之不能东进,亦自有故。张翼为蜀将巨头之一。由其一再谏阻进军,足见当时蜀中士夫之一般心理,不在于与魏争衡天下,而仅在于立功自利,与姜维主谋矛盾。此即足以使维不能东争关陇,而必图取狄道,稳定一隅局势也。就封建时代蜀国利益计,若诸葛亮之苦志北伐,诚无可议。若蒋、费之息民自固,亦无可议。但能举国同心,则俱有功。费祎卒后,姜维欲宏亮之遗志,而蜀中士夫欲守蒋费遗规,朝士依违其间,听维出军而复掣肘于内。维畏张翼等留内掣肘,挟之同行。终不能改翼之所愿,则其不能轻军锐进为必然矣。钟题,胡三省《通鉴》注云："当在羌中，蜀之凉州界也。"今按：维未还成都，明年复出天水，则钟题当是武都或阴平界内民粮可资之地。当在今甘肃南部白水地区，不在羌中。其确址无考。（"枹罕"，今甘肃临夏县境，在洮河之西）姜维盖自临洮（今岷县）斜趋枹罕集羌军规取金城（今兰州）。故王经渡洮水截之。野战利于轻军与羌军，故大败经也。"故关"疑即河关县之积石关。杨守敬《三国疆域图》定在狄道北洮水之东，当非。"栎杨"秦汉旧县，在渭水平原。后汉省。胡三省《通鉴》注谓："泰盖言略阳耳。栎音药。药略音近。因语讹而致传写字讹耳。"略阳，魏广魏郡属县，即今甘肃庄浪县是，亦秦川聚粮之地也。又"四郡"，胡注云："谓陇西、南安、天水、略阳。略阳时为广魏郡，及晋乃更名略阳。""高城岭"，《水经注》云在陇西首阳县。即今甘肃渭源县与临洮县之分水岭，渭水所出者也。泰由陈仓（今宝鸡）至上邽（今天水）循渭水南山而进，解狄道围。姜维缘山进军截之，不胜，乃退向金城。金城，县名，属金城郡，盖蜀当时所立之凉州州治。狄道围解。维复畏魏军截断其归路，又复还驻钟题也。

⑩此出《陈志·姜维传》，参《后主传》文。原传云："就迁维为大将军。更整勒戎马与镇西大将军胡济期会上邽。济失誓不至，故维为魏将邓艾所破于段谷。"言就迁，谓就钟题进维为大将军，奖破王经功也。维虽退钟题，未尝战败。故复约汉中督胡济同出上邽。维方掌全国军政，而与胡济以誓约出军，则其时蜀将士不愿北伐之普遍心理可知也。誓约出军而犹失期，则张翼之言所代表之人众矣。《邓艾传》云："姜维退驻钟题，乃以艾为安西将军，假节，领护羌校尉。议者多谓维力已竭，未能更出。艾曰：洮西之败，非小失也。……彼有乘胜之势，我有虚弱之实，一也。彼上下相习，五兵犀利；我将易兵新，器仗未复，二也。彼以船行，吾以陆军，劳逸不同，三也。狄道、陇西、南安、祁山，各当有守；彼专为一，我分为四，四也。彼南安、陇西，因食羌谷；若趣祁山，熟麦千顷为之悬饵，五也。贼有黠数（术），其来必矣。顷之，维果向祁山。闻艾已有备，乃回（廻）从董亭趣南安。艾据武城山以相持。维与艾争险，不克。其夜，渡渭东行，缘山趣上邽。艾与战于段谷，大破之。"此可补《姜维传》之略。就艾所分析，当时维虽未破狄道。亦未言进至南安、陇西郡城，而其影响所及，实已控制陇西、南安、金城诸郡之多数民众。其军已可乘船浮渭以袭天南与略阳（广魏）诸郡，魏军但能以重兵分守狄道、陇西、南安、上邽四点。则蜀军在陇右势力实甚强大，姜维之成就不小，《陈志》未能阐述之，但言"陇以西亦骚动不宁"（《维传》文）也。武城山，按《水经注》卷十七言：渭水自高城岭过襄武县。又东南经豲道县故城西，"又东经武城县西，武城川水入焉"。武城山应在此水左右，盖今甘肃武山县之北山也。渭水又东过上邽县，"又东南出桥亭西，又南得藉水口"。藉水自祁山东流经天水县南，东入于渭。上邽县之主流也。藉水将入渭，先会段溪水。"水出西南马门溪，东北流入藉水"。则所谓"段谷"者，当即上邽县东南段溪之谷也。"渭水又东，历桥亭而南，迳绵诸县东，与东亭水合。亦谓之桥水也。清水又为通称矣。""清水上下，咸谓之秦川"，为陇西富庶之区。魏分天水置广魏郡于此，晋改曰略阳。渭水"又东南合泾谷水"。此泾谷水为渭水南岸支流，合白城溪。董亭为白城溪所经（并见《水经注》），则当在今天水县极东近陕西界处。按此推断：此次维出祁山，盖欲取天水、略阳二郡为北伐其地。故邀汉中督胡济会师。因邓艾在天水有备，乃东向缘山斜趋泾谷水白城溪，出董亭，渡渭而北，欲西袭豲道（魏南安郡治，在陇西县东南三十五里）。故邓艾还趋武城山以扼之。维不得西袭南安，乃复潜军渡渭而南，东向以趋上邽。渡处当在冀县（今甘谷县）西落门附近，从而循藉水以趋上邽。艾亦追至，与战于上邽东南之段谷。纡回千里奔驰，疲乏而战，故大败也。

⑪此《后主传》文。

⑫以上参合《后主传》与《姜维传》文。传云："维欲乘虚向秦川（此指沿渭水之大平原），复率数万人出骆谷。径至沈岭。时长城积谷甚多而守兵乃少，闻维方到，众皆惶惧。魏大将军司马望拒之。邓艾亦自陇右（至），皆军于长城。维前住亡水，〔皆〕倚山为营。望、艾傍渭坚围。维数下挑战，望、艾不应。景曜元年，维闻诞破败，乃还成都。复拜大将军。"《常志》用本纪体，分入两年也。诸葛诞，《陈志》有传。司马望，《晋书》卷三十七有传，时以征西将军持节都督雍凉二州诸军事，住长安。沈岭，傥、骆二谷之分水岭，在太白山之东。长城，成名，在骆谷下游近平原处。其西为骆谷水，东为芒水，皆北入渭。维驻军芒水，《陈志》作亡水，字讹也。

⑬此出《后主传》。

⑭此参合《后主传》与董允陈祇两传为文。

⑮《陈志·谯周传》："徙为中散大夫，犹侍太子。于时军旅数出，百姓凋瘁。周与尚书令陈祇论其利害，退而书之，谓之《仇国论》。其辞曰：因余之国小而肇建之国大，并争于世而为仇敌。因余之国有高贤卿者，问于伏愚子曰：今国事未定，上下劳心，往古之事，能以弱胜强者，其术何如？伏愚子曰：……周人养民，以少取多。句践恤众，以弱毙强。此其术也。贤卿曰：曩者项强汉弱，相与战争……张良以为民志既定，则难动也。寻帅追羽，终毙项氏。岂必由文王之事乎？……伏愚子曰：……今我与肇建皆传国易世矣。既非秦末鼎沸之时，实有六国并据之势。故可为文王，难为汉祖。……"

⑯《陈志·宗预传》云："延熙十年，为屯骑校尉。……后迁后将军督永安。就拜征西将军，赐爵关内侯。景耀元年，以疾征还成都。后为镇军大将军领兖州刺史。"与《常志》相异有三点，"征西"，《常志》作"征北"（《巴志》亦云"征北大将军南阳宗预"）；"镇军"，常志作"镇南"；"征还成都"，其后乃为兖州刺史，《常志》作"征拜"。今按：于时张翼为征西大将军，《三国志·翼传》与《常志》上文并同，则宗预非征西，明《陈志》本传文讹矣。《晋书》卷五十七《罗宪传》："黄皓预政，众多附之。宪独介然。皓恚之，左迁巴东太守。时将军阎宇都督巴东，拜宪领军，为宇副贰。魏之伐蜀，召宇西还，宪守永安城。"（裴松之《霍弋传》注引《襄阳记》文略同）。《常志·巴志》云："预还内，领军襄阳蜀宪为代。"而旧刻本此作"镇军"。查此时陈祇"守尚书令加镇军将军"，《陈志》与《常志》并同。罗宪以"太子舍人宣信校尉""左迁巴东太守"（并《晋书》），何至加镇军衔。是《常志》"襄阳蜀宪为镇军"字乃领军字讹也。《陈志》谓宗预征还"后为镇军大将军"亦与陈祇加衔抵牾。当依《常志》作"镇南"。镇南大将军，延熙五年加于马忠之衔。忠延熙十二年卒。此时以镇南为预加衔也。如此就《常志》勘定《陈志·预传》二误字，亦据《常志》本身及《晋书》勘正《常志》此处一误字。

⑰吴孙綝弟兄擅权。吴主亮欲诛綝。谋泄，为綝所废。迎立琅邪王孙休，改元永安。时为景耀元年九月。于魏为青龙三年。在吴则八月以前为太平三年，九月以后为永安元年也。綝寻复为休所诛，夷三族（事详《三国志·吴书》、《通鉴》卷七十七）。

⑱此与《陈志·姜维传》及《通鉴》卷七十七大体相同。而《维传》与《通鉴》并有小误。兹录《维传》，并随文校订如下。

"初，先主留魏延镇汉中，皆实兵诸围以御外敌。敌若来攻，使不得入。及兴势之役，王平捍拒曹爽，皆承此制。维建议，以为错守诸围，虽合《周易》重门之义。（《易·系辞》：'重门击柝，以待暴客，盖取诸豫。'）然适可御敌，不获大利。不若使（当读如设）闻敌至（《通鉴》作'使敌至'），诸围皆敛兵聚谷，退就汉、乐二城，使敌〔不得〕入平。（'不得'二字衍，《通鉴》依《常志》作听敌入平。谓听其进入汉水平原）且重关镇守以捍之。(《通鉴》删且字，关下增'头'字，甚谬。且，犹云但。重，读如重叠之重。谓乐城、汉城、阳平关、白水关、葭萌城与兴势、黄金诸关戍镇守，使敌饥困平原中不得更进。非仅指一阳平关头也）有事之日，（以上，言平时，豫作布置之计。此句起，言战时克敌之术。《常志》与《通鉴》并删此句，亦未当）令游军并进，（《通鉴》作'旁出'，亦未当。此言关守外，更多出游军据四山之险以瞰平地，作围歼势也）以伺其虚。敌攻关不克，野无散谷，千里悬（《通鉴》作运）粮，自然疲乏。引退之日，然后诸城并出，与游军并力搏之。此殄敌之术也。"(此下文同）所举围守七处，可考者："建威"，在祁山东南，"武城"，即武城山，在天水陇西二郡间。"武卫"疑即武街，在武都郡；石门，在武都天水郡间，并见《晋书·张骏载记》。西安、建昌、临远虽无考，顾名思义，亦当在武都、阴平、西羌地界，不在汉中。汉中督退驻葭萌（汉寿），则汉中诸围皆撤，但留汉乐二城耶？盖羌维屡出陇西，熟谙西方形势，而不重视汉中。以为汉中诸围兵多而分，久不见敌，欲撤各围兵集力于西，以为可获大利也。汉中与魏，险阻隔绝，曹操、曹真、曹爽四度大举皆未获利。诸葛亮、姜维再出谷道，亦未获利。故蜀人采维之策，但注意汉寿、剑阁诸防也。《陈志》与《常志》并有责维虚防误国之意。夫魏伐蜀分三道，邓艾诸葛绪皆自陇西，惟钟会入汉中，终亦阻于剑阁，不得受降。则维所策亦非甚谬。蜀人恶维黩武，所评未为允也。

⑲此出《后主传》。

⑳此出《张翼传》及所附《廖化传》。

㉑阎宇，见《南中志》及本篇。《三国志》附见《马忠传》。裴注云："字文平，南郡人也。"又《姜维传》："宦臣黄皓等弄权于内，右大将军阎宇与皓协比。"此作"右卫大将军"。疑衍卫字。裴注《霍峻传》引《襄阳记》亦云，"时右大将军阎宇都督巴东，为领军。后主拜（罗）宪为宇副贰"（上注⑯引《晋书》无右字）。故删"卫"字。

㉒此出《陈祗传》。

㉓董厥，《陈志》附《诸葛亮传》。本传不云"南乡侯"，别在《诸葛瞻传》有，常氏摘合于此也。

㉔蜀景耀三年，本魏帝髦甘露五年。其四月，髦为司马昭所杀，迎立常道乡公奂，改称景元元年。

㉕出五人本传。

㉖此出《云传》，亦见《后主传》。

㉗此参合《陈志·诸葛瞻传》《董厥传》《樊建传》及《郤正传》为文。董樊附《诸葛亮传》。裴松之注："孙盛《异同记》曰：瞻、厥等以维好战无功，国内疲弊。宜（原衍）表后主（此乃当有宜字）召还，为益州刺史，夺其兵权。蜀长老犹有瞻表以阎宇代维故事。晋永和三年，蜀史常璩说：长老云陈寿尝为瞻吏，为瞻所辱。故因此事归恶黄皓，而云瞻不能匡矫也。"今案：寿于诸葛亮传极致颂美，无贬辞。于《瞻传》亦但云："美声溢誉，有过其实。"他无所议。孙盛之说，未足据也。即如常璩此志，亦颇叹瞻与厥不能正矫。则谓璩为瞻解之说无足信，更可知矣。夫当时姜维欲诛黄皓，尚且自悔，而反求皓请屯沓中，则责瞻厥等不能匡正，已属春秋责备贤者之义耳，岂可以寿于瞻有宿怨哉。

㉘此出《后主传》。

㉙此段惟常志有。裴松之注引亦云《华阳国志》。其"维本羁旅自讬而功效无称"句，仍取《陈志·维传》"维本羁旅讬国，累年攻战，功绩不立"文意。裴注避重复，删省之也。

㉚此合《后主传》与《维传》文为之。侯和，杨守敬《三国疆域图》定于甘肃临潭县之旧洮州（今临潭县治

徙此)。《水经注》卷二:"河水又东,洮水注之。《地理志》曰:水出塞外羌中。《沙州记》曰:洮水与垫江水(指白水)俱出嵹台山……洮水东北流,迳吐谷浑中,……又东北流迳洮阳曾城北。《沙州记》曰:嵹城东北三百里有曾城,城临洮水者也。……洮水又东迳洪和山(当作城)南,城在四山中。"王念孙校注云:"董祐诚曰:《魏书·地形志》,洪和郡属河州。《元和郡县志》:贞观四年,洮州自洮阳城移治故洪和城。八年,复旧。美相县,西至州七十五里。贞观移州,县亦随徙。是洪和在洮阳东七十余里也。今洮州厅治。……侯、洪音相转。侯和即洪和。"其说当遵。按《水经注》文之"嵹台山",当即是今西倾山,在夏河县西南。其是夏河县为吐谷浑地也。"曾城",当在今碌曲县,本宕昌故地。宕昌部之中心邑聚,则今卓尼是也。"洪和城在四川中",则非洮水岸地,拟为今临潭县治(老洮州),当是。洮水过侯和城外之洪和山南后,乃历迷和城(即泥和城,在今岷县西),又东迳甘枳亭,历望曲,至临洮故城北,乃折东北流(并据《水经注》),则此临洮是今岷县,迷和、枳亭、望曲皆在其西南之洮水南岸。狄道为今之临洮县,又远在其北矣。维盖由当时之临洮县北侵狄道。为艾所拒,退至侯和。与艾决战而败,乃更退向沓中也。胡三省《通鉴注》云:"沓中在诸羌中,乃沙潨之地。晋张骏据河西,因前赵之乱,收河南地,至于狄道,置武街、石门、侯和、漒川、甘松五屯护军,与后赵分境。乞伏炽磐攻漒川,师次沓中。则侯和之地在塞内,沓中之地在羌中明矣。"兹按:沓中,今甘肃舟曲县地,属白龙江流域。漒川,今宕昌县地。漒水即羌水,今云白龙江也。甘松,在今南坪县,蜀汉时为平康县北界。武街、石门,皆在今武都、礼县地界。张佳胤谓沓中为古松州,殊无据。松州,今松潘县,蜀汉时为平康县治也。

## 七

六年春,魏相国晋文王命征南廖本注云:"当作西,见《三国志》。"将军邓艾、镇西将军钟会、雍州刺史诸葛绪,【益州刺史师纂李本作慕。】五道伐蜀①。顾广圻校稿云:"艾自狄道,绪自祁山,会分从骆谷、斜谷、子午谷。是为五道。"大将军姜维表后主,求遣左、右车骑张翼、廖化督诸军分护阳安关口及阴平桥头。黄皓信巫鬼,谓敌不来,启后主寝其事。群臣不【知】敢言。依元丰本改。夏,艾将入沓中,会将向骆谷,蜀方闻之。遣张翼、董厥为阳安关张、吴、何、王、浙、石本作"安阳关"。外助,廖化为维援继②。大赦,改元元丰本作年。炎兴③。【比】化各旧本俱讹作比。《三国志·姜维传》同误。兹改正,说详注释。至阴平,闻诸葛绪向建威,故待月余。维为邓艾所摧,还阴平④。钟会围汉乐二城,依《姜维传》补。遣别将攻关⑤。《姜维传》作关口,谓阳安关也。分将蒋舒开门降,都元丰与廖本有都字。他各本无。督傅佥奋战而死⑥。冬,会以汉乐二城不下,径长驱而前⑦。翼、厥之至汉寿也,维、化亦舍阴平,皆还保剑阁,拒会。《姜维传》云:"翼、厥甫以汉寿,维、化亦舍阴平而退,适与翼、厥合,皆还保剑阁以拒会。"会不能克,粮运悬远,议欲还。而邓艾由阴平、景谷傍字当作旁。谓非正路。入⑧。后主又遣都护诸葛瞻督诸军拒艾,至【汉】涪,各旧本并有汉字。下文只作涪。《三国志·诸葛瞻传》亦作涪。汉字当衍。不进。尚书郎黄崇,权子也,劝速行固险，无令敌得入【坪】平。各旧本皆作坪。《三国志·黄权子崇传》作"平地"。上文言汉中城守，亦曰"入平"。故改。言至流涕。瞻不从⑨。前锋已破，艾径至涪。瞻退保绵竹⑩。艾书诱元丰、钱、刘、李、《函》、廖本并作诱。张佳胤改作与。吴、何、王、石本依之。浙本剜改作诱。瞻曰：若降者，必表封琅琊王。旧各本并作"琅邪"。廖本改"琅琊"。瞻怒，杀艾使，战于绵竹。瞻军败绩。瞻临阵死。崇及羽林督李球、尚书张遵，皆必死，没命。瞻长子尚叹曰："父子荷恩，不早斩黄皓，以致败国殄民，用生何为。"乃临马赴魏军而死⑪。百姓闻艾入【坪】平，惊迸山野。后主会群臣议，欲南入七郡。顾广圻校稿云："胡三省曰：越嶲、朱提、牂柯、云南、兴古、建宁、永昌也。"或欲奔吴。光禄大夫谯周劝："降魏，魏必裂土封【后主】。"后主从之⑫。遣侍中张绍、驸马都尉邓良赍元丰、钱、吴、何、王、浙、石本作赍。刘、《函》、廖本作齎。音义通。玺绶，奉笺，诣艾降。北地王谌恚愤，杀妻子而后自杀。艾至成都，后主舆榇、面缚、衔璧迎之。艾亲释其缚，受其璧，焚其榇，承制拜骠骑将军，使止共宫⑬。执黄皓，将杀之。受赂元丰及廖本作赂。他各本作赂。而赦之⑭。诸围守皆奉后主敕《函海》本此下空格。令乃下⑮。

姜维未知后主降，谓且固城。素与执政者不平，欲使其知卫读如御。捍也。敌之难，而后逞志，乃回由巴西出郪、五城。此说颇谬实际形势。注释辨订。会被后主手令，乃投戈释甲诣钟会，降于涪。军士莫不奋激，旧各本并作击。《函海》注云"本作激"。廖本改作激。以刃斫石⑯。

明年，春正月，会构艾，槛车见征。会图异计，奇维雄勇，还其节盖元丰及钱、刘、李、《函》本作益，句下属。张佳胤依《三国志》改作盖。吴、何、王、浙、石本同。当作盖。本兵，《三国志·姜维传》作"印号"。《常志》改作本兵。元丰、刘、李、钱、《函》、廖本俱同。张佳胤改依《三国志》作"印号"二字。吴、何、王、浙、石本同。还印号则还本兵。张改非。谓长史杜预曰："姜伯约比中州名士，夏侯太初、诸葛公休不如也。"《姜维传》作"以伯约比中州名士，公休、太初不能胜也"。邓艾亦谓蜀人曰："姜维，雄儿也⑰。"《三国志·邓艾传》作："姜维自一时雄儿也。与某相值，故穷耳"。会则与维【则】出同车，坐同席，《三国志·姜维传》作"会与维出则同舆，坐则同席"。《常志》旧本前三字刘本作"会到维"。钱本作"会维到"。元相与张、吴、何、王、浙、石本作"会维每"。廖本作"会维则"。将至成都，将字，携同义。《三国志》作"因将维等诣成都"。自称益州牧以叛。钱、刘、李、张、吴、何、《函》、王诸本益作"自称"。元丰与廖本无自字。恃维牙爪。元丰与廖本作"牙爪"。他各本皆倒作"爪牙"。欲遣维为前将军伐中国⑱。维既失策，又知会钱写本此下衍意字。他各本无。志广，教会诛北来诸将。张、吴、何、王、浙、石本作"北来诸将"。张佳胤依裴注引增也。欲欲字原倒在下，当移此。诸将既死，徐【欲】杀会，尽坑魏兵，还后主。张、吴、何、王、石本作"还复蜀祚"。浙本剜改"还后主"。密书通裴注引作与。后主曰："愿陛下忍数日之辱，臣欲使社稷危而复安，日月幽而复明⑲。"魏太后崩，会命诸将发丧，各本旧无诸字。廖本注云："按《通鉴考异》引，有诸字。当补。"因欲诛钱、《函》本讹作追。之。诸将半入，而南安太守胡烈等知其谋，烧成都东门，以袭杀会及维、张翼、后主太子璿何、王、浙、石本作璩。等。军众抄掠⑳，数日乃定。三月，后主举家东迁洛阳。丁亥，封安乐县公，食邑万元丰本作万。户。赐绢万匹，元丰本作万疋。奴婢百人，他物称此。弟兄各旧本俱作"兄弟"，廖本倒作"弟兄"。子孙为郡《三国志·后主传》无"弟兄"二字，郡作三。都尉，侯者五十余人。以谯周全国济民，封城阳亭侯。秘书令郤正，舍妻子，随侍后主，相导威仪，封关内侯。于是尚书令樊建、殿中督张通、侍中张绍亦封侯㉑。此下旧各本连，当空格。

刘氏凡得蜀五十年正，称尊号四十二年㉒。

案：以上记景耀六年至魏咸熙元年（二六三—二六四），魏军灭蜀汉事。多取王崇《蜀书》以补陈寿《三国志》、

【注释】

①《三国志·钟会传》："四年（魏景元四年）秋，乃下诏，使邓艾、诸葛绪各统诸军三万余人，艾趣甘松、沓中连缀维。绪趣武街、桥头，绝维归路。会统十万众，分出斜谷、骆谷入。"为四路。传又云："魏兴太守刘钦趣子午谷，诸军数道平行，至汉中。"会《檄蜀文》亦云："五道并进。"《通鉴》卷七十八依《会传》文云。"统十余万众分从斜谷、骆谷、子午谷趣汉中"，合刘钦一路言之也。《常志》不录刘钦，而有"益州刺史师纂"。师纂为艾司马，见《三国志·艾传》，则非单率一路。其领益州刺史，在入成都后，亦见《艾传》。然则《常志》六字为误文，盖王崇《蜀书》之说如此，《陈志》所不取而常氏误取之也。兹删正。顾广圻已考得五道有子午谷一路，而未能勘得师纂一路之误，则校勘之难矣。《晋书·文帝纪》：景元四年"夏，帝将伐蜀，乃谋众曰：自定寿春以来，息役六年，治兵缮甲，以拟二虏。……今宜先取蜀。三年之后，因巴蜀顺流之势，水陆并进。此灭虞定号，吞韩并魏之势也。计蜀战士九万。居守成都及备他郡不下四万。然则余众不过五万。今绊姜维于沓中，使不得东顾。直指骆谷，出其空虚之地以袭汉中。彼若婴城守险，兵势之散，首尾离绝。举大众以屠城，散锐卒以略野。剑阁不暇守险。关头不能自存。以刘禅之暗，而边城外破，士女内震，其亡可知也。"伐蜀本谋如此。纪又云："征西将军邓艾以为（蜀）未有衅，屡陈异议，帝患之。使主簿师纂为艾司马以喻之，艾乃奉命。"此益见《陈志·艾传》不误。《常志》文为误也。

②此见《姜维传》。"群臣不知"为陈氏原文。《常志》元丰本作"群臣不敢言"，他各本作"不知"，盖李㞳依《陈志》改，明清各本并以其与《陈志》同而遵之也。然"不知"二字颇谬。夫维自外启后主，则必先过尚书省，群臣安得不知。即后闻魏师已出，所遣左右车骑翼、化，仍如维策，岂群臣不知所能如此。《常志》每有修订《陈志》之处，改作"不敢言"，正符实际。不敢言者，谓当时不敢争，此时亦不敢劾皓欺慢也。元丰本虽多讹字，此不得为讹。赖之，可以订正《陈志》此文之非，从《陈志》改者乃误也。

③此出《后主传》,未记月。《通鉴》系于八月。

④此出《三国志·维传》。《常志》各本与《维传》同作"比至阴平"。承上文,则当指张翼与董厥、廖化两路同至阴平,或翼、厥与化之某一路行至阴平。《维传》:"比"字上承翼、厥等"诣阳安关口以为诸围外助"句。《通鉴》遂作"翼、厥北至阴平,闻诸葛绪将向建威,留住月余待之",肯定其为翼、厥一路。大谬。夫翼、厥受命"诣阳安关口为诸围外助",谓命其往往阳安关以固关防,兼顾汉中、武都诸围,灵活补助也。阳安关口即阳平关头,在今陕西沔阳县与略阳县间,已前注。自蜀赴albedo道,当迳由涪、葭萌,无绕取险恶阴平一路之理。《常志》下文云"翼、厥之至汉寿",《陈志》亦云"翼、厥甫至汉寿"。汉寿即葭萌,亦已前注。则翼、厥之非绕道阴平甚明确矣。《通鉴》盖不知《陈志·维传》比字为误文而误作体会也。审传文,比字乃化字之讹。"化诣沓中为维援",则必取道阴平也。沓中在西北诸羌中,系屯军种麦之地,非行军御敌之地。即维屡次北伐,除出临洮、狄道外,亦常出武都与汉中,化固当料维必自沓中向阴平武都以御敌。故往阴平以迎之。阴平与沓中同在白水(白龙江)流域,呼吸可通也。追闻诸葛绪已出祁山(建威是祁山地,已前注),更必当留阴平以待维至,布署御敌全局。维亦果"还住阴平",与化合军,追闻关口已下"维化亦舍阴平而退。适与翼、厥合,皆还保剑阁"。则化在阴平与维合军,翼、厥趋关口未至阴平,《陈传》《常志》本身之文亦可证也。陈、常二志原盖作"化",宋刻版时已讹作"比"。应是唐时写本俱已讹,故《通鉴》不能辨,历世校勘家亦莫敢易也。近见卢弼《三国志集解》,尚未辨订此字。兹故详为勘正。

⑤《陈志·钟会传》:"蜀监军王含守乐城,护军蒋斌守汉城,兵各五千。会使护军荀恺、前将军李辅各统万人,恺围汉城,辅围乐城。会径过,西出阳安口。遣人祭诸葛亮之墓。使护军胡烈等行前,攻破关城。"《姜维传》亦云会"攻围汉乐二城"。《常志》但云围乐城者,时汉城亦称"西乐城"(见《水经注》),常氏从蜀人习惯,并言乐城也。仍当作"汉乐二城"。

⑥裴注引《蜀记》云:"蒋舒为武兴督,在事无称。蜀令人代之,因留舒助汉中守。舒恨,故开城出降。"此言汉中,指阳安关口。非指汉城。《常志》上文,旧刻有"护军蒋舒守汉城"句,校以《钟会传》,当作"蒋斌"。与此"蒋舒"为二人,前已校正。傅金,义阳人肜之子。见《辅臣赞注》(肜事,《常志》在《先主传》)。注云:"拜子金为左中郎,后为关中都督。景耀六年,又临危授命。"蒋舒卖金,出降胡烈事,详裴注引《汉晋春秋》。

⑦此据《陈志·姜维传》。传云:"会攻乐城,不能克,闻关口已下,长驱而前。"《钟会传》则谓会分军二万攻汉乐二城,自率大军径趋阳安关口(已引在注⑤)。破关后,则径入蜀攻剑阁也。汉乐二城,奉后主降敕后乃下。《常志》并东西乐二城为"乐城"二字,殊混,当同上文。补二字。

⑧此常氏取王崇《蜀书》文也。崇与陈寿同时,所传蜀事大同小异。兹列《陈志·钟会传》一段,以明会艾两路之相互关系。

邓艾追姜维到阴平,简选精锐,欲从汉德〔阳〕(旧刻衍文)入江油左儋道,诣绵竹,趣成都。与诸葛绪共行。绪以本受节度邀姜维,西行非本诏。遂进军前向白水,与会合。会遣将军田章从剑阁西径出江油。未至百里,章先破蜀伏兵三校。艾使章先发,遂长驱而前。会与绪军向剑阁。会欲专军势,密白绪畏懦不进。槛车征还,军悉属会。进攻剑阁,不克。引退。蜀军保险拒守。艾遂至绵竹。

此文说明五路进军并为两路之经过，与两路相互依倚之关系。诸葛绪自阴平循江下白水关，与钟会合军。而邓艾仍从阴平出景谷道向江油，会亦遣田章自剑阁北之马鸣阁出江油以助艾。马鸣阁，今云马阁坝，蜀汉时属汉德县（今剑阁县）。章所行路，即今宝成铁路广元至江油之一段路线也。艾知田章军出，故敢冒险缒岩进军向江油。钟会欲掠艾功，具报司马昭之文，夸大田章前驱之功如此。会攻剑阁失利，迫于"引退"，而艾已至绵竹破诸葛瞻，姜维引兵巴西，会乃得进军涪城。此当时两路相依之实际情形也。《常志》述钟会"欲还"，而以邓艾旁入蜀中为其结句，明未果引还之原因，在于西路奇军已得势也。姜维与张翼、廖化合重兵以扼剑阁奇险之地，拒会有余，而不能分兵联瞻夹攻邓艾，实为全局败坏之主要原因。《常志》以艾之入平接会之欲退为节，盖深有慨于此也。

⑨黄崇事，见《陈志·黄权传》。称"权留蜀子"，此用其文。本云"到涪县，瞻盘桓未进"。《常志》旧本衍汉字也。

⑩《陈志·瞻传》云："瞻督诸军至涪，停住。前锋破。退还住绵竹。"住绵竹，为守鹿头关。上引《钟会传》所谓"蜀军保险拒守，艾遂到绵竹"者是也。涪距剑阁二百里，仅隔梓潼一县，两军易于并力。而瞻退绵竹者，盖与维、翼、厥、化等商为保据险阻困敌于平之计。翼、化等盖亦已分军出马鸣阁与江油等处截击田章，断艾后援。上引《钟会传》云"破蜀伏兵三校"可证。瞻不能固守而轻于一战，遂坏全局。

⑪《瞻传》云："瞻怒，斩艾使，遂战，大败，临阵死。时年三十七。……长子尚，与瞻俱没。"无尚死前叹息语。王崇《蜀书》当有，常璩用之。《通鉴》亦依《常志》著其语。计尚时年不过二十，为后主甥，当与黄皓昵习，瞻且无责于皓，尚未必遂知其奸。蜀人追思诸葛亮，于瞻父子多溢誉，故王崇书有此语，《陈志》未取也。绵竹之战，艾军死中求生。存亡所系。《艾传》云："瞻自涪还绵竹，列阵待艾。艾遣子惠唐亭侯忠出其右，司马师纂等出其左。忠、纂战不利，并退还。曰'贼未可击'。艾怒曰：'存亡之分，在此一举。何不可之有！'乃叱忠、纂出，将斩之。忠、纂驰还更战，大破之。斩瞻及尚书张遵等首。"盖瞻等凭山险为阵，故忠与纂言未可击也。后人不察瞻退至绵竹而战之意义，斥同"书呆"，至有谓其"埋人脚而战"者（见《元和郡县志》），诚极妄横诬之说也。张遵，张飞孙，后主之内侄也。与瞻父子皆亲贵，而能陨首战场，则其战斗之激烈可知。李球，李恢之侄，见《恢传》。

⑫此出《陈志·谯周传》。传云："及闻艾已入【阴】平，百姓扰扰，皆迸山野，不可禁制。后主使群臣会议。"时艾已破绵竹进至雒城矣，何乃言"入阴平"。用常作校，当作"入平"。此又《陈志》当依《常志》校正之一例。今按《陈志·谯周传》所载谏奔吴与入南议云："今若入吴，固当臣服。……魏能并吴，吴不能并魏。等为小称臣，孰与为大。""若欲奔南，则当早为之计，然后可果。今大敌已近，祸败将及，群小之心，无一可保。恐发足之日，其变不测。何至南之有乎。"所料情势准确，时人不能不采。然不劝后主乘城固守，而劝其降于孤军深入之邓艾，则误国也。传又载其策艾必受降云："方今东吴未宾，事势不得不受。受之后，不得不理。若陛下降魏，魏不裂土以封陛下者，周请身诣京都，以古义争之。"思想迂腐如此，料事虽明，不可以谋国也。

⑬此用《陈志·后主传》文，微有删节。

⑭此盖出于王崇《蜀书》。《陈志》不见。裴注亦不及。于理艾既受后主降，不至杀其倖臣。皓之罪在蜀，魏之所利，非有害于魏，则艾亦何至为蜀人杀皓，但不容其复得弄权而已。又艾入成都，宝货不可胜取，何所贪于黄皓之贿，赦其欲诛之人？当是蜀人如姜维等怨艾不杀皓而听其旅进于蜀故宫中之诽语，非史实。《常志》存之，《通鉴》亦载之，为史识不逮陈寿之处。

⑮《陈志·后主传》无此文。然，《姜维传》与《晋书·罗宪传》《霍弋传》并云奉后主敕乃降，则此固应有之文也。裴注引王隐《蜀记》云："禅又遣太常张峻、益州别驾汝超受节度。遣太仆蒋显衔命敕姜维。又遣尚书郎李虎送士民簿，领户二十八万，男女口九十四万，带甲将士十万二千，吏四万人，米四十余万斛，金、银各二千斤，锦绮彩绢各二十万匹，余物称此。"查《前汉》蜀郡十五县即有户二十六万八千二百七十九，口百二十四万五千九百二十九。成都一县，有户七万六千二百五十六。后汉则蜀郡十一县有户三十万四百五十二，口百三十五万四百七十六，顺帝永和五年数也。自永和至于汉末，除马相之乱外，成都一直平静。刘璋全城以降。经刘备父子休养生息又五十年，全蜀户口何至仅此？然，按《晋书》所载太康时户数：益、梁、宁三州，二十郡，一百三十三县，总为户三十万八千。益州八郡四十四县为最富地，亦仅户十四万九千三百，乃平蜀后休养又且二十年之户数。然则，蜀中户口摧残锐减，正应是蜀汉时期。由此推断：蜀汉五十年中，号称治者，但无叛乱耳，封建剥削严重，农民生活困难，逃亡日多、户口锐减则实然矣。此则连年征伐，徭役不息之所致。蜀之速亡，此亦为根本原因。邓艾至而后主不敢守城者，盖亦在此。《先主志》记刘璋降后城中金、银、谷、帛之富，与此对比，此才十之一耳。此当时成都空虚甚于刘璋十倍之验也。又前记后主屡徙羌胡人居广都、繁县等水利灌溉之沃野中，则当时农村凋敝情形已可概见。后人不察，徒以军事观点论蜀汉兴亡，此非он知兵者也。

⑯姜维扼守剑阁，忽东走巴西。各书皆有此说（《陈志》在《钟会传》）。夫维自沓中转战千里，由阴平、白水斜趣葭萌，卒能扼会主力于剑阁，掌握形势，料量敌情，准确如此。何至于蜀内形势之适应如此刺谬？巴西郡治阆中。在剑阁东南二百余里之嘉陵江岸。维之趋如者，盖缘钟会攻剑阁不克而退（《会传》云"引退"），虑其别取它途（如来苏路），故向巴西布防，欲截歼之。时在邓艾破瞻之前，未虞绵竹之不守也。《陈志·维传》云："维等初闻瞻破，或闻后主欲固守成都，或闻欲东入吴，或闻欲南入建宁，于是引军由广汉郪道以审虚实。寻被后主敕令，乃投戈放甲，诣会于涪。"盖维在巴西闻成都诸臣之议。始知绵竹已破，钟会已入涪。（会入涪非经剑阁。盖循其别将田章所开之马鸣阁路。《会传》无入剑阁文）乃自巴西斜行郪、五城道，向成都。如此，则如审实成都固守，便于进援。后主奔吴，亦易于截留于巴以图兴复。纵入南中，亦便于追及卫行。就全蜀形势言，甚为允当。《陈志》数语，深得实际情旨。《常志》此文，竟谓维之本志在"欲使执政知卫敌之难而后得志"，可谓绝谬。此承平征伐时所不敢有之用心，而谓忠勇之维于敌已深入，艰难支拒之时敢作此戏耶？此亦必误取王崇《蜀书》或他记载之说，当辨订者。《钟会传》云："维等闻瞻已破，率其众东入于巴。会乃进军至涪。"此亦依钟会表文粉饰之词耳。果维闻瞻已破，必迅率所部还卫成都，而留翼、厥剑阁拒艾。何至东逃走巴。所言"入巴"，谓维趣巴西，实在会军"引退"时也。会知维向巴西，乃别取马鸣阁道入涪。非由维让开剑阁。表文亦不敢明言，故但含浑云"进军至涪"耳。《通鉴》用《会传》文，亦云："维等闻诸葛瞻败，未知汉主所向，乃引军东入于巴。钟会进军至涪，遣胡烈等追维。维至郪，得汉主敕命。"云云。竟谓维率军避敌，远窜于巴，胡三省注云："巴即巴中也"。巴中为其时泛指巴夷杜濩、朴胡地域之称。有是理乎？且既入巴避敌矣，又何为"至郪"。郪近于涪，时钟会驻地，岂避敌能自千里之外更转而就敌耶？此又《通鉴》之谬也。兹并订正。

⑰此段事，互见《陈志·姜维传》《邓艾传》《钟会传》。夏侯玄字太初，《陈初·魏书》有传。诸葛诞字公休，《陈志》亦有传。

⑱此据《陈志·姜维传》《钟会传》为之。旧刻讹谬，非常氏别有所据也。兹悉依《陈志》改正。《会传》云："欲遣姜维等皆将蜀兵出斜谷。会自将大众随其后。既至长安，令骑士从陆道，步兵从水道，顺流浮

渭入河，以为五日可到孟津，与骑会洛阳，一旦天下可定也。"《常志》"遣维为前将军伐中国"，本谋如此。因司马昭突至长安，而罢入洛之想，更作据蜀自固之计也。会参司马氏密谋有年，欲乘魏犹未亡，人情未定，借蜀军以讨司马氏，奄据二方。其任恃姜维，固所必然。

⑲此不见于《陈志》与其他书史。裴注亦引《华阳国志》，则《常志》所独有。以恒理推：姜维图复汉国，兼杀艾、会与北来将士，计至险密，不当辄泻于后主。后主时在魏军监守中，又复庸暗，使其泻之，祸当何如？使其不泻，则外人何则知之？乃维死前一刻间尚为会所信赖。则此密表为外人想像之说可知矣。裴注载孙盛《晋阳秋》曰："盛以永和初从安西将军平蜀，见诸故老，及姜维既降之后，密与刘禅表疏，说欲伪服事钟会，因杀之，以复蜀土。会事不捷，遂至泯灭。蜀人于今伤之。"颇似维实有此密表，乱后曾为谁人所得，孙盛曾及目见者。然反覆思之，其理终不可通。设此密表能为世所见，亦当是维死后，后主献于晋人如卫瓘者以自解。晋人亦当赍送朝廷，以证会之叛逆。不当仍留蜀中为故老所保存，至孙盛入蜀犹及见之。孙盛，《晋书》卷八十二有传。"从安西将军平蜀"谓从桓温灭李势也。上距蜀亡已八十四年，盛安得犹见此密表？盖亦仅从诸故老言谈知之。盛之原文，本作"见诸故老，言及姜维既降之后密与刘禅表疏……"今本脱一言字，遂使"见"字有直贯密表之义。非盛实曾见及其表，但故老依旧籍言之耳。此云旧籍，指王崇《蜀书》。由其说与王崇《姜维论》旨义相切（在下文）。常璩此文，亦当取自崇书。裴注引《常志》此文，作"维教会诛北来诸将。既死，徐欲杀会，尽坑魏兵，还复蜀祚。密书与后主曰……"与宋明刻《华阳国志》不同。古人引书不遵原文，未可即据以回改《常志》旧刻。然如旧刻"北诸将"《通鉴》用《常志》文，作"北来诸将"，则其所见旧本固有来字，元丰刻已脱之耳。当补如裴注所引。若"还后主"与"还复蜀祚"，若"密书通后主"与"与后主"，则意义相同，当依板刻，不必改从裴引矣。

⑳此乱事始末，详载《陈志·钟会传》及《晋书·卫瓘传》。《常志》文又微不同。《通鉴》卷七十八综汇诸书，整理成文，至为简当。兹录附：

丁丑（正月十六日），会悉请护军、郡守、牙门、骑督以上，及蜀之故官，为太后发哀于蜀朝堂。矫太后遗诏；使会起兵废司马昭。皆班示坐上人，使下议讫，书版署置。更使所亲信代领诸军。所请群官，悉闭著益州诸曹屋中。城门、宫门皆闭，严兵卫守。卫瓘诈称疾笃，出就外廨。会信之，无所复惮。姜维欲使会尽杀北来诸将。已因杀会，尽坑魏兵，复立汉主。密书与刘禅曰：……会欲从维言诛诸将，犹豫未决。会帐下督丘建，本属胡烈，会爱信之。建愍烈独坐，启会：使听内一亲兵出取饮食。诸牙门随例各内一人。烈绐语亲兵，及疏与子渊曰："丘建密说消息：会已作大坑，白棓数千。欲悉呼外兵入，人赐白帢拜散，将以次棓杀内坑中。"诸牙门亲兵亦咸说此语。一夜转相告皆遍。己卯，日中，胡渊率其父兵雷鼓出门。诸军不期皆鼓噪而出，曾无督促之者，而争先赴城。时会方给姜维铠杖。白外有匈匈声，似失火者。有顷，白外走向城。会惊谓维曰："兵来似欲作恶，当云何？"维曰："但当击之耳。"会遣兵悉杀所闭诸牙门、郡守。内人共举机以拄门。兵斫门不能破。斯须，城外倚梯登城。或烧城屋。蚁附乱进，矢下如雨。牙门、郡守各缘屋出，与其军士相得。姜维率会左右战，手杀五六人。众格斩维，争前杀会。会将士死者数百人。杀汉太子璿及姜维妻子。军众钞略，死伤狼籍。卫瓘部分诸将，数日乃定。

其时蜀官死于兵乱者甚多,《三国志》可考见者,姜维外,刘璇与张翼,见各本传。奉车都尉大尚书严道卫继,附见《杨戏传》。《常志》未著。

㉑此出《陈志·后主传》。参《谯周传》、《郤正传》。安乐公刘禅,晋太始七年(二七一)死于洛阳。即帝位时年十七,则生于建安十二年(二〇七),亡国时已五十八岁。卒年六十五岁也。其子恂嗣为安乐公,见裴注引《蜀纪》。

㉒刘备于建安十九年(二一四)夏入成都。建安二十六年(二二一)称帝。刘禅于炎兴元年(二六三)十一月出降。凡得蜀五十年又七月,为割据蜀土时间最长与最稳固者。蜀于三国最小,而陈寿于先、后主传用本纪体。《常志》亦视蜀同正统。宋张栻改《三国志》为《季汉书》以蜀上承两汉,黜魏、吴。独二主称本纪。《朱子纲目》与明清言春秋史法者皆用蜀历纪年,盖由《陈志》、《常志》,于备父子与诸葛亮及蒋、费、董、姜诸人之业绩褒述备至有以导致之也。

# 八

蜀郡太守王崇论后主曰①:"昔世祖内资神武之大才,外拔四【屯】七顾广圻校稿云:"屯,当作七。《东亦赋》曰:授钺四七。丁卯五月,得此一条。"廖本援之为注。并续云,"薛综注:四七,二十八将",则顾槐三补也。之奇将,犹勤而获济。然乃钱本下有外字,他各本无。张、吴、何、王、浙、石本作后。登天衢,车不辍驾,坐不安席②。非渊明弘鉴,则中兴之业何容易哉③。后主庸常之君,虽有一亮之经纬,内无胄附元丰及廖本作胄附。读"疏附"。他各本皆讹作骨附。顾广圻云:"胄附见《诗》,"之谋,外无爪牙之将,焉可包钱、刘、李、《函》本作苞。括天下也。"又曰:"邓艾以疲兵二万元丰本作万。溢张、吴、何、王、浙、石本作远。出江油。姜维举十万之师,案道南归,艾为字当作易。成禽。禽艾已讫,复还拒会,则蜀之存亡未可量也。乃回道之巴,远至五城。使艾轻进,径及成都。兵分家灭,已自招之⑤。然以钟会之知元丰本作志。廖本作知,他各本并作智。略,称为子房;姜维陷之莫对,克捷钱、刘、李、张、吴、何、王、浙、石本作"克捷"。筹笮。元丰、钱、《函》、廖本作笮。刘、李本作箅。张、吴、何、王、浙、石本作策。相应优劣。惜哉!"愚以为维徒能谋一会,不虑穷兵十万难为制御,美意播越矣。⑦

撰曰:元丰、《函海》作"赞曰"。诸葛亮虽资英霸之能,而主非中兴之器,欲以区区之蜀,假已废之命,北吞强魏,抗衡上国,不亦难哉。似宋襄求霸者乎!然亮政修民理,威武外振。爰迄琬、祎,遵修弗革,摄乎大国之间,以弱为强,犹可自保。姜维才非亮匹,志继洪轨,民嫌其劳,家国亦丧矣。⑨

案:以上,常璩为《后主志》作结论前,先引王崇之《后主论》、《姜维论》。崇与陈寿同时著书，才识远不逮寿，而璩多引用之以补《陈志》。并著此论。亦徒为表彰先贤，兼示己书别所依据者耳。崇论文与质俱远劣于陈、常，实无可取。故其书既早废，论亦不传也。兹附陈寿《后主评》，以便比较：

评曰：后主任贤相则为循理之君，惑阉竖则为昏暗之后。传曰：素丝无常，唯所染之，信矣哉。礼，国君继体，逾年改元。而章武之三年则革称建兴。考之古义，体礼为违。又国不置史，注记无官。是以行事多遗，灾异靡书。诸葛亮虽达于为政，凡此之类，犹有未周焉。然经载十二而年名不易，军旅屡兴而赦不妄下，不亦卓乎。自亮没后，兹制渐亏，优劣著矣。

所评后主只二句，最得体要。以下评诸葛亮，琐琐责备，正足以见其人之可议者少也。后世爱亮者哓哓然为亮辩护，非能识大者也。常璩旧撰《蜀汉书》，原有评亮语，与此不同。追徙江左，改写为《华阳国志》，始换此论。责亮违天逆时，以适降臣口吻，然犹盛称其治效，则初论为颂扬无讥可知矣。

【注释】

①王崇，刘璋时蜀郡太守治中从事王商之孙。父彭，巴郡太守。兄弟四人。兄化，字伯远，晋关内侯，朱提、梓潼太守。振，字仲远，巴东太守。岱，字季远，广阳作唐令，早卒。崇字幼远，蜀汉东观郎，晋尚书郎，"与寿良、李宓、陈寿、李骧、杜烈同入京洛，为二州标隽。五子情好未必能终。惟崇独以宽和无所彼此。著《蜀书》及诗赋之属数十篇。其书与陈寿颇不同。官至上庸、蜀郡太守（《后贤志·王化传》）"。陈寿《杨戏传》曰："戏以延熙四年著《季汉辅臣赞》。其所颂述，今多载于《蜀书》。"盖即指崇之《蜀书》，应早于崇作东观郎时，即已撰次。戏所赞人《崇书》并各有传，而文颇简略，行事不备。《陈志》未作传者，即取其文以注《戏赞》，谓"可以粗知其仿佛云尔"。《崇书》有《姜维论》，则入晋后乃作也，亦成于《陈志》之前。崇与寿始终友好，故史稿当互观。寿断制谨严，多不取同崇说，亦不辟之。常氏称崇"学业渊博，雅性洪粹"，由重其人，故颇取其说也。

②"世祖"，谓光武帝刘秀。"四七"谓永平中图画于南宫云台之二十八将。范晔《后汉书》卷五十二论曰："中兴二十八将，前世以为上应二十八宿"者是也。"乃登天衢"，犹云既即帝位。乃，语辞，犹"乃裹餱粮"之乃。改作后者非。光武常征讨，巡行在外，崩前一岁（中平元年），年六十一矣，犹东巡幸鲁，封太山，禅梁父。又西幸长安，祀长陵。"每旦视朝，日侧乃罢。数引公卿郎将讲论经理，夜分乃寐。"（并见《后汉书》本纪）故崇曰"车不辍驾，坐不安席"。

③"渊明弘鉴"谓明察深广，当以勤劳得之，与刘禅之逸豫暗弱相反。

④"胥附"，顾广圻云"见《诗》"。谓《大雅·绵篇》之"予曰有疏附"，字一作"胥附"。胥，古文胥字，故亦可写作"胥附"。胥亦音疏，皆匹声字也。胥字本义为无骨之肉。宋明说《诗》者，或解"胥附"为骨

肉相附之义。张佳徹刻此文，遂迳改字作"骨肉"，大谬。"包括"，犹言囊括。陈寿《上诸葛亮集表》云，"进欲龙骧虎视，苞括四海"，谓统一宇内也。包括义同。

⑤此责姜维之说甚迂妄，纸上谈兵，脱离实际。"回道之巴"之说，上已辨之。由崇此文，益可知上文"回由巴西"之说出于王崇《蜀书》也。"五城"，今中江县，去成都甚近，而崇以为远在巴中，是其昧于地理形势之证。形势既昧，说固当谬矣。

⑥《钟会传》："寿春之破，会谋居多。亲待日隆，时人谓之子房。"会亦自谓人曰："我自淮南以来，画无遗策，四海所共知也。我欲持此安归乎。"淮南，谓毌丘俭、诸葛诞前后据寿春叛魏，会皆从司马师征讨，典知密事，多出奇谋，时人比为张良也。"陷之莫至"，谓蕊惎其叛魏，覆军亡身，极陷害之能事也。笇，古"筹"字，谋画也。《史记·吴王濞传》："上方与晁错调兵，笇军食。"改作策字者非。揵，固持也，有坚持不败之义。《鬼谷子》有《内揵篇》。"克揵筹笇"，谓能遂其谋。"相应优劣"，犹言较其优劣。崇此论，亦迂儒之见耳。钟会之欲蹈司马氏而取天下久矣。维能窥其意以迎合之，则在绝对矛盾中亦能暂相利用，会岂不知维之企图而直受其愚弄哉，亦犹司马昭谓邵悌语（载《钟会传》），"我宁当复不知此邪"耳。会之不肯即杀卫瓘与北来诸将，盖亦欲得以同讨司马氏，不欲专倚维与蜀军也。

⑦此常氏追加之意。谓维徒能愚弄会一人，而疏于北来军士之难为制御。见解较高。播越，颠坠同义，犹今言失败也。陈寿《姜维传》，不言维愚弄钟会事。其论维只执二点，一，取《郤正论》，称颂其"乐学不倦，清俭素约，自一时之仪表也"。二，责维"玩众黩旅，明断不周"，失《老子》"治大国如烹小鲜"之义。此是其史识又高于崇与常璩之处。

⑧《常志》本篇亦颇称道亮之武功，而《撰论》斥为"似宋襄之求霸"，与本文不协。由其"抗衡上国"句，可知其非旧撰《蜀汉书》时原评，盖入江左后，改此评语而正文未易也。

⑨"然"字以下评论公允，文尤简洁，比之陈寿，难为轩轾矣。

任乃强全集·第五卷

大同志（卷八）

# 一

　　古者，国无大小，必有记事之史，表成著败，以明惩劝。稽之前式，张、吴、何、王、浙、石本作代。元丰及他旧本俱作式。州部元丰、钱、刘、李、《函》、廖本作部。张、吴诸本作郡。顾观光云："俗本式作代，部作郡。"宜然①。自刘氏祚替而元丰及钱、刘、李、《函》、廖本有而字。张、吴诸本无。顾观光云："原无而字。"非。金德当阳，天下文明，不及曩世②。逮元丰本作逢。刘、李、《函》作遝。钱、廖作逮。张、吴、何、王、浙、石作近。以多故。族祖武平府君，顾广圻校稿："常宽也，见《后贤志》。"汉嘉杜府君，并宋、明、清各旧本作竝。故字通。作《蜀后志》，书其大同，及其丧乱③。然逮张、吴、何、王、浙、石本作近。在李氏，未相条贯。又其始末，此下，刘、李、张、吴、何、王、浙、石本有或字。钱本作空位。《函海》作颇字。元丰及廖本无，字连。有不详第④。璩往在蜀，栉沐艰难，备谙诸故事，顾广圻校稿云："故事当倒。事句绝，故下属。"廖本以入注，顾观光迳改为"备谙诸事"。更叙次显挺年号，上以彰明德，下以治违乱，庶几万元丰本作万。分有益国史之元丰旧本作之。张、吴、何、王、浙、石本作以。非。广识焉⑤。

案：以上，《大同志》之开宗明义章也。"大同"、"小康"，为汉儒假讬孔子之言，寓儒家理想政治所订最高标准与一般要求之假说，文载《礼记·礼运篇》。后世用为太平盛治之歌颂语。原记谓："天下为公，选贤与有，讲信修睦。故人不独亲其亲，不独子其子。使老有所终，壮有所用，幼有所长，矜寡孤独废疾者皆有所养。男有分，女有归。货，恶其弃于地也，不必藏于己。力，恶其不出于身也，不必为己。是故谋闭而不兴，盗窃乱贼不作。故外户而不闭。是谓大同。"《常志》本篇，叙平蜀之明年至晋朝廷军全部退出梁益，五十年中蜀土史事。其中有十三年，人民全在兵燹流离中，而署曰《大同志》者，盖常宽先撰《蜀后记》，述永嘉以前晋世蜀事，颂称大同。璩沿用之为篇名。原截至赵廞败亡，太安以后事，则属李特、李雄二纪，为《蜀汉书》之两篇。降晋后，改写为《华阳国志》，乃截割罗尚事与李雄时残存晋军事入《大同篇》，以适晋朝廷意。此其篇首导言，盖亦江左改写时所加也。

## 【注释】

①"前式"，谓前代已有之成法。式为法式之义。改前代者非。"州部"，谓刺史、州牧之领域。刺史出巡曰"行部"，诸郡从事曰"部从事"。史文亦屡见州部字。改作州郡者非。后汉初，光武帝诏撰《南阳风俗传》《京兆耆旧传》。于是州郡之书风起。圈称有《陈留风俗传》《陈留先贤传》，仲长统有《山阳先贤传》，卢植有《冀州风土记》，赵岐有《三辅决录》，失名有《沛国耆旧》《鲁国先贤》《庐江明德》之属，皆地方史书之成于汉代者。三国以下，此类书志更多。《常志》体例，即参综前代州郡史志为之，所谓"稽之前式，州部宜然"也。

②阴阳五行家说：汉以火德王，魏以土德王，晋以金德王，取五行相生之义也。在晋朝廷，则遵用王肃"五帝即天地，王气时异，故殊其号，虽名有五，其实一神"之说（见《晋书·礼志》），无金运、尚白之规定。而五行家犹谓"于晋为金，石同类也。""魏时，张掖石瑞，虽是晋之符命，于魏为妖"（《晋书·五行志》）。常璩好五行谶纬诸说，动必及之。于此以晋受魏禅为"金德当阳"也。"文明"，谓文章光华。五行家谓：火德兴则文章发皇，故汉代文采特美。常璩此语，谓晋以金德兴，故文章不逮汉代之盛。以喻地方史乘之少。其实皆妄言耳。晋代蜀中文章，并不逊于两汉，私家史记之多，尤为特点。徒以离乱，流行不盛。非文光不明也。蜀中封建时代，每县必有一塔，每城必有一奎阁，率建于南方，象征火焰。堪舆家谓如此则一县文风必兴。其说根源于此。

③"逮以多故"，谓入晋以来，人事变化繁多。逮，续相及也，《易系辞》："水火相逮。""故"，事也，《易系辞》："知幽明之故。"孔颖达疏："故，谓事也。""武平"，交州属郡，"府君"，封建时代卑贱对公、卿、牧、守等官之尊称。《广韵》云："官府，道德之所聚也。"江原常宽，晋刺史罗尚时举秀才，为侍御史，除繁县令。后随罗尚流亡东徙，更展转入湘州、交州。东晋元帝时拜武平太守。著书有《典言》五篇及《蜀后志》。常璩为宽之族孙，本篇即多采自其书。《后贤志》有宽赞与传。其传有云："汉嘉太守蜀郡杜龚敬修，亦著《蜀后志》及志赵廞、李特叛乱之事，及丧纪礼式，后生有取焉。"即此所谓"汉嘉杜府君"也。常宽之书仅述至罗尚未败时。杜龚则自灭蜀直叙至李雄时。其人作汉嘉太守盖亦在罗尚未败前，蜀乱时避地入南，撰此书，与宽书同名，并为璩所得也。

④此言常宽、杜龚两书，偏详于晋之官吏方面，忽于流民内部情致。于李氏始末不详。璩熟习李氏故事，补入其相关部分，加以整理，使有条贯，以备国史采择。第，谓铺序之次第，犹云条理。"有不详第"，指二书所记李氏诸人始末不明，事之排比亦失当也。明刻本衍一或字，盖李㘅所加（元本相本无）。衍或字则第字当入下句，为赘文矣。兹从元丰本，以"有不详"为句。

⑤"故事"，即旧事。常璩自谓在蜀为史官，习知李氏开国时事。廖本校注欲倒故字属下句，殊无足取。"显挺年号"，顾广圻校稿已标疑号，又复涂去，似已得其解，而未有说明。今按：晋、蜀纪年无称显挺者。就常志文义推之，盖谓其旧得各书用李氏纪年者，今皆改用晋帝年号，以彰晋朝之"明德"，斥李氏纪年为"违乱"也。顾"显挺"二字究何取义，旧无诠释。兹探究其说。《书·泰誓》："天有显道，厥类惟

彰。"然则显挺，犹云"天挺"也。挺，杰出众上之义。《晋书·宣帝纪·论》云："宣皇以天挺之姿，应期佐命，文以缵治，武以稜威，……"（唐太宗自撰文）。盖晋人旧史已有称晋诸帝为显挺命世者。常氏援之，称晋帝纪年为显挺年号也。再，《诗·大雅·文王》："有周不显，帝命不时。"其诗是周公作，述文王受天命事。《毛传》云："不显，显也。不时，时也。"用不字的反义。马瑞辰《毛诗传笺通释》则谓不为语辞。余作《周诗新诠》，订不字当读为丕，大也。凡从不之字如否、杯、痞，皆丕音，知不字古音原作丕。周受天命，称王代殷，故曰丕显。此亦"显挺"字义所据。

## 二

魏咸熙元年，蜀破之明年也。以东郡袁邵<sub>刘本此误作郡，下仍作邵</sub>为益州刺史，陇西太守安平牵弘为蜀郡，金城钱、<sub>刘、李本误作成。</sub>太守天水杨欣为犍为太守①。后主既东迁，内移蜀<sub>此下钱、刘、李、张、吴、何、《函》、王、浙、石诸本有之字。元丰与廖本无。</sub>大臣宗预、廖化及诸葛显等并三万家于河<sub>旧各本无。据《三国志·显传》文及《后贤志·柳隐传》补。</sub>东及关中，复二十年田租②。董厥、樊建并为相国参军③。冬，分州置梁州，遣厥、建兼散骑常侍，使蜀尉劳④。<sub>此下，凡遇年，刘、李、张、吴、何、王诸本皆提行。元丰及钱、《函》、廖、石本只空格。兹遇年提行。下同。</sub>

晋泰始元年春，刺史袁邵以治城，将被征。故蜀侍郎蜀郡常忌诣相国府陈："邵抚恤有方。远国初附，当以渐导化，不宜改易州将，失遐外心。"相国听留。辟忌为舍人⑤。冬十二月，晋武帝践祚⑥。

二年春，武帝弘纳梁益，引援方彦，用故黄金督蜀郡柳隐为西河，<sub>何本增"太守"二字。他各本无。《函海》注云"本有太守二字"。并非。</sub>巴郡文立为济阴太守；常忌河内县令⑦。

四年，故中军士王富，有罪逃匿，密结亡命刑徒，得数百人，自称诸葛都护，起临邛，转侵江原。江原方略吏李高间<sub>元丰与钱、刘、李、《函》、廖本作间。张、吴、何诸本作问。术今按：闻术，高字也。作"李高问术"者非。</sub>缚富送州。刺史童策斩之⑧。初，诸葛瞻与邓艾战于绵竹也，时身死<sub>钱写本无死字。</sub>失丧，或言生走深逃。瞻<sub>钱写本脱瞻字。</sub>亲兵言富貌似瞻，故富假之也。

五年，散骑常侍文立表复假<sub>张、吴、何、王、石本无假字。浙本挤补。</sub>故蜀大臣、名勋后五百家不预厮剧，皆依故官号为降⑨。<sub>张、吴、何、王、石本无"不预厮剧"四字。他各本有。浙本剜改亦有。当有。</sub>

六年，分益州南中建宁、云<sub>元丰本作云。</sub>南、永昌、兴古四郡为宁州⑩。<sub>吴与浙本宁州二字小字，并户一格，避及底，混提行也。</sub>

七年，汶山守兵吕【匡】臣<sub>旧各本作臣。廖本作匡，无讳笔，不详依据。顾观光云："匡原误</sub>

臣。"亦无解说。不足取。当仍旧本作臣。等杀其督将以叛。族灭之。初，蜀以汶山西【五郡】部旧各本并误作"五郡"。衍五字，讹郡字。兹改正。说在注释。北逼阴平、武都，故于险要置守，自汶山、龙鹤、冉䮾、白马、匡用元丰本作"匡用"，《函海》同。钱写作"厈用"，皆避宋讳省笔。张、吴、何、王、浙、石本改作"氐种"二字，大谬。五围，皆置修屯牙门。晋初，以禦钱写及廖本作禦。他各本作御。古通。夷徼，因仍其守⑪。

八年，三蜀地生毛，如白毫，三夕，长七八寸，生数里⑫。【十】是《晋书·武帝纪》，皇甫晏出征遇害在八年。《通鉴》同。《常志》旧刻作"十年"，是字讹。年，汶山白马胡恣纵，掠诸种。夏，刺史皇甫晏表出讨之。别驾从事广汉依后复衍文，当补此二字。王绍等固谏，不从。典学从事蜀郡何旅谏曰："昔周宣王六月北伐者，猃狁孔炽，忧及诸夏故也。今胡夷相残，戎虏之常，未为大患，而盛夏出军，水潦将降，必有疾疫，宜须秋冬，图之未晚。"晏不听，遂西行。军郫城。比【入】入，元丰本作"军城比入"。钱写本同。刘、李本作"军城比出"。廖本作"军城比人"而注云："当有误。"张、吴、何、王、浙、石则迳删此四字，张佳胤用"乱丝当斩"法也。今按交情，军下旧脱"郫"字。郫在成都西六十里，赴都江者所必经。而在当时为成都西外军事重地，后文屡见。晏聚辎重于此，故曰"军郫城"也。得此一字，全文即通。"比入"，入郫之军营也。麇入营中，军占以为不祥。晏不悟。胡康水子张、吴、何、王、浙、石本删"水子"二字。非。"康水子"胡巫名。烧香，言军出必败。晏以为沮众，斩之。夏五月，军至都安，屯观坂上。旅复谏曰："今所安营地名观坂上，自元丰与廖本作"上自"。他各本皆倒作"自上"。廖本有注云："当作自上。"顾观光云："宋本自上二字误倒。"今按，元丰本不误。观坂上，断读。观下反上廖本注云："当作卜。"顾观光云："卜字原误上。"其说无据，不取。之廖要又注云："按，自上观下反卜之，为一句。"今不取。象，征不吉。昔汉祖悟柏人以免难，岑彭恶彭亡而不去，遂陷于祸。宜移营他所。"晏不纳。其【言】夜，旧各本有言字，实为赘文，兹删正。所将中州兵蔡雄、宣班、张仪等以汶山道险，心畏胡之强；而晏愎谏干时，元丰、钱、刘、李、《函》、廖本作"晏愎谏干时。"张、吴、何、王、浙、石本改其文，作"晏复愎谏，于时"，分属两句。今按，"干时"谓六月行军也。宋本不误。但脱而字。当补。众庶所怨；遂引牙门张弘、督张衡等反，杀晏⑬。众夜乱，不知所为。惟兵曹从事犍为杨仓弯弓力战，射百余发，且詈，雄众击之，矢旧各本无皮矢字，惟乾隆时浙江翻刻何允中《汉魏丛书》本与廖本有。按文义，当有。尽见杀。【从事广汉】四字当在上文。此衍。王绍亦赴宋、明各旧本皆作赴。何允中与王谟本改作越，卢、石本遵之。浙本剜改作赴。乾隆翻刻何允中本作御。顾观光云："赴，原误御。"俱非。赴字不误。之，死⑭。初，晏未出，蜀中传相告钱写本作"相传告"。曰："井中有人。"学士靳普言："客星元丰与廖本有星字。他各本无。浙本挤补，有。当有。客星，恶星也。入东井。钱、刘二本并脱此井字。东井，元丰与张、吴、何、王、浙、石各本但重井字，无东字。钱、刘、李、《函》、廖本有东字。益州之分野，忧刺史，戒客人耳。"

《太平御览》卷四百六十八引作"忧刺客入耳"。又有元丰本无有字。猛风，是逆风。其日观卦用事，"若军西行，【获】护各旧本皆作护。廖本改获。无取。观坂门，人向天井，益可虑也。"若字以下，是靳普占风词。故旅懃谏云。卒如其言⑮。弘等遂诬表晏欲率己共反，故杀之，求以免罪。其众抄掠百姓。广汉主簿李毅白太守弘农王浚："宜急救李本倒作救急。益州祸乱。保晏无恶，必为弘等所枉害。"浚从之。而晏主簿蜀郡何攀，以母丧在家，闻乱，释缞钱写作衰。经诣洛，诉晏忠孝而弘等恶逆。何、王、卢、石本作"恶业"。事得分明⑯。刘、李本诏下衍一谓字。诏刘、李本脱明字。书因以浚为益州刺史，加轻车将军。浚斩弘等。益州平⑰。

案：以上自司马氏平蜀至王浚由广汉太守擢任益州，即魏咸熙元年至晋泰始八年（二六四—二七二）凡九年中蜀事。特点在于：1. 民变、兵变不绝于书。2. 晋朝廷优待蜀汉故官。3. 士大夫迷信术数。此三者若不相关。实则正可以反映当时蜀中社会矛盾两方面斗争之尖锐程度。于时孙吴未灭，晋朝廷厚抚蜀汉故官家庭，以为招徕孙氏诸臣准备。故蜀中士大夫阶层亦紧密团结于晋朝所派官吏统治权力之下，忠贞不贰，借以稳固并发展其封建上层之利益。各刺史、守、令以及统理军、戎之官，谓如此则一方稳定，可以为所欲为，更无所顾忌矣。于是基层劳动人民之痛苦日增，郁结无可控诉，则发为暴乱。必然之理也。然当时地旷人稀，兵多农少，耕地不乏，则从事农业生产者不难维持其最低生活，故反叛者以军士与少数民族为多。亦由于农村未曾动摇，而士大夫阶层坚决拥护镇压，故叛乱究易平息。此时期内，蜀中士大夫阶层为爵禄所引诱，动乱所威胁，养成高度之侥幸心与畏怯性，故咸倾向于术数迷信，趋避吉凶。本章所记荒诞迷信之说特多，盖常宽、杜龚之书已自如此。亦可代表西晋年代中蜀士士大夫阶层之生活概况也。

【注释】

①魏咸熙元年，本魏废帝曹奂之景元五年。其年五月，司马昭由晋公进爵为王，改元咸熙。全国庶政悉听命于王府。魏帝同于弁髦。明年八月，昭死，嗣王炎执政。至十二月，用受禅形式废奂，仍国号晋。故咸熙元年，晋主蜀政之实际年度也。《大同志》开始此年，允矣。袁邵，惟见本志。牵弘，见《三国志·牵招传》与《后主传》。其在蜀郡事，又见本书《后贤志·杜轸传》。后官至凉州刺史。讨北地胡兵败，死于青山，见《晋书·武帝纪》泰始七年。杨欣，亦随邓艾入蜀者，后亦官凉州刺史。咸宁四年，与鲜卑战，败死。见《通鉴》卷八十。

②宗预、廖化，《三国志》有传。诸葛显，亮之曾孙。亮无子时，抚兄瑾之子乔为适子。后亮生子瞻，而乔亦死，年二十五。乔子攀。攀子显。"咸熙元年内移河东"，附见《亮传》。本书《后贤志·柳隐传》亦云"内徙河东"。俱当为此三万家之一。以此二传，知旧刻"东"字为"河东"之脱也。河东郡，今山西省西南部地，与关中隔一黄河。自蜀迁河东者必经关中。徙家财力不能远移及因便请留关中者当有之。惟名势特高具有号召力之家，必徙至河东，以杜后患。故曰"河东及关中"。此辈皆属高贵巨室，到关中与河东后，仍自购田为地主，晋朝廷免其二十年田租以优之，俾其生活不失在蜀时之优越。

③董厥、樊建，亦当在内徙三万家之列，仍任大官以优宠之。晋未平吴时，对蜀故官优宠有时过于魏官旧臣。盖旧官多向魏室，惟蜀降臣一心向晋，故司马昭特任信之，不仅为平吴招降地也。相国参军，谓晋王府之参军，司马氏亲近贵势之官也。

④蜀汉故国原只一益州。此云"分州"，全义为分益州，缘固只一州则可省州名也。晋梁州初辖汉中、三巴、涪陵、梓潼、广汉、阴平、武都九郡，皆故蜀益州地也。散骑常侍，《晋书·职官志》云：秦故官，无员，得入禁中。亦以为加官。东汉初省。"魏文帝黄初初，置散骑，合之于中司。掌规谏，不典事。貂珰插右，骑而散从。至晋不改"。此云"中司"，谓中常侍，亦秦官，东汉时用阉宦为之。散骑用士人而与中常侍合为一寺也。"散从"，谓天子出，则骑其从乘舆后，不列队，可以前后参差于队列之外。"貂珰"，宦者冠饰。前汉中常侍亦阉尹与士人兼用，"皆银珰左貂，给事殿省"。明帝以后，"改以金珰右貂，兼领卿署之职"（《后汉书·宦者传》）。《宋书·百官志》云："散骑常侍四人。……魏文帝黄初初置……始以孟达补之。"盖待降人，示亲近无猜也。又云："通直散骑常侍四人。魏末散骑常侍又有在员外者。晋武帝使二人与散骑常侍通直，故谓之通直散骑常侍。"此云"厥、建兼散骑常侍"，盖在员外，亦非通直，仅用于使蜀时相府参军之加官。追劳蜀还，晋已受禅，遂为员外散骑常侍也。

⑤是年本魏咸熙二年。十二月。晋受禅，乃改泰始元年。故《常志》特加"晋"字，如上文"魏咸熙元年"例。常忌，字茂通，江原人，本书《后贤志》附《常勗传》。父闳，汉中、广汉太守。忌仕蜀为黄门侍郎。"历参军，什邡、雒令。大同后，刺史邵坐治城被征。忌诣洛陈诉：'远国初附，君民始结，不宜改易。'又表：'修治城池，居安思危，边将常职。'事皆中情。晋文帝时为相国，辟忌舍人。"常氏于此亦著之，而记其说词微异。可互参。魏晋刺史、郡守皆领兵，专方面征讨，故习称为"州将"、"郡将"。忌与徙弟勗友善，时勗为邵从事，而忌似已从在内地。由勗证邵无他，故忌诣相府为邵争也。

⑥按《三国志》《晋书》《通鉴》，俱云晋受禅在十二月。《常志》此作"十月"，显为旧钞脱字，历世传刻未觉也。兹补"二"字。

⑦三人《后贤志》并有传。可互参。

⑧此事不见于《晋书》与《通鉴》。盖惟《蜀后记》著之。旧史家以其暂起即灭而忽之也。然王富以逃军起，结亡命至数百人，地延二县。且假诸葛瞻起兵，非细事也。其所反映者，为蜀平后，立功军士为士大夫阶层所轻贱，忿郁不安者多，故恒思乱。历代平蜀之后，必有军乱继之，殆成规律，其原因正在于此。李高字间术，为县吏，多智，有方略，设计伪降，诱王富入城，禽之以献童策。叛众知富伪饰为诸葛瞻，遂解散。故《常志》云"方略吏李高间术"。方略非吏职名。魏晋时人恒以月旦臧否人物，用二字致褒贬，《常志·三州士女目录》中广泛用之。如"明略、渡沔侯范吕"，"将略、镇北大将军安汉侯王平"，"忠谋、从事郑度"，"筹画、计曹史程苞"，"知思、巴郡太守陈雅"，"勇略、雍州刺史、南中郎将、重安开国侯李阳"，"卓略、长水校尉荆州刺史张奕"之类，其首二字皆是。高为王浚牙门将，预平吴功，见《后贤志》。

⑨《后贤志·文立传》云："立上：'故蜀大官及尽忠死事者子孙，虽仕郡国，或有不才，同之齐民，为剧。'又上：'诸葛亮、蒋琬、费祎等子孙，流徙中畿，宜见叙用。一则以慰巴蜀民之心，其次倾东吴人士之望。'事皆施行。"其"为剧"下省"请复免"之句，与此处合参，其义乃明。立之意见：大臣名勋之后，皆当入仕，纵使不才，亦不得参加厮剧徭役。虽亡国大夫之后，亦当如此。这里反映了西晋政权专倚世族豪门的一个侧面。"复假"，谓既非官吏，本当承役厮剧，宜以其为胜国世家子孙，予以宽假，姑免徭役也。复，免役。假，非所当有而予之之义。

⑩已详《南中志》。

⑪此因吕臣叛乱事补述汶山区军防形势之文也。原有讹讹，未经前人校订，兹订正之，并为之说明如下。

汶山，为蜀西北极边唯一之郡名，别无更西之五郡。惟历世恒有西部都尉驻之。旧刻"西五郡"，当作"西部"。五字，因下文五围衍。郡，部字讹也。蜀原于汶山、汉嘉皆置西部都尉，故此特云"汶山西部"，以明确其位置。汶山西部所管，为汶山郡界之戍兵与夷落。汶山太守仅管汉民。腹地虽以守辖尉，边郡则都尉直隶于州，权大于太守。夷落不易接受封建政施，恒动荡不安，故蜀汉时于都尉之下，更设五围，以牙门将守之。非惟镇夷，亦所以备魏。姜维之屡出陇西，迳入羌中而无碍者，非惟谙练西羌风俗，亦赖有此五围军防为之后备也。五围，即汶山、龙鹤、冉駹、白马、匡用五处。其地已不尽可考。大体言之，汶山围即今羌族茂汶自治县县治（威州）北三十里之维关。唐于此置维州。《方舆纪要》曰高碉山是也。本汉汶山县地。三面悬崖临汶江。相传蜀汉姜维筑城于此。龙鹤围在今理县西，唐曰通鹤军。龙、通一音之转。其今地难于确指，要当在杂谷脑河流域，即理县界内，或即危关。冉駹围当在今黑水河地区，或即今之色尔古。唐置冉州，即因冉駹围旧名。其地本秦汉间之冉国。后汉人恒以冉駹连称，故蜀汉以此为冉駹围也。白马围在今北川县界，晋置白马县，后改为兴乐县者是也。匡用围无考，以地形推之，当在今松潘县南归化堡、镇江关一带。五围督将曰修屯牙门，则其军士营屯田可知。其位置皆当在河谷可耕地内，不在草原。兼事耕战，不出征远地，故曰守兵。其军士甚劳苦，督将自外来者，不悉其利弊，往往苛虐遇之，故吕臣之作乱。然其时汶山夷汉犹相安，叛乱旋即为都尉所扑灭。此亦足以反映蜀汉时曾建立有正确之民族政策，与稳固之边防制度，入晋犹承用未坏。至此，乃有将坏之征。至泰始十年，仅三年间，遂已全局败坏而失去了对汶山的控制。

⑫晋人迷信阴阳五行之说特深。好谈灾异。《晋书·五后志》，列举地生白毛者九起，称为"白祥"。亦收入此事，而文作"泰始八年五月，蜀地雨白毛，白祥也。时益州刺史皇甫晏伐汶山夷……"云云。并云："京房《易传》曰：前乐后忧，厥妖天雨羽。又曰：邪人进，贤人逃，天雨毛。其《易妖》曰：'天雨毛，贵人出走。三占皆应。'"今按：地生白毛，当是丝菌发生于腐草所长担子柄作白色者。皇甫晏以愎谏失人心致败，史家记述甚明，与京房三占何涉。唐人改生为雨，以迁就之，妄也。

⑬汶山白马夷叛乱事，已详著于卷三补《汶山郡序》文。皇甫晏愎谏致败事，《晋书》与《通鉴》并同此文。盖常宽所见之事，故能屑屑言之也。全篇充满迷信荒唐之说，不足诠释，兹但就人地名与旧讹夺字作注：

王绍，不见他史传与《三州士女目录》。下文有"从事广汉王绍"句，按《常志》例，官名郡贯当具于首见时，而此乃出于再见时者，盖常璩参用常宽、杜龚两记，前者出于"宽书"，未著郡籍。后者出于"龚书"，有郡籍。偶失于调整耳。兹改如例，于此补"广汉"二字，后文删"从事广汉"四字。《通鉴》卷七十九泰始八年："汶山白马胡侵掠诸种。益州刺史皇甫晏欲计之。典学从事蜀郡何旅等谏曰：胡夷相残，固其常性，未为大患。今盛夏出军，水潦将降，必有疾疫。宜须秋冬图之。"云云。其全据《常志》，别无他书参订甚明。然则司马光等所见《常志》固曾作"典学从事蜀郡何旅"。元丰吕大防镌本乃失"蜀郡"二字也。兹并补。胡康水子,《通鉴》卷七十九引作"胡康木子"。胡三省曰:"康木子,烧香胡人之名。"今按:晋于蜀西北少数民族混称"羌胡"。本书第二、三卷屡见,此所言胡,实羌民也。羌民尚巫法,以烧香迎神附身言休咎,汉民亦颇信之。近世尤有羌巫行术于内地者。康水子盖即当时行术内地之羌巫。军士信奉之,荐于晏者。晏疑其为叛羌间谍,斩之也。水字镌刻易讹为木。当从《常志》作水。

观坂,今灌县城西南角之斗鸡台也。时尚无灌县城。但有湔邑,在平地。邑后山爪即观坂。观湔堰(都江堰)水势者在此最便,故名。文人称为观坂,邑人则习呼之为观坂上。上文已称作"观坂上"矣。何旅借测字法谏曰"自观下反上",谓本兵反上在此。李埜必欲自观坂断句,致下文重复"上"字为碍,则又妄改为"自上观下反上"。廖本以其仍不成句,又复妄改"上自观下反上之,象征不吉"。皆由妄执雅名,不知术士利用邑人俗称所致。柏人,赵地名,汉高祖过此,询知其名,曰"柏人者迫于人也",不宿而去。得免贯高之乱。见《史记·张耳陈馀列传》(《汉书》卷三十二同)。彭亡,见卷三15章《犍为郡》之注⑧。

⑭杨仓惟见于此。旧各本并作"雄众击之,尽见杀"。颇似蔡雄等为仓所射杀。与下文王绍"亦赴之死"亦字义不相协。惟廖本与长沙叶氏藏乾隆时人翻刻之何允中《汉魏丛书》本《华阳国志》"尽见杀"上有矢字。未详据何人校本。实为细心校阅所得之佳字。当遵。

⑮此传靳普占术。《晋书》无《普传》。后文太康元年,言普以布衣终。此云"学士",盖亦时人所假之称号。晏死于属下,非死于客人。东井为蜀分野,非指汶山一区。则此节所言,亦迷信靳普者傅会之说。本无可取,故《晋书》不收也。"观卦用事",谓用《易》卦著卜推其象,占士之术语也。"护观坂门",谓晏初步欲塞湔关,再进征之。逆风时,晏已至观坂。此言普逆推人事语。改作"获观坂"者非。世传岷山为天井络,见《蜀志》。此云"人向天井",谓向汶山进军也。何旅似与普善,延在军中,习闻其说,既以谏晏,又证普言如此也。

⑯李毅、何攀事更详《后贤志》各本传。可互参。《晋书》卷四十五《何攀传》亦记此事,互有详略。参看卷十一14章之注①。

⑰《晋书》卷四十二《王浚传》,浚字士治,弘农湖县人。家世二千石,州辟河东从事。后参征南军事,羊祜深知待之。由车骑从事中郎,除巴郡太守。转广汉太守。"梦悬三刀于卧室梁上,须臾又益一刀。……主簿李毅再拜贺曰:三刀为州字。又益一者,谓明府其临益州乎。及贼张弘杀益州刺史皇甫晏,果迁浚为益州刺史。浚设方略,悉诛弘等。以勋封关内侯"。然则,浚盖亦诱擒弘等杀之。非曾举兵讨叛也。又李毅解三刀与何旅解观板同术,此亦足见当时蜀中士大夫迷信术数之普遍,由河洛、图谶、天文、风角以至相术、(张裕)、占梦(赵直)、测字(何旅),士人亦多习之也。

# 三

咸宁三年春,刺史浚诛犍为民陈瑞①。瑞初以鬼道惑民。其元丰、钱、刘、李、《函海》作一。廖及他各本作其。道始用酒一斛,元丰与钱、刘、李、《函》、廖本作斛,他各本作斗。魏晋一斛约当今一升。鱼一头,不奉他神。贵鲜洁。其死丧、产乳者,不百日不得至道治。其为师者曰张、吴、何、王本作日。祭酒。父母妻子之丧，不得抚殡、入吊，及问乳、病者②。后于文，对始字言，当有后字。转奢靡，作朱衣、素带、朱帻、进贤冠。瑞自称天师③。徒众以千百数。各本皆作"千数百"。廖本与顾观光校本倒作"千百数"。浚闻，以为不孝。诛瑞及祭酒袁旌等，焚其传舍。益州民于文当作人。有奉瑞道者，见官二千石长吏，巴郡太守犍为唐定等，皆免官或除名④。蜀中山川神祠皆各松柏。浚以为非礼，皆废坏烧除，取其松柏为舟船，惟不毁禹王祠及汉武帝祠。又禁民作巫祀。于是蜀无淫祀之俗。教化大行，有木连理、嘉禾、黄龙、甘露之祥⑤。三月，被诏罢屯田兵，大作元相本重作字。舟船，为伐吴调。元丰、刘、李、廖本同《后贤志》作调。钱、张、吴、何、《函》、王、浙、石本并作计。别驾何攀以为佃兵但五六百人，无所辨。元丰、钱、廖作辨。他各本皆作办。宜如诸休兵，借诸郡钱写本无郡字。《后贤志》同。武吏，并万元丰本作万。余人造作，岁终刘本作中。可成。浚从之。攀之建议：裁船入山，动数百里，艰难。蜀民冢墓多种松柏，宜什四市取。入山者少。浚令攀典舟船器仗⑥。以上一段《后贤志》重见。冬十月，遣攀【使】旧各本并有。当是因下文使字衍。诣洛，表可征伐状。张、吴、何、王、石本无状字。宋明旧本有。浙本挤补之。因使至襄阳与征南将军羊祜、荆州刺史宗廷各旧本俱作"宋庭"。廖本依《后贤志》改作"宗廷"。顾观光校云"原误宋廷"。又元丰与《函海》本，宋上有空位。论进取计⑦。

四年春，汉中【都】郡旧本皆作都。当作郡，说详注。吏袭祚等谋杀太守姜宗以叛。宗觉，坚守。祚等烧南郑市及平民屋。族诛⑧。刺史浚当《函海》本无当字。钱写本重当字。迁大司农，至汉寿，重遣参军李毅诣洛，与何攀并表求伐吴⑨。

五年，诏书拜元丰、钱、刘、李、《函》、廖本作拜。他各本作并。浙本剜改拜。浚龙骧将军，假节，监梁益二州军事。除何攀郎中，参军事。以典军从事张任、赵明、李高、徐兆为牙门，姚显、郤坚元丰本作监。为督，冬当大举⑩。《函海》本注云："四字连上段。"秋，攀使在洛。安东将军王浑表孙皓欲北侵。朝议征，却须钱本此处误空格。六年。攀因张、吴、何、王、浙本误作同。表可因石印本误为引。今取之。策皓必不自送。元丰、钱、刘、李、《函》、廖、石本作送。张、吴、何、王、浙本作逆。送字不误。帝乃许焉⑪。冬十有二月，浚因《太平御览》六百七十六引，无因字。自成都帅水陆军及梁州三水胡七万人同上《御览》引作"梁州三十七万人"。伐吴。临发，斩牙门将李延，所爱侍钱、刘、《函》、廖四本作侍。他各本作待。将也，以争骑斩。同上《御览》引作"浚所爱将也。以争骑斩之"。众莫不肃。至江州，诏书进浚平东将军，都督二州，巴东监军唐彬及平《函海》本此下有空位。南军皆受指授。别遣参军李毅将军字当作兵。由涪陵入取武陵，会巴陵⑫。

太康元年春三月，吴平。攀、毅以下元丰、钱、刘、李、《函》本有下字。张、吴、何、王、石本无。浙本挤补。功对各有差。以淮南胡黑李本作罴，石印本作熊。为益州刺史，浚迁辅国将军⑬。初，浚将征，问靳普："今行何如？"普对曰："客星伏南斗中，而太白岁星在西方。占曰：东方之国破。必如志矣。"普学术，不贪荣贵，卒于布衣⑭。

三年，更以益、梁州为轻【车】州，顾广圻校稿云："车当作州。下元康六年，复以梁、益州为重州。是其证。癸亥十月。"廖本依以入注。刺史乘传奏事⑮。以蜀多羌夷，置西夷府，以平吴军司张【牧】收依《晋书·张载传》改。说详注释。为校尉，持节统兵⑯。州别立治。西夷治蜀。各置长史、司马⑰。按下文，西夷校尉亦得举秀才、廉、良。

五年，罢宁州，诸郡还益州。置南夷校尉，持节，如西夷，皆举秀才、廉、良⑱。

八年，武帝子成都王颖刘、李、张、吴、何诸本作颖。钱、《函》本作颕。受封，以此下张、吴、何、王、浙、石本并衍封字。元丰及他本无。蜀郡、广汉、犍为、汶山十万元丰本作万。户为王国。易蜀郡太守号为张、吴、何、王、石本无为字。浙本挤补。成都内史⑲。

案：以上，自王浚为益州刺史至建成都王国，即太始九年至太康末十九年（二七三—二八九）间蜀事。突出描写蜀中士大夫阶层极力拥护王浚用蜀中物力人力浮船灭吴计划，多方协助，促其实现。其代表人物，则何攀、李毅也。然而，灭吴之后，天下统一，晋朝廷别图其私家政权巩固之道，不更复优礼蜀吴之士，此亦自然之理矣。自太康元年吴平，直至太康十年晋武帝崩，蜀事之可记者，虽如杜龚、二常搜计之勤，仅得三条，皆司马氏巩固其中央政权之措施。蜀中士大夫言行，遂若忽无可称者焉。此殆蜀当时人士与常璩之所共慨，而未便见于文词，故于平吴后十年仅书三事以见意也。

【注释】

①晋泰始凡十年（二六五—二七四）。咸宁元年（二七五），吴孙皓天册元年。咸宁三年，孙皓之天纪元年，蜀灭已十四年矣。此十四年中，晋室厚待亡蜀宦族与地方大姓，无视基层劳动人民痛苦。故虽地广人稀，耕地有余，而农民生计仍甚艰难。于是襄已退匿之张陵教徒，又得以俭素诚实之道，团结农民，从新布置农村中反抗封建统治之力量。陈瑞，即继张鲁而起之新首领也。由于晋之官吏从未注意于基层人民生活，故瑞得畅行其道，其力足以左右农民阶层对待政府措施之态度。固应为好立功名之王浚与蜀中地主阶层若何攀、李毅等所不容。虽其人未曾犯法，亦加以"不孝"罪名而诛除之也。

②陈瑞事，唯见于此。就《常志》此文分析，盖为一完整之五斗米教嫡派。教主称天师，教干称祭酒，教徒称鬼卒（由称其教为"鬼道"可知），联系用传舍（义舍）。皆张陵祖孙创教时组织旧制。其符水治病，净室思过诸术，亦必当有，但此未及耳。所不同者：1. 不在巴、汉地区，而转在犍为；2. 入教不用五斗米而用酒一斗鱼一头；3. 废除丧吊、问疾，则似新立，然与旧五斗米道精神亦殊一致。五斗米制，自张鲁

失败后，固当不可复用。且张陵父子之教，但征人民信道者实物一次，名为祀神而已，原不定为五斗米，关中之王国、中原之张角、江南之于吉等所征，皆不为五斗米。故时人但称鲁等为"米贼"、"米巫"，而于张角等则但称"黄巾"或"太平道"。在其于入道者之有所征取则为必然，只不皆为五斗米耳。汉五斗，约合今五市升，贫农或不能办。此时蜀农人更贫，米粮多为寄生于农民之官吏地主辈所夺，故改为酒一斗，鱼一头。酒一斗约合耗粮一斗，相当于原取五分之一，且可以浓度加减，从入道者之力。鱼则农民可以劳力取得之者，农民易办，而非农民则不可仓卒得之。与五斗米教尊视劳动之旨相符也。天师道与封建士大夫所奉之儒者礼教相反，反对儒家强化家庭观念之多种礼法，如隆丧厚葬，多男广嗣，吉凶礼仪铺张浪费诸习，欲诱导农民阶层转向于泛爱道众，厌憎儒教方面，俾与封建士大夫之间形成对立之思想情调。在不采暴乱手段的情况下建立与封建对抗之广泛的农村基础。故利用农民物力之艰难，因宗教信仰以利导之，俾生者之生活无意外变化之威胁，则益可以坚固其宗教信仰。此张陵祖孙所以能在广大农村中建立基础之秘要，而陈瑞持之以得众者也。瑞非禁制举行父母妻子之丧也，但反对哭临之礼，与他人入吊而已。夫父母妻子已死，人不能无悲伤。悲伤固无益于死者，徒足以废生人之事，贤者之所当节制，而儒者倡为种种丧礼以侈张之，虚伪以装点之，制其抚殡号哭之声数，废时失业，伤财害事，而丝毫无益于死者，此岂非质朴之劳动人民所当深恶痛绝者耶？天师道教之反对儒生礼教，固当从兹下手诋斥。应不只陈瑞始为此禁，张陵祖孙倡教时固已当如此耳。他人入吊，义亦同耳。诚使其人关情于丧者之家，有忧戚与共之义，岂必破财贿赠，费时赴吊而后乃安乎？言"不得抚殡入吊"，盖亦仅就当时士大夫阶层所加"诛语"记录之。实则瑞所反对，盖在于儒家之整部礼法也。乳，谓妇女生育。"产乳者"，谓生育中之妇女。大抵天师道亦重男轻女。其教义"不得问乳病者"，产妇未过百日不得近天师所住地（道治），显为鄙视生育之表示。此亦与儒家士大夫歌颂"则百斯男"，"多子孙"，"广嗣续"之主张相反。"乳病者"连称，亦王浚等所加于陈瑞罪状之词。"病"与乳为二事。谓其教旨不得馈遗以慰问死者、乳者，亦不得馈遗以慰问病者。病者当净室思过、礼拜忏悔，或以修治道路等公益劳动赎罪。其教以病为神所惩戒，故不得慰问。实则为农民节费节时起见，而士流则斥以为大恶也。

③天师道有公积金，大抵由弟子富有者乐捐，或患病思过治愈后之赎罪金。其说见葛洪撰《神仙张道陵传》。天师与各祭酒生活费用，即赖此款。信奉人愈多，积时愈久，则此种积金亦愈多。渐饰冠服威仪，为必然之势。此种装饰，仅天师、祭酒有之，非道徒胥如此。士大夫阶层遂谓其道初尚俭朴，后转奢侈，盖见其上层人物如此也。"帻者韬发之巾"（《急就篇》注）。"古者卑贱执事不冠者之服也"（《独断》）。汉元帝额有壮发，不欲人见，始用帻，群臣随焉，后世士人皆于帻上加冠。"进贤冠，古缁布冠也。文儒者之服也。前高七寸，后高三寸，长八寸。公侯三梁。中二千石以下至博士两梁。自博士以下至小史、私学弟子皆一梁（《后汉书·舆服志》）"。

④"千百数"，犹今云"以千百计"，概估之辞。旧刻作"千数百"，则确定其数在千至二千之间。以当时情势推之，当不仅有一二千人。犍为郡界自熹平（一七二——一七七）初已流行天师道教。《隶续》载《米巫祭酒张普题字》云：

熹平二年三月一日天表（按当是道徒所书之丧字）。鬼兵（按即鬼卒）胡九（原注阙二字），仙历道成，玄施延命。道四一元，布于伯气。定召祭酒张普、萌生、赵广、王盛、黄长、杨奉等诣受微经十二

卷。祭酒约施天师道法无极才。(以上碑文)

"右《米巫祭酒张普题字》,凡七行六十七字。今在蜀中。咸宗熹平二年所刻。《范史·刘焉传》……注云熹平中妖贼大起,汉中有张修为太平道,张角为五斗米道。使病人处净室思过,祭酒以老子五千文都习,为请祷之法。此碑有天师道及祭酒、鬼兵字,而云受微经十二卷,盖诸张妖党相传授之。约观其词,似是姓胡者初入米巫社中,故召诸祭酒受以经法,颇合史氏所载。此碑字画放纵欹斜,略无典则。乃群小所书……。"

今案此碑,盖道徒胡九死,天师召诸祭酒为之诵经超度,镌石为志。诸祭酒皆非士流,识字不多,但习诵《老子》五千言,彼中称为十二卷《微经》是也。"仙历道成",谓其死也。"玄施延命",谓经超度后仍生于天界也。"道匹一元,布于伯气"者,伯、百字通,谓道徒归天后,转化成各类气质,惟神布署也。"定召"者,天师语气,谓天师教法规定当召诸祭酒为之超度也。"约施"者,合力施行其法也。"无极才"道中术语,犹佛教徒言"无上功德"也。胡九,盖富农或中小地主之奉道者。汉末尚厚葬,广建丰碑巨阙。此家虽奉天师道,不得于葬事铺张,犹欲植碑存念,故天师为之书字如此。"字画放纵无典则",正足以见其为天师道徒文艺。未可以儒士风范责之也。自熹平二至咸宁三(一七三—二七七)一百余年,由于犍为道徒未直接参加革命战争,不为州郡官吏所注意,其道得延续发展。巴汉自张鲁与三夷王失败后,道侣亦必然有来犍为隐蔽者。则犍为一郡,晋时成为蜀中天师道徒之集中地区可知。后汉犍为郡十三万七千七百余户,四十一万一千三百余口。尚仅就承担赋役之民纪之。晋时户口纵凋残,实际户口亦当云此数不远。天师陈瑞,由素不为官府所注意人成为刺史枉法镇压之人,则其声响之广大可知。徒众已由一般农民发展至二千石长吏之家,则已有由乡村伸入城邑,由劳动阶层伸入士大夫阶层之势。徒众数量应不仅以千百计。言"千百数",盖亦城中官绅阶层就所见道徒之上层分子数量估之耳。此王浚之所以必然进行镇压也。巴郡为天师道最早根据地,而陈瑞道徒唐定为巴郡太守,则巴地天师道又已复活可知。宋晏殊《类要》云:"巴夷信道。"则巴区人民之信奉天师道,历南北朝至唐宁皆然。王浚虽镇压陈瑞,惩办唐定等,迄亦未能根除蜀民之奉天师道也。

⑤《晋书·王浚传》云:"朝议咸谏伐误,浚乃上疏曰:……臣作船七年,日有朽败,……。"推其上疏时间,不能更晚于咸宁五年(二七九)。已造船七年,则是自泰始九年(二七三)尚为广汉太守时已造船矣。此云禁祀山川神祠,取其松柏造船,盖广汉太守时事。作刺史后,并推行于全蜀也。淫祀流行,为落后社会之一般现象。因循之吏,每听民便。王浚好大喜功,欲以儒教礼法整齐之,禁其祭祀,焚毁其庙,而取其林木为船材,化无益为有益,似无可议。然蜀中邱陵地多,涵濡水泉,保持土壤,森林作用甚大,因禁淫祀而掠取民间公有林以造官船,无益于民间运输,徒为变相之掠夺民力,未得为善政。当时士流歌颂过当,至于饰为连理、嘉禾、黄龙、甘露诸瑞应以媚之者,徒以其能崇儒术,辟异端,符合封建统治阶层之要求而已。

⑥何攀,本书《后贤志》与《晋书》卷四十五传。此事重见《后贤志》。详略微异,可互参。或疑此为衍文。今按:陈寿《三国志》号称精简,然于《董允传》载《出师表》语,亦与《诸葛亮传》文重复,盖卷帙繁多,一人为之,复见实所难免。但凡原稿所有,文句不同,即不当以衍文论也。"佃兵",即屯田兵。"无所办",《后贤志》云:"佃兵但六百人,计作船六七年,财可胜万人(谓只可敌万人一年之功),后者未

成，前者已腐，无以辅成国意。"语最醒豁。"休兵"句，《后贤志》作"召回守休兵及诸武吏，并万余人造作"，按晋为民兵制，男子年十五至六十皆当受征兵役。郡有郡兵，太守、尉征调之。州有州兵，刺史与都尉分向诸郡征调之。战时无定额，平时益州全州关戍守兵，平蜀后规额为万余人也。何攀以当时蜀士宁谧，拟调腹地各关戍兵一万人，合佃兵与军官，为万余人也。"守兵"，现役在关戍之兵。"休兵"者，旧为州内关戍守兵，役其未满，裁剔暂休，为预备兵者也。"裁船"，是当时船工习用之术语，谓就船材所需之木材尺度入山相木而裁取之。造船需在大江沿岸。船材则须深入边徼老林中取运，浚所造船，"方百二十步，受二千余人，以木为城，起楼橹，开四出门，其上皆得驰马来往"（《晋书·王浚传》）。则所需材木甚巨，故当于边徼老林中取之。攀议就近市取巨室大姓坟茔松柏，则其为数百年老树可知。非巨族大姓不可能有。取于巨室大姓，则不用征而曰市，当给市价也。"什四"，什又限于什分之四，听留什之六，以保持林相也。与前取公共寺庙之松柏不同，晋政权专倚巨室故也。

⑦此亦复见于《后贤志·何攀传》。《晋书·王浚传》与《何攀传》及卷三十四《羊祜传》亦并著之，可互参。"宗廷"，字元亮，《后贤志》四见。此处旧刻作宋庭，是误。其人盖当时荆州刺史。参看卷十一。

⑧此事仅见于本志，无他书参订。"都吏"，不成魏晋职名。应是"郡吏"字讹。汉中为郡名。郡官属有诸曹掾史而以丞或长史为之长，无所谓都吏也。时郡吏多辟大姓豪长为之。袭祚当即郡人。张澍《蜀典》卷十二引《水经注》云："袭玄之，汉寿人，有晋征士，临沅县南有墓铭，太元中车武子立。近刊本作龚，误矣。"葭萌近汉中，则汉中当亦有此姓。龚祚为大姓豪，故能作乱也。《蜀典》又引徐康《晋志》"桓温参军有龚祚"，应非此汉中龚祚。

⑨《晋书·浚传》："征拜右卫将军，除大司农，车骑将军。羊祜雅知浚有奇略，乃密表留浚。于是重拜益州刺史。"《羊祜传》云："初祜以伐吴必借上流之势。又时吴有童谣曰：阿童复童，衔刀浮渡江。不畏江上兽。但畏水中龙。祜闻之曰：此必水军有功，当畏应其名者耳。会益州刺史王浚征为大司农。祜知其可任。浚又小字阿童，因表留浚监益州诸军事，加龙骧将军。密令修舟楫为顺流之计。"《常志》但言浚遣何攀、李毅诣洛表留，不言羊祜表留。地方史当重在攀与毅也。上文谓使攀于襄阳，则祜之能表请留浚，亦攀之力也。

⑩"冬当大举"句，当上属"诏书"二字，谓诏书布置如此。各旧本乃下连而上空格，甚至提行，大误。

⑪此段亦与《后贤志·何攀传》略同，可互参。"朝廷议征却须六年者，谓晋朝廷虽已决计伐误，却订期于六年之后。时晋大臣贾充、荀勖、冯耽等皆极力反对伐吴，而凉州兵戎方亟，廷臣亦多主张缓图南征，故于料量军实时，推延至六年后也。惟张华与羊祜赞帝用兵。故帝屡决而不能速行也。《通鉴》综合《晋书》诸传记此事云："安东将军王浑表孙皓欲北上。边戍皆戒严。朝廷乃更议明年出师。王浚参军何攀奉使在洛，上书称：皓必不敢出。宜因戒严，掩取，甚易。杜预上表……旬月未报。预复上表曰：羊祜不先博谋于朝臣，而密与陛下共施此计，故益令朝臣多异同之议……自秋以来，讨贼之形颇露。今若中止，孙皓或怖而生计……则明年之计或无所及矣。帝方与张华围棋，预表适至。华推枰敛手曰：陛下圣武，国富兵强。吴主淫虐，诛杀贤能。当今讨之，可不劳而定。愿勿以为疑。帝乃许之。以华为度支尚书，量计运漕。贾充荀勖冯紞固争之。帝大怒。充免冠谢罪。"羊祜四年十一月卒，举杜预自代。预承其谋也。大抵灭吴之役造谋于祜。王浚、王浑、杜预皆承赞祜谋，而何攀长期在洛联系于羊、杜与晋帝之间，不为无功。蜀人则徒夸攀之有功，不见全局。此则又地方史之短也。

⑫《晋书·王浚传》："太康元年正月，浚发自成都。率巴东监军广武将军唐彬攻吴丹阳，克之。……二月庚

申，克吴西陵。……壬戌，克荆门夷道二城。……乙丑，克乐乡。……乙亥，诏进浚为平东将军，假节，都督梁益诸军事。"西陵，今宜昌。夷道，今宜都。荆门，指江陵。汉丹阳，在今安徽省，《浚传》所称之丹阳，当在今宜昌以上巴东、秭归地界。盖指楚国旧都之丹阳，即《吴志》之秭归也。自成都至秭归，水得缓远，冬季楼船一月不能达，况尚当沿途征集民兵，布署后勤，及与唐彬联系。《常志》云十二月出师，较《晋书·浚传》合于实际。唐彬，《晋书》卷四十二有传。平南军，指平南将军胡奋之军。《晋书·武帝纪》咸宁五年云："十一月，大举伐吴。遣镇军将军琅邪王伷出涂中，安东将军王浑出江西，建威将军王戎出武昌，平南将军胡奋出夏口，镇南大将军杜预出江陵，龙骧将军王浚、广武将军唐彬率巴蜀之卒浮江而下，东西凡二十余万。"则有夺在伐吴时为平南将军也（《晋书》五七《胡奋传》未著此衔）。浚进平东将军在克乐乡后，则拨胡奋军由浚指授亦当在二月己丑后，即浚与唐彬原为并肩将领，与胡奋原为两路。此时由浚连续有功，及合上游诸路军统归浚指挥也。武陵，今常德。巴陵，即巴邱，今岳州北之城陵矶。浚过巴郡时又别遣李毅率军由涪陵进，抚五溪蛮，出沅水收湖南地，期与浚大军会师于洞庭湖口。又在六路进军之外有此一路，《晋书》所未及。

⑬晋伐吴六路中惟王浚、王浑、杜预三路有功，而浚功最多。自蜀浮船直抵秣陵，受孙皓降。此蜀中士大夫阶级极力赞功之力也。而蜀人功尤多者如何攀、李毅，则功赏殊薄。攀封关内侯，无所职。王浚入拜辅国将军，以为司马。攀又上论时务五篇，乃除荥阳令。又其后别以诛杨骏功，始得封西城公，除兖州刺史。李毅，平吴后亦封关内侯，除陇西护军，徙繁令，边郡太守。后以王浚临死复上其功，乃迁内郡太守，至南夷校尉。较平吴前之优遇蜀士情致，悬绝天渊，此亦封建朝廷用人行政之常态耳。

⑭此为靳普结传。"学术"，谓习天文占验风角卜筮之术。

⑮重州刺史治事繁颐，不可轻易离部，当奏事则以表驰释。轻州事省，刺史须自乘传入京奏事，不得遣使上表。益梁原为重州，此时改作轻州。至元康六年又复为重州。顾千里校订轻州字，当遵。以"轻车刺史"为句，义亦可通。乘传奏事，则轻车就道，不得治严，固可称为"轻车刺史"也。然究不如作轻州，以刺史属下句佳。故改依顾说。

⑯时蜀中惟汶山夷最多事，故别立西夷校尉，开府治事，比于刺史，盖有汉民住区与少数民族区分署管理以专责成之意。然因未几蜀乱，未克贯澈。西夷校尉仍由刺史兼之。张牧，字当作收。《晋书》卷五十五《张载传》云："父收，蜀郡太守……太康初，至蜀省父。"太康初，谓太康元二年，是张收由蜀郡太守升为西夷校尉也。宋代席益《成都府学石经堂图籍记》云："世传西晋太康中刺史张收收始画。非也。殿有画，自高朕始。殆收尝增益之。"元代费著《成都周公礼堂圣贤图考》云："殿之壁，高下三方悉图画上古以来君臣及七十二弟子像，世传晋太康中太守张牧之笔。收子载，即铭剑阁者也。"字皆作收。盖收以平吴功为蜀郡太守，年余，升西夷校尉，与刺史比肩分任州政，故后世或传其为刺史，或传其为太守也。《晋书·王浚传》作"军司张牧"。疑亦讹字。

⑰此言"治蜀"，谓旧刺史与蜀郡太守皆治少城。大城为蜀汉故宫所在，故益州牧与刺史皆治少城也。此时张收由蜀郡守升西夷校尉，因蜀郡旧治为府寺，刺史别立新治于大城，取比肩开府形式，非谓在成都外"别立治"也。西夷与刺史府各置长史主文书，司马理军政，及其下诸属官。太康初，胡罴为刺史。此时张敏为刺史，亦见《张载传》。载作《剑阁铭》，"益州刺史张敏见而奇之。乃表上其文。武帝遣使镂之于剑阁山焉"。

⑱宁州复罢，已说《南中志》。"廉、良"，谓孝廉之士与循良之吏。"皆"，谓西夷、南夷与刺史同然也。

⑲蜀建王国，已详《蜀志》12 章之注㉚。江原常骞为首任内史，亦见《蜀志·广汉郡》（卷三 14 章）之注㉟。《太平御览》卷一九九引此文。首句作"武帝封子颖为成都王"。《御览》引文不遵原字，未足据以校订今本，故不入注。

## 四

元康六年，复以梁益州为重州，迁益州刺史栗羲<sub>元丰、钱、廖本作羲。他各本作凯。羲、凯古今字</sub>。为梁州，加材官将军。扬烈将军赵廞为益州刺史，加折冲将军。关中氐及马兰羌反，寇天水、略阳、扶风、始平、武都、阴平。发梁州及东羌、镇西讨之，不克①。益州遣牙门马玄、尹方捄援之。以鹿车运成都米给军粮②。

八年，廞至州。虽崇简约，而性实奢泰。略阳、天水六郡民李特，及弟庠，阎式、赵肃、何巨<sub>元丰本作臣。他各本作巨</sub>、李远等及氐叟、<sub>各旧本作"氐傻"。廖本作叟。青叟此叟字，各旧本同</sub>。数万家，以郡土连年军荒，就谷入汉川，诏书不听入蜀。益州敕关禁之。而【户曹】侍御史<sub>当作"侍御史"。说详注释</sub>。李苾开关放入蜀，布散梁州及三蜀界③。汶山兴乐县黄石北地卢水胡成豚坚、安角、成明石等，与广柔、平康文降刘、紫利羌有仇，遂与蟒蛦羌郅逢等数千骑劫县令，求助讨紫利。太守杨邠挞杀豚坚，而降<sub>疑有误，当作治</sub>。其余类，<sub>余类张、吴、何、王、石本不重此二字。他各本有。浙本挤补</sub>。遂叛，杀长吏④。冬，西夷校尉西平曲炳表出军，遣牙门将孙眺为督护，率万人征之。战于常安，大为胡所破⑤。

九年，炳以败军征还。【晋】<sub>旧各本有晋字。廖本注云"当衍"</sub>。夏，用江夏太守陈总为代。胡退散⑥。

永康元年，诏征刺史廞为大长秋。迁成都内史中山耿滕为益州刺史、折冲将军，因廞所服佩⑦。初，廞以晋政衰而赵星黄，占曰："星黄者王。"<sub>张、吴、何、王、浙石本王作主</sub>。阴怀异计。"蜀土四塞，可以自安。"乃倾仓赈施流民，以收众心。以李特弟庠卫六郡人，勇壮<sub>此下当有者字</sub>。厚恤遇之⑧。流民恃此，专为劫盗。蜀民患之⑨。滕数密表："流民刚戆，而蜀人懦弱，客主不能相饶，<sub>张、吴、何、王、浙、石本作制。他各本作饶</sub>。宜移还<sub>元丰本作"移迁"。张、吴、何、王、浙、石本作"迁还"</sub>。其本土。不者，与东三郡隘地。观其情态，<sub>刘本作熊。李本作"情熊"</sub>。渐不可长，将移秦雍之祸于梁益矣⑩。"又言："仓库虚竭，无以应锋镝之急。必益圣朝西顾之忧。"<sub>张、吴、何、王、浙、石本改作"仓库虚，无以应敌。万一告急，必益圣朝西顾之虑"</sub>。由是廞恶滕⑪。州被诏书，已遣文武<sub>当有吏字</sub>。士千余人迎滕。滕<sub>张、吴、何、王、浙本本此误作滕。下同</sub>。以廞未出州，故在郡。廞募庠党罗安、王利等劫滕，杀传诏者，大败于【广汉】宣化亭。【杀传诏者】⑫旧各本同误，兹删移订正。说详注释。滕议欲入州城。功曹陈恂谏曰："今州郡并治兵，怨构日深。入城必有大祸。不如安住少城，檄诸县合村保，以备秦氏。陈西夷行至。张、吴、何、王、石本无此五字。元丰等旧本有。浙本挤补。且观其变。不尔，可退住犍为，西渡江原，以防非常。"滕不从。冬十有二月，滕入城，登西门⑬。廞遣亲近代茂取滕。茂告之而去⑭。廞又遣兵讨滕。滕军败绩，自投少城【上】死⑮。旧各本作上。按上下文，当作死。吏左雄负滕子奇依民宋宁藏。廞购千金，宁不出。廞寻败，钱写脱写字。廖本作"廞寻败"。他各本作"寻廞败"。得免。郡吏皆窜走，惟陈恂面缚诣廞，请滕死丧。廞义而不杀也。恂与户曹掾常元丰本作尚。敞共备棺冢葬之⑯。廞又遣军逆陈总。总至江阳，闻廞有异志。主簿赵模进曰："今州郡不协，必生大变。惟当速行。府是兵要，助顺讨逆，莫有动者也。"《通鉴》作"谁敢动者"。总更缘道迟留。至南安鱼涪津，以与廞军遇。《通鉴》作"已遇廞军"。以、已字通。模旧各本无此模字。廖本同。《通鉴》有。白总："散财货，募士卒距钱写作拒。战。若克州军，则州可得。不克，顺流而退，必无害也。"总不能更，更，改其本意也。曰："赵益州忿耿侯，故杀之。与吾无嫌，何为如此。"模曰："今州起事，必当立威。虽不战，无益也。"言至垂涕。总不听。众弛。张、吴、何、王、浙本字作拖。《通鉴》作"众遂自溃"。总逃草中。模衣总服格战。廞兵杀模，见非总，乃搜求总杀之⑰。《通鉴》作："更搜求得总，杀之。"廞自称大此下廖本注云："当有都督大三字。"将军益州故。以武阳令蜀郡杜淑、别驾张粲、巴西张龟、西夷司马袭各旧本俱作龚，廖本独作龚。尼、江原令犍为费远等为左、右长史，司马，参军。徙犍为太守李庠为威寇将军。召临邛令涪陵许弇为牙门将。召诸王官，莫敢不往。又以广汉太守张微，廖本有注云："《后贤志》及《目录》皆作徵。"今按：《晋书惠帝纪》太安元年作微，《载记》作征。《常志》旧本中，元丰与钱、刘、李、《函》本作微。张、吴、何、王、浙、石本作征。查裴松之《三国志·张翼传》注引《华阳国志》，作微。则征字讹也。汶山太守杨邠、成都令费立为军祭酒⑱。

时庠与兄廖本注云："当有持字。"特弟流、骧、妹婿李含、天水任回、上官晶、张佳胤注云："按《晋书》作上官惇。"吴、何、王、浙、石本俱有此注。扶风李攀、始平费他、元丰与钱、刘、李、《函》、廖本作他。张、吴、何、王、浙、石本作佗。氐符成、隗伯、董胜等四千骑在北门。廞使庠断北道⑲。庠素东羌良将，晓军陈，钱写作"阵"。音义并通。不用麾志，举矛为行伍。庠劝称大号汉。庠部下放搅，廞等忌之，元丰本与钱、刘、李、《函》、廖本并如此。张、吴、何、王、浙、石本改作"不用麾帜、举矛为行五。斩部下不用命者三人，部阵肃然"，接"廞等忌之"句。张佳胤依《晋书·李特载记》改也。浙本剜改五下十三字如宋旧。遂于会所斩庠，及其兄子弘等十余人⑳。虑特等为变，又命为督将，安慰其军。还特庠丧。其夜，特、流彻众散归绵竹。廞遣故阴平令张衡、升张、吴、何、王、石本作外。浙本剜改作升。迁费恕就绥纳，皆为特所杀㉑。许弇张、吴、何、王、浙、石本俱有"牙门将"三字在许上。求为巴东监军，杜淑、张粲逆元丰与钱、刘、李、《函》、廖本作逆。张、吴、何、王、浙、石本作"固执"二字。不许。弇怒，于州阁下手刃杀淑、粲。李本粲字皆作燦。即亦杀弇。二子，廞腹心也㉒。此下，张、吴、何、王、卢、石本脱"永宁元年"以下共四页六十一行，一千一百九十三字。皆永宁元年一年事。首尾皆恰提行，故历久未觉也。浙本原亦脱之，后觉，补镌四页，曰九一、九二、九三、九四、九五。

永宁元年㉓，春正月，廞遣万余人断北道，次绵竹，以长史费远为继。前军宿石亭。特等相合，得七百《晋书·载记》作千。余人，夜袭之，因放火，杀廞军略尽㉔。进此下廖本注云："当有攻字。"攻成都。城中恼元丰本与《函海》作恼。惧。中郎常美与费远、李苾、张微钱、《函》本及浙补本作征。等夜斩关委廞走。文武散尽，廞独与妻子乘小船顺水至广都，为下人朱竺所杀㉕。【袁】元丰本作裒。钱、刘、李、《函》本作袁，下并有小疑字。廖本注："旧校云疑。今按，袁当衍。旧校非也。"廞字和叔，本巴西安汉人也。祖世随张鲁内移，家赵。赵王伦器之。历长安令，天门、武陵太守，来临州。长子昺在洛，亦见诛㉖。

案：以上，元康六年至永宁元年（二九六—三〇一）赵廞据蜀前后五年事。亦为流民李氏得据巴蜀之发轫阶段。巴蜀在晋初世，封建统治者与地主阶层紧密结合，不恤人民痛苦。农民孱弱，无力反抗。迨关陇流民入蜀，一般散入农村，"以佣赁自给"，与被压迫人民结为一气。而流民中上层分子仍团结于官府左右，为之效力。终以土客不安，备受倾陷。一旦迫于战斗，流民与地方农民群起应之，遂以导致全蜀之农民大革命。数年间，地主阶层与晋朝官吏武力全面瓦解，逃徙一空。地方郁盛之旧文化亦由是放失，致巴蜀成为二百余年落后之区。此四川历史上一大天翻地覆之变化也。而旧史家率仅仅以李氏一姓兴亡记之。常璩为生于此一时代之人，其书亦正结束于此一时代之末。虽观点立场不同，行间字里，所反映人民动态之处仍自不少。兹自本章起，随文指出之，此为发端之一章。

**【注释】**

①晋武帝称太康者凡十年（二八〇—二八九）。其明年正月朔，改元太熙。四月，武帝崩，惠帝立，改称永熙元年。又明年正月朔，改元永平。其三月，贾后杀执政太傅杨骏，改元元康。元康六年（二九六），惠帝立之第七年也。惠帝愚骇，贾年擅政。宗室诸王，各拥兵树党，争权乱政。民不聊生。少数民族之杂居

内地者，受害尤酷，迫于加强团结以抗横暴。一处叛变，全国动摇。统治阶级犹无所觉，仍其旧恶以促进之，遂如毒疮瘑口，蔓延全身。《常志》述巴蜀事而远及关中六郡羌乱者，溯言蜀中流民所自来也。关中少数民族叛乱，肇始于元康四年（二九四）。《晋书·惠帝纪》：是年五月，"匈奴郝散反。攻上党，杀长吏。"八月，"郝散率众降，冯翊都尉杀之。"六年五月，"匈妈郝散弟度元，率冯翊、北地马兰羌、卢水胡反。攻北地，太守张损死之。冯翊太守欧阳建与度元战，建败绩。征雍西大将军赵王伦为车骑将军。以太子太保梁王肜为征西大将军，都督雍凉二州诸军事，镇关中。秋八月，雍州刺史解系又为度元所破。秦雍氐羌悉叛，推氐帅齐万年僭号称帝，围泾阳。冬十月乙未，曲赦雍凉二州。十一月丙子，遣安西将军夏侯骏、建威将军周处等讨万年。梁王肜屯好畤。关中饥，大疫。七年春正月癸丑，周处及齐万年战于六陌，王师败绩，处死之。……秋七月，雍凉州疫，大旱，陨霜杀秋稼。关中饥，米斛万钱。诏骨肉相卖者不禁。"《常志》所云"关中氐及马兰羌反"之经过如此。齐万年至元康九年败死。关中久饥，民多流亡，氐羌还边，其乱亦即自弭。

②《通鉴》卷八十二元康六年云："是岁，以扬烈将军巴西赵廞为益州刺史。发梁益兵粮助雍州讨氐羌。"据《常志》此文也。鹿车，今蜀人呼作"鸡公车"者是也。形制甚小，独轮，双柄，载重百斤左右，一人推之，轻便敏捷，不择道路，不循辙迹，善于绕避障碍。遇横沟，但架小独木，即能循之以度。如鹿之善走，故曰鹿车也。《后汉书》卷五十六《赵熹传》谓："更始败，熹为赤眉兵所围，迫急，乃逾屋亡走。与所友善韩仲伯等数十人，携小弱，越山阻径出武关。……以泥塗仲伯妇面，载以鹿车，身自推之……既入丹水，遇更始亲属皆踝跣涂炭，……所装缣帛资粮悉以与之，将护归乡里。"此为前汉时已有鹿车，一人推之，能载重百余斤越秦岭山道之证。武关为秦岭东部一山道，由长安经蓝田出商洛至丹水者必由之路也。载一妇人，兼有缣素资粮，则百余斤也。赵熹有拳勇膂力；故能一人推之越岭。今成都平原之鸡公车，若更有一人挽之在前，亦能上坡陀；挽之于后，能下坡陀。实较诸葛亮之木牛流马更为捷便。疑亮时蜀汉尚无此车。（《后贤志·蜀郡任末传》言"推鹿车送董奉德丧"，在前汉时京师地区）此时为挽成都米给关中军，始推广中原鹿车法于蜀。蜀平原人不见鹿之善走，而以车形锐首展尾似雄鸡，呼为鸡公车也。常氏重在蜀中初有此车，故特笔著之。章怀太子《赵熹传》注云："《风俗通》曰，俗说鹿车窄小，裁容一鹿。"以为鹿车得名之由。此必不然。鹿车无箱，但于独轮之两侧䏶上载米袋或人，有板护泥使轮与人物隔绝而已，不得云"容鹿"也。鹿车命名当为轻便善走。又此车行时轴毂磨擦吱吱作响不已，故中原又有"轆轳车"之称。扬雄《方言》卷五："繀车，赵魏之间谓之轆轳车，车齐、海岱之间谓之道轨。"轆轳，车鸣声。道轨，谓此车无轨辙，随道路所在而进也。称繀车者，亦谓其小耳。《说文》："繀，箸丝于筦车也。""筦，筳也。""筳，繀丝筦也。"段玉裁解筦车为籆（音越），是也。又谓即《方言》之繀车，之轆轳车，之道轨，则非也。《说文》繀字是动作字，无车义。筦车即络丝之籆，系一贯柄之轮，人手转之以络丝者，与"轆轳""道轨"字皆不切。繀车只是专名，不可与筦、籆相混。许慎在扬雄后，所解繀字不涉车义，则其非释《方言》之繀车甚明矣。历世字书辞书固颇有以繀车为纺轮者。近世更有谓繀车即纺车者，并谬，不足取。纺车明代始有，专用于纺棉。元以前内地无棉，安得有纺车。丝只可络，不可纺。毛、麻则用筳贯纺轮撚之成线，无用纺车者。并辨订。

③《晋书》卷一二〇《李特载记》："元康中，氐齐万年反，关西扰乱，频岁大饥，百姓乃流移就谷，相与入汉川者数万家。……流人既至汉中，上书求寄食巴蜀。朝议不许。遣侍御史李苾持节慰劳，且监察之，不令入剑阁。苾至汉中，受流人货赂，反为表曰：'流人十万余口，非汉中一郡所能振赡。东下荆州，水湍

迅险，又无舟船。蜀有仓储，人复丰稔，宜令就食。'朝廷从之。由是散在梁益，不可禁止。"（《通鉴》略同）"六郡"，上文已确指为"天水、略阳、扶风、始平、武都、阴平"。按《晋书·地理志》，雍州有扶风、始平二郡，其辖县皆在今西安市西，渭水平原部分。秦州有天水、略阳二郡，其辖县皆在今甘肃省之渭水中游地区。又有武都、阴平二郡，在今甘南之嘉陵江上游地区，蜀汉时属益州，晋初度属梁州。泰始五年，又割雍梁凉州共七郡为秦州。此六郡并近汉川，多有羌氏混居；或已融合，有汉姓名；或尚保存羌氏旧俗，《常志》此言"氐叟、青叟"是也。雍秦凉州即关陇区，后汉时，为全国人口密度最大一级地区。汉末，羌民叛乱屡起、加以黄巾王国与边章韩遂等起义，大地主阶层，大都已流徙或消灭，因而农村社会相当安定。魏代，蜀军屡出，迄未能有功者，以此故也。晋灭蜀，徙蜀中封建地主三万家于关中及河东，"复二十年田租"。加以赵王化梁王肜等先后驻军关中，增加封建地主数量与其压迫强度。激成民变蔓延，屡讨不定。农民失业，天旱成灾。民食不足，疫厉因之。不肯从乱之民，相率向内地流亡乞食。当时洛阳亦荒乱，而西北羌祸未靖，流民所向，自必出于汉川。六郡民集于汉中者约数万家。其三辅、北地民，由商雒向南阳、襄樊、江夏者亦应相当（参看《晋书》张昌、王如等传），则汉川流民之不能"东下荆州"者除水险、无船外，亦由荆州已有流民麕集，不可再故也。李苾所陈于晋廷者，自属安顿汉川流民必然之措施，非由"受流人货赂"。流民千里就食，能有何贷财宝货可以贿买朝官为之说项，至于能使朝廷取销成命，准其入蜀乎？盖蜀中士大夫闭衆自私，恶绝流民，因其入蜀成灾而痛恨于苾，所加诽诬之语也。《常志》亦同众口，以放流民入蜀为苾年致而不言其受贿，可谓史识较长于《晋书》与《通鉴》矣。《晋书》与《通鉴》皆作"侍御史李苾"。《常志》作"户曹李苾"。是《常志》误。"侍御史"，在晋为天子亲信之官，凡九人，分掌十三曹属："吏曹，课第曹，直事曹，印曹，中都督曹，外都督曹，媒曹，符节曹，中垒曹，营军曹，法曹，筭曹。"无所谓户曹。"户曹"乃州郡属史之称。在"诏书不听入蜀"与州将已"敕关禁"之下，户曹安得有权开关放入流民？惟侍御史持节慰劳流民，乃得便宜言事，使朝廷收回成命，放民入蜀耳。兹改正。

④汶山郡地，即自都江堰以上之岷江上游地区。自汉开置郡县，祸乱屡作，迄无宁岁。蜀汉建五屯牙门，以军事镇压，暂曾收效。晋泰始七年，吕匡之乱，为军屯内部腐朽，行将崩溃之征。随即有白马胡恣纵侵掠事件。泰始十年，皇甫晏军溃以后，晋朝实已丧失统治此区之力。徒以羌氏未能自行组织政府，亦未逐杀晋朝廷所委官吏而已。而官吏不察，尚欲以封建威福加于羌氏，以展其贪残体面，于是羌乱一发，不可收拾。太守杨邠，此次盖因豚坚至郡诉请助讨广柔羌时，杀之立威，激成诸羌忿怒，群起驱杀官吏，排除晋人。自是以后，汶山太守寄住都安，县屯并撤，全区沦为化外矣。类似杨邠之颟顸偾事事件，在封建史籍中恒受赞扬。如《汉书》记傅介子刺楼兰王（卷七十），王立斩夜郎王（卷九十五），皆为后世所称颂，经边官吏多仿行之。虽偾事而史无贬辞。此国史之一大蔽惑也。《常志》于此亦未能免。

⑤常安，即都安改名，今灌县是也，位于成都平原与羌区山地之间。"战于常安"，则晋政权已完全退出岷江上游地区可知。亦为羌区之民反对西晋王朝之明证。

⑥此直承上章之文，以年别提行耳。常氏《蜀汉书》旧文，盖作"晋用陈总为代"。居江左改写为《大同志》时，乃删晋字，填夏字。涂抹未净，被后人仍钞入，成衍文也。时关中羌氏正拥齐万年为帝，与晋军对抗，故汶山羌胡亦团结逐官抗战。然汶山羌胡未能组织政府，其军亦未进入平地；败晋军后，小掠沿边，复各还部落，晋人不解，书为"退散"也。

⑦元康元年（三〇〇），晋惠帝即位之十一年也。其四月初三夜，赵王伦等发兵入宫，废贾后，杀之。亲党

皆夷三族。赵廞，"贾后之姻亲也"。廞本赵王伦亲信，伦既决计废后，不欲廞在外州，故以大长秋征之。为时当在三月内。大长秋，皇后卿也。位同九卿，设置官属。"成都内史"，属王国官，所治为蜀郡旧民，而秩高于太守，于刺史为敌体。滕仁柔而有德望，廞盖尝称之于朝廷，故云"因廞所服佩"。

⑧赵廞以吏才得官，所在称职，依赵王伦至益州刺史，非夙有据蜀志。追闻贾后被诛，戚党族灭，己适被征，迫而出于救死之计；非因"阴图异计"乃厚抚流民也。其"倾仓赈施流民"，应早在两年以前，遵朝旨为之。李苾疏固曾言"蜀有仓储，人复丰稔，宜令就食"。"朝廷从之"之后，必当有敕下廞振赡流民也。在常宽、杜龚等蜀人观之，凡一切宽容流民措施，皆属罪恶，丑诬多方。常璩未能觉察而误采其说如此耳。《晋书·载记》云："特之党类皆巴西人，与廞同郡，率多勇壮，廞厚遇之，以为爪牙。"《通鉴》卷八十三亦云："廞，贾后之姻亲也，闻征甚惧。且以晋室衰乱，阴有据蜀之志。乃倾仓廪赈流民以收众心。以李特兄弟材武，其党类皆巴西人，与廞同郡，厚遇之以为爪牙。"皆沿《常志》误采宽、龚等说为之耳。赵廞祖世安汉人，"随张鲁内移"。张鲁内移在建安二十年（二一五），距元康元年（二九一），已八十五年矣。然则廞非生于巴西，乃赵人也。李特祖世宕渠人，"魏武克汉中，特祖将五百余家归之。魏武拜为将军，迁于略阳北土"（《晋书·载记》）。则特亦非生于巴西，乃略阳人也。晋时，赵国属冀州，略阳属秦州，地隔千里，情俗不同。廞何至以祖世同郡关系私优李特弟兄？同郡之说，《常志》无明文，盖只唐宋史家妄揣之辞耳。"六郡民流移就谷入汉川者数万家，道路有疾病穷乏者，特兄弟常营护振救之。由是得众心"（《通鉴》卷八十二）。则李特弟兄之为流民所服久矣。况其材武绝伦，廞安得不倚用之。然犹史用李庠一人，则其非由同郡关系更可知矣。

⑨此亦常璩误采常宽杜龚之说。《载记》云："流人布在梁益为人佣力。"足见全属安分守纪者。非敢恃一李庠受廞任用即至于专为劫盗可知。"专为劫盗"之诬，亦当有因。时蜀中被压迫阶层既与佣力流民相习，情感结合相仗，则反抗地主压迫、剥削之举必易产生。地主阶层恨流民妨害其剥削，或被迫于让步，或至有所赔偿，遂诬为流民劫盗。李庠或亦庇护流民，则又诬为"流民恃此"。于是地主阶层异口同声胁迫赵廞杀李庠，以抑流民之势而大难作矣。

⑩此亦蜀中地主阶层酝酿移还流民运动之见端。此辈初持闭粜自富态度，坚拒汉川流民入蜀。其呼吸足以通朝廷，曾得诏书施行。而被李苾纠正，故恨李苾，诬为受贿。再图以徙还流民动摇赵廞，廞奉明诏赈赡，不听为请，故恨赵廞，诬"阴怀异计"。惟腐庸愚暗之耿滕接受此辈影响，为之密表朝廷。则直至其败亡犹称颂之。夫蜀在当时，土旷人稀，劳力不足，地利未辟。流民入蜀，蜀中官吏士绅诚能实心抚用，正可因其劳力为蜀兴利，公私、土客两利之道也。不此之图而谓其"不能相饶"，此所以为庸暗也。饶，食人而溢于量，使其有余之义。引伸为丰裕，宽饶，众多，裨益之义，损之对词。"不能相饶，意为互损矣。《通鉴》改作："密表流民刚剽，蜀人软弱。主不能制客，必为乱阶。宜使还本居。若留之险地，恐秦雍之祸更移于梁益矣。"亦仅依据《华阳国志》，存其意而变其文。在《通鉴》可心如此，《华阳国志》固不如此，而张佳胤竟依《通鉴》以改《常志》，作"主客不能相制"，则谬矣。又《常志》文"与东三郡隈地"者，谓设不移还关中本土，则自蜀更徙流民于西城、房陵、上庸三县险隈之地。即移腹心之疾于肢体部分以缓祸难之意，《通鉴》改为"若留之险地"一句，亦失《常志》本旨。并注。

⑪"仓库虚竭"句，与上"倾他赈施"句相应，是滕循蜀人之说，指斥赵廞厚恤流民之非。以为是廞恶滕原因之一。今案：廞既志在据州，则必不容新刺史耿滕取代己位。固不必由知滕有密表妨其赈抚流民事而恶滕。晋廷既"因廞所服佩"而命代刺史，亦即非因滕密表而任之。凡《常志》所云因果关系，皆常宽杜龚

之陈说，而璩因袭未正者耳。

⑫此言赵廞受诏时，亦遣文武吏士千余人至内史府迎滕，姑以观其行动。滕不敢往州府，欲廞自去而后入州。时州府在大城，廞拥兵未去，入必有变。滕仍居故署。故曰"廞未出州，故在郡"，郡谓少城，故蜀郡所治，时为成都内史署也（大城少城图说在《蜀志》）。廞见滕不入州城，故更命流民罗安王利等往哄滕署，抗请留廞，阻滕就任。并哄杀传诏者。是为鲜明叛晋之始。滕有军备，为卫朝使，自必出而镇压。流民溃走，史云"大败于宣化亭"，实非战也。宣化亭，当是晋朝廷传诏人住处，在少城内。《常志》旧本误衍"广汉"二字。又误倒"杀传诏者"句于其下。似廞所遣罗安等与滕部战于广汉之宣化亭，杀传诏者于广汉，理不可通。故改正，删广汉二字。左思《蜀都赋》记成都衢市，有"宣化之闼，崇礼之闱"句，即指宣化亭、崇礼坊也。

⑬陈恂策廞必图杀滕，劝滕保少城，发檄各县组织民兵，与秦雍流民对抗，以削弱赵廞兵力。待西夷校尉陈总至成都合力讨廞。若虑兵弱不能守少城，则可退走犍为郡（时治武阳，在江南岸）或江原县（今崇庆县，在岷江西）。凭江拒守，以待朝廷声讨。滕迂腐，恃在朝命，竟率卫士入州城，欲逼廞交代。入城，见廞有备，势不能退，故登西门自保。大城西门即宣华门，其外即少城也。

⑭代姓，相传代之后。张澍《蜀典》卷十二引《隶释》，汉蜀郡属国辛通达李仲曾造桥碑有荷吏代诵，及《宋史·隐逸传》有导江人代渊。又举《蜀录》云："赵廞使代茂攻常滕，茂告之而去。"所引《蜀录》，与《常志》异二字，以耿滕为常滕，以取为攻。《晋书》《通鉴》并与《常志》同作耿滕，而澍引作常滕，显为讹字。既云"告之而去"，则非率兵攻之也。言取者，盖使茂往谒滕，因刺死之。茂不忍，故告滕，而自亦弃廞去也。茂盖蜀人，常氏以先贤书之。《蜀录》应亦取材于《常志》而多所窜改。不足据以校订《常志》也。

⑮耿滕声言入州代廞，据西门不退，自必至于为廞所攻。力不能拒，又不得下，故自坠少城。少城，滕军所守也。投下遂死，其众溃散。旧刻作"投少城上"，上字当是死字之讹。大城西门外为少城街市，不可能投至少城上。大城高，自投城下，必死。

⑯此亦《常志》表扬蜀中人物之笔。

⑰此事惟见于《常志》，《晋书》不著，《通鉴》全采之。江阳，今泸县。赵模盖欲总由牛鞞迳趋成都。志曰"速行"，欲其早至也。"府是兵要"，谓速达西夷府接任，即可用符节征调各郡兵马，足以制廞。总不听，仍贪舟行，迂道南安、武阳。溯水濡迟，志曰"缘道迟留"也。"鱼涪津"，《续汉书·郡国志》作"鱼泣津"，在南安县。刘昭注引《蜀都赋》注曰："鱼符津，数百步，在县北三十里。县临大江，岸便山岭相连。经益州郡，有道，广四五丈，深或百丈，斩凿之迹今存。昔唐蒙所造。"《蜀典》引此文，丈皆作尺。又作"在犍为县北三十里"。今按：丈作尺是。县上添"犍为"二字则大谬也。《郡国志》明系于南安县。犍为郡名，汉晋无犍为县也。《郡国志》泣字乃涪字误。《太平寰宇记》作"鱼凫津"。凫、符、涪同音，地名从土人语，书字各异耳。其地当在今乐山县治与青神汉阳坝峡口之间，板桥溪附近，隋唐平羌县故治所在地是也。"众弛"，谓总原率众整饰威仪而进。既遇廞军，部伍遂乱，不复听命也。《通鉴》作"众遂自溃"。

⑱《晋书》作"廞自称大都督大将军益州牧"。《通鉴》同。廖本注据之拟增三字。兹以其系自称，无关体制，不据补。《通鉴考异》曰："《晋春秋》云（廞）建号太平元年，他书无之，今不取。"《晋书·惠帝纪》永康元年十二月，"益州刺史赵廞与洛（按，此略字讹）阳流人李庠，害成都内史耿胜（此又滕字讹），犍为

太守李密，汶山太守霍固，西夷校尉陈总，据成都反。"《通鉴考异》曰："《帝纪》：廞又杀犍为太守李密，汶山太守霍固。按《华阳国志》，犍为太守李苾、汶山太守杨邠，非密、固也。《载记》亦作李苾。盖《本纪》误。"今按：《考异》亦未细审矣。《帝纪》言廞所杀者，《常志》与《载记》并言廞所用者。李庠原为犍为太守，徙威寇将军，为廞所杀，见《常志》此章上下文。《晋纪》本多讹字，讹为密耳。杀李庠后，乃以李苾为犍为太守。其人非侍御史李苾，盖即上文误传之"户曹李苾"，廞之党也。霍固是西夷校尉属之汶山太守，党于耿滕与陈总，故被杀，杨邠《后贤志》有传，以尚书郎迁汶山太守，元康中值夷乱，免官。此时起用为军祭酒耳。张微，亦当是故时广汉太守，否则当云徙，不当云以。上文固已云"徙犍为太守李庠"矣。又微字，《后贤志•寿良传》与《士女目录》各旧本皆作征。他书作征作微者亦不一。（《寿良传》元丰本作"字达兴"，他各本与《目录》俱作"字建兴"。其字义与微、征并能关合）兹据裴注引判为微字。裴氏晋末生，所见当为最原始之写本也。微为张翼子，生蜀汉时。蜀亡至是已近四十年，其年龄应逾六十。廞以为祭酒，应不至此后乃作广汉太守。寿良传谓其"笃志好学，官至广汉太守，则是晋初时作广汉太守，此所称乃其故官，可定矣。费立，《后贤志》有传。其为成都令，亦当在永康前，此时已为州之大中正。廞引为军祭酒。志称成都令，亦故官也。

⑲旧各本兄字下无特字。《晋书•载记》作："特弟庠与兄弟及妹夫李含、任回、上官惇、扶风李攀、始平费佗、氐苻成、隗伯等以四千骑归廞。廞以庠为威寇将军，使断北道。"序在"廞自称大都督大将军益州牧"句下。《通鉴》永康元年云："廞自称大都督大将军益州牧，署置僚属，改易守令。王官被召，无敢不往。李庠帅妹婿李回、天水任回、上官晶、扶风李攀、始平费他，氐苻成、隗伯等四千骑归廞，廞以为威寇将军，封阳泉亭侯，委以心膂。使招合六郡壮勇，至万余人，以断北道。"《常志》则谓李庠先已为犍为太守，此时乃调为威寇将军，合兄弟戚党四千骑在北门，廞使其断北道。"断北道"，则当住葭萌、剑阁驻守也。今按流民李氏弟兄，庠最杰出。赵廞时已官犍为太守为可能。《晋书》云："特等聚众专为寇盗。"不云庠部，则庠自作官，特为流民首领，初未仕也。廞既叛晋，庠乃与特等合流民壮勇四千骑来归廞，廞以庠为威寇将军领之。揆之情势，当如此。是《常志》叙次合理，《晋书》《通鉴》并失于含混也。廞虽命庠率此四千骑断北道，实尚未发，犹在北门，庠已被杀，故"在北门"三字亦不可少。而《晋书》与《通鉴》略之，皆其未及常氏详密之处。至"兄弟"二字，《晋书》用之而脱其名。又任回上脱"天水"字，直承"妹夫李含"似回与上官惇皆庠妹婿者，《晋书》之失矣。《通鉴》迳删"兄弟"二字，似其众竟无特、流等，亦非。审其原始资料，皆当出于《常志》；或依《十六国春秋》所改写，或依《三十国春秋》所改写；由于旧本已脱"兄"字下一特字，唐宋人未予细考，遂率性并删"流骧"字，或竟全删兄、弟等字耳。特既在其军，则兄字下原有特字甚明。当是宋齐间传写者疑弟不能率兄，去特字。由《晋书》与《通鉴》之删省，可见唐宋时《常志》已脱此特字也。当补。

⑳《晋书•李特载记》叙斩李庠事，文颇窳弱，不似常璩，未知出于何书，要不能出崔鸿与萧方等二人书外。本源亦当出于常宽、杜龚。兹引列之，以便与《常志》互校。

庠素东羌良将，晓军法。不用麾帜，举矛为行五。斩部下不用命者三人，部陈肃然。廞恶其整齐，欲杀之，而未有言。长史杜淑、司马张粲言于廞曰："传云：'五大不在边。'将军起兵始尔，便遣李庠握强兵于外，愚窃惑焉。且'非我族类，其心必异。'倒戈授人，窃以为不可。愿将军图之。"廞敛容曰："卿言正当吾意，可谓'起予者商'，此天使卿等成吾事也。"会庠在门，请见廞。廞大悦，引庠见之。庠欲观廙意旨，再拜进曰："今中国大乱，无复纲维。晋室当不可复兴也。明公道格天地，德被区宇。汤武之事，实在于今。宜应天时，顺人心，拯百姓于涂炭，使物情知（有）所归，则天下可定，非但庸蜀而已。"廙怒曰："此岂人臣所宜言。"令淑等议之。于是淑等上庠大逆不道。廙乃杀之。及其子侄宗族三十余人。廙虑特等为难，遣人喻之曰："庠非所宜言，罪应至死。不及兄弟。"以庠尸还特。复以特兄弟为督将，以安其众（"五大不在边"出《三国志·杨戏传》李永南赞注）。

此与《常志》文格不同，文旨亦异。"部下放揽"与"部陈肃然"为绝对相反之两面。而张佳胤割《晋书》文以改《常志》，吴、何诸本遵之，并谬。宋本语意完足，乃常璩旧文，可以他本证订异同，不可改其文也。《通鉴》永宁元年用《晋书》文而精简之云：

李庠骁勇得众心。赵廙浸忌之而未言。长史蜀郡杜淑张粲说廙曰："将军起兵始尔，而遽遣李庠握强兵于外。非我族类，其心必异，此倒戈授人也。宜早图之。"会庠劝廙称尊号。淑、粲因白廙，以庠大逆不道，引斩之。并其子侄十余人。……

廙既杀庠而抚慰特等，则胡为并杀庠子侄十余人？此十余人，盖详之亲从同在门者，见庠无故被杀，噪乱，故并被杀也。亲从皆死而欲以罪止一人抚其他兄弟戚族，特等固不当再受其欺也。

㉑《常志》较《晋书》《通鉴》尤详致处，在上文多劝称大号汉之一汉字，与此处杀绥纳者张衡、费恕。其所反映，为流民与蜀中地主官僚阶层之仇恨已发展至无所不用其极之程度。杜淑等既多方陷杀李庠，及其亲从。流民一时力不能抗，撤还绵竹，亦坚强不更接受绥纳，杀其使人以示决绝焉。

㉒此叙赵廙内部之混乱，及其被流民击溃之过程。《晋书·载记》作："杜淑张粲固执不许。弇怒。于廙阁下手刃杀淑粲。左右又杀弇。皆廙腹心也。"《通鉴》用《晋书》文作："淑粲左右又复杀弇。三人皆廙之腹心也。廙由是遂衰。"《常志》作"即亦杀弇"，谓廙亦即杀弇，缘淑、粲系廙腹心也。《晋书》作"左右又杀弇"亦谓廙之左右。《通鉴》体会为三人皆廙腹心甚误。许弇如为廙之心腹，何对求外任巴东。且自能向廙求之，何至为二人所扼，至以死报之？《常志》作"逆不许"者，谓弇先求于二人，二人先自拒不许，不为其转白于廙也。"固执"义亦同。然"逆不许"意自明确，张佳胤改依《晋书》与《通鉴》，乃非。廙召临邛令许弇为牙门将，已见上文。此处自无庸再有牙门将三字，张佳胤亦依《晋书》与《通鉴》文增之。诚如顾广圻云"不明史法"者也。

㉓永宁元年（三〇一），本永康二年，其正月，赵王伦篡帝位，改元建始。四月，伦败死，惠帝复位，乃改元永宁。

㉔《晋书·载记》作："廙恐朝廷讨己，遣长史费远，犍为太守李苾，（《通鉴》作"蜀郡太守李苾"）督护常俊，督万余人断北道，次绵竹之石亭。特密收合，得七千余人，夜袭远军。"《通鉴》亦云七千人。《常志》作"七百"。今按：时雒阳方乱而汉中无事，不当有万余人往断北道。盖蜀中封建地主阶层再度说廙遣此军北上，掩袭流民也。石亭在今广汉绵竹界石亭江上。李特等初合李含、任回诸人所部才四千余人。李庠死，不能合力以报赵廙而解回绵竹。则李特此时纠合进攻石亭者，不可能至七千人。《常志》"七百余人"不误。唐宋人疑其少，改作七千，非实。

㉕赵廞败死事,《晋书》及《通鉴》并与《常志》从同,而作特等"进攻成都",《常志》旧本脱"攻"字,当补。

㉖赵廞身世,惟见此篇。自"永宁元年"以下,张、吴、何、王、卢、石本全脱。浙本原亦脱,补镌。

# 五

特、流至成都,杀西夷护军姜发及袭旧各本作龚,浙本补刻同。廖本作袭。尼,【相】旧各本作相。浙、廖本同。《函海》作成。当作成。成都令袁洽,旧各本作洽,《函海》同,《晋书》作治。因大抄掠。遣牙门王角、李基诣洛表状①。初,梁州刺史罗尚闻廞反,表:"廞非雄才,又蜀人不愿为乱,元丰本作乱。必无同者,事终无成,败亡可计日而俟。"惠帝因拜尚平西将军,假节,领护西夷校尉,益州刺史,给卫节兵一千,梁州兵二千,又配上庸都尉义部千五百人,合四千五百人。迁梓潼太守乐陵徐俭为蜀郡,元丰本此下有太守二字,作小字,并排,盖传钞者所加注。钱、刘、李、《函》本镌成正文。廖本删除。是。凡连举太守,前者皆但称郡,《常志》例也。扬《函海》作杨,并注云"应作扬"。烈将军陇西辛冉钱、刘、李本作冄。下同。为广汉太守。【罗】当衍。尚又表请牙门将王敦兵七千余人入蜀②。特等闻尚来,甚惧,使弟骧奉迎。【特】各旧本有特字。当衍。钱写作持。厚钱、《函》二本作原。元丰与廖本,浙补刻本作厚。刘、李本作后。《函海》注云:"应作愿。刘本作后,李本作后。惠校云:后一作原。"兹依廖本。进宝物。尚以骧为骑督③。特、流奉牛酒劳尚于绵竹。王敦说尚曰:"特等陇上塞盗劫贼,浙补刻本作"盗贼"二字。宜【军无后患也】五字当移后。浙补刻本作"宜后患也"四字。会所杀之。军无后患也。"移上文于此。辛冉本赵王伦所用,非资次,召当还,欲以讨廞【以自新】自为功,旧刻各本同谬乱。兹参载记文订正。说详注释。亦言之。尚不纳。又冉谓特曰:"故人相逢,不吉当凶。"特自猜惧④。元丰本作惧。三浙补刻本作参。月,尚至州治。汶山羌反于都浙补本误作邓。安之天拭山,遣王敦讨之。杀数千人,大没女弱为生口。敦浙补本脱此字。单马驰,为羌所杀⑤。御史冯该、张昌摄秦、雍州从事,督此下,元丰与钱、刘、李、《函》及浙补刻本衍邮字。移还元丰本及浙补刻本作迁。流民,当徙元丰与钱、刘、李、《函》及浙补刻本并作从。兹依廖本,并补当字。者万元丰本作万。余家。而特兄辅素留乡里,讬元丰与刘、李、廖本作讬。钱、《函》作记。言迎家,【即】既元丰、钱、刘、李、《函》及浙补本并作既。廖本误作即。至蜀,因谓特曰:"中国乱,不足还⑥。"此下当空并有特字。特遣天水阎式累诣尚,求弛领校,权停至秋。并进货赂于尚、该。许之。及秋,又求至冬。辛冉、元丰本此字作舟。李苾以为不可,必欲移之⑦。式浙补本误作或。为别驾杜弢说逼移利害。弢亦欲宽进民一年。辛冉、元丰本又作舟。李苾以为不可,尚从之。弢致秀才板钱写作版。

出，还家，知计谋不行刘、李本作可。《函海》注："惠校云：可一作行。"故也⑧。时何义门过录元丰本误记空二格号于时字下。有白虹，头元丰本作颈。钱、刘、李、《函》、浙、廖本俱作头。李㽥改也。在井里，尾在东山，拖【太】大旧各本作大。廖本作太。城上。治中从事巴西马休问阎式曰："此何祥也？"式曰："占言下有萬廖本作万，他各本皆作萬。尸气。甚迫于城，非佳应。此下，元丰与钱、《函》本误作空格。刘、李、廖本不空。天孽可违乎？平西若能宽进民，灾自消矣⑨。"冉、苾又白尚："流民前廕乱际，多所枉没。钱写作殁。宜因移，设关以夺取。"秋七月，尚移书梓潼，所在抱关⑩。八月，关皆城。阎式曰："无寇而城，仇必保之。蜀将乱矣⑪。"九月，遣军军绵竹，扬《函海》作杨。言种麦，实备越逸。冉又购特、流首百匹。元丰本与《函海》、浙补刻作足。他各本作匹。特、骧悉更其购云："能送六郡大姓阎、赵、任、杨、李、上官及氏叟元丰、钱、刘、李、《函》作傁。梁、窦、符、隗、董、费等首百匹。"流民本无还意，大惊骇，趣特⑫。冬十月，特、流乃保赤祖，为二营。特称镇北、益州，流镇东，皆大将军。兄辅骠骑，弟骧骁骑，特长子荡镇军，少子雄前军，李含李本作舍。下同。西夷校尉，含子国、离及任回、上官晶、李攀、费他皆将军。以天水任臧、上官惇、杨褒、杨发、杨珪、王达、曲歆，阴平李远，武都李博，刘、《函》二本作抟。略阳夕斌等参佐，而阎式、何巨、李本同《晋书》作臣。赵肃亦为宾从。其余皆有官号⑬。钱、李、《函》本作号。元丰、刘、廖及浙补本作号。辛冉遣护军曾元攻之，为特所杀。尚遣钱、刘、李、《函》及浙补本俱有遣字。元丰与廖本无。督护田佐、牙门刘並钱、刘、李、《函》及浙补本作竝。元丰与廖本作并。助冉，复败⑭。特等按下文当补。进围文汉。尚复遣犍为太守李苾、长史费远助冉，不能克，冉诿罪于绵竹令南郡岐苞，斩之，而溃围走德阳⑮。特等得文汉，诈为表奏，称引梁统推举窦融故事，以自贵大⑯。元丰与廖本、浙补刻本及顾观光校补，无大字。刘、李、《函海》有。尚此下当有一自字。书檄告喻阎式。式答曰："辛冉倾巧。【杜景】张显按《晋书·载记》，当作张显，旧本并讹。狂发。《通鉴》引删此句。曾元小竖。田佐血气不治。李叔平【才经廊庙】四字当删，说在注释。无将帅之气，《通鉴》作"李叔平非将帅之才"。无下八字。讨赢【之】乏元丰、刘、李及浙补刻本作之。钱、《函》二本作乏。当作乏。羌，谓可长尔。元丰与浙补本作"调可长而"。式前为节下及杜景文论留徙之宜：人怀桑梓，敦不愿之。但往《通鉴》引有日字。初至，随谷庸赁，钱、刘、李、《函》本误作债。元丰、廖、及浙补作赁。一室五分。复值雨潦。乞须冬熟，而不见听。必此下当有使字。穷鹿抵虎。但恐绳之【大】太廖本作大，他本作太，过，《通鉴》引倒作"绳之太过，穷虎抵鹿"。进民不肯延颈受刃，钱、刘、李、《函》同《通鉴》作刀。其忧在后。《通鉴》作"以致为变"。即听式言，宽使治严，不过去九月，尽集，十月【坐】他各本俱作生。然当衍。进道，【令】旧各本同《通鉴》作令，当是今字讹。今达乡里。何有如此也？雅听未察，恤彼过言。今辛冉奴亡，叔平长遁，浙补本作逝。支分势解，事渐及己。所谓不寤刘、李本作寤。曲突远元丰及浙补刻本作徙。薪，而有焦烂之客也⑰。"尚率其民尽渡郫水以南，【尚】当衍。阻长围，自都安至犍为此指犍为郡治武阳。七百里，捍钱、《函》二本作"押"。特。特钱、刘、李《函》本无此特字。等保广汉⑱。以上，至"永宁元年"句，张、吴、何、王、卢、石本全脱。浙本补刻为九之二，九之三，九之四，九之五页，凡六十行，千一百九十四字。九之五空十二行又六字。

案：以上仅永宁元年（三〇一），罗尚入蜀初一年事。流民军讨灭赵廞，自谓有功，而蜀中官吏与地主阶层竟不能绥纳之，多方播弄于蜀尚，以图坑杀流民，遂其报复之快，卒以促成燎原大难。常璩得流民自记之史料，以补常宽杜龚之书，故虽在地主阶级立场，而仍能曲尽流民之委屈。《晋书》与《通鉴》亦缘之以著当时官吏之贪酷颠顸焉。兹参稽其异同，校订讹误。

## 【注释】

①《晋书·载记》作："特至成都，纵兵大掠。害西夷护军姜发。杀廞长史袁治及廞所置守长。遣其牙门王角、李基诣洛阳陈廞之罪状。"盖采自《常志》而易其文，或与《常志》同出一种资料。所少袭尼，盖亦西夷护军，廞杀耿滕后之新任或旧任也。新任固廞之死党，旧任不为滕死，当亦降廞者也。《晋书·特载记》作"害"姜发，意盖谓其本晋授官，不当杀耳。袭尼，则以为当杀，故不书尔。晋制："州置刺史，别驾，治中从事，诸曹从事……益州置吏八十五人，卒二十人。"（《晋书·职官志》）盖太康初制也。益州刺史初无长史，太康三年置西夷校尉时始有，见上文。《晋书》作"长史袁治"，有据。《常志》旧刻皆作"相都令袁洽"，治、洽易混，可不辨。"相都令"之称不可解。晋制：王国"改太守为内史，省相及仆"（《职官志》），既无相，即不当有相都令之称。《函海》本作"成都令"，当是。上文，廞以成都令费立为军祭酒，袁洽盖其继任者也。成都令职权颇大（详见《蜀志》注），亚于内史，故《常志》特举之。他所诛杀者必多。《晋书》有"及廞所置守长"六字，是。《常志》作"因大抄掠"，谓既诛杀廞党各官，并抄其家产也。《晋书》著大掠于杀姜发等前，是则必不然也。特方遣人诣洛表状，讵至先事大掠以投罪地。且廞党甚多，而流民军人数不大，抄掠罪官之家已足自富，何至于大掠市民？《通鉴》从《晋书》作"入成都纵兵大掠"，失实。

②罗尚，故蜀巴东太守罗宪兄式之子，《晋书》卷五十七附《罗宪传》。《晋书·载记》记晋朝廷装备罗尚阵营云："惠帝以凉州刺史罗尚为平西将军，领护西夷校尉、益州刺史，督牙门将王敦、上庸都尉义歆、蜀郡太守徐俭、广汉太守辛冉等凡七千余人入蜀。"盖亦取材《常志》，或与《常志》同出一书而多有讹误。当依《常志》，订正"凉州"为梁州，"义歆"为义部。《尚传》亦作梁州。梁州治汉中，为蜀洛道冲，故蜀有乱，梁州必先驰报，尚以测中得官。凉州远在西北徼，不当预闻蜀事。"义部"，谓民兵之非额派者，魏晋边郡少数民族地区多有，上庸山僻瘠郡，故有义部，可供调遣也。诸葛亮所徙编之五部青羌、越嶲郡

之四部斯儿,涪陵郡之赤甲军与内徙弩士,皆义部之类也。《晋书》误为人名义歆矣。

③《晋书·载记》作:"特等闻尚来,甚惧,使其弟骧于道奉迎,并进宝物。尚甚悦,以骧为骑督。"显属采自《常志》。藉可校出《常志》旧刻特字为衍文。《常志》此节,盖璩采用常宽之文也。常宽为同罗尚奔窜之地主分子,常惜尚之挟高位重军而不能痛杀流民,以致败窜。又甚低估流民力量,以为尚可一怒而尽歼之。并以封建上层动行货贿之观点,推测其所不解之行政措施,屡用贿遗字句,而常璩往往误循之也。即如此节,李特方讨灭赵廞,撷全蜀奉于晋朝,何为甚惧?遣人奉迎,有所贡献,亦古礼之常度耳。书作"厚进宝物",已嫌夸诬矣。甚至有人竟体会为"愿进宝物",如牙人议价,此新胜之李特与新任之罗尚间所必不能有之情态也。

④《晋书》作:"王敦、辛冉并说尚曰:特等流人,专为次贼,急宜枭除。可因会所斩之。尚不纳。冉先与特有旧,因谓特曰:故人相逢,不吉当凶矣。"又云:"玺书下益州,条列六郡流人与特协同讨廞者,将加封赏。会辛冉以非次见征,不愿应召,又欲灭廞为己功,乃寝朝命,不以实上。"合而观之,与《常志》义旨吻合。足见其同出一书。用以校正《常志》旧刻,当移"军无后患也"五字于"杀之"下。改"欲计廞以自新"句为"欲以讨廞自为功",盖以、自二字旧钞讹乱,后人遂妄改为"自新"也。时廞灭已久,何得云"欲计廞"。冉已受朝命为广汉太守,就《晋书》言,不过以"非次见征"耳,非有罪也。就《常志》言,不过"本赵王伦所用"人耳,亦未参与伦叛逆罪。皆不得云"自新"也。辛冉《晋书》无传,其身世末由详考,但就《常志》与《晋书》推之:其人盖与赵廞同时入蜀,为扬烈将军。故曰本赵王伦所用。廞被征时,冉方率军在梓潼以北,未预叛谋。廞命李庠等断北道,谓备冉也(时晋室方乱,无出军讨廞之议)。李特等讨灭廞时,亦曾联冉助兵,故曰"故人",又曰"欲以灭廞为己功",从而利在杀害李特等消灭流民军也。冉素未历郡县,但以军将在蜀,未附廞乱,故罗尚表为广汉太守,利得其兵力。朝命既行,而议者以为"非次",故晋廷复征之。冉不愿就征,乃说罗尚以李特留之,因而屡求凭军威灭流民也(其后兵败计穷、自德阳逃入荆州)。此时与王敦先后劝尚因会所斩特与流。尚惩于赵廞之败,不肯听,亦情理之常,非由尚先受其宝货而免之也。冉因尚不杀特,故再以"故人"语胁之,俾特自疑惧而作乱,借以自利。故阎式云"辛冉倾巧"也。"塞盗",谓出没边塞剽劫之盗。略阳郡在陇上,故谓特等为"陇上塞盗"。"劫贼"者,就流民军抄掠廞党之家罪之。此种语调,非出自讨叛立场之口而出于地主阶级立场者口,至为显著。

⑤天拭山,在今灌县北,属九顶山脉。晋时为都安县地。山高入云际,故曰天拭也。其时汶山羌胡已叛晋自放,自都安以外无晋官吏。此云"反于天拭山"者,谓羌人于天拭山放牧与晋民发生冲突,晋民谓为"反"耳。王敦驰军讨之,羌众卒不得援,故被杀数千人。魏、晋、南北朝、隋唐时代两民族间发生战争时,恒掳略对方非战斗者,称为"生口",大都散卖为奴,或拨充官寺营伍厮役,亦可听其家赎还。史文屡见。王敦不能恢复故郡,徒以军袭杀沿徼羌民,掳其妇孺(女弱),可耻之争战也。为羌人所同恨,故被羌民刺死。

⑥此言晋廷遣御史二人分摄秦、雍两州从事,入蜀,专任督促徙还六郡流民事。六郡分属秦、雍二州,已前注。六郡流民万余家,皆依旧籍造册,当迁还也。晋廷之有此命,盖由于:1. 蜀人仕于洛者与在蜀官绅一致呼吁徙流民出蜀;2. 秦雍二州乱平后,土地荒芜,需流民回籍填实。此种酝酿,始于元康末岁,至赵廞时,耿滕以为流民拥廞作乱。虽廞为流民讨灭,而辛冉、李苾等议犹不已,蜀士在朝、在州、在野皆附和之。罗尚入州不久,诏已下矣。《晋书·载记》于李特牛酒迎劳罗尚于绵竹文下云:"寻有符下秦雍

州，凡流民入汉川者，皆下所在召还。"是下符召还流民在尚初入蜀时也。同时亦"玺书下益州，命条列六郡流民与特协同讨廞者，将加封赏"。其下符时间，当在永宁元年二月。展转达蜀之时间，当在三月尚到州后。故李辅讬言迎家，入蜀，劝特等勿还。亦不过因中原多乱，宁以留蜀为安。非有在作乱之谋也。《晋书·载记》记辅语下有："特以为然，乃有雄据巴蜀之意。"盖亦采蜀人妄揣之辞，《常志》所不取者也。

⑦《晋·载记》云："罗尚遣从事催遣流人，限七月上道。"无领校文。《常志》此云"求弛领校"者，流民散在各郡县，多佃地垦种，有安土意，不愿徙还故郡。罗尚迫于王命与蜀中士大夫言，以军事部勒逼徙之。"领校"主督诸军，系暂设官，恒以文吏充之。汉末已有，《樊敏碑》额称"故领校巴郡太守"是也。此云领校，指尚所命催遣流民之从事，得指挥郡县军兵迫遣流民也。"弛领校"即谓宽其逼勒。"权停至秋"者，流民种地当俟秋收也。"又求至冬"者，蜀中农产夏种者至冬乃收。欲农民皆得尽收其所种乃去。此亦情理之常。李特等曾讨赵廞立功者，此时，晋朝廷已"拜特宣威将军，封长乐乡侯。流为奋威将军，武阳侯"（《晋书》），则未必亦在迫徙中，其为流民请缓徙，为关怀流民生活者应有之举，本无阴谋，史文甚明。蜀地主官僚辈诬以为"有雄据巴蜀之意"。《常志》于此，未从旧史之说。《晋书》又云："特等固请求至秋收。流民布在梁益，为人佣力。及闻州郡逼遣，人人仇怨不知所为。又知特兄弟频请求停，皆感而恃之。且（雨）水将降，年谷未登，流民无以为行资。遂相与诣特。特乃结大营于绵竹以处流人。"此条记载较为客观，符合史实。各县流民之集中广汉，亦便于结合族党，组织就道之意，既至广汉，则依恃李特等亦甚出于自然，非即特等欲借以作乱也。阎式为流民中最有学识德望能与蜀中士大夫周旋者，为流民屡至成都请缓迁。虽曰特遣之，实亦流民吁请之也。"累"字，谓不只一二次。与屡义通。

⑧杜弢字景文，蜀郡成都人，《晋书》卷一百有传。其父聆，为略阳护军，故六郡流民多与有旧。较其他蜀中官绅了解流民情况。故阎式依之以说罗尚。尚偏听辛冉李苾，不用弢言。弢知祸难必发，故致秀才板而去也。晋重察举，"虽位经朝要，还为孝、秀"（《司马胜之传》文，在《后贤志》）。"弢初以才学著称，州举秀才"（《晋书·杜弢传》）。故虽职为州别驾，所重尤在秀才。板，版字通，即笏也。《后汉书》卷九十七《范滂传》，"投版弃官而去"，别驾应亦有版，而云致秀才版者，官以秀才重，弃官并辞秀才举也。弢后同蜀中诸大族流入荆、湘州，不胜土著压迫，起兵，据湘州十余年乃败。弢盖素不平于土著之压迫迁民者。

⑨此阎式借天象迷信求蜀人宽缓流民之说。式知持流民过急，必至叛乱，苦口游说于成都官绅间，无所不用其极也。"井里"，在成都西北。"拖大城"，谓虹身横过大城。"平西"，谓罗尚为平西将军。今按：虹为天际水球反射日光之色彩，惟远地能见，近者不能见，言成都居民见虹过成都城上者，妄也。式盖借虹以侈其游说耳。

⑩《晋·载记》云："辛冉性贪暴，欲杀流人首领，取其资货。乃移檄发遣。又令梓潼太守张演，于诸要施关，搜索宝货。"叙在"尚限流人七月上道"下，"特等固请求至秋收"上，与《常志》时次不同。当出于两种资料。应以《常志》叙次为合。辛冉倾害流民，无所不用其极，因罗尚性贪，即以贪道中之，抱关夺货，非逼至反不止。"前廞乱际多所枉没"者，谓流民军击败赵廞入成都后抄没廞党之财产，多有枉滥。罗尚不以法追还枉滥之家，而乘其还徙，采劫夺之策，其事方为蜀中地主阶层所不满。《晋书·尚传》云："性贪少断。蜀人言曰：'尚之所爱，非邪则佞。尚之所憎，非忠则正。富拟鲁卫。家成市里。贪如豺狼，无复极已。'又曰：'蜀贼尚可。罗尚杀我。平西将军，反更为祸。'"前者盖即杜弢辈所造，隐指此事。后者则蜀中民谣也。抱关，义为严关守，语出《孟子》。抱，守持而弗失也。

⑪《晋书》:"特遣阎式诣罗尚求申期。式〔既至,〕见冉营栅冲要,谋掎流人。叹曰:'无寇而城,仇必保焉。今而速之。乱将作矣。'又知冉及李苾意不可回,乃辞尚还绵竹。尚谓式曰:'子且以吾意告诸流人。今听宽矣。'式曰:'明公惑于奸说,恐无宽理。众怒难犯,恐为祸不浅。'尚曰:'然。吾不欺子。子其行矣。'式至绵竹,言于特曰:'尚虽云尔,然未必可信也。何者?尚威刑不立。冉等各拥强兵,一旦为变,亦非尚所能制,深宜为备。'特纳之。"此亦与《常志》资料来源不同,而可相互发明。大抵式此次赴成都,即《常志》所云"又求至冬"之一次,时间在八月也。"既至"二字在此不合。式过广汉见辛冉于冲要作栅,非既至成都乃见之也。"叹曰"云云,则既至成都后对罗尚与蜀绅之叹息语。应是《晋书》镌板时误倒耳。

⑫《晋书》:"特乃结大营于绵竹以处流人,移(书)冉,求自宽。冉大怒,遣人分榜通逵,购募特兄弟,许以重赏。特见大惧,悉取以归,与骧改其购云:'能送六郡之豪李、任、阎、赵、杨、上官及氐叟侯王一首,赏百匹。'流人既不乐移,咸往归特。骋马属鞬,同声云集。旬月间,众过二万。流亦聚众数千。特乃分为二营。特居北营,流居东营。"此下乃云:"遣阎式诣罗尚求申期。"复与《常志》叙次不同。今按揭榜购首,盖已入于交战状态。其时间当在九月阎式自成都还绵竹后。足见《晋书》叙次失当。宜依《常志》层次。

⑬此为流民各阶层皆已集中于绵竹之赤祖地区,奉李特为首,准备抵抗辛冉掩袭,临近交战时,流民上层组织之一番布署。六郡大姓首领,备于此矣。诸大姓首领中多旧时曾授官者,见下注⑮。其流民亦依随大姓豪绅为进止。此辈大姓豪绅,志亦仅在于自卫缓死,非有反抗晋朝廷意,阎式即其代表人物。故此役不得比于农民革命,情势只与被迫讨赵廞时相当耳。然其发展结果,卒成为推翻蜀中豪门之农民革命焉。赤祖,今德阳黄浒镇北四十里,罗江县界之略坪场。详具《四川州县沿革图》说。

⑭《晋书》云:"冉苾相与谋曰:罗侯贪而无断。日复一日,流民得展奸计。李特弟兄并有雄才,吾属将为孺子房矣。宜为决计。不足复问之。乃遣广汉都尉曾元,牙门张显、刘并等潜率步骑三万袭特营。罗尚闻之,亦遣督护田佐助元。特素知之,乃缮甲厉兵戒严以待之。元等至,特安卧不动。待其众半入,发伏击之。杀伤者甚众。害田佐、曾元、张显,传首以示尚、冉。尚谓将佐曰:此虏成,去矣。而广汉不用吾言,以张贼势,今将若之何。"其说与《常志》颇异。《常志》谓曾元为冉护军,而此云广汉都尉。《常志》无张显而刘并为罗尚牙门,此云张、刘皆辛冉所遣。《常志》谓田佐等军后至,复败,而此云同时袭特同败。则其资料来源不惟非出《常志》,亦且非出于崔鸿《十六国春秋》,盖萧方等《三十国春秋》之文也。萧方等《三十国春秋》,多采桓温平蜀后幕游诸女士之说,如孙盛、习凿齿、李膺等故与《常志》不同。若十六国春秋,则以常璩书为唯一资料,不能歧互至此也。《三十国春秋》宋时犹存,司马光《通鉴考异》屡引之,唐修《晋书》时必多采入。凡《晋书·载记》所志有与《常志》及《十六国春秋》不同者大抵皆采萧氏说也。萧氏史才不足,其所序次往往芜滥失当。《晋书》此段文多失实,亦为取自萧氏之验。如辛冉李苾相谋语,罗尚所不得闻,他人何得闻而记录之?且二人既从广汉背尚私出兵攻特矣,罗尚又何能自成都遣军与之同时进攻,同时败没?既遣军助攻矣,又何得谓辛冉不用其言以张贼势?凡此,皆广汉士大夫同情辛冉攻李特者为其开脱之说,与成都官绅为罗尚开脱之另一说,而萧方等并采,揉合之以成文故不免于自为矛盾耳。此又当以《常志》校正《晋书》之处也。

⑮原刻"进围广汉"句无主词。易使人误为田佐刘并败后,更围广汉。兹依《晋书》补"特等"二字。《晋书》云:"六郡流人推特为主。特命六郡人部曲督李含,上邽令任臧,始昌令阎式,谏议大夫李攀,陈仓令李武,阴平令李远,将兵都尉杨褒等上书,请依梁统奉窦融故事,推特行镇北大将军,承制封拜。其弟

流行镇东将军以相镇统。于是进兵攻冉于广汉。冉众出战，特每破之。尚遣李苾及费远率众救冉，惮特，不敢进。冉智力既窘，出奔江阳。"今按：德阳，旧时广汉郡属县名，今潼南县地是也。西晋初，分广汉为二郡：新都郡治雒县，兼辖新都、什邡、绵竹，皆今成都平原内地；广汉郡治广汉县，兼辖德阳、五城，皆今涪江中游地。德阳县邻巴界，为从来兵要重地。太康六年，又合广汉三县于新都，仍称广汉郡。《常志》此言"进围广汉"谓雒县城，故广汉郡治，此时亦仍为广汉郡治也。辛冉不能守，溃围走德阳，由巴浮船遁入荆州。故阎式云"辛冉奴亡"也。《晋书》讹作江阳。江阳今泸县，不当自雒县入荆州道，当以德阳为正。《通鉴》亦作德阳。辛冉亡入荆州，为荆州都督刘弘将，"说弘以纵横之事，弘怒，斩之。"见《通鉴》永兴二年十月。《晋书·刘弘传》讹作羊冉。

⑯《晋书》叙此于进攻广汉前，如上注所引。《常志》叙于得广汉后。《通鉴》从《晋书》说，颇乖事理。当依《常志》。特既得广汉郡后，已有地盘资据，乃可援梁统推窦融故事也。《后汉书》卷五十三《窦融传》云："时酒泉太守梁统，金城太守库钧，张掖都尉史苞，酒泉都尉竺曾，燉煌都尉辛肜，并州郡英彦，融皆与厚善。及更始败，融与当统等计议曰：今天下扰乱，未知所归，河西斗绝在羌胡中，不同心戮力则不能自守。权均力齐，则无以相率。当推一人为大将军，共全五郡，观时变动。议既定而各谦让。咸以融世任河西，为吏人所敬向，乃推融行河西五郡大将军事。"梁统，《后汉书》卷六十四亦有传云："初以位次，咸共推统。统固辞……遂共推融。"《三国志》载刘备为汉中王，上献帝表云："昔河西太守梁统，值汉中兴，限于山河，位同权均，不能相率，咸推窦融以为元帅，卒正绩效，摧破隗嚣。"此时流民诸缙绅又袭刘备前例，援统等推融事，以自贵也。

⑰《晋书》但云："阎式遗尚书，责其信用谗构，欲讨流人。又陈特兄弟立功王室，以宁益土。"不言尚先有檄告谕阎式。《通鉴》依《晋书》叙事，而依《常志》载此书，亦先云："尚以书谕阎式。"以理度之，尚当辛冉溃走，李特自借，无力讨伐之际，欲援阎式屡苞之旧谊，以笔墨说其劝特就抚，事当有之。阎式缘以复函相责，愤慨之余，亦必当有也。《通鉴》引文删"雅听未察"以下。且多改易，缘北宋时《常志》旧本已有讹夺，字难定也。"杜景"上无所见，若谓杜弢景文，则不当在式责讯之列。依《晋书》文，当是张显之讹，兹改正。"李叔平"即李苾，见《后贤志》附《李毅传》。此处旧刻云"才经廊庙"，似即指侍御史李苾。然侍御史李苾为主张流民就谷入川者，不至复与辛冉同谋迫害流民。亦不至留为赵廞属吏。赵廞据蜀，贼害晋朝廷所授官，而苾为廞吏，廞败，乃委廞走，更受罗尚所授犍为太守官。是必郫人李苾，由州吏至犍为太守，传者恒混为一人。旧校《常志》者亦混而误填此句。《通鉴》删之，但言"李叔平非将帅之才"，是也。兹据删四字。讨字下二句，谓上此诸人自以为（谓）合力讨羸乏之流民（羌），必能得志（长），故决出于进击。"尔"，否然之词也。"穷鹿抵虎"犹云"兔急反噬"，与下文"不肯延颈受刃"同义。盖式两举前言，以重其旨，衰龄人翰墨如此，无足怪。《通鉴》倒其言于"绳之太过"下，义仍重复，甚无谓也。"治严"，即治装。严与庄，古时音义并通。庄与装说可通假。《后汉书·陈纪传》："不复辨严，即时之郡。"章怀注："严读若装也。"《三国志·费祎传》"严驾已讫"《常志》改作"严鼓将发"，并以行前装备为严。汉魏晋世，装字作行囊中赍货解，严字作一般行李解。唐以后乃称行李为装。"叔平长遁"，则李苾此时亦已弃尚而去也。"曲突远薪"，典出《汉书·霍光传》："初霍氏奢侈。茂陵徐生……上疏言……宜以时抑制，无使而亡。书三上，辄报闻。其后霍氏诛灭。而告霍氏者皆对。人为徐生上书曰：臣闻客有过主人者，见其灶直突傍有积薪。客谓主人曰：更为曲突，远徙其薪。不者且有火患。主人嘿然不应。俄而家果失火。邻里共救之，幸而得息。于是杀牛置酒谢其邻人。灼烂者在于上行。余各

以功次坐。而不录言曲突者。人谓主人曰：乡使听客之言，不费牛酒，终亡火患。今论功而请宾，曲突徙薪亡恩泽、焦头烂额为上客耶？"

⑬罗尚所作长围，盖自当时汶山郡治都安，缘郫江过成都城下，更沿锦江至犍为郡治武阳，合三郡兵力阻江水筑障，支持残局以待援也。特不能克，故暂回广汉度岁。此广汉指雒城。

# 六

太安元年春，尚牙门夏匡攻李特于立石，失利①。征西大将军河间王依后文及《晋书》补。遣督护衙博西征，张、吴、何、王、石本删"西征"二字。浙本剜补有。顾观光校云"此二字原脱"。今按宋明他本并有。讨特。博次梓潼。晋复拜前广汉太守张微元丰、钱、《函》、廖本作微。刘、张、吴、何、李、王、浙、石本作征。广汉太守，据德阳。尚遣督护巴西张龟督四十牙门军繁城②。博方遣参军蒙绍诱特降。尚贻博书曰："昔年得李流笺，降心款款。由时威怗，得还为寇。闻特委诚于下吏，而流、骧七八千人来寇日至。奸凶之态，诡谲不测。不可不重以持之也。"博不从，故为特所破于阳沔③。梓潼太守张演委仓库走巴西。巴西此下廖本注云："按，此复衍二字。下文郡丞，乃梓潼之郡丞。不得重巴西也。"顾广圻校稿无此说，应是顾槐三意。然元丰以来各本重此二字。按《晋书·惠纪》与《载记》，巴西、梓潼同时降于李特，则重字非衍文。郡丞毛植、五官襄班元丰与钱、刘李、《函》、廖本作班。张、吴、何、王、浙、石本同《晋书·载记》作珍。举郡降特④。衙博才兼文武，【征西大将军】河间元丰本作涧王深器之。初为阴平太守，为从事巴郡毛扶所免，张、吴、何、王、浙、石本无免字。元丰、钱、刘、诸本有。怨梁州人。及西征，征西许雄以阳沔之役元丰、浙、廖本作役。他各本作没。王谟本以没寇断句。寇尚未至，闻鹤鸣便退，博欲委罪梁州，讬以自当作粮。不供给。梁州治中表之，博以是得罪。晋乃更用许雄为梁州刺史⑤。八月，特破德阳⑥。流次成都北【上】郭。依《晋书》与《通鉴》，当作郭。李骧在毗桥，尚元丰本讹作上。遣将张兴伪降于骧，觇士众。张、吴、何、王、浙、石本此下有"虚实"二字。元丰、钱、刘、李、《函》、廖本并无。还以告尚。尚遣叟张、吴、何、王、石本作精。元丰、钱、刘、李、《函》本作叟。浙本剜改叟。兵袭骧，破之。流、骧并众攻尚军。军函海本脱此字。失利，丧其器甲⑦。元丰与张、吴、何、王、浙石本并有晋字。钱、刘、李、《函》无。梁州刺史许雄数遣军讨特。特备险宋、明各本作崄。廖本作险。字通。不得进。征西乃遣监军刘沈将当有兵字。西征，以中国有事，不果。而南夷校尉李毅遣叟元丰与张、吴、何、王、浙、石本此字作傻。兵助尚。尚军数挫，特势日盛⑧。

二年，春正月朔，特攻尚水上军。特从盎底渡，党徒从赤水渡，入郫及水西南。缘江守军皆散走。太守徐俭逼降。尚保太城。特营少城，《晋书·载记》，无此四字。而流军江西之检上⑨。张、吴、何、王、石本无"特营少城"四字而作"流军进屯江西之检上",张佳胤妄依《晋书》改也。廖刻与元丰、钱、刘、李、《函》本作此文。浙本剜改同。蜀民张、吴、何、王、石本此下有惧字。先已结村保。特分人就主之。雄书谏特:"收质任,无得分散猛锐。"流亦谏之。特怒曰:"大事以定,张、吴、何诸本改作已。二字故通。但当安民。何缘疑动,而劫害元丰本此下空一位。不止⑩。"尚从事蜀郡任睿原当避元帝讳改字。《晋书》作用。元丰、钱、刘、李、《函》、廖本作睿,当是依《蜀汉书》定。张、吴、何、王、石本作督,误。下同。浙本剜改作睿。说尚曰:《函海》本同。《晋书》有"特既凶逆"四字。他本无。"侵暴百姓,又分人众散在诸村,怠忱元丰与浙本作荒。钱、刘、李、《函》、王、石本作忱。廖本改忱。当作忱。无备,殆天亡特之秋也。可告诸村,密克战日,内外击之。破特必矣⑪。"尚从之。【从】夜各本旧有从字。当依《通鉴》作"夜"。缒张、吴、何、王、石本作纵。浙本剜改,依元丰诸本作缒。出睿,使宣旨告诸村,期二月十日同时讨特。手书隐语曰:"在彼【杨】杨元丰、钱、刘、李、《函》本作杨。张、吴、何、王、浙、石本作扬。廖本镌作杨。当作扬。说详注释。水⑫。"睿先诣特降,究观虚实。特问城中。睿曰:"米谷已欲尽,但有货帛耳。"因求省家。特与启元丰本作所。信⑬。诸村悉从睿。睿还报。尚如期出军讨特,诸村亦起,大杀特众。廖本注云:"当重有特众二字。"兹补。特众破退。追及于繁之官桑,斩特及兄辅李旧各本无李字。顾广圻校稿云:"远上有缺文。考上文云阴平李远。非特兄也。"廖本亦注云:"当有李字。"兹补。远等⑭。【李】流上文但称流,此不当有李字。敛余张、吴、何、王、浙、石本作余。他本作馀。众还赤祖。尚【乘】虽于文当作虽。胜,但施游军征荡⑮。传特首洛阳,焚其尸。

案:以上太安元年(三〇二)至二年二月,共十四月中,李特领导流民军反攻罗尚,并击溃各路援军与罗尚水上诸围,垂克成都,忽遭挫败事。反映当时形势极其明确。已非单只流民与晋王朝军作战,当地人民已大量参加,或应援流民军,与地主官僚阶层相抗矣。设非如此,则流民军不可能击退各路援军,不可能突破沿江长围,不可能使结堡自固之豪门巨室皆输款于特,接受其人为村保主。然李特等但欲成新统治者耳。卒为罗尚与任睿所算,至于败死。

【注释】

①太安元年实为永宁二年。是年十二月:河间王颙、成都王颖、长沙王乂等讨杀齐王冏,大赦,改元太安。太安有二年,故史家以永宁二年为太安元年也。立石何地,旧籍未有考订。今按,当时罗尚已筑长围自固,李特等退住广汉,则夏苋之军当出成都北门向雒。特等当于今新都毗河左右迎击之。新都郭外有故蜀王丛墓,多石笋。毗桥亦有石笋(五丁担)并见《蜀志》,与"立石"义相切,当即其地。

②旧刻各本皆云"征西遣督护衙博"。所指为河间王颙，下文云"征西大将军河间王"是也。《常志》行文规律，叙同一人官，初见时当全列，后见乃有省称。此于初见时省曰征西，当是旧钞脱耳。故补六字。河间王颙，《晋书》卷五十九有传。初与齐王冏、成都王颖共起兵灭赵王伦，同专朝政。此时，以侍中太尉、征西大将军开府镇关中。督西陲诸州军政。故遣衙博与张微，分两道助罗尚攻特，并令南中亦遣兵。盖大举也。博自关中经汉中，入剑阁，驻梓潼。则涪城以西皆李特等所守也。张微元康时为广汉太守，赵㢲征以为军祭酒。㢲将败，与费远、李苾委㢲走，见上文。此时，晋朝廷再以之为广汉太守，自荆州率军入蜀讨特。经巴郡、垫江、溯涪水据德阳。德阳时为广汉郡属县，特军所守，为微所夺。然亦不能更进也。微虽遣自洛阳，然出河间王意。《晋书·载记》云："河间王颙遣督护衙博，广汉太守张征（微）讨特。南夷校尉又遣兵五千助尚。尚遣督护张龟军繁城，三道攻特。"又《惠帝纪》太安元年："太尉河间王颙遣将衙博击李特于蜀，为特所败。遂陷梓潼巴西，害广汉太守张微。"

③罗尚《贻衙博书》惟《常志》有。"李流笺"，盖尚与辛冉进攻绵竹时，流曾有书乞缓兵，故曰昔年。"款款"，诚恳貌。"威帖"，犹云敛威。帖字本义为素帛，引伸为柔软、疲沓之义。"下吏"，犹云执事，不直指博受其降也。阳沔，旧籍无考。其地当在梓潼以西，涪城附近。涪县城西有阳泉山，疑是时人谓山下水为阳沔也。

④《晋书·载记》云："特命荡、雄袭博。特躬击张龟。龟众大败。荡又与博接战连日。博亦败绩，死者大半。荡追博到汉德。博走葭萌。荡进寇巴西。巴西郡丞毛植、五官襄珍（班）以郡降荡。荡抚恤初附，百姓安之。荡进攻葭萌，博又远遁，其众尽降于荡。"此可补《常志》者，惟叙于太安元年之前，时间不合。《通鉴》叙衙博出军及败走事于太安元年五月，依《常志》也。《晋书》不言张演。《通鉴》录之而云："梓潼太守张演委城走。巴西郡丞毛植以郡降。"不言演走巴西。廖本校注竟谓重巴西字为衍文，毛植是梓潼郡丞。谬甚。《晋书》重"巴西"二字，盖《常志》旧文所有也。夫李荡直追衙博到汉德。则梓潼已降矣。荡不乘破竹势直取葭萌，而突折向巴西（今阆中），盖虑张演退保巴西，与葭萌连为一气也，故既得剑阁，即复转而追演至巴西。演不能立脚，复与巴西太守弃城走。郡人乃推郡丞与五官掾迎降。此理之易解者耳。元丰以来刻本皆重巴西二字，分属上下句，为是。《通鉴》删二字，为非。郡丞，太守属吏最尊者，晋曰主簿，见《晋书·职官志》，惟一般习惯仍称郡丞。五官，即工官。此言五官，指五官掾，主工巧之吏也。

⑤阴平与巴郡、梓潼，晋属梁州。此言巴郡人毛扶为州从事劾免博阴平太守。博后为河间王颙所赏，以为督护，率关中与梁州诸军入蜀。借事报怨于梁州人，为梁州治中从事所劾，得罪去也。其文褒贬混乱，自相牴牾。盖常宽旧说如此而璩仍之。原意为衙博惜，以阳沔之败归罪许雄，但责博不当委罪于梁州饷运不给耳。而晋竟罪衙博而任许雄梁州刺史，以见其政已乱。夫衙博枉词报怨，则人品可知。不逞劾许雄闻鹤便退，则其军纪可知，此何得称为有文武才乎。"征西许雄"，谓许雄为征西将军。与上下文之"征西河间王"当别。"自不供给"者，盖雄领梁州兵。此谓梁州人不能供其饷械而败了也。"托"，诬枉之义，犹云托以他辞。

⑥《晋书》记此战役云："太安元年，特自称益州牧，都督梁益二州诸军事，大将军大都督，改年建初。赦其境内。于是进攻张征（当作微，下同）。征依高据险，与特相持连日。时特与荡分为二营。征候特营空虚，遣步兵循山攻之。特逆战不利。山险窘逼，众不知所为。罗准、任道皆劝引退。特量荡必来，故不许。征众至稍多。山道至狭，仅可一二人行。荡军不得前。谓其司马王辛曰：父在深寇之中，是我死日也。乃衣

重铠,持长矛,大呼直前,推锋必死,杀十余人。征众来相救,荡军皆殊死战。征军遂溃。……复进攻征。征溃围走。荡水陆追之,遂害征。生擒征子存,以征丧还之。以塞硕为德阳太守。硕略地至巴郡之垫江。"《通鉴》略叙此战,依《晋书》而系于八月,则从《常志》也。疑《晋书》此役取材于崔鸿之书。鸿则取材于常璩之《蜀汉书·李荡传》。故拾补于此,以明击溃三路晋军次第。

⑦《晋书》续纪此事云:"特之攻张征也,使李骧与李攀、任回、李恭屯军毗桥以备罗尚。尚遣军挑战,骧等破之。尚又遣数千人出战,骧又陷破之,大获器甲,攻烧其门。流进次成都之北。尚遣张兴伪降于骧以觇虚实。时骧军不过二千人。兴夜归白尚。尚遣精勇万人,衔枚随兴夜袭骧营。李攀逆战死。骧及将士奔于流栅,与流并力回攻尚军。尚军乱败,还者十一二。"《通鉴》亦作"李流军成都之北",叙在"烧其门"后,则《常志》旧本作"北上"者,当是北郭之讹。疑其营当在今阳平山天回镇一带,距毗桥不远,故骧等奔依之。或疑作"陌上"。陌上,则当在阳平山南平原中,去毗桥过远矣。叟兵,蜀中所固有。其时南夷校尉李毅复遣叟兵五千助尚。地主军遇流民军即溃,惟叟兵敢战,故尚遣之。《晋书》曰"精勇"。张佳胤遂据以改叟为精,谬矣。当仍宋明诸本作叟。《晋书》此条盖亦间接取材于常氏之《蜀汉书》。璩改写《华阳国志》时为避时忌,多所删节。录入以备参订。

⑧《晋书》无此节,但有"梁州刺史许雄遣军攻特,特陷破之"一句,此"征西",复指何间王颙。"中国有事",谓诸王兴兵攻讨齐王冏之役。冏败死后,诸王复互相攻也。"军数挫",谓罗尚虽得各方援军而仍屡败。不重"尚"字,则是谓李毅所遣以助尚之叟兵挫败也。故补尚字。今按流民军初只数千人。攻战连年,死伤应多,而李特父子兄弟竟能连破各路大军如摧枯朽者,多有当地人民助之故也。封建史家不能发觉其支持者之众多与敌对者之腐朽,但知其军每战必胜,以为英武天纵也。

⑨《晋书·载记》云:"进击,破尚水上军,遂寇成都。蜀郡太守徐俭以小(当读如少。后引同)城降。特以李瑾为蜀郡太守以抚之。罗尚据大城自守。流进屯江西。尚遣使求和。"其述进军情势,远不如本志翔实。《通鉴》卷八十五云:"太安二年春正月,李特潜渡江击罗尚。水上军皆散走。蜀郡太守徐俭以少城降,特入据之,惟取马以供军,余无侵掠。赦其境内,改元建初。罗尚保太城,遣使求和于特。"又与《常志》及《晋书》互有异同,似又别出一种资料,三者皆当同源于常璩之《蜀汉书》,可以互补。"盆底",故籍无考,特渡盆底即军于郫,则其地当在广汉(雒)与郫之间,盖特破张龟,占有繁县,此时由繁县抢渡盆底破尚水上军,入据郫城也。以此估定盆底是今郫江与毗河分水处太和场地。其地居成都平原正中,三水支分,岸并平浅,故昔有盆底之称。岸平浅则围不能坚而水易渡,又距成都稍远,故特选定此点突破长围也。"赤水",锦江支流,源出龙泉山,至武阳县界入江,今名黄龙溪。《蜀志》"黄龙见武阳赤水"是也(参看卷三11章之注⑯)。盖特别遣军(可能为李骧、或李荡所领)由毗桥向成都,不能克;沿江东岸下,行觅围守弱处,至赤水,乃得突破长围而入于"水西南"。水西南,谓围守以内之西南部,即广都县境也。此两点被突破后,郫与广都皆陷,则成都孤绝,势不能守。故蜀郡太守以少城降,特入据之。罗尚但保大城,孤危已极,迫于向特求和。时特已全有广汉、梓潼、巴西、蜀都、犍为数郡之地,蜀犍地主军结坞自保者皆输款,奉迎流人为坞主,仅大城台瓮中鳖,故特缓之,与议受降事,未攻也。"检上",谓检江之上,即今温江县地。于时蜀郡江西地区地主结寨自保者多,李流军此,盖办理招降抚纳之事。俾诸寨坞无得与大城罗相联系也。军事布置,固当如此《通鉴考异》云:"《帝纪》(指《晋书·惠帝纪》)太安元年五月,特自号大将军。《载记》太安元年,特称大将军,改元。《后魏书·李雄传》云:昭帝七年,特称大将军,号年建初。昭帝七年,太安元年也。祖孝征《脩文殿御览》云:太安二年,特大赦,改年建初。元

（当作其）年，特见杀。《三十国春秋》云：太安二年正月，特僭位，改年。今从《御览》。"言《通鉴》以"赦其境内，改元建初"系于太安二年正月特入成都时之依据。今按，《晋书·李特载记》叙次颇多谬乱。当依《常志》订正。常氏《华阳国志》不言特建元建初，《蜀汉书》则曾言之。就李氏史言，必当有。入晋后，则因特建元数月而亡，法当讳之也。特既击破罗尚与晋朝廷所遣各路援军，则反叛晋朝廷，势成骑虎，即不当承用晋廷年号。"号年建初"当在太安元年八月破张微后，《魏书·雄传》所云不误。魏收所据为《十六国春秋》，原出自常氏之《蜀汉书》。以李氏史官纪李氏事，不当有误。宋人之说取材于《三十国春秋》。《三十国春秋》多采蜀民间传说。其时蜀人阻于长围，不与广汉通声息，故不知特先已建元，但于特破长围后知之，不足据。《通鉴》误从之也。兹并订正。

⑩《晋书·李特载记》云："是时，蜀人危惧，并结村堡，请命于特。特遣人安抚之。"又《李流载记》云："特之陷成都小城，使六郡流人分口入城，壮勇督领村堡。流言于特曰：'殿下神武，已克小城。然山薮未集，粮仗不多，宜录州郡大姓子弟以为质任，送村广汉，縶之二营。收集猛锐，严为防卫。'又书与特司马上官惇，深陈纳降如特敌之义。特不纳。"盖取《十六国春秋·流传》文也。《通鉴》卷八十五作："蜀民相聚为坞者皆送款于特，特遣使就抚之。以军中粮少，乃分六郡流民于诸坞就食（《蜀鉴》同）。李流言于特曰：'诸坞新附，人心未固，宜质其大姓子弟。聚兵自守，以备不虞。'又与特司马上官惇书曰：'纳降如受敌，不可易也。'前将军雄亦以为言。特大怒曰：'大事已定，但当安民，何为更逆加疑忌，使之离叛乎。'"司马光时，《十六国春秋》已轶，光仅得《三十国春秋》，然亦皆出于常氏《蜀汉书》，故此处与今本《常志》无牴牾，可互较互补。

⑪任睿，《晋书》作"益州从事任明"，《通鉴》作"益州兵曹从事蜀郡任睿"。《常志》各旧本中，宋椠与钱、刘、李、函、廖、浙本皆作睿；张、吴、何、王、卢、石本作督，而小注云，"《晋书》作明"。睿、督二字易混。是则自宋以来《华阳国志》俱作睿，无作明者。然《华阳国志》成于江左，当避晋元帝讳，作明不作睿。（睿与睿通，说文"深明也"。）惟璩撰《蜀汉书》时为蜀臣，不避晋讳，必当作任睿。崔鸿据常璩《蜀汉书》以撰《十六国春秋》，亦当作睿。梁萧方等之《三十国春秋》，亦当作睿。唐初撰《晋书》时，"《汉之书》十卷"（即《蜀汉书》），"《十六国春秋》一百卷"与《华阳国志》十二卷"俱在（见《隋书·经籍志》），而于此节独用晋人避讳字作"任明"，则其所据为原始本《华阳国志》可知矣。自宋以来《华阳国志》刻本皆还作"任睿"者，盖唐宋之际曾有人对《华阳国志》有所校订，其注文经采载入吕大防之元丰刻本，李壆嘉泰刻本与明清以来各本皆用双行小字镌入。廖本注文，则加"旧校"字。（张、吴、何、王、浙、石本又杂有张佳胤注语，为他各本所无，易于区别）或疑为吕大防所为。但吕刻讹讹未正者甚多，不至更为此注。大抵吕刻以前佚名者为之，吕即用其本付镌者也。此处改任明作任睿者，盖即此"旧校"者所为。司马光《通鉴》亦作任睿，盖其所见《华阳国志》与《三十国春秋》皆作睿，故不依《晋书》作明也。兹仍遵元丰旧刻作睿。不从避讳本。"侵暴百姓"句上无主语者，盖下连"殆天亡特之秋"为句，主语"特"字在后，非原有脱。《晋书·载记》未辨此种句法，增"特既凶逆"四字在前。函海本亦增此四字，盖红豆斋校本妄依《晋书》所补也，兹不取。"怠忨"，《晋书》与《通鉴》俱作"骄怠"，盖《常志》旧刻者已多疑其字，而讹作荒，或作忧，义皆不合。廖本作忨，甚是。忨与翫、玩古字通。疏于防检也。《左传》昭元年："主民，玩岁而愒日，其与几何？"讥赵孟不能待五年，性急贪时，为失检也。故曰"玩愒"，又曰："玩忽"。忨易误作忧，忧则慷慨之义；又易讹为荒，荒则谬乱之义，并与特事不切。

⑫《通鉴》作:"尚使睿夜缒出城,宣旨于诸坞,期以二月十日同击特。睿因诣特诈降。特问城中虚实,睿曰粮储将尽,但余货帛耳。睿求出省家,特许之。遂还报尚。"此明全取《常志》。所见本作"夜缒出城",元丰以来《华阳国志》刻本讹夜为从也。兹改正。(《通鉴考异》亦云:任睿《载记》作任明,《罗尚传》作任锐,今从《华阳国志》。)"隐语"以明文传示密计之语,惟预其事者解之。于时诸坞皆有流民分住,尚以此与诸坞约期俾睿以密语传示,混居流人不能解也。"在彼扬水"者《诗》:《王风》《郑风》《唐风》皆有《扬之水》篇。《王风》此篇,传为戍者怨思之作,有"怀哉,怀哉!曷月予还归哉"句。《郑风》此篇,为叹无忠臣良士之作,有"终鲜兄弟,惟予二人。无信人之言,人实不信"等句。《唐风》此篇,有"从子于沃","从子于鹄"及"我闻有命,不敢以告人"等句,皆足以撼动封建士流怀旧勇决之气,故尚取之。而所书扬字,隐寓二月十日笔画,嘱睿为诸坞人解也。扬字提手不勾,则成"十一",一横入易字间则成十与二两字。易字去一画为易,为"日月"二字(出《说文》)。合成二月十日,须人解而后知也,顾广圻校稿书作"杨"并注"八月十日"字。廖本从而刻作杨字。非也。原字当作"扬"。

⑬"启信",谓通饬沿途村坞许其通行之符信。时诸村皆降于特,有流民主之,关栅待特符信而后放行也。此极言李特疏于受敌,丧失警惕性以致败也。

⑭《晋书》叙特破退云:"二年,惠帝遣荆州刺史宋岱、建平太守孙阜救尚。阜已次德阳。特遣荡督李璜助任臧距阜。尚遣大众掩袭特营。连战二日,众少不敌,收合余众引趣新繁。尚军引还,特复追之。转战三十余里。尚出大军逆战,特军败绩。斩特及李辅、李远,皆焚尸,传首洛阳。"盖郫江以西诸村同起应尚,故特退新繁。新繁,在旧繁县城南三十里,本曰官桑,唐时为繁县新治,改称新繁,故《常志》曰官桑,《晋书》改称新繁用唐时地名也。在郫江外,为特旧域,故特能凭之以胜尚军。迨追尚军再渡江,则诸村已先叛特,杀其人,此时迫于坚强抵抗。特军转战三十里,则锐尽力乏,故反为尚大军所乘也。

⑮时诸李中惟流对敌人警惕性强,故得保其军,收特余众,还保赤祖。特虽败死,罗尚亦无力进击赤祖,但施游军,收复郡县,洗杀流民。旧刻"尚乘胜"显为"虽胜"之讹。元丰本已作乘,则隋唐时旧钞已讹也。兹更正。

# 七

李雄以李离为梓潼太守,众还赤祖,推流为大将军大都督①。廖本注云:"当有益州牧三字。"而荆州刺史宋廖本注"当作宗,下同"。岱水军三万元丰本作万。助尚,次垫江。前锋建平太守孙阜,破特德阳守将骞钱本空此字。元丰、刘、李、(函)、廖本作骞。张、吴、何、王、石本作骞。浙本剜改骞。硕、太守任臧,径至涪②。《晋书》与《通鉴》及作:"获骞硕。任臧退屯涪陵。"并误。三月,尚遣督护张龟、何冲、左氾等军繁城,而绵竹降。涪陵民药元丰与刘、李本作乐。绅、杜阿应尚③。荡、雄攻绅。四字自后移此。尚又遣督护常深军毗桥,为流、骧御。【荡雄,攻绅】四字移前。深破骧,杀李攀。弟恭廖本注"句绝"二字。谬。李恭后为征东大将军,未死于此。【伤】复元丰与廖本作伤。他各本并作复。浙本剜改作伤。为主④。廖本注云"当有误"。缘其误于上文恭字断句,又疑此下有被伤人也。左氾、黄阎攻特北营。顾广圻校稿云:"特字衍。时特已

大同志（卷八）

死矣。考《载记》及《通鉴》，皆流保东营，荡、雄保北营。或本其初而称之欤？"今按：顾氏末语是也。特虽死，妻、子、故部仍保北营。时雄与荡外出，故仍称特北营也。廖本云"当衍"，非。营中氐羌因符成、隗伯、石定叛应汜、閻，攻荡、雄军。旧本无军字，当有。时荡、雄在外，但有军留营中耳。荡母罗，擐甲略陈。读如阵。伯手刃罗，伤目，廖本注云："当重有罗字。"壮气益烈⑤。【又】各本旧有。当衍。时成、伯战于内，汜、閻攻其外，自晨至日中，营垂欲破；会流破深，荡、雄破绅还，适与汜、閻会，大破之。成、伯将其党突出诣尚⑥。荡策马追退军，为叟张、吴、何、王、浙、石本作傻。钱本写作叜。叜叟古今字。长矛所椿，死。罗、雄秘不发丧，以安众心。此下，旧各本并有"流以特、荡死……数破尚军"一百七十五字。当在"五月"文内。盖宋以前有写本误依《晋书》，移后文于荡死后。复于五月重言之。兹移还五月。【流以特、荡死而岱、阜并至】恐惧。李含劝流降，流从之。雄与骧谏之，不纳。遣子世及含子胡质于阜。李离闻父、舅将降，自梓潼还，欲谏不及。雄与离谋袭阜，曰："若功成事济，当为人主，要三年一更。"雄曰："与君计虽定，老子不从，若何？"离曰："当制之，若不可，便行大事。虽君叔，势不得已。老父在君，夫复何言！"雄乃说六郡人士，激以尚之自侵，惧以共残蜀民之祸。陈廖本注云陈下"当有袭字"。阜可富贵之秋，得以破阜。阜军死者甚众，而岱病亡。荆州军退，转攻尚。流惭其短，军事任雄。雄数破尚军，保太城⑦。夏四月，尚杀隐士刘敳。何土本作敔。此下元丰与廖本不重敳字。他本重。敳，故州牧刘璋曾孙也，隐居白鹿山，高尚，皓首未尝屈志，亦不预世事。尚信袄钱写本作妖。言杀之。杀之日，雷震人，大雨，城中出水⑧。此下廖本注云："按此下四十四字，事与前复，当有误也。"兹移上文补正。五月，李流请降于孙阜，遣子为质。不可。《函海》本误作"不下"。乃举兵与李离刘、李本作雄。他各本作离。袭阜。阜军败绩。宋岱病卒垫江，荆州军退⑨。初，以下移上文。流以特、荡死，而岱、阜并至，恐惧。李含劝流降，流从之。雄与骧谏之，不纳。遣子世及含子胡质于阜。李离闻父、舅将降，自梓潼还，欲谏不及。雄与离谋袭阜，曰："若功成事济，当为人主，要三年一更⑩。"雄曰："与君计虽定，老子不从，若何？"离曰："当制《通鉴》作"劫"。之。若不可，便行大事。虽君叔，指流。事不得已。老父指含。在君，夫复何言。"雄乃说六郡人士，激以尚之自侵，今云相侵。惧以共残蜀民字当作人，指官绅家。之祸，陈廖本此下注"当有袭字"。今按，原衍阜字。非脱袭字也。可富贵之利。旧本皆作秋。兹改。得以破阜⑪。阜军死者甚众。而岱病亡，荆州军退。转攻尚。流惭其短，军事任雄。雄数破尚军。【雄】逼攻尚，尚保【太】廖本作太，他各本作大。然并当衍。【城】成都【中】⑫顾广圻校稿云："事与前复，文而有误。盖一本如此作。宋人校语错入正文耳。"今按，是旧校者改。非宋人也。六月，雄从帛李本作冒。羊颓渡，攻杀汶山太守陈【图】旹，依《通鉴考异》引改。说详注释。【据】趣于文不当作据。盖本趣字，音讹。郫城。秋七月朔，雄入郫城，流尽移营据之⑬。三蜀民流进，张、吴、何、王、浙、石本作并。当作进。南人，东下，野无烟火，卤掠无处，亦寻饥饿⑭。唯涪陵民千余家在江西，依青城山处士范贤自守⑮。平西参军涪陵徐与求为汶山吴、何、王、石本误作水。太守，抚帅江西民，与官元丰、钱、刘、李、《函》、廖、浙诸本作官。张、吴、何诸本作尚。掎角讨雄。尚不许。与怨之，求使江西，因叛降雄。《晋书》与《通鉴》作流。雄钱、函本不重雄字。以为安西将军。廖本注云："当有说贤二字。"兹补。说贤给其军粮，雄得以振⑯。九月，流病死。雄复称大将军、都督、州牧⑰。尚数攻郫。雄使武都朴泰谲张、吴、何、王、石本作谓。尚曰："李骧与雄，以饥饿孤危，日斗争相咎。骧欲将民江西食谷。若潜军来，我为内应，可得也。"尚以为然，大与金宝，泰曰："今事故未立，効旧各本作效。廖本作効。后取，不晚也。"又求遣人自随觇伺。尚从之。泰要：发火，遣隗伯诸军攻郫。骧使【道】设伏导，以长梯上伯军。伯军见火起，皆争缘梯。雄因放兵击之，大破尚军⑱。雄径追退，夜至城下，称万岁，曰："已元丰、钱、刘、李、函本作以。得郫城矣。"入少城，尚乃觉，保【太】大廖本外各本作大。城⑲。骧别攻犍为，断尚运道。获太守武陵龚恢。恢往为天水西县令，任回为吏。回问曰："识故吏不？"恢曰："识汝耳。"郡吏星散，惟《函海》作帷。攻曹杨涣侍卫。回谓曰："卿，义人也。吾力恐不能捄龚君，不能免【也】卿也。旧各本皆作"免卿也。"独廖本倒作"免也"，卿字下属。兹从旧木。宜早去。"涣曰："背主求生，何如守义而死。"遂并张、吴、何、王、浙、石本作併。见杀。以李溥元相本作溥。为犍为太守⑳。雄生获伯，知其伤，宜意补一字死创也。伯女为梁双妻，为己用，故不杀㉑。闰十二月，尚粮运不继，而被攻急，夜退，由张、吴、何、王、石本无由字。浙本挤补。牛鞞水东下。留牙门张罗，持城终夜。比雄觉，去以张、吴、何、诸本作已。还。仓卒失节钺，罗【特】持元丰与廖本作特。他各本皆作持。顾观光亦校作特。并云："特原误持。"从后，得之，并获资应㉒。雄得成都。梁州刺史许雄，以讨贼不进，槛车征诣诏狱。惟获军张殷原失名。兹用《通鉴》文研核，定为"张殷"，说详注释。与汉国《通鉴》卷八十六永嘉元年作中。太守杜孟治、都战帅赵汶、【荆州】巴西太守张燕、梓潼荆子旧刻讹谬，各本俱同。元丰本小注"疑阙"二字。他各本注一阙字。则旧校人整理时已然矣。兹据下章与《通鉴》永嘉年文厘正。守汉中㉓。

案：以上，太安二年（三〇三）三至十二月中蜀事。流民军惨败以后，遭晋朝大军诸路逼攻，内部溃裂。李氏少壮诸子，由极度孤危中，奋起抗击，而能迅即距退援军，消灭罗尚，使川西豪门巨室与统治阶级一时逃亡净尽。此其间，虽无明文述及三蜀被压迫农民共起协助之笔，而其为由土客冲突转变为农民战争，并获胜利则可知。罗尚与其党徒之艰若撑拒，亦臻极致，而终不免于仓皇逃走，此固不得云天命，又岂可诿为人事乎！犹未尽哉。鱼烂疽溃，瓦解土崩，势不能制者，蜀人民尽叛故也。非李氏残军能战胜攻克也。此十月中，事，为全蜀社会变革之关钮。

## 【注释】

①李雄，特之少子，此时年二十九。本以前将军与兄荡率兵击衙博于北道，收梓潼郡。荡往德阳击张微去，雄留镇梓潼。追闻特败，故以李离为梓潼太守，自率军还赤祖，与叔父流、骧协力御罗尚，固根本。荡盖亦自德阳还，史未著明也。李流，辅、特、庠弟。《晋书》称其"有贲育之勇"，旧与庠同为赵廞所赏。灭赵廞后，"拜奋威将军，封武阳侯"（并引《晋·载记》），此时三兄皆死，以资次受推。

②时荆州刺史，《晋书》之《本纪》《载记》与本书旧本皆作宋岱。《罗尚传》与《通鉴》卷八十五作"宋岱"，廖本据以入注，谓当作"宗"，非也。岱受命出军在太安元年，与梁州刺史许雄同时。其进住垫江及前锋破蹇硕、任臧，在二年二月。关于此役之叙述，《晋书》与《通鉴》并有谬乱，兹辨订之。《晋书》卷一百二十《李特载记》云："（太安）二年，惠帝遣荆刺史宋岱、建平太守孙阜救尚。阜已次德阳。特遣荡督李璜助任臧距阜。"又《李流载记》云："时宋岱水军三万次于垫江，前锋孙阜破德阳，获特所置守将蹇硕，太守任臧退屯涪陵县。"涪陵在德阳下游千里，近武陵夷界，退涪陵必须循水道过垫江、江州与枳县。时宋岱方以三万军驻垫江，安能容敌人败军过往涪陵？或谓《载记》此文当以"获特所置守将蹇硕、太守任臧"为读，谓孙阜既胜，乃退屯于涪陵也。此说不符史实。宗岱亦断不容其过垫江退往涪陵。《载记》盖取《常志》文，而误"涪县"为涪陵也。《通鉴》卷八十五云："朝廷遣荆州刺史宗岱、建平太守孙阜帅水军三万以救罗尚。岱以阜为前锋，进逼德阳。特遣李荡及蜀郡太守李璜就德阳太守任臧共拒之。岱、阜军势甚盛，诸坞皆有贰志。……（此下接叙任睿说罗尚密尚诸坞同起破李特事）。……孙阜破德阳，获蹇硕，任臧退屯涪陵。"亦误涪县为涪陵。胡三省《通鉴》注考订地名，多具卓识，而于此条，则未能厘正谬误，反迁就而说曰："此涪陵乃汉广汉郡之涪县，晋梓潼郡之涪城县。非涪陵郡之涪陵。广汉、梓潼之涪，今县州。今人犹谓绵州为涪陵。涪陵郡之涪陵，则今涪州涪陵县是也。"所考古今地名不误，惟强称涪县为涪陵，并谓"今人犹称"云云，则谬矣。夫《晋书》与《通鉴》所据，无论其为崔鸿《十六国春秋》，或萧方等《三十国春秋》，其原始材料必出于常璩之书（《蜀汉书》或《华阳国志》）。常璩《巴志》于涪陵与涪，记述明确，无稍混搅。涪县亦称涪城，古地理书未有称为涪陵者。胡氏谓"今人犹谓绵州为涪陵"，或由蒙古蹂躏蜀土，人烟尽绝以后，人昧沿革，有谬涪城为涪陵之俚音；不可遂谓魏晋南北朝时有称涪县为涪陵者。《常志》历世钞本刻本，此处俱但作"涪"。不据此以订《晋书》《通鉴》之误，亦胡氏之疏矣。李特曾置德阳郡。破张微后，"以蹇硕为德阳太守"，见《晋书·载记》。而《常志》云："守将蹇硕，太守任臧。"盖蹇硕于破张微后，更自德阳向东略巴郡地，住垫江，（《载记》云："硕略地至巴郡之垫江。"）特已更任为巴郡太守，别以任臧为德阳太守。此时宋岱大军至，硕失垫江，退同任臧守德阳，救

援未至，为孙阜所破。故《常志》云："破特德阳守将鬖硕，太守任臧。"省巴郡太守字者，战地在德阳故也。云"径至涪"者，谓孙阜尾追特军直抵涪城。此与《通鉴》"任臧退屯涪（陵）"之说无牴触。鬖硕被擒，任臧败退至涪，阜亦追至也。鬖硕被擒，后文亦见，任臧未被擒，后文亦见。阜至涪时，臧盖退回赤祖。

③此云"涪陵民"，谓蜀汉时邓芝所徙涪陵郡"大姓徐、蔺、谢、范五千家于蜀"（《巴志》）诸徙民之子孙。此五千家，不只四姓，其大姓各有部曲户，合之为姓当更多。涪陵北近之朐忍夷有大姓"药何"，则涪陵徙民部曲中亦可能有药姓。又下文云"涪陵民千余家在江西"，与此"涪陵民"正同，皆其人虽徙他所，仍自称其旧籍之证。宋元时人似有因《常志》载涪陵民药绅叛李氏为赤祖李军所攻事，遂谓涪县曾被称为涪陵。故胡三省《通鉴》注有"绵州为涪陵"之说（上注引）。若果此涪陵即为涪县，则当时孙阜大军已经至涪，药绅等何为不就近连孙阜军，而反远越绵竹、雒、新都以附罗尚乎？下云"荡雄攻绅"，则绅等所居亦应去赤祖不远，盖绵竹坞主之尤强者也。何焯过录元丰本作乐绅。顾广圻校稿云："《通鉴》是药字，本涪陵民而降于绵竹也。赤祖在绵竹。"所推似是而非。易降为迁，则是。

④旧本"荡雄攻绅"在尚遣常深"为骧御"句下，隔断"深破骧"句。当时"流保东营，荡、雄保北营"（《晋书·载记》）皆在赤祖。李骧原驻毗桥。特败后，李流退还赤祖，当留军守广汉（雒），李骧宜属此任。尚遣常深军毗桥，则雒犹为李军所守可知。深与骧军作战地当在新都、雒县之间，与赤祖北营之出击药绅，为两路军事，互不相涉，史文不当参错叙之。盖旧钞初脱"荡雄攻绅"四字，后补写时，误落下句之下，传钞者援而误入也。兹移正。下言李骧命李攀率所部与常深战，攀战死，其弟恭复领其众，犹能战也。流民皆团结勇战，主将常居前，多死。主将死而军不溃。其事屡见。廖本注者昧此，妄断句读为"杀李攀弟恭"。改下文为"伤为主"而谓"有误"，荒谬之极。查顾校稿无此意。当是廖寅妄自为说。兹还复以"弟恭复为主"断句。李恭于光熙五年为征东大将军、南蛮校尉、荆州刺史，见本书卷九。此时未死也。

⑤《晋书·李流载记》："罗尚遣督护常深军毗桥，牙门左汜、黄訚、何冲三道攻北营。"北营，李特旧营也。特初称镇北大将军、益州刺史，故曰北营。李流在赵廞时"为镇东将军，居东营，号为东督护"（《载记》），此时亦承特称"大将军大都督益州牧"，仍居东营。两营虽皆在赤祖，而驻地不同。罗尚欲先消灭特残部，故先攻北营。北营为李荡弟兄承领。左汜等军至时，荡雄方攻药绅在处，由其母罗氏率军固阵。氐羌动摇，符、隗、石定先叛，氐羌从之，故北营垂破。称"特北营"，谓特家所在之北营。特虽死，其营固仍当称特营。加北字以别于流之东营也。特字非衍。下文云"攻荡雄"，荡、雄已外出，所攻者荡雄之家。然其家即为军营，是原脱军字也。故补"军"字。"壮气益烈"句，当补主语"罗"字，诚如廖注。然汉魏文每有句承上文，省主词而不害意者。《常志》原文实省罗字，故仍不补。

⑥于此，足知当李骧军为常深所破，李攀战死时，李流已自率东营士往援，并击破深军，适与荡雄军同时还赤祖。值左汜等攻北营未破，共击尚军，大破之。事情曲折，行文精简，而无所遗漏，战争史之典范作品也。"突出"，谓成、伯与其党更在李军包围搜剿中，突围而逸，奔诣成都。

⑦李特死，荡为北营主。荡死，雄时年三十，旧已为前将军，当为营主，而犹不敢发李荡丧，以安众心。则此时北营之弱已可知。李含李流之欲求降于孙阜，希藉宋岱庇，率流民出蜀入荆州，此当时情势一大关键也。《李流载记》，此下接叙议降事，自合史法。若《常志》，则其间尚隔有罗尚杀刘敌事。而旧校本（宋以前失名者校本）乃亦依《晋书》移议降及五月以内事一百七十余字在此，则非史法。《常志》旧文必不

如此，缘旧校本误援《晋书》移补，故前后重复也。兹移正。

⑧白鹿山，在今彭县北，海窝子之东。罗尚犹能向白鹿山收取隐士而杀之，则其时毗河以北彭、繁之地犹为尚军守域可知。此当远在李雄等袭击孙阜，转攻罗尚之前。是亦上文百七十字为后人移倒之证。

⑨此为李雄等袭破孙阜、退荆州军事作一提纲，下移之百余字乃其细目，犹《左氏春秋》之有经文与传文也。查李特死于二月中旬，李流收余众还赤祖，又出击，破常深、药绅等，再还赤祖镇定内乱。如此，经过时间应长，非三月内所能竟。孙阜破德阳，追任臧至涪，亦当经过一段时间。李离闻父、舅将降，自梓潼回赤祖劝阻，已不及，则时涪犹未为孙阜所据。阜据涪当在五月，李离已返赤祖之时。流早图降阜，阜至涪即遣质子矣。据此推断，离与雄谋袭击阜军，时间在五月内。以此考定旧刻《常志》复文，当以"五月"所系之四十四字为正，三月所系之百七十余字，则为旧校者所妄移也。兹移还五月，加一"初"字，庶还常氏之旧。李流于孙阜初至涪即送质子，孙阜"不可"，则不受其降也。是"请降"耳，不得迳书为降。故当补请字。阜从宋岱，奉朝命"助益州讨贼"。而流等欲倚阜庇流民出蜀安置荆州，故阜不敢受降。命其仍降于尚也。流等必不愿降于尚，故迫于挺险袭阜。非即李雄与李离二人窃自为之；但坚持袭阜，并说服流人者是离与雄耳；袭孙阜时，流固已采雄之说矣。李含为特所命广汉太守，所率为李攀李恭等军。其子离别率军。故《常志》云："乃举兵与李离袭阜。"宋岱出军后，荆州有张昌之乱（详《晋书·张昌传》），晋廷以刘弘为南蛮校尉荆州校史，持节，率军讨昌（《晋书·刘弘传》）。宋岱死于垫江，其军悉还荆州，归刘弘。

⑩《晋书·载记》引此文作："约与君三年迭更为主。"今按：此封建士大夫推想之说耳。当时流等迫于救死，非有帝王尊荣想也。雄后成功，犹欲以尊号奉范贤。不获而后自即位。亦不立其子，以位授侄班。则此时岂能与离有"人主"轮充之约要乎？如其有者，必系建国后人主三年一选之议，非二人自谋轮任也。

⑪此亦封建史家推想之辞。雄所以说服流人者在于死中求生，不可投降就死。然当时流民壮勇已不多矣。其所说服者，主要犹在于当地农民群众。非得久受压迫咸欲藉流民军而起之广大农民支持，亦不可能于数月中由极危至弱之势骤转为雷霆万钧之力，一鼓而扫荡全蜀统治阶层与其军队，至于地主豪门逃徙净尽也。

⑫"荆州军退，转攻尚"者，志李雄进攻罗尚之始。"数破尚军"者，志雄转攻罗军后若干次战斗皆获胜利。"逼攻尚"者，谓尚复修沿江长围，坚守成都以西，雄自北门攻大城，不能克也。三者为一事之三阶段，呵成一气，不可分割。而宋以前旧校者割裂分系于三、五两月中。兹合还一气，删除原复之"保太城"与"雄"字及"中"字。"太城"即大城。"小城"即少城。大与太古原一音，小与少亦然。后世音歧，习俗乃以大小为对，太少别为对。至于改成都大城为太城以与少城对，或改少城为小城以与大城对，皆非通于此义者也。《常志》旧本原作大城与少城。廖本改此为太城，无足取。然此太、大字皆衍文耳。缘后文保大城字衍也。但当言"保成都"，谓无力野战，退守水上长围也。罗尚水上长围，两翼会于成都。时成都城虽在水之北，恃有坚垣深池，雄虽逼攻不能拔。言"尚保成都"，则已复筑水上长围可知。旧本讹成为城，都为中也。

⑬帛羊颓，郫江渡口名。蜀人呼山材入水为颓。《蜀志》"岷山多大木，颓随水流"是也。此渡当在今灌县东南旧崇宁县境邸陵逼江之部。于时晋汶山太守常住都安，担任长围上游防务。故雄渡此后，先破都安，杀太守，乃转趋郫也。《通鉴》卷八十五："李雄攻杀汶山太守陈图。"《考异》曰："《华阳国志》作陈凯。今从《载记》。"然则司马光所见《常志》，此作陈凯也。凯与图二字易混，《晋书》作图，从嚚字也。二字难定。廖本注云："按图当作凯。《通鉴考异》云……可证也。李㺌校刊此书，转依《载记》改凯作图耳。"

然元丰本此字作图,非李㙂改。应是宋以前校注人已改之也。旧本皆作"据郫城"。郫城为当时亚于成都之军事要地,亦长围上游诸军指挥所在,必有重兵守之。雄仅破都安,不可能即得入据郫城。下文云"七月朔雄入郫城",则此前当有一段攻郫城之时间,故"据"当为"趣"之讹。雄入郫城而长围溃,李流全军得渡江以郫为根据地,以攻成都。

⑭《晋书・李流载记》:"三蜀百姓并保险结坞,城邑皆空。流野无所略,士众饥困。"《通鉴》太守二年七月:"蜀民皆保险结坞,或南入宁州,或东下荆州。城邑皆空,野无烟火。流虏掠无所得,士众饥乏。"二书皆取自常氏而展拓其文义,适足为《常志》此文作注。今按蜀中巨室地主,皆广置田产于平原地区,自居城中,仰食于地租剥削,或更置奴隶经营工业、商业,自汉迄清末二千年封建社会率皆如此(惟中、小地主皆随族居于农村,横于乡邑)。又或置别业于附近低山地区,子孙发展为山区地主,买奴隶经营林矿、畜牧。在治平世,对于发展生产,推进山区开发,具有积极作用。而贫富分化亦即随之渐达极点,是为促成农民革命之原因。当贫富悬绝,社会不安之际,地主阶层必极力拥护官府,凭借政治力量镇压动乱。官府亦认为惟依靠巨室富民可以维持治安。自蜀汉至西晋,蜀中社会已达官绅固结制服基层劳动人民进行残酷剥削之极度。适有官府与流民冲突发生。于是社会形成两大阵营:地主富绅与官吏为一方,被压迫之人民与流民军为一方。初时流民军领导者仍采封建士大夫路线。力争官府亲近。然终不为官绅所容,备受迫害,次第败死。流民被逼选择坚决与官绅斗争方向,甚为自然。李离与李雄诸青年兹所决策,深受广大劳动农民拥护。一战克敌,荆州军退后,蜀中地主军队遂不复能稳固,连月摧败略尽。平原诸坞,随水上长围溃缺而或溃逃或降附。其时蜀中地主豪门逃走路线,主要为外水、中水、内水,资舟运也。水上长围以内者,皆循外水,经犍为郡治武阳,过南安至僰道;或由此上陆南入宁州;或更循水东下江阳,入巴郡。长围以外者,即广汉郡之绵、雒、繁、什与新都各县地主富室,初惟屈服于李军,迨李流等渡江入郫,攻成都未克时,此辈亦即率其族人,携粮货,由中水经牛鞞,资阳、下江阳,或入南中,或下巴郡。其梓潼巴西德阳三郡地主富绅,初屈服于李军者,亦乘时率族逃徙,由内水与西汉水经垫江入巴郡。一时巴地集聚流户太多,骤不能容,而荆州刘弘有治声,富室迁民争往依之,于是大量流入荆湘。其他尚有向西南入汉嘉、越嶲,与向东南入涪陵转荆湘,及少数入汉中、阴平、武都者,后文多可取证。此当时蜀民流迁之大体情形也。农民参加李军战斗后,耕种者少,军粮取给不易。李氏诸领导人,注意力集中于作战,未遑留意生产,但向服顺诸坞征取粮食。诸坞自不能给,则迫于逃与抗。诸坞逃抗而李军亦自乏食,陷于饥困,故暂无力攻下成都。成都虽孤立,罗尚集粮尚多也。

⑮此所云"江西",指岷江正流羊摩江以西,即今崇庆(崇州)、邛崃、大邑、灌县与温江以西平原地带之总称,《蜀志》与本篇文中屡见。江西地主富民,向亦多结坞与罗尚联军,此时亦皆逃徙。此所言"在江西"者,但指青城山道士范长生所领导之涪陵迁民子孙千余家耳。涪陵民性顽强,虽远徙,所在保持旧俗。"范贤"即范长生,亦迁民子孙之学道者。所奉盖即张道陵所创之道教。主张团结、劳动、俭朴、自食其力、思过、向善、平等,不亲近官府,亦不反抗官府,不作兼并,说不诽议兼并,超然自立于当时两大对立阶级之间。故不参加战争,亦不为地主官僚所忌。此时独能平安生产,莫为撼摇。形成"举足左右便有轻重"之第三种力量。尤以粮食不乏为他人所羡。

⑯徐舆盖"江西"人,素与范贤相习者。其求为汶山太守者,以青城地区属都安县,时为汶山郡地。盖亦知尚之必亡,希借此归附范贤,庶免于饥殁也。尚不许以汶山太守而许其出抚江西民者,城中粮尚充足,无须求助于范贤,但欲得江西民众以救其孤危之局也。舆降雄,往说范贤,贤遂愿给雄军粮者,亦势使之

然。缘李军饥甚，助以粮，则可以迅克成都，安大局。否则兵连旷日，或迫于出劫，皆于江西民不利。世谓范长生预知天命在雄而出于此者，妄耳。舆，《晋书》与《通鉴》作𦈉，古今字。《晋书》云："说长生等使资给流军粮。"《通鉴》同。兹据以补"说贤"二字。

⑰《晋书》作："流死，雄自称大都督、大将军、益州牧。都于郫城。罗尚遣将攻雄，雄击走之。"《通鉴》云："李流疾笃，谓诸将曰：骁骑仁明，固足以济大事。然，前军英武，殆无所相。可共受事于前军。"骁骑将军李骧，前将军李雄，皆特所授官号也。

⑱《晋书》不载朴泰谲罗尚事。《通鉴》依《常志》记之，而异其文曰："雄使武都朴泰始罗尚，使袭郫城。云己为内应。李骧伏兵于道。泰出长梯于外。隗伯兵见火起，争缘梯上。骧纵兵击，大破之。"改"骧使道设伏"为"伏于道"，又作"泰出长梯于外"，皆误解常文。夫攻战方频，城守至谨，而竟出长梯以待外兵，他守城者安得不觉？此受谲者所必疑也，何至遂受其谲而争缘梯乎？原文当是骧使人伪为朴泰部属之逸出者，伏于道以俟隗伯兵至而导之，并备长梯以惑之。城中则发火以诱之。故隗军不疑。原文当是"设伏导"。旧校本改为"道设伏"而《通鉴》误解之也。伪为叛主之军导敌，故当潜伏。郫近皆平原，若为设伏截敌之军，则当伏在远地以待火起，讵可伏于道侧耶？

⑲前云"尚保成都"，兼保大、少城也。此时又失少城，乃退保大城。正由此云"保大城"，故可知上文旧刻"保大城"为误。

⑳此叙李军得犍为郡，并表扬郡人杨涣。《蜀汉书》本有《李骧传》，《晋书》未采。兹两节所记，应即原《骧传》文也。

㉑《通鉴》作："隗伯创甚，雄生获之，赦不杀。"今按隗伯乘危叛乱，手伤雄母，北营几为之破，此不当赦也。常氏原意，谓雄以其伤重必死，故不明加诛戮，以抚梁双夫妇。非明文赦之。《通鉴》体会为赦，未当。《常志》旧刻有脱文，兹补一"宜"字，阐明李雄测其必死之意。

㉒时三蜀与梓潼、巴西为李雄所有，地主阶层并已逃徙。尚不可能坚守大城，惟有狼狈夜逃耳。牛鞞水即中水，亦即沱江。尚盖夜从北门逃向新都大渡，浮牛鞞水逸，因少城与万里桥皆已为雄军所据，无路可向犍为也。节铖俱失，可知其窘状。然李军亦已饥困不能进攻大城。故张罗掩护罗尚行后，犹得从容收拾，跟踪及尚。"持城"，谓城上巡逻，严备不懈。《晋书》作："留牙门罗特固守，尚委城夜遁。特开门纳雄，遂克成都。"盖缘《常志》两以罗持二字相连而误。或《十六国春秋》已误张罗为"张罗特"，《晋书》又从而删张字也。张罗后继罗尚为刺史，初未降特。《晋书》大谬。《通鉴》亦作"罗开门降"并误。

㉓"槛车"，车上作本笼以运囚人之车。"诏狱"，审讯并拘禁奉诏逮治官吏之监狱。《常志》于此，屡言"护军"而失其名。下文云："护军欲城守，谓孟治曰：'贼来虽众，客气之常……'孟治曰：'不然……士民胆破，不可与待寇也'。乃开门退走。"《通鉴》卷八十六永嘉元年叙此事，作："张殷及汉中太守杜孟治弃城走。"不言护军，而上文作："梁州刺史张殷。"当是张殷原为梁州护军，刺史许雄被征后，殷署梁州刺史。常璩当时据汉中进民谈，但知有护军官位最高，不知其后署刺史。《通鉴》别据他书（如《三十国春秋》）知之，补其姓名也。《常志》屡以汉中为"汉国"者，《汉中志》云："太康中，晋武帝子（当作孙）汉王迪受封，更曰汉国。"（参看卷二6章之注②）。实未之国，故一般仍称汉中。此处"汉国太守杜孟治"，《通鉴》作汉中太守。"都战帅者，时汉中有巴西太守侨治，亦领民兵，与郡领民兵皆有战帅。合二郡更设都战帅以统之也。《常志》下文云："关中流民邓定、訇氏等掠汉中冬辰势以叛，巴西太守张燕……遣兵围之。"（《通鉴》卷八十六作："梁州刺史张殷遣巴西太守张燕讨之。"）时巴西已为李雄所据，而张燕

称巴西太守，又自汉中出兵讨邓定等，则其为侨治汉中之巴西太守可知矣。又下文云："梓潼荆子以父与孟治有隙，合子弟追之。"此梓潼荆子，应亦为挟有部曲之大族首领侨居汉中者，其父子势足与太守相抗，乃能有隙。《常志》旧本于此，作"惟护军与汉国太守杜孟治、都战帅赵汶、荆州太守梓潼守汉中"，讹乱不成文理。核对《通鉴》，除知护军为张殷，汉国即汉中，另一太守为巴西太过张燕，当补"张殷"与"巴西"、"张燕"六字外，更可因下文改"荆州"二字为"荆子"，移于"梓潼"字下。荆州不为郡，不得接太守字。梓潼不成人名，不得接"守汉中"字。移改为"巴西太守张燕、梓潼荆子守汉中"则与实际情事符合，与下文及《通鉴》亦并符合。《通鉴》无论引据何书，其原始资料不能出于常宽、杜龚、常璩之外，故以《通鉴》校订《常志》，不至失于穿凿。惟"梓潼荆子"不见于《通鉴》及他书，但可用《常志》本身校订耳。"荆子"，不似汉人姓名，疑亦是六郡少数民族之流寓梓潼，不附李特父子而附晋朝一方者，战败后，率族来居汉中，犹用羌氏名字，晋人称之曰"梓潼荆子"，亦曾授有侨郡官职者也。

# 八

永兴旧各本俱作"元兴"。廖本改作"永兴"，是。元年<sup>①</sup>，春正月，尚至江阳，张、吴、何、王、石本误作"江杨"。遣旧各本无。当有，兹补。军司辛元丰本作"同卒"二字。李㙮改。宝诣洛表状。诏书权统巴东、巴郡、涪陵三郡，供其军赋<sup>②</sup>。冬，尚移屯巴郡。遣军掠蜀中，斩雄从祖冉，钱、刘、李本作冉。获骧妻昝、子寿兄弟<sup>③</sup>。十二月，雄太尉李离伐汉中，杀都顾广圻校稿云："前有都字，此脱。"廖本注云："当有都字。"战帅赵文<sup>④</sup>。

二年，都督荆州军事刘弘，运米三万斛助尚<sup>⑤</sup>。旧本无此。兹取《晋书·刘弘传》补十七字。

永嘉元年，春，尚施置关戍至汉安、僰道<sup>⑥</sup>。元丰本脱安字。他各本有。嘉泰当有，李㙮补也。时益州民流移在荆，湘州及越嶲、牂柯。元丰、钱、廖本作柯。他各本作牁。尚【书】廖本注云："当作施。"兹改。施置郡县，就民所在。按谓置侨郡侨县也。又施廖本注云："当有置字。"兹补。置诸村参军<sup>⑦</sup>。三月，关中流民邓定、訇氏张、吴、何、王、浙石本作氏。等据成固依《通鉴》补，掠汉中冬辰势以叛。巴西太守张燕，帅牙门武肇、汉国郡丞宣定遣兵围之<sup>⑧</sup>。氏求捄元丰、钱、刘、李、《函》、廖本作捄。张、吴诸本作救。下同。于李雄。夏五月，雄遣李离、李云、李璜、李凤入汉中，捄定。杜孟治闻离至，命燕释张、吴、何、王本作什。围保州城。初，燕攻定，定众饥饿，伪降。送金一器与燕。燕纳之。居七日，氐至。定还冬辰势。燕进围之，不听孟治言。离至，先攻肇营。营破。次攻定，此谓宣定。又破之。燕惧战，将百骑走。离等大破州军<sup>⑨</sup>。牙门蔡松退【告】元丰、钱、刘、李、《函》、浙本作造，张、吴、何、王、石本与廖本改作告。当还作造。造孟治曰："州军已旧各本作以。廖本作已。破，贼众，不可待也。"孟治怖。护军欲城守，谓孟治曰："贼来虽众，客气之常。李元丰、张、吴本作柰。钱、刘、《函》、廖本作李。李本作理。何、王、石本作柰。区区有东南之逼，必不分宿兵于外，不过迎拔定氏吴本作氐耳。"孟治曰："不然。雄冒称帝王，纵横天下，以遣重众，必取汉中。虽有牢城，士民破胆，不可与待寇也。"乃开门退走。护军北还。孟治入大桑谷，民数千家，车数千两，一日旧脱日字说详注释。夜行才元丰、钱、刘、李、《函》、廖浙本作才。张、吴、何、王、石本作才。数十里。而梓潼荆子此下，元丰、钱、刘、李本并有小注云："疑字有误。"廖本加"旧校云"三字。《函海》作："原注疑字有悮。悮字，刘李本作误。何本无此注。"今案：张、吴、何、王、浙、石本均无此注。盖唐人旧校原有，张佳胤删也。以父与孟治有隙，合顾观光云："合原误令。"子弟追《函海》误"进"。之，及于谷口。孟治弃元丰、《函海》二本作弃。子走。荆子获之，及吏民千余家。惟汉国功曹毋建荷檐钱、刘、李三本作担。杖元丰与廖本作杖。钱写本与吴、何、石本作仗，刘、李、《函》本作伏。王本作仗。曰："吾虽不肖，一国大夫。国亡不能存，终不属贼也。"饿死谷中⑩。积十余日，离等引还⑪。《通鉴》有"尽徙汉中民于蜀"句。汉中民句方、白落率吏民还守南郑⑫。

二年，刘本脱此二字。诏书录尚讨特功，加散骑常侍，都督二州，进爵夷陵侯。长子宇，以佩奉车都刘本误督。尉，拜元丰、张、吴、何、王、浙、石本作并。钱、刘、李、《函》、廖本作拜。次子延寿骑都尉⑬。梁州以雄所破坏，晋更以皇甫商为梁州。商不能之官。更用顺阳内史江夏张光为刺史，治新城。汉中民逼李凤寇掠，东走荆沔⑭。

三年冬，天水訇琦、张金苟，略阳罗羕，杀雄太尉李离，以梓潼依下文及《通鉴》文补。降尚。雄太傅骧遣李云、李璜攻羕，为所破杀。云、璜，雄从弟也，为司徒廖本注云："当有司徒二字。云司徒，璜司空也。"依《通鉴》文，当补。司空⑮。十有二月，琦等送离母子于尚。尚斩之，分其室⑯。

四年，天水文石杀雄太宰李国，以巴西降尚。梓潼、巴西还属⑰。何本作蜀。顾观光云："原误蜀。"初，巴西谯登诣镇南谓荆州督镇南将军刘弘。请兵。镇南无兵，表为扬烈将军、梓潼内史，义募三巴蜀汉民为兵，克服州郡。先征宕渠，杀雄巴西太守马脱。顾观光云："原误晚。"还住刘、李、《函》本改作治。无取。涪。折冲将军张罗进据犍为之合水。巴蜀为语曰："谯登治涪城，文石《载记》作硕，《通鉴》作石。顾广圻校稿云："后作硕。"今按石、硕古字通。在巴西，张罗守合水，巴氐那钱写误作郡。得前⑱。"顾广圻校稿云："广圻按，西先合韵"。意谓前当作先，兹不取。民谣无韵也。秋七月，尚薨于巴郡。尚字敬之，一名仲，字敬真，襄阳人也。历尚书丞、郎，武陵、汝南太守，徙梁州，临州⑲。此谓益州刺史。诏书除长沙太守【下邳】廖本注云"当衍此二字"。是。后文复见。按罗尚前例，此为衍文也。皮素【泰昆】旧各本作混。张、吴、何、王、浙、石本并作"字泰混"。然当衍，说同上注。为益州刺史，兼西夷校尉、扬烈将军，领义募人及平西【将】字当衍。旧校因下文衍也。军。当进治三关。

时李骧急攻谯登，素次巴东，敕平西将【军】字当衍。旧校因上军字衍也。张须、扬显捄登⑳。尚字宇志恨。加登粮运不给，素【至涪】二字当衍，说具注释。欲治执事，执事怀惧。冬十有二月，素至巴郡，降人天水赵攀、阎兰等夜杀素。素字泰混，下邳人也㉑。张、吴、何、王、浙、石本无此八字。张佳胤删也。元丰及他各本并有。建平都尉暴重杀宇及攀，巴郡乱，不果救登。三府官属上巴东监军，冠军将军，南阳韩松为刺史，校尉，治巴东㉒。

案：以上，晋惠帝永兴元年（三〇四）至怀帝永嘉四年（三一〇），即李雄之建兴元年至晏平五年，凡七年中，罗尚东奔至巴，得晋朝廷与巴蜀地主豪门支持，暂维残局事。此种垂死挣扎，适值李骧领导之农民革命军疏于保持农业生产，饥困不振，内部携离，巴西、梓潼、犍为，一时叛雄为晋，使巴地豪门残军呈现回光返照之象。此事旧史多未注意，本篇虽未明著此义，由于记叙翔实，反映此义仍甚确切，殊值重视。

## 【注释】

①永兴元年，晋皇室内乱最突出之一年，亦西晋朝廷政权开始崩溃之一年也。是年正月，改元永安。七月，成都王颖挟惠帝幸邺，改元建武。十一月，张方夺惠帝西幸长安，复称永安。至十二月，又改元永兴。永兴有二年，故史家用之。《常志》旧刻讹为元兴。史无元兴年号，廖本始改作永兴。此亦可见昔人校勘之疏矣。此年十月，李雄称成都王，年号建兴。刘渊在左国城称汉王，年号元熙。所谓"五胡十六国"，肇于此矣。

②军司，职名。辛宝，人名。罗尚遣其军司辛宝赴洛阳表陈败退江阳，更图规复状。时成都王颖与东海王越等讨杀长沙王乂。颖布重兵于洛阳而身还据邺，称皇太弟，遥专朝政，事权统一，故犹能助尚支持巴蜀半局以抗李雄。巴、巴东、涪陵三郡本属梁州。时益州所存者惟江阳一郡，不足以供军赋。颖划梁州三郡以益之，故曰"权统"也。

③尚既奉朝命兼统梁州三郡，乃移治江州，整饰军伍，作讨贼势。然已无力正规作战，但能遣军奇袭蜀地，掳得饥困中之李军眷属以欺晋廷，冒功赏而已。书曰"掠蜀中"，明其非堂堂讨伐之师也。李骧子寿，时年五岁，与其母昝氏及家族在郪觅食野芋，故为尚军所掳得也。《晋书 李雄载记》："遂克成都。于时雄军饥甚，乃率众就谷于郪，掘野芋而食之。"时成都平原殆无烟火，惟郪在紫土邱陵地区有野蔬可采，故雄众就之。野蔬分散，军属亦散就诸山谷觅食，故为尚军所掳也。昝死于巴。李寿弟兄以年幼未杀。其后谯登挟之至涪，以要李骧。登既久困，放还寿等与骧乞和。寿后代父骧为大将军，屡立功，至夺帝位。晋康帝建元元年（三四三）卒，年四十四，见《载记》，故知此时仅五岁也。

④此役虽斩赵汶，未得汉中。得汉中在永嘉元年，详后文。上文作"都战帅赵汶"。此当是脱都字，应补。汶虽帅军出战败死。汉中城坚，离未能拔也。

⑤永兴有二年、三年。其三年六月,晋东海王越遣军击败河间王颙,迎惠帝还洛阳,改元光熙。同时,李雄即帝位于成都,改元晏平。此两年中李雄与罗尚并以饥困,无力进取,蜀中兵革暂宁。李雄方谋重兴屯垦,罗尚则抑粮于荆州刘弘。《晋书·刘弘传》云:"罗尚为李特(当作雄)所败,遣使告急,请粮。弘遗书赡给。而州府纪纲以运道悬远,文武匮乏,欲以零陵一运米五千斛与尚。弘曰:'诸君未之思耳。天下一家,彼此无异。今吾给之,则无西顾之忧矣。'遂以零陵米三万斛给之。尚赖以自固。"未著时间。《通鉴》于永兴元年正月"尚逃至江阳,遣使表状"之下,别为一节云:"尚遣别驾李兴诣镇南将军刘弘求粮,……(同《晋书》文)。遂以三万斛给之。尚赖以自存。李兴愿留于弘参军。弘夺其手版而遣之。又遣治中何松领兵顿巴东,为尚后继。于时流民在荆州者十余万户,羁旅贫乏,多为盗贼。弘大给其田及种粮。擢其贤才随资叙用,流民遂安。"(自李兴事外,并同《晋书·弘传》)此其反映巴蜀粮荒情致,至为明确。尚得荆州资给较早,故能一时对李雄呈显优势。是此荆州济粮事,实为巴蜀形势变化之关键。故补志之。又《通鉴》系弘济尚粮事于永兴元年,亦徒就行文之便耳。考晋朝廷命尚权统梁州三郡,当在惠帝自邺还洛阳以后,十月迁长安以前,张方(河间王将)专权之时。朝命达江阳,已当在冬季。尚因声言出军,向弘求粮。追弘许粮,运达巴郡时已当在永兴二年春后也。兹改系于永兴二年,应合实际。

⑥永兴三年(三〇六)即光熙元年十一月,晋惠帝死怀帝立。明年正月,改元永嘉。永嘉元年,李雄方与其军民从事屯垦,挽救饥荒,无力出击。罗尚始得于荆州协济之下,重整军伍,向巴郡上游诸路推进,建置关戍,安辑流民,稳定蜀东南巴区政治基础。汉安,今内江,时为江阳郡最北一县,设关于此,备中水(牛鞞水)也。僰道今宜宾,于时为犍为郡最南一县,罗尚据之,设关置戍,以备外水。如此,上游既固,则南中声气可通,蜀民南入七郡者渐能有所系恋,不致流徙太远而与巴郡声息隔绝。其东徙荆湘者,见巴地形势完固,亦可维恋土之思。其尚滞阻于犍为、江阳、三巴与涪陵诸郡县者,亦可渐向巴郡依集,从而支持罗尚政权。此当时形势必然之理也。

⑦犍为、汉安已置关戍,垫江之防守严密,自犍为以下沿江郡县暂时稳定,于是罗尚得更进一步,就流民所在侨置郡县或新立郡县以利征调。是为南北朝侨置郡县之开端。旧刻"书置郡县"书当缘施字音讹。下文"又施诸村参军"可证。"诸村参军",谓加强民兵组织,以村为营伍单位,各假参军一人或迳派参军一人领导之。旧县、侨县皆然。主要仍是依赖大姓部曲。罗尚政权全依大姓豪门。此时沿江郡县大姓豪门麇集,皆有部曲自卫,故尚设诸村参军组织之也。

⑧《通鉴》卷八十六作:"秦州流民邓定、訇氏等据成固,寇掠汉中。"兹据补"据成固"三字。冬辰势,盖即《明一统志》所称之"梁州山"。在南郑东百八十里成固界间。《方舆纪要》卷五十六云:"山大十围,中三十里甚平旷。相传为古梁州治。"盖蜀汉时汉中诸围守之一。魏晋间州中富民保据于此。时各地流民响应李雄,邓定等亦据成固以应之,自成固掠取冬辰势,不惟贪其富有,亦据此乃足御汉中来讨之军也。汉中人称山爪之雄耸者为势,地名屡见。胡三省注引杨正衡曰:"訇,呼宏翻。"今按:訇,读如洪,今伊斯兰教祭司称"阿訇",一作"阿洪"是也。訇,姓,氏其名也。秦州固多有氐人。然此訇氏非即氐族。汉人旧有取异族名称字其子女之习,如周宣王名胡之类。訇氏与邓定皆中汉民也。张燕为侨居汉中之巴西太守。武肇所领为州军,宣定所领为汉中(汉国)郡兵,并付张燕统率也。

⑨《通鉴》叙此事作:"邓定等饥窘,诈降于燕。且赂之。燕为之缓师。定密遣訇氏求救于成。成主雄遣太尉李离、司徒云、司空璜将兵二万救定。与燕战,大破之。"实取材于《常志》。《常志》文虽较详而颇费解。兹依《通鉴》文意疏通之。"氏求救于李雄"者,邓定守冬辰势,訇氏等在成固。张燕来攻,围冬辰势。

定等推荀氏自西乡小道入巴西,躬自乞援于李雄。而定伪降,贿燕以求缓师。燕受其赂,命宣定撤还成固,听州将处理。"居七日氏至"者,谓邓定还成固七日而荀氏已自蜀驰还,报李离等援军且至。因复还据冬辰势以叛燕。燕羞忿,复围之,不肯还州城。李离等自巴西、西乡进攻燕军,先破武肇,次破宣定,州军破,燕亦败逃也。由荀氏与巴氏,邓定与宣定易混搅,致读者易瞀乱,故特辨订。燕后在魏兴,为梁州刺史张光所杀,见《通鉴》卷八十七(9章之注⑪引)。

⑩ 二事本志外他无所见。"李区区",指李雄国小人微。《汉书·礼乐志》:"河间,区区小国藩臣。"师古曰:"区区,小貌。"护军言:雄东南有罗尚相逼。虽出军汉中,不过欲拔邓定、荀氏诸流民回蜀,不敢来攻州城。"重众",犹言大军。杜孟治谓雄既遣二万之众远来,非得汉中不止。护军为所动,乃与开门出走。《通鉴》云:"张殷及汉中太守杜孟治弃城走。"故知《常志》之"护军"即《通鉴》之梁州刺史张殷也。大桑谷,旧籍无考,疑即褒斜之西北谷通大散关者,今陕西留坝县地。桑、散音近字讹。孟治与护军同出,护军已北还,而孟治乃被追及,则其地当去汉中已远,非"数十里内"。旧刻"一夜才行数十里"句,当脱日字。一日夜行数十里,则近大散关时已行二三日矣。梓潼荆子闻孟治出走,始纠合子弟部曲自后追之,亦当须时,非当夜即能追及。故知旧本脱日字。毋建为郡功曹,而自荷担杖,离乱奔进之象也。"饿死谷中",谓伏匿大桑谷草石间,不为荆子所得,饥困以死。

⑪ 此言李离已得汉中。梓潼荆子杀杜孟治,截还吏民千余家,降附于离。离并引之还蜀,空汉中地。时蜀地旷人稀,故李雄欲多聚民也。

⑫ 此言句方白洛等已被徙入蜀,复求回南郑,为李氏守汉中,李离许之。与叛逃不同。句为汉昌大姓,句方等盖巴西流民入汉川,故张燕部民也。

⑬ 永嘉二年(三〇八),李雄之晏平三年。是年刘渊称皇帝,国号汉,改元永凤。于是全国大乱,晋朝廷摇摇欲坠,惟能以爵赏羁縻四方故官旧臣,借以点缀其封面排场而已。时罗尚局势已渐稳固,故从而褒赏之也。"都督二州",谓益与梁州。"以佩",谓尚长子宇已佩奉车都尉印,不更加官,而别拜次子为骑都尉。极言爵赏之滥。

⑭ 《通鉴》云:"成平寇将军李凤屯晋寿,屡寇汉中。汉中民东走荆沔。诏以张光为梁州刺史。"实采《常志》此二节文。其时,荆州都督刘弘卒,其司马郭励欲推寄寓荆州之成都王颖为主,弘子璠讨诛之。晋朝廷复以高密王略代弘镇荆州。而"寇盗不禁,诏起璠为顺阳内史,江汉间翕然归心"(《晋书·刘弘传》)。是刘璠继张光为顺阳内史。汉民东走荆沔者,盖越新城张光而就顺阳刘璠。盖晋朝廷威信扫地,虽设刺史,反不如一郡守之能系人心矣。

⑮ 永嘉三年(三〇九),李雄晏平四年,刘渊河瑞元年也。是年三月,荆州高密王略死,晋廷复以山简为镇南将军都督荆州。又虑郡民拥戴刘璠,征璠为越骑校尉。此后荆湘亦复大乱,莫能支援罗尚。而李雄内部矛盾亦复迸发,六郡巨室纷纷背叛李氏,降于罗尚。盖李雄信奉范贤,大兴屯垦,伤巨室与兵员及民众齐力。六郡豪族不愿操劳,兼憎李氏一姓专政,故叛也。《晋书·怀帝纪》作"李雄别帅罗羕以梓潼归顺"。羕即羕字讹。《通鉴》卷八十七作"天水訇琦等杀成太尉李离、尚书阎式,以梓潼降罗尚。成主雄遣太傅骧、司徒云、司空璜攻之,不克。云璜战死",显然出于《常志》,有"以梓潼"与"司徒"字,然则旧刻《常志》脱此五字也。兹补还。又,《常志》旧文,璜下当有遣字。宋时似已钞脱,故《通鉴》以骧、云、璜比列。按其实际:骧为父执,官太傅,年德爵位并尊,云璜当受统率。就文法论,"为所杀"者只云与璜,不及骧,则常文非以三人比列而有遣字甚明矣。故更补"遣"字。

⑯"分其室",谓斩李离母氏及诸子外,以其妻、女、奴婢分赐将士。李雄即帝位后,专任其从父兄弟、子侄及戚族。诸李与罗、任、昝、李(李含,别为一族)等家专政侈泰,亦为六郡大姓不满之一原因。

⑰永嘉四年(三一○),李雄之晏平五年,汉主刘渊卒,刘聪即位,改元光兴。《晋书·怀帝纪》云:"李雄将文硕杀雄大将军李国,以巴西归顺。"《通鉴》云:"成太尉李国镇巴西。帐下文石杀国,以巴西降罗尚。"与《常志》所记李国官名互异。当以《常志》为正。国为太尉李离弟。《通鉴》上文已云"太尉李离",则此云"太尉李国"为讹字可知矣。《怀纪》"大将军",亦当是"大将"字衍。"梓潼巴西还属"者,综上年旬琦事言之,常璩入江左后所加语也。梓潼附尚后,寻复为李雄将张宝收复,时在永嘉四年,《常志》别著于卷九(参看卷九1章之注⑲)

⑱谯登,《后贤志》有传,详著此事。马脱于李雄初得巴西时为太守,杀谯登父。登奔荆州求刘弘助兵讨雄,不得。此时以义募部曲攻杀马脱于宕渠。脱为巴西太守而在宕渠者,李国镇巴西,以属县宕渠写远,分脱驻守之。地既孤悬,故登得以二千人袭杀之也。其时间当在永嘉三年,《常志》因登进据涪城事,追叙于此耳(参看卷十一20章注释④、⑤)。登杀马脱后,罗羡始杀李离以梓潼降尚,登遂进至涪城,则永嘉三年冬据涪也。至永嘉五年败死。合水,今彭山县江口镇,锦江与岷江会合处。本犍为郡武阳县治。此时民逃城芜,罗尚亦未更设郡县,称为合水也。此暂局,而巴地地主阶级仗之,为此谣以鸣得意。曾不二年,皆溃败矣。

⑲《晋书·罗尚传》在卷五十七,附《罗宪传》。(原传误退保水上长围为江阳。当作"江南",谓郫江南岸。并注)

⑳《常志》上各卷,每序一人,恒于初见时著其郡籍与字号。惟《大同志》于益州刺史,自赵廞起,皆于死后追述其字号、郡籍与仕历。下文有"皮素字混泰,下邳人也"句,则此处"下邳"、"泰混"四字为复衍。罗尚旧为平西将军。此时平西部属由皮素兼领,但当称平西军。皮素为扬烈将军兼领平西将军,非别有平西将军,或素又兼平西将军也。张顺、杨显为故平西将军部将。此时仍旧称平西军由扬烈将军兼领,非仍有平西将军,更不能以张、杨二将同称平西将军,但当称为"平西将"耳。宋以前旧校本妄因上文有军字,此文有将字,并连平西,妄以互补,宋以来刻本沿误也。兹并删。"当进治三关"者,盖晋廷诏书敕素增强涪城、巴西、合水三地防务,更谋进取。涪城被攻甚急,故皮素甫至巴东,即敕张杨二将进援涪城。

㉑罗尚原兼领益州刺史,西夷校尉,平西将军三府。晋廷甫于其在时,录功、加官、封候、拜二子都尉。死时,其子宇方冀得袭领一府,乃平西军亦由皮素兼领,故恚恨。皮素由长沙入蜀,先至巴东,已发令进援谯登他当先舟行至巴郡接三府事,不得先至涪城,再回巴蜀。《后贤志·谯登传》云:"皮素至巴东,敕平西送故遣将张顺、杨显救登。至垫江,素遇害,顺、显还。"则张、杨援军尚且未得至涪,皮素安能至涪?是"至涪"二字为衍文明矣。素以涪城粮运不给,欲治执事罪。罗宇因父时三府故史当治罪者有怨言,使赵攀、阎兰等夜杀素,欲造乱胁晋朝界以袭职也。似此,则当作"素欲治执事",不当曰"至涪欲治执事",旧校者未明地理,误以为素由巴东至涪,再乃至巴郡,衍二字耳。《通鉴》永嘉四年云:"成太傅骧攻谯登于涪城,罗尚子宇及参佐素恶登,不给其粮。益州刺史皮素怒,欲治其罪。十二月,素至巴郡,罗宇使人夜杀素。"谓素初至巴郡即已被杀,未尝至涪。可知司马光所据《常志》亦无"至涪"二字。或谓此处《常志》涪字下当有脱,或是涪石,在巴东与巴郡间,见《水经注》。或是涪陵,抑或是枳字误。素未至巴郡前已知罗尚旧部挹制谯登状,欲治执事,故甫至巴即被杀也。此说亦似通。然细审:如《常志》

果如此，则省"素至涪"一句，意自明白；史文非日记或起居注，则何容书至某地欲治执事乎。赵攀、阎兰，盖张金苟、荀琦之党，同罗兼降尚，为宇死党者。

㉒建平郡，吴置，本治秭归，晋时治巫（今巫山），领巫、北井、秦昌（泰昌）、信陵、兴山、建始、秭归、沙渠八县，属荆州（《晋书·地理志》），盖晋朝廷诏荆州出军讨平巴乱，故暴重讨杀宇、攀等。益州三府吏共上韩松领益州刺史与西夷校尉，不及平西将军者，暴重方率大军驻巴郡，希领军府，留之以俟朝命也。韩松为巴东监军，亦领一郡军务者，虽受三府推，朝命未至，不敢赴巴郡就职，仍驻巴东以避重。实相猜嫌。巴地局势如此，故莫能进援谯登。

# 九

五年，春正月，李骧破涪城，获登。承上文，省谯字。巴西、梓潼复为雄有①。荆湘有乱②。氐符成、隗文作乱宜都，西上巴东③。雄众攻僰道，走犍为太守魏纪，杀江阳太守姚袭④。二月，氐隗文等反于巴东。暴重讨之。未下，【重】杀刺史韩松。松字公治，南阳人，魏大司徒暨孙也。重上文重字，不当有。此自领三府是重，字不当阙。旧校误移也。兹移正。自领三府事⑤。三月，三府文武与巴东太守吏共囚重及妻子，于宜都杀之⑥。共表巴郡太守张罗【字景治】廖本注云："当衍此三字。"行三府事。罗治枳，自讨隗文于宫圻，破降之⑦。旬月复叛，劫巴郡太守黄龛，托以为主。龛穷急，欲《函海》注云："疑脱字。"顾广圻校稿云："疑脱欲字。"廖本据以入注。兹补。自杀。主簿杨预谏曰："文之宿恶，江川《四部备要》本改作州字。非。江川，谓沿江郡县。所知。拘劫明府，谁不危心。虚假之名，孰当信之。可使张将军知其丹诚。何遽如此？"龛曰："贼已道断，何缘得令景治知之。"预乃作龛书【遗】遣旧各本作遗。廖本作遗。讹。弟逃氐诣罗。罗曰："子宣宣诚，张、吴、何、王、石本讹作城。浙本剜改诚。吾自明之耳。"隗文闻，怒，囚龛，执预，问遣信状。龛曰："不遣也。"文乃考预，一日夜，预不言。文欲杀龛。预死杖下，文义之，赦龛。罗遣军讨之，字当作文。破还。罗自讨之，败绩，身死。罗字景治，河南梁人也。【巴中无复余种矣】七字，当乙至"西上降雄"下。文驱元丰本作駈。张、吴、何、王、石本误作驰。浙本剜改駈。驱、駈通。略吏民，西上降雄。巴中无复余种矣⑧。此下廖本注云："当重有雄字。"雄将任回获犍为太守魏纪⑨。三府文武共表平西司马王异行三府事，又领巴郡太守⑩。梁州刺史张光复治汉中⑪。

六年，龙骧将军江阳太守【犍为】张启与广汉罗琦共杀异。异字彦明，蜀人也。启复行三府事。罗琦行巴郡太守。启病亡。启字进明，犍为人，蜀车骑将军张翼孙也。三府文武复共表涪陵太守义阳向沈行西夷校尉。此下廖本注云："当有率字。"兹不取。

吏民南入涪陵⑫。

　　建兴元年春，沈卒。涪陵多疫疠，蜀郡太守江阳程融、宜都太守犍为杨芬、西夷司马巴郡常歆、都安令蜀郡常仓弘顾广圻校稿云："当衍常。"廖本常字下注"当衍"。顾观光校本迳作仓宏。云"仓上原衍常字，依廖校删。今按蜀郡多常姓，罕见仓姓。双名亦晋所有。兹仍旧刻。等共推汶山太守涪陵兰维为西夷校尉。时中原既乱，江东有事，捄援无所顾望，融等共率吏民北出枳，欲下巴东，遂为雄将李恭、费黑所破获⑬。五月，梁州刺史张光讨王如党涪陵李运、巴西王建于盘蛇元丰与张、吴、何、王、浙、石本作虵。顾广圻校稿云："盘虵，在《南中志·南广郡》。"廖本未用。今按此是梁州事，非南广盘虵。当连下为四字山名。便作山，疑其欲叛也。运、建走保枸元丰本作朐。钱、李、《函海》作拘。刘、张、吴、何、王、石本作枸。浙本剜改作朐。钱本拘有上空格。山，光遣军攻破，杀之。建女聋，《函海》作聋，并注云："即婿字，李本作闻。"杨虎保黄金山以叛。讨之。虎夜弃元丰、与刘、函、廖本作弃。他各本作弃。营，还趋厄水，去州城四十里住⑭。光遣其子孟苌讨之，迭有胜负。光求助于武都氐王志茂搜。钱别写作搽。下同。虎亦求捄于茂搜。初，茂搜子难敌遣养子适贾梁州，私买良人子一人。光怒，鞭杀之。难敌以是怨光，曰："使君初来，大荒之后，兵、民之命，仰我氐活。氐有小罪，不能贳也。"阴谋讨光。会光、虎求捄。秋八月，茂搜遣难敌将骑入汉中，外言助光，内实应虎。至州城下，光以牛酒飨劳，遣与孟苌共讨虎。孟苌自处吴本误虎。前，难敌继后。与虎战久，难敌从后击孟苌，大破，生禽孟苌，杀之⑮。九月，光恚死。州人共推始平太守胡子序领州。冬十月，虎与氐急攻州城。子序不能守，委城退走。氐、虎得州城，发光冢，廖本外各本作塚。焚其尸丧。难敌得光鼓吹妓乐，自号刺史⑯。虎领吏民入蜀。汉中民张咸等讨难敌。难敌退还。咸复入蜀。于是三州没为雄矣⑰。

**案**：以上，晋怀帝永嘉五年至愍帝建兴元年（三一一——三一三）三年间，罗尚死后，晋朝廷在益梁二州残余势力艰苦挣扎与其悲惨结局情事。于时李雄国土已经稳定，兵，食不乏，已渐出军扫荡蜀东南地主残军。而蜀地主豪门之挟赀远徙者所在困踬，生计渐艰，或结群抄掠，与土著相攻，以至于割据州郡。或投身劳作，耕垦边荒以自给养而仍不免于被人抄暴；多有因李雄招徕而人俚儴自归者。其仍依托于晋朝之官吏之地主，已属寥寥。晋朝廷则两都荒凉，州郡亦皆残破。愍帝即位时，"长安城中户不盈百，蒿棘成林。公私有车四乘。百官无章服印绶，唯桑版署号而已。"（用《通鉴》文）故益、梁、宁三州残余封建势力，失所依凭。

【注释】

①《通鉴》卷八十七永嘉四年十二月："巴郡乱。骧知登食尽援绝，攻涪愈急。士民皆薰鼠食之，饿死甚众。无一人离叛者。骧子寿，先在登所，登乃归之。"五年正月云："乙亥，成太傅骧拔涪城，获谯登。太保始拔巴西，杀文石。"实皆取材于《常志》，但叙述不同。如遣还李寿，为登穷促乞和表示。李始攻巴西，杀文硕，为下文"巴西梓潼复为雄有"句作注。《常志》叙于卷九，此故略之。雄遣张宝收复梓潼，在永嘉四年，已见前注。然涪为梓潼属县，犹未攻下。此时得涪陵又克巴西，两郡始全复矣。

②"荆湘有乱"，谓蜀流民李骧、杜畴、汝班、骞硕等与杜弢之叛乱也。事详《晋书》卷一百《杜弢传》。《通鉴》卷八十七节约其文云："巴蜀流民布在荆湘间，数为土民所侵苦。蜀人李骧聚众据乐乡反。南平太守应詹与醴陵令杜弢共击破之。王澄（荆州刺史）使成都内史王机讨骧。（胡三省注：'惠帝时蜀乱，割南郡之华容、州陵、监利三县，别立丰都一县置成都郡，为成都王颖国。'）骧请降，澄伪许而袭杀之，以其妻子为赏。沉八千人于江。流民益怨忿。蜀人杜畴等复反。湘州参军冯素与蜀人汝班有隙，言于刺史荀眺曰：'巴蜀流民皆欲反。'眺信之，欲尽诛流民。流民大惧，四五万家一时俱反。以杜弢州里重望，共推为主。弢自称梁益二州牧，领湘州刺史。"叙在永嘉五年正月，正李骧拔涪城禽谯登时也。湘州，怀帝时分荆州之长沙、衡阳、湘东、零陵、邵陵、桂阳，及广州之始安、始兴、临贺九郡立，见《晋书·地理志》。

③《晋书·怀帝纪》：永嘉四年，十一月"丁丑，流氏隗伯符等袭宜都，太守嵇晞奔建邺"。其"隗伯符"，核以《常志》，显为"隗文、符成"之误。查《常志》卷九《李雄志》云："氐符成、隗文，既降复叛，手伤雄母。及其来也，咸释其罪。"而本篇太安二年云："营中氏羌因符成隗伯叛应氾、阎，……伯手刃伤罗目。"证以《晋纪》，似此叛宜都之隗文，即手伤罗目之隗伯。隗伯与符成等突围降罗尚。尚命其攻郫城，为李雄生得，不杀。亦见上文。未曾言伯伤愈后又曾逃入巴、楚。又似伯实死创，隗族更拥隗文为首，与符成随罗尚入巴。尚死后转入荆州，因不堪土著压迫，作乱于宜都。文与伯实为二人，《常志》与《通鉴》皆分别称之。《晋纪》因"手伤雄母"句，误为一人也。隗文非伯之弟，即伯之子，亦同为作乱于赤祖北营者。"手伤雄母"罪，当与隗伯、符成共之。攻郫之役，隗伯被擒，雄不杀。故隗文符成作乱宜都、巴郡后，仍率其族归降于雄，雄之"咸释其罪"，亦犹曩之赦隗伯也。权衡两说，后者为胜。《晋纪》实误，当从《常志》及《通鉴》，以隗伯与文为二人。氐民留蜀者皆附李雄，惟隗、符两族误附罗尚，随之流徙。其人虽与巴蜀地主豪门同道流转，而实情感不协。徒以首领误从罗尚，勉强东徙。此时与蜀流民同受土著压迫，出于叛乱，蜀民东据荆湘，而诸氏则西趋巴蜀，终降李雄者，诸氏更遭巴蜀豪门歧视故也。符、隗二族，十一月叛于宜都，已逐太守，不据其地，正月已返巴东。三月降张罗于宫圻。四月至巴郡，再作乱。已拒破张罗，斩之，而不据巴，更率其人西上降雄。其归雄之情之锐如此，盖二族与其他氐民皆切欲归雄，领袖之符成隗文虽畏罪，亦不能违其部众志愿，在多次遭遇考验中，自认当初一念之误，遂亦坚决率众趋降于雄也。

④雄取犍为、江阳二郡事，惟见《常志》。

⑤符成、隗文之还巴东，欲赴蜀降李雄也。而暴得欲抚为己用，韩松亦欲抚用之，诸氏皆不听。暴重遂指为叛逆而攻之耳，非其人果"反于巴东"也。重恶韩松受三府推，遂借氏乱事杀之，而自领三府事，志固不在讨氏。暴重讨氏，"未下，杀刺史韩松，自领三府事"，实为一句。缘中夹叙韩松身世句隔断，则当增一重字在"自领三府事"句上。旧刻"重"字在未断句处，显属讹误。兹移正。

⑥三府文武，当包括张罗等罗尚故部与韩松之巴东故吏言之。然亦资诸氏之力，乃能囚重。此辈皆恶荆州官吏，故能合力也。囚重于巴东而杀之于宜都，更足证明擒重赖氏为主力。宜都，符成等氏与蜀流民起义之地，已逐太守而氏去，流民犹守其城，《杜弢传》中之杜畴所据，盖即此城也。地距乐乡甚近，实与李骧等同时起事，缘乐乡杀降事，故固守，直至杜弢据湘州，合为一，中间未曾复为晋有。则此时送暴重于宜都者非晋之官吏而为叛晋之氏人甚明。以此知巴东之囚暴重，实得力于诸氏也。《晋书》卷七十《应詹传》："王澄为荆州，假詹督南平、天门、武陵三郡军事。……其后天下大乱，詹境独全。……镇南将军山简复假詹督五郡军事。"五郡，谓原督三郡外加宜都、始平二郡，与三郡连界，其时并为巴蜀流民所据，不奉朝命，亦未借号自立，山简以詹与蜀流人杜弢善，欲借之以抚二郡，故敕詹兼领二郡军事，亦不明举其名，但曰"五郡"而已。传续云："会蜀贼杜畴作乱，来攻詹郡（谓南平郡，治公安，与宜都接界）。力战摧之。寻与陶侃破杜弢于长沙。"叙在"洛阳倾覆"句后，则自永嘉五年至建兴三年（三一一—三一五）杜畴皆据宜都可知矣。极乱之世，地方事头绪纷繁，史文不能毕详，每有难于解会之句，惟烂熟全局者可以得解。未可辄疑为字讹、文脱也。

⑦张罗守合水，已见上文，何时退走入巴，志文未著。以情势推之，应是谯登与文石俱败时，罗亦被攻，沿流退走。雄军追击之，遂连克南安，僰道，江阳。（上文但言僰道与江阳，以其为二郡治，故特提之也）罗奔还巴，逼于暴重，故更东屯于枳，以联系巴东、涪陵二郡，藉巴郡为前卫，暂安喘息。兹被推领三府，遂即治枳，而以黄龛为巴郡太守住江州也。时杜弢已据湘州，杜畴在宜都，"建平流人迎贼俱叛"（《晋书》卷六十六《陶侃传》），而符成、隗文与巴地诸氏欲西上降附李雄，既擒暴重，仍续西上。罗欲抚用之，阻截于宫圻。符成等伪降，求就驻江州，罗许之，志云"破降之"也。氏势甚锐，非罗力所能破，审上下文自明；史文有阿所好，不尽核实也。宫圻，地名，别无所见，要当是枳与巴东界间沿江地。或即今忠、万间之"界石场"，或是平都与枳县界上（切圻字义）。

⑧黄龛、杨预事，他无所见。《常志》重在表扬地方忠义人物，故特详之。于此文，足见诸氏已自巴东转入巴郡，在江州，已与上游之李雄军将领接洽降附。闭断巴与枳间通道，胁太守黄龛一同举郡降雄也。张罗此时声讨，氏已敢于抗拒，一再败之。张罗死，李雄军已得巴郡。符成等遂率流居巴地诸氏已仕于晋与未仕者（吏民）西上成都降雄。巴地更无一氏留住。志云"巴中无复余种"，谓无氏也。句原当在"西上降雄"句下，旧本误倒在上，兹更正。

⑨魏纪失犍为郡，未走江、巴，当是随民流向南中。惟此时南中亦正离乱，流民多滞留南广、朱提郡界（详《南中志》各注）。纪亦逃走未远，故为任回所追获。其时蜀地荒旷，李雄多方招抚流民归耕。任回能追得魏纪，亦由纪所率人民南流者见南中方乱，咸愿受抚归耕，纪不能制，迫于出降故也。

⑩时三府旧吏皆在枳。张罗虽战殁，枳以东犹为晋守。故三府吏共表推王异行三府事兼巴郡太守。枳为巴郡属县，故仍保存太守空名也。

⑪张光乘李雄弃汉中之隙，自新城向汉水上游推进垦殖，渐已使汉中平原恢复旧观，遂得徙还州治。《通鉴》卷八十七纪其经过云："初，梁州刺史张光会诸郡守于魏兴（即新城），共谋进取。张燕倡言汉中荒败，迫近大贼（指李雄）克复之事，当俟英雄。光以燕受邓定赂，致失汉中。今复沮众。呵而斩之。治兵进战，累年，乃得汉中。"夫李雄既已徙汉中民，弃其地矣。句方、白落窘还居之而已，招之即附，何庸"进战累年"。旧史家不识政府依于人民，人民依于经济之理，一切饰为战功。《通鉴》亦不能免。张燕之不欲恢复汉中，亦徒虑汉中民户填实后复为李雄所得，欲空其地以资缓冲而已。张光以其旧恶斩之，饰为沮进击

⑫永嘉五年六月，汉主刘曜入洛阳，据怀帝，西晋已亡。六年，琅邪王睿保江东，安定太守买疋等收复长安，奉秦王业为皇太子。他各地晋遗臣亦多据地自保，仍奉永嘉年号。（明年，闻怀帝被害，乃称帝，是为愍帝）全国大乱。而巴东残余之地主军阀，犹自相残贼，以争苞桑虚位，直至全体灭亡乃已。时巴郡已归李雄，巴东与建平以下皆残破不可依止，惟涪陵一隅尚安静，故张启死后，三府残吏以西夷校尉奉于向沈，图其收容就食也。

⑬晋涪陵郡领涪陵、汉复、汉平、汉葭、万宁五县，今四川之彭水、黔江、武隆、酉阳、秀山与贵州沿河六县地也。山水险恶，夷晋杂居，向为四川盆地地主豪门所鄙弃，然其地有盐粮，可以自活，与枳相通一水，今故迫而就食。终不相安。追向沈死，又欲乘流东出巴东。至枳，遂并为李雄将吏所获。四川盆地地主豪门至此而尽。兰维、程融、杨芬、常歆、常仓弘即最后灭亡之一批豪门代表，志举其旧官，以明身分，非当时此辈中尚有蜀郡、汶山、宜都诸太守也。清代诸治李雄疆域者，竟以此次禽得兰维为李雄取得汶山郡之证，大谬。

⑭五月以下，记梁州全部陷落事。王如，京兆新丰人，随关中流民避地在宛。永嘉四年九月，因与流民不愿还乡里，抗诏反。《晋书》卷一百有传。初降石勒，为勒众侵掠，大饥困，降于王敦。方其盛时，南阳、襄、沔与汉东三郡民皆响应之，众四五万。涪陵李运、巴西王建，盖皆蜀中豪门率族流入荆州者。荆州乱，附于王如。及是饥困，如党解离，运、建率族欲西向汉中谋就食。张光以其为王如党而拒之也。盘蛇便作山、枸山皆成固县地名。黄金山在今石泉与洋县之间汉水北岸，详卷二9章之注⑪。厄水即湑水，在南郑东北，戍名也。《通鉴》卷八十八纪此事云：“王如党涪陵李运、巴西王建等，自襄阳将三千余人入汉中。梁州刺史张光遣参军晋邈将兵拒之。邈受运、建赂，劝光纳其降。光从之，使居成固。既而邈见运、建及其徒多珍宝，欲尽取之，复说江曰：'运、建之徒不脩农事，专治器仗，其意难测，不如悉掩杀之。不然必为乱。'光又从之。五月，邈将兵攻运、建，杀之。”晋邈贪婪，与张燕如出一辙，封建官吏之本质固如此也。然其劝光抚流民为屯民，与因其不修农事而请诛之，则皆卓见也。此辈地主豪门，素不从事耕种，但拥金宝，率部曲，挟其族党，流转他州，招摇于封建官吏之间，以势寄食。州郡畏其滋乱，视为义从养之；为领袖者，所至不失其富贵；或有失意，即称饥劫掠，故所在以叛杀身；与入南中与越巂流民之尚乐于垦拓者不同。"运、建及其徒多珍宝"，而"不修农事，专治器械"，与流在荆州时无异，此固当治惩者也。

⑮杨茂搜与其子难敌，并已详《武都郡》注（卷二11章之注⑯、⑰）。"适贾梁州"，谓远适梁州作贾，即以商户住州城营业。其人借茂搜父子声势，买晋人仕宦家子女供役使，张光为保持阶级尊严，鞭杀之也。阶级社会人品分良贱。魏晋时，仕宦、缙绅、奴隶主、地主、世族之家为良；罪徒、奴隶、左民、少数民族与业倡优、劳作者之家为贱。商贾亦每视为贱民之业。贱民子女，皆可买为奴为妾。若良家中落，其子女虽欲卖身，人不得买。买良为贱，与拐骗诱买同罪。良家犯罪，其子女当卖充奴役者，则官卖之。此云："私买良人子"，谓此氐商本属左民，不经官卖，而私买良家中落者子女为妾使也。《通鉴》卷八十八全用《常志》此文作："贩易于梁州，私卖良人子一人。"卖字当误。又云："茂搜遣难敌救光。难敌求货于光，光不与。杨虎厚赂难敌，且曰：流民珍货悉在光所。今伐我，不如伐光。难敌大喜。"为《常志》所无，未详所据。

⑯发冢焚尸，恨之深矣，此非仅"求货不与"之怨。以此可知《通鉴》所增于《常志》之文为蛇脚赘语；虽与《常志》同出一书，仍当以《常志》之删省为得体。

⑰《通鉴》卷八十九，建兴二年云："杨虎掠汉中吏民以奔成。梁州人张咸等起兵逐杨难敌。难敌去，咸以其地归成。"足为《常志》此文注。本书卷九《李雄志》云："扶风邓芝（定）、杨虎等各率流民前后数千家入蜀。"然则杨虎亦扶风流民，为蜀流民李运婿也。《雄志》续云："以凤为征北、梁州，任回镇南、南夷、宁州，李恭征东、荆州，皆大将军、校尉、刺史。"谓李凤在晋寿为梁州刺史，任回追擒魏纪入南中，为宁州刺史，李恭获兰维等于枳，划巴与巴东涪陵三郡为荆州刺史也。然此所云"三州没为雄"，实指益、梁、宁三州。汉中、梓潼与三巴涪陵地在晋为梁州也。

## 十

蜀自太康至于太安，频怪异：成都北乡，有人尝刘本作常。见女子僻《函海》注云"本作辟"。顾观光校本亦作辟。并云："宋本辟误僻"。今按：辟，古避字。僻、辟字亦通。入草中，往视，物如人，有身形、头、目、口，无手足，能动摇，不能言。广汉有马生角，长大各半寸。又有驴无皮毛，袒肉，饮食，数日死。繁、什邡、郫、江原生草，高七八尺，茎叶赤，子青如牛角，内史耿滕以为朱草，表美于成都王①。元康三年正月中，欻一夜，有火光，地仍震②。童谣曰："郫城坚，盎底穿。郫中细子李特细。"又曰："江桥头，阙下市，成都北门十八字《函海》本作子。"及尚在巴郡也，又曰："巴郡葛，元丰本作曷。当下美。"【巴郡】旧各本误倒。皮素之张、吴、何、王、浙本此下空一位。西上巴郡也。又曰："有客有客，来侵门陌，其气欲索③。"武平府君云："谯周言：'【巴】己顾广圻校稿云："当作己。"廖本注语因之。没三十年后，当有异人入蜀，蜀由之亡。'此常宽引谯周谶。蜀亡之岁，去周张、吴、何、王、浙石本作"州"。三十三年④。"此常宽语。又曰："宋岱不死，则孙阜不【交】反顾广圻校改作反。廖本注云"当作反"。【市】帀，廖本注云"当作帀"。亦遵顾广圻校字。三旬之间，流、雄张、吴、何、王、浙石本与《函海》本作离。之首悬于辕门。"以上录常宽此下常璩语。愚以为宋岱方进，阜见得质，【及】乃更【推】摧廖本注云"当作摧"，亦依顾校字。败。设岱生在，无所保据矣⑤。何、王、二本作也。杜弢自湘中与柳监军名纯，说在注释。书曰："前诸人不能宽李特一年，又不以徐士权为汶山太守，而屯故如此。此旧各本不重，当有。谓失之毫厘，差以万元丰本作万。里⑥。"此录杜弢语。斯言有似。然必【不】以不旧各本作"以不"，廖本与顾观光本倒作"不以。"非。杜渐为恨者，流民初西，当承诏书闭关不入；顾广圻校稿云："事在元康八年。"其次，易代赵廞，选宜内遣；顾校稿云："事在永康元年。"平西绵竹之会，听王敦之计，顾校稿云："事在永宁元年。"少可以宁。毫厘之觉，顾校稿云："觉读如较。"非彼之谓也⑦。此璩驳杜弢语，谓杜渐防微当自上三事始，不在宽一年。盖璩入江左后补述文。

撰元丰、《函海》本作赞。曰：先王规方万国，必兼亲、尊、贤、能，而任宗盟者，盖内藩王室，外御叛侮⑧。故元牧有连率之职，奉贡无失职之愆⑨。爰及汉氏，部州必卿佐之才，郡守皆台鼎之望。是以王尊、王【襃】襄依《王襃传》改。著名前世，【弟】等廖本作弟，他本作第，据改。五伦、蔡茂，径登三司。斯作远之准格，不凌之令范也⑩。自大同后，能言之士，无不以西土张旷为忧，求王皇宗，树贤建德。于时莫察，视险若夷。缺垣不防，张、吴、何、王、石本作妨。任非其器，启戎长寇，遂覆三州⑪。《诗》所谓"四国无正，不用其良"也⑫。

**案**：以上，常璩降晋徙江左后，改写《蜀汉书》中晋朝官吏事为《大同志》时，所发有关治乱兴衰之议论。初以妖祥征天时，更以微渐论人事，皆缘附史事为文。最后结论，诿责于朝廷任人不贤，并寄当建藩国镇抚之意，则以"撰曰"出之。

## 【注释】

①班固《汉书》，有《五行志》以载妖祥，后世史家奉为科则，踵承其目，傅会史家，穿凿诞妄，为历代正史疵颣。《常志》虽未立专篇，而各卷中往往有之。于此篇更特笔汇述，几欲以蜀中巨变诿为天数，殊无足取。此三事，《晋书·五行志》不载。生物胎异，世所常有。清代山东有孙碏砾者，曾娶妻生子，见《阅微草堂笔记》。此女形体似之，盖郊民弃婴，传说为女子避入草中所化也。骡胎皮毛不发达者但具黏膜，亦能暂活。朱草则耿滕傅会之文，常璩但见其表，非见实物，遂以为怪异耳。

②此陨星，世所常见。

③童谣四则，皆当时士流因儿歌音似所傅会。儿歌无字，协其音以填字，则无事不可结合矣。即如"江桥头"一谣，本成都士人编造歌唱居里结构之语：阙下市即市桥，与江桥同为成都大小二城南门外闹市。皆在敦外，成都大小二城凡十八郭。下文原当为"成都郭门十八峙"后人因李军屡犯北门，遂改儿谣为"北门十八子"，或"十八字"也。巴郡产葛布，唐、宋均为贡品（见《通典》及《宋·地理志》）。葛不经久，洗涤数次则败，旧已谓其"当下美"，习成童语。传者遂以葛喻罗，谓指罗尚暂得振兴。亦妄为傅会耳。"有客"一谣，盖讥催科吏之旧作，儿童习之而先其下文也。客、陌、索成韵。索庾取也。亦可读如素，《离骚》："众皆竞进以贪婪兮，凭不厌乎求索，羌内恕人兮，各兴心而嫉妒。"索与妒韵，盖古巴、楚音读索如素。索字又可作凶征解，《书·牧誓》："牝鸡司晨，惟家之索。"巴人遂以此谣讥皮素。后人更傅会为皮素气尽将亡之征。童子无所知识，而以所歌为谶，正是封建文人惟心臆断之妄。

④自陈寿《三国志》传谯周预知，蜀人从而傅会谯周谶记者甚多。此为常宽所传之一则。周卒于泰始六年（二七〇）冬，见《三国志·谯周传》。再三十三年，则是泰安二年（三〇年），罗尚弃成都之年，常宽谓为"蜀亡"也。然则所言异人，指李雄也。

⑤"又曰"以下，为常宽《大同志》结论原文。宽之书尽终于太安二年。宽亦于是年出蜀东走。其篇末论断，深以孙阜退军为恨。自属一偏之见。《常志》旧本作"孙阜不交市"。顾广圻校稿，定交、市为反、币之

讹。廖本援之入注。兹径改。按《说文》："币，周也，从反之而币也。"徐锴云："日一日行一度，一岁往反而周币也。"是"反币"曾为成语，常宽用之，常璩引之，传钞不解，讹为交市耳。"愚，常璩自称。谓当宋岱正进军，李流已送质，阜势正盛，乃为雄离等所摧破。岱纵不死，亦将败覆无所保据，安能得流、雄之首乎。旧刻讹讹，又上连谯周谶，校勘者多误解为此亦周谶语，莫作订正。顾广圻校稿，于此章特为精细，改巴作己，交市作反币，推作摧，觉读为较，并加句读符，考订年代，郑重自批"癸亥十月，千里"六字，示已订定。兹承用其说，为之补注，并改正"乃"字。乃，反诘词也。见、现古字通。"见得质"，谓孙阜已得李流所送质子也。张佳胤误"又曰"为谯周已验之谶，改流雄为"流离"，意谓李离为罗羕、訇琦所杀，雄未被杀也。不知此为常宽假设语，时流主军政而雄掌实权，故并称之。流亦病死，未与离同，则不得并称"流离之首"明矣。元丰本与他宋明本作"流、雄"，不误。

⑥"柳监军"，失名，当是蜀人仕于罗尚，与同逃入巴者。《后贤志·柳隐传》附志柳伸事云："伸子纯，字伟叔，有名德干器，举秀才，巴郡、宜都、建平太守，西夷、长水校尉，巴东监军。"盖即其人。伸曾为诸葛亮从事。历"汉嘉、巴东太守。大同后举秀才"，正与罗尚同时。所历官皆不在蜀，其同尚入巴可知。其人与杜弢同郡县，应相善。盖弢据湘州时，与纯论逼迫流民事，以自寄慨。常璩入江左后，与纯晤接，谈蜀故事，知有此书。因追论防微杜渐于元康、永康之际，写入此志。故但称监军而不名也。徐士权即徐舆。弢知此事，则弢亦与纯同时逃入巴、荆者也。"屯故如此"，言罗尚恃水上长围（屯），而屯之易破，固止如此。故与固，旧可通假也。"谓"上旧脱此字，旧钞缘重有而夺之也。不重此字，则谓为璩节述弢语，上下均当加引号，分为两段。然下文"斯言有似"，则上为录弢书原文，未割截。但脱一"此"字耳。

⑦"有似"，犹言有其是处而不尽然。暗示李雄自有天命，非人谋所能制。（常氏全书屡露此意，不仅此篇）此下，谓若必以未能防微杜渐为遗恨者，则放流民入蜀，与灭赵廞后不选特为朝官而留之蜀中，及不乘绵竹之会杀特，皆当有责，不当仅以未宽流民一年与驱徐舆投附李雄为憾。今按：罗尚集团之失巴蜀，与流民军之得巴蜀，乃蜀巴封建压迫阶层积恶不悛之必然结果，非有所谓天命。常氏之说，亦"有似"而实非也。

⑧儒家有先王规划九服，建树万邦之说，详著《周体·职方氏》，与《礼记·王制篇》。封建史家，遂指古代氏族部落为国，谓为古帝王之规制。《周礼·天官》，太宰："以八统诏王驭万民。一曰亲亲，二曰敬故，三曰进贤，四曰使能，五曰保庸，六曰尊贵，七曰达吏，八曰礼宾。"又《秋官》，小司寇："以八辟丽邦法，一曰议亲之辟。"以下为议故，议贤，议能，议功，议贵，议勤与"议宾之辟"。亲，谓天子与诸侯之同族；故，谓先王之旧勋；贤，谓当代众论所敬服者；能，谓才能杰出之士；贵，谓一般贵族；勤，谓吏士之勤勉者；宾，谓王侯间互遣之使者。《常志》袭其义，谓先王（主要指周代）建立万国，所册封者，要可概括为亲、尊、贤、能四类。尊即贵与故之类，能即攻与勤之类也。下言：虽必兼用四类，而仍多封宗族为大国者，盖以之屏藩王室，镇服异姓诸侯。"宗盟"者，凡封诸侯，必为盟誓。《汉书》载其词曰："使黄河如带，泰山如厉，国以永存，爰及苗裔。"故与天子同宗之国，称为宗盟。

⑨元牧，指方伯。《王制》："千里之外，设方伯，五国以为属，属有长。十国以为连，连有帅。（率、帅字古通）三十国以为卒，卒有正。二百一十国以为州，州有伯。八州，八伯，五十六正，百六十八帅，三百三十六长。"此儒生理想之封建制度，与《周礼》之理想制度相应，汉儒咸信奉之，史家从而遵用之也。《周礼·秋官》大行人，有九服诸侯朝觐奉贡之制。《常志》袭用之，谓有宗盟大国助天子镇服诸侯，则万国奉贡不敢失职也。

⑩此言汉世虽兼行郡县制,其刺史、太守必选天子近臣有重望与隽德者,合于亲尊贤能标准,与封建诸侯相当。"卿佐",指九卿、列丞。"台鼎",指三公、宰辅。汉武帝分全国为十三部,称十三州。州设刺史,此六条察吏,巡行无定住,称为"行部"。其秩轻于太守。才绩优者乃补二千石,渐至九卿。郡守与国相皆二千石秩,才绩优著者,得升为丞相、三公。下举第五伦、蔡茂是也(《后汉书》皆有传并详《广汉郡》注)。王尊,《汉书》卷七十六有传,由安定太守谪郿令,迁益州刺史,后官至司隶校尉、光禄大夫,京兆尹,并卿位也。王褒,《汉书》卷六十四有传,以献《圣主得贤臣赋》为宣帝所赏,官谏大夫,数从游幸,终其官。未尝为刺史,此举为例,不合。疑原文指宣帝时益州刺史王襄,即命褒作《中和乐职宣布诗》使儿童歌之,献于宣帝者(参看卷三8章之注⑫)。传钞混"襄"为"褒"也。"作远"句,谓为后世建立制驭远方之楷则(准格)。"不凌",谓尊卑、上下之秩序,不使相凌。

⑪"能言之士",谓文士与谏臣志在"立言"者。"张旷",谓蜀国地大而旷远。"树贤建德",谓选贤、德皇宗,建藩国于此。盖晋武帝时,曾因群议,建成都王国。桓温灭蜀后,势成尾大,江左朝臣欲裁抑温,复倡建藩之议。常氏亦思随藩反蜀,故立此说应和之。斥西晋之任罗尚为忽视蜀土险远,遂至于陷覆三州也。

⑫《诗·小雅·十月》第二章云:"日月告凶,不用其行。四国无政,不用其良。彼月而食,则维其常。此日而食,于何不臧。"本天文家因日蚀以警周王之诗。郑玄笺云:"告凶,告天下以凶亡之征也。行,道度也。不用之者,谓相干犯也。四方之国无政治者,由天子不善用人也。"《常志》断章取之,以结其论,当时文体风格如此。